BIOskop

Qualifikationsphase S II
Nordrhein-Westfalen

Herausgeber
Rainer Hausfeld
Wolfgang Schulenberg

Autoren
Peter Emmler
Thorsten Frankenberg
Rainer Hausfeld
Daniel Klaßen
Isabel Lisbach
Jörn Peters
Martin Ratermann
Rüdiger Schmalz
Eckhart Schröder
Wolfgang Schulenberg
Franz Stoppel
Björn Toben

Linksammlung
Ulrich Helmich

westermann

© 2015 Bildungshaus Schulbuchverlage
Westermann Schroedel Diesterweg Schöningh Winklers GmbH,
Braunschweig
www.westermann.de

Das Werk und seine Teile sind urheberrechtlich geschützt.
Jede Nutzung in anderen als den gesetzlich zugelassenen Fällen bedarf der
vorherigen schriftlichen Einwilligung des Verlages.
Hinweis zu § 52a UrhG: Weder das Werk noch seine Teile dürfen ohne eine solche
Einwilligung gescannt und in ein Netzwerk eingestellt werden.
Dies gilt auch für Intranets von Schulen und sonstigen Bildungseinrichtungen.
Auf verschiedenen Seiten dieses Buches befinden sich Verweise (Links) auf
Internet-Adressen. Haftungshinweis: Trotz sorgfältiger inhaltlicher Kontrolle wird
die Haftung für die Inhalte der externen Seiten ausgeschlossen. Für den Inhalt dieser
externen Seiten sind ausschließlich deren Betreiber verantwortlich. Sollten Sie bei
dem angegebenen Inhalt des Anbieters dieser Seite auf kostenpflichtige, illegale oder
anstößige Inhalte treffen, so bedauern wir dies ausdrücklich und bitten Sie, uns umgehend per E-Mail davon in Kenntnis zu setzen, damit beim Nachdruck der Verweis
gelöscht wird.

Druck A^3 / Jahr 2017
Alle Drucke der Serie A sind im Unterricht parallel verwendbar.

Redaktion: Dr. Helga Röske
Bildredaktion: Ingeborg Kassner
Satz und Grafik Partner GmbH, Meitingen
Umschlaggestaltung: Jennifer Kirchhof
Typographie: Andrea Heissenberg
Druck und Bindung: Westermann Druck Zwickau GmbH

ISBN 978-3-14-**150585**-6

Inhaltsverzeichnis

Die farbig gekennzeichneten Kapitel können zum Wiederholen von wichtigen Inhalten der Einführungsphase genutzt werden.

Ebenen der biologischen Organisation – Systemebenen 8
Arbeiten mit Basiskonzepten: System 10
Arbeiten mit Basiskonzepten: Struktur und Funktion 12
Arbeiten mit Basiskonzepten: Entwicklung 14

Genetik und genetisch bedingte Krankheiten

1 Grundprinzipien der Rekombination
1.1 Prokaryoten und Eukaryoten 18
1.2 Struktur und Funktion von Zellorganellen 20
1.3 Zellkern, Chromosomen, Mitose 22
1.4 Meiose – Bildung der Geschlechtszellen 24
1.5 Inter- und intrachromosomale Variationsmöglichkeiten 26
1.6 Geschlechtliche Fortpflanzung bedingt genetische Vielfalt 28
1.7 Trisomie 21 und andere Erkrankungen durch veränderte Chromosomenanzahl 30

2 Humangenetische Beratung und Analyse von Familienstammbäumen
2.1 Die Vererbung erfolgt nach Regeln 32
2.2 Die Chromosomentheorie der Vererbung 34
2.3 Stammbaumuntersuchungen von genetisch bedingten Krankheiten I 36
2.4 Stammbaumuntersuchungen von genetisch bedingten Krankheiten II 38
2.5 Humangenetische Beratung an Beispielen 40
2.6 Gendiagnostik 42
2.7 Erbe und Umwelt – Zwillingsforschung 44

3 Erforschung der Proteinbiosynthese
3.1 DNA: Träger der Erbinformation 46
3.2 Bau der DNA und anderer biologisch bedeutsamer Makromoleküle 48
3.3 Identische Verdopplung der DNA (Replikation) und Zelldifferenzierung 50
3.4 Historische Experimente zur Entschlüsselung des genetischen Codes 52
3.5 Der genetische Code und Genmutationen 54
3.6 Übersicht: Vom Gen zum Protein 56
3.7 Von Proteinen zum Merkmal 58
3.8 PKU – eine erbliche Stoffwechselkrankheit 60
3.9 Biologische Arbeitstechnik: Gelelektrophorese 62
3.10 Sichelzellanämie: Molekulare Ursachen einer Erkrankung 64
3.11 Molekularbiologische Arbeitstechnik: PCR 66
3.12 Ultraviolette Strahlung, Mutationen, Hautkrebs und die Mondscheinkinder 68
3.13 Gene können an- und abgeschaltet werden 70
3.14 Regulation der Genaktivität bei Prokaryoten 72
3.15 Regulation der Proteinbiosynthese bei Eukaryoten I 74
3.16 Regulation der Proteinbiosynthese bei Eukaryoten II 76
3.17 Epigenetik: Umwelt und Gene wirken zusammen 78
3.18 Vererbung oder Einfluss der Umwelt – wie Forschung funktioniert 80
3.19 RNA-Interferenz 82
3.20 Differenzielle Genaktivität und Vielfalt der Zellen 84
3.21 Kontrolle des Zellzyklus 86
3.22 Tumorwachstum durch Fehlregulation der Zellteilungskontrolle 88

3.23 Biologische Arbeitstechnik: DNA-Chip-Technologie 90
3.24 „Omics" (= Proteomics, Genomics, Transkriptomics,…) 92
3.25 Modellorganismen in der genetischen Forschung 94
3.26 Der Begriff „Gen" im Wandel der Zeit 96

4 Angewandte Genetik – Gentechnologie – Bioethik
4.1 Ethisches Bewerten 98
4.2 Molekulare Werkzeuge in der Gentechnik: Bakterien produzieren Humaninsulin 100
4.3 Grüne Gentechnik am Beispiel Bt-Mais 102
4.4 Grüne Gentechnik: Chancen und Risiken 104
4.5 Beispiele transgener Organismen und ihrer Verwendung 106
4.6 Synthetische Organismen 108
4.7 Hochdurchsatz-DNA-Sequenzierungen – Chancen und Risiken 110
4.8 Stammzellen und Klonen 112
Wiederholen im Inhaltsfeld Genetik 114

Ökologie

5 Fotosynthese
5.1 Die Bedeutung der Fotosynthese für Lebewesen 118
5.2 Laubblatt – Chloroplasten – Chlorophyll 120
5.3 Biologische Arbeitstechnik: Chromatographie und Autoradiographie 122
5.4 Pigmente absorbieren Licht 124
5.5 Lichtreaktionen: Bereitstellung von chemischer Energie 126
5.6 Der Calvin-Zyklus: Umwandlung von Kohlenstoffdioxid in Glucose 128
5.7 Die Fotosyntheserate ist von verschiedenen Faktoren abhängig 130
5.8 Mais – eine C_4-Pflanze als Fotosynthesespezialist 132
5.9 CAM-Pflanzen – angepasst an extreme Trockenheit 134
5.10 Übersicht: Fotosynthese 136
5.11 Die Kohlenstoffbilanz einer Pflanze 138
5.12 Produktivität verschiedener Ökosysteme 140

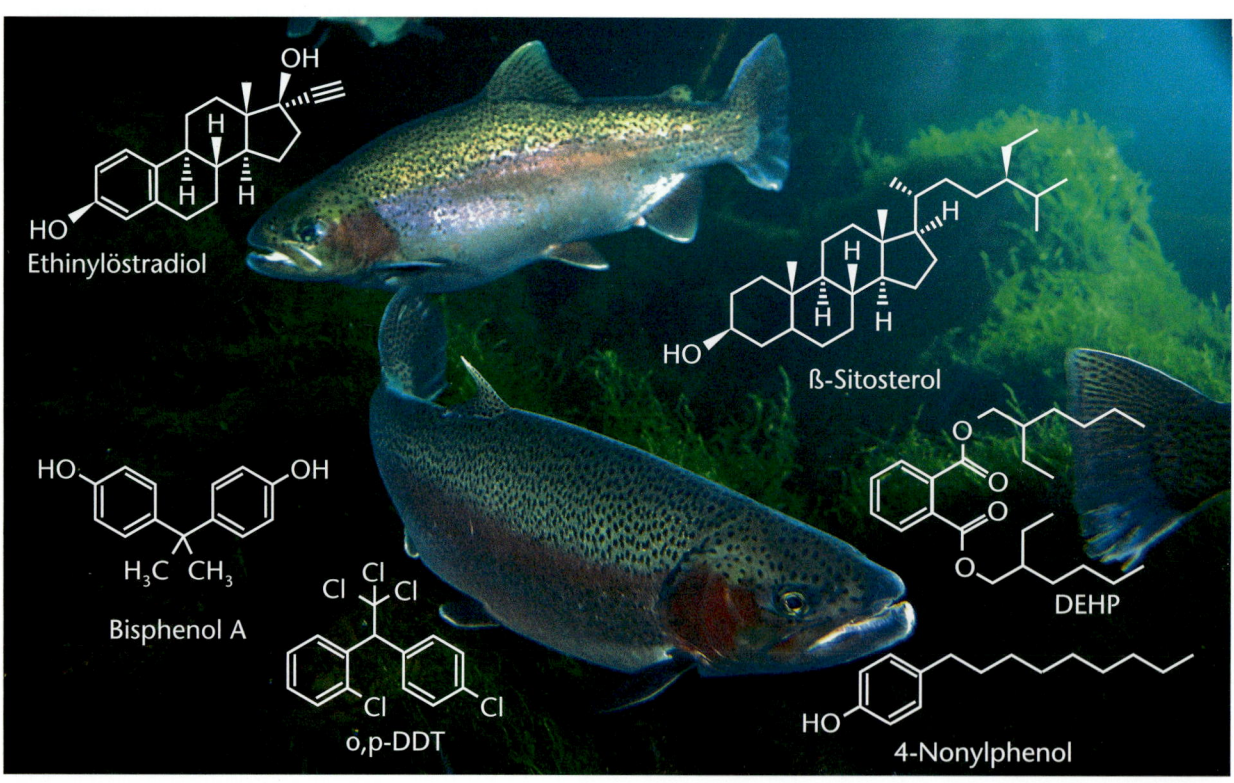

5.13 Die Vielfalt pflanzlicher Naturstoffe beruht auf genetischer Vielfalt 142

6 Umweltfaktoren und ökologische Potenz

6.1 Abiotische und biotische Faktoren wirken auf Lebewesen 144
6.2 Experimente zur Überprüfung der ökologischen Potenz 146
6.3 Abiotischer Faktor Temperatur 148
6.4 Angepasstheit von Pflanzen an Wassermangel 150
6.5 Wenn abiotische und biotische Umweltfaktoren Stress verursachen: Beispiel Pflanzen 152
6.6 Wechselwirkungen zwischen Lebewesen: Konkurrenz, Parasitismus, Symbiose 154
6.7 Schüleruntersuchungen zum Vorkommen von Lebewesen im Freiland 156
6.8 Auswirkungen von interspezifischer Konkurrenz auf das Vorkommen von Lebewesen 158
6.9 Ökologische Nische und Koexistenz 160

7 Dynamik von Populationen

7.1 Populationswachstum: dichteabhängige und dichteunabhängige Faktoren 162
7.2 Veränderungen von Populationen: Das Lotka-Volterra-Modell und seine Grenzen 164
7.3 Lebenszyklusstrategien und Populationswachstum 166

8 Stoffkreislauf und Energiefluss in Ökosystemen

8.1 Stoffkreislauf in Ökosystemen: Kohlenstoffkreislauf 168
8.2 Energiefluss in Ökosystemen 170
8.3 Der Stickstoffkreislauf 172
8.4 Übersicht: Stoffkreisläufe und Energiefluss in einem Ökosystem 174
8.5 Ökosystem Wald 176
8.6 Biologische Aktivität im Waldboden 178
8.7 Bioindikatoren für Bodeneigenschaften 180
8.8 Auswirkungen rhythmischer Änderungen des Lebensraumes auf Lebewesen 182
8.9 Ökosystem See 184
8.10 Ökosystem Fließgewässer 186
8.11 Bioindikatoren der Gewässergüte 188
8.12 Ökosystem Hochmoor 190

9 Mensch und Ökosysteme

9.1 Interessenskonflikte zwischen der Nutzung natürlicher Ressourcen durch Menschen und dem Naturschutz 192
9.2 Der Treibhauseffekt 194
9.3 Einflüsse des Menschen auf den globalen Kohlenstoffkreislauf 196
9.4 Kohlenstoffdioxid-Bilanzen und Nachhaltigkeit 198
9.5 Funktionen des Bodens 200
9.6 Invasion von Arten und Folgen für Ökosysteme 202
9.7 Hormonartig wirkende Substanzen in der Umwelt 204
9.8 Bedeutung der Biodiversität 206
Wiederholen im Inhaltsfeld Ökologie 208

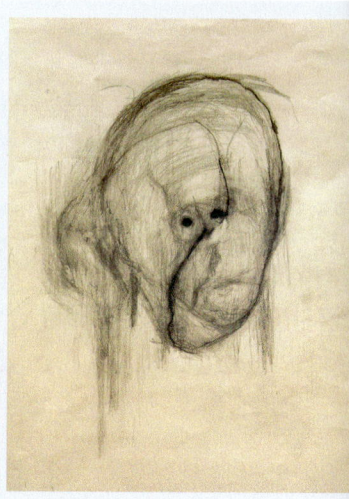

Neurobiologie

10 Molekulare und zellbiologische Grundlagen der neuronalen Informationsverarbeitung
10.1 Nervenzellen und Nervensysteme 212
10.2 Das Ruhepotenzial 214
10.3 Biologisch-medizinische Arbeitstechnik: Patch-clamp-Technik 216
10.4 Das Aktionspotenzial an Nervenzellen 218
10.5 Kontinuierliche und saltatorische Erregungsleitung 220
10.6 Multiple Sklerose 222
10.7 Informationsübertragung an Synapsen 224
10.8 Neuronale Verrechnung 226
10.9 Beeinflussung von Nervenzellen durch neuroaktive Stoffe 228
10.10 Vom Reiz zum Aktionspotenzial 230
10.11 Molekulare Vorgänge der Signaltransduktion an Sinneszellen 232
10.12 Vom Reiz zur Reaktion 234
10.13 Wahrnehmung: Sinnesorgane und Gehirn arbeiten zusammen 236
10.14 Medizinische Arbeitstechniken: Bildgebende Verfahren zum Aufbau und zur Funktion des Gehirns 238
10.15 Die menschliche Wortsprache 240

11 Fototransduktion
11.1 Lichtsinnesorgan Auge 242
11.2 Signaltransduktion an Lichtsinneszellen 244
11.3 Leistungen der Netzhaut 246
11.4 Vergleich Fotosynthese – Sehvorgang 248

12 Aspekte der Hirnforschung
12.1 Lernformen und Lernstragegien 250
12.2 Gedächtnismodelle 252
12.3 Neuronale Plastizität 254
12.4 Synaptische Plastizität und Proteinbiosynthese 256
12.5 Ethische Herausforderung: Neuro-Enhancement 258
12.6 Die Alzheimer-Krankheit 260
12.7 An den Grenzen des Lebens 262

13 Zusammenwirken von neuronaler und hormoneller Informationsübertragung
13.1 Überblick: Das vegetative Nervensystem und das hormonelle System 264
13.2 Zelluläre Wirkmechanismen von hydrophilen und lipophilen Hormonen 266
13.3 Vergleich hormoneller und neuronaler Informationsübertragung 268
13.4 Der Anpassungswert der Stressreaktion 270
13.5 Hormonelle und neuronale Grundlagen der Stressreaktion 272
Wiederholen im Inhaltsfeld Neurobiologie 274

Evolution

14 Entwicklung der Evolutionstheorie
14.1 Ordnung in der Vielfalt: Binäre Nomenklatur und Systematisierung der Lebewesen 278
14.2 Ähnlichkeiten zwischen fossilen und rezenten Lebewesen: Beispiel Archaeopteryx 280
14.3 Ähnlichkeiten zwischen Lebewesen: Homologien und Analogien 282
14.4 Verwandtschaftsbelege durch molekularbiologische Homologien 284
14.5 Verwandtschaftsbelege aus der molekularbiologischen Entwicklungsbiologie 286
14.6 Belege für die Endosymbiontentheorie 288
14.7 Evolution der Stoffwechseltypen 290
14.8 Verwandtschaft und Stammbaum der Wirbeltiere 292
14.9 Die Evolutionstheorien von Lamarck und Darwin 294

15 Grundlagen evolutiver Veränderungen
15.1 Die Synthetische Evolutionstheorie 296
15.2 Variabilität 298
15.3 Selektionstypen und Selektionsfaktoren 300
15.4 Präadaptationen und die aktuelle Ausbildung von Antibiotikaresistenz bei Bakterien 302
15.5 Isolationsmechanismen 304
15.6 Populationsgenetik und das Hardy-Weinberg-Gesetz 306
15.7 Evolutionäre Prozesse vor der Haustür 308

16 Art und Artbildung
16.1 Allopatrische Artbildung 310
16.2 Sympatrische Artbildung 312
16.3 Adaptive Radiation und Angepasstheit 314
16.4 Koevolution 316
16.5 Symbiose, Parasitismus und Mutualismus 318

17 Evolution und Verhalten
17.1 Proximate und ultimate Erklärungsformen in der Biologie 320
17.2 Der adaptive Wert von Verhalten: Kosten-Nutzen-Analysen 322
17.3 Multilevel-Selektion 324
17.4 Fitnessmaximierung und die Weitergabe von Allelen 326
17.5 Sozialverhalten der Primaten 328
17.6 Sexuelle Selektion und Sexualdimorphismus 330

18 Evolution des Menschen
18.1 Evolutionäre Geschichte des menschlichen Körpers 332
18.2 Verwandtschaftsanalyse von Menschen und Menschenaffen (I): Anatomische und chromosomale Befunde 334
18.3 Verwandtschaftsanalyse von Menschen und Menschenaffen (II): Molekularbiologische Befunde 336
18.4 Der Stammbaum des Menschen 338
18.5 Die Stellung der Neandertaler im Stammbaum des Menschen 340
18.6 Evolution des menschlichen Gehirns 342
18.7 Lebensgeschichte und Elterninvestment 344
18.8 Evolutive Trends in der Menschwerdung 346
18.9 Vergleich biologischer und kultureller Evolution 348
18.10 Zur Problematik des Begriffs „Menschenrasse" 350
  Wiederholen im Inhaltsfeld Evolution 352
  Worterklärungen 354
  Stichwortverzeichnis 362
  Operatoren 365
  Sicherheit beim Experimentieren 366
  Bildquellennachweis 367

Linksammlung unter:
http://westermann.de/bioskop-s2-link

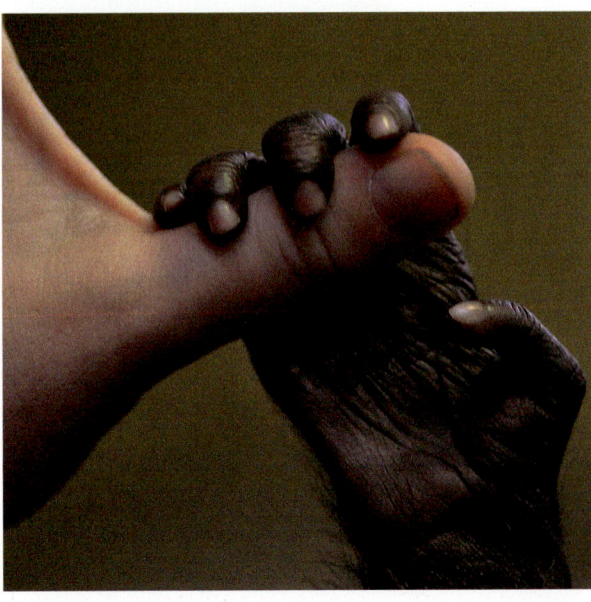

Ebenen der biologischen Organisation – Systemebenen

Ein Merkmal des Lebens auf der Erde ist die riesige Vielfalt. Um die Vielfalt biologischer Phänomene und Sachverhalte zu ordnen, sind verschiedene Ordnungssysteme entwickelt worden. Eines davon ordnet biologische Sachverhalte nach Ebenen biologischer Organisation, den **Systemebenen** (Abb. 1). Dabei baut jede Ebene auf den vorherigen Ebenen auf.

Zur Ebene der **Moleküle** gehören unter anderem die biologisch bedeutsamen Proteine, Fette, Kohlenhydrate und Nucleinsäuren. Chlorophyll ist ein Molekül, das Licht absorbiert und für die Fotosynthese wichtig ist. Verschiedene Moleküle ordnen sich zu **Zellorganellen**, z. B. zu Chloroplasten, den Orten der Fotosynthese. Zellorganellen sind Bestandteile von **Zellen**, den Grundeinheiten aller Lebewesen. Vielzeller besitzen in der Regel eine große Vielfalt an Zelltypen, die jeweils auf eine bestimmte Funktion spezialisiert sind. Gleichartige Zellen schließen sich zu **Geweben** zusammen, verschiedene Gewebe zu einer Funktionseinheit, einem **Organ**. Das Laubblatt ist ein Beispiel für ein Organ, in dem unter anderem Gewebe für Fotosynthese und für die Leitung von Stoffen enthalten sind. Neben Blättern sind Wurzeln und Sprossachse Organe einer Blütenpflanze. Diese verschiedenen Organe wirken in einem einzelnen Lebewesen, einem **Organismus**, z. B. einer Rotbuche, zusammen. Alle Rotbuchen gehören zu einer Art, alle Fichten zu einer anderen Art. Mit **Art** bezeichnet man die Gesamtheit der Lebewesen, die sich untereinander fruchtbar fortpflanzen können. Diejenigen Lebewesen einer Art, die in einem bestimmten Gebiet leben, bilden eine **Population**. Populationen verschiedener Arten in einem abgrenzbaren Lebensraum bezeichnet man als **Lebensgemeinschaft** (Biozönose). Die Wechselwirkungen einer Lebensgemeinschaft untereinander und mit den unbelebten Umweltfaktoren ihres Lebensraumes bilden ein **Ökosystem**, z. B. einen mitteleuropäischen Buchenwald. Die **Biosphäre** umfasst alle Bereiche der Erde, die von Lebewesen bewohnt sind.

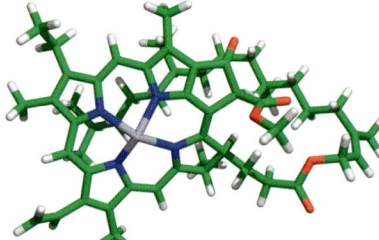
Ebene der Moleküle

Ebene der Zellorganellen

Ebene der Zellen und Gewebe

Ebene der Organe

Ebene des Organismus und der Art

Ebene der Biosphäre

Ebene der Ökosysteme

Ebene der Lebensgemeinschaften

Ebene der Populationen

1 *Ebenen biologischer Organisation*

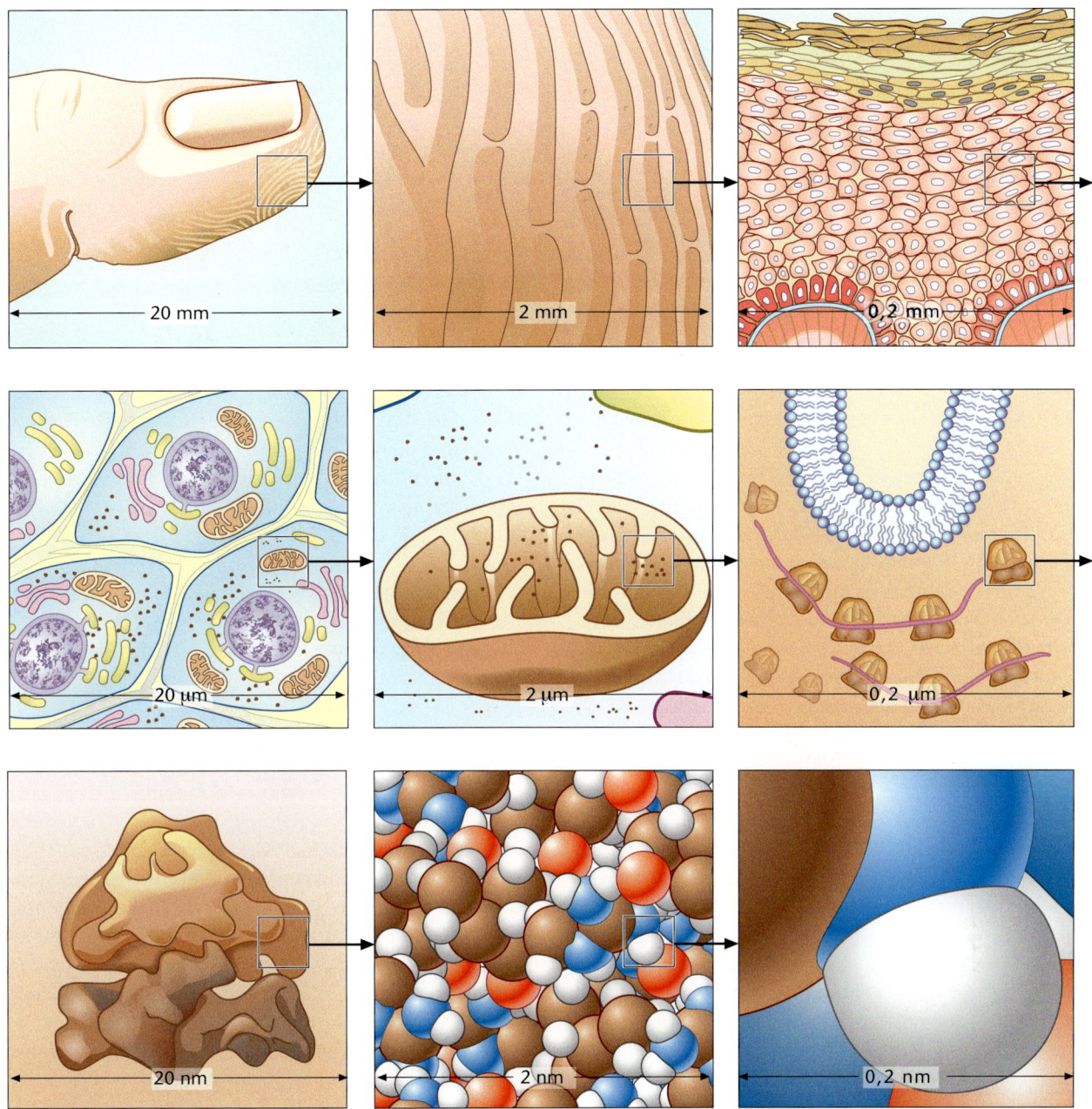

1 µm = 1 Mikrometer = 10^{-6} m   1 nm = 1 Nanometer = 10^{-9} m

Eine Fahrt in den menschlichen Körper von der Hautoberfläche des Daumens bis zu den Atomen. Dabei steigt die Vergrößerung von Ausschnitt zu Ausschnitt um den Faktor 10. Die Hautleisten (oben, Mitte) sind noch mit dem bloßen Auge zu erkennen. Ein schematischer Querschnitt durch die Oberhaut (oben rechts) zeigt viele mikroskopisch kleine Zellen. Zellen sind die Grundbausteine aller Lebewesen. Die Feinstrukturen von Zellen werden erst bei noch stärkerer Vergrößerung sichtbar. Zellorganellen wie der Zellkern und Mitochondrien (zweite Reihe Mitte) haben wichtige biologische Funktionen im Leben von Zellen (und Menschen). Mitochondrien liefern Zellen nutzbare Energie in Form von ATP. Zellen nehmen Stoffe auf, wandeln sie um und geben Stoffe ab. Eine Gruppe von Proteinen, die Enzyme, sind an allen Stoffwechselschritten beteiligt. Die Proteine selbst werden innerhalb einer Zelle in den Ribosomen gebildet (mittlere Reihe rechts, untere Reihe links). Am unteren Ende dieser Skala stehen Moleküle und Atome.

Arbeiten mit Basiskonzepten: System

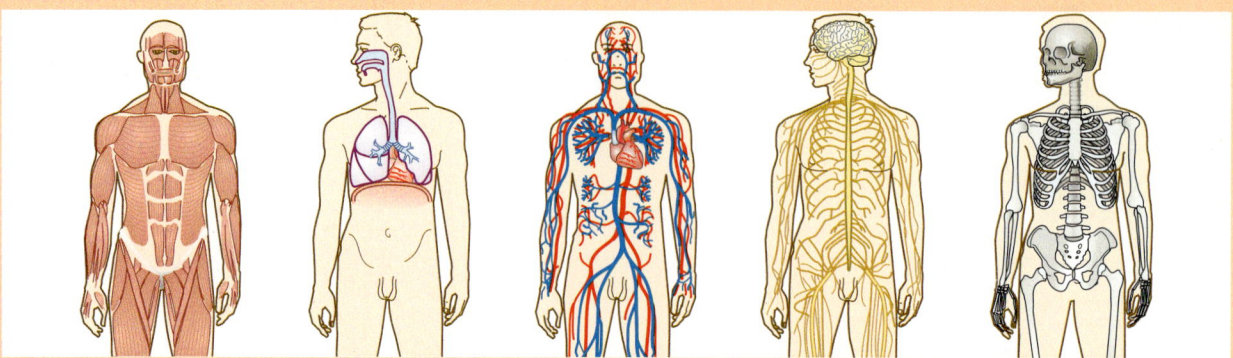

1 *Ein Mensch ist ein lebendes System*, Systemelemente sind unter anderem die Organsysteme und ihre Wechselwirkungen

Die naturwissenschaftliche Erforschung von Lebewesen untersucht Vorgänge von der Größe eines Moleküls bis hin zum System der Biosphäre unseres Planeten sowie Ereignisse und Prozesse von Millisekunden Dauer bis hin zu Milliarden Jahren. Die Wissenschaft Biologie hat eine riesige, ständig wachsende Fülle biologischer Phänomene und Sachverhalte zu erklären. Dabei stellt sich heraus, dass dieser Vielfalt eine überschaubare Zahl grundlegender biologischer Gemeinsamkeiten und Regeln zugrunde liegt, sodass man biologische Prinzipien formulieren konnte. Diese Prinzipien nennt man auch **Basiskonzepte**. Basiskonzepte dienen dazu, die riesige, kaum überschaubare Vielfalt biologischen Fachwissens zu strukturieren. Mithilfe der Basiskonzepte können biologische Phänomene und Sachverhalte aus verschiedenen Bereichen der Biologie gedanklich miteinander verknüpft und vernetzt werden. Fast jedes Thema des Biologieunterrichts lässt sich einem Basiskonzept oder mehreren Basiskonzepten zuordnen. Das regelmäßige Arbeiten mit Basiskonzepten trägt zum Aufbau strukturierten Wissens bei, verbessert den Überblick und kann dadurch das Lernen erleichtern.

Die Basiskonzepte im Biologieunterricht sind **System, Struktur und Funktion** (das noch weiter untergliedert ist) **und Entwicklung**. In diesem und den beiden folgenden Abschnitten werden diese drei Basiskonzepte in den Grundzügen erläutert.

Unter einem **System** versteht man im Allgemeinen ein Gefüge von **Systemelementen**, die gegenseitig auf ganz bestimmte Weise in Beziehung stehen und aufeinander einwirken. Diese **Wechselwirkungen** machen aus einer Ansammlung von Elementen ein geordnetes und funktionstüchtiges Ganzes, ein System. Ein Beispiel dafür ist das Zusammenwirken der menschlichen Organsysteme (Abb. 1). Ein System lässt sich mit Antworten auf die beiden folgenden Fragen analysieren: a) Aus welchen Elementen besteht das System? b) Auf welche Weise stehen die Elemente des Systems in Beziehung und in Wechselwirkung? Typisch für ein System ist, dass es neue Eigenschaften besitzt, die sich nicht aus den Eigenschaften seiner Elemente herleiten lassen. Man spricht von **emergenten Eigenschaften** (lat. emergere, auftauchen, hervorkommen) und sagt vereinfachend „Das Ganze ist mehr als die Summe seiner Teile". Die Fähigkeit des Systems Mensch zur Regulation der Körpertemperatur ist dafür ein Beispiel. Keines seiner Organsysteme hat für sich genommen die Fähigkeit zur Temperaturregulation. Erst bestimmte Wechselwirkungen zwischen Organsystemen und ihren Teilen lassen die Fähigkeit zur Temperaturregulation entstehen.

> In einem Denkmodell kann man sich deutlich machen, dass nicht die bloße Ansammlung von Elementen ein System aufbaut, sondern die Beziehungen und Wechselwirkungen zwischen den Elementen dafür maßgeblich sind: Zerlegt man ein Fahrrad in seine Teile, sind zwar immer noch alle Elemente des Systems „Fahrrad" vorhanden, aber die Beziehungen zwischen den Teilen sind verändert. Erst wenn die Kette über Zahnräder Bewegungsenergie auf das Hinterrad überträgt, wenn die Schläuche auf den Felgen sitzen usw., wird ein funktionsfähiges System aus einer Ansammlung verschiedener Elemente.

2 *Denkmodell zum „System"*

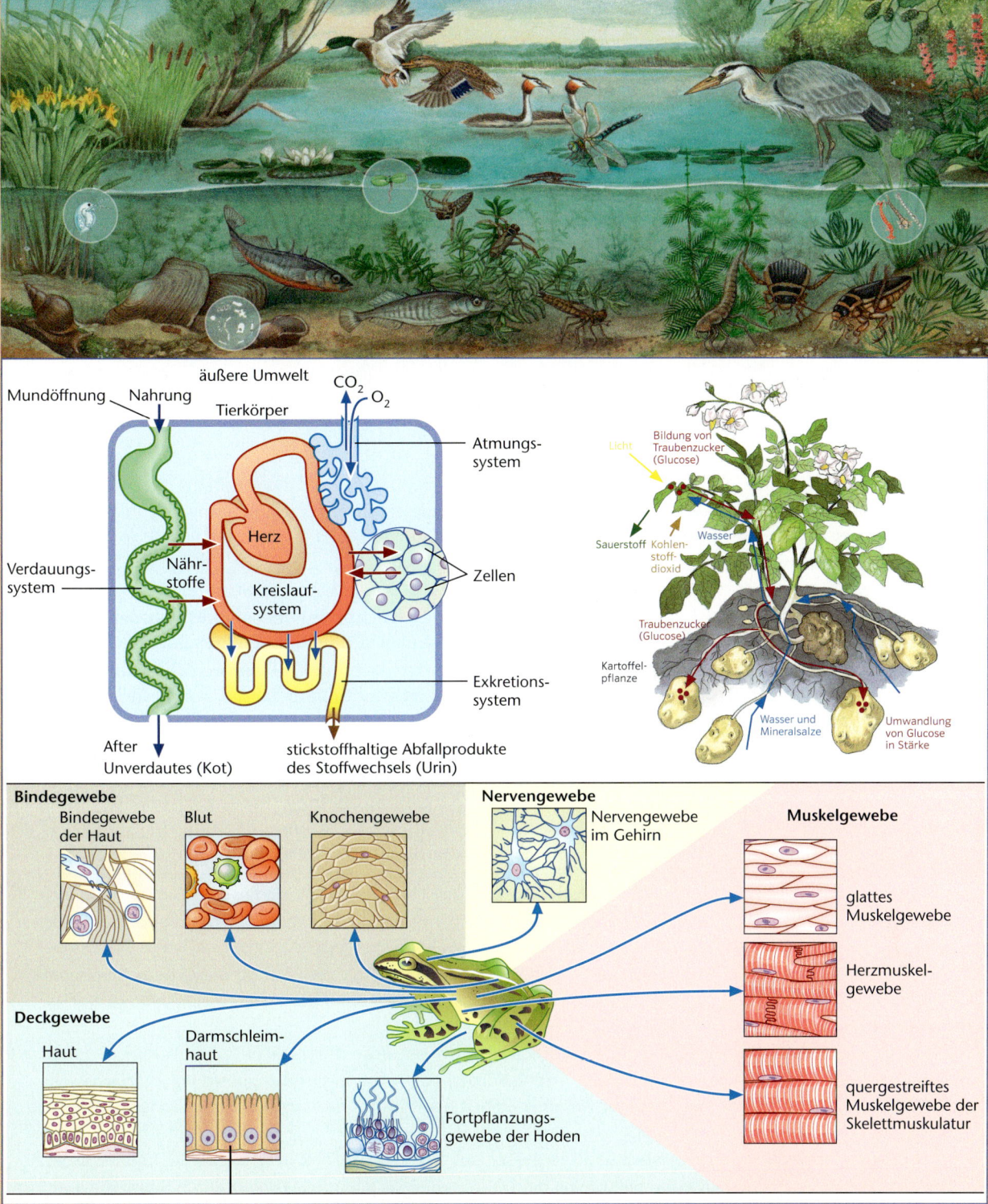

3 *Auswahl verschiedener biologischer Systeme:* a) Ausschnitt aus einem Ökosystem; b) Modell eines tierischen Vielzellers mit Organsystemen; c) Blütenpflanze (Kartoffel) als System mit Wurzeln, Spross, Blättern und Blüten als Organen; d) Differenzierte (spezialisierte) Zellen arbeiten in einem Vielzeller zusammen, Beispiel Wasserfrosch.

1 **Verschiedene biologische Systeme.**
a) Erläutern Sie an einem selbst gewählten Beispiel das Zusammenwirken der in Abb. 1 dargestellten Organsysteme eines Menschen.
b) Beschreiben Sie Wechselwirkungen in den verschiedenen biologischen Systemen (Abb. 3);
c) Begründen Sie, dass eine lebende tierische (pflanzliche) Zelle ein System ist.

Arbeiten mit Basiskonzepten: Struktur und Funktion

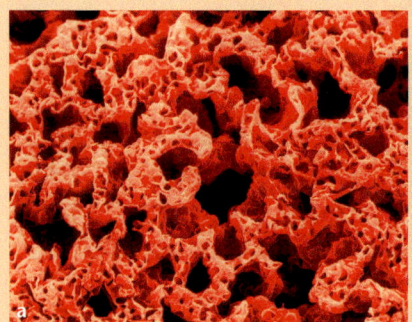  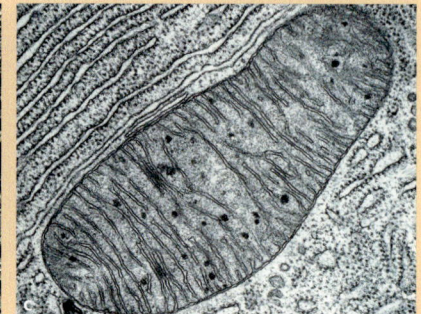

1 *Was haben Lungengewebe (a), Wurzelhaare (b) und Mitochondrien (c) gemeinsam?*

Die Lungen eines Menschen sind aus mehreren Millionen Lungenbläschen aufgebaut, deren Aufgabe (Funktion) der Gasaustausch von Sauerstoff und Kohlenstoffdioxid ist. Insgesamt nehmen die Lungenbläschen eine Fläche von 90 m² ein. Die äußere Lungenoberfläche beträgt dagegen nur etwa 0,07 m². Diese große innere Oberfläche begünstigt die Intensität des Stoffaustausches beträchtlich. Auch die große Oberfläche der Wurzelhaare (Abb. 1b) und die große Oberfläche der vielfältig eingestülpten inneren Mitochondrienmembran (Abb. 1c) begünstigen den Stoffaustausch. An diesen Beispielen wird der **Zusammenhang von Struktur** (Aufbau) und Funktion (Aufgabe, biologische Bedeutung) deutlich. Neben dem Prinzip der Oberflächenvergrößerung sind das Schlüssel-Schloss-Prinzip, das Bausteinprinzip und das Prinzip der Gegenspieler Beispiele für den Zusammenhang von Struktur und Funktion (Abb. 2).

Der Zusammenhang von Struktur und Funktion ist auf allen Systemebenen biologischer Information, von den Molekülen bis hin zum Ökosystem relevant. Lebewesen und ihre Teile (Moleküle, Zellorganellen, Zellen, Organe) sind in ihrer Struktur an bestimmte Funktionen angepasst. Das **Basiskonzept „Struktur und Funktion"** wird unter anderem nach verschiedenen Funktionsbereichen weiter untergliedert: **Stoff- und Energieumwandlung, Steuerung und Regelung, Information und Kommunikation, Reproduktion und Vererbung, Variabilität und Angepasstheit.**

> Das **Schlüssel-Schloss-Prinzip** beschreibt Wechselwirkungen zwischen Teilen, die sich in ihrer Struktur räumlich ergänzen, d. h. komplementär zueinander sind und die ähnlich wie ein Schlüssel zum Schloss zueinander passen müssen, um ganz bestimmte biologische Funktionen erfüllen zu können. Wenn Moleküle nach dem Schlüssel-Schloss-Prinzip miteinander in Wechselwirkung treten, wird die Genauigkeit der Passung durch den chemischen Aufbau und die Verteilung von Ladungen bestimmt. Beispiele: Antigen-Antikörper-Reaktion; Enzym-Substrat-Komplex.
> Das **Prinzip der Oberflächenvergrößerung** besagt, dass ein Körper umso mehr Fläche hat, je stärker er durch Auffaltungen oder Einstülpungen strukturiert ist. Solche Körper haben im Vergleich zu ihrem Volumen eine sehr große Oberfläche. Eine große Oberfläche pro Volumeneinheit begünstigt unter anderem den Stoffaustausch, wie es z. B. beim Lungengewebe der Fall ist.
> Mit dem **Bausteinprinzip** wird der Aufbau von Lebewesen aus Grundbausteinen beschrieben. Auf molekularer Ebene sind vier verschiedene Nucleotide Bausteine der DNA und 20 verschiedene Aminosäuren Bausteine aller Proteine. Grundbausteine aller Lebewesen sind Zellen. Eng verknüpft mit dem Bausteinprinzip ist das **Abwandlungsprinzip.** Es besagt, dass durch Abwandlungen in der Struktur oder durch verschiedene Kombinationen von Grundbausteinen Teile mit veränderter Funktion entstehen. Beispiele: verschiedene Zelltypen; DNA-Basentripletts.
> Das **Prinzip der Gegenspieler** nennt man auch „antagonistisches Prinzip". Die Gegenspieler oder Antagonisten wirken entgegengesetzt auf einen bestimmten biologischen Vorgang. Die Bedeutung dieses Prinzips liegt daher in der Regelung biologischer Vorgänge. Beispiele: Beuge- und Streckmuskel; die Hormone Insulin und Glukagon bei der Blutzuckerregulation.

2 *Beispiele für den Zusammenhang von Struktur und Funktion*

Struktur und Funktion: Lebewesen und ihre Teile (Moleküle, Zellorganellen, Zellen, Gewebe, Organe) sind in ihrer Struktur an bestimmte Funktionen angepasst.

Stoff und Energieumwandlung: Alle Lebewesen nehmen Stoffe auf, wandeln Stoffe enzymatisch um und geben Stoffe ab. Alle Lebensvorgänge sind energiebedürftig und laufen unter Energieumwandlungen ab.

Steuerung und Regelung: Auf allen Systemebenen (Moleküle, Zellen, Organe, Organismen, Ökosysteme) treten Wechselwirkungen auf. Manche Wechselwirkungen unterliegen der Steuerung und Regelung. Dadurch werden u.a. Bedingungen im Körper stabil gehalten.

Information und Kommunikation: Nicht nur zwischen Lebewesen, sondern auch im Körper eines Lebewesens findet zwischen Organen, zwischen Zellen und innerhalb einer Zelle Informationsübertragung und Kommunikation statt.

Reproduktion und Vererbung: Bei der Fortpflanzung (Reproduktion) werden Erbinformationen weitergegeben, die Grundlage für die Individualentwicklung eines Lebewesens sind. Mutationen in den Erbinformationen sind eine Grundlage der genetischen Vielfalt von Lebewesen in der Stammesgeschichte.

Variabilität und Angepasstheit: Unter Variabilität versteht man die Veränderlichkeit von Merkmalen, die zur Vielfalt führt. Genetische Variabilität ist Voraussetzung für die Ausbildung von Angepasstheiten. Das sind erbliche Merkmale, die durch natürliche Auslese im Laufe der Stammesgeschichte entstanden sind.

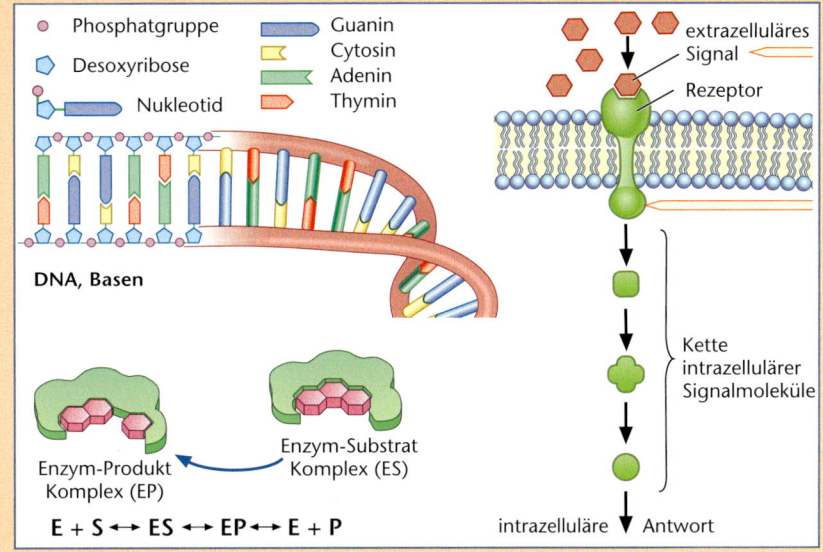

3 *Struktur-Funktionsbeziehungen im molekularen Bereich (DNA, Rezeptoren in Membranen, Enzyme)*

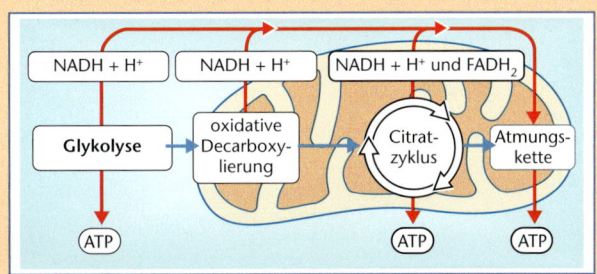

4 *Übersicht Dissimilation (oxidativer Glucoseabbau)*

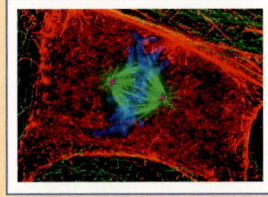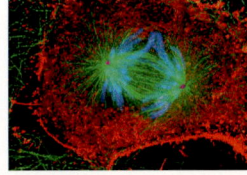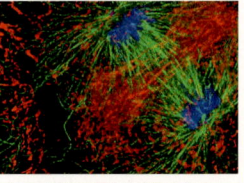

5 *Ausschnitt aus der Mitose*

1 **Basiskonzept Struktur und Funktion.** Ordnen Sie die in Abb. 3 bis 6 dargestellten biologischen Sachverhalte begründet dem Basiskonzept Struktur und Funktion bzw. seinen Untergliederungen (Abb. 3) zu. Beachten Sie bei Abb. 3 auch die Angaben in Abb. 2.

6 *Honigbienen (Nektarsuche, Schwänzeltanz im Stock)*

Arbeiten mit Basiskonzepten: Entwicklung

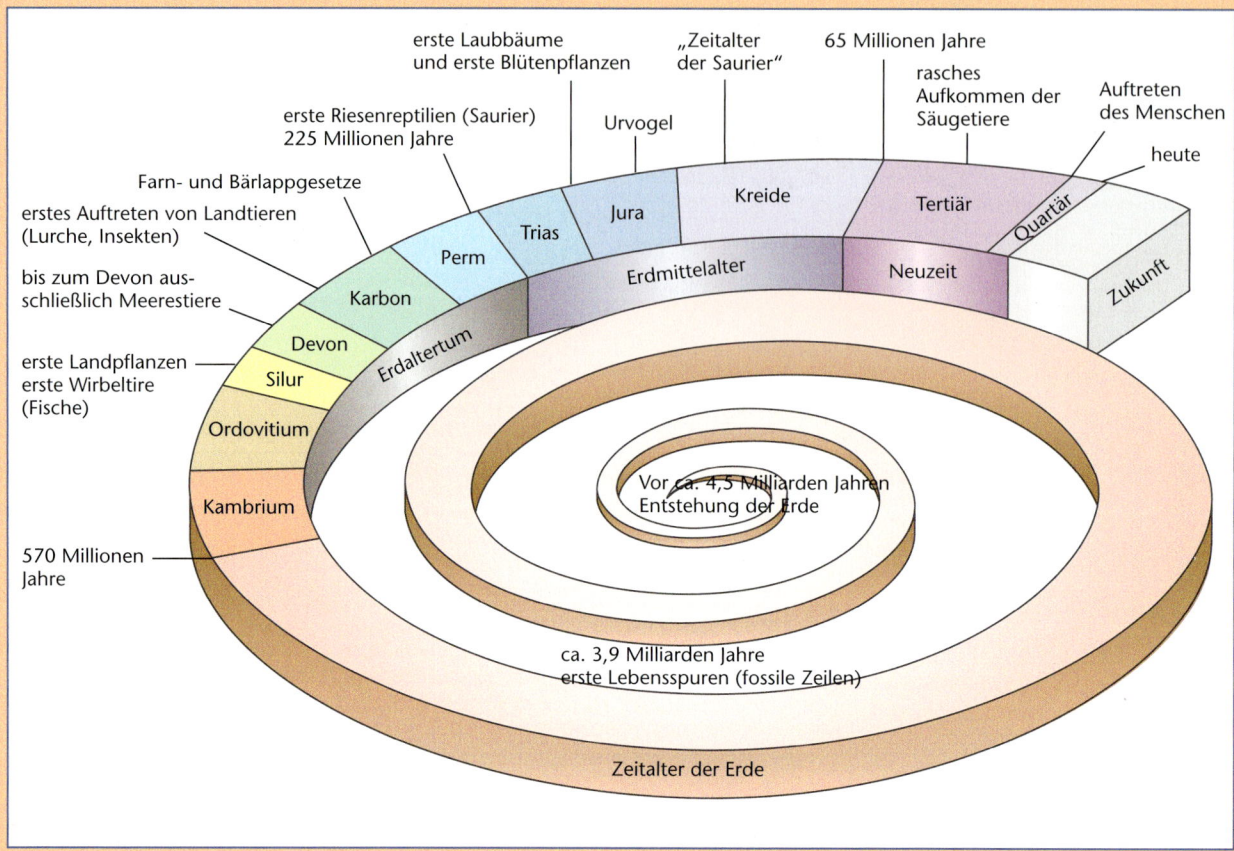

1 *Entwicklung (I)*

„Panta rhei" formulierte der 500 v. Chr. lebende griechische Philosoph HERAKLIT. Damit ist gemeint, dass alles Sein in Bewegung, im Fluss ist und nichts so bleibt, wie es ist. In der Biologie hat der Begriff „Entwicklung" verschiedene Bedeutungen.

Ein fortwährender Wandel findet auf allen Ebenen biologischer Systeme statt. Moleküle, Zellorganellen, Zellen, Organe, Lebewesen, Populationen, Ökosysteme und die Biosphäre verändern sich mit der Zeit. Jedes einzelne Lebewesen entwickelt sich im Laufe seines Lebens und verändert sich dabei. Das nennt man **Individualentwicklung**. Die Entwicklung eines jeden Menschen von der befruchteten Eizelle über Embryo, Fetus, Säugling, Kind, Jugendlicher und Erwachsener bis hin zum Tod ist ein Beispiel für Individualentwicklung.

Die vielfältigen Arten von Lebewesen sind im Laufe langer Zeiträume aus anderen Formen hervorgegangen. Diesen Vorgang bezeichnet man als **stammesgeschichtliche Entwicklung** oder Evolution. Alle Lebewesen haben eine Geschichte, alle biologischen Systeme können unter der Perspektive ihrer Geschichtlichkeit und ihres So-Geworden-Seins betrachtet werden. Die Abstammung jedes heutigen Lebewesens lässt sich gedanklich durch eine ununterbrochene Kette von Vorfahren, Vor-Vorfahren usw. bis hin zu den Ursprüngen des Lebens zurückführen. Letztendlich sind alle Lebewesen aufgrund ihrer Abstammung von gemeinsamen Vorfahren miteinander verwandt. Man spricht von stammesgeschichtlicher Verwandtschaft. Unterschiede im Verwandtschaftsgrad hängen davon ab, wie lange die stammesgeschichtliche Entwicklung der zu vergleichenden Arten getrennt verlief. Je kürzer dieser Zeitraum war, desto größer ist die verwandtschaftliche Nähe. Die Rekonstruktion der Stammesgeschichte erfolgt unter anderem durch Untersuchungen erblicher Merkmale an fossilen und heutigen Lebewesen. Auch der Mensch hat eine Stammesgeschichte.

2 *Entwicklung (II)*

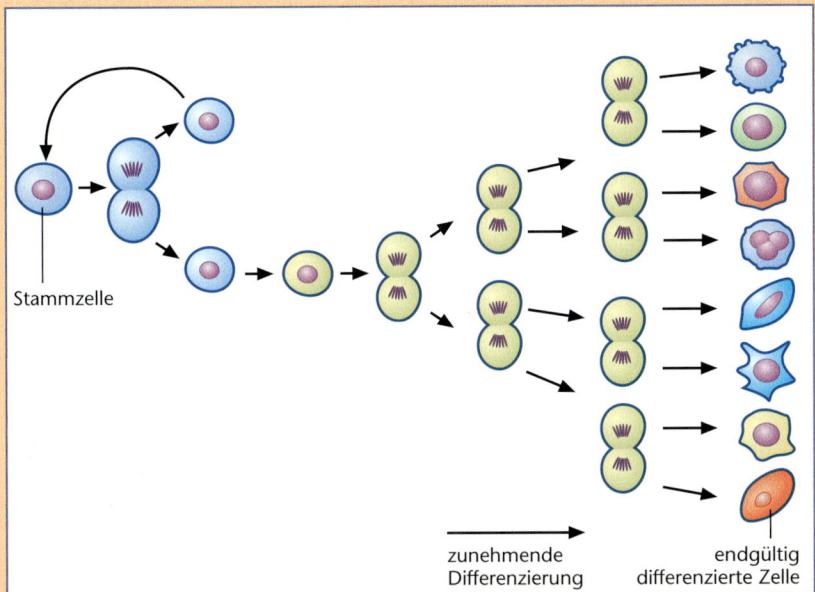

1 **Verschiedene Entwicklungsvorgänge.** Erläutern Sie unter Bezug auf die Entwicklungsvorgänge I bis IV die jeweilige Bedeutung des Begriffs „Entwicklung" (Abb. 1–4).

3 *Entwicklung (III)*

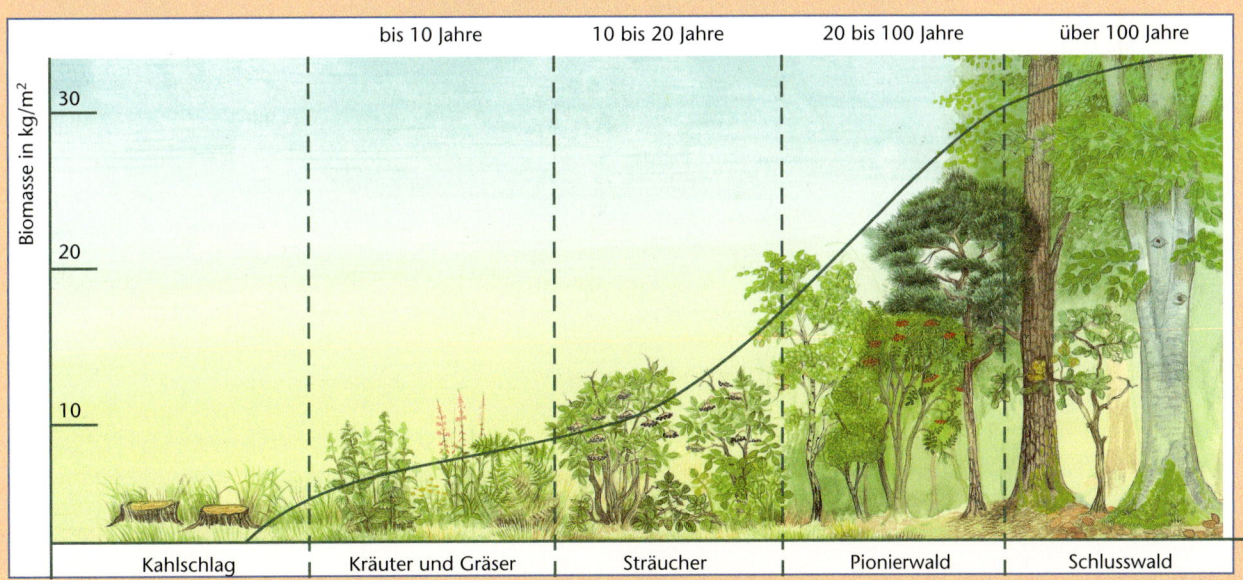

4 *Entwicklung (IV)*

Genetik und genetisch bedingte Krankheiten

1 Grundprinzipien der Rekombination

2 Humangenetische Beratung und Analyse von Familienstammbäumen

3 Erforschung der Proteinbiosynthese

4 Angewandte Genetik – Gentechnologie – Bioethik

Jedes Lebewesen besitzt Erbanlagen (Gene), deren Gesamtheit man als Genom des jeweiligen Lebewesens bezeichnet. Bei der Bildung der Geschlechtszellen und der Befruchtung werden Gene neu kombiniert. Diese Vorgänge sind eine bedeutsame Grundlage der genetischen Vielfalt. Durch Mutationen können Gene und genetische Informationen verändert werden.

Das Genom ist ein biologischer Informationsspeicher, der Informationen für die Steuerung des Stoffwechsels und für Entwicklungsvorgänge enthält. Viele Gene enthalten Informationen für die Bildung von Proteinen. Auf molekularer Ebene beschäftigt sich Genetik daher insbesondere mit der Regulation der Genaktivität und der Proteinbiosynthese. Molekulargenetische Forschungen geben auch Einblicke in das Ursachengefüge genetisch (mit) bedingter Krankheiten und können helfen, geeignete Diagnosemethoden und Behandlungsmöglichkeiten zu entwickeln. Weil genetische Anwendungen die Verantwortung des Menschen berühren, ist in vielen Fällen ethisches Nachdenken und Bewerten gefordert.

Die Abbildung zeigt eine Petrischale, in der Forscher mit lebenden Bakterien eine Strandszene „gemalt" haben. Die Bakterien sind so beeinflusst, dass sie bei der Synthese eines bestimmten Proteins gleichzeitig ein fluoreszierendes Protein bilden, das bei Belichtung in einer bestimmten Farbe fluoresziert. Hier wurden acht Bakterienkulturen mit je verschiedenem Fluoreszenzprotein verwendet, entsprechend den acht Farben in der Petrischalen-Strandszene. Der ernsthafte Hintergrund des Gemäldes sind Forschungen zur räumlichen und zeitlichen Verteilung von Proteinen in Zellen, die im Jahre 2008 mit einem Nobelpreis gewürdigt wurden.

1.1 Prokaryoten und Eukaryoten

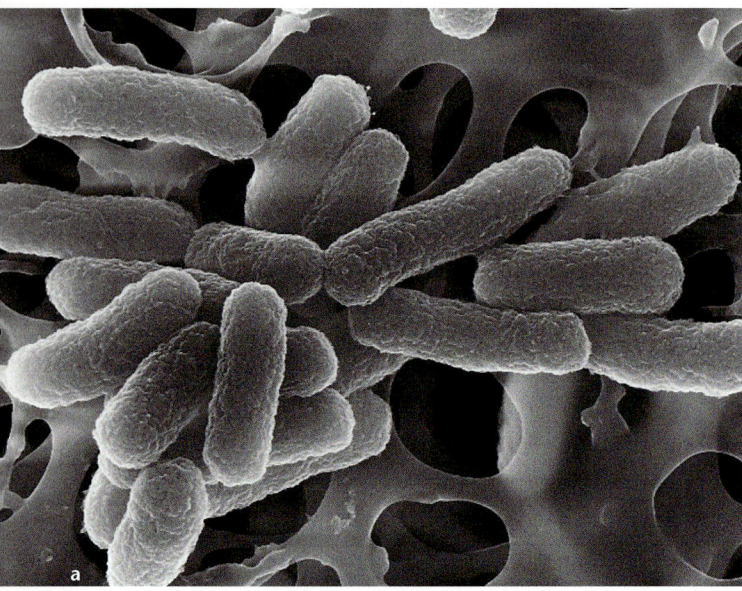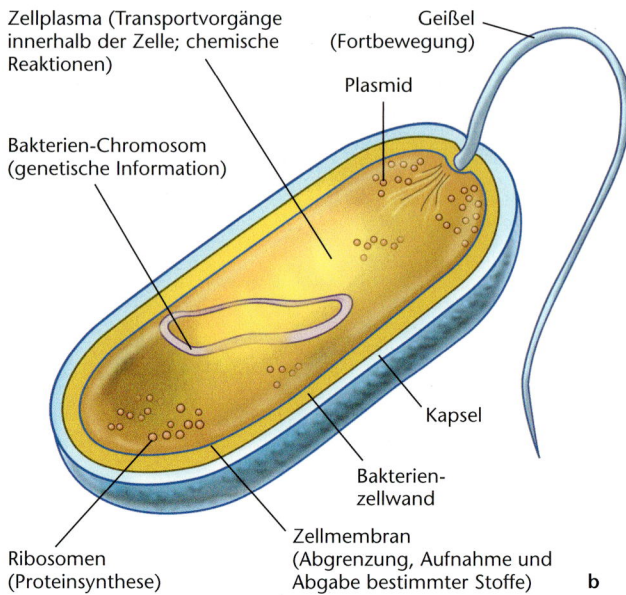

1 *Foto und Schema eines Bakteriums*

Alle Organismen sind aus Zellen aufgebaut. Manche Lebewesen bestehen nur aus einer einzigen Zelle, andere hingegen aus Milliarden von Zellen. Alle Zellen haben folgende Eigenschaften:
- Zellen gehen aus Zellen hervor.
- Mit wenigen Ausnahmen besitzt jede Zelle den kompletten Satz an Erbinformationen, den man Genom nennt. Das Genom ist der Informationsspeicher für den Bau und die Funktion jeder Zelle. Er wird durch die Mitose bei der Zellteilung identisch verdoppelt.
- Zellen sind von einer Zellmembran umgeben und grenzen sich dadurch von ihrer Umgebung ab.
- Zellen sind offene Systeme mit einem Stoffwechsel. Sie nehmen selektiv Stoffe aus ihrer Umgebung über die Zellmembran auf, wandeln sie um und geben andere Stoffe wieder ab.
- Zellen benötigen zur Aufrechterhaltung ihrer Funktionen Energie.

Man unterscheidet anhand der Zellformen zwei Grundtypen von Organismen. Zu den **Prokaryoten** gehören Bakterien (Abb. 1). Ihre Zellen besitzen keine Zellorganellen und keinen Zellkern. Die Erbinformation ist in Form eines ringförmigen DNA-Moleküls, dem Bakterien-Chromosom und in kleinen DNA-Ringen, den Plasmiden, gespeichert. Außerdem findet man im Cytoplasma Ribosomen. Die Prokaryoten sind von einer Zellmembran und einer Zellwand umgeben. Die Zellwand besteht hauptsächlich aus Polysacchariden. Zum Schutz der Zellwand und um sich in ihrer Umgebung anheften zu können, sondert die Zellwand mancher Bakterien eine schleimige Kapsel ab. Viele Bakterien besitzen Geißeln zur Fortbewegung.

Der zweite Grundtyp sind die **Eukaryoten**. Zu ihnen zählen alle Vielzeller und viele Einzeller wie Hefezellen oder Euglena (Abb. 2). Eukaryotenzellen besitzen einen Zellkern und andere durch Membranen abgegrenzte Zellorganellen. Diese räumliche Unterteilung oder Kompartimentierung ermöglicht es, dass verschiedene chemische Reaktionen ungestört voneinander innerhalb der Zelle ablaufen können. Spezialisierte eukaryotische Zellen erfüllen die verschiedensten Aufgaben in einem Organismus.

Bei dem eukaryotischen Einzeller **Euglena** können in den membranumgrenzten Chloroplasten bei Lichteinwirkung durch Fotosynthese energiereiche Nährstoffe, z. B. in Form von Glucose, aufgebaut werden (Abb. 2). Gleichzeitig finden in einem anderen Kompartiment, den membranumhüllten Mitochondrien, wesentliche Schritte des vollständigen Abbaus von Glucose statt. Dabei wird chemische Energie der Glucose in nutzbare chemische Energie für die Lebensvorgänge des Einzellers umgewandelt.

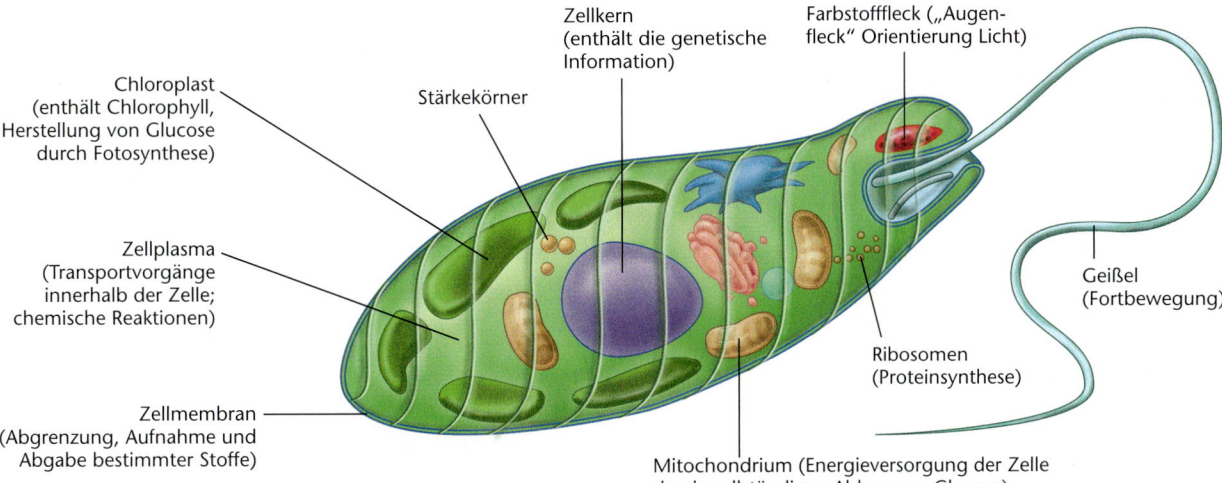

2 Schema des eukaryotischen Einzellers Euglena)

Autotrophe Bakterien (altgriech.: „selbst ernährende Bakterien") können eigenständig aus energiearmen, anorganischen Molekülen mithilfe von Energie körpereigene, organische Moleküle herstellen. Die selbst hergestellten organischen Moleküle dienen als Energiequelle sowie als Kohlenstoffquelle beim Aufbau eigener Substanzen. Einige Bakterien können, wie die meisten Pflanzen, im Prozess der Fotosynthese aus Kohlenstoffdioxid mithilfe von Lichtenergie energiereiche Moleküle wie Glucose herstellen. Da diese Bakterien das Sonnenlicht als Energiequelle nutzen, bezeichnet man sie als **fotoautotrophe Bakterien**. Andere Bakterienarten nutzen als Energiequelle nicht das Sonnenlicht, sondern energiereiche, anorganische Verbindungen. Beim Abbau dieser Verbindungen wird Energie frei, die zum Aufbau von Glucose genutzt wird. Solche Bakterienarten nennt man **chemoautotroph**.

Heterotrophe Bakterien (altgriech.: „fremd ernährende Bakterien") ernähren sich von organischer Substanz, also von anderen toten oder lebenden Organismen oder deren Teile. Die aufgenommenen organischen Moleküle dienen als Energiequelle sowie als Kohlenstoffquelle beim Aufbau körpereigener Substanz. Neben den Tieren und Pilzen sind auch viele Bakterien heterotrophe Organismen. Als Destruenten haben sie eine große Bedeutung in Ökosystemen.

Extremophile Bakterien sind Bakterien, die Angepasstheiten an extreme Umweltbedingungen aufweisen. Sie gedeihen unter chemischen und physikalischen Bedingungen, die im Allgemeinen als lebensfeindlich angesehen werden. Man unterscheidet, entsprechend des jeweiligen extremen Faktors, verschiedene Kategorien bei den extremophilen Bakterien. Dabei treffen auf manche Arten mehrere Kategorien zu.

- **Barophile Bakterien** findet man in der Tiefsee. Sie können extremem Überdruck standhalten. Da in diesen Tiefen sehr niedrige Wassertemperaturen vorherrschen, sind diese Bakterien auch psychrophil (kälteliebend). Als Angepasstheit an diese beiden Faktoren zeigen sie z.B. einen hohen Anteil an ungesättigten Fettsäuren in den Membranen. Diese bleiben dadurch auch bei hohem Druck und niedrigen Temperaturen flexibel.
- **Halophile Bakterien** können in hochkonzentrierten Salzlösungen existieren. Prinzipiell führen hohe Salzkonzentrationen zu Wasserverlust. Um dies zu vermeiden lagern halophile Bakterien z. B. Kalium-Ionen ein, die den eigenen Stoffwechsel wenig beeinflussen und den Wasserausstrom verhindern.
- **Acidophile Bakterien** gedeihen bei sehr niedrigen pH-Werten. Als Angepasstheit zeigen sie, dass ihre Membran für Protonen undurchlässig ist und somit ihr Cytoplasma nur einen leicht veränderten pH-Wert in Relation zum Außenmedium aufweist.
- **Thermophile Bakterien** wachsen bei sehr hohen Temperaturen von bis zu 113 °C.

→ 3.25 Modellorganismen in der biologischen Forschung

1.2 Struktur und Funktion von Zellorganellen

Die **Zellmembran** umschließt das Cytoplasma. Sie besteht aus einer Lipid-Doppelschicht, in die Proteine eingelagert sind. Die Zellmembran reguliert den Stofftransport in die Zelle hinein und aus der Zelle hinaus. Manche Proteine der Zellmembran dienen als Membranrezeptoren, die extrazelluläre Signale in intrazelluläre Signale umwandeln.

Vakuolen sind typisch für Pflanzenzellen. Sie sind von einer Membran, dem Tonoplasten, umgeben und enthalten in erster Linie Wasser. In Vakuolen können Stoffe gespeichert werden. Sie dienen auch als Speicherort für Stoffwechselprodukte oder für Farbstoffe. Die Vakuole spielt für den Wasserhaushalt der Zelle und den Zellinnendruck eine wichtige Rolle.

ER mit **Ribosomen**

Mitochondrium

Zellkern

Golgi-Apparat

Das **Zellplasma** (Cytoplasma) ist die Grundsubstanz einer Zelle. Es besteht aus der wässrigen Zellflüssigkeit und dem festeren Zellskelett (**Cytoskelett**). Im Zellplasma finden grundlegende chemische Vorgänge statt. Das Cytoskelett stabilisiert die Zelle und hat große Bedeutung für Transportvorgänge innerhalb einer Zelle.

Pflanzliche Zellen haben eine **Zellwand**, die hauptsächlich aus Cellulose besteht. Sie schützt die Pflanzenzelle, verleiht ihr Stabilität und verhindert, dass die Zelle zu stark anschwillt, wenn Wasser ins Zellinnere gelangt.

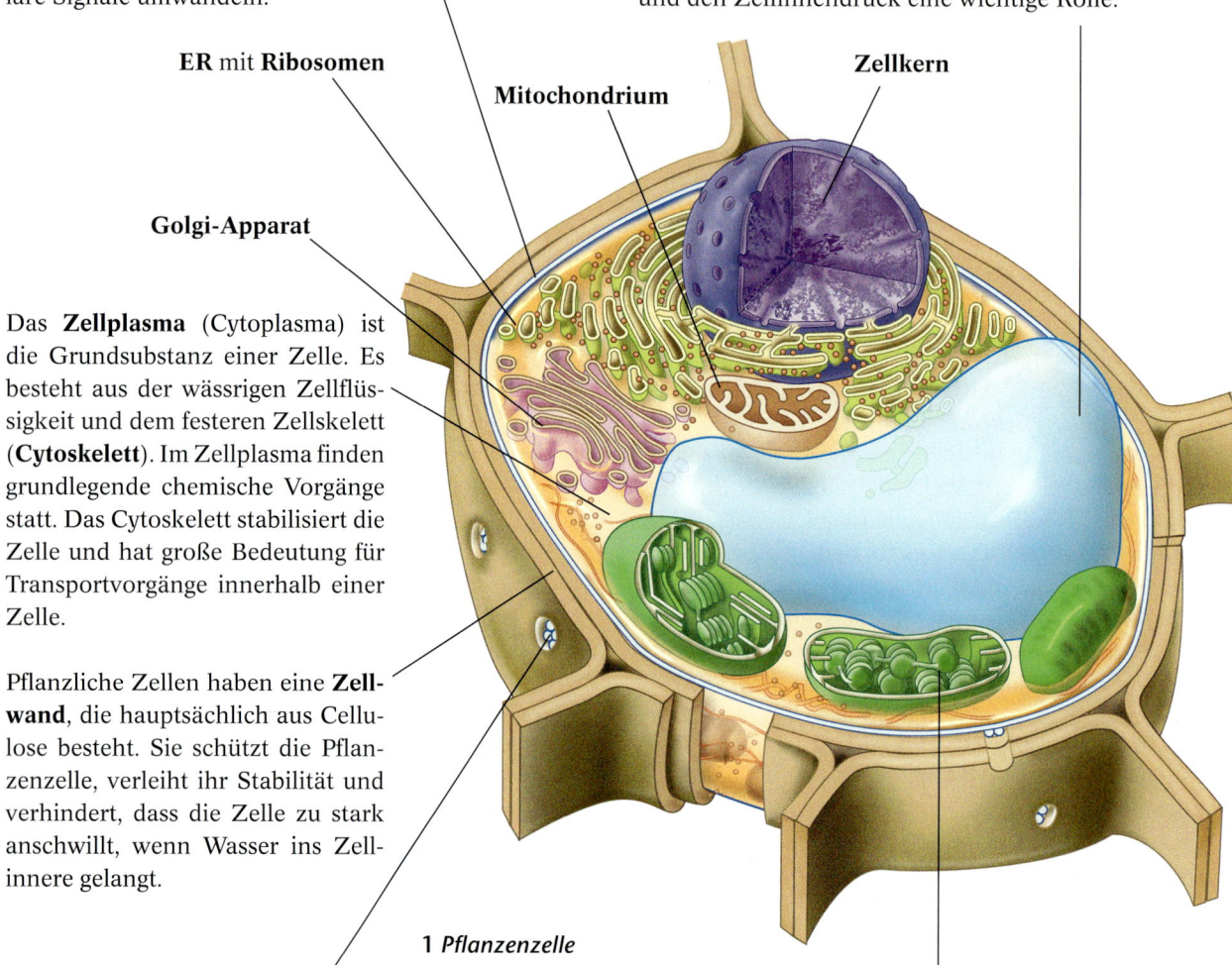

1 *Pflanzenzelle*

Bei den **Plasmodesmen** handelt es sich um von der Zellmembran umhüllte Cytoplasmastränge zwischen verschiedenen Zellen. Durch sie werden Verbindungen zwischen Zellen hergestellt. Die Zellen einer Pflanze bilden dadurch eine Einheit. Durch die Plasmodesmen kann Stoffaustausch zwischen benachbarten Zellen erfolgen.

Chloroplasten finden sich in grünen Pflanzenzellen. Sie sind von einer Doppelmembran umgeben. Die innere Membran weist zahlreiche Einstülpungen auf, sodass eine große innere Oberfläche entsteht. Chloroplasten enthalten Ribosomen sowie DNA. In den Chloroplasten findet die Fotosynthese statt, bei der Lichtenergie der Sonne in chemisch gebundene Energie in Form von Glucose umgewandelt wird. Dabei wird Sauerstoff frei. Chloroplasten können sich, unabhängig von der Teilung der Zelle, vervielfältigen.

Das **Endoplasmatische Retikulum** (ER) gehört zum **Membransystem** von Pflanzen- und Tierzellen. Beim ER handelt es sich um ein ausgedehntes Membransystem. Man unterscheidet das glatte und das raue ER. Beim rauen ER befinden sich Ribosomen an der Membran. Die Hauptaufgabe des rauen ERs ist die Proteinbiosynthese. Das glatte ER wirkt an einer Vielzahl von Stoffwechselvorgängen, vor allem dem Kohlenhydratstoffwechsel, mit. Außerdem ist es an der Beseitigung von Giftstoffen und Stoffwechselprodukten beteiligt.

Der **Zellkern** ist von einer Doppelmembran, der Kernmembran, umgeben, die von vielen kleinen Öffnungen, den Kernporen, durchsetzt ist. Im Inneren befinden sich Chromosomen, die Erbinformation in Form von DNA-Molekülen enthalten. Der Zellkern steuert die Proteinbiosynthese an den Ribosomen, indem die auf der DNA enthaltenen Informationen mithilfe von Botenmolekülen (mRNA) an die Ribosomen weitergeleitet werden.

Der **Golgi-Apparat** gehört zum Membransystem von Tier- und Pflanzenzellen. Er besteht aus Membranstapeln. Vom Golgi-Apparat können sich membranumgrenzte Vesikel, die bestimmte Stoffe enthalten, abschnüren und zur Zellmembran wandern. Wenn dort die Vesikelmembran mit der Zellmembran verschmilzt, wird der Inhalt des Vesikels aus der Zelle geschleust. Diesen Vorgang nennt man Exocytose. Umgekehrt können durch Abschnürungen der Zellmembran Vesikel gebildet werden, mit denen Stoffe in die Zelle aufgenommen und zum Golgi-Apparat transportiert werden (Endocytose).

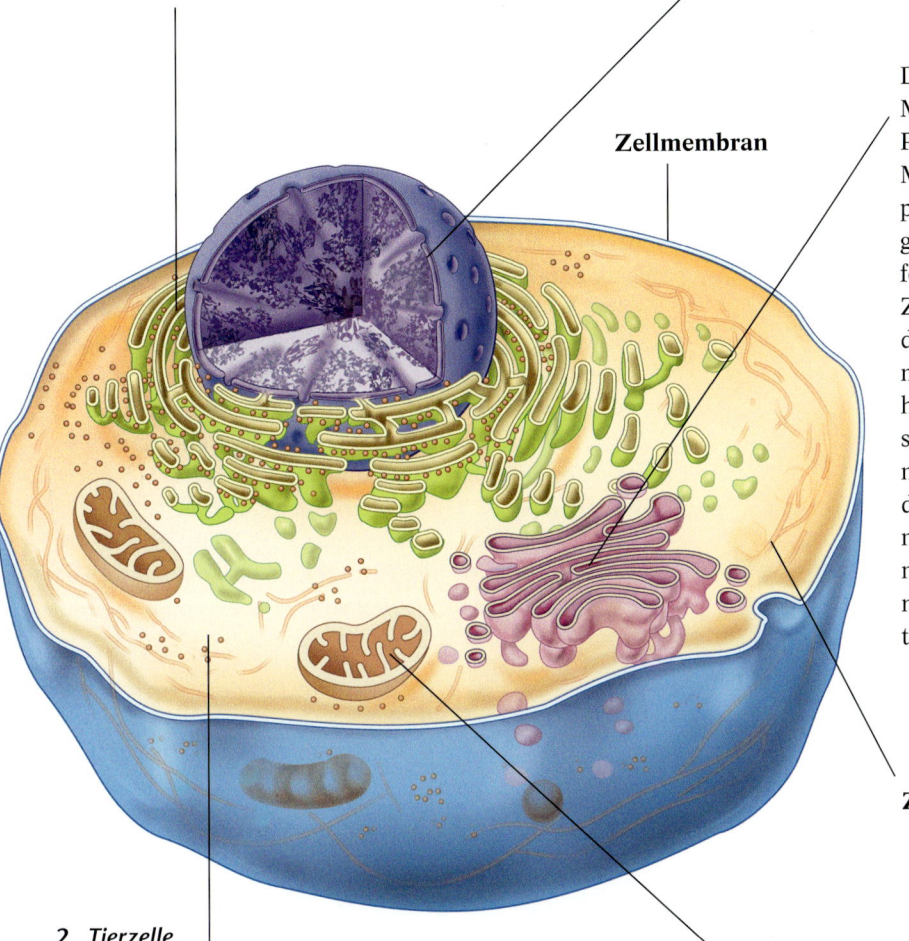

2 Tierzelle

Die **Ribosomen** findet man in prokaryotischen sowie in eukaryotischen Zellen. Die Ribosomen befinden sich im Cytoplasma oder bei eukaryotischen Zellen auch auf dem rauen ER. An den Ribosomen findet die Synthese von Proteinen statt.

Ein **Mitochondrium** ist von einer Doppelmembran umgeben. Dabei besitzt die äußere Membran eine glatte Oberfläche, während die innere Membran zahlreiche Einfaltungen, die Cristae, zeigt. Dadurch wird der Innenraum des Mitochondriums stark vergrößert. Die innere Membran umschließt die Mitochondrienmatrix. Sie enthält DNA und Ribosomen. In den Mitochondrien finden die wichtigsten Schritte der Zellatmung statt. Die Mitochondrien werden nicht von der Zelle gebildet, sondern vervielfältigen sich durch Teilung selbstständig.

→ 14.7 Evolution der Stoffwechseltypen

1.3 Zellkern, Chromosomen, Mitose

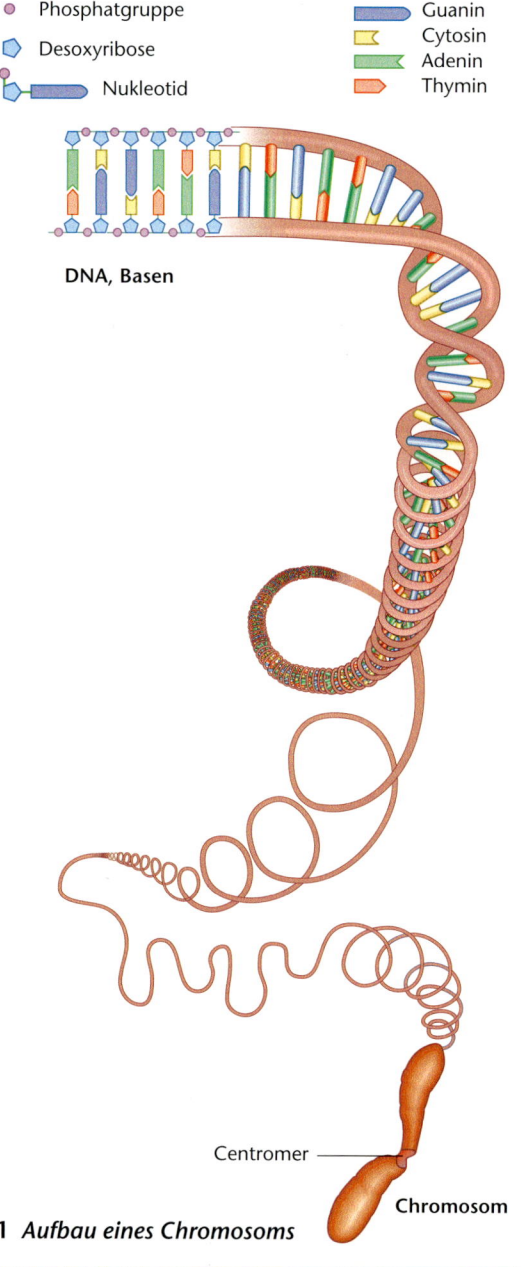

1 **Aufbau eines Chromosoms**

in den Körperzellen		in den Geschlechtszellen
direkt vor der Zellteilung	zwischen zwei Zellteilungen	
XX	))	)
46 Zwei-Chromatid-Chromosomen	46 Ein-Chromatid-Chromosomen	23 Ein-Chromatid-Chromosomen

2 **Nomenklatur und Anzahl der Chromosomen beim Menschen**

Alle höheren Lebewesen besitzen Zellen mit einen Zellkern. Man nennt sie Eukaryoten. Im Zellkern, der von der Kernhülle umgeben ist, sind wie in einer Datenbank die Erbinformationen gespeichert, die die Eigenarten eines Lebewesens ausmachen. Jede Körperzelle des Lebewesens enthält dabei die gleichen Erbinformationen, die im Zellkern der Zygote enthalten waren. Diese Erbinformationen sind in den Chromosomen gespeichert.

Jedes einzelne Chromosom besteht aus einem DNA-Molekül. In diesem Zustand bezeichnet man das Chromosom traditionell auch als **Ein-Chromatid-Chromosom**. Die DNA ist ein langes, spiralig aufgebautes Molekül aus vielen Bausteinen, den Nukleotiden. Jedes Nukleotid besteht aus einer Phosphatgruppe, dem Zucker Desoxyribose und einer Base. Es gibt vier verschiedene Basen, von denen jeweils zwei von ihrer Form zueinander passen (Abb. 1). Die Nukleotide sind paarweise angeordnet, sodass zwei zueinander passende Basen sich gegenüberstehen (**komplementäre Basenpaarung**). Sie bilden die Sprossen einer Leiter, deren Holme aus den Phosphatgruppen und Zuckerbausteinen der Nukleotide bestehen. Diese Leiter ist wie eine verdrehte Strickleiter gewunden. In der Reihenfolge der Basenpaare im DNA-Molekül ist die Erbinformation

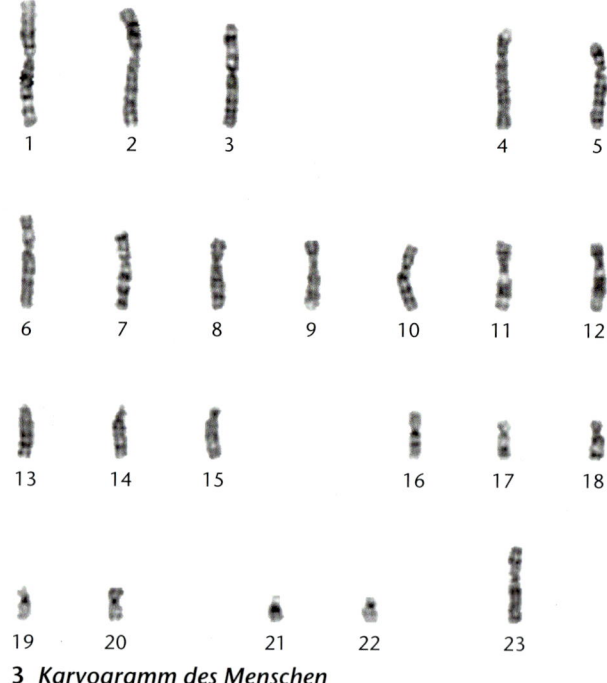

3 **Karyogramm des Menschen**

→ 3.3 Identische Verdopplung der DNA (Replikation) und Zelldifferenzierung

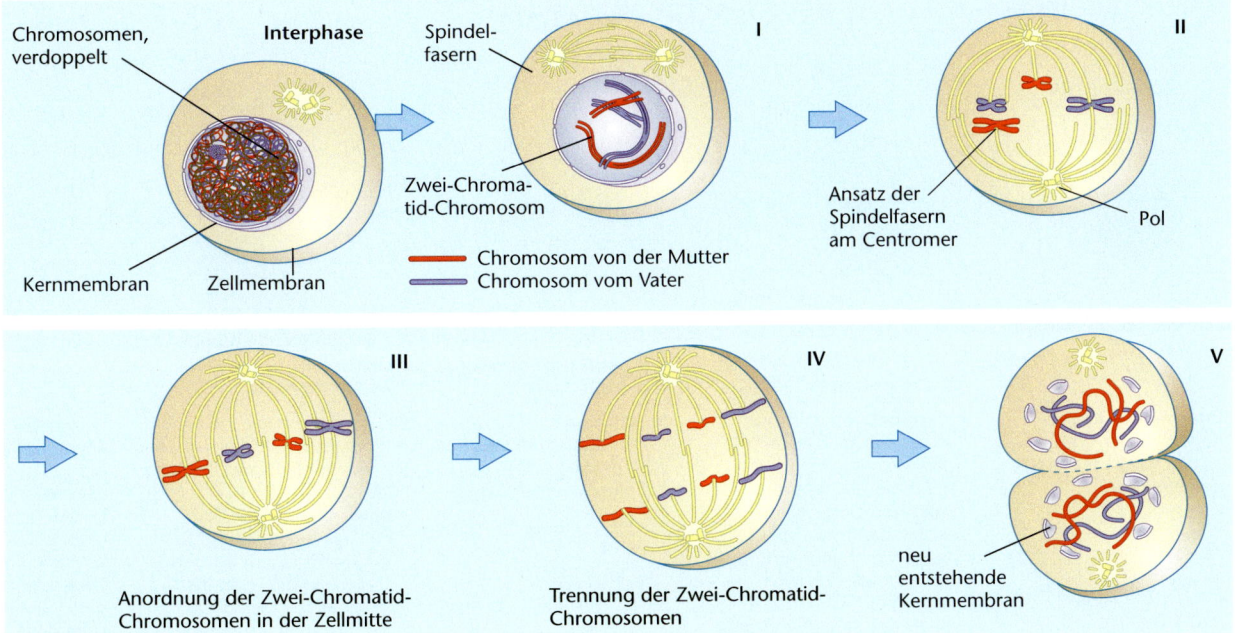

4 *Ablauf der Mitose*

codiert. Die einzelnen DNA-Moleküle unterscheiden sich in der Anzahl und Abfolge ihrer Basenpaare. Vor einer Zellteilung verdoppelt sich jedes DNA-Molekül. Das neu entstandene DNA-Molekül ist völlig identisch. An einer Stelle, dem Centromer, berühren sie sich (Abb. 1). Zu Beginn einer Zellteilung haben die Chromosomen daher ein X-förmiges Aussehen. Sie bestehen dann aus zwei zusammengerollten DNA-Molekülen. Es sind zwei Chromosomen, die an einer Stelle, dem Centromer, zusammenhängen. Man bezeichnet sie in dieser Form als **Zwei-Chromatid-Chromosomen** (Abb. 2).

Der Mensch besitzt in jeder Körperzelle 46 Chromosomen. Davon sind 22 je zwei Mal vorhanden. Sie heißen **Autosomen**. Die beiden Chromosomen dieser Chromosomenpaare werden als **homologe Chromosomen** bezeichnet. Hinzu kommen Chromosomen, die das Geschlecht des Menschen bestimmen. Sie heißen daher Geschlechtschromosomen oder **Gonosomen**. Bei den Gonosomen unterscheidet man X- und Y-Chromosomen. Frauen und Mädchen besitzen zwei X-Chromosomen, Männer und Jungen haben ein X-Chromosom und ein viel kleineres Y-Chromosom. Bei jedem Autosomenpaar stammt ein Chromosom von der Mutter und eines vom Vater. Auch von den beiden Gonosomen stammt eines von der Mutter und eines vom Vater. Die Körperzellen des Menschen haben also einen doppelten Chromosomensatz: 2 x 22 + XX bei einer Frau und 2 x 22 + XY bei einem Mann. Zellkerne mit einem doppelten Chromosomensatz nennt man diploid. Eizellen und Spermazellen haben von jedem Chromosomenpaar entweder nur das Chromosom von der Mutter oder das vom Vater. Sie haben nur einen einfachen Chromosomensatz, der aus 23 Chromosomen besteht. Man bezeichnet solche Zellkerne als haploid.

Die Mitose wird in fünf Phasen unterteilt (Abb. 4) I: Zu Beginn der Mitose wird die Membran des Zellkerns aufgelöst. Die DNA wird aufgerollt, die Zwei-Chromatid-Chromosomen werden im Lichtmikroskop sichtbar. Die Spindelfasern entstehen. II, III: Die Chromosomen sind in der Zellmitte in einer Ebene angeordnet und mit den Spindelfasern verbunden. IV: Die Zwei-Chromatid-Chromosomen werden getrennt. Je eines der beiden identischen Chromosomen wandert nun mithilfe der Spindelfasern zu einem Pol. V: An jedem Pol wird eine neue Kernmembran gebildet, die die Chromosomen umschließt. Gleichzeitig verlieren die Chromosomen wieder ihre aufgerollte Struktur und können im Lichtmikroskop nicht mehr unterschieden werden. Das Cytoplasma wird auf die entstehenden Tochterzellen aufgeteilt; die Zellen durch Membranen vollständig getrennt. Bei Pflanzenzellen werden noch die Zellwände aufgebaut. Es sind zwei Zellen mit gleichen Erbinformationen entstanden. Die Mitose ist die Voraussetzung für Wachstum.

→ 3.20 Differentielle Genaktivität und die Vielfalt der Zellen   → 3.21 Kontrolle des Zellzyklus

1.4 Meiose – Bildung der Geschlechtszellen

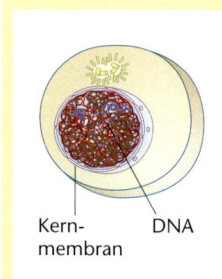 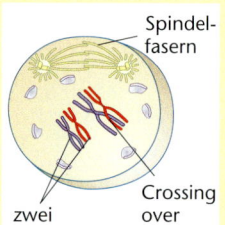 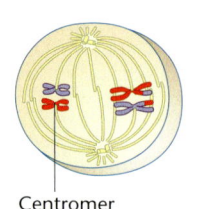 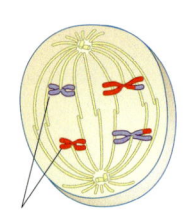 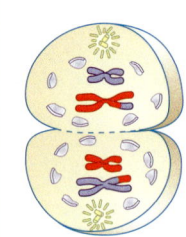

Interphase. Die Verdopplung der Chromosomen hat bereits stattgefunden.

Prophase I. Jedes Chromosom liegt in Form von zwei homologen Zwei-Chromatid-Chromosomen vor. Diese lagern sich zusammen. Man spricht von der Paarung der homologen Zwei-Chromatid-Chromosomen. Bei diesem Vorgang kann Crossing-over vorkommen.

Metaphase I. Die Zwei-Chromatid-Chromosomen ordnen sich in der Zellmitte in einer Ebene an.

Anaphase I. Die Zwei-Chromatid-Chromosomen werden so verteilt, dass von jedem Paar Zwei-Chromatid-Chromosomen ein Exemplar zu jeweils einem Pol der Zelle wandert. Dabei ist es zufällig, welches Exemplar zu welchem Pol gelangt.

Telophase I. In jeder Tochterzelle liegt von jedem Zwei-Chromatid-Chromosom ein Exemplar vor. Jede Tochterzelle enthält mit großer Wahrscheinlichkeit sowohl Zwei-Chromatid-Chromosomen vom Vater als auch der Mutter.

1 *Ablauf der Meiose*

Der Vorgang, bei dem die Geschlechtszellen gebildet werden, heißt **Meiose**. Die Meiose findet bei der Frau in den Eierstöcken und beim Mann in den Hoden statt. Sie besteht immer aus zwei Teilungsschritten, der Meiose I und der Meiose II. Aus der diploiden Ausgangszelle entstehen durch die beiden Teilungsschritte vier haploide Geschlechtszellen. Die Meiose findet bei allen Tieren und Pflanzen mit geschlechtlicher Fortpflanzung statt.

Beim Mann entstehen aus den in der Meiose gebildeten Zellen die Spermien. Aus einer Ausgangszelle entstehen vier Spermien. Bei der Frau wird bei den Teilungen der Meiose das Zellplasma ungleich verteilt. Es entstehen aus der Ursprungszelle eine große Zelle, die zukünftige Eizelle, und drei sehr kleine Zellen, die nahezu kein Zellplasma enthalten. Man nennt sie Polkörperchen. Sie gehen später zugrunde. Bei der anschließenden Befruchtung verschmelzen Eizelle und Spermazelle. Es entsteht die diploide Zygote.

Bei der Meiose und der späteren Befruchtung werden die Erbinformationen neu kombiniert. Diesen Vorgang bezeichnet man als Neukombination oder **Rekombination**. Die Rekombination geschieht einerseits bei der nach dem Zufallsprinzip erfolgenden Verteilung der homologen Chromosomen auf die Geschlechtszellen. So werden die 23 ursprünglich vom Vater und die 23 von der Mutter stammenden Chromosomen in völlig neuen Kombinationen in der Anaphase I und II auf die zukünftigen Geschlechtszellen verteilt. Diese Art der Rekombination bezeichnet man als **interchromosomale Rekombination**.

Rekombination erfolgt außerdem durch den Austausch von DNA-Abschnitten zwischen Chromosomen, dem so genannten **Crossing-over**, während der Prophase I. Bei der Paarung der homologen Chromosomen kann es vorkommen, dass einzelne Abschnitte der Zwei-Chromatid-Chromosomen ausgetauscht werden, sodass z.B. ein Zwei-Chromatid-Chromosom vom Vater nun DNA-Abschnitte von der Mutter enthält und umgekehrt. Diese Art der Rekombination heißt **intrachromosomale Rekombination**. Je weiter zwei Gene auf einem Chromosom auseinander liegen, desto wahrscheinlicher ist ein Austausch durch Crossing-over. Je näher zwei Gene auf einem Chromosom beieinander liegen, desto unwahrscheinlicher ist ein Austausch durch Crossing-over. Die **Austauschhäufigkeiten** zwischen zwei Genen gibt näherungsweise Auskunft über die relative Lage der Gene zueinander. Experimentell bestimmt man durch die **Zweifaktorenanalyse** die Austauschhäufigkeit.

→ 1.6 Geschlechtliche Fortpflanzung bedingt genetische Vielfalt

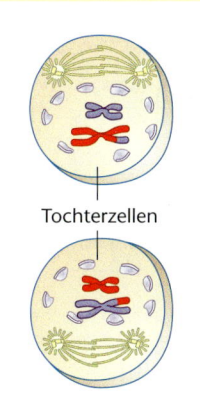

Prophase II. Meist folgt die Meiose II, noch bevor die Kernmembran aufgebaut wird und die Chromosomen entspiralisiert werden. Die Zwei-Chromatid-Chromosomen der Tochterzellen wandern zur Mitte der Zelle.

Tochterzellen

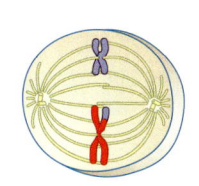
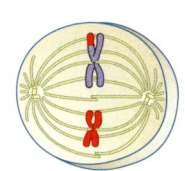

Metaphase II. Die Zwei-Chromatid-Chromosomen ordnen sich in einer Ebene in den Tochterzellen an.

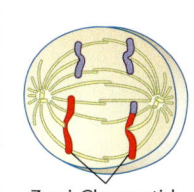
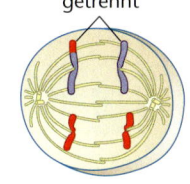

Zwei-Chromatid-Chromosomen werden getrennt

Anaphase II. Die Zwei-Chromatid-Chromosomen werden getrennt. Je eines der beiden Chromosomen wandert nun zu einem Pol.

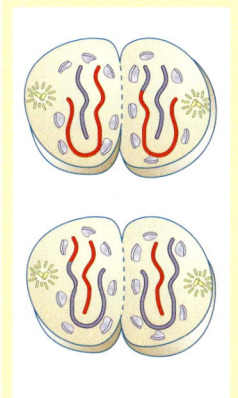

Telophase II. An jedem Pol wird eine neue Kernmembran gebildet, die die Chromosomen umschließt. Gleichzeitig verlieren die Chromosomen wieder ihre aufgerollte Struktur. Das Cytoplasma wird auf die entstehenden Tochterzellen aufgeteilt, die Zellen durch Membranen vollständig getrennt. Es liegen vier haploide Zellen vor. Sie besitzen nicht die gleichen Erbinformationen, da die Chromosomen zufällig verteilt wurden.

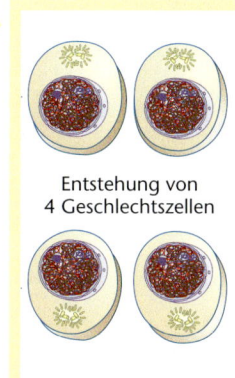

Entstehung von 4 Geschlechtszellen

1 Geschlechtschromosomen. Beschreiben und begründen Sie, in welcher Phase der Meiose es sich entscheidet, ob eine Spermazelle ein X- oder ein Y-Chromosom enthält.

2 Kombinationsmöglichkeiten. Zeichnen Sie alle Geschlechtszellen mit unterschiedlichen Kombinationen der Chromosomen, die aus einer Ursprungszelle mit drei homologen Chromosomenpaaren entstehen können. Lassen Sie dabei Crossing-over außer acht.

3 Diploid/haploid. Erläutern Sie Abb. 3. Entwickeln Sie eine Hypothese, warum der Wechsel zwischen haploiden Geschlechtszellen und diploiden Körperzellen einen Selektionsvorteil in der Evolution bedeuten kann.

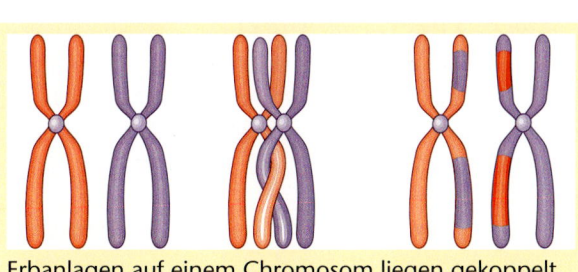

Erbanlagen auf einem Chromosom liegen gekoppelt vor. Beim Crossing-over entstehen neue Kopplungen. Ein Austausch von Erbmaterial ist um so wahrscheinlicher, je weiter voneinander entfernt die Erbanlagen auf den Ausgangschromosomen liegen.

2 Schematische Darstellung von Crossing-over

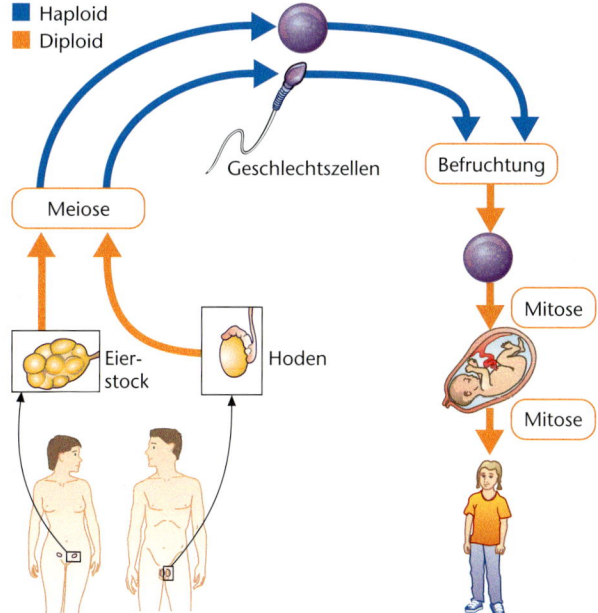

3 Lebenszyklus bei diploiden Organismen

→ 2.2 Die Chromosomentheorie der Vererbung

1.5 Inter- und intrachromosomale Variationsmöglichkeiten

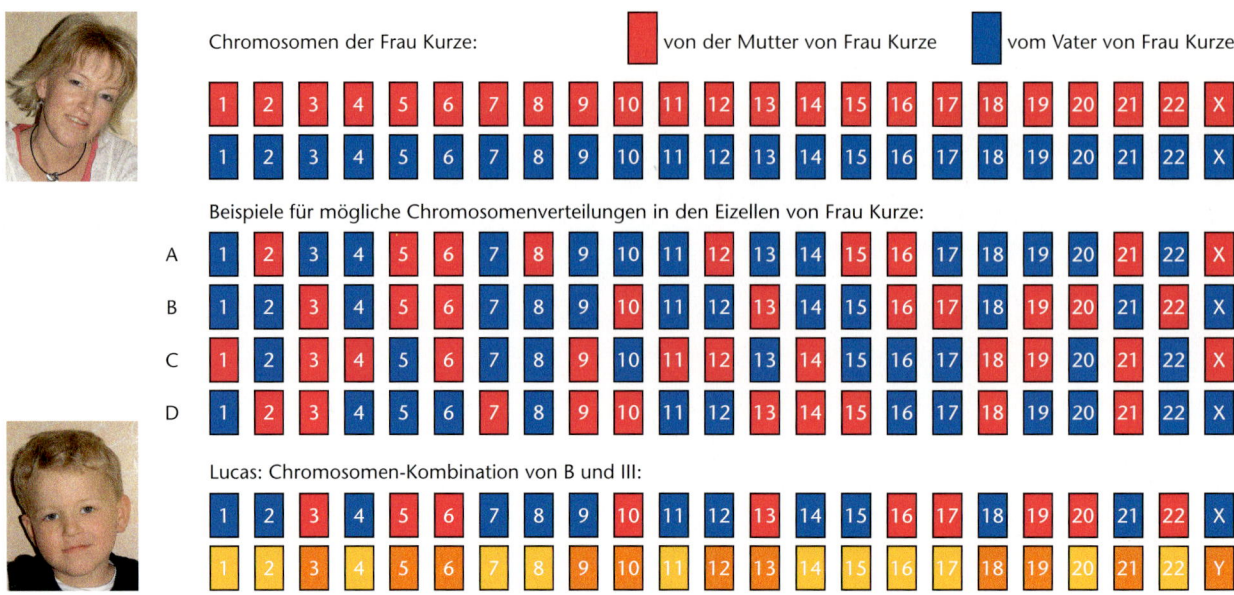

1 *Rekombination von Chromosomen bei der Bildung von Geschlechtszellen und Befruchtung*

Die Körperzellen eines Menschen enthalten im Zellkern Chromosomen von dessen Mutter und Vater. In der Abbildung 1 ist vereinfacht davon ausgegangen, dass die Hälfte der Chromosomen von Frau Kurze von ihrer Mutter, die andere Hälfte von ihrem Vater stammt. Die Chromosomen werden bei der Bildung der Eizellen von Frau Kurze neu kombiniert, wobei eine unglaublich große Zahl von Kombinationsmöglichkeiten besteht (Abb. 1 A-D). Der gleiche Vorgang findet bei der Spermienbildung des Vaters statt (Abb. 1 I-IV). Durch die Befruchtung erfolgt anschließend die Kombination von mütterlichen und väterlichen Chromosomen in der Zygote. Die Zygote, und damit alle Zellen des daraus entstehenden Kindes, enthält so eine andere Kombination der Chromosomen als die Zellen der Eltern.

Eine Neukombination erfolgt dabei auf vier Stufen: In der Anaphase I werden die mütterlichen und väterlichen Chromosomen zufällig verteilt. Bei einem haploiden Chromosomensatz von 23 Chromosomen ergibt das 2^{23} Möglichkeiten. In der Anaphase II werden die Chromosomen erneut auf die Tochterzellen aufgeteilt. Auch hier ergeben sich 2^{23} Möglichkeiten, insgesamt also 2^{46}. Diesen Vorgang nennt man **interchromosomale Rekombination**. Das ergibt insgesamt etwa 10 000 mal mehr Kombinationsmöglichkeiten, als es Menschen auf der Erde gibt.

Alle Erbinformationen, die auf einem Chromosom liegen, werden in einem Paket gemeinsam vererbt.

Durch den Austausch von DNA zwischen homologen Zwei-Chromatid-Chromosomen (Doppelchromosomen) beim **Crossing-over** in der Meiose können die Erbinformationen eines Chromosoms aber neu zusammengestellt werden. Das nennt man **intrachromosonale Rekombination**. Sie hat zur Folge, dass dadurch Chromosomen mit neuer Kombination von Erbinformationen gebildet werden. Bisher sind im menschlichen Genom mehr als 60 000 Stellen an den Chromosomen bekannt, an denen ein Crossing-over stattfinden kann. Dies ergibt eine weitere unvorstellbare Zahl an intrachromosomalen Rekombinationsmöglichkeiten. Bei der Befruchtung werden nun die Chromosomen von Eizelle und Spermium zusammengeführt, was insgesamt zu einer unglaublich hohen Zahl an Kombinationsmöglichkeiten in der Zygote führt. Ein Wissenschaftler sagte dazu: „Eher werden wir in der Wuppertaler Schwebebahn von einem Krokodil gefressen, als dass wir einem genetischen Ebenbild begegnen. Es sei denn, wir haben eineiige Zwillinge."

Genetische Variabilität trifft auf alle Organismen zu, die sich geschlechtlich fortpflanzen. Eine große Variabilität hat sich in der Evolution als Vorteil erwiesen, da bei einer Änderung der Umwelt oder neuen Krakheiten die Wahrscheinlichkeit größer ist, dass einige Individuen überleben. Deren Erbinformationen können dann an ihre Nachkommen weiter gegeben werden. Die Meiose ist daher ein „Erfolgsmodell" in der Evolution.

→ 2.2 Die Chromosomentheorie der Vererbung

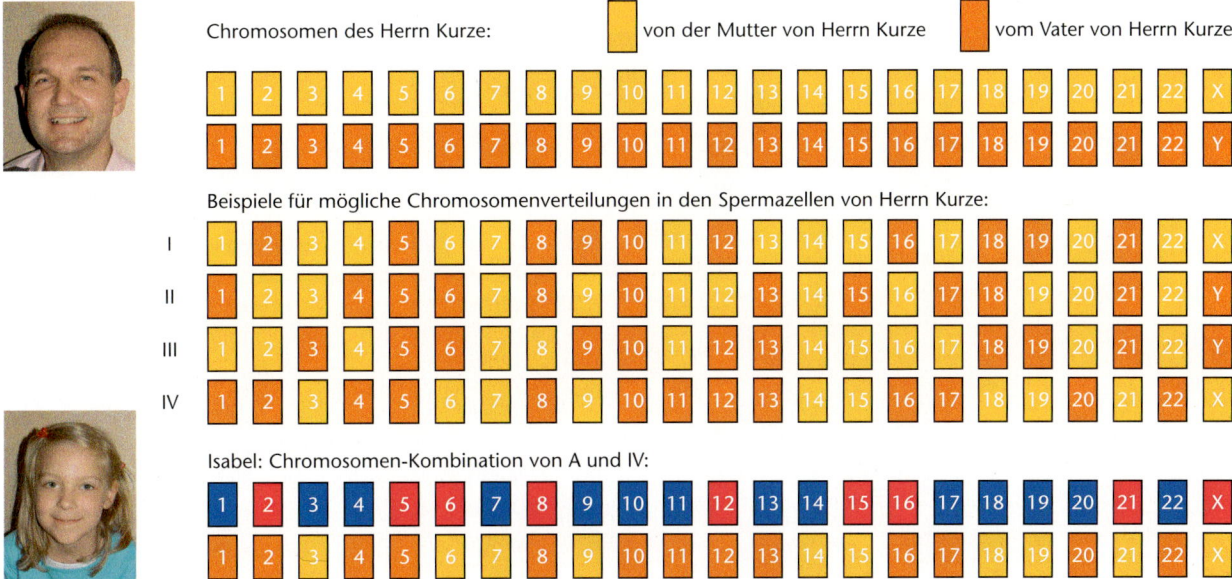

1 Kombinationsmöglichkeiten von Chromosomen.
a) Frau und Herr Kurze erwarten ein weiteres Kind, einen Jungen. Zeichnen Sie unter Bezug auf Abbildung 1 eine Kombinationsmöglichkeit in ihr Heft.
b) Zeichnen Sie zwei mögliche Chromosomenverteilungen in den Eizellen von Isabel.

2 Kombinationsmöglichkeiten berechnen. Die Zahl der Kombinationsmöglichkeiten der Chromosomen väterlicher und mütterlicher Herkunft bei der Anaphase I berechnet sich bei diploiden Organismen nach folgender Formel:
$x = 2^y$
wobei gilt:
x = Zahl der Kombinationsmöglichkeiten

Y = Gesamtzahl der Chromosomen des haploiden Chromosomensatzes

Berechnen Sie die Zahl der Kombinationsmöglichkeiten.

3 Meiose und Variabilität. Erläutern Sie, an welchen Stellen beim Ablauf der Meiose Variabilität zustande kommt.

4 Wasserflöhe. Manche Wasserflöhe vermehren sich durch befruchtete und unbefruchtete Eier (Abb. 2). Erläutern Sie die Vorteile dieser Doppelstrategie.

5 Genetische Einzigartigkeit. Berechnen Sie die Anzahl der Kombinationsmöglichkeiten in den Geschlechtszellen für die in Abb. 3 aufgeführten Organismen. Lassen Sie dabei Crossing-over außer acht.

Die Weibchen der Wasserflöhe legen im Herbst zwei befruchtete Dauereier. Aus ihnen schlüpfen im Frühjahr nur Weibchen. Nach sechs Tagen sind sie geschlechtsreif und entwickeln im Brutraum unbefruchtete Eier. Alle drei Tage können so bis zu zwanzig unbefruchtete Eier gelegt werden. Diese unbefruchteten Eier nennt man Jungferneier. Die Vermehrung durch unbefruchtete Eier bezeichnet man als Parthenogenese oder Jungfernzeugung. Aus den Jungferneiern schlüpfen wieder nur Weibchen, die nach sechs Tagen geschlechtsreif sind, und wieder mit dem Eierlegen beginnen. Unter ungünstigen Bedingungen und im Herbst entstehen auch Männchen aus den unbefruchteten Eiern. Durch die folgende Befruchtung entstehen wieder Dauereier.

2 Vermehrung bei Wasserflöhen

Tier	2n	Pflanze	2n
Biene	32	Adlerfarn	104
Weinbergschnecke	54	Kamille	18
Karpfen	104	Spargel	20
Haussperling	76	Tabak	48

3 Chromosomenanzahl bei einigen diploiden Organismen

1.6 Geschlechtliche Fortpflanzung bedingt genetische Vielfalt

1 *Variationen des Erdbeerfrosches (Oophaga pumilio)*

In einer Population von Erdbeerfröschen gleicht kein Frosch dem anderen. Die Frösche in Abbildung 1 unterscheiden sich vor allem in der Hautfarbe, aber auch in anderen Merkmalen. Obwohl in einer Froschpopulation eine große **phänotypische Variabilität** auftritt, gehören alle Frösche zur Art der Erdbeerfrösche. Ihre unterschiedliche Hautfarbe sowie die anderen unterschiedlichen Merkmale haben sie von ihren Eltern geerbt. Durch Fortpflanzung werden Erbanlagen von Generation zu Generation weitergegeben.

Allgemein kann man zwischen **geschlechtlicher (sexueller)** und **ungeschlechtlicher (asexueller) Fortpflanzung** unterscheiden. Die meisten Tierarten nutzen die geschlechtliche Fortpflanzung. Diese ist vor allem bei höher entwickelten Tierarten verbreitet.

Die sexuelle Fortpflanzung bringt es mit sich, dass auch unter den aktuellen Umweltbedingungen vorteilhaftere Genkombinationen entstehen. Durch diese **sexuelle Rekombination** nimmt die Variabilität der Nachkommen zweier Individuen zu. Sie erhöht die Variationsbreite eines Merkmals (Abb. 1), indem sie neue Genotypen hervorbringt. Die Rekombination erzeugt eine sehr große **Vielfalt an unterschiedlichen Genotypenkombinationen**. Die sexuelle Rekombination erzeugt neue Allelkombinationen, auf die die natürliche Selektion einwirkt.

Das Evolutionspotenzial einer Population wird erhöht, da die Wahrscheinlichkeit größer wird, dass einige dieser Nachkommen erfolgreicher in ihrer sich verändernden Umwelt überleben können.

Jeder Mensch besitzt 23 Chromosomenpaare. Daher ist es sehr wahrscheinlich, dass Geschwister, die aus zwei getrennten Befruchtungen hervorgehen, genetisch verschieden sind. Allein in der Anaphase I der Meiose gibt es ohne die Möglichkeit eines Crossing-Overs $2^{23} = 8388608$ Variationen, da für jedes Chromosomenpaar zwei Zuordnungen möglich sind. Die gleiche Anzahl an möglichen Variationen erhält man auch in der Anaphase II. Es gibt daher mehr als 70 Billionen ($2^{46} = 7 \cdot 10^{13}$) denkbare Kombinationsmöglichkeiten der Allele.

Die meisten Einzeller vermehren sich durch asexuelle Fortpflanzung. Sie ist die wohl ursprüngliche Art der Vermehrung. Diese Form der Fortpflanzung hat den Vorteil, dass sich ungeschlechtlich fortpflanzende Einzeller genetisch identische Kopien der Elternzelle sind. Bewährte Genkombinationen bleiben so in der Folgegeneration erhalten. Nachteilig ist jedoch, dass das Erbmaterial auch über viele Generationen hinweg fast immer gleich bleibt, da es keine Durchmischung der Gene wie bei der sexuellen Rekombination gibt. Allerdings können zufällige Mutationen in manchen Fällen zu neuen Eigenschaften führen.

→ 15.1 Die synthetische Evolutionstheorie

1 Konjugation.
a) Erläutern Sie anhand von Abb. 2, was man unter Konjugation versteht.
b) Entwickeln Sie eine begründete Hypothese, welche Vorteile die Konjugation für die dargestellten Lebewesen mit sich bringt (Abb. 2).

2 Chlamydomonas.
a) Erläutern Sie anhand von Abb. 3, welche Vor- und welche Nachteile die sexuelle Fortpflanzung von Chlamydomonas mit sich bringt.
b) Begründen Sie mögliche Vorteile der ungeschlechtlichen Fortpflanzung von Chlamydomonas bei guten Umweltbedingungen.

3 Lebenszeitfortpflanzungserfolg bei Stichlingen. Erläutern Sie den Begriff Lebenszeitfortpflanzungserfolg. Entwickeln Sie eine begründete Hypothese zur Erklärung des in Abb. 4 dargestellten Sachverhalt zum Lebenszeitfortpflanzungserfolg bei Stichlingen.

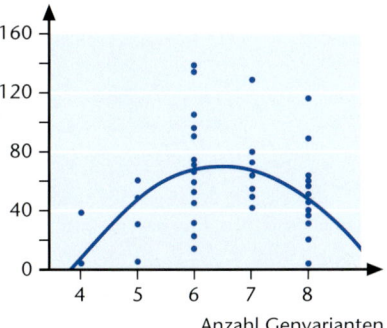

4 Lebenszeitfortpflanzungserfolg bei Stichlingen

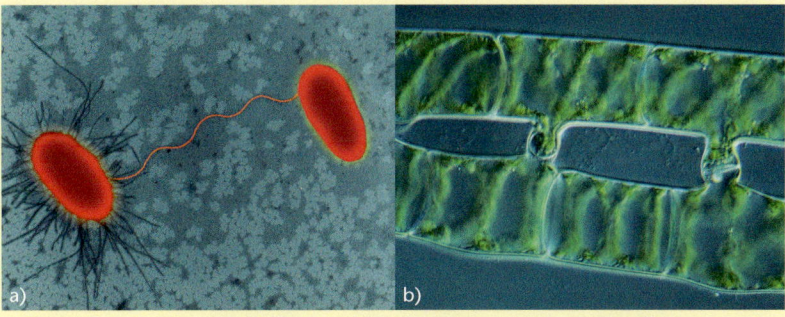

Konjugation bei Bakterien   Konjugation bei Grünalgen

Es gibt einfache Formen der Sexualität, bei denen Erbinformationen ausgetauscht werden. Sie dienen nicht der Fortpflanzung oder Vermehrung, sondern der Neukombination von Erbanlagen. Der Austausch erfolgt durch einen Vorgang, den man Konjugation nennt. Dabei verbinden sich zwei Zellen eine Zeit lang miteinander.
a) Konjugation bei Bakterien. Die Zelle im Bild a) hat einen Zellfortsatz ausgebildet und damit eine Verbindung zu einer anderen Bakterienzelle hergestellt. Über diesen Kanal werden Erbanlagen übertragen.
b) Konjugation bei der Grünalge Spirogyra. Zwischen dicht aneinanderliegenden Zellsträngen bilden sich sprossenförmige Verbindungen, über die Erbanlagen ausgetauscht werden.

2 Einfache Formen der Sexualität – Austausch von Erbinformation

Die einzellige Grünalge Chlamydomonas kann sich asexuell und sexuell fortpflanzen. Bei der ungeschlechtlichen Fortpflanzung verdaut die Zelle ihre Geißeln und teilt sich dann zwei Mal hintereinander. Bei Mangel an Mineralsalzen, Trockenheit oder anderen Stressfaktoren pflanzt sich Chlamydomonas geschlechtlich fort. Dabei werden Geschlechtszellen frei.

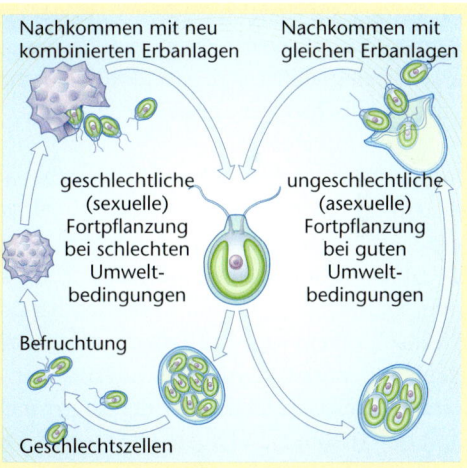

Wenn sich zwei Geschlechtszellen zusammenlagern, erfolgt wenig später die Befruchtung. Bei der Befruchtung verschmelzen Zellplasma und Zellkerne miteinander. Die so entstandene Zelle bildet eine Hülle, die vor schädlichen Umwelteinflüssen schützt. Wenn sich die Umwelteinflüsse bessern, beginnt sich die Zelle zu teilen. Diese Nachkommen unterscheiden sich von den beiden Ausgangszellen.

3 Die Grünalge Chlamydomonas weist sexuelle und asexuelle Fortpflanzung auf

→ 15.2 Variabilität

1.7 Trisomie 21 und andere Erkrankungen durch veränderte Chromosomenanzahl

1 *Julia hat Trisomie 21*

Fehler bei der Verteilung der Chromosomen in der Meiose können zu einer veränderten Chromosomenanzahl in den Geschlechtszellen führen. Kommt es durch eine solche Geschlechtszelle zu einer Befruchtung, entsteht ein Embryo mit veränderter Chromosomenanzahl. Man bezeichnet diese Mutation als **numerische Chromosomenaberration.** Sie zählt zu den **Chromosomenmutationen**. Die meisten dieser Mutationen führen zu Fehlgeburten, einige zu mehr oder weniger starken Behinderungen des Kindes. Dabei gelten Menschen als behindert, die in ihrem Lernen, im sozialen Verhalten, in der sprachlichen Kommunikation oder in ihren motorischen Fähigkeiten so weit beeinträchtigt sind, dass ihre Teilnahme am Leben in der Gesellschaft wesentlich erschwert ist.

Die häufigste numerische Chromosomenaberration bei den Autosomen ist die Trisomie 21, auch unter dem Namen Down-Syndrom bekannt. Dabei ist das 21. Chromosom dreimal in jeder Zelle vorhanden (Abb. 1, 2). Unter 700 Neugeborenen befindet sich im Durchschnitt ein Kind mit Trisomie 21, wobei die Häufigkeit sehr stark vom Alter der Eltern abhängt (Abb. 4). Schwangeren über 35 Jahren oder Eltern, die bereits ein Kind mit Trisomie 21 haben, wird eine genetische Beratung empfohlen. Unter bestimmten Umständen wird eine Amniozentese durchgeführt (Abb. 3). Durch diese Untersuchung ist eine Trisomie 21 des ungeborenen Kindes zu erkennen. Die individuelle Ausprägung der Behinderung bei Trisomie 21 variiert sehr stark. Während einige Kinder eine starke geistige Behinderung zeigen, können andere sogar Fremdsprachen erlernen. Durch gezielte Förderung, aber auch den gemeinsamen Besuch von Kitas und Schulen, wird versucht die Integration von Kindern mit Behinderungen zu fördern.

Trisomie 21 entsteht, wenn sich in der Meiose I die homologen Zwei-Chromatid-Chromosomen 21 nicht trennen, oder sich in der Meiose II die Chromosomen des Zwei-Chromatid-Chromosoms 21 nicht trennen (Abb. 2). Man spricht in beiden Fällen von Non-Disjunction. In den meisten Fällen tritt Non-Disjunction bei der Bildung der Eizellen auf, doch ist das Phänomen auch bei der Bildung der Spermazellen bekannt.

Auch bei der Verteilung der Geschlechtschromosomen kann es zu Fehlern in der Meiose und in der Folge zu numerischen der Chromosomenaberrationen kommen (Abb. 5). Eine Veränderung der Chromosomenanzahl bei den Gonosomen hat in der Regel geringere Auswirkungen als bei den Autosomen.

2 *Non-Disjunction in der Meiose führt zu numerischen Chromosomenaberationen*

→ 1.4 Meiose - Bildung der Geschlechtszellen

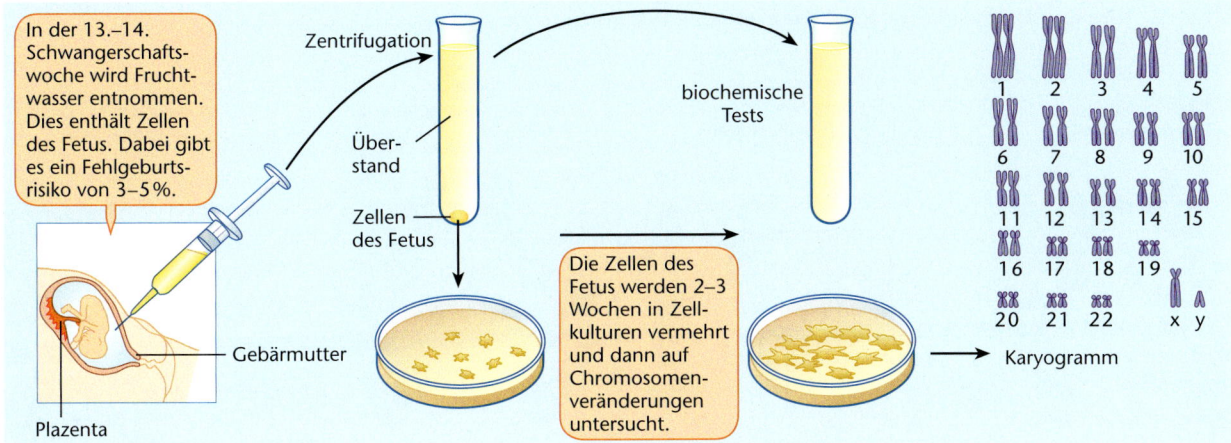

3 *Amniozentese*

1 Amniozentese.
a) Beschreiben Sie anhand von Abb. 3 die Amniozentese.
b) Beurteilen Sie die Eignung der Amniozentese als Methode zur frühzeitigen Erkennung von Behinderungen (Abb. 3, 4).

2 Vier Positionen zur Amniozentese. Schwangeren, die über 35 Jahre alt sind, wird häufig die Durchführung einer Amniozentese empfohlen. Im Folgenden werden vier mögliche Positionen dazu genannt:
– Ich will nichts wissen und werde keine Amniozentese machen lassen.
– Ich traue mir ein Leben mit einem behinderten Kind nicht zu und werde gegebenenfalls abtreiben.
– Ich will das Ergebnis wissen, werde aber nicht abtreiben, wenn eine Trisomie 21 vorliegt.
– Ich weiß gar nicht, wie ich mich verhalten soll.
Erläutern Sie für jede der vier Positionen, welche Überlegungen zu der Aussage geführt haben könnten.

3 Alter der Mütter bei der Geburt. Werten Sie die Abb. 4 und 6 aus. Erörtern Sie mögliche Gründe für die Verschiebung der Geburtenhäufigkeit. Diskutieren Sie dabei auch gesellschaftliche Aspekte.

4 Gonosomenaberrationen. Skizzieren Sie die Möglichkeiten bei der Entstehung von numerischen Chromosomenaberrationen bei Gonosomen (Abb. 5). Lehnen Sie ihre Skizze an Abb. 2 an.

> **Turner-Syndrom:** X (kein Y), unfruchtbar, meist normale Intelligenz und Lebenserwartung. Häufigkeit: 1:3000 Frauen.
> **Triple-X-Syndrom:** XXX, äußerlich unauffällig, meist leicht geistig rückständig. Häufigkeit: 1:1000 Frauen.
> **Klinefelter-Syndrom:** XXY, unfruchtbar, reduzierte Testosteronbildung. Häufigkeit: 1:700 Männer.
> **Diplo-Y-Syndrom:** XYY, fruchtbar, erhöhter Testosteronspiegel, häufig psychisch labil. Häufigkeit: 1:800 Männer.

5 *Numerische Aberrationen von Geschlechtschromosomen*

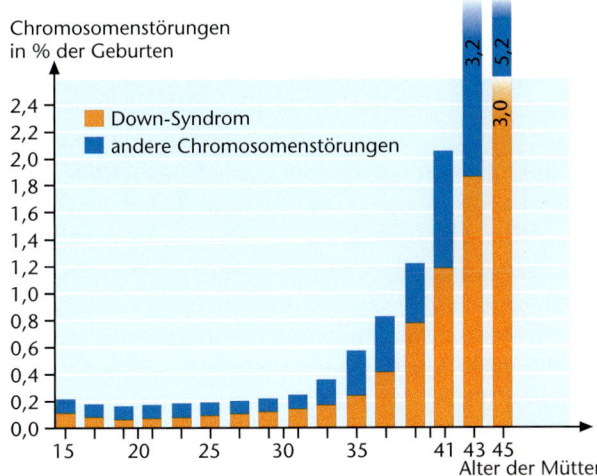

4 *Chromosomenstörungen und Alter der Mütter*

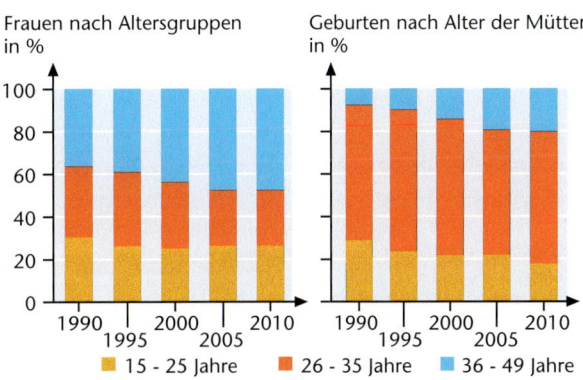

6 *Geburtenhäufigkeit und Alter der Mütter*

2.1 Die Vererbung erfolgt nach Regeln

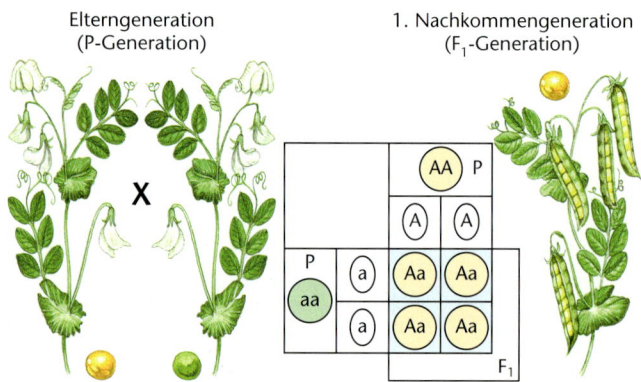

1. Mendelsche Regel – Uniformitätsregel
Wenn reinerbige Individuen einer Art gekreuzt werden, die sich in einem Merkmal unterscheiden, dann ist bei allen Nachkommen in der F_1-Generation das betrachtete Merkmal gleich (uniform).
A = Erbanlage für gelbe Samenfarbe
a = Erbanlage für grüne Samenfarbe

1 *Uniformitätsregel*

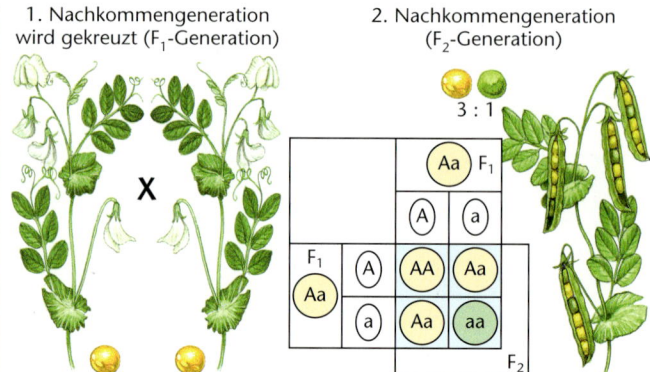

2. Mendelsche Regel – Spaltungsregel
Wenn in Bezug auf ein Merkmal mischerbige Individuen der F_1-Generation miteinander gekreuzt werden, treten in der F_2-Generation beide betrachteten Merkmale im Zahlenverhältnis 3:1 wieder auf.
A = Erbanlage für gelbe Samenfarbe
a = Erbanlage für grüne Samenfarbe

2 *Spaltungsregel*

GREGOR MENDEL (1822–1884), ein Augustinermönch, untersuchte die Vererbung der Samenfarbe bei Erbsen. Er kam zu dem Ergebnis, dass jede Pflanze zwei Erbanlagen in sich tragen müsse, die die Ausbildung der Merkmale bewirkt. Diese Erbanlagen werden heute als **Gene** bezeichnet. MENDEL nannte Pflanzen mit Genen für grünen und gelben Samen **mischerbig**. Diese beiden möglichen Ausprägungen des Gens werden heute **Allele** oder Genvarianten genannt. Erbsenpflanzen mit zwei identischen Allelen bezeichnet man als **reinerbig**.

MENDEL bestäubte reinerbige Erbsenpflanzen aus grünen Samen mit Pollen von Erbsenpflanzen aus gelben Samen. Die Pflanzen sind die Elterngeneration, die sogenannte Parental-Generation (P-Generation). Die Samen, die die erste Nachkommengeneration oder auch 1. Filialgeneration (F_1-Generation) bildeten, waren ausschließlich gelb. Aus den Ergebnissen dieser Versuche leitete er die **Uniformitätsregel** ab (Abb. 1, 3).

MENDEL säte die gelben Erbsen der F_1-Generation aus und untersuchte die Samen, die sich nach Selbstbestäubung an den Erbsenpflanzen entwickelten. Sie stellen die 2. Filialgeneration, die F_2-Generation, dar. Diese Pflanzen besaßen Hülsen, die sowohl gelbe als auch grüne Samen enthielten. Aus der Tatsache, dass sich dabei immer wieder das Zahlenverhältnis 3:1 zwischen gelben und grünen Samen ergab, leitete er die **Spaltungsregel** ab (Abb. 2). An der äußeren Erscheinung der F_1-Generation, hier den gelben Samen, kann man nicht erkennen, ob die Pflanzen auch ein Allel für die Ausprägung der grünen Samenfarbe besitzen. Deshalb unterscheidet man das Erscheinungsbild eines Lebewesens, den **Phänotyp**, von seinem **Genotyp** der Gesamtheit seiner Erbanlagen.

MENDELS Beobachtungen lassen sich anhand eines Erbschemas erklären (Abb. 1, 3). Im Genotyp weisen die reinerbigen Individuen der P-Generation je zwei gleiche Allele, gelb/gelb (AA) beziehungsweise grün/grün (aa), für das Merkmal „Samenfarbe" auf. Jedes Elternteil gibt nur eines seiner beiden Allele an die F_1-Generation weiter, ein Elternteil das Allel für gelbe Samen und das andere ein Allel für grüne Samen. Die Pflanzen der F_1-Generation erhalten auf diese Weise von ihren Eltern für das Merkmal „Samenfarbe" zwei unterschiedliche Allele (Aa). Trotz zweier unterschiedlicher Allele entwickelt sich in der F_1-Generation nur der Phänotyp „gelbe Samen". Das Allel für gelbe Erbsen setzt sich also bei der Ausbildung des Phänotyps durch. MENDEL nannte dieses Allel **dominant**, das Allel für den nicht ausgebildeten Phänotyp „grüne Samen" **rezessiv**. Wenn sich bei mischerbigen Individuen ein dominantes Allel gegenüber einem rezessiven durchsetzt, spricht man von einem **dominant-rezessiven Erbgang**.

Im Erbschema werden die Allele durch Buchstaben symbolisiert. Dominante Allele werden mit großen Buchstaben, rezessive mit entsprechenden kleinen Buchstaben bezeichnet. Der Großbuchstabe steht im Genotyp vorne.
Der Phänotyp in Bezug auf die Samenfarbe wird z. B. durch grün beziehungsweise gelb gefärbte Kreise veranschaulicht.

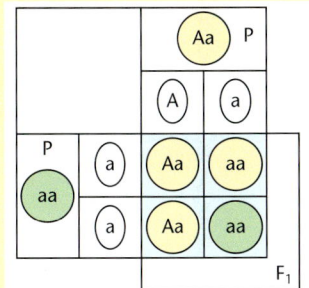

2 Pflanzen (P) werden gekreuzt.

mögliche Geschlechtszellen der P-Generation

Phänotypen und Genotypen der daraus entstandenen Nachkommen (F_1)

3 *Erstellen eines Erbschemas*

1 Kreuzungsversuche MENDELS.
a) Erläutern Sie das Erbschema der Spaltungsregel (Abb. 2). Geben Sie das Zahlenverhältnis der verschiedenen Phänotypen und Genotypen an.
b) In Abb. 4 sind Ergebnisse von weiteren Kreuzungsversuchen MENDELS zusammengestellt. Ermitteln Sie für jedes untersuchte Merkmal, welches Allel für die Ausbildung des dargestellten Merkmals dominant und welches rezessiv ist. Begründen Sie Ihre Aussagen. Berechnen Sie jeweils das Zahlenverhältnis der Phänotypen in der F_2-Generation.

2 Vererbung der Fellfarbe bei der Maus.
Eine reinerbige weiße Maus wird mit einer reinerbigen schwarzen Maus gekreuzt. Die Erbanlage für die schwarze Fellfarbe bei Mäusen ist dominant. Zeichnen Sie ein Erbschema für die F_1- und F_2-Generation. Finden Sie passende Symbole für die Phänotypen und Genotypen. Beschreiben Sie Ihre Ergebnisse und vergleichen Sie sie mit den Mendelschen Regeln.

3 Vererbung beim Mais.
Der Blütenstand der Maispflanze, der Maiskolben, besteht aus vielen kleinen Einzelblüten. Aus jeder Einzelblüte entsteht ein Maiskorn. Reinerbiger gelber wird mit reinerbigem blauen Mais gekreuzt (Abb. 5). Die Individuen der F_1-Generation werden wieder miteinander gekreuzt.
a) Erläutern Sie, welcher Generation der Maiskolben mit den gelben und blauen Maiskörnern zuzuordnen ist.
b) Zeichnen Sie ein Erbschema.

4 Modellversuch zur Spaltungsregel.
a) Besorgen Sie 100 Centstücke und zwei Kästen. Legen Sie 50 Münzen in jeden Kasten. Nun verbinden Sie einem Mitschüler/einer Mitschülerin die Augen und fordern ihn/sie auf, aus jedem Kasten jeweils eine Münze zu holen und sie paarweise auf den Tisch zu legen. Es sind drei Kombinationsmöglichkeiten vorhanden, nämlich Kopf/Kopf, Kopf/Zahl und Zahl/Zahl. Nachdem alle Münzen gelegt sind, zählen Sie aus, wie häufig jede Kombination aufgetreten ist. Wiederholen Sie diesen Versuch mehrmals und vergleichen Sie das Zahlenverhältnis der entstandenen Kombinationen mit dem Zahlenverhältnis der Genotypen in der F_2-Generation in Abb. 2.
b) Stellen Sie dar, inwieweit dieser Versuch auch die Vorgänge bei der Meiose und der Befruchtung modellhaft repräsentiert.

Färbung der Samen	gelb	grün	P: gelbe oder grüne Samen F_1: nur gelbe Samen F_2: 6022 gelbe Samen und 2001 grüne Samen
Gestalt der Samen	rund	runzelig	P: runde oder runzlige Samen F_1: nur runde Samen F_2: 5474 runde Samen und 1850 runzelige Samen
Gestalt der Hülse	einfach gewölbt	eingeschnürt	P: einfach gewölbte oder eingeschnürte Hülsen F_1: nur einfach gewölbte Hülsen F_2: 882 einfach gewölbte und 299 eingeschnürte Hülsen
Färbung der Hülse	grün	gelb	P: grüne oder gelbe Hülsen F_1: nur grüne Hülsen F_2: 428 grüne Hülsen und 152 gelbe Hülsen

4 *Versuchsergebnisse Mendels*

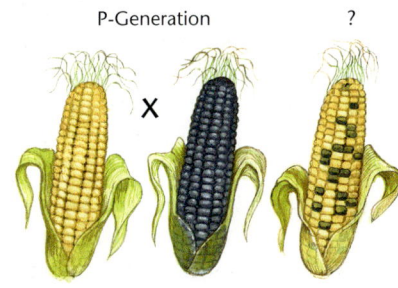

5 *Maiskolben*

2.2 Die Chromosomentheorie der Vererbung

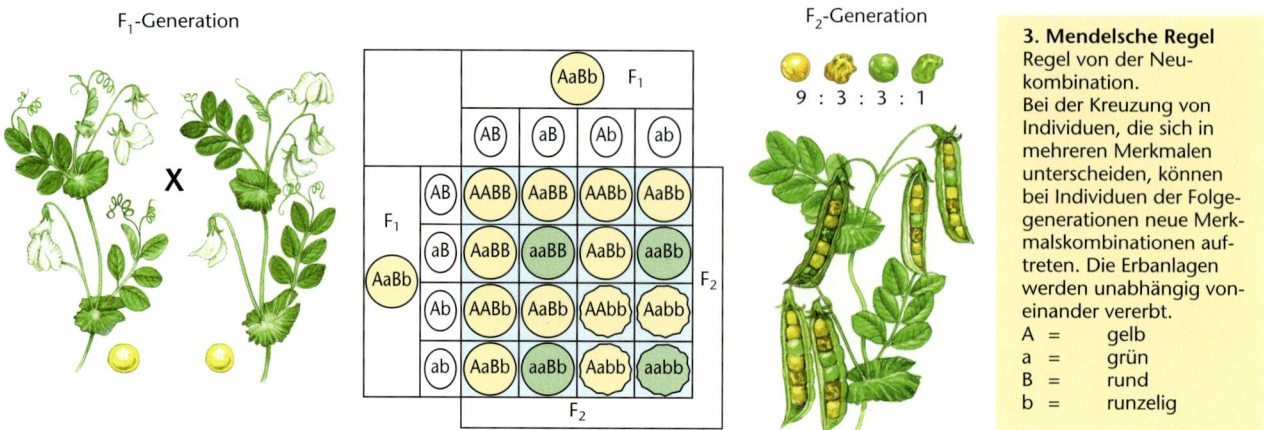

1 *Regel von der Neukombination*

MENDEL kreuzte auch Erbsenpflanzen, bei denen sich zwei Merkmale unterschieden, nämlich Farbe und Form der Samen. Er wählte als Elterngeneration reinerbige Erbsenpflanzen mit glatten, gelben Samen und solche mit grünen, runzeligen Samen. Alle F_1-Samen hatten gelbe, glatte Samen (Abb. 1). Bei der Kreuzung der Pflanzen der F_1-Generation untereinander entwickelten sich vier unterschiedliche Phänotypen in einem Zahlenverhältnis von ungefähr 9:3:3:1. Die Merkmalskombination grün-runzelige Samen, die in der F_1-Generation gefehlt hatte, trat in der F_2-Generation erneut auf. Es waren aber auch zwei völlig neue Merkmalskombinationen, nämlich gelb-runzelige und grün-glatte Samen, entstanden. MENDEL nahm deshalb an, dass Allele unabhängig voneinander vererbt werden und in nachfolgenden Generationen neu kombiniert werden können. Seine Ergebnisse fasste MENDEL in der **Regel von der Neukombination** als 3. Mendelsche Regel zusammen (Abb. 1).

MENDEL folgerte aus seinen Versuchen auf die Existenz von Erbanlagen, ohne Kenntnis von der Bedeutung von Zellkern und Chromosomen zu haben. Nach MENDELS Tod entdeckten Zellforscher 1884, dass in Geschlechtszellen nur halb so viele Chromosomen wie in den Körperzellen enthalten sind. Man erkannte, dass die Reduktion der Chromosomenanzahl bei der Geschlechtszellenbildung durch die Meiose mit der von MENDEL vermuteten Reduktion der Zahl der Erbanlagen in Einklang stand (Abb. 3). Nach MENDEL werden die Erbanlagen der Geschlechtszellen so an die Nachkommen weitergegeben, dass sie nach der Befruchtung doppelt vorhanden sind. Je eine Erbanlage stammt vom Vater, eines von der Mutter. Dass die Chromosomen in Körperzellen paarweise vorkommen, war gegen Ende des 19. Jahrhunderts ebenfalls bekannt. Man erkannte auch, dass die genetische Information im Zellkern lokalisiert ist und über Geschlechtszellen weitergegeben wird. Diese Ergebnisse der Zellforschung konnten also die Versuchsergebnisse MENDELS erklären (Abb. 3, 4). Daher stellte man 1903 die Theorie auf, dass die Chromosomen die Träger der Erbanlagen sind. Man nannte diese Theorie die „Chromosomentheorie der Vererbung".

Heute weiß man, dass auf jedem Chromosom zahlreiche Gene lokalisiert sind. MENDEL stellte in seiner Regel der Neukombination die Hypothese auf, dass die Erbanlagen unabhängig voneinander von einer Generation zur nächsten weitergegeben werden. Diese von MENDEL postulierte unabhängige Weitergabe von Erbanlagen ist nur gegeben, wenn die Gene auf unterschiedlichen Chromosomen liegen. Liegen die betrachteten Gene auf dem gleichen Chromosom, werden sie gemeinsam vererbt. Man spricht von **gekoppelten Genen** (Abb. 2).

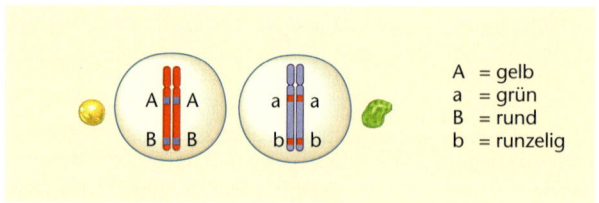

2 Gekoppelte Gene. *Lägen die Gene für Samenform und Samenfarbe in dieser Anordnung vor, würde die 3. Mendelsche Regel nicht für diese Merkmale gelten.*

→ 1.3 Zellkern, Chromosomen, Mitose

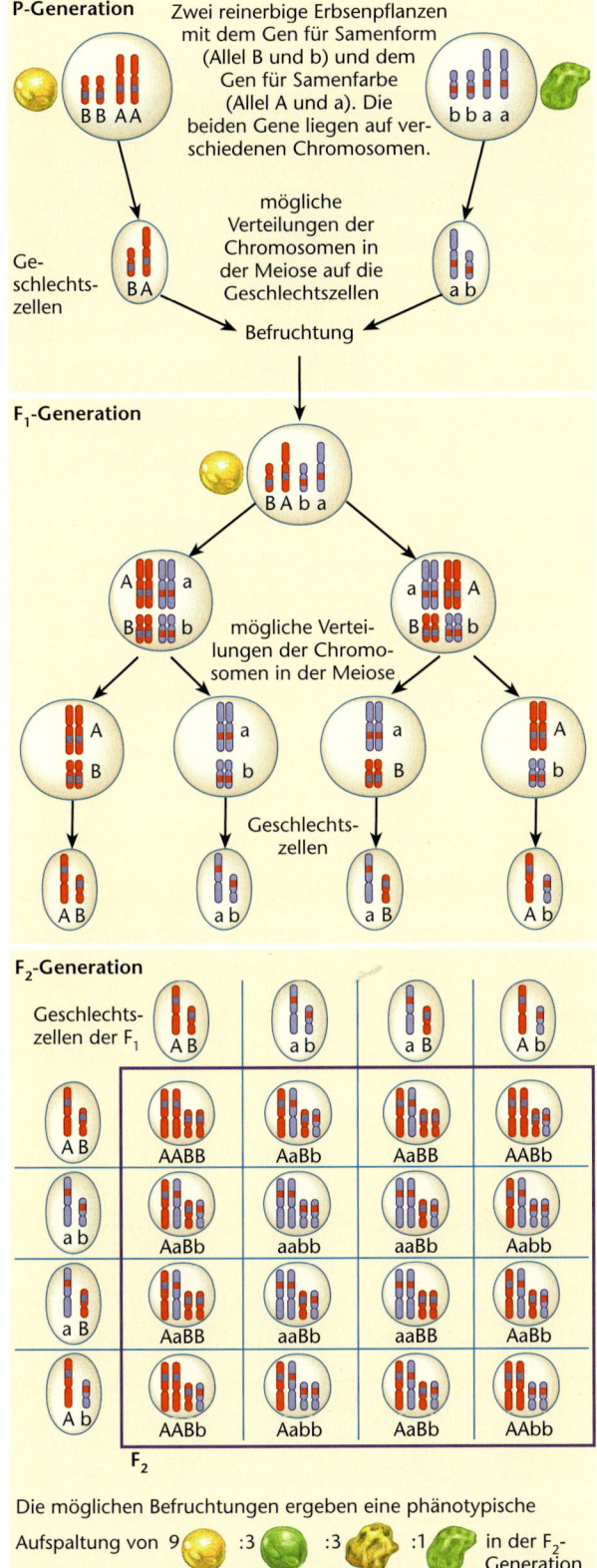

3 MENDELS *Versuchsergebnisse und die Chromosomentheorie der Vererbung*

Ergebnisse MENDELS	Ergebnisse der Zellforschung
1. Die Erbanlagen bewahren bei der Weitergabe durch die Generationen ihre Eigenständigkeit.	1. Die Chromosomen werden als selbstständige Einheiten durch die Generationen weitergegeben. Die Gene sind auf den Chromosomen lokalisiert.
2. In den Körperzellen ist für jedes Merkmal ein Erbanlagenpaar vorhanden.	2. Die Chromosomen sind in den Körperzellen paarweise vorhanden. Auf den beiden homologen Chromosomen können die sich entsprechenden Gene in verschiedenen Genvarianten oder Allelen vorliegen.
3. In jede Geschlechtszelle gelangt je eine Erbanlage dieses Paares.	3. Bei der Meiose gelangt von den beiden homologen Chromosomen jeweils eines in jede Geschlechtszelle.
4. Die Erbanlagen werden unabhängig voneinander auf die Geschlechtszellen verteilt. Sie können bei der Befruchtung neu kombiniert werden.	4. Bei der Geschlechtszellenbildung werden die homologen Chromosomen unabhängig voneinander auf die Geschlechtszellen verteilt. Sie können bei der Befruchtung neu kombiniert werden.

4 MENDELS *Ergebnisse und die der Zellforschung*

1 **Gekoppelte Gene.** Nehmen Sie hypothetisch an, dass die Gene für Samenform und Samenfarbe auf einem Chromosom gekoppelt vorliegen (Abb. 2). Begründen Sie an diesem Beispiel, dass bei gekoppelten Genen die Anzahl der Neukombinationen stets niedriger ist als bei nicht gekoppelten Genen.

2 **Zweifaktorenanalyse.** Bei der Fruchtfliege Drosophila liegen das Gen für die Flügelform (Allele: normal/gewellt) und das Gen für die Form der Körperborsten (Allele: normal/stumpf) gekoppelt auf dem Chromosom Nr. 3. Die Allele für die Normalform sind dominant. Die von der Normalform abweichenden Allele sind durch Mutation entstanden. Bei der Kreuzung der Wildform mit der Doppelmutante spaltet die F2–Generation aufgrund von crossing-over in folgendem Verhältnis auf:

Wildform	Doppelmutante	Flügel gewellt/normale Borsten	normale Flügel/stumpfe Borsten
292	92	9	7

Im nächsten Versuch wurde die Wildform mit einer braunen Körperfarbe und normalen Flügeln mit einer Doppelmutante mit schwarzer Körperfarbe und Stummelflügeln gekreuzt. Beide Gene liegen auf dem Chromosom Nr. 2. Die Allele für die Normalform sind dominant. In der F2–Generation ergibt sich folgendes Verhältnis:

Wildform	Doppelmutante	schwarz/normale Flügel	braun/Stummelflügel
221	19	79	77

Leiten Sie für beide Fälle aus den Ergebnissen den Abstand der beiden Gene ab. Erläutern Sie ihre Einschätzung.

→ 1.4 Meiose - Bildung der Geschlechtszellen

2.3 Stammbaumuntersuchungen von genetisch bedingten Krankheiten I

Will man herausfinden, wie ein Merkmal vererbt wird, muss man die Mendelschen Regeln beachten. In vielen Fällen werden Merkmale dominant oder rezessiv vererbt. Manche Menschen haben zum Beispiel erblich verkürzte Finger (Abb. 1). Das Merkmal Kurzfingrigkeit wird dominant vererbt. Man kann das entsprechende Allel mit dem Großbuchstaben K benennen, da es dominant ist. Ein Mensch, der in seinen Erbinformationen die Kombination KK oder Kk besitzt, hat also die verkürzten Finger, ein Mensch mit der Erbinformation kk hat normal lange Finger.

Liegt das zu untersuchende Gen auf einem Autosom, spricht man von einem **autosomalen Erbgang**. Befindet sich ein Gen auf einem Geschlechtschromosom (Gonosom), spricht man von einem **gonosomalen Erbgang**. Häufig wird angeführt, auf welchem Geschlechtschromosom sich das Gen befindet, zum Beispiel „X-chromosomaler Erbgang", wenn das Gen auf einem X-Chromosom liegt.

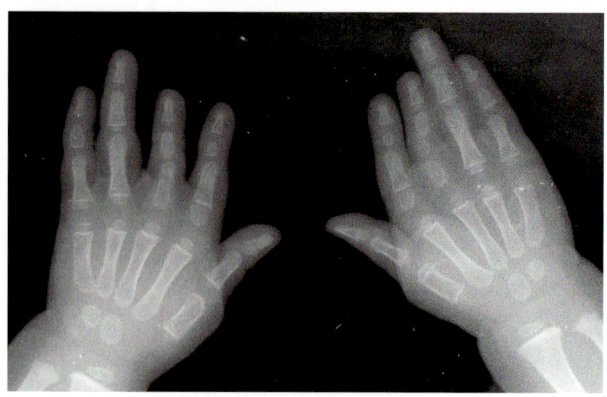

1 *Kurzfingrigkeit im Röntgenbild*

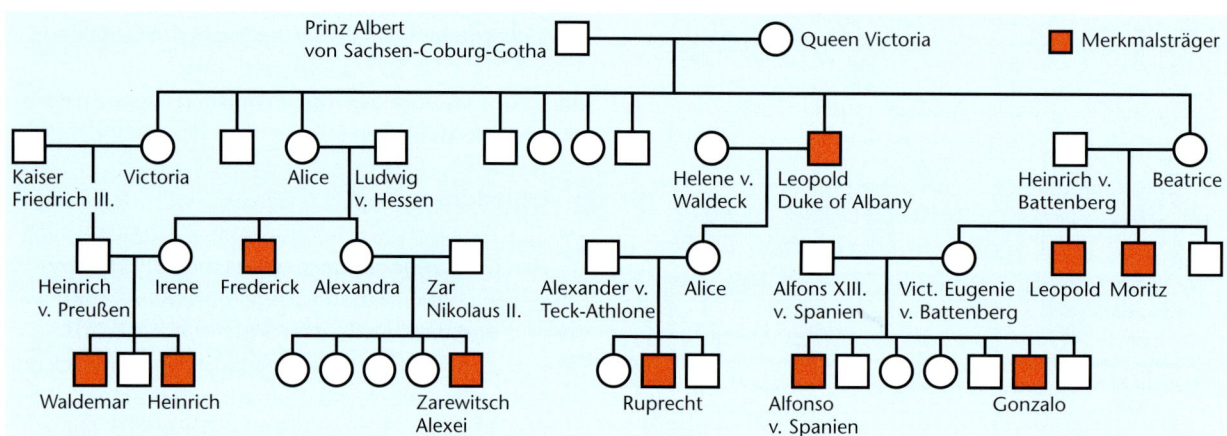

2 *Bluterkrankheit im europäischen Hochadel im 19. und 20. Jahrhundert*

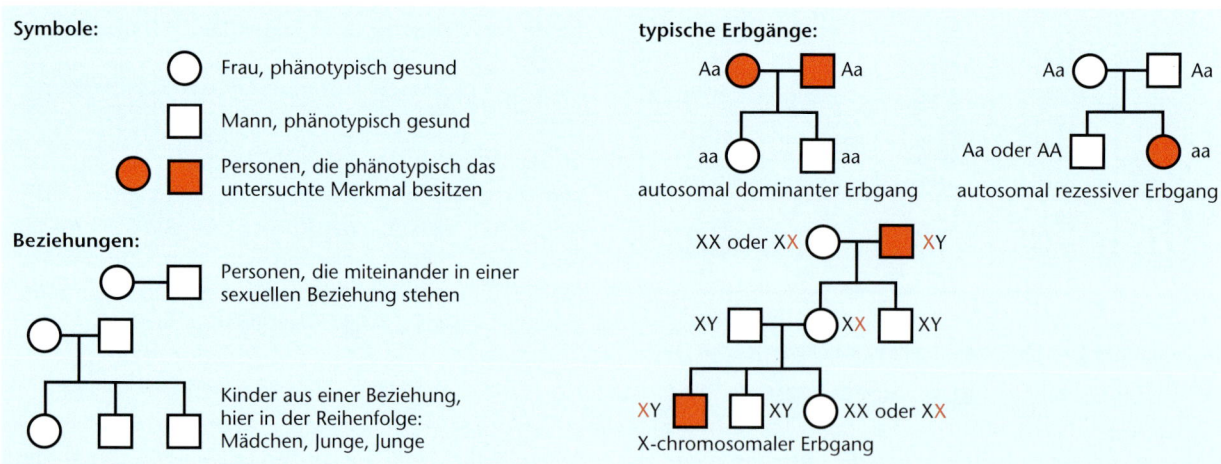

3 *Symbolik bei der Darstellung von Stammbäumen*

→ 1.4 Meiose - Bildung der Geschlechtszellen   → 3.8 PKU - eine erbliche Stoffwechselkrankheit

Ein Beispiel für einen X-chromosomalen Erbgang ist die Bluterkrankheit. Bei ihr ist die Blutgerinnung gestört und harmlose Verletzungen können dadurch lebensbedrohend sein. Die Bluterkrankheit war besonders im Adel weit verbreitet (Abb. 2). Treten in einer Familie Erbkrankheiten auf, lässt sich aus dem **Stammbaum** häufig ermitteln, wie groß die Wahrscheinlichkeit für ein weiteres Kind ist, die Erbkrankheit zu haben (Abb. 4). Dies ist wichtig für eine genetische Beratung, wenn Eltern aus Familien, in denen Erbkrankheiten vorkommen, vor der Entscheidung stehen, ein weiteres Kind zu bekommen.

Galaktosämie ist eine seltene Erbkrankheit. Auf 20 000 Geburten kommt ein Kind mit Galaktosämie. Die betroffenen Kinder können Galaktose, ein Bestandteil des Milchzuckers, nicht abbauen. Sie reagieren auf milchzuckerhaltige Nahrung mit starkem Brechdurchfall. Im Gehirn treten erhebliche Schäden auf. Durch eine milchzuckerfreie Diät gehen die Durchfallbeschwerden rasch zurück, die geistigen Behinderungen, die oft erst später zutage treten, lassen sich aber in der Regel nicht heilen. Galaktosämie wird nach folgendem Schema vererbt:

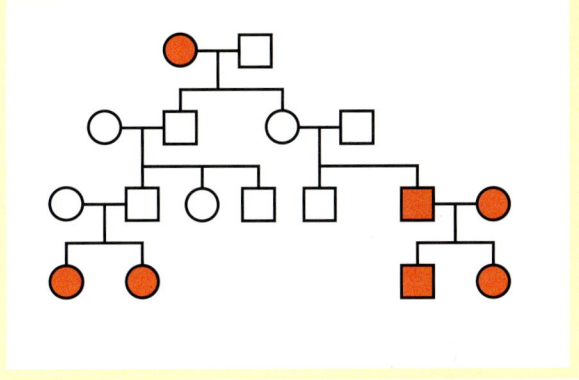

5 *Galaktosämie*

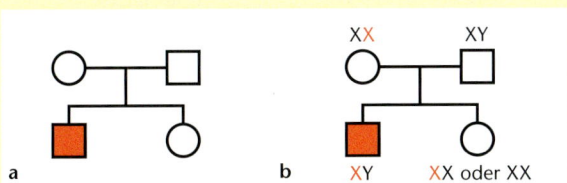

Ein Elternpaar hat einen Sohn, der Bluter ist und eine gesunde Tochter (a). Keiner der Eltern ist Merkmalsträger. Bei der Frage, wie groß die Wahrscheinlichkeit ist, dass ein weiteres Kind mit der Bluterkrankheit geboren wird, geht man so vor: Das Merkmal wird X-chromosomal rezessiv vererbt. Daraus ergeben sich die Genotypen bezüglich des Merkmals (b). Die Wahrscheinlichkeit, dass das Merkmal in der nächsten Generation auftritt, muss für jedes weitere Kind neu betrachtet werden. Dazu wird ein Erbschema erstellt:

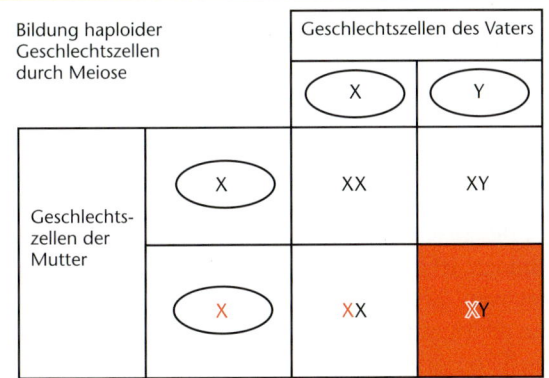

Die vier Möglichkeiten zeigen, dass zu 50 % Söhne gezeugt werden, wobei die Wahrscheinlichkeit, dass ein Sohn bluterkrank ist, 1:1 beträgt. Zu 50 % treten Töchter auf, die alle gesund sind, wobei sie zu 50 % Überträgerinnen des Gens für das Merkmal Bluterkrankheit sind. Die Wahrscheinlichkeit für das Auftreten des Blutermerkmals im Phänotyp beträgt also 1:3.

4 *Wahrscheinlichkeit für das Merkmal Bluterkrankheit*

1 **Galaktosämie.** Ein Ehepaar kommt zu einer Beratungsstelle. Ihr erstes Kind leidet an Galaktosämie und ist geistig schwer behindert (Abb. 5). Beide Elternteile sind phänotypisch gesund. Sie wünschen sich ein zweites Kind, fürchten aber, dass auch dieses behindert sein könnte. Ermitteln Sie, wie groß die Wahrscheinlichkeit ist, dass das zweite Kind gesund ist.

2 **Retinoblastom.** Retinoblastom, der erbliche Augenkrebs, wird nach dem Stammbaum in Abb. 5 vererbt. Analysieren Sie den Stammbaum und geben Sie an, mit welcher Wahrscheinlichkeit das Merkmal in der nächsten Generation auftritt, wenn ein Elternteil das Merkmal besitzt.

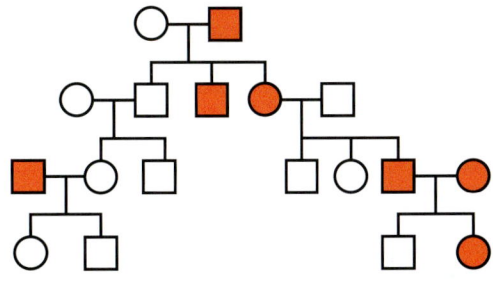

5 *Stammbaum Retinoblastom*

2.4 Stammbaumuntersuchungen von genetisch bedingten Krankheiten II

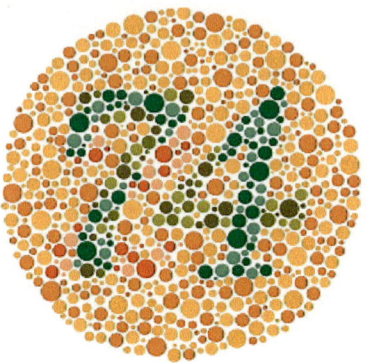

Ishihara-Farbtafel zur Untersuchung der Farbtüchtigkeit:
Normalsichtige Personen können eine 74 und eine 71 erkennen. Personen mit einer Rot-Grün-Sehschwäche sehen ausschließlich eine 91 und farbenblinde Personen können keine Zahl erkennen.

Während Personen mit einer Rot-Grün-Sehschwäche die Rot- und Grüntöne nicht mehr unterscheiden können (b), nehmen farbenblinde Personen ihre Umgebung nur in Grautönen wahr (c).

1 *Simulation der Farbwahrnehmung von Personen mit Rot-Grün-Sehschwäche und mit Farbenblindheit*

2 *Farbtafel zur Untersuchung der Farbtüchtigkeit*

Bei der **Rot-Grün-Sehschwäche** handelt es sich um verschiedene Formen von angeborenen Farbfehlsichtigkeiten. Betroffene Personen können die Farben Rot und Grün schlechter als Normalsichtige unterscheiden (Abb. 1). Untersucht wird das mit der so genannten Ishihihara-Farbtafel (Abb. 2). Auffällig ist, dass signifikant mehr Männer (ca. 9 %) als Frauen (ca. 0,8 %) dieses Merkmal aufweisen. Hervorgerufen wird diese Sehschwäche durch Veränderungen der Aminosäuresequenz in den Sehpigmenten der Zapfen der Netzhaut. Sie resultiert aus einer Veränderung der entsprechenden DNA-Sequenz. Die Sehpigmente weisen dadurch eine veränderte Empfindlichkeit für Licht bestimmter Wellenlängen auf. Fehlt ein Gen für eines dieser Sehpigmente vollständig, spricht man von einer **Rot- oder Grünblindheit**.

Die auffällige Häufung der männlichen Merkmalsträger ist auf eine **geschlechtsgebundene Vererbung** (gonosomal) dieser Sehschwächen zurückzuführen. Da auch Frauen Merkmalsträgerinnen sein können, ist die Vererbung über das Y-Chromosom ausgeschlossen. Die Gene für die Sehpigmente müssen in diesem Fall auf dem X-Chromosom liegen. Man spricht daher von **x-chromosomaler Vererbung**. Männer erben demnach ein entsprechendes Allel auf dem X-Chromosom von der Mutter (Abb. 3). Da Männer nur ein X-Chromosom besitzen und das Y-Chromosom für dieses Merkmal keine Allele aufweist, bilden sie immer das Merkmal aus. Man spricht dann auch von **Hemizygotie**.

Da Frauen relativ selten eine Rot-Grün-Sehschwäche ausbilden, ist davon auszugehen, dass es sich um einen rezessiven Erbgang handelt. Frauen sind dabei nur dann fehlsichtig, wenn sie von ihrem ebenfalls fehlsichtigen Vater und auch gleichzeitig von ihrer Mutter ein verändertes Allel auf den an sie weitergegebenen X-Chromosomen erhalten. Sie sind also stets homozygot für das Merkmal. Besitzt eine Mutter von Merkmalsträgern nur ein X-Chromosom mit dem veränderten Allel, bildet sie selber das Merkmal nicht aus. Da sie aber dieses Allel mit einer Wahrscheinlichkeit von 50 % an ihre Nachkommen weitergibt, wird eine solche heterozygote Nichtmerkmalsträgerin auch als **Konduktorin** (Überträgerin) bezeichnet.

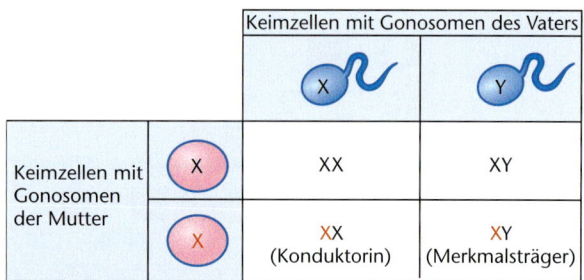

3 *Kreuzungsschema für einen x-chromosomalen Erbgang (X (rot): Chromosom mit verändertem Allel)*

→ 1.4 Meiose - Bildung der Geschlechtszellen   → 2.5 Humangenetische Beratung an Beispielen

„Ich kenne kein Grün in der Welt. Vor einigen Jahren habe ich meine Tochter mit einem vornehmen Mann vermählt. Am Tage vor der Hochzeit kam er in einem neuen Mantel aus bestem Stoff in mein Haus. Ich war sehr gekränkt, dass er, wie ich glaubte, in Schwarz gekleidet war, der Farbe der Trauer. Ich sagte ihm, er solle gehen und den Mantel wechseln. Aber meine Tochter sagte, dass mich meine Augen trögen. Der Mann trug einen feinen weinroten Mantel. Dieser aber war für meine Augen schwarz. Es handelt sich um ein altes Familienleiden. Mein Vater hatte genau dieselbe Krankheit. Meine Mutter und eine meiner Schwestern konnten fehlerfrei sehen. Meine zweite Schwester war farbuntüchtig wie ich. Sie hatte zwei Söhne, die beide an dieser Krankheit litten. Ihre Tochter war dagegen normalsichtig. Ich selber habe einen Sohn und eine Tochter, die beide alle Farben ohne Ausnahme sehen können. Das Gleiche gilt für meine Frau. Der Bruder meiner Mutter hat denselben Fehler wie ich."

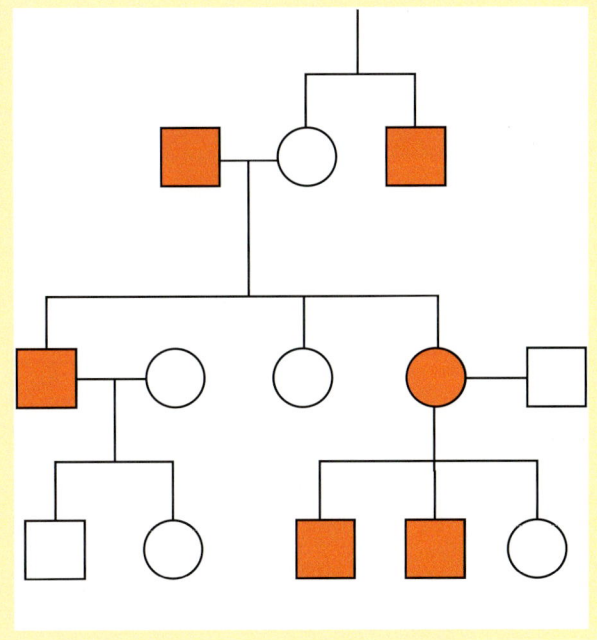

4 *Brief von Mr. Scott an einen Freund aus dem Jahr 1777 und aus den Angaben erstellter Stammbaum der Familie Scott (Auszug)*

1 **Rot-Grün-Sehschwäche in der Familie Scott.**
a) Erläutern Sie, welche Aussagen im Brief von Mr. Scott (Abb. 4) auf eine Vererbung der Rot-Grün-Sehschwäche hinweisen.
b) Beschreiben Sie den Stammbaum der Familie Scott (Abb. 4).
c) Begründen Sie anhand einer geeigneten Personengruppe aus dem Stammbaum die Annahme, dass die Vererbung der Rot-Grün-Sehschwäche nach einem x-chromosomal rezessiven Erbgang erfolgt, und entwickeln Sie für alle aufgeführten Personen mögliche Genotypen.
d) Begründen Sie, welche Personen im Stammbaum Konduktorinnen sind und welche es sein könnten.
e) Erklären Sie, warum eine Rot-Grün-Sehschwäche bei Männern häufiger vorkommt als bei Frauen.
f) Erläutern Sie anhand eines entsprechenden Kreuzungsschemas, welche Genotypen für die Nachkommen eines Mannes mit Rot-Grün-Sehschwäche und einer normalsichtigen Frau statistisch zu erwarten sind.

2 **Vergleich von gonosomalen Erbgängen.**
Dominante Merkmale, die einem x-chromosomalen Erbgang folgen, kommen nur sehr selten vor. Gleiches gilt auch für dominante Merkmale, die über das Y-Chromosom vererbt werden.
In Abb. 5 sind zwei Stammbäume angegeben, welche die gonosomale Vererbung eines Merkmals hypothetisch wiedergeben.
a) Vergleichen Sie die beiden dargestellten Stammbäume miteinander (Abb. 5)
b) Stellen sie Hypothesen zur Art des gonosomalen Erbgangs auf, die der in den Stammbäumen dargestellten Vererbung des Merkmals folgen und entwickeln Sie für die aufgeführten Personen mögliche Genotypen.

Stammbaum a:

Stammbaum b:

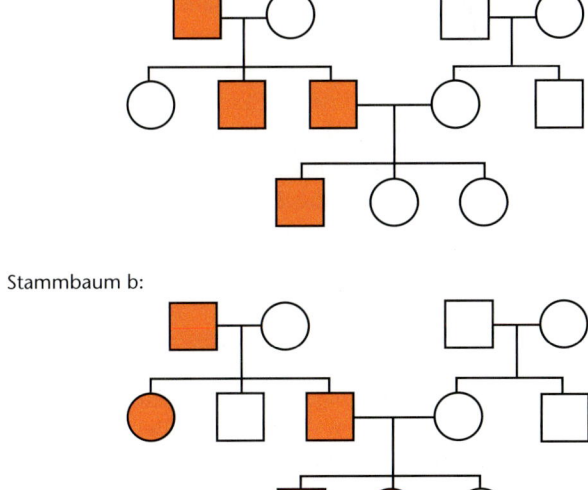

5 *Zwei hypothetische Stammbäume für die gonosomale Vererbung eines Merkmals*

→ 2.6 Gendiagnostik

2.5 Humangenetische Beratung an Beispielen

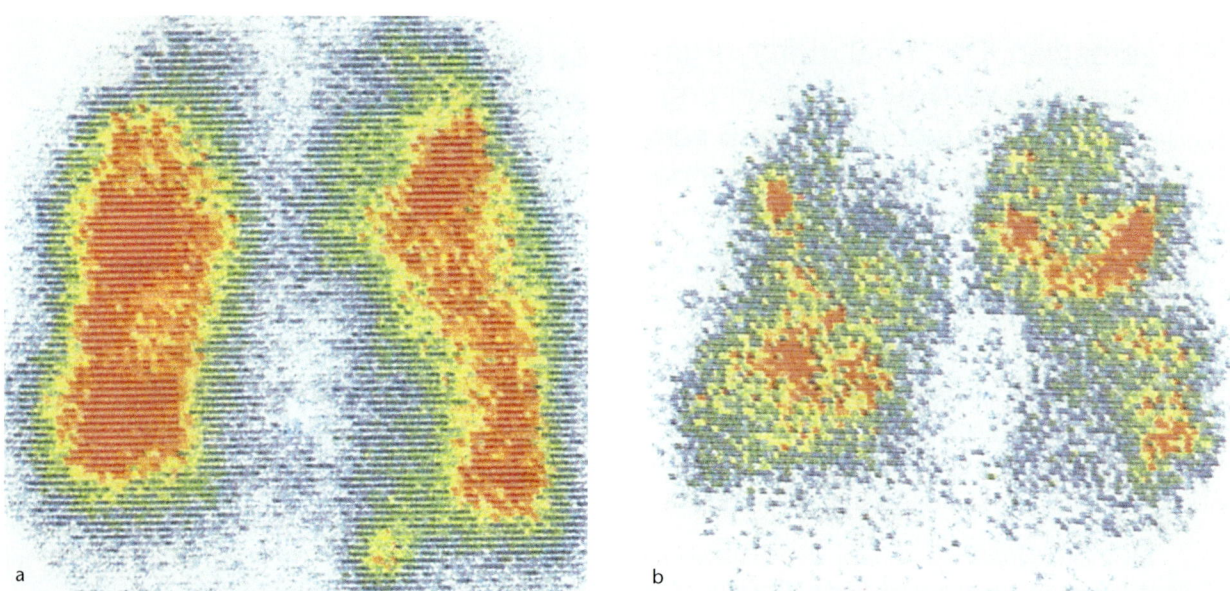

1 *a) Luft in den Lungen eines gesunden und b) eines an Mukoviszidose erkrankten Mädchens. Rot und gelb gefärbt sind die gut mit Luft gefüllten Teile der Lunge.*

Die **Mukoviszidose** oder cystische Fibrose ist in Europa die häufigste erbliche Stoffwechselstörung. Eines von 2500 Neugeborenen leidet an der Krankheit, die rezessiv vererbt wird. Ursache ist die Mutation eines Gens auf dem Chromosom 7. Das Gen trägt die Information für ein Protein, das in Schleimhautzellen am Austausch von Chorid-Ionen beteiligt ist. Die Mutation führt dazu, dass die Schleimhautzellen einen sehr zähen Schleim abgeben. Er häuft sich vor allem in den Atemwegen, im Darm und in der Bauchspeicheldrüse an und schädigt die Organe. Bereits in den ersten Lebensmonaten tritt Mukoviszidose in Erscheinung. Vor allem die Lungen sind betroffen. Der zähe Schleim bildet einen Nährboden für Infektionen. Häufige Lungenentzündungen können die Folge sein. Die ständige Auseinandersetzung der Zellen des Immunsystems mit den Erregern führt dazu, dass das Lungengewebe geschädigt wird und zunehmend schlechter in der Lage ist, den Gasaustausch zu gewährleisten (Abb. 1). In der Behandlung der Mukoviszidose ist es besonders wichtig, Infektionen der Lunge, so gut es geht, zu verhindern. Erkrankte müssen mehrmals täglich inhalieren und den Schleim abklopfen. Starben noch vor wenigen Jahrzehnten die meisten Erkrankten im Kindesalter, so kann mit heutigen medizinischen Möglichkeiten eine Lebenserwartung von mehr als vier Jahrzehnten erreicht werden.

Die **humangenetische Beratung** wird von eigens dafür ausgebildeten Fachleuten durchgeführt (Abb. 3). Diese Beratung ist darauf ausgerichtet, dass nicht die Beratenden Entscheidungen treffen, sondern die Ratsuchenden darin unterstützt werden, eigene Entscheidungen zu treffen.

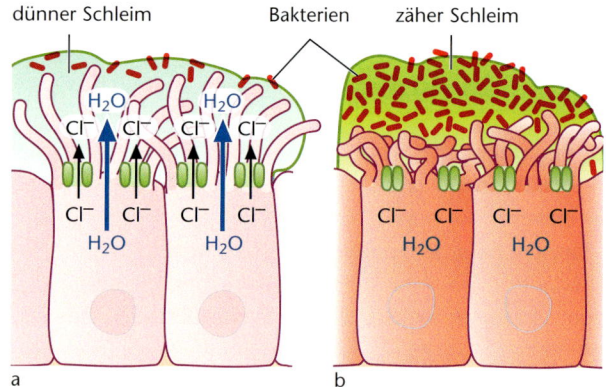

2 *Die Mukoviszidose ist eine genetisch bedingte Stoffwechselstörung, bei der ein Kanalprotein für Chloridionen in seiner Funktion gestört ist (CFTR: Cystic Fibrosis Transmembrane Conductance Regulator). In der Folge wird aufgrund der osmotischen Verhältnisse ein zäher (b) und kein dünner Schleim (a) produziert. Ursache der Fehlfunktion des CFTR-Kanalproteins sind Mutationen des CFTR-Gens auf dem Chromosom 7.*

→ 2.1 Vererbung erfolgt nach Regeln   → 1.4 Meiose- Bildung der Geschlechtszellen

Was soll genetische Beratung leisten?
Bei der genetischen Beratung versuchen Fachleute, dem Einzelnen, dem Paar oder der Familie zu helfen …
1) die medizinischen Fakten einschließlich der Diagnose des mutmaßlichen Verlaufs und der zur Verfügung stehenden Behandlungen zu erfassen;
2) den erblichen Anteil der Erkrankung und das Wiederholungsrisiko für bestimmte Verwandte zu begreifen;
3) eine Entscheidung zu treffen, die ihrem Risiko, ihren familiären Zielen, ihren ethischen und religiösen Wertvorstellungen entspricht und in Übereinstimmung mit dieser Entscheidung zu handeln und
4) sich so gut wie möglich auf die mögliche Behinderung des betroffenen Familienmitgliedes einzustellen.

3 *Was soll genetische Beratung leisten?*

1 **Mukoviszidose – von der molekularen Ebene bis zur körperlichen Ebene.** Erläutern Sie die Auswirkungen der Mutation des CFTR-Gens anhand von Informationen der linken Seite dieses Abschnitts auf der molekularen Ebene, auf der zellulären Ebene, auf der Ebene von Geweben und Organen und auf Ebene des gesamten Körpers.

2 **Mukoviszidose: Fallbeispiele zur genetischen Beratung.**
a) In Abb. 5 stehen die roten Personen für an Mukoviszidose Erkrankte. Erläutern Sie wofür die grünen und blauen Personen stehen.
b) Geben Sie für die Personen der Beispiele A bis E die jeweiligen Genotypen an. Geben Sie für jedes Beispiel die Wahrscheinlichkeiten an, dass Nachkommen der Eltern homozygot gesund, heterozygot oder an Mukosviszidose erkrankt sein werden.
c) Simulieren Sie in Gruppenarbeit am Beispiel aus Abb. 4 die genetische Beratung eines Elternpaares. Beachten Sie die Aussagen in Abb. 3. Gegebenenfalls vergrößern Sie die Figuren A bis E, um sie während der Beratung als visuelle Hilfe zu nutzen (Abb. 5).

3 **Beratungsfall: Muskeldystrophie vom Typ Duchenne.** Erläutern Sie unter Bezug auf den Familienstammbaum in Abb. 4 den Erbgang bei dieser Erkrankung. Simulieren Sie in Form eines Rollenspiels (Eltern, beratende Ärztin oder beratender Arzt unter Beachtung möglichst vieler Aspekte in Abb. 3 ein Beratungsgespräch für die Eltern des zweijährigen Michael (Abb. 4). Sie sollten das Beratungsgespräch durch weitere Recherchen zu dieser Krankheit vorbereiten.

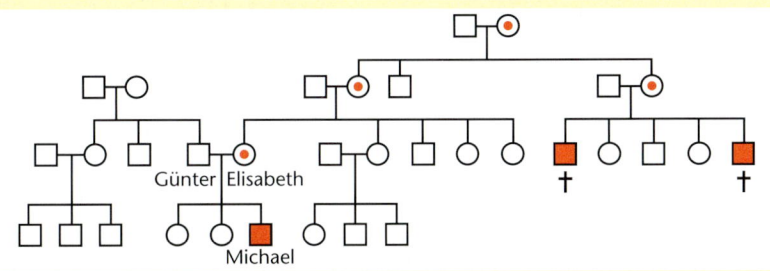

Der 24 Monate alte Michael lernt im Gegensatz zu seinen beiden Schwestern das Gehen sehr spät und bewegt sich unbeholfen. Eine Tante mütterlicherseits hatte drei Söhne von denen zwei ebenfalls an dieser Krankheit litten und im Alter von 11 beziehungsweise 13 Jahren daran verstarben. Die nach seinem Entdecker DUCHENNE (einem Mediziner aus Paris im 19. Jh.) benannte Muskelerkrankung ist genetisch bedingt und trifft fast ausschließlich nur Jungen. Ein Drittel der Fälle kommen durch Neumutationen eines Gens für das Muskel-Strukturprotein Dystrophin zustande, zwei Drittel der Fälle beruhen auf Vererbung des mutierten Gens. In beiden Fällen wird Dystrophin nur mangelhaft gebildet. Es kommt zum fortschreitenden Muskelschwund, der schließlich auch die Atmungs- und Herzmuskulatur betrifft. Eine Heilung ist derzeit nicht möglich. Versuche, die Muskeldystrophie vom Typ Duchenne gentherapeutisch zu behandeln, schlugen fehl.

4 *Ein Fallbeispiel für Muskeldystrophie vom Typ Duchenne*

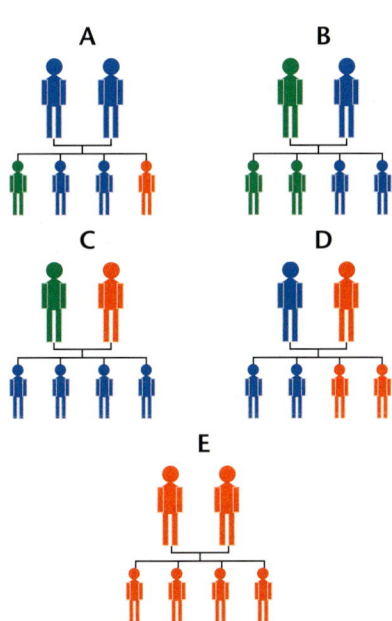

5 *Mukoviszidose, Fallbeispiele*

→ 3.8 PKU - eine erbliche Stoffwechselkrankheit

2.6 Gendiagnostik

3 Retinitis Pigmentosa
fortschreitende Verkümmerung der Retina

4 Chorea-Huntington
tödliche, meist erst mit 40 Jahren auftretende, Erkrankung des Nervensystems

5 Familiäre adenomatöse Polyposie
Polypen im Darm, die zu Darmkrebs führen können

6 Hämochromatose
übermäßige Aufnahme von Eisen aus der Nahrung

7 Mucoviszidose
starke Schleimbildung u. a. in den Lungen und Nieren

9 Schwarzer Hautkrebs (malignes Melanom)
Tumore der Haut

11 Sichelzellanämie
rote Blutkörperchen sind sichelzellförmig, Veränderung des Hämoglobins

12 Phenylketonurie
angeborener Stoffwechseldefekt, der unbehandelt zur Verzögerung der geistigen Entwicklung führt

13 Retinoblastom
Augentumor der bei Kindern auftritt

14 Alzheimerkrankheit
meist im Alter auftretende Störung des Gehirns

15 Tay-Sachs-Krankheit
tödlich verlaufende Krankheit des Fettstoffwechsels

16 Polycystische Nierenerkrankung
vergrößerte Nieren und Nierenversagen durch Cysten

17 Brustkrebs
nur die Form mit familiärer Häufung

19 Familiäre Hypercholesterinämie
extrem hoher Cholesterinspiegel

20 ADA Immundefizienz
die erste genetisch bedingte Erkrankung, die durch Gentherapie behandelt wurde

21 Amyotrophe laterale Sklerose (ALS)
spät einsetzende, tödlich verlaufende Nervenerkrankung

X Bluterkrankheit
Defekt bei der Blutgerinnung

Unter dem Begriff **Diagnose** versteht man in der Medizin das Erkennen oder Feststellen einer Erkrankung oder gesundheitlichen Störung. Diagnostische genetische Untersuchungen haben oftmals das Ziel, genetisch bedingte oder genetisch mitbedingte Erkrankungen zu erkennen. Wenn das vor der Geburt eines Menschen erfolgt, spricht man von pränataler Diagnostik.

Einige genetische Erkrankungen beruhen auf Änderungen der Chromosomenzahl, z. B. Trisomie 21, oder auf Änderungen der Chromosomenstruktur. Andere genetische Erkrankungen werden durch ein einziges verändertes Gen ausgelöst. Mukoviszidose, Phenylketonurie und Sichelzellanämie sind dafür Beispiele. In der Regel wirken jedoch mehrere oder sogar sehr viele Gene bei der Ausprägung einer Krankheit zusammen. Viele Krankheiten beruhen auf einem komplexen Zusammenwirken von Genen und Umweltfaktoren. Damit solch eine **multifaktorielle Erkrankung** zu Tage tritt, müssen neben genetischen Anlagen auch Umwelteinflüsse vorliegen. Bestimmte Formen des Diabetes, von Krebs, Herz-Kreislauf-Erkrankungen und Erkrankungen des Nervensystems wie Multiple Sklerose und Alzheimer-Erkrankung sind multifaktoriell bedingt.

Wesentliche Methoden der **Gendiagnostik** bestehen darin, veränderte Chromosomen auf zellulärer Ebene oder veränderte DNA-Sequenzen durch DNA-Analyse auf molekularer Ebene nachzuweisen. Die Technik der DNA-Chips und anderer **Hochdurchsatz-Sequenzierungen** erlauben es in der Gendiagnostik, umfangreiche Informationen in kurzer Zeit und zu günstigen Preisen zu gewinnen. Problematisch ist, dass es für viele Erkrankungen die mit einem Gentest diagnostiziert werden können, noch keine Therapie gibt. Genetische Diagnostik spielt auch in der Rechtsmedizin und bei der Klärung der Abstammung eines Menschen eine Rolle. Die rechtlichen Normen der Gendiagnostik sind seit Februar 2010 im **Gendiagnostik-Gesetz** niedergelegt.

1 *Auswahl einiger menschlicher Chromosomen und zugehörige genetisch bedingte Krankheiten. Gene auf diesen Chromosomen sind zusammen mit anderen Genen und Umweltfaktoren an der Auslösung der angegebenen Krankheiten beteiligt. Für die meisten der hier genannten Gene gibt es einen Gen-Test.*

→ 2.2 Chromosomentheorie der Vererbung

Erbkrankheit Chorea Huntington – Wissen oder Nicht-Wissen?

Chorea Huntington ist die Bezeichnung für eine bestimmte, fortschreitend verlaufende Erkrankung des Nervensystems, die mit Bewegungsstörungen und allmählichem geistigen Verfall einhergeht. Durchschnittlich haben 10 von 100000 Personen diese Erbkrankheit. Sie wird durch ein dominantes Gen auf dem Chromosom Nr. 4 vererbt. Die Krankheit bricht meistens erst nach dem 40. Lebensjahr aus, in einem Alter, in dem die meisten Menschen ihre Familienplanung abgeschlossen haben. Bis zum Ausbruch der Krankheit sind die Betroffenen frei von Symptomen. Wer das Gen geerbt hat, wird mit hundertprozentiger Sicherheit krank. Zur Zeit gibt es keine Heilung dieser Krankheit. Kinder von Erkrankten erfahren meist erst als junge Erwachsene, dass sie ein 50%iges Risiko für die Krankheit haben.

Herr B. (27 Jahre, von Beruf Pilot) hat erfahren, dass seine Mutter an Chorea Huntington erkrankt ist. Herr B. ist sehr unentschlossen, ob er wissen oder nicht wissen will, ob er das Gen von seiner Mutter geerbt hat.

Erblich erhöhtes Risiko für Brustkrebs.

Von den 46000 Frauen, die jährlich in Deutschland an Brustkrebs erkranken, besitzen 5–10 % eine erbliche Veranlagung für ein höheres Brustkrebsrisiko. Meistens tritt in diesen Fällen Brustkrebs in der Familie und ihren Vorfahren häufiger auf als in der Bevölkerung insgesamt (Abb. 3). Heute können Frauen vorsorglich einen Gentest machen, um festzustellen, ob sie die Veranlagung für einen solchen „familiären Brustkrebs" haben. Die Früherkennung von Brustkrebs ist unter anderem durch Mammografie, eine Röntgenuntersuchung, oder durch Mammasonografie, eine Ultraschalluntersuchung, möglich (Abb. 4).

Frau M. ist 26 Jahre alt und hat ein Kind. Ihre Mutter war mit 31 Jahren an Brustkrebs erkrankt und mit 37 Jahren an den Folgen des Tumors gestorben. Eine Tante von Frau M. hatte ebenfalls früh Brustkrebs bekommen.

2 Wissen oder Nicht-Wissen? Zwei Beispiele

1 Recherche: Gendiagnostikgesetz. Seit dem 1. 2. 2010 ist das Gendiagnostikgesetz, ein Gesetz über genetische Untersuchungen beim Menschen, in Deutschland in Kraft. Recherchieren Sie im Internet nach diesem Gesetz.

a) Erstellen Sie auf Basis der Paragraphen 1 bis 4 des Gendiagnostik-Gesetzes ein alphabetisch geordnetes Glossar (Worterklärungen) für folgende Begriffe: Benachteiligungsverbot, informelle Selbstbestimmung, diagnostische genetische Untersuchung, prädiktive genetische Untersuchung, genetische Reihenuntersuchung.

b) Nennen Sie die wesentlichen Aussagen der genetischen Untersuchungen zur Klärung der Abstammung (§ 17, Abs. 1), der genetischen Untersuchungen im Versicherungsbereich (§ 18, Abs. 1) und im Arbeitsleben (§ 19).

2 Recht auf Wissen und Recht auf Nicht-Wissen. Versetzen Sie sich in die Lage von Herrn B. und Frau M. (Abb. 2). Diskutieren Sie für jedes der beiden Fallbeispiele subjektiv empfundene Vor- und Nachteile eines Gentests bzw. dessen Ergebnis.

3 Nicht-invasive Pränataldiagnostik (NIPD) – ein neues Verfahren in der vorgeburtlichen Gendiagnostik? Zum Zeitpunkt der Fertigstellung dieses Buches wurde über die medizinische Einführung des NIPD-Tests diskutiert. Für den risikoarmen Test bedarf es einer Probe des mütterlichen Blutes ab etwa der 9. Woche. Die im mütterlichen Blut befindlichen DNA-Stränge des Embryos werden aufgearbeitet und mit bioinformatorischer Software genetisch analysiert. Das Ergebnis liegt nach wenigen Tagen vor. Mit der NIPD kann man auf Trisomie 21 und viele andere genetisch (mit-)bedingte Krankheiten untersucht werden.

a) Recherchieren Sie zum Verfahren der NIPD. Vergleichen Sie dies Verfahren mit der Amniozentese (Informationen dazu in diesem Buch).

b) Erläutern Sie nach entsprechender Recherche unterschiedliche ethische Positionen zur NIPD.

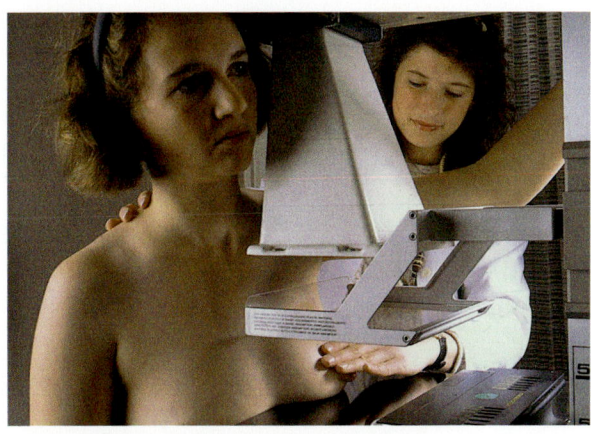

4 Brustkrebsvorsorge durch Mammografie

2.7 Erbe und Umwelt – Zwillingsforschung

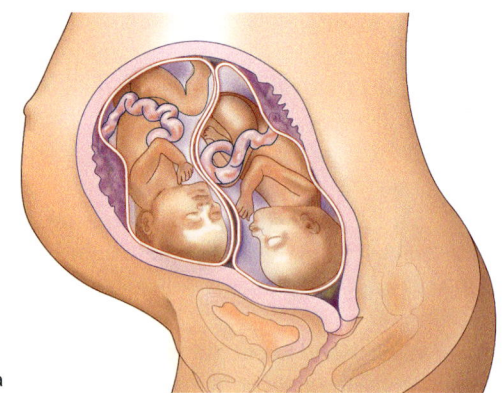

1 *a) Zwillinge mit jeweils eigener Plazenta, b) Eineiige Zwillinge haben immer das gleiche Geschlecht*

In Mitteleuropa ist durchschnittlich eine von 85 Geburten eine Zwillingsgeburt. Bei etwa einem Drittel der Zwillingsgeburten werden eineiige Zwillinge (abgekürzt: EZ) geboren. Sie sind auf eine befruchtete Eizelle (Zygote) zurückzuführen (monozygotisch) (Abb. 1). Der frühe Embryo teilt sich in den ersten Tagen nach der Befruchtung. Weil das Genom von der Zygote an durch erbgleiche Zell- und Kernteilungen (Mitosen) weitergegeben wird, haben eineiige Zwillinge jeweils die **gleiche genetische Ausstattung**. EZ sind jedoch nicht völlig identisch und können unter anderem Unterschiede in den Fingerabdrücken, in den Muttermalen sowie in körperlichen und psychischen Merkmalen aufweisen. Zweieiige Zwillinge (ZZ) stimmen aufgrund ihrer Entstehung aus zwei befruchteten Eizellen (dizygotisch) genetisch ähnlich überein wie andere Geschwisterkinder. ZZ haben durchschnittlich 50 Prozent der Allele mütterlicher oder väterlicher Herkunft gemeinsam. In der Zwillingsforschung vergleicht man unter anderem die Ausprägung bestimmter Merkmale und erfasst das Ausmaß der Ähnlichkeit (bzw. Verschiedenheit) bei EZ- und bei ZZ-Paaren. So will man Hinweise auf **Umwelteinflüsse** und Einflüsse der **Erbanlagen** auf die **Varianz** eines Merkmals erhalten. Entsprechende Aussagen beziehen sich also immer auf Unterschiede zwischen Individuen, niemals auf einen einzelnen Menschen. Weil genetische und umweltbedingte Einflüsse in jedem Menschen untrennbar zusammenwirken, ist es prinzipiell für einen einzelnen Menschen unmöglich, den Anteil der Umwelt oder den Anteil der Gene z. B. an der Ausprägung von Verhaltensmerkmalen, zu bestimmen (Abb. 3).

Eine statistische Maßzahl über das Ausmaß und die Richtung des linearen Zusammenhangs zwischen zwei Variablen ist der **Korrelationskoeffizient** (abgekürzt: r, Abb. 2). Er wird häufig in der Zwillingsforschung genutzt (Abb. 4). Mit dem Lebensalter können Unterschiede zwischen EZ zunehmen. Das führt man auf **epigenetische Einflüsse**, also auf Einflüsse der Umwelt auf die Genregulation zurück. Mit modernen Hochdurchsatz-Genom-Sequenzierungen konnten auch vereinzelte Basenaustausch-Mutationen nachgewiesen werden (Abb. 5).

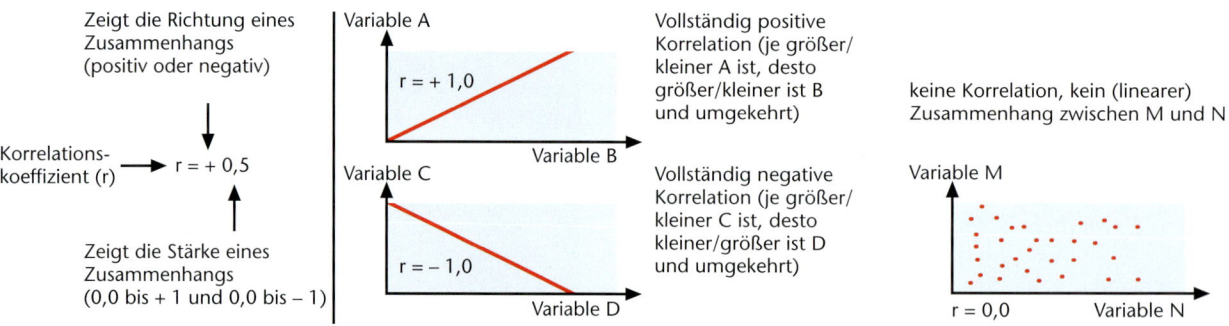

2 *Der Korrelationskoeffizient r zeigt Richtung und Stärke eines Zusammenhangs zwischen zwei Variablen an*

Biologische Einflüsse:
- Informationsaufnahme und Informationsverarbeitung in Sinnesorganen, Nervensystem und Hormonsystem
- Evolution des Menschen, seines Gehirns und angepasster Verhaltensweisen und Emotionen;
- Individuelle genetische Rahmenbedingungen;
- Gene, die auf die Umwelt reagieren (Epigenetik)
- Gene, die bei bestimmten Prozessen im Gehirn aktiv sind, z.B. beim Lernen
- …

Psychologische Einflüsse:
- Individuelle Erfahrungen und Gedächtnisinhalte;
- Individuelle Vorlieben und Abneigungen; Motivation
- Erlernte Erwartungen, zum Beispiel erlernte Ängste
- Individuelle Verarbeitung von Informationen, subjektive Wahrnehmungen und subjektives Erleben;
- emotionale Reaktionen;
- …

(Aktuelles) Verhalten eines Individuums

Soziale und kulturelle Einflüsse:
- Familie und Freunde;
- Erwartungen der Kultur, der Gesellschaft und der Familie;
- Einflüsse von Gleichaltrigen und von anderen Gruppen;
- Rollenmodelle (etwa in den Medien), die attraktiv wirken
- ….

3 Modell zur Verschränkung biologischer, psychologischer und soziokultureller Einflüsse im menschlichen Verhalten

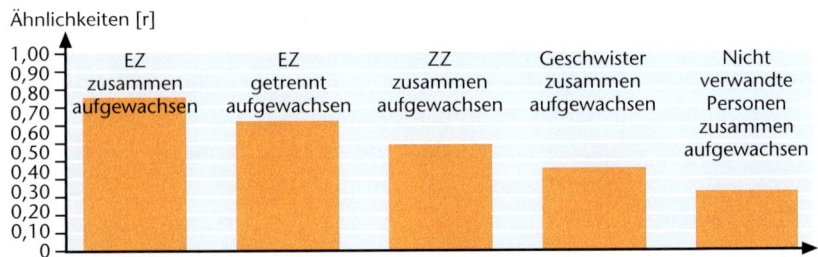

4 Übungsbeispiele zum Korrelationskoeffizienten bei einem multifaktoriellen Merkmal

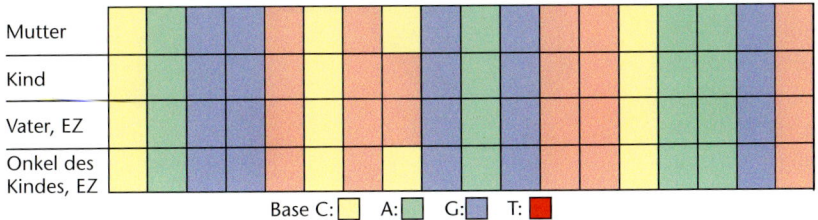

5 Winziger Ausschnitt der DNA- Basensequenz des Chromosoms 4 bei Mutter, Kind und Vater sowie dem eineiigen Zwillingsbruder des Vaters

→ 3.17 Epigenetik: Umwelt und Gene wirken zusammen

1 Verschränkung biologischer, psychologischer und soziokultureller Einflüsse. Begründen Sie unter Bezug auf das Modell in Abb. 3, dass es für einen einzelnen Menschen prinzipiell nicht möglich ist, den genetischen Anteil und den umweltbedingten Anteil am Verhalten zu beziffern.

2 Zwillingsstudien zu multifaktoriellen Merkmalen. Multifaktorielle Merkmale und Krankheiten kommen durch ein Wechselspiel von genetischen und nichtgenetischen Einflüssen (z.B. Umwelteinflüsse, Lebensstil) zustande.
Werten Sie das Übungsbeispiel in Abb. 4 in Hinblick auf Einflüsse der Umwelt sowie in Hinblick auf genetische Einflüsse auf die Varianz des multifaktoriellen Merkmals aus. Beachten Sie dabei, dass die Wahrscheinlichkeit, dass verwandte Personen dieselbe Kopie eines Allels tragen, bei EZ 100 %, bei einem Elternteil und dessen Kind 50 % und bei Geschwistern 50 % beträgt.

3 Molekulargenetik und ein Kriminalfall. Am Tatort eines Juwelenraubes gab es keine Fingerabdrücke, wohl aber eine winzige Blutspur. Sie führte die Polizei zu einem eineiigen Zwillingspaar. Weil in der Gerichtsverhandlung nicht bewiesen werden konnte, wer von den beiden Brüdern Täter war, kam es nicht zu einer Verurteilung. In einer späteren Untersuchung konnte man bei einem der beiden EZ und dessen Kind eine Punktmutation (Basenaustausch-Mutation) nachweisen (Abb. 5).
a) Geben Sie für jede Reihe die Basensequenz an und markieren Sie die Punktmutation farbig.
b) Prüfen Sie, inwiefern dieses Verfahren geeignet ist, den Juwelenraub aufzuklären. Erläutern Sie die Vorgehensweise in Grundzügen.

3.1 DNA: Träger der Erbinformation

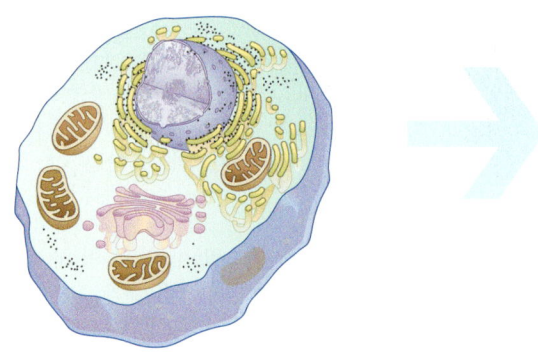

1 *Zusammensetzung einer Säugetierzelle*

Um das Jahr 1940 war der Stand des genetischen Wissens etwa folgendermaßen: Man wusste, dass Chromosomen die Träger der Erbanlagen sind. Auch war bekannt, dass Chromosomen aus DNA und Proteinen bestehen. Außerdem wusste man, dass Gene Informationen für die Ausbildung von Merkmalen enthalten. Ebenfalls bekannt waren die Regeln der Vererbung, wie sie MENDEL entdeckt hatte. Nicht bekannt war dagegen, ob die Erbinformation in Proteinen oder in DNA festgelegt ist.

Noch ehe die Erbsubstanz eindeutig identifiziert wurde, war klar, welche Anforderungen sie erfüllen muss:
– Die Erbsubstanz muss Informationen speichern können.
– Die Erbsubstanz muss sich identisch verdoppeln können.
– Die Informationen der Erbsubstanz müssen gelesen werden können.
– Die Erbsubstanz muss den Zellstoffwechsel steuern können.
– Die Erbsubstanz muss mutieren können.

Um 1940 hatten die meisten Forscherinnen und Forscher die Hypothese, dass Gene aus Proteinen bestehen. Im Jahr 1944 wurde diese Hypothese für Bakterien durch Versuche von AVERY widerlegt und die DNA bei Bakterien eindeutig als Erbsubstanz festgestellt (Abb. 4). Bakterien haben ein ringförmiges Chromosom und vermehren sich schnell. Manche Bakterien können fremde DNA-Bruchstücke durch ihre Zellwand aufnehmen und in ihre eigene DNA einbauen (Abb. 2). Man bezeichnet diesen Vorgang als Transformation. Auf diese Weise erhält eine Bakterienzelle neue genetische Information.

Um 1950 wusste man nicht zweifelsfrei, ob auch bei Eukaryoten DNA die Erbsubstanz ist. Trotzdem wurde vermutet, dass DNA universell, also bei allen Lebewesen die Erbsubstanz ist, denn für diese Annahme sprachen indirekte Beweise. Chromosomen im Zellkern bestehen aus DNA und aus Proteinen. Proteine kommen in großer Menge auch im Cytoplasma einer eukaryotischen Zelle vor, DNA jedoch nicht. Des Weiteren war zu erwarten, dass Zellen mit doppeltem Chromosomensatz (diploide Zellen) etwa doppelt so viel Erbsubstanz enthalten wie Zellen mit einfachem Chromosomensatz (haploide Zellen). Untersuchungen über den DNA- und den Proteingehalt diploider und haploider Zellen zeigten, dass diese Erwartung auf DNA, nicht jedoch auf Proteine zutraf.

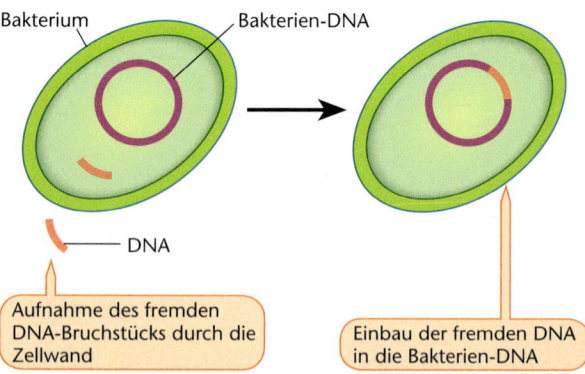

2 *Transformation einer Bakterienzelle*

→ 1.3 Zellkern, Chromosomen, Mitose

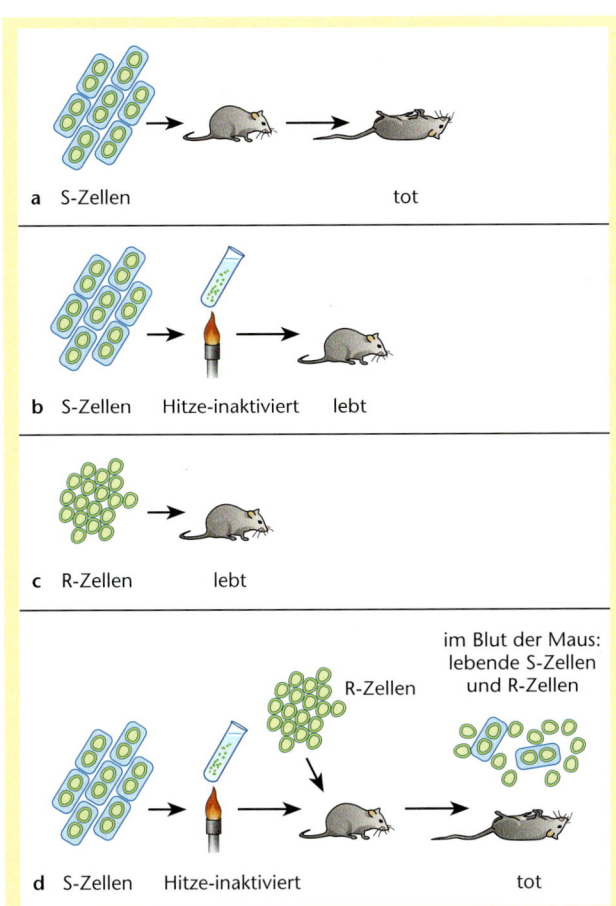

1928 führte der Mikrobiologe FRED GRIFFITH Versuche mit zwei Stämmen der Bakteriengattung *Pneumococcus* durch. Der S-Stamm (engl. *smooth,* glatt) bildet auf Nährboden glatte Kolonien. Beim S-Stamm sind je zwei Zellen von einer Schleimkapsel umgeben. Verantwortlich dafür ist das S-Gen. Injizierte man Mäusen lebende S-Zellen, so erkrankten die Mäuse an Lungenentzündung und die meisten starben daran (a). Heute weiß man, dass die S-Pneumokokken wegen ihrer Schleimkapsel nicht schnell genug von den weißen Blutzellen der Mäuse erkannt und vernichtet werden können. Durch Erhitzen verlieren die S-Pneumokokken ihre Gefährlichkeit (b). Erhitzen zerstört Zellwand und Zellmembran, verformt Proteine und zerstückelt die ringförmige Bakterien-DNA in kleine Bruchstücke.
Der R-Stamm der Pneumokokken (engl. *rough,* rau) bildet auf Nährboden Kolonien mit rauer Oberfläche. Diesen Bakterien fehlt das S-Gen.
Daher bilden sie keine Schleimkapsel aus. Das Immunsystem der Mäuse kann die Bakterien des R-Stammes wirkungsvoll bekämpfen (c).
GRIFFITH mischte in dem entscheidenden Versuch durch Hitze zerstörte S-Zellen mit lebenden R-Zellen (d). Die Injektion dieses Gemisches führte zur Lungenentzündung und zum Tod der Mäuse. Im Blut dieser Mäuse konnten neben lebenden R-Zellen auch lebende S-Zellen gefunden werden.

3 *Die Versuche von* GRIFFITH *(1928)*

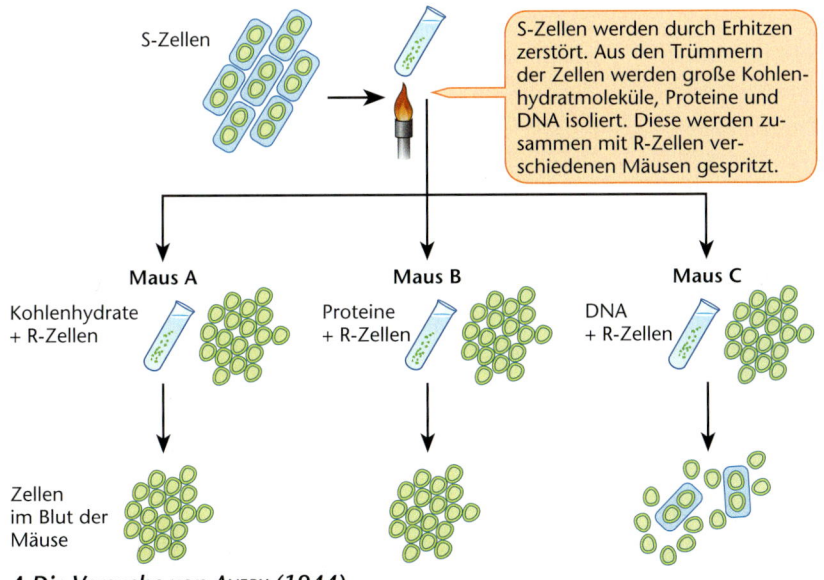

1 Beweis für DNA als Erbsubstanz bei Bakterien. Erläutern Sie unter Bezug auf den Text und die Abb. 3 und 4, inwiefern die Versuche von GRIFFITH und AVERY als Beweis für die DNA als Erbsubstanz bei Bakterien gelten.

2 Transformation. Erläutern Sie mithilfe geeigneter Skizzen die Transformation im Teilversuch d von GRIFFITH (Abb. 3) und im Teilversuch mit Maus C von AVERY (Abb. 4).

4 *Die Versuche von* AVERY *(1944)*

→ 2.2 Die Chromosomentheorie der Vererbung

3.2 Bau der DNA und anderer biologisch bedeutsamer Makromoleküle

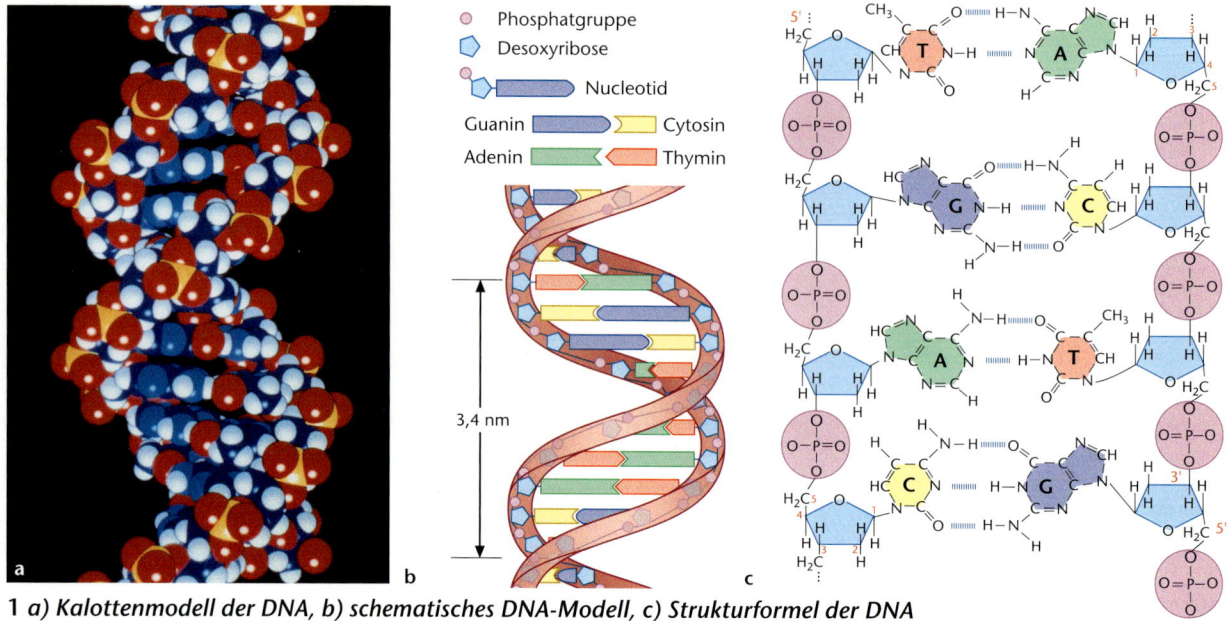

1 a) Kalottenmodell der DNA, b) schematisches DNA-Modell, c) Strukturformel der DNA

Alle Lebewesen haben genetische Information in chemischer Form gespeichert. Der Informationsträger heißt Desoxyribonucleinsäure. Die Abkürzung für dieses Molekül ist DNA. Bei den Eukaryoten liegt die DNA im Zellkern als dünnes, stark aufgeknäueltes Molekül vor. Mitochondrien und Chloroplasten enthalten ebenfalls DNA. Die Aufklärung des Baus der DNA im Jahr 1953 durch WATSON und CRICK war ein wissenschaftlicher Meilenstein und wurde mit dem Nobelpreis gewürdigt (Abb. 1a).

DNA ist ein Kettenmolekül, das aus vielen hintereinander geknüpften Bausteinen, den **Nucleotiden,** besteht. Jedes Nucleotid besteht aus einer Phosphatgruppe, die sich von der Phosphorsäure ableitet, und aus einem Zucker mit fünf Kohlenstoffatomen, der Desoxyribose (Abb. 1c). Zusätzlich gehört zu jedem Nucleotid eine von vier stickstoffhaltigen Basen. Diese Basen heißen Adenin (A), Cytosin (C), Guanin (G) und Thymin (T). Nucleotide unterscheiden sich also nur in der Base. Die Abfolge der Basen in einem DNA-Molekül bezeichnet man als **DNA-Basensequenz.** In ihr ist die genetische Information verschlüsselt. Nucleotide werden im Stoffwechsel einer Zelle gebildet. Letztlich stammen die dafür notwendigen Baustoffe aus der Nahrung.

Ein DNA-Molekül besteht aus zwei Strängen, die sich schraubig umeinander winden (Abb. 1a, b, c). Man spricht von **Doppelhelix-Struktur.** Dabei bilden die einander gegenüberstehenden Nucleotide mit ihren Basen ein Paar. Man kann die Doppelhelix modellhaft vereinfacht mit einer Wendeltreppe vergleichen, die an beiden Seiten ein Geländer hat. In diesem Modell entspricht die regelmäßige, hunderttausendfache Abfolge von Phosphatgruppe und Desoxyribose dem Geländer der Wendeltreppe. Phosphatgruppe und Desoxyribose sind durch Atombindungen fest miteinander verbunden. Entlang dieser Zucker-Phosphat-Abfolge ist das 3'-Kohlenstoffatom des einen Zuckers über die Phosphatgruppe mit dem 5'-Kohlenstoffatom des nächsten Zuckers verbunden. Man sagt, die Stränge verlaufen in 5'-3'-Richtung. Die senkrecht zum Geländer stehenden Basenpaare sind im Modell der Wendeltreppe die Stufen oder Sprossen. Die Basen jedes Paares sind durch Wasserstoffbrücken miteinander verbunden (Abb. 1d).

Die einzelnen Basen eines Paares sind nicht beliebig. Bei allen Lebewesen bildet Adenin (A) immer nur mit Thymin (T) und Cytosin (C) nur mit Guanin (G) ein Paar. Wenn Adenin und Thymin oder Cytosin und Guanin einander gegenüberliegen, passen sie wie Schlüssel und Schloss zusammen. Man sagt, die zueinander passenden Basen sind **komplementär.** Die Anordnung der komplementären Basen ist ein Beispiel für das **Schlüssel-Schloss-Prinzip.**

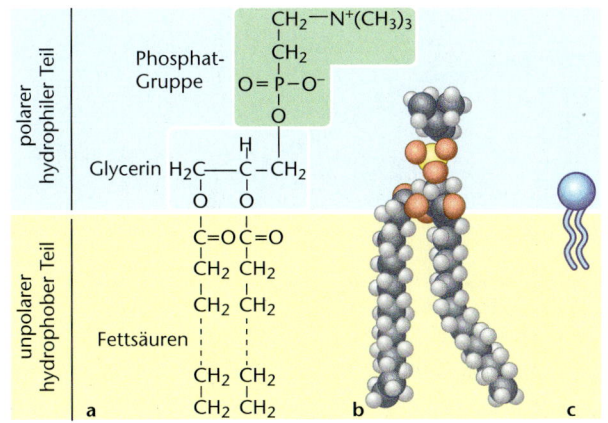

2 Phospholipidmolekül, a) Strukturformel, b) Kalottenmodell, c) Strukturmodell
Der Begriff Lipide bezeichnet Fette und fettähnliche Stoffe, die sich schlecht in Wasser lösen. Die Triglyceride bestehen aus einem Molekül Glycerin, das mit drei Fettsäuremolekülen verestert ist. Sie dienen wesentlich als chemischer Energiespeicher. Phospholipide sind Grundbestandteile aller Zellmembranen. Bestimmte Signalmoleküle im Körper gehören zu den Lipiden.

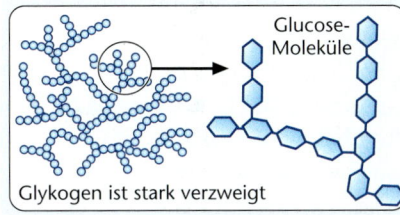
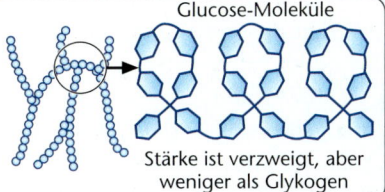
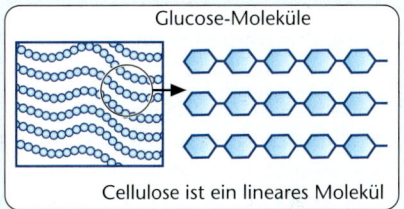

3 *Zu den Kohlenhydraten gehören Monosaccaride (Einfachzucker) wie Glucose und Fructose, Disaccaride wie Maltose, Saccarose und Lactose sowie Polysaccaride wie Glykogen, Stärke und Cellulose.* Kohlenhydrate spielen in Lebewesen eine zentrale Rolle als chemischer Energieträger. Auf der Oberfläche von Zellmembranen dienen Kohlenhydrat-Protein-Verbindungen dem Erkennen der Zellen untereinander und der Aufnahme von Signalen aus der Umgebung der Zelle.

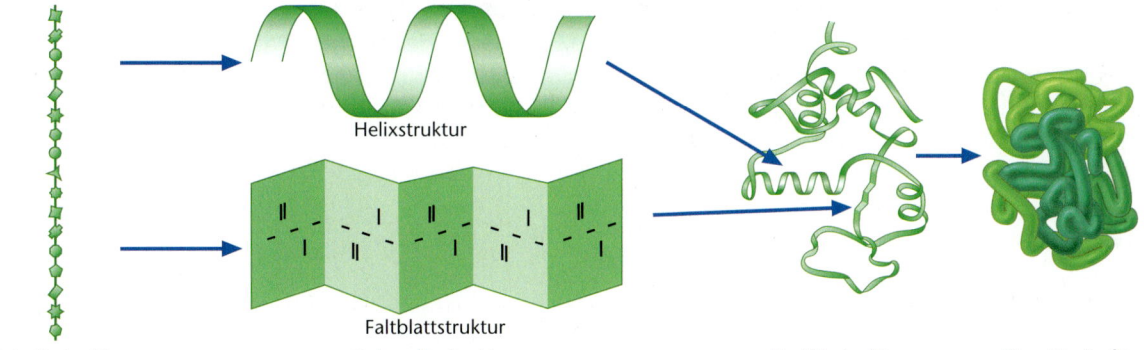

4 *Proteine sind biologisch bedeutsame Makromoleküle, die aus zwanzig verschiedenen Aminosäuren aufgebaut sind.* Als Primärstruktur bezeichnet man die Abfolge der Aminosäuren (Aminosäuresequenz). Diese Abfolge bedingt wesentlich, wo sich Faltblatt- und Helixstrukturen im Molekül ausbilden (Sekundärstuktur) und welche tatsächliche dreidimensionale (räumliche) Struktur das Protein hat (Tertiärstruktur). Von der Tertiärstuktur hängt die Funktion eines Proteins maßgeblich ab. Einen Komplex aus mehreren Polypeptidketten bezeichnet man als Quartärstruktur. Struktur-Proteine, Enzyme, Transport-Proteine, bewegliche Proteine, Abwehr-Proteine und Rezeptor-Proteine zeigen die Vielfalt der Proteinfunktionen.

→ 3.12 Ultraviolette Strahlung, Mutationen, Hautkrebs und die Mondscheinkinder

3.3 Identische Verdopplung der DNA (Replikation) und Zelldifferenzierung

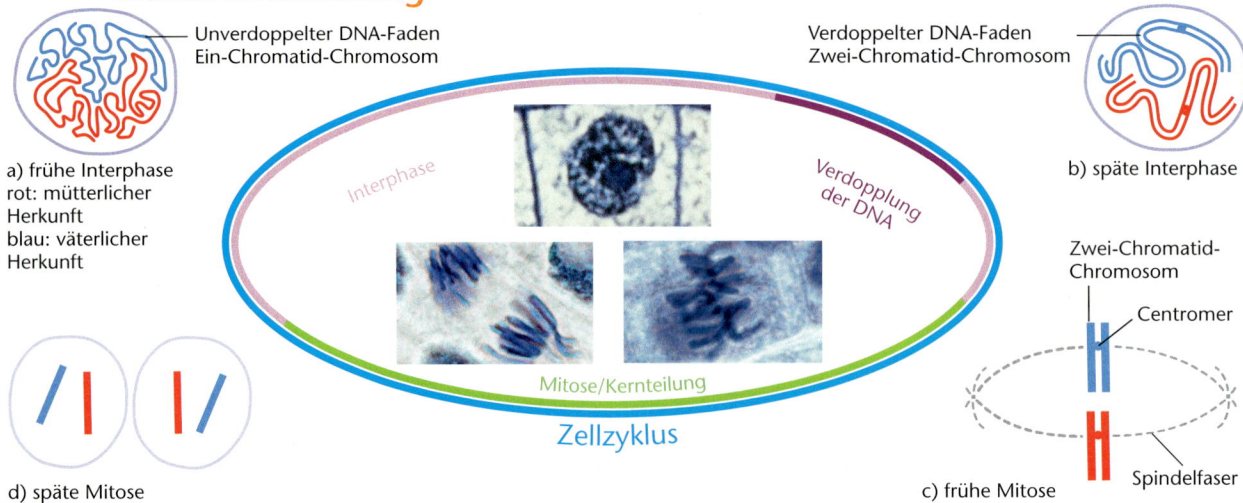

1 *Zellzyklus, dargestellt an einem von 23 verschiedenen Chromosomen des Menschen*

Die identische Verdopplung der DNA ist der Grund dafür, dass aus jeder Zell- und Kernteilung (Mitose) erbgleiche Tochterzellen hervorgehen (Abb. 1, 2). Dadurch haben alle Körperzellen die gleichen genetischen Informationen.

Die identische Verdopplung der DNA und damit der Chromosomen findet in der Interphase des Zellzyklus statt (Abb. 1a, b). Da der Mensch von jedem Chromosom zwei hat, eines mütterlicher, eines väterlicher Herkunft, ergeben sich durch identische Verdopplung zwei Zwei-Chromatid-Chromosomen (Abb. 1b, c). Jedes Zwei-Chromatid-Chromosom besteht in dieser Phase aus zwei identischen DNA-Molekülen, die am Centromer zusammenhängen. Diese werden so voneinander getrennt, dass die Tochterzellen untereinander und zur Zelle, aus der sie hervorgingen, erbgleich sind (Abb. 1d, a).

Der Vorgang der identischen Verdopplung beginnt damit, dass sich der DNA-Doppelstrang durch die Trennung der Wasserstoffbrückenbindungen zwischen den Basenpaaren ähnlich einem Reißverschluss öffnet (Abb. 2). Dann wird entsprechend zu der Basenabfolge der vorhandenen Einzelstränge des DNA-Moleküls je ein neuer Strang gebildet. Im Ergebnis liegen zwei DNA-Doppelstränge vor, die untereinander, aber auch im Vergleich zum Ausgangsmolekül, identische Basensequenzen haben und daher erbgleich sind (Abb. 2). Man nennt die Art der Verdopplung der DNA **semikonservativ**, was so viel wie „halb bewahrend" bedeutet. Die eine Hälfte des DNA-Moleküls ist unverändert der alte Molekülteil, die andere Hälfte ist neu gebildet.

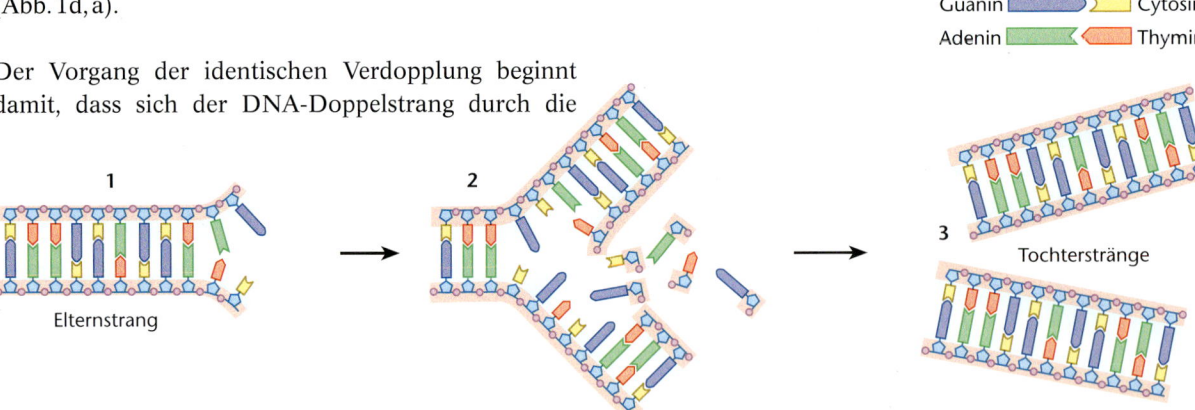

2 *Identische Verdopplung eines DNA-Moleküls*

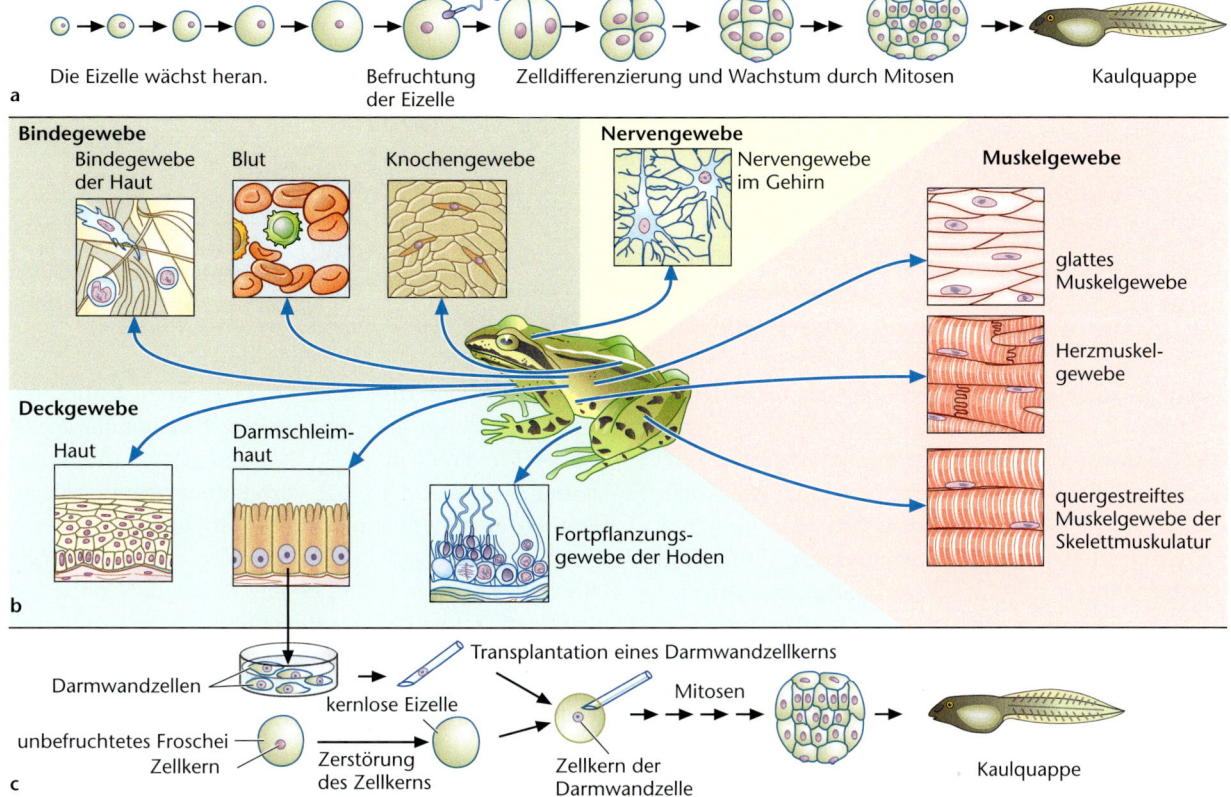

3 *Entwicklung eines Frosches und die Vielfalt der spezialisierten Zellen. a) Entwicklung eines Frosches aus der befruchteten Eizelle bis zur Kaulquappe. Aus der befruchteten Eizelle gehen durch Zell- und Kernteilungen (Mitosen) erblich gleiche Körperzellen hervor. b) Verschiedene Gewebe mit differenzierten Zellen beim Frosch. c) Transplantation des Zellkerns einer Darmschleimhautzelle in eine zuvor entkernte Eizelle führt zur Entwicklung einer Kaulquappe, aus der sich durch Metamorphose ein Frosch entwickelt.*

In einem vielzelligen Organismus findet man verschieden spezialisierte Zellen, die jeweils eine ganz bestimmte Funktion haben, sodass eine Arbeitsteilung stattfindet (Abb. 3). Die Entwicklung von unspezialisierten zu spezialisierten Zellen wird **Zelldifferenzierung** genannt (lat. differe, sich unterscheiden). Zelldifferenzierung findet während der Entwicklung eines vielzelligen Individuums statt.

Sind spezialisierte Zellen zu Zellverbänden zusammengeschlossen, spricht man von einem **Gewebe** (Abb. 3). Erfüllen wiederum mehrere Gewebe gemeinsam eine oder mehrere Aufgaben, spricht man von einem **Organ**. Die Gesamtheit der Gewebe und Organe ergänzen sich in ihren Funktionen und bilden den **Organismus**. In einem Vielzeller gibt es nicht nur differenzierte Zellen sondern auch undifferenzierte Körperzellen, die **Stammzellen**. Aus Stammzellen können neue spezialisierte Zellen entstehen.

Alle Körperzellen eines Vielzellers entstehen durch **Zell- und Kernteilungen (Mitosen)** letztlich aus der befruchteten Eizelle (Abb. 1a, b). Das heißt, jede Körperzelle kann gedanklich durch eine lange Kette von Zell- und Kernteilungen bis zur befruchteten Eizelle zurückverfolgt werden. Wenn sich eine Zelle teilt, entstehen zwei Tochterzellen, die untereinander und zur Zelle, aus der sie hervorgingen, hinsichtlich der Erbanlagen (Gene) gleich sind. Man spricht von **erbgleichen Teilungen**. Das ist auch der Grund, warum die Transplantation eines Zellkerns aus einer Darmwandzelle eines Frosches in eine zuvor entkernte Eizelle (Abb. 3c) zum Heranwachsen eines vollständigen Frosches führte.

→ 3.21 Kontrolle des Zellzyklus

3.4 Historische Experimente zur Entschlüsselung des genetischen Codes

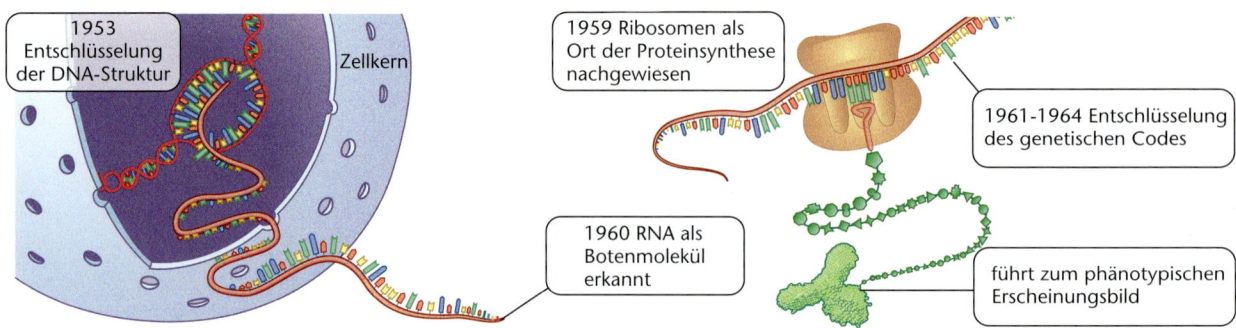

1 *Die Entschlüsselung der Umsetzung einer genetischen Information in eine Aminosäuresequenz eines Proteins*

Nachdem WATSON & CRICK 1953 die Struktur der DNA entschlüsselt hatten, galt es die nächsten Schritte in der Umsetzung des Erbmaterials zum phänotypischen Erscheinungsbild zu klären. Es war bekannt, dass Proteine maßgeblich zum Erscheinungsbild eines Organismus beitragen. Proteine bestehen aus einer Abfolge von 20 universellen Aminosäuren (Aminosäuresequenz).

Es wurde nachgewiesen, dass Ribosomen der Ort der Proteinsynthese sind und Ribonukleinsäuremoleküle die Erbinformation aus dem Zellkern zu ihnen übermitteln. Deshalb gab man ihnen den Namen messenger-RNA-Moleküle (m-RNA). RNA ist ähnlich aufgebaut wie DNA, jedoch findet sich in der RNA Ribose anstelle der Desoxyribose. Vier Basen treten in unregelmäßiger Reihenfolge auf: Adenin, Guanin, Cytosin und Uracil (statt wie in der DNA Thymin). Die RNA besteht im Gegensatz zur DNA jedoch nur aus einem Strang mit komplementärer Basenfolge zum codogenen Strang. Befindet sich im Strang der DNA also Thymin, wird in der RNA Adenin an dieser Stelle gebunden. Diese willkürlich erscheinende Abfolge der Basen beinhaltet die Codierung der Aminosäuren.

Nimmt man an, dass eine Base für eine Aminosäure codiert, so erhält man 4 Möglichkeiten, also eine Codierung für vier Aminosäuren. Geht man davon aus, dass zwei Basen eine Aminosäure bestimmen, erhält man 4^2 Möglichkeiten, also Codierungen für 16 Aminosäuren. Zu wenig für 20 vorhandene Aminosäuren. Drei Basen bieten bereits 4^3 (64) Möglichkeiten.

Noch war nicht bekannt, ob alle Basen zur Codierung beitragen. Zudem wusste man nicht, ob die Codierung mit Basen überlappend, lückenlos oder mit Leerstellen erfolgt (Abb. 2). Auch die Fragen nach der Eindeutigkeit und ob eine Basenabfolge nur eine Aminosäure codiert, waren offen. Erste Hinweise gab das so genannte Poly-U-Experiment von NIRENBERG und MATTHAEI (Abb. 3, 4). Hierbei wurde eine m-RNA synthetisiert, die ausschließlich Uracil-Nukleotide enthielt. Diese RNA führte zur Synthese eines Proteins, das nur aus Molekülen der Aminosäure Phenylalanin bestand. Wissenschaftler konnten so mit synthetisierter Mini-RNA den genetischen Code vollständig aufklären.

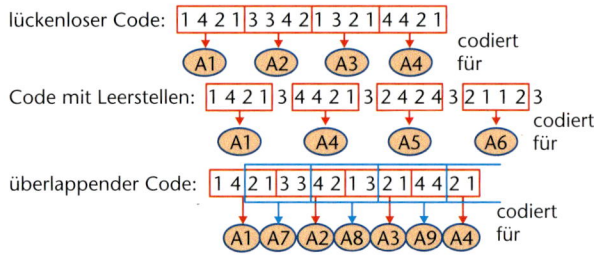

2 *Formen einer Codierung*

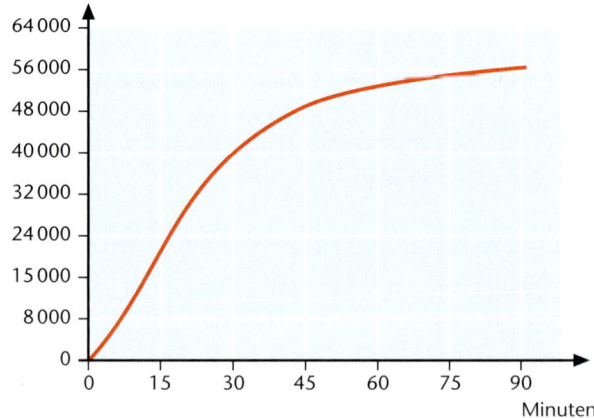

3 *Einbau von ^{14}C-markiertem Phenylalanin in Protein bei Anwesenheit von Poly-U.*

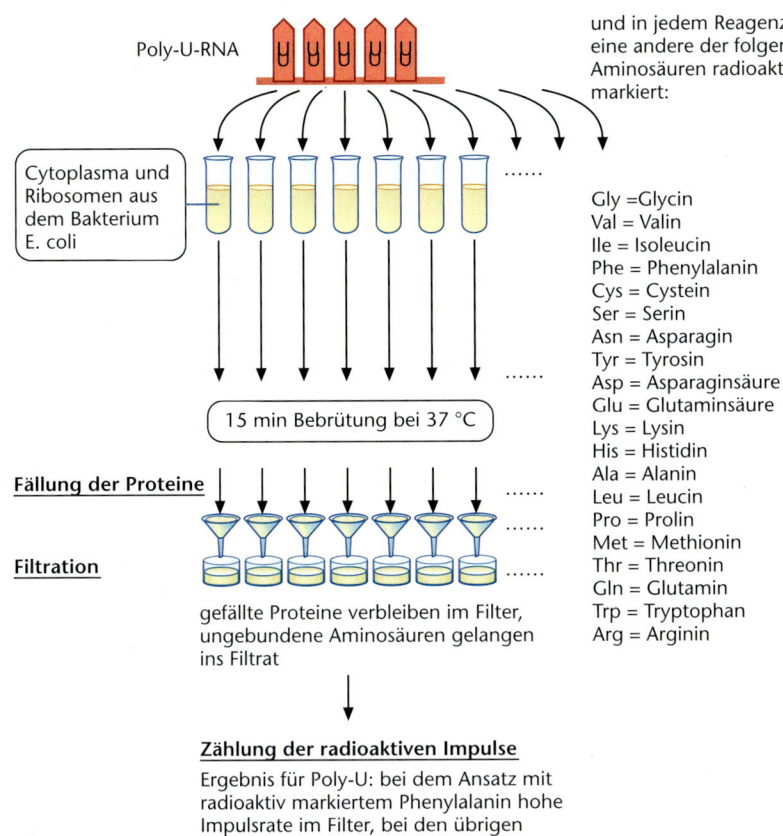

4 *Das Poly-U-Experiment von Nirenberg und Matthaei (1961)*

1 Poly-U-Experiment. Erläutern Sie den Versuchsablauf des Poly-U-Experiments von NIRENBERG und MATTHAEI (Abb. 4).

2 Offene Fragen bezüglich des genetischen Codes.
a) Benennen Sie die Fragestellungen bezüglich des genetischen Codes, die es nach dem Poly-U-Experiment zu klären galt.
b) Entwickeln Sie zu diesen Fragestellungen jeweils Hypothesen.

3 Entschlüsselung des genetischen Codes durch HAR GOBIND KHORANA
a) Überprüfen Sie Ihre Hypothesen aus Aufgabe 2 mithilfe der Versuchsergebnisse der Arbeitsgruppe um HAR GOBIND KHORANA (Abb. 5).
b) Ermitteln Sie Codierungen für einzelne Aminosäuren.
c) Fassen Sie ihre Ergebnisse zum genetischen Code in zentralen Aussagen zusammen.

HAR GOBIND KHORANA gelang es 1964, aus kleinen, zwei bis vier Nukleotiden langen RNA-Molekülen sogenannte „Co-Polymere" zu bilden. D.h. aus z.B. vielen UAUG-Molekülen wurde ein Poly-UAUG-Molekül hergestellt. Anschließend wandte KHORANA das bekannte Verfahren NIRENBERGS/MATTHAEIS an und ermittelte durch Quervergleiche die codierenden Basen für die einzelnen Aminosäuren.

Hier einige Ergebnisse im Überblick:

Poly-U	Phe – Phe – Phe – Phe – Phe – …	Poly-G	Gly – Gly – Gly – Gly – Gly – …
Poly-A	Lys – Lys – Lys – Lys – Lys – …	Poly-C	Pro – Pro – Pro – Pro – Por – …
Poly-CU	Ser – Leu – Ser – Leu – Ser – Leu – …	Poly-AC	Thr – His – Thr – His – Thr – His – …
Poly-AAC	Asn – Asn – Asn – Asn – … oder Thr – Thr – Thr – Thr – Thr – … oder Gln – Gln – Gln – Gln – Gln – …	Poly-ACC	Thr – Thr – Thr – Thr – Thr – Thr – … oder Pro – Pro – Pro – Pro – Pro – … oder His – His – His – His – His – His – …
Poly-UAUG	Val – Cys – Met – Tyr – Val – Cys – Met – Tyr – …		
Poly-UAUC	Ile – Tyr – Leu – Ser – Ile – Tyr – Leu – Ser – …		
Poly-ACCC	Thr – His – Pro – Pro – Thr – His – Pro – Pro – …		

5 *Ergebnisse der Arbeitsgruppe um HAR GOBIND KHORANA (1964)*

3.5 Der genetische Code und Genmutationen

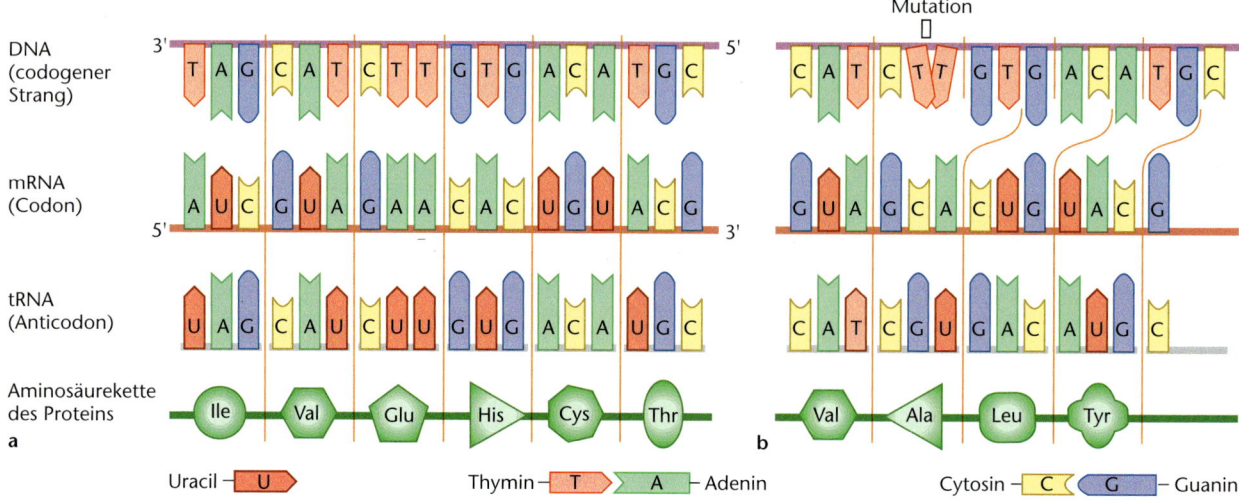

1 *a) Übertragung der genetischen Information, b) Auswirkung einer Genmutation durch Bildung eines Thymindimers*

Die DNA im Zellkern enthält die genetische Information für die Synthese von Proteinen. Die DNA des Menschen enthält etwa 25 000 Protein bildende Gene. Jeweils drei aufeinanderfolgende Basen im DNA-Molekül bilden die kleinste Einheit der genetischen Information, das **Basentriplett**. Ein Basentriplett codiert eine Aminosäure eines Proteins. Die Reihenfolge der Basentripletts codiert die Reihenfolge der Aminosäuren im Protein und damit auch seine räumliche Struktur (Abb. 1). Der **genetische Code**, die Zuordnung der Basentripletts zu den Aminosäuren, weist typische Besonderheiten auf. Er ist:

- **universell**, d. h. bei allen Lebewesen codieren die gleichen Basentripletts die gleichen Aminosäuren,
- **degeneriert**, d. h. es gibt mehr Basentripletts als notwendig: 64 Basentripletts für 20 Aminosäuren,
- **„kommalos"**, d. h. es wird strikt nach Triplettraster abgelesen, ohne dass ein Leerzeichen nach einem Triplett folgt,
- **nicht überlappend**, d. h. es wird keine Base in zwei Tripletts gemeinsam benutzt.

Die Umsetzung der Basentripletts in bestimmte Aminosäuren kann an der Code-Sonne nachvollzogen werden (Abb. 2). Sie ist eine schematische Darstellung des genetischen Codes, mit deren Hilfe man ablesen kann, welches Basentriplett der mRNA für welche Aminosäure codiert.

Durch Veränderungen der Basensequenz in der DNA kann es zu Veränderungen der hergestellten Proteine kommen. Diese Veränderungen der Basensequenz werden **Genmutationen** genannt. Eine bekannte Genmutation ist das Thymindimer, bei dem sich unter Einwirkung von UV-Strahlung zwei benachbarte Thyminbasen verbinden und nicht mehr abgelesen werden können (Abb. 1b). Da der genetische Code kommalos ist, werden ab der Stelle, an der diese Mutation auftritt, alle nachfolgenden Basentripletts verändert. Diese Mutation gehört zu den Leserastermutationen, bei denen Basen entfallen oder zusätzliche hinzugefügt werden (Abb. 4). Bei Punktmutationen wird eine Base des Basentripletts durch eine andere ausgetauscht.

Genmutationen können zu schwerwiegenden Strukturveränderungen des hergestellten Proteins führen, sodass es seine Funktion nicht mehr erfüllen kann und das betroffene Lebewesen stirbt. An der Code-Sonne ist zu erkennen, dass unterschiedliche Basen an der dritten Stelle des Basentripletts für die gleiche Aminosäure codieren können. Das verweist darauf, dass der genetische Code degeneriert ist. Punktmutationen der dritten Base eines Tripletts bleiben oft folgenlos. Lebewesen sind in der Lage, Punktmutationen in ihrer DNA zu reparieren. Dabei wird die Mutation durch spezielle Enzyme erkannt und die ursprüngliche Base wieder eingefügt. Mutationen bewirken in seltenen Fällen eine bessere Angepasstheit eines Lebewesens. Diese Mutationen sind von großer Bedeutung für die Evolution, denn sie sind eine Quelle für neue erbliche Eigenschaften von Lebewesen.

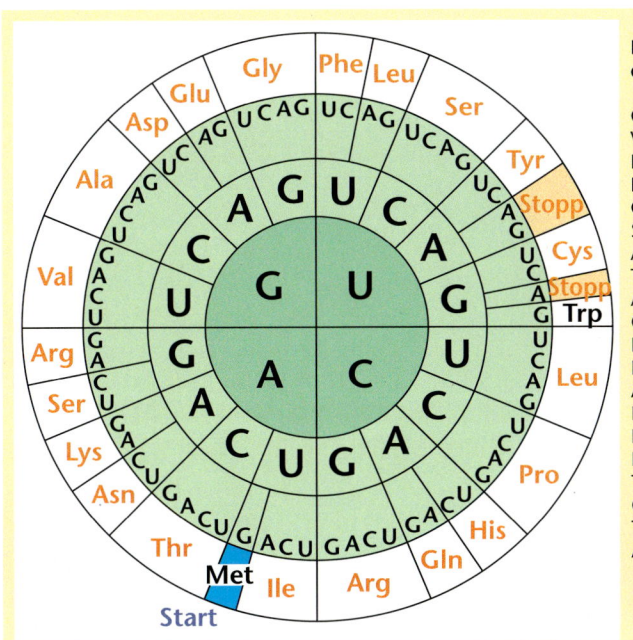

2 Code-Sonne für mRNA-Basentripletts; Basen: A = Adenin, C = Cytosin, G = Guanin; U = Uracil

Kurzbezeichnung der Aminosäuren

Gly = Glycin
Val = Valin
Ile = Isoleucin
Phe = Phenylalanin
Cys = Cystein
Ser = Serin
Asn = Asparagin
Tyr = Tyrosin
Asp = Asparaginsäure
Glu = Glutaminsäure
Lys = Lysin
His = Histidin
Ala = Alanin
Leu = Leucin
Pro = Prolin
Met = Methionin
Thr = Threonin
Gln = Glutamin
Trp = Tryptophan
Arg = Arginin

Die Codons der mRNA sind von innen nach außen zu lesen, das entspricht der Ableserichtung von 5'→3'. Die erste Base des Tripletts wird aus dem inneren Kreis gewählt. Von diesem Kreissegment aus wählt man die zweite Base auf dem nach außen angrenzenden Kreisring. Auf dem dritten Kreisring legt man die dritte Base des Tripletts fest und kann jetzt außen die codierte Aminosäure ablesen. Start-Codons codieren für eine Aminosäure und gleichzeitig für den Beginn der Proteinsynthese. Drei Basentripletts bilden Stopp-Codons, das sind Signale für das Ende der Proteinsynthese.

1 Informationsfluss bei der Proteinbiosynthese.
Übersetzen Sie mithilfe von Abb. 2 die Abfolge der mRNA-Basentripletts in eine Abfolge von DNA- und tRNA-Basentripletts sowie in eine Abfolge von Aminosäuren.
DNA .... ?
mRNA 5' AUG AAG GAC UUU CCA UCU AUG 3'
tRNA .... ?
Aminosäuren … ?

2 Genmutationen.
a) Ordnen Sie der ursprünglichen DNA-Basensequenz in Abb. 3 die entsprechende Aminosäuresequenz eines Proteins zu. Weisen Sie den in Abb. 3 schematisch dargestellten Genmutationen einem Mutationstyp aus Abb. 4 zu.
b) Erläutern Sie mögliche Auswirkungen dieser Mutationen.

Ursprüngliche DNA-Basensequenz
3' TCC – GGA – GCC – ACG – TCA – AAC – AAA – TGG – AAG – GGG – ACA – TTG – GCT – TAT – TTT – ATA 5'

DNA-Basensequenz nach Genmutationen
a) TCC – GGA – GCC – ACG – TCA – AAC – AAA – ATG – GAA – GGG – GAC – TTT – GGC – TTA – TTT – TAT
b) TCC – GGA – GCC – ACG – TCA – AAC – AAG – TGG – AAG – GGG – ACA – TTG – GCT – TAT – TTT – ATA
c) TCC – GGA – GCC – ACG – TCA – AAC – AAA – TGA – AGG – GGA – CAT – TGG – CTT – ATT – TTA – TAT
d) TCC – GGA – GCC – ACG – TCA – AAC – AAA – TGG – AAG – GGG – ACA – TTG – GCT – TAT – ATT – ATA
e) TCC – GGA – GCC – ACG – TCA – AAC – AAA – TGG – AAG – GGG – ACA – TTG – GCT – TAA – TTT – ATA

3 Basensequenzen und Genmutationen

Punktmutationen: Eine Base eines Basentripletts wird durch eine andere Base ausgetauscht.	
1. Stumme Mutation:	Das veränderte Basentriplett codiert für dieselbe Aminosäure, daher bleibt die Aminosäuresequenz des Proteins unverändert.
2. Missense-Mutation:	Das veränderte Basentriplett codiert für eine andere Aminosäure.
3. Nonsense-Mutation:	Das veränderte Basentriplett codiert für ein Stopp-Codon, das den Abbruch der Translation an dieser Stelle bewirkt.
Leserastermutationen: Eine Base geht verloren oder wird hinzugefügt, sodass sich das Triplett-Leseraster ab dieser Stelle verschiebt.	
4. Missense-Mutation:	Durch die Verschiebung des Triplett-Leserasters entsteht eine andere Aminosäuresequenz.
5. Nonsense-Mutation:	Das Triplett-Leseraster ist verschoben und es entsteht auch ein Stopp-Codon, das den Abbruch der Translation an dieser Stelle bewirkt.

4 Übersicht Genmutationen

→ 14.5 Verwandtschaftsbelege durch molekularbiologische Homologien

3.6 Übersicht: Vom Gen zum Protein

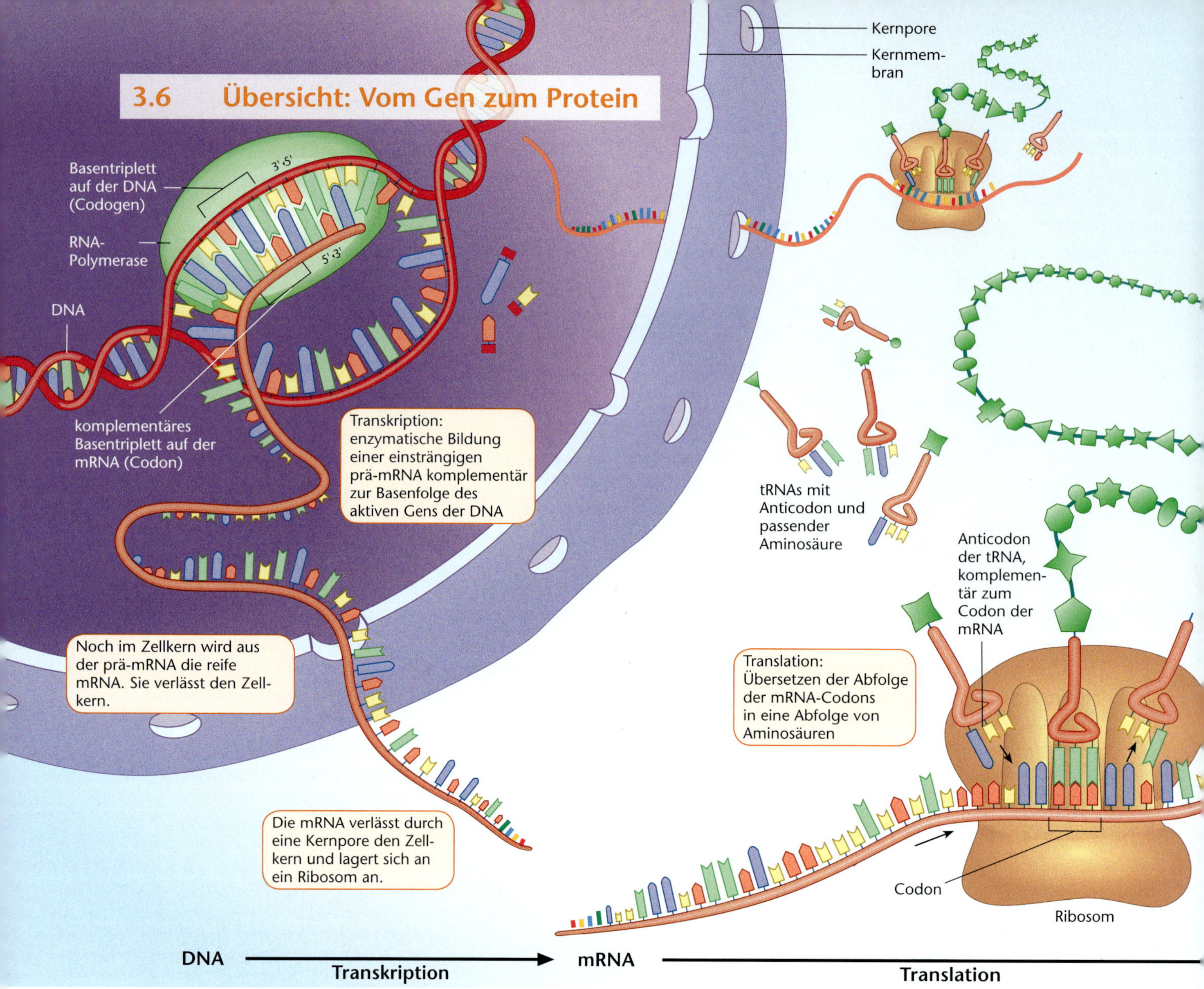

1 Übersicht über die Proteinbiosynthese

Komplementäre Basenpaare

Unter einem Basenpaar versteht man zwei sich ergänzende, zueinander komplementäre Basen der Nucleotide der DNA oder RNA. Die komplementären Basen sind durch Wasserstoffbrückenbindungen verbunden. Jede Base eines DNA-Nucleotids kann aufgrund ihrer molekularen Struktur nur mit jeweils einer bestimmten anderen Base über Wasserstoffbrücken eine Bindung eingehen: Adenin mit Thymin (A – T) und Guanin mit Cytosin (G – C). In RNA wird statt Thymin Uracil (U) eingebaut. Komplementäre Basenpaarung spielt bei der Transkription und Translation eine große Rolle.

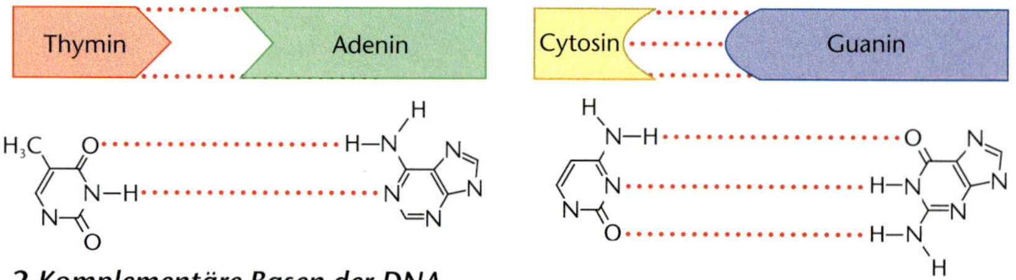

Transkription

Die RNA-Polymerase bindet an einen Promotor (Startpunkt) der DNA und wandert in 3'‹5'-Richtung, wobei die DNA sich entspiralisiert. Es kommt zur Anlagerung von komplementären Nucleotiden an

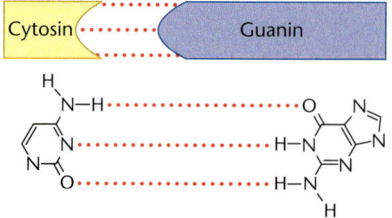

2 Komplementäre Basen der DNA

→ 1.1 Prokaryoten und Eukaryoten   → 1.2 Struktur und Funktion von Zellorganellen

Die Aminosäuresequenz in einem Protein wird Primärstruktur genannt. Durch Wasserstoffbrücken und weitere chemische Wechselwirkungen entsteht die räumliche Struktur eines Proteins. Sie ist für jedes Protein charakteristisch und bestimmt seine biologische Funktion.

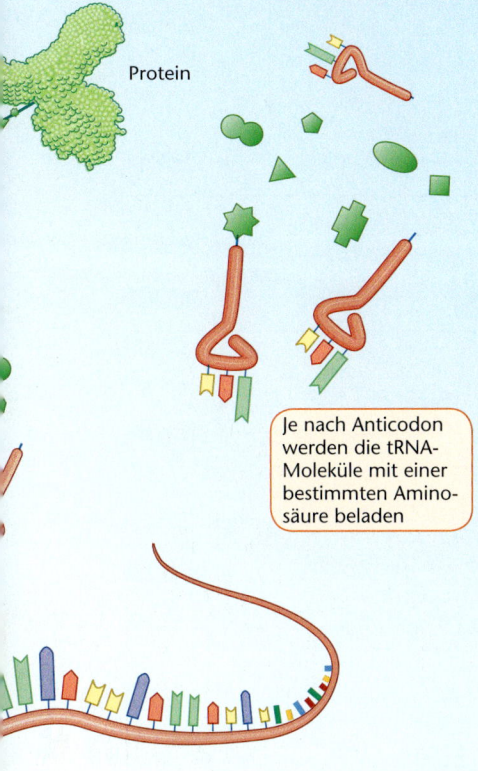

Je nach Anticodon werden die tRNA-Moleküle mit einer bestimmten Aminosäure beladen

Protein

> **Durchführung:**
> Man bricht E. coli-Bakterien auf, zentrifugiert und nutzt den Überstand. Dieser enthält alle Aminosäuren, mRNA, tRNA, DNA, Ribosomen, ATP sowie Enzyme wie z. B. die RNA-Polymerase. Durch Zugabe von ^{14}C-markierten Aminosäuren kann nachgewiesen werden, dass in dem Überstand Proteine synthetisiert werden, in die die markierten Aminosäuren eingebaut sind. Es wurden die Versuchsreihen a–e durchgeführt. DNase und RNase sind DNA- bzw. RNA-abbauende Enzyme:
>
> | Zugabe von ^{14}C-markierten Aminosäuren und … | Kommt es zum Einbau von ^{14}C-markierten Aminosäuren in ein Protein? |
> |---|---|
> | a) … DNase | ? |
> | b) … RNase | ? |
> | c) … Zugabe von RNase, aber Stoppen der RNase-Aktivität durch einen Hemmstoff; dann Zugabe von tRNA | ? |
> | d) … vorherige Entfernung der Ribosomen | ? |
> | e) … anschließende Dichtegradienten-Zentrifugation zu verschiedenen Zeitpunkten und Messung der Radioaktivität der einzelnen Bestandteile. | |

3 *Experiment zur Aufklärung des Informationsflusses bei der Proteinbiosynthese*

der DNA bis zum Stopp-Triplett (Endpunkt). Die angelagerten Nucleotide verbinden sich in 5'◁3'-Richtung zu einem Einzelstrang, der prä-mRNA. Diese prä-mRNA ist der Vorläufer der reifen mRNA (messenger RNA). Prä-mRNA enthält Abschnitte aus codierenden Exons und nicht-codierenden Introns. Aus der prä-mRNA werden die Introns herausgeschnitten. Diesen Vorgang nennt man Spleißen. Er ist ein wichtiger Teil der Weiterverarbeitung der prä-mRNA zur reifen mRNA. Die reife mRNA verlässt durch eine Kernpore den Zellkern und bindet an ein Ribosom.

Translation an den Ribosomen
Kürzere Ribonucleinsäuren, die transfer-RNAs (tRNA), besitzen zwei spezifische Bindungsstellen, eine für eine bestimmte Aminosäure und eine andere, das Anticodon aus drei Basen, für die kurzzeitige Bindung an die mRNA. tRNA-Moleküle verbinden sich im Cytoplasma mit der passenden Aminosäure. Die Verbindung der tRNA mit der Aminosäure ist energieaufwändig. Die mRNA hat sich in das Ribosom eingefädelt. Die beladene tRNA wandert zum Ribosom und verbindet sich mithilfe ihres Anticodons nach dem Prinzip der komplementären Basenpaarung mit dem passenden Triplett der mRNA. Es wandern weitere beladene tRNA-Moleküle in das Ribosom, dabei verbinden sich die Aminosäuren der aufeinander folgenden tRNA-Moleküle mithilfe von Enzymen. Die tRNA-Moleküle trennen sich von der mRNA und der Aminosäure. Das Ribosom wandert an der mRNA vom 5'-Ende zum 3'-Ende weiter. Es entsteht ein Protein in Primärstruktur (Aminosäuresequenz).

1 Informationsfluss bei der Proteinbiosynthese.
a) Erläutern Sie das wissenschaftliche Experiment (Abb. 3).
b) Stellen Sie begründete Hypothesen zu den möglichen Ergebnissen der Versuche a) bis d) in Abb. 3 auf.
c) Interpretieren Sie das Ergebnis des Versuchs e).

→ 3.24 „Omics" (Proteomics, Genomics, Transkriptom …)

3.7 Von Proteinen zum Merkmal

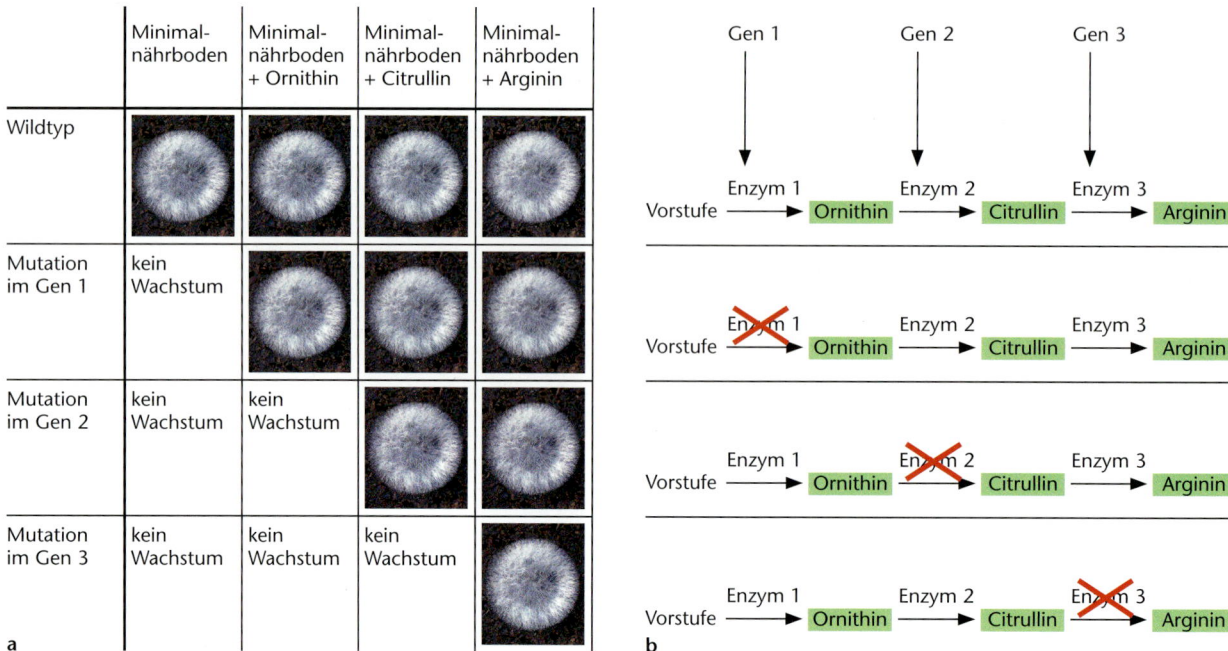

1 *Experimente mit Mangelmutanten des Brotschimmels, a) Versuchsergebnis, b) Schlussfolgerungen*

1941 experimentierten die Forscher BEADLE und TATUM mit Mutanten des Roten Brotschimmels *Neurospora crassa*, die sie durch Bestrahlung des Wildstammes mit Röntgenstrahlen erhalten hatten. Diese Mutanten waren nicht mehr in der Lage, auf einem Minimalnährboden zu überleben, der alle für das Wachstum des Wildstammes des Schimmelpilzes notwendigen Stoffe enthielt. Die Forscher nahmen an, dass durch die Bestrahlung Erbinformation beschädigt wurde und deshalb bestimmte Stoffwechselprodukte nicht mehr hergestellt werden konnten. Sie vermuteten, dass eine Zugabe dieser Stoffwechselprodukte, wie z. B. Aminosäuren, zum Nährboden ein Überleben der Mutanten ermöglichen könnte. Die Forscher setzten den Nährböden verschiedene Aminosäuren zu. Gaben sie Arginin hinzu, überlebten alle der untersuchten Mutanten (Abb. 1a, rechte Spalte). Zwei dieser Mutanten überlebten wenn Citrullin zugegeben wurde. Nur eine Mutante überlebte, wenn Ornithin zugegeben wurde (Abb. 1). Daraus leiteten die Wissenschaftler ab, dass die Produktion von Arginin in drei Schritten verläuft: 1. Synthese von Ornithin, 2. Synthese von Citrullin, 3. Synthese von Arginin (Abb. 1b).

Diese Abfolge von Syntheseschritten bis zum endgültigen Produkt nennt man **Biosynthesekette**. Bei jedem einzelnen Schritt wirkt ein spezielles Enzym, das durch ein bestimmtes Gen codiert wird. Diese Schlussfolgerung wird „Ein-Gen-ein-Enzym-Hypothese" genannt (Abb. 1b). Fällt bei Mutanten ein Gen durch eine Mutation aus, kann das zugehörige Enzym nicht hergestellt werden. Die Biosynthesekette ist unterbrochen und das Endprodukt wird nicht hergestellt. Das zeitlich aufeinander abfolgende Tätigwerden von Genen wird Genwirkkette genannt. Später wurden Enzyme entdeckt, die aus mehreren unterschiedlichen Polypeptidketten bestehen, die ihrerseits durch unterschiedliche Abschnitte auf der DNA codiert werden. Die ursprüngliche Hypothese wurde daraufhin zur „Ein-Gen-ein-Polypeptid-Hypothese" modifiziert.

Ein Polypeptid ist ein sehr kleines Protein aus bis zu 100 Aminosäuren. Proteine erfüllen wichtige Aufgaben in den Zellen, zum Beispiel als Enzyme beim Stoffwechsel. Gene codieren aber nicht nur Polypeptide und Proteine, die als Enzyme tätig werden, sondern auch Polypeptide und Proteine, die zum Beispiel als Strukturproteine beim Körperaufbau oder als Rezeptorproteine bei der Signaltransduktion wirken. Die Merkmale eines Organismus werden durch das Zusammenwirken verschiedener Proteine ausgebildet. Merkmale sind häufig das Resultat der Wirkung mehrerer Gene.

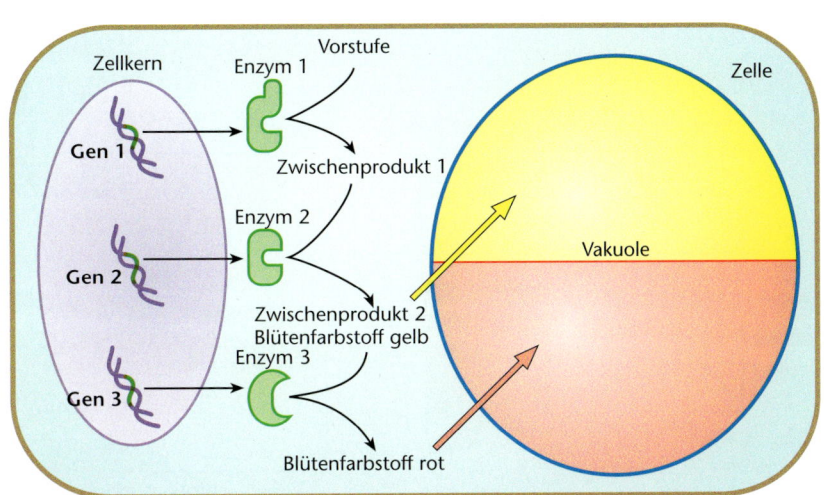

2 Biosynthesekette zur Produktion des Blütenfarbstoffes bei zwei Sorten der Gauklerblume

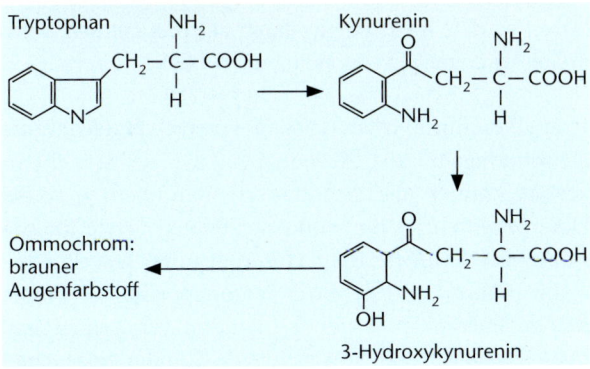

3 Drosophilamutante cinnabar (cn) mit roten Augen und Syntheseweg der Ommochromsynthese

1 Biosynthesekette bei der Gauklerblume.
Erläutern Sie Abb. 2 und erklären Sie das Zustandekommen der gelben und der roten Blütenfarbe bei der Gauklerblume.

2 Ommochrom-Synthese bei Drosophila. Die Fruchtfliege *Drosophila* gehört zu den am besten untersuchten Organismen. Der normale braune Augenfarbstoff Ommochrom wird über den in Abb. 3 abgebildeten Syntheseweg hergestellt. Die Mutanten mit den Namen cinnabar (cn), vermillion (v) und scarlet (st) haben rote statt braune Augen. Die roten Augenfarbstoffe werden über andere Synthesewege hergestellt und bei der Wildform vom Ommochrom überdeckt. Die Untersuchung der Mutanten ergibt folgende Ergebnisse:
– Die Mutante cn bildet normale braune Augen aus, wenn dem Futter der Larven 3-Hydroxykynurenin zugegeben wird. Bei Zugabe von Kynurenin oder Tryptophan bleiben die Augen rot.
– Im Körper der Mutante st reichert sich 3-Hydroxykynurenin an.
– Im Körper der Mutante v reichert sich Tryptophan an.
Erläutern Sie, welche Stoffwechseldefekte jeweils vorliegen und erklären Sie die Versuchsergebnisse.

3 Kreuzungsexperiment mit Drosophilamutanten.
Männchen der Mutante cn werden mit Weibchen der Mutante v gekreuzt. Entwickeln Sie eine begründete Hypothese zur erwarteten Augenfarbe der Nachkommen.

→ 3.24 „Omics" (Proteomics, Genomics, Transkriptom …)

3.8 PKU – eine erbliche Stoffwechselkrankheit

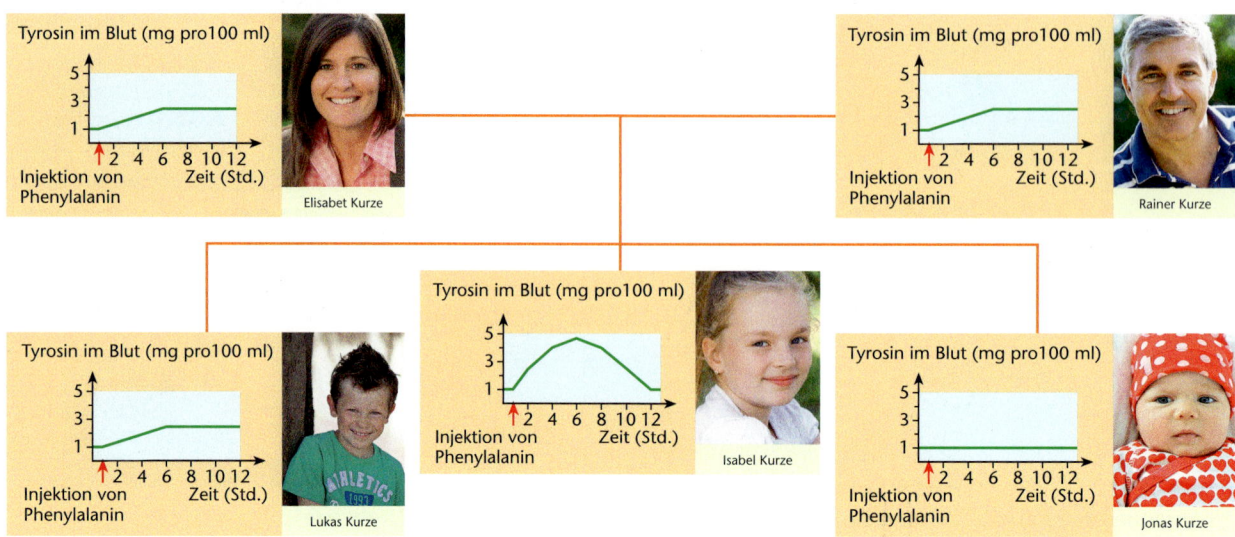

1 *Familie Kurze mit den Ergebnissen des Phenylalanin-Belastungstests*

Mit der Nahrung nehmen Menschen Proteine zu sich. Bausteine der Proteine sind Aminosäuren. Eine der 20 verschiedenen Aminosäuren heißt Phenylalanin. Wir nehmen sie mit der Nahrung auf. Normalerweise wird Phenylalanin aus der verdauten Nahrung in Leberzellen mithilfe der Phenylalaninhydroxylase, die abgekürzt PAH genannt wird, zu der Aminosäure Tyrosin umgewandelt (Abb. 2). Tyrosin wiederum ist eine Vorstufe für die Bildung zum Beispiel von Schilddrüsenhormon, Dopamin und Melanin. Ein Übermaß an Phenylalanin im Blut kann über längere Zeiträume zu schweren Schädigungen führen.

Das Gen für das Enzym PAH liegt auf Chromosom 12. Eine Punktmutation des Gens verändert seine Information derart, dass kein funktionsfähiges PAH in Leberzellen gebildet werden kann. Wenn beide Eltern jeweils das mutierte Gen an ein Kind weitergeben, ist es nicht in der Lage, Phenylalanin in Tyrosin umzuwandeln. Dann häuft sich Phenylalanin im Körper an. Man spricht von einer **erblichen Stoffwechselkrankheit**. Sie hat den Namen **Phenylketonurie**, abgekürzt PKU. Kinder, die von Phenylketonurie betroffen sind und nicht behandelt werden, entwickeln im Laufe der ersten Lebensjahre unter anderem schwere geistige Defekte. Das hängt damit zusammen, dass bei hoher Konzentration an Phenylalanin im Körper verstärkt Phenylpyruvat gebildet wird (Abb. 2). Dieser Stoff beeinträchtigt die Gehirnentwicklung. Heute werden in Deutschland alle Neugeborenen mithilfe eines Bluttests auf Phenylketonurie untersucht. Durchschnittlich ein Neugeborenes von 12000 hat diese erbliche Stoffwechselstörung. Wird die Krankheit erkannt, muss viele Jahre, meistens lebenslang, eine Diät mit wenig Phenylalanin eingehalten werden. So behandelte Kinder zeigen eine normale Entwicklung.

Früher wurde der so genannte Guthrie-Test zur Früherkennung von Phenylketonurie genutzt. Babys wurde in ihren ersten Lebenstagen Blut aus einer Ferse entnommen und auf eine Filterpapierkarte getropft. Aus dem Blut getränktem Karton wurden kleine Scheiben definierter Größe gestanzt und auf einen Nährboden gelegt, der mit dem Bakterium *Bacillus subtilis* beimpft war. Außerdem enthielt der Nährboden einen bestimmten Hemmstoff des Bakterienwachstums, dessen Wirkung durch Phenylalanin aufgehoben wird. Je mehr Phenylalanin das Blut enthielt, desto breiter war der Wachstumsring um die Scheibe herum.

Phenylketonurie wird rezessiv vererbt. **Heterozygote** (Mischerbige mit dem Genotyp Aa) sind selbst nicht erkrankt, können aber das mutierte Gen übertragen. Bei Heterozygoten ist nur eines der beiden Allele für das Enzym PAH mutiert. Beim **Heterozygoten-Test** (Phenylalanin-Belastungstest) wird Personen eine bestimmte Menge Phenylalanin durch Injektion verabreicht und über einen Zeitraum von mehreren Stunden der Gehalt an Tyrosin im Blut gemessen. Auf diese Weise können heterozygote Personen erkannt werden (Abb. 1, 3).

→ 3.5 Der genetische Code und Genmutationen

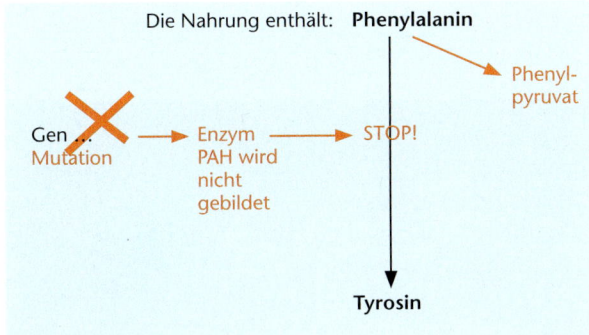

2 *Phenylalanin-Stoffwechsel*

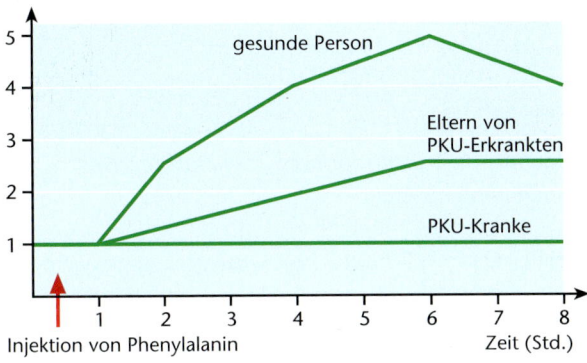

3 *Heterozygoten-Test (Phenylalanin-Belastungstest) bei verschiedenen Personengruppen*

1 **Phenylalanin-Stoffwechsel bei verschiedenen Genotypen.** Erläutern Sie unter Bezug auf Abb. 4 den Phenylalanin-Stoffwechsel bei homozygot Gesunden, Heterozygoten und bei PKU-Kranken.

2 **Molekulare Grundlagen des Heterozygoten-Tests.** Bei diesem Test wird allen Testpersonen die gleiche Menge an Phenylalanin je Kilogramm Körpermasse durch Injektion verabreicht. Dann wird der Tyrosin-Gehalt im Blut über die nächsten Stunden gemessen. Vergleiche die Kurvenverläufe in Abb. 3. Ordne jeder der drei Kurven in Abb. 3 eine Teilabbildung in Abb. 4 zu. Begründen Sie dann die Unterschiede im Verlauf der Kurven in Abb. 3 unter Bezug auf Abb. 4.

3 **PKU in der Familie Kurze.**
a) Nennen Sie für jede Person in der Familie Kurze die möglichen Genotypen. Beachten Sie dabei die Ergebnisse des Phenylalanin-Belastungstests (Abb. 1, 3).
b) Mit welcher Wahrscheinlichkeit wäre ein weiteres Kind von Herrn und Frau Kurze PKU-krank? Beantworten Sie die Frage mithilfe eines selbst gefertigten Erbschemas.

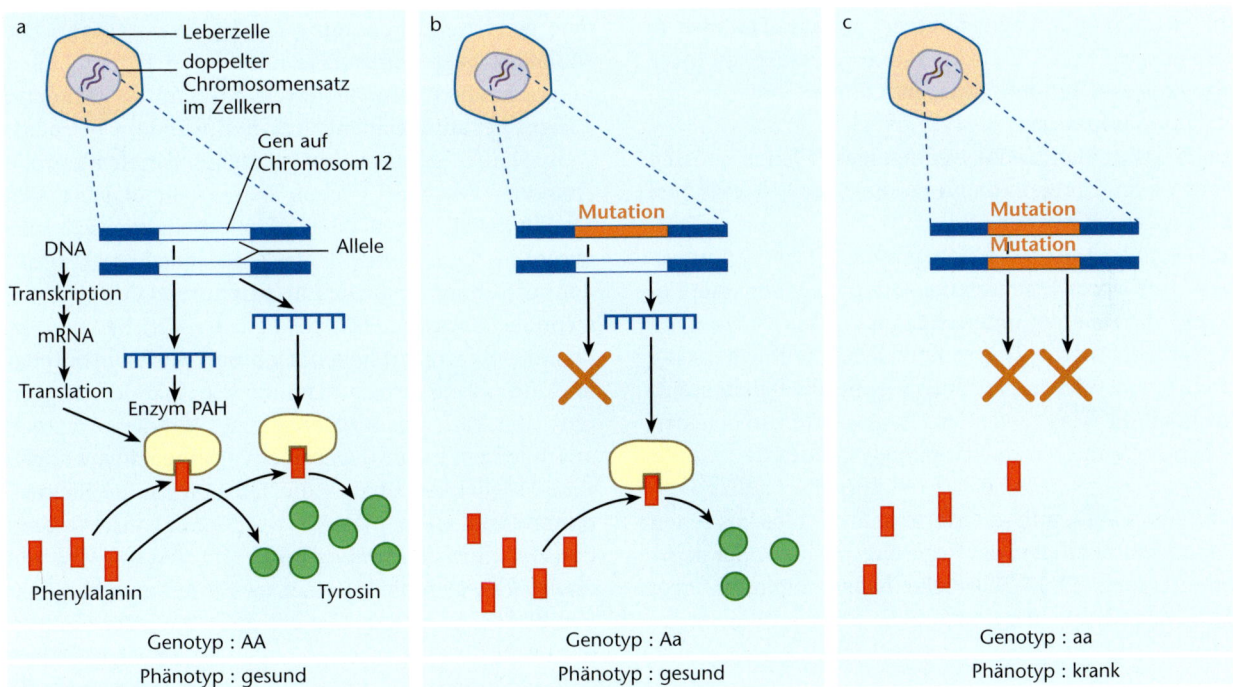

4 *Modell zum Stoffwechselgeschehen bei a) homozygot Gesunden, b) Heterozygoten und bei c) PKU-Kranken*

→ 3.6 Übersicht: vom Gen zum Protein

3.9 Biologische Arbeitstechnik: Gelelektrophorese

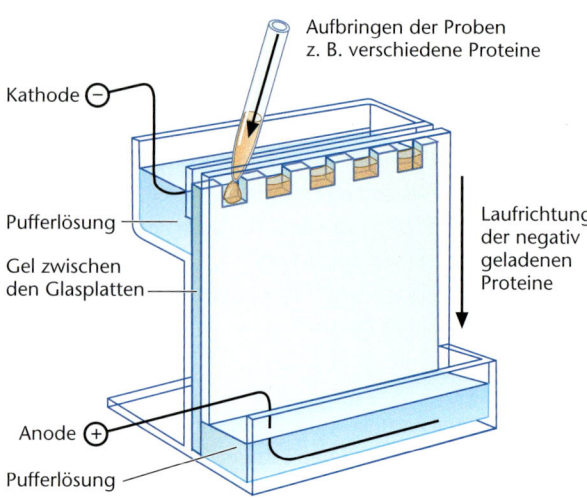

1 *Bau einer Elektrophoresekammer*

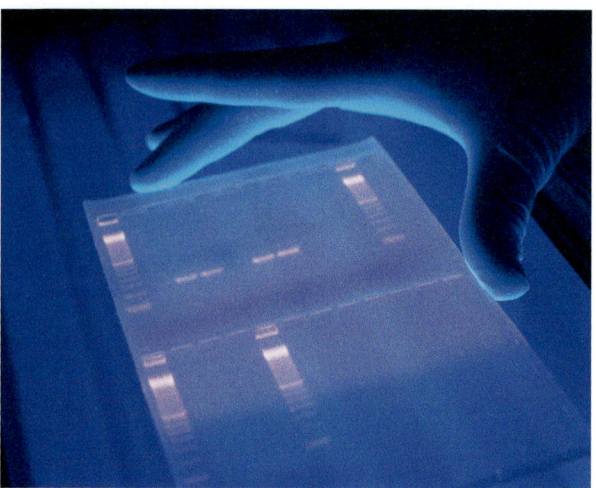

2 *Ergebnis einer Elektrophorese, angefärbte DNA-Banden unter UV-Licht*

In der molekularbiologischen Forschung müssen häufig bestimmte Stoffe aus einem Stoffgemisch voneinander getrennt werden, bevor sie identifiziert und genauer untersucht werden können. Um Protein- oder DNA-Gemische zu analysieren, wird eine Trennung durch **Gelelektrophorese** durchgeführt. Als Elektrophorese bezeichnet man die Wanderung geladener Teilchen durch ein Gel in einem elektrischen Feld. Damit Protein- oder DNA-Gemische durch Gelelektrophorese voneinander getrennt werden können, müssen drei Kriterien erfüllt sein:
1. Die voneinander zu trennenden Teilchen müssen eine Ladung tragen, damit sie in einem elektrischen Feld wandern können.
2. Die zu trennenden Teilchen müssen sich in mindestens einer ihrer Eigenschaften (Größe, Molmasse, Ladung) voneinander unterscheiden.
3. Das Gel muss als Trägermaterial auf die Teilchen eine bremsende Wirkung ausüben, damit die Teilchen aufgrund ihrer verschiedenen Eigenschaften im elektrischen Feld unterschiedlich schnell wandern.

Proteine haben aufgrund ihrer sauren oder basischen Aminosäureketten in der Regel eine positive oder negative Ladung. DNA-Teilstücke haben aufgrund ihrer Phosphat-Gruppen bei neutralem pH-Wert eine negative Ladung.

Zu Beginn der Gelelektrophorese wird das Gel beispielsweise aus Agarose oder aus Polyacrylamid hergestellt. Das Gel bildet ein winziges, engmaschiges Netz, das die aufzutrennenden Moleküle bei ihrer Wanderung durch das Gel unterschiedlich stark behindert. Agarose-Gele sind relativ großporig, Polyacrylamid-Gele deutlich kleinporiger. Die Gele wirken also wie ein molekulares Sieb. In das Gel wird das aufzutrennende Stoffgemisch aufgebracht (Abb. 1). Dann wird eine elektrische Spannung an das Gel angelegt. Die Moleküle beginnen nun je nach ihren Eigenschaften unterschiedlich schnell durch das Gel zu wandern. Kleine, negativ geladene Anionen wandern beispielsweise schneller zur positiv geladenen Anode als große Anionen. Gleiche Teilchen laufen mit gleicher Geschwindigkeit durch das Gel. Sie befinden sich also immer in derselben Zone des Gels, die auch als „Bande" bezeichnet wird. Die Elektrophorese wird beendet, wenn die am schnellsten beweglichen Teilchen das Ende des Gels erreicht haben. Dadurch wird eine optimale Auftrennung erreicht. Um die voneinander getrennten Teilchen identifizieren zu können, werden anschließend in der Regel zwei Verfahren angewendet: Eine Möglichkeit ist, dass die Teilchen vor der Elektrophorese radioaktiv markiert werden und anschließend das Gel einer Autoradiographie unterzogen wird, um die Banden sichtbar zu machen. Eine zweite Möglichkeit besteht darin, das Gel vor oder nach der Elektrophorese mit UV-fluoreszierenden Farbstoffen zu versetzen. Unter UV-Licht betrachtet leuchten die DNA-Fragmente unterschiedlich stark (Abb. 2). Proteine werden direkt angefärbt.

→ 3.10 Sichelzellanämie: Molekulare Ursachen einer Erkrankung

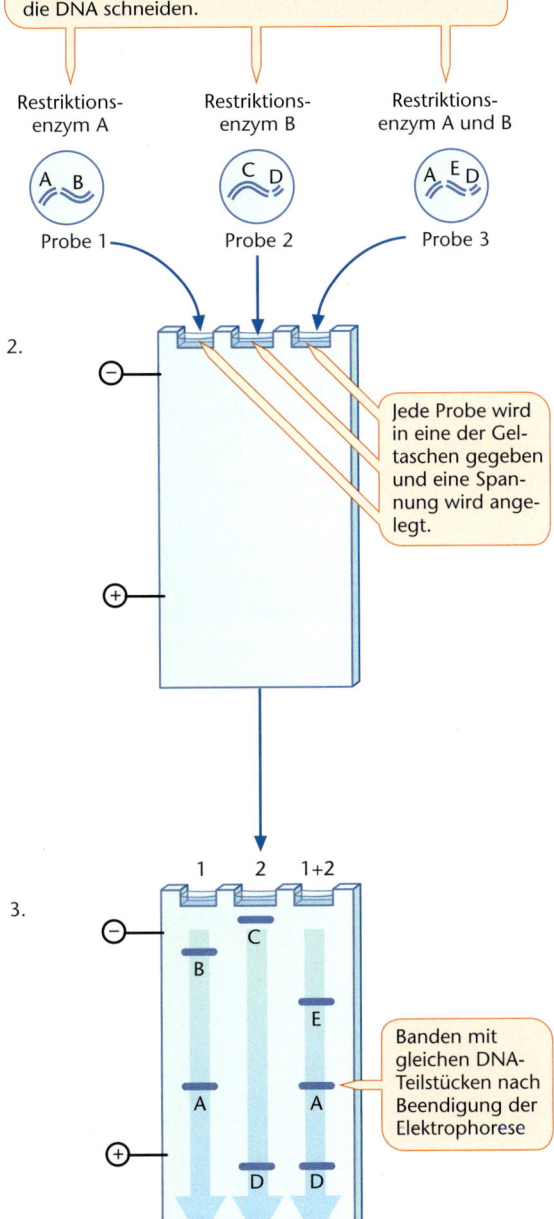

4 *Gelelektrophorese einer DNA-Lösung*

Frage:
Wie kann man ein Gemisch aus zwei verschiedenen Ionensorten voneinander trennen?

Hypothese:
In einem elektrischen Feld werden die Ionen durch ihre Ladung getrennt.

Durchführung:

  7 9

Geben Sie je einen Tropfen ammoniakalische Kupfersulfatlösung (10 %, 7,9) und Kaliumpermanganatlösung (1 %, 9) auf die Mitte eines zuvor mit Kaliumnitratlösung getränkten Filterpapierstreifens. Die Lösungen enthalten Kupfer- (Cu^{2+}) bzw. Permanganationen (MnO_4^-). Legen Sie je eine Kohleelektrode (Anode und Kathode) auf eine der Seiten des Filterpapiers, sodass sich die Tropfen in der Mitte zwischen den Elektroden befinden. Legen Sie eine Gleichspannung von 20 V an.

3 *Experiment zur Ionenwanderung*

1 **Experiment zur Ionenwanderung.** Beschreiben Sie Ihre Beobachtungen aus dem Experiment in Abb. 3 nach einigen Minuten und überprüfen Sie die Hypothese. Stellen Sie die Vorgänge auf Teilchenebene grafisch dar.

2 **Das Verfahren der Gelelektrophorese.**
a) Beschreiben Sie das in Abb. 4 dargestellte Verfahren zur Gelelektrophorese.
b) Deuten Sie das Ergebnis mit den DNA-Banden nach Beendigung der Gelelektrophorese. Beachten Sie dabei, dass die Teilschritte 1 und 2 für uns nicht sichtbar sind.

3 **Gedankenexperiment: Trennung eines Proteingemischs durch Gelektrophorese.** Skizzieren Sie die Banden, die sich in dem Gel erkennen lassen, wenn Sie ein Proteingemisch gelelektrophoretisch auftrennen. Das Proteingemisch soll aus vier verschiedenen Proteinen A–D bestehen. Die Proteine A–C sind unterschiedlich groß, wobei A das kleinste und C das größte Protein ist. Alle drei Proteine sind einfach negativ geladen. Das Protein D ist genauso groß wie das Protein A, es ist aber zweifach negativ geladen. Erläutern Sie Ihre Skizze und begründen Sie die Position der Banden.

→ 3.20 Differentielle Genaktivität und die Vielfalt der Zellen

3.10 Sichelzellanämie: Molekulare Ursachen einer Erkrankung

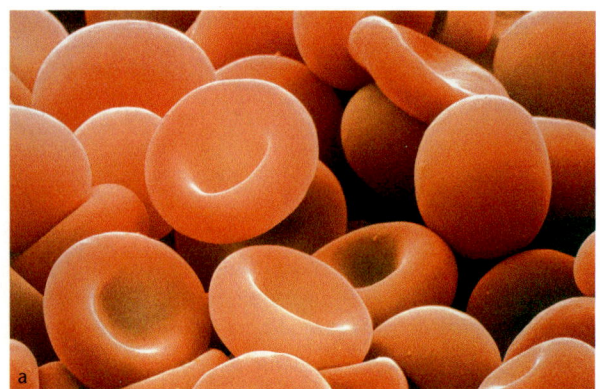
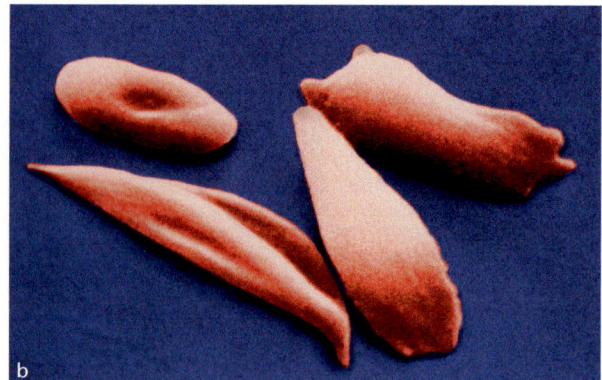

1 *a) normale rote Blutzellen, b) rote Blutzellen eines Menschen mit Sichelzellanämie*

Die **Sichelzellanämie** ist eine genetisch bedingte und vererbbare Erkrankung. Die Betroffenen haben ein verändertes Hämoglobin, das man gegenüber dem normalen Hämoglobin (Hb-A) als **Sichelzell-Hämoglobin** (Hb-S) bezeichnet. In der desoxygenierten Form neigen die Hb-S-Moleküle in den roten Blutzellen dazu, sich zusammen zu lagern. Das führt zur sichelförmigen Gestalt der roten Blutzellen (Abb. 1b). Bei der Sichelzellanämie ist die Sauerstofftransport-Kapazität des Hämoglobins stark eingeschränkt. Sichelförmige rote Blutzellen verhaken und verklumpen leicht miteinander und verstopfen dadurch Blutkapillaren. Auf Ebene der Organe können Nieren, Muskeln, Gelenke, der Verdauungstrakt und die Lungen betroffen sein. Die Funktionen des Gehirns können beeinträchtigt sein und es kann zu Lähmungen kommen. Die Sichelzellanämie ist eine lebensbedrohliche Erkrankung.

Die Sichelzellanämie wird rezessiv vererbt. Die homozygoten Träger von zwei Sichelzell-Allelen (Genotyp aa) bilden die Krankheit voll aus. Heterozygote (Genotyp Aa) zeigen dagegen nur leichte Krankheitserscheinungen. Etwa die Hälfte ihrer Blutzellen ist sichelförmig.

Ursache der Sichelzellanämie ist eine **Punktmutation** im Gen für die ß-Ketten des Hämoglobins auf dem Chromosom 11 des Menschen. Diese Punktmutation führt zu einer veränderten Aminosäuresequenz. Die hydrophile Aminosäure Glutaminsäure ist durch die hydrophobe Aminosäure Valin ersetzt (Abb. 2). Das hat schwerwiegende Auswirkungen auf die Tertiär- und Quartärstruktur des Hämoglobins und damit auf seine Funktion, den Sauerstofftransport.

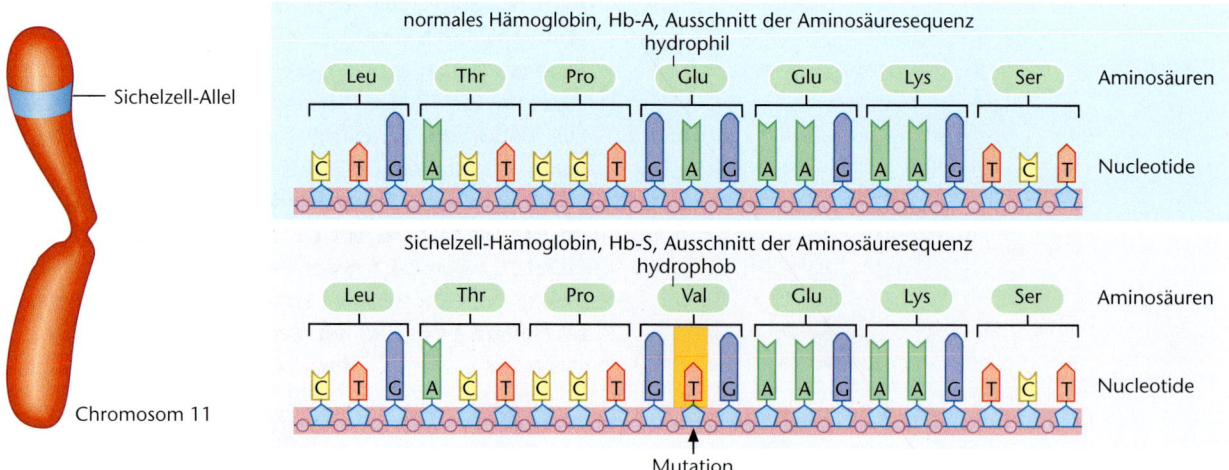

2 *Veränderte Aminosäuresequenz durch Punktmutation beim Sichelzell-Hämoglobin*

→ 3.5 Der genetische Code und Genmutationen   → 3.6 Übersicht: vom Gen zum Protein

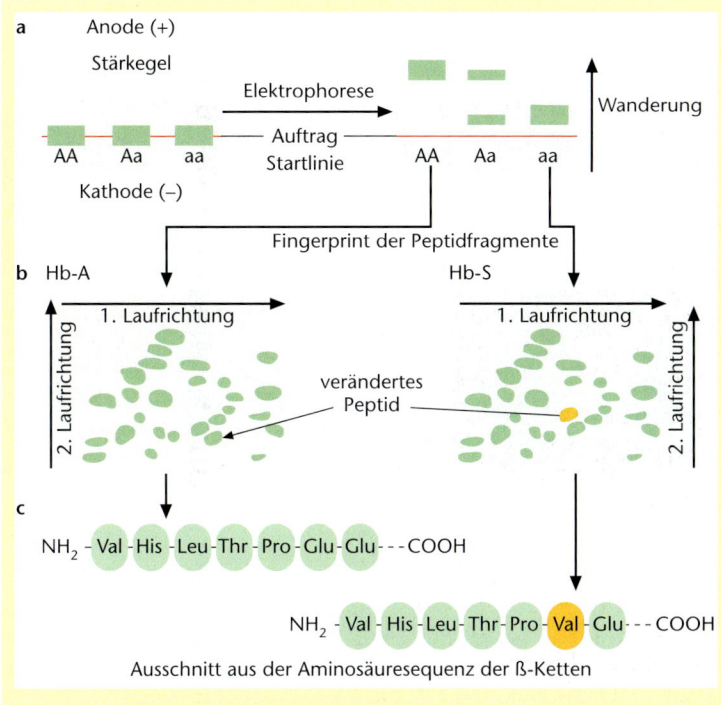

a) **Elektrophorese im Stärkegel:** Hämoglobin von Menschen dreier verschiedener Genotypen (AA, Aa, aa) wurde isoliert und getrennt voneinander auf die Startlinie eines Stärkegels aufgetragen. Dann wurde eine elektrische Spannung angelegt.

b) **Fingerprint der Peptidfragmente:** Hb-A und Hb-S wurden durch Enzyme in kurzkettige Bruchstücke, Peptidfragmente, zerteilt. Die Mischung aus diesen Bruchstücken wurde auf ein Papier aufgetragen und einem elektrischen Feld ausgesetzt. Nach einer festgelegten Zeit wurde das Papier im rechten Winkel gedreht. Bei der nun folgenden Chromatographie bewegen sich die Peptidfragmente in die zweite Richtung. Das Ergebnis ist eine zweidimensionale Trennung der Peptidfragmente zu einem Muster von Punkten oder „Fingerprints".

c) **Aminosäuresequenz-Analyse:** Das veränderte Peptid des Fingerprints wird auf seine Aminosäuresequenz untersucht.

3 *Untersuchung von Hb-A und Hb-S durch Elektrophorese, Fingerprint und Aminosäuresequenz-Analyse*

1 Molekulare, zelluläre und Organ-Ebene der Sichelzellanämie. Beschreiben Sie die Ursachen und Auswirkungen der Sichelzellanämie auf molekularer und zellulärer Ebene sowie auf Ebene der Organe eines Menschen.

2 Aufklärung der molekularen Ursachen der Sichelzellanämie. Bei der Aufklärung der Ursachen der Sichelzellanämie wurden in der Mitte des vergangenen Jahrhunderts die in Abb. 3 dargestellten Methoden eingesetzt.
a) Informieren Sie sich in diesem Buch über das Prinzip der Elektrophorese und der Chromatographie.
b) Erläutern Sie unter Bezug auf Abb. 3 die Ergebnisse der Elektrophorese, des Fingerprints und der Aminosäuresequenz-Analyse. Fassen Sie die Teilergebnisse zusammen.

3 Sichelzell-Allel und Malaria in Afrika. In Malariagebieten sind heterozygote Träger des Sichelzell-Allels relativ häufig (Abb. 4). In Malariagebieten steht die Häufigkeit des Sichelzell-Allels meistens in einem stabilen Verhältnis zum Normal-Allel. Erörtern Sie mögliche Ursachen für diese beiden Sachverhalte.

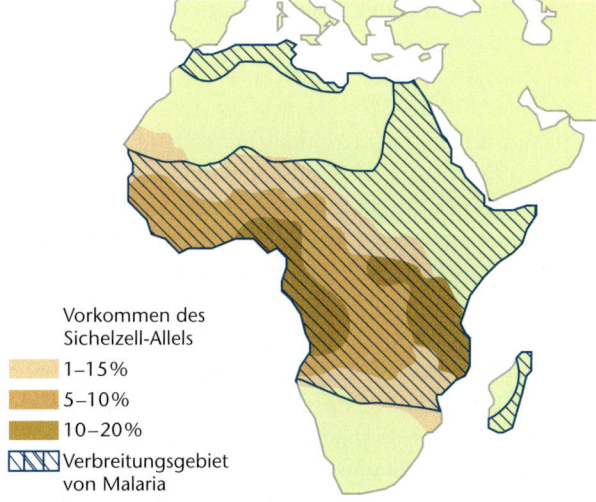

4 *Malariaverbreitung in Afrika.* Die Erreger der Malaria sind Einzeller. Sie werden durch den Stich der weiblichen Anopheles-Mücke übertragen. Für die Fortpflanzung der Mücke sind Wärme und stehende Gewässer notwendig. Bestimmte Stadien der Malaria-Erreger befallen rote Blutzellen. Sie gewinnen aus dem Abbau von Hämoglobin Aminosäuren. Das Sichelzell-Hämoglobin ist allerdings für die Einzeller kaum verwertbar. In sichelförmigen Blutzellen wachsen die Malariaerreger schlecht. Heterozygote Träger des Sichelzell-Allels sind zu 60 bis 90 Prozent vor dem Krankheitsbild der schweren Malaria geschützt.

→ 3.9 Biologische Arbeitstechnik: Gelkelektrophorese

3.11 Molekularbiologische Arbeitstechnik: PCR

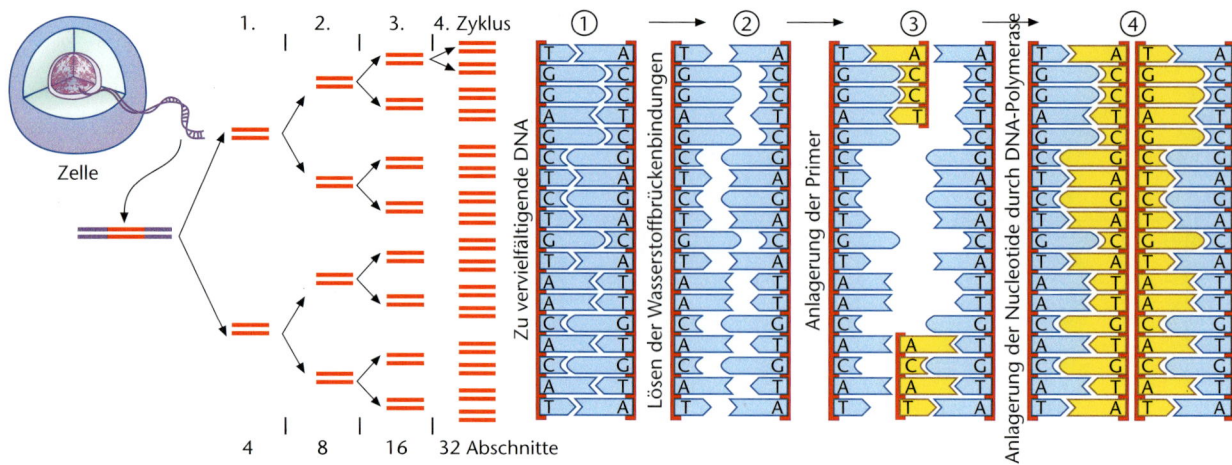

1 *Das Prinzip der PCR-Technik im Überblick und im Detail*

Bei Verbrechen werden vom Täter oft Hautzellen sowie mitunter Spuren aus Blut, Speichel oder Sperma am Tatort hinterlassen. Aus der DNA der darin enthalten Zellen kann mithilfe molekularbiologischer Methoden ein DNA-Profil erstellt werden, ein so genannter genetischer Fingerabdruck. Dieser kann dann mit anderen genetischen Fingerabdrücken, z. B. aus Mundschleimhautzellen-DNA eines Speichelabstriches, verglichen werden (Abb. 3). Mithilfe des genetischen Fingerabdrucks können in der Kriminalistik Täter überführt und unkenntliche Leichen zweifelsfrei identifiziert werden. Dazu führt das Bundeskriminalamt eine Datenbank, in der eindeutige DNA-Profile von Spuren und Personen gespeichert werden.

Für einen genetischen Fingerabdruck werden nur bestimmte DNA-Abschnitte verwendet. Es handelt sich dabei um Abschnitte, die nicht für Proteine codieren. Diese Sequenzen sind jeweils in ihrer Länge sehr variabel. Jedes Individuum besitzt ein einzigartiges Längenmuster dieser Sequenzen. Da diese Analyse auf Abschnitte zurückgreift, die nicht codieren, können bis auf das Geschlecht keine weiteren Rückschlüsse auf Merkmale gezogen werden. Zur Erstellung eines genetischen Fingerabdrucks muss von diesen Abschnitten genügend DNA-Ausgangsmaterial vorliegen. Dafür wird die PCR-Technik (engl.: polymerase chain reaction) eingesetzt, bei der bestimmte Abschnitte aus DNA der originalen Zellen identisch vervielfältigt werden.

Der prinzipielle Ablauf der PCR-Technik (Abb. 1):
① Die zu kopierende DNA befindet sich zusammen mit freien Nucleotiden, Primer-Molekülen und hitzebeständiger DNA-Polymerase in einer Lösung.

② Das Erhitzen auf ca. 95 °C löst die Wasserstoffbrückenbindungen zwischen den komplementären Basen. Die DNA liegt nun einsträngig vor.

③ Das Abkühlen ermöglicht die Bindung der Primer an die Enden der zu kopierenden DNA-Abschnitte. Primer sind kurze DNA-Abschnitte mit der Funktion eines Startpunktes für die DNA-Polymerase.

④ Die Lösung wird auf etwa 70 °C erhitzt. Diese Temperatur ist die optimale Arbeitstemperatur für die DNA-Polymerase. Die DNA wird verdoppelt. Es folgen weitere Zyklen, bis die gewünschte Menge identischer DNA-Abschnitte vorliegt.

Mithilfe der Gel-Elektrophorese werden die DNA-Abschnitte voneinander getrennt und im UV-Licht sichtbar gemacht (Abb. 3). Kürzere Abschnitte werden durch das Gel weniger stark behindert und wandern daher in der gleichen Zeit weiter als längere. Längere Abschnitte wandern in der gleichen Zeit weniger weit. Da identische DNA-Abschnitte gleiche Längen aufweisen ist ihre Wanderungsgeschwindigkeit auch gleich. Es entstehen dadurch so genannte Banden im Gel, die jeweils viele identische Kopien enthalten. Das entstandene Bandenmuster ist für jeden Menschen genauso individuell wie sein Fingerabdruck.

→ 16.2 Verwandtschaftsbelege durch molekularbiologische Homologien

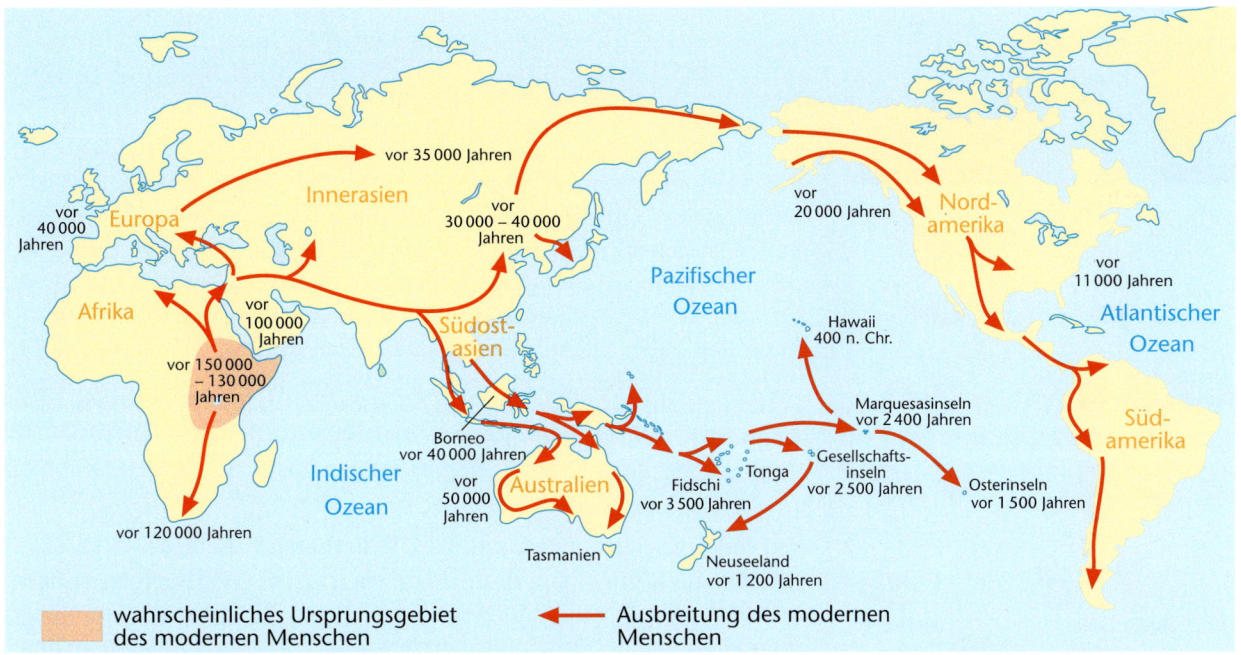

2 *Wahrscheinliche Ausbreitungswege des modernen Menschen (Homo sapiens)*

1 Werkzeuge der Molekularbiologie.
a) Ermitteln Sie, wie viele Abschnitte mithilfe der PCR-Technik nach 20 Zyklen hergestellt werden können und erläutern Sie den Vorteil der Verwendung hitzebeständiger DNA-Polymerase.
b) Erläutern Sie das Zusammenwirken der Gel-Elektrophorese und der PCR-Technik zur Erstellung eines genetischen Fingerabdrucks.
c) Entwickeln Sie Hypothesen, inwiefern diese Techniken genutzt werden können, um folgende Erkenntnisse zu gewinnen:
– Nachweis von Inhaltsstoffen in der Lebensmittelanalytik,
– Aufstellen von Stammbäumen,
– Bestimmen von Arten mithilfe einer Datenbank in der Zoologie,
– Erkennen von Infektionskrankheiten mit bekannten Erregern in der medizinischen Diagnostik,
– Nachweis von Vaterschaften in der Gerichtsmedizin,
– Erkennen von Erbkrankheiten in der Genetik.

2 Fossile DNA (aDNA). In Fossilien, z.B. Schädelknochen, die einige zehntausend Jahre alt sind, können unter Umständen noch sehr geringe Mengen DNA gefunden werden, die mittels PCR vervielfältigt und anschließend für vergleichende Untersuchungen der DNA-Basensequenz herangezogen werden können. Man spricht von alter oder fossiler DNA, abgekürzt aDNA (engl. *ancient*, alt). Erläutern Sie, auf welche Weise die PCR-Technik mit geholfen hat, die Geschichte der Ausbreitung des modernen Menschen aufzuklären (Abb. 2).

3 Bandenmuster-Auswertung.
a) In Abb. 3 ist das Bandenmuster des Opfers eines Gewaltverbrechens (1), das Bandenmuster einer Blutspur auf der Kleidung des Opfers (2-3) sowie Bandenmuster von Tatverdächtigen (4-9) dargestellt. Werten Sie die Abb. 3 aus und ermitteln Sie den Täter.
b) Die Polizei hat einen 51 Jahre alten Mann festgenommen, der in dem dringenden Tatverdacht steht, zwei Mädchen getötet zu haben. Der Mann, dessen DNA-Spur am Tatort gefunden wurde, ist ein naher Verwandter der Mädchen. Stellen Sie eine begründete Hypothese auf, inwiefern der genetische Fingerabdruck der Probe zu dem Mann führte, obwohl sein DNA-Profil nicht bekannt war.

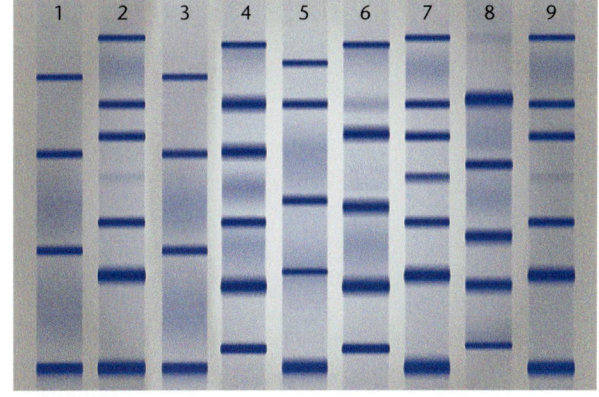

3 *Bandenmuster aus verschiedenen DNA-Proben*

3.12 Ultraviolette Strahlung, Mutationen, Hautkrebs und die Mondscheinkinder

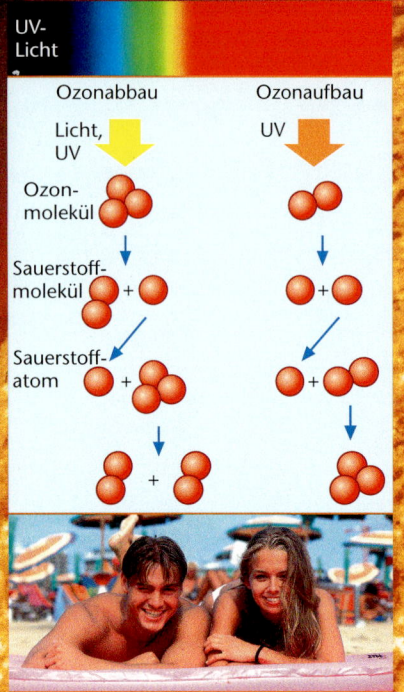

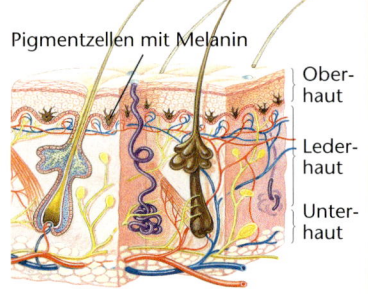

Pigmentzellen mit Melanin

UV-Strahlung bewirkt:
- Durchblutung der Haut
- Hautbräunung
- Sonnenbrand
- Hautalterung, Faltenbildung
- Bildung von Vitamin D
- Zerstörung von Folsäure
- Mutationen

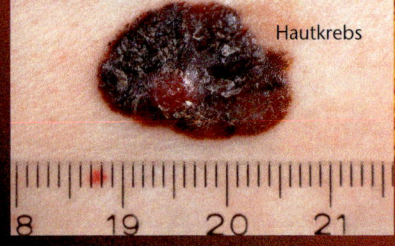

1 *Wirkung von UV-Strahlung*

In der Sonne verschmelzen durch Kernfusion in jeder Sekunde 600 Millionen Tonnen Wasserstoff zu 595 Millionen Tonnen Helium. Dabei wird die Energie von fünf Millionen Tonnen Wasserstoff pro Sekunde freigesetzt und gelangt in Form von Strahlung von der Sonne in den Weltraum. Die Strahlung der Sonne besteht unter anderem aus dem für uns Menschen sichtbaren Licht sowie aus der ultravioletten (UV) Strahlung (Abb. 1). Auf dem Weg zur Erde trifft die UV-Strahlung in ungefähr 35 Kilometern Höhe auf die **Ozonschicht** der Erdatmosphäre. Die Ozonschicht bewirkt, dass nur Teile der UV-Strahlung zur Erde gelangen. Die Ozonschicht ist lebenswichtig, da UV-Strahlung für Lebewesen gefährlich ist.

Auf die menschliche Haut hat die UV-Strahlung verschiedene Wirkungen: **UV-Strahlung** kann in die Haut eindringen. UV-Strahlung fördert kurzfristig die Durchblutung der Haut, diese rötet sich. UV-Strahlung führt auch zu einer Bräunung der Haut, da der Farbstoff Melanin in den Pigmentzellen der Haut vermehrt gebildet wird. Melanin verhindert das tiefe Eindringen von UV-Strahlung in die Haut. Starke UV-Strahlung führt zu einer Entzündung der Haut, dem Sonnenbrand. UV-Strahlung beeinflusst das Bindegewebe und trägt so zur schnelleren Hautalterung und Faltenbildung bei. UV-Strahlung regt außerdem die Bildung von Vitamin D im Körper an, ein Vitamin, das für den Aufbau der Knochen wichtig ist. Andererseits zerstört UV-Strahlung in den Blutgefäßen der Haut die Folsäure, ein wichtiges Vitamin der B-Gruppe.

Eine der gefährlichen Folgen von UV-Strahlung ist das Auslösen von **Mutationen**. UV-Strahlung kann Brüche in den DNA-Molekülen und bestimmte Punktmutationen hervorrufen, bei denen sich zwei benachbarte Basen miteinander verbinden. Diese Schäden können durch **Reparatur-Enzyme** beseitigt werden. Wenn die DNA-Reparatur zum Beispiel durch ungeschütztes und allzu häufiges Sonnenbaden – vor allem in der Kindheit – überfordert wird, kann dies unter bestimmten Bedingungen die Entstehung von Hautkrebs begünstigen.

Xeroderma pigmentosum (XP) ist eine seltene, genetisch bedingte Krankheit. Sie tritt bereits im Kindesalter auf und ist gekennzeichnet durch extreme Empfindlichkeit gegenüber Sonnenlicht, insbesondere gegenüber UV-Licht. Bei XP-Erkrankten sind ein Gen oder mehrere Gene mutiert, die für Enzyme des DNA-Reparatursystems codieren. Das Reparatursystem behebt bei gesunden Menschen beständig UV-bedingte Schäden in Hautzellen. Es erkennt Schäden, z. B. Thymin-Thymin-Dimere, schneidet sie heraus und repariert die Stelle (Abb. 4). Da XP-Erkrankte konsequent das Sonnenlicht meiden und ihre Aktivitäten häufig in die Nacht verlegen, nennt man sie auch **Mondscheinkinder**.

→ 3.5 Der genetische Code und Genmutationen   → 3.6 Übersicht: Vom Gen zum Protein

1 Bedeutung der Ozon-Schicht.

a) Beschreiben Sie mit der Hilfe von Abb. 1 die chemischen Vorgänge in der Ozonschicht.

b) Fluorchlorkohlenwasserstoffe (FCKW) wurden früher häufig als Treibmittel für Spraydosen, als Kühlmittel in Kühlschränken und zum Aufschäumen von Kunststoffen verwendet. FCKW sind sehr reaktionsträge und können zum Teil mehr als hundert Jahre in der Atmosphäre verweilen. In der Ozonschicht sind FCKW sehr schädlich, weil sie zur Ausdünnung der Ozonschicht beitragen. In Deutschland und einer Reihe anderer Länder ist deshalb der Einsatz von FCKW inzwischen verboten.

Erläutern Sie anhand der Abb. 3 die durch FCKW ausgelösten chemischen Vorgänge. Welche Folgen ergeben sich daraus für die Ozonschicht. Entwickeln Sie begründete Vermutungen darüber, welche Folgen eine Ausdünnung der Ozonschicht für Menschen haben könnte.

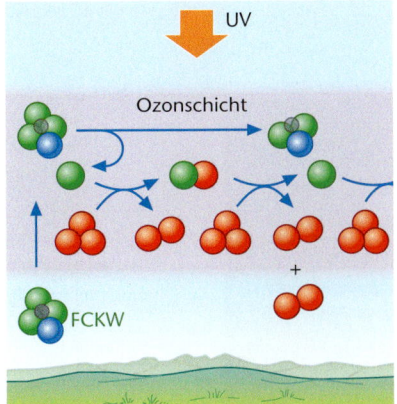

3 Wirkung von FCKW auf Ozon

2 Mindmap.
Erstellen Sie unter Bezug auf die Informationen dieses Abschnitts eine Mindmap zum Thema „Mondscheinkinder, Haut und UV-Strahlung".

3 „Mondscheinkinder", UV-bedingte DNA-Schäden und die DNA-Reparatur.

a) Erläutern Sie die Folgen, die XP für den Alltag der Betroffenen hat. Recherchieren Sie dazu im Internet.

b) Beschreiben Sie anhand Abb. 4 die Vorgänge der Reparatur von UV-bedingten DNA-Schäden.

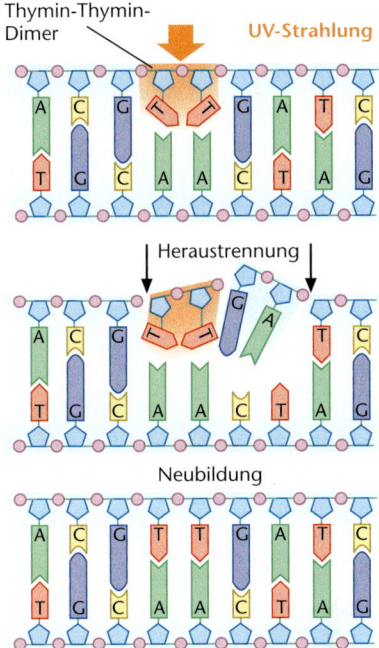

4 Reparatur eines UV-bedingten DNA-Schadens durch DNA-Reparaturenzyme

---

Man nennt sie Mondscheinkinder:

„Du liebst mich nicht, Sonne! Ich sehe dich nur hinter Vorhängen. Du sperrst mich in die Dunkelheit. Du bist sehr schön, alle lieben dich. Aber was du nicht weißt, Sonne, du bist da oben genauso alleine wie ich hier unten" (Merve, ein Mondscheinkind, ist mittlerweile gestorben.).

Merve war eine von etwa hundert Menschen in Deutschland, die an einer seltenen, autosomal rezessiven Erbkrankheit leiden. Die Krankheit heißt Xeroderma pigmentosum, abgekürzt XP. Bei Menschen mit XP ist das DNA-Reparatursystem defekt, das die UV-bedingten Mutationen erkennt und beseitigt. Daher häufen sich Mutationen an. Die Wahrscheinlichkeit, Hautkrebs zu entwickeln, ist bei Menschen mit XP im Vergleich zu Gesunden vieltausendfach erhöht. Daher müssen Menschen mit XP konsequent das Sonnenlicht und vor allem jede UV-Strahlung meiden.

2 Mondscheinkinder

5 Merve zu Hause

→ 14.7 Evolution der Stoffwechseltypen

3.13 Gene können an- und abgeschaltet werden

1 *Ackerschmalwand*

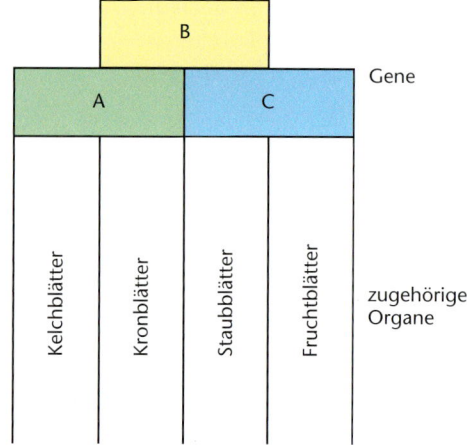

2 *A,B,C – Schema zur Blütenbildung bei der Ackerschmalwand*

Bei allen mehrzelligen Organismen entsteht aus der Zygote ein vollständiger Organismus. Die ersten Zellen in der Entwicklung sind noch gleich gebaut. Je weiter die Embryonalentwicklung fortschreitet, umso mehr verschiedenartige Zelltypen entstehen. Man nennt diese Vorgänge **Zelldifferenzierung**. Je nach Entwicklungsstadium und Ort im Organismus werden in den verschiedenen Zellen einzelne Gene an- oder abgeschaltet. Nur bei aktiven Genen werden die Informationen abgelesen und die entsprechenden Proteine beziehungsweise Enzyme hergestellt. Dadurch wird die Entwicklung der Zelle gesteuert. Ob zum Beispiel in einer Blüte Staub- oder Fruchtblätter entstehen, hängt davon ab, welche Gene in der Zelle aktiv sind.

Bei der Ackerschmalwand ist die Blütenbildung besonders gut untersucht (Abb. 1). Die Blütenbildung wird bei dieser Pflanze durch drei Gene in den Zellen gesteuert (Abb. 2). Ist nur das Gen A aktiv, entstehen aus den entsprechenden Zellen die Kelchblätter. Sind die Gene A und B aktiv, entstehen aus den Zellen die Kronblätter. Bei einer Aktivität der Gene B und C werden Staubblätter gebildet. Fruchtblätter entstehen, wenn nur das Gen C aktiv ist. Bei der Aufklärung dieser Steuerung waren Mutanten der Pflanze maßgeblich beteiligt. Ist z. B. in einer Pflanze das Gen B nicht funktionstüchtig, werden nur Kelchblätter und Fruchtblätter von der Pflanze ausgebildet. Der Verlust von Gen C führt hingegen zu Blüten, die nur Kelch und Kronblätter aufweisen.

Während der Zelldifferenzierung wird in den verschiedenen Zellen ein Teil der Gene dauerhaft abgeschaltet. Die Zellen der verschieden Organe unterscheiden sich darin, welche Gene in ihnen noch aktiv sind. Diese Zellen können dann keine andere Funktion mehr wahrnehmen. Viele solcher Zelltypen können sich nicht mehr teilen. Nur einige spezielle Zellen können sich in verschiedene Richtung entwickeln. Sie können sich teilen und zum Beispiel unterschiedliche abgestorbene Zellen ersetzen. Man nennt solche Zellen **Stammzellen**. Stammzellen spielen eine große Rolle bei der Erneuerung von Organen und zum Beispiel bei der Heilung nach Verletzungen.

Die Zellen eines Organs haben eine bestimmte Aufgabe. Dafür laufen in den Zellen bestimmte Stoffwechselreaktionen ab, zum Beispiel produziert eine Darmzelle bei Bedarf Verdauungsenzyme. Die dazu benötigten Enzyme werden von der Zelle hergestellt. Die entsprechenden Gene für die Enzymherstellung werden in Darmzellen nach Bedarf an- und abgeschaltet. Dafür müssen die Gene über Informationen aus der Umgebung gesteuert werden. Zellen können auch auf äußere Einflüsse reagieren. So produzieren Hautzellen nach UV-Bestrahlung verstärkt Melanin, das die Haut dunkler färbt und einen Schutz vor erneuter UV-Einstrahlung bietet. Für die Melaninproduktion werden Gene aktiviert und später wieder abgeschaltet. Auch Krankheiten verursachen in Zellen, z. B. in Zellen des Immunsystems, eine veränderte Genaktivität. Die Genaktivität hängt also auch von der Umwelt ab.

3 Rückschläge in der Evolution

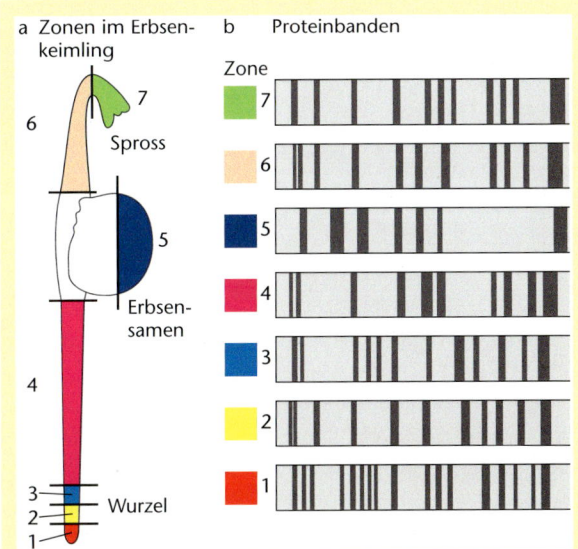

Bei einem Erbsenkeimling wurden Gewebeproben aus den verschiedenen Zonen entnommen und auf Proteine untersucht. Bei der Untersuchungsmethode steht in der Übersicht in b jede Bande für ein Protein. Banden, die in der Abbildung 5 b vertikal übereinanderstehen, repräsentieren gleiche Proteine.

4 Proteine im Erbsenkeimling

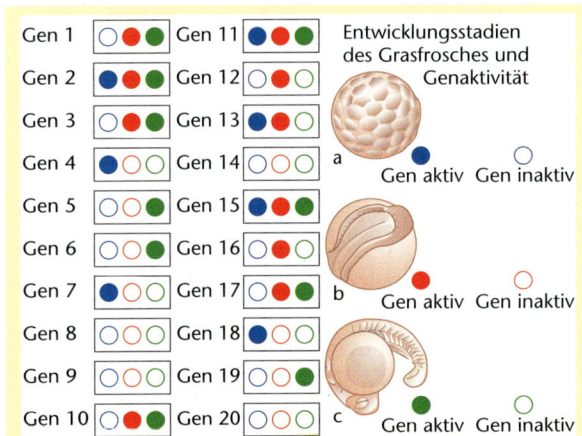

Im Versuch wurde die Aktivität von 20 Genen in Zellen der gleichen Region während der Grasfroschentwicklung untersucht. Die Aktivität jedes der 20 Gene ist in den drei Entwicklungsstadien durch drei unterschiedliche Farben dargestellt.

5 Genaktivität beim Grasfrosch

1 Gedankenmodell: „Genombuch". Ein Buch mit vielen Kapiteln, das eine Fülle von Informationen über Arbeitsabläufe enthält, stellt ein Modell für die Arbeitsweise der Gene dar. Das Buch wird von Personen mit unterschiedlichen Arbeitsbereichen genutzt. Einige Einführungskapitel werden von allen Personen gelesen, die weiteren Kapitel nur, soweit sie zu den eigenen Arbeitsbereichen gehören. Vergleichen Sie die Zelldifferenzierung mit diesem Modell. Gehen Sie dabei auf die Spezialisierung von Zellen ein. Erläutern Sie, was das Modell leisten kann und wie es verbessert werden könnte.

2 Proteine im Erbsenkeimling. Werten Sie Abb. 4 aus und setzen Sie die Ergebnisse der Untersuchung in Beziehung zu den Aussagen des Textes auf der linken Seite.

3 Entwicklung des Grasfrosches. Werten Sie die Abb. 5 aus und setzen Sie die Ergebnisse des Versuches in Beziehung zu den Aussagen des Textes auf der linken Seite.

4 „Rückschläge" der Evolution. In seltenen Fällen findet man bei Menschen Körpermerkmale, die man als „Rückschläge" der Evolution ansieht. Ein Beispiel dafür ist eine fellartige Körperbehaarung bei manchen Menschen (Abb. 3). Stellen Sie Hypothesen auf, die das Auftreten solcher „Rückschläge" erklären können.

5 Stammzellen. Bei Stammzellen unterscheidet man embryonale Stammzellen, aus denen sich komlette Lebewesen entwickeln können, und adulte Stammzellen, aus denen sich nur bestimmte Organe entwickeln können. Erläutern Sie die Unterschiede der Stammzelltypen auf der Ebene der Gene.

→ 3.17 Epigenetik: Umwelt und Gene wirken zusammen

3.14 Regulation der Genaktivität bei Prokaryoten

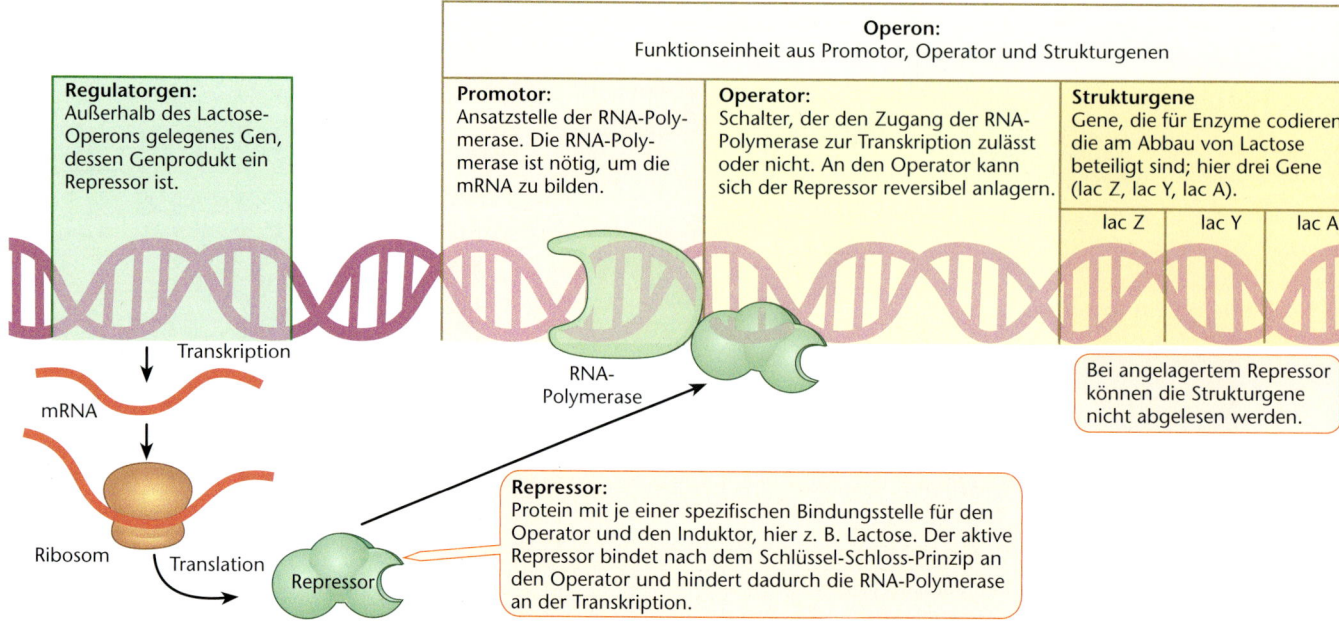

1 *Regulation der Genaktivität bei Bakterien – das Operon-Modell: Hemmung der Genaktivität*

Bakterien wie *Escherichia coli* passen sich an Veränderungen in der Umwelt, zum Beispiel im Nährstoffangebot, mit dem Aktivieren oder Inaktivieren von Genen an. Überführt man E.coli-Bakterien in ein Medium, das Lactose (Milchzucker, ein Disaccharid aus Galactose und Glucose) als Energiequelle enthält, reagieren die Bakterien innerhalb weniger Minuten mit der Synthese von Enzymen für den Abbau von Lactose. Die Enzyme für den Lactoseabbau werden erst hergestellt, wenn Lactose verfügbar ist. Leben E.coli-Bakterien in einem Medium, das Glucose und Lactose enthält, wird zuerst nur die Glucose abgebaut und anschließend die Lactose.

1961 stellten die beiden französischen Forscher JACOB und MONOD ein grundlegendes Modell zur Genregulation bei Prokaryoten vor, das **Operon-Modell**. Die beiden Nobelpreisträger erläuterten die Funktionsweise ihres Modells am Beispiel des Lactose-Operons (lac-Operon) bei E.coli-Bakterien. In Abb. 1 sind die Komponenten des Operon-Modells und ihre Aufgaben beschrieben. Die Regulation der Transkription erfolgt durch spezifische Abschnitte auf dem ringförmigen Bakterienchromosom. Zum **Operon** gehören drei benachbarte Abschnitte der DNA: die Strukturgene, die für bestimmte Proteine codieren, und zwei regulatorische Bereiche, der Operator und der Promotor. Der Operator ist der eigentliche Schalter im Operon-Modell. Er steuert, ob die Transkription der Strukturgene durch die RNA-Polymerase stattfindet oder nicht. Dazu besitzt er eine Bindungsstelle für einen Repressor. Wird der Operator durch einen aktiven Repressor nach dem Schlüssel-Schloss-Prinzip besetzt, kann die RNA-Polymerase keine mRNA bilden. Dann findet keine Enzymsynthese statt (Abb. 1). Ist Lactose im Medium, wirkt es als Induktor und kann sich als Substrat reversibel an den Repressor binden. Dadurch wird dessen Raumstruktur verändert und der Repressor kann nicht mehr an den Operator binden, der Repressor wird inaktiviert. Nun können die Transkription und nachfolgend die Translation an Ribosomen erfolgen (Abb. 3). Man spricht von **Substratinduktion** (lat. *inducere*, herbeiführen), weil Lactose das Substrat von Enzymen ist, deren Synthese es herbeiführt.

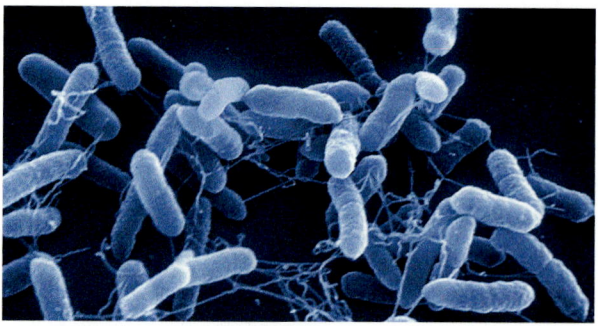

2 *Escherichia coli – Bakterien*

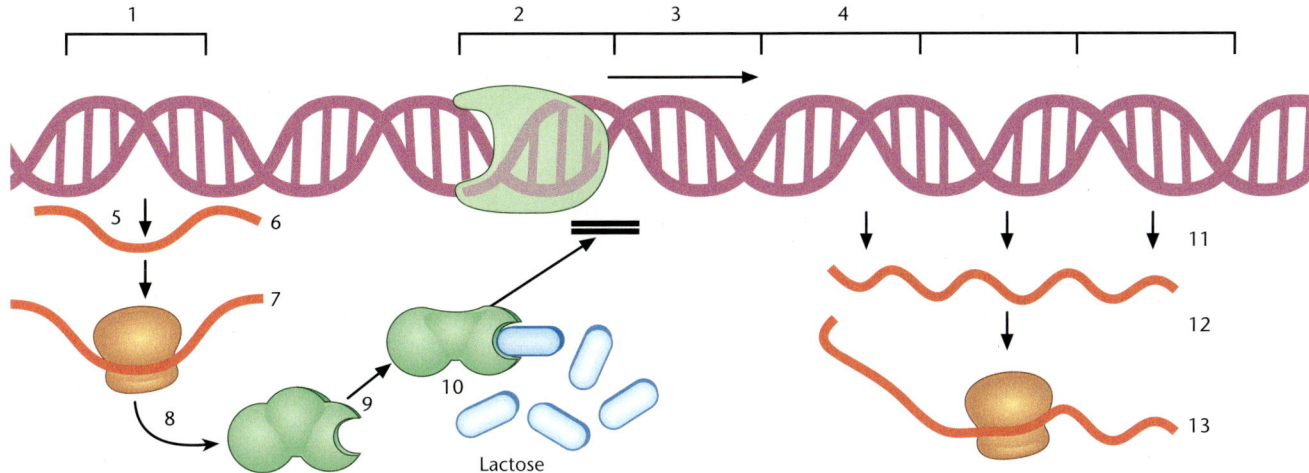

3 *Regulation der Genaktivität bei Bakterien – das Operon-Modell: Induktion der Genaktivität durch Lactose*

1 **Induktion der Genaktivität.** Erläutern Sie in einem zusammenhängenden Kurzvortrag unter Bezug auf die Abb. 3 die Induktion der Genaktivität bei E.coli durch Lactose. Präzisieren Sie dabei die mit Ziffern versehenen Positionen in Abb. 3.

2 **Regulation der Genaktivität.** E.coli-Bakterien wurden in eine Nährlösung gebracht, die zu Beginn des Versuches 0,4 mg Glucose und 2 mg Lactose enthielt. Erklären Sie die Versuchsergebnisse in Abb. 5 unter Bezug auf das Operon-Modell.

3 **Endprodukt-Hemmung.** E.coli synthetisiert die Aminosäure Tryptophan in mehreren Teilprozessen, die jeweils durch eines von fünf Enzymen katalysiert werden. Erst wenn genügend Tryptophan vorliegt, sorgt dieses Endprodukt für die Aktivierung eines Repressors. Dadurch wird die Herstellung gestoppt (Abb. 4). Man spricht von Endprodukt-Hemmung.

a) Erläutern Sie die Regulation der Genaktivität bei der Tryptophan-Synthese.
b) Vergleichen Sie Substratinduktion (Abb. 3) und Endprodukt-Hemmung (Abb. 4).

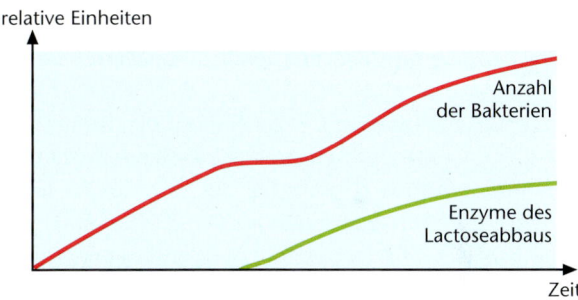

5 *Versuchsergebnis*

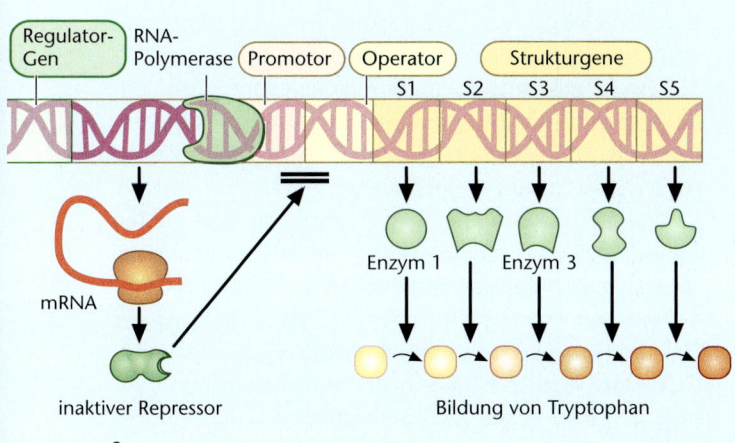

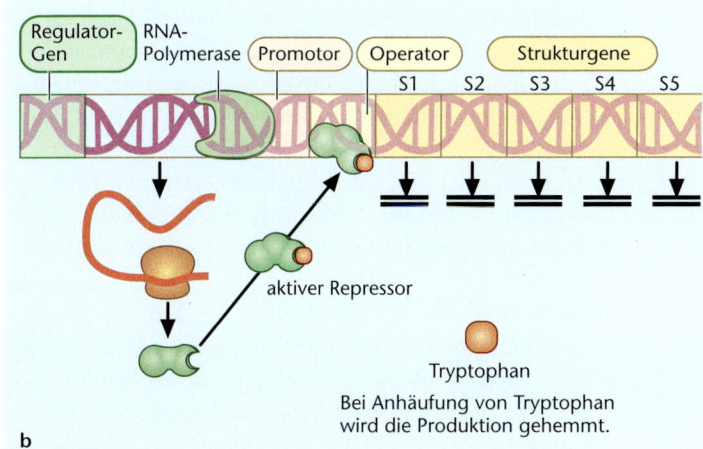

4 *Endprodukt-Hemmung bei der Tryptophan-Synthese, a) Bildung von Tryptophan, b) Hemmung*

→ 3.25 Modellorganismen in der genetischen Forschung

3.15 Regulation der Proteinbiosynthese bei Eukaryoten I

Blütenbildung
Die Zellen der Laubblätter der Acker-Schmalwand bilden ein Protein, das durch den Lichteinfall ab einer bestimmten Tageslänge weitere Reaktionen auslöst. Diese sorgen in den Laubblatt-Zellen für die Expression eines Gens, das ein Protein namens Florigen codiert. Florigen ist ein Pflanzenhormon, das die Blütenbildung einleitet.

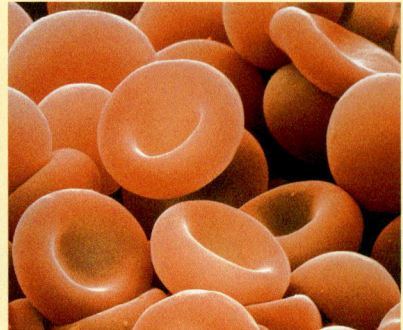

Hämoglobinsynthese
Der Hauptbestandteil von roten Blutzellen ist das Hämoglobin. Hämoglobin ist aus vier Protein-Untereinheiten zusammengesetzt. Seine Funktion ist der Transport von Sauerstoff im Blut. Nur während der Reifung von roten Blutzellen aus Stammzellen im Knochenmark sind die Gene für die Synthese der Protein-Untereinheiten des Hämoglobins aktiv.

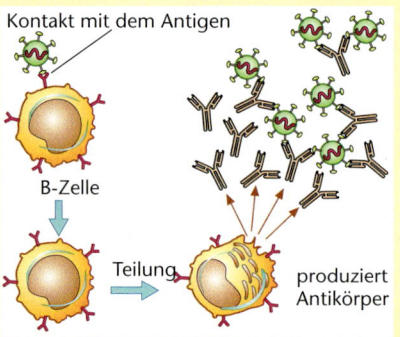

Immunabwehr
Eine Gruppe von weißen Blutzellen, die B-Lymphocyten, sind darauf spezialisiert, Antikörper herzustellen und in das Blut abzugeben. Trifft ein B-Lymphocyt im Verlauf einer Infektion erstmals auf sein spezifisches Antigen, wird ein bestimmtes Gen aktiviert. Die Zelle beginnt sich zu teilen und jede Tochterzelle bildet durch Genexpression den speziellen Antikörper in großer Zahl.

1 *Drei Beispiele für Genexpression bei Vielzellern*

Die genetische Information der Eukaryoten ist auf verschiedene Chromosomen im Zellkern verteilt. Durch Proteinbiosynthese werden bei der Transkription im Zellkern und der Translation an den Ribosomen Proteine gebildet. Die Umsetzung der genetischen Information von Genen in Proteine erfolgt durch Genexpression. Während bei Prokaryoten die Regulation der Genexpression vor allem der Anpassung an schnelle Veränderungen der Umwelt dient, hat die Regelung der Genexpression bei Vielzellern auch die Funktion, verschieden spezialisierte Zellen zu entwickeln und ihre Tätigkeit aufeinander abzustimmen (Abb. 1).

Man unterteilt die Gesamtheit der Gene eines eukaryotischen Lebewesens in **protein-codierende** und in **nicht-protein-codierende Gene.** Letztere enthalten die Informationen für die Bildung der verschiedenen RNA-Moleküle (rRNA, tRNA). Ein Teil der protein-codierenden Gene wird ständig abgelesen. Diese sogenannten **Haushalts-Gene** (Housekeeping-Gene) werden beständig in allen Zellen exprimiert. Haushalts-Gene codieren für unentbehrliche, ständig benötigte Proteine. In den meisten Fällen wird die Expression eines protein-codierenden Gens aber reguliert. Ein Signalmolekül wirkt von außen auf die Zelle ein. Es gibt mehrere Wege, wie solche Signalmoleküle die Genaktivität beeinflussen (Abb. 2). Durch das An- und Abschalten regulierter Gene wird die Proteinzusammensetzung der Zelle ständig an die Anforderungen angepasst, die die Umgebung an die Zelle stellt.

Die Regulation der Genexpression bei Eukaryoten kann man mit fünf W-Fragen erschließen:
1. Was für ein Protein wird durch Genexpression gebildet? (Welche Struktur, welche Funktion hat es?)
2. Wo wird das Protein gebildet? (In welchen Zellen oder Organen wird es gebildet?)
3. Wann wird das Gen exprimiert? (In bestimmten Phasen der Zelldifferenzierung? In bestimmten Entwicklungsstadien des Organismus?)
4. Wie viel Protein wird gebildet? (Wie oft wird das Gen transkribiert, wie schnell die mRNA abgebaut?)
5. Wohin wird das Protein nach der Translation gebracht? (In welches Zellkompartiment wird es transportiert? Wird es aus der Zelle geschleust?)

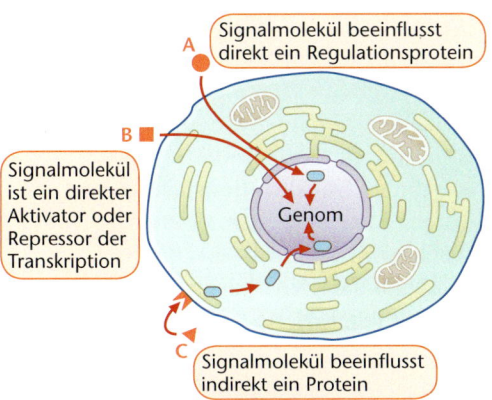

2 *Drei Wege, über die ein extrazelluläres Signalmolekül die Genaktivität beeinflussen kann*

Bei einzelligen Lebewesen wie den Bakterien hängen die wichtigsten äußeren Reize mit dem Nährstoffangebot zusammen. Bakterien leben in Umgebungen, in denen sich das Angebot an Nährstoffen häufig ändern kann. Veränderungen in der Verfügbarkeit von Nährstoffen werden durch Veränderungen der Aktivität bestimmter Gene abgebildet. Dabei werden jeweils die Gene exprimiert, die für die Verwertung der vorhandenen Nährstoffe notwendig sind.

In vielzelligen Lebewesen liegen die meisten Zellen in einer wenig veränderlichen Umgebung. Um diese aufrecht zu erhalten, müssen die Aktivitäten der verschiedenen Zellen koordiniert werden. Für diese Zellen bestehen die hauptsächlichen äußeren Reize aus Hormonen, Wachstumsfaktoren und ähnlichen Molekülen, die Signale innerhalb des Organismus übermitteln und koordinierte Veränderungen der Genaktivitäten anregen.

3 *Genexpression als Angepasstheit an Vielzelligkeit*

1 Beeinflussung der Genaktivität durch Signalmoleküle. Beschreiben Sie die drei Wege, auf denen extrazelluläre Signalmoleküle Einfluss auf die Genaktivität nehmen können (Abb. 2).

2 Regulation der Genexpression bei Vielzellern. Erläutern Sie unter Bezug auf den Text auf der linken Seite und die Abb. 1, 3 die Regulation der Genexpression bei Vielzellern als Angepasstheit.

3 Das grün fluoreszierende Protein (GFP).
a) GFP wird auch als ein „Reporterprotein" bezeichnet, weil seine Anwesenheit analog dem Bericht eines Zeitungsreporters Informationen bereitstellt. Geben Sie unter Bezug auf Abb. 4 an, welche Aussagen die grüne Fluoreszenz zulässt.
b) Werten Sie Abb. 4c und d sowie den zugehörigen Text in Hinblick auf die Frage aus, inwiefern GFP zur Erforschung der Alzheimer-Erkrankung beitragen kann.
c) Geben Sie an, welche der beiden Nervenzellen in Abb. 4c oder d das fehlerhafte Protein enthält. Begründen Sie.

Mit einem grün fluoreszierenden Protein (abgekürzt GFP, engl. *green fluorescent protein*) kann nachgewiesen werden, ob ein Gen, das für ein Protein codiert, aktiv war. GFP wirft grünes Licht zurück, wenn es mit ultraviolettem Licht bestrahlt wird. GFP ist nicht giftig und stört die Vorgänge in einer Zelle nicht. Das Gen mit der Bauanleitung für GFP kann mit gentechnischen Methoden an andere Gene angekoppelt werden. Wenn dieses Gen abgelesen und seine Information in ein Protein übersetzt wird, entsteht auch GFP als Anhängsel. Es gibt durch sein Leuchten im ultravioletten Licht den Aufenthaltsort des Proteins kund. Mithilfe des GFP kann so die räumliche und zeitliche Verteilung von Proteinen in Lebewesen beobachtet werden. a) Junge Mäuse eines Wurfs mit und ohne GFP. b) Mit GFP wurde in Zellen ein fädiges Protein sichtbar gemacht. Dieses Protein kommt in allen Teilen des Zellplasmas vor und ist an Transportvorgängen innerhalb der Zelle beteiligt. Fehlfunktionen des Proteins können dazu führen, dass die Mitochondrien, gelb-orange in Abb. b, c und d nicht gleichmäßig in einer Zelle verteilt werden. c, d) Geschieht dies in Nervenzellen, sind die Axone mit Energie unterversorgt und können absterben.
Fehlfunktionen des Proteins in Nervenzellen sind wahrscheinlich ursächlich für die Alzheimer-Erkrankung.

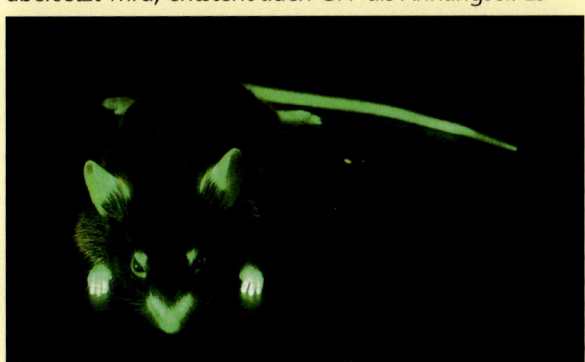
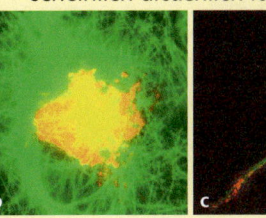
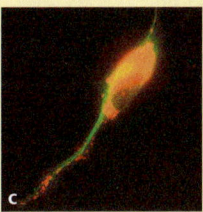
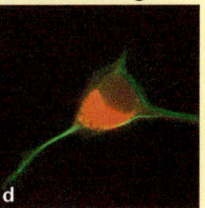

4 *Forschungsergebnisse mithilfe des grün fluoreszierenden Proteins*

→ 3.20 Differentielle Genaktivität und die Vielfalt der Zellen

3.16 Regulation der Proteinbiosynthese bei Eukaryoten II

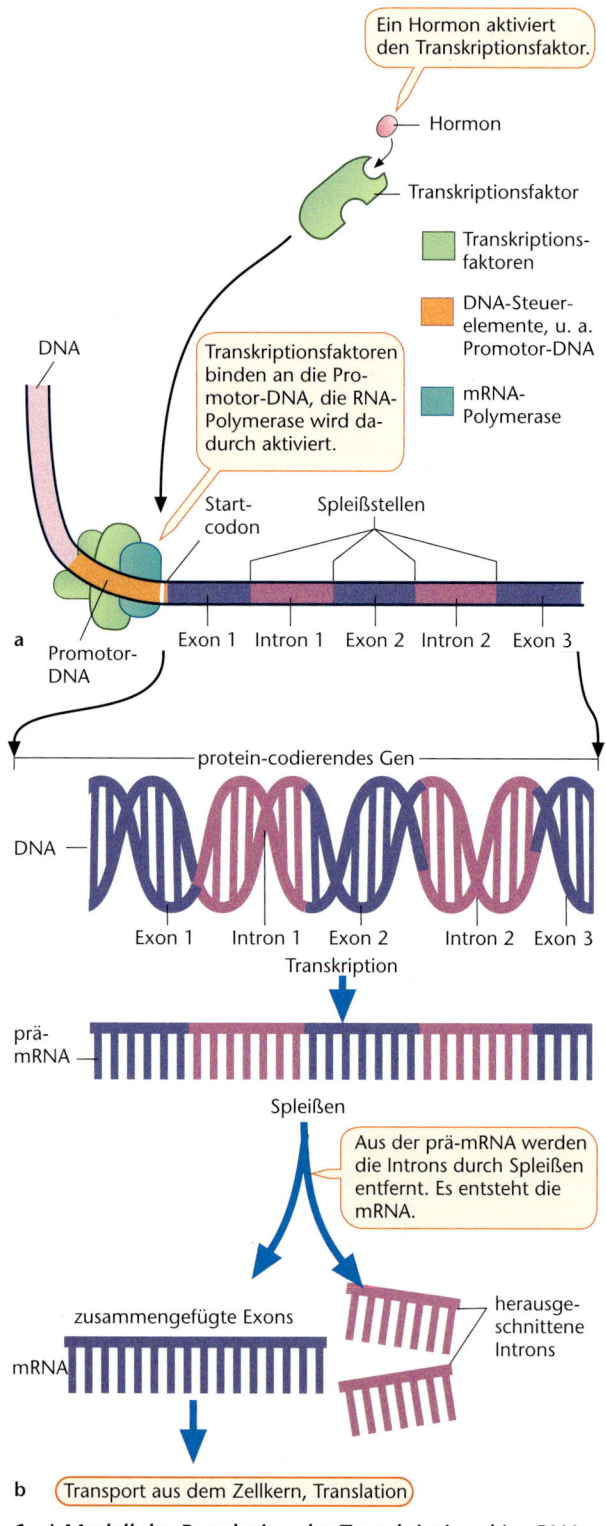

1 *a) Modell der Regulation der Transkription; b) mRNA-Prozessierung*

Bei den regulierten protein-codierenden Genen ist die Regulation der Transkription im Zellkern von großer Bedeutung (Abb. 1a). Unter **Transkriptionsfaktoren** versteht man alle Proteine, die nach dem Schlüssel-Schloss-Prinzip in Wechselwirkung mit spezifischen DNA-Abschnitten treten und die RNA-Polymerase aktivieren oder hemmen. Weil Transkriptionsfaktoren die Transkription, also das Ablesen von Genen, maßgeblich beeinflussen, spielen sie eine wichtige Rolle in der **Regulation des Zellstoffwechsels und in der Entwicklung**. Transkriptionsfaktoren werden durch Signalmoleküle wie zum Beispiel Hormone aktiviert (Abb. 1a). **DNA-Steuerelemente** sind regulatorische Abschnitte auf der DNA, an die Transkriptionsfaktoren binden. Zu den DNA-Steuerelementen gehört die Promotor-DNA. Das ist der Bereich, an dem die Transkription mithilfe einer für Eukaryoten typischen mRNA-Polymerase eingeleitet wird. Die Transkription kann erst beginnen, wenn verschiedene Transkriptionsfaktoren – mitunter mehr als ein Dutzend – an die Promotor-DNA gebunden haben. Die Summe der gleichzeitigen Einflüsse vieler Transkriptionsfaktoren entscheidet darüber, wo, wann und wie häufig ein Gen abgelesen wird. Die Proteinbiosynthese kann durch äußere, extrazelluläre Einflüsse wie z. B. Hormone reguliert werden (Abb. 1a). Man spricht von **Signaltransduktion**, wenn ein extrazelluläres Signal in ein intrazelluläres Signal übertragen wird und dadurch eine Reaktion der Zelle hervorgerufen wird. Die **Regulation der Proteinbiosynthese** durch äußere Signale ist sehr bedeutsam. Sie spielt unter anderem bei der Zellteilung, bei Wachstums- und Entwicklungsvorgängen, bei der Regulation des Stoffwechsels, bei der Abwehr von Krankheitserregern und bei der Bildung des Langzeitgedächtnisses eine große Rolle.

Nach der Transkription finden im Zellkern Vorgänge statt, die man insgesamt als **mRNA-Prozessierung** bezeichnet (Abb. 1b). Während Gene der Prokaryoten durchgängig aus codierenden Sequenzen bestehen, haben Eukaryoten **Mosaikgene**: Sie enthalten codierende Bereiche, die **Exons**, und nicht-codierende Bereiche, die **Introns**. Beim Spleißen (engl. *splicing*, verbinden) werden in kontrollierter Weise aus der Primärabschrift (prä-mRNA) die Introns herausgeschnitten und die verbliebenen Exons zur mRNA verknüpft. Die mRNA verlässt den Zellkern und wird an den Ribosomen translatiert. Auf Ebene der Translation finden weitere Regelungsvorgänge statt.

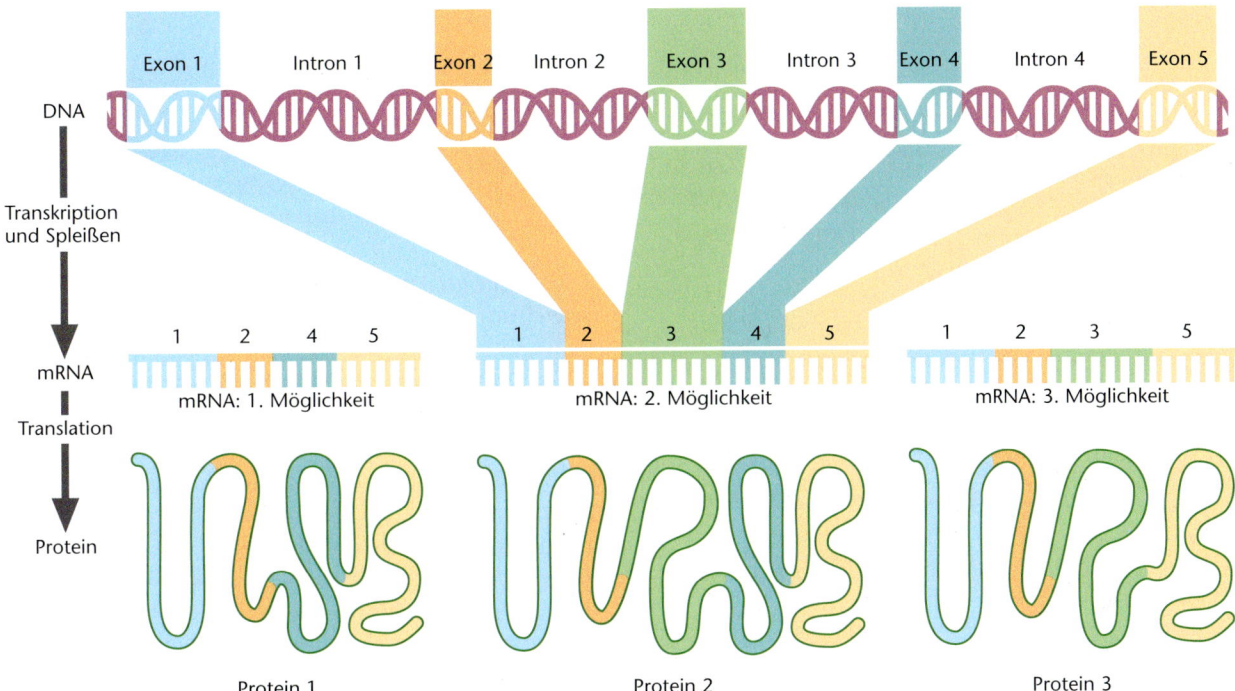

2 *Modell zum alternativen Spleißen. Durch alternatives Spleißen können mit der Information eines Gens viele unterschiedliche Proteine gebildet werden.*

1 Worterklärungen. Erstellen Sie anhand des Textes und der Abb. 1 ein Glossar für folgende Fachbegriffe: DNA-Steuerelemente, Transkriptionsfaktoren, Promotor-DNA, mRNA-Prozessierung, Spleißen.

2 Alternatives Spleißen.
a) Erläutern Sie das Spleißen im Rahmen der mRNA-Prozessierung anhand der Abb. 1b.
b) Beschreiben Sie anhand der Abb. 2 beispielhaft die verschiedenen Alternativen beim Spleißen. Verdeutlichen Sie modellhaft die Alternativen, indem Sie Worte für Exons und Introns wählen, z. B. Otto angelt sich einen Fisch.
c) Alternatives Spleißen kommt bei allen Vielzellern vor, ist aber bei Wirbeltieren besonders verbreitet. Der Mensch hat etwa 25 000 proteincodierende Gene, das sind ungefähr so viele Gene, wie die Acker-Schmalwand, eine kleine, krautige Blütenpflanze, besitzt. Man schätzt, dass der Mensch etwa drei Viertel seiner 25 000 Gene mehrfach durch alternatives Spleißen nutzt.
Stellen Sie begründete Vermutungen zur biologischen Funktion des alternativen Spleißens auf. Beachten Sie dabei Abb. 3. Diskutieren Sie Ihre Vermutungen.

3 Definitionsprobleme: Was ist ein Gen? „Ein Gen codiert für ein Protein" lautete ein alter Grundsatz. Begründen Sie, dass diese Aussage so nicht mehr haltbar ist.

4 Vergleich. Vergleichen Sie die molekularbiologischen Abläufe bei der Proteinbiosynthese bei Pro- und Eukaryoten.

Das Genom des Menschen verfügt über etwa 25 000 protein-codierende Gene.

Die Gesamtheit der verschiedenen Proteine des Menschen umfasst mehrere hunderttausend Proteine, darunter:
– Enzyme (Biokatalysatoren)
– Transport- und Träger-Proteine
– Struktur-Proteine
– bewegliche Proteine
– Proteine der Signalübertragung
– Rezeptor-Proteine
– regulatorisch wirkende Proteine (z. B. Zellzyklus, Transkriptionsfaktoren)
– Proteine der Immunabwehr
– Kanal-Proteine der Membranen

3 *Proteinvielfalt beim Menschen*

→ 3.26 Der Begriff Gen im Wandel der Zeit

3.17 Epigenetik: Umwelt und Gene wirken zusammen

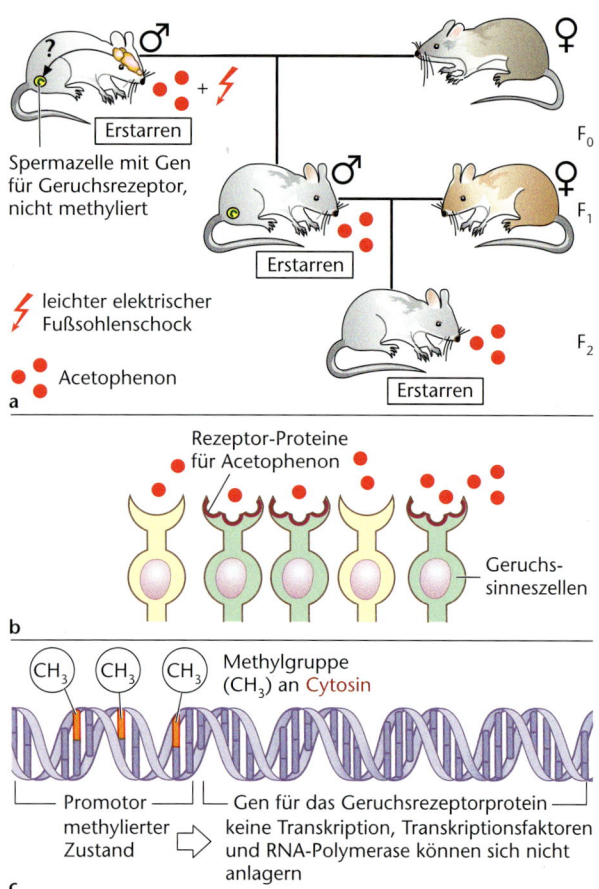

1 *Epigenetische Vererbung einer erworbenen Eigenschaft*

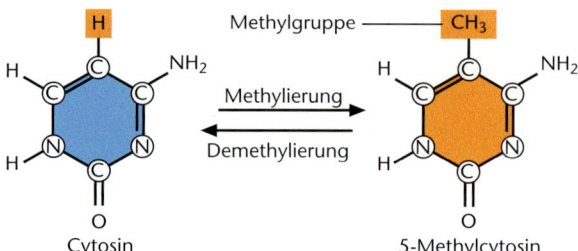

2 *Die Methylierung und Demethylierung von Cytosin im Bereich des Promotors eines Gens regelt die Genaktivität*

In einem Versuch amerikanischer Forscher lernten männliche Labormäuse durch klassische Konditionierung den fruchtigen Geruchsstoff Azetophenon zu fürchten. Jedes Mal, wenn Azetophenon versprüht wurde, folgte ein leichter elektrischer Schlag auf die Fußsohlen (Abb. 1a). Schließlich reichte die Anwesenheit von Azetophenon allein aus, um die Tiere in Angststarre zu versetzen. Diese Mäuse-Männchen wurden mit normalen Weibchen verpaart. Die Mäuse der F1-Generation zeigten bei Anwesenheit von Azetophenon erhöhte Empfindlichkeit und Angststarre, ohne dass sie jemals zuvor in ihrem Leben mit diesem harmlosen Geruchsstoff in Kontakt gekommen waren. Selbst in der F2-Generation war dieses Phänomen zu beobachten, in weiteren Generationen jedoch nicht mehr (Abb. 1a). Weitere wichtige Hinweise erhielten die Forscherinnen und Forscher, als sie das spezifische Rezeptor-Protein für Azetophenon und das zugehörige Gen untersuchten. In der Riechschleimhaut der konditionierten Mäuse und ihrer Nachkommen traten das Rezeptor-Protein und die Riechsinneszellen viel häufiger auf als bei normalen Tieren (Abb. 1b). Außerdem fehlten dem Promotor des Gens für das Rezeptor-Protein sowohl in den Riechsinneszellen als auch in den Spermazellen der konditionierten Tiere und ihrer Nachkommen Methylgruppen, deren Anwesenheit ansonsten dafür sorgt, dass das zugehörige Gen stillgelegt wird (Abb. 1c, 2).

Das relativ neue Wissenschaftsgebiet der **Epigenetik** beschäftigt sich mit allen Einflüssen auf die Genaktivität, die ohne Änderung der genetischen Information der DNA, also der Nukleotidsequenz, erfolgen. In der epigenetischen Forschung wird auch danach gefragt, wie Festlegungen und Veränderungen in der Genaktivität von Zelle zu Zelle, also mitotisch, oder sogar von Generation zu Generation (meiotisch) weitergegeben werden. Epigenetische Veränderungen in der **Regulation der Genaktivität** (einer Zelle, eines Gewebes oder eines ganzen Organismus) werden in der Regel von Umwelteinflüssen hervorgerufen. Im Grundmodell der Epigenetik wirken Umwelteinflüsse auf verschiedenen Signalübertragungswegen, die noch keineswegs alle verstanden sind, so auf das Genom einer Zelle ein, dass Gene an- oder abgeschaltet werden und in der Folge der Stoffwechsel verändert ist. Ein wichtiger Steuermechanismus ist dabei die durch Umwelteinflüsse hervorgerufene enzymatische Methylierung und Demethylierung von DNA, insbesondere der Base Cytosin im Bereich der Promotorregionen (Abb. 1c, 2). Die biologische Bedeutung epigenetischer Effekte liegt vor allem darin begründet, dass sie dem Organismus bzw. bestimmten Zellen und Geweben eine **unmittelbare stoffwechselbiologische Reaktion auf Umwelteinflüsse** erlauben. Anders als genetische Mutationen sind epigenetische Veränderungen in der Regulation der Genaktivität reversibel.

Bienenkönigin und Arbeiterinnen. Bienenkönigin und Arbeiterinnen sind genetisch identisch. Die kurzlebigen und unfruchtbaren Arbeiterinnen zeigen bei etwa 1500 Genen im Gehirn Unterschiede im DNA-Methylierungsmuster auf. Hervorgerufen werden die Unterschiede durch die Ernährung: So erhalten die Larven, die sich zu zukünftigen Arbeiterinnen entwickeln, nach den ersten drei Larvenstadien Pollen und Honig, während die zukünftige Königin weiter „Gelee royale" bekommt.

Anpassungsfähigkeit von Wasserflöhen durch epigenetische Effekte. Durch ungeschlechtliche Vermehrung können Wasserfloh-Weibchen Klone bilden. Trotz genetischer Gleichheit können Wasserflöhe phänotypisch unterschiedlich sein: Mit Helm und verdickter Cuticula sowie Dornfortsätzen, wenn von Fressfeinden abgegebene Kairomone im Wasser eine hohe Feinddichte signalisieren. Bei Sauerstoffmangel kann Hämoglobin mit erhöhter Affinität zu Sauerstoff gebildet werden. Diese Anpassungen sind reversibel.

Epigenetik, Zelldifferenzierung und Krebs. Die ungefähr 200 verschiedenen Zelltypen im menschlichen Körper haben alle die gleiche genetische Ausstattung. Sie unterscheiden sich unter anderem im Methylierungsmuster bestimmter Gene und damit auch im Muster der Genexpression. Epigenetische Veränderungen können zur Entstehung und zum Fortschreiten von Krebs beitragen. Fehlerhafte DNA-Methylierungen in Promotorregionen können zur Repression von Tumorsuppressorgenen oder Aktivierung von Onkogenen führen.

Mütterliches Fürsorgeverhalten beeinflusst bei Laborratten die Stressreaktion der Nachkommen. Versuche mit Laborratten zeigen, dass intensives mütterliches Fürsorgeverhalten nachhaltige Auswirkungen auf die Intensität der Stressreaktion bei den Nachkommen hat. Diese Tiere waren wenig ängstlich und unter Stress zeigten sie relativ schnell eine gedämpfte und schnell abklingende Reaktion. Sie waren stressresistent. Wurden die weiblichen Nachkommen selbst Mütter, zeigten sie ebenfalls intensives Fürsorgeverhalten gegenüber ihrem Nachwuchs. Umsorgten die Rattenmütter dagegen ihre Nachkommen kaum und mit wenig Zeitaufwand, so wurden die Tiere ängstlich und sehr stressempfindlich. Als Rattenmütter zeigten sie das wenig fürsorgliche Verhalten ihrer eigenen Mutter. – Bei fürsorglich behandelten Nachkommen wurde in einem bestimmten Teil des Zwischenhirns eine hohe Dichte eines Rezeptorproteins für ein Hormon gefunden, dass durch Rückkopplung die Dämpfung der Stressreaktion vermittelt. Die Promotorregion des zugehörigen Gens enthielt kaum methylierte DNA. Bei den wenig fürsorglich aufgezogenen Nachkommen war die Promotorregion mit vielen Methylgruppen besetzt.

2 Beispiele für epigenetische Veränderungen in der Regulation der Genaktivität

1 Forschungsfragen entwerfen.
a) Erläutern Sie die Vorgehensweise und die Ergebnisse der Versuche, die in Abb. 1 dargestellt sind.
b) In der Abb. 1 a finden Sie ein Fragezeichen. Entwerfen Sie in begründender Weise Fragen, denen nach Ihrer Meinung die Forschung mit Mitteln wissenschaftlicher Erkenntnisgewinnung hier nachgehen sollte.

2 Grundlegende Gemeinsamkeiten der Beispiele für Epigenetik. Vergleichen Sie alle in diesem Abschnitt dargestellten Beispiele für epigenetische Veränderungen hinsichtlich ihrer Gemeinsamkeiten (Abb. 1, 2). Erstellen Sie eine grundlegende Skizze (z.B. als Pfeildiagramm) zur Epigenetik, das für alle in diesem Abschnitt dargelegten Beispiele stimmig ist. Präsentieren und diskutieren Sie ihre Skizze.

→ 3.22 Tumorwachstum und Fehlregulation der Zellteilungskontrolle

3.18 Vererbung oder Einfluss der Umwelt – wie Forschung funktioniert

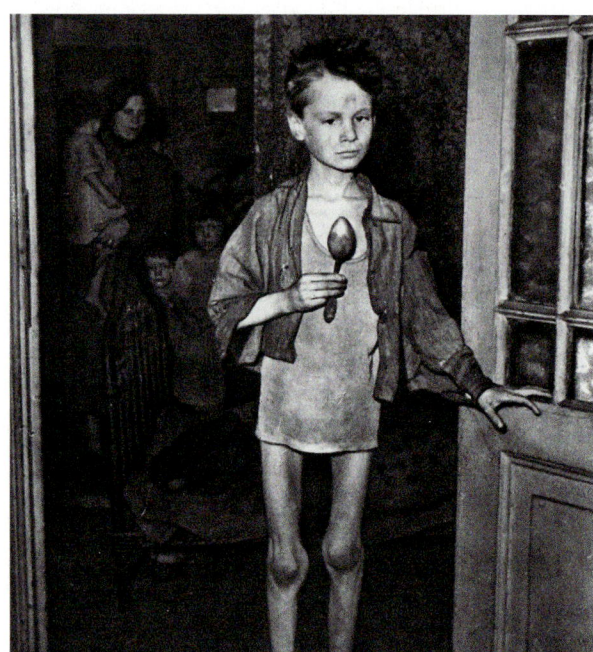

1 *Unterernährtes Kind im niederländischen Hungerwinter 1944/45*

Zur Unterstützung der Offensive der Alliierten im Zweiten Weltkrieg rief die niederländische Exilregierung zum Streik der niederländischen Eisenbahnen auf. Als Reaktion darauf verhinderten die deutschen Streitkräfte fast sechs Monate lang alle Nahrungslieferungen in den Westen der Niederlande. In der Folge kam es im Winter 1944/45 zu einer großen Hungersnot in den Niederlanden mit Tausenden Toten (Abb. 1). Mehr als 50 Jahre später verglichen Forscher die Geburtsdaten und die Krankengeschichten bis ins Erwachsenenalter von Kindern, die während des so genannten Hungerwinters gezeugt oder geboren worden waren, mit den Daten ihrer früher oder später geborenen Geschwister. Es zeigte sich, dass das niedrige Geburtsgewicht infolge der extremen Unterernährung der schwangeren Mütter zu einem erhöhten Risiko für Typ-II-Diabetes und Herz-Kreislauf-Erkrankungen im Erwachsenenalter führte. Offensichtlich ist die Information gespeichert worden, wie für den Rest des Lebens mit der Nahrung umzugehen ist. Molekularbiologische Untersuchungen ergaben als Ursache für diese umweltbedingte Programmierung von Erwachsenenerkrankungen epigenetische Veränderungen während einer kritischen Phase in der Embryonalentwicklung (Abb. 4a). Durch Fütterungsversuche mit Labortieren konnte die Veränderung von epigenetischen Markierungen durch Nahrung bestätigt werden: Gibt man beispielsweise Mäusen Futter mit einem erhöhten Anteil an Sojaprodukten, so wird die Expression des für die Fellfarbe verantwortlichen Gens verändert und es ändert sich die Fellfarbe der Maus. Insgesamt führt das An- und Abschalten von Genen zu vielfältigen Kombinationsmöglichkeiten in den Zellen. Auf diese Weise entsteht neben der Basensequenz der DNA eine zweite Informationsebene, das **Epigenom**.

Bei ihren Untersuchungen zum niederländischen Hungerwinter stießen die Forscher auf ein weiteres interessantes Phänomen: Auch die Enkel der während der Schwangerschaft unterernährten Frauen zeigen ein erhöhtes Risiko für bestimmte Erkrankungen. Dies deutet darauf hin, dass nicht nur Gene, sondern auch deren Schaltpläne, also ihre epigenetischen Markierungen, zumindest teilweise von Generation zu Generation weitergegeben werden. Dazu passen Ergebnisse von Laboruntersuchungen: Ein Labor-Stamm der Fruchtfliege *Drosophila melanogaster* hat weiße Augen. Werden die Eier kurzzeitig von den üblichen 25 °C auf 37 °C erhöht, haben die später schlüpfenden Fliegen rote Augen. Kreuzt man diese Fliegen wieder untereinander, so sind auch ohne weitere Wärmebehandlung in den folgenden Generationen einige Nachkommen rotäugig. Dieses Experiment belegt, dass die Wärmebehandlung die Expression des Genes dieses Fliegenstamms verändert und die so behandelten Individuen die Veränderung über mehrere Generationen an ihre Nachkommen weitergeben, obwohl die DNA-Sequenz des Gens, das für die Augenfarbe verantwortlich ist, bei weißäugigen Eltern und rotäugigen Nachkommen übereinstimmt. Unklar bleibt jedoch, wie beispielsweise die Methylierungsmuster an die Folgegeneration weitergegeben werden, wenn sie in der Zygote fast vollständig abgebaut werden (Abb. 4a). Hinzu kommt, dass das Enzym, das die Methylierung von Zell- zu Zellgeneration innerhalb der Mitosen weitergibt, die Erhaltungsmethyltransferase, nur mit einer Genauigkeit von etwa 95 Prozent arbeitet.

Insgesamt deuten die bisherigen Befunde darauf hin, dass sowohl die Vererbung als auch der Einfluss der Umwelt an der Ausformung des Phänotyps beteiligt sind. Die Frage „Gen *oder* Umwelt?" stellt sich also nicht.

1 Weg der Erkenntnisgewinnung. Erläutern Sie den Weg der Erkenntnisgewinnung in den Naturwissenschaften, indem Sie den einzelnen Aspekten in Abb. 2 die entsprechenden Sachverhalte aus dem Text zuordnen.

2 Agouti-Mäuse. Homozygote Mäuse mit dem Allel A^{vy} (viable yellow agouti) sind gelb, fettleibig und erkranken häufig an Diabetes und Krebs. Liegt das Allel nicht vor, bleibt das Fell dunkel und die Tiere sind normalwüchsig und nicht besonders krankheitsanfällig. Füttert man Avy-Weibchen zwei Wochen vor der Paarung und während der Schwangerschaft mit Nahrung, die die Methylierung der DNA fördert, so sind die Nachkommen mehrheitlich vom non-agouti-Typ (Abb. 3). Stellen Sie eine Hypothese auf, mit der sich die Beobachtungen in diesem Fütterungsexperiment erklären lassen.

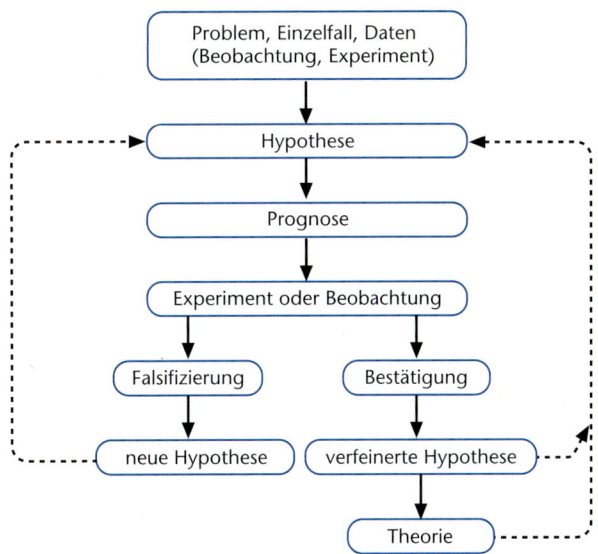

2 Erkenntnisgewinnung in den Naturwissenschaften

3 De novo- und Erhaltungsmethylierung.
a) Begründen Sie anhand von Abb. 4a und 4b, weshalb der Zeitraum der de novo-Methylierung eine kritische Phase im Verlauf der Embryonalentwicklung darstellt.
b) Die Erhaltungsmethylierung, also die mitotische Weitergabe des DNA-Methylierungsmusters von differenzierten Zellen, nennt man auch „Zellgedächtnis". Entwickeln Sie eine Hypothese zur biologischen Funktion des „Zellgedächtnisses".

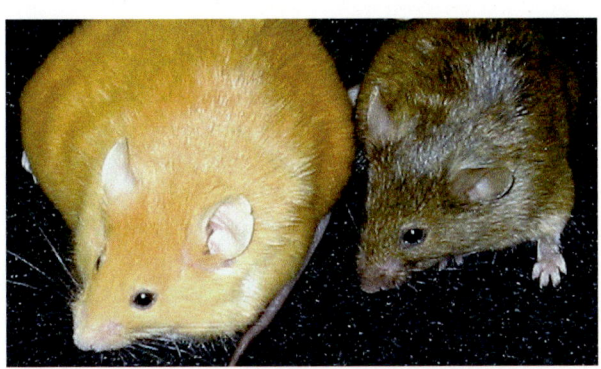

3 Helle Agouti-Maus mit dunklem Nachkommen

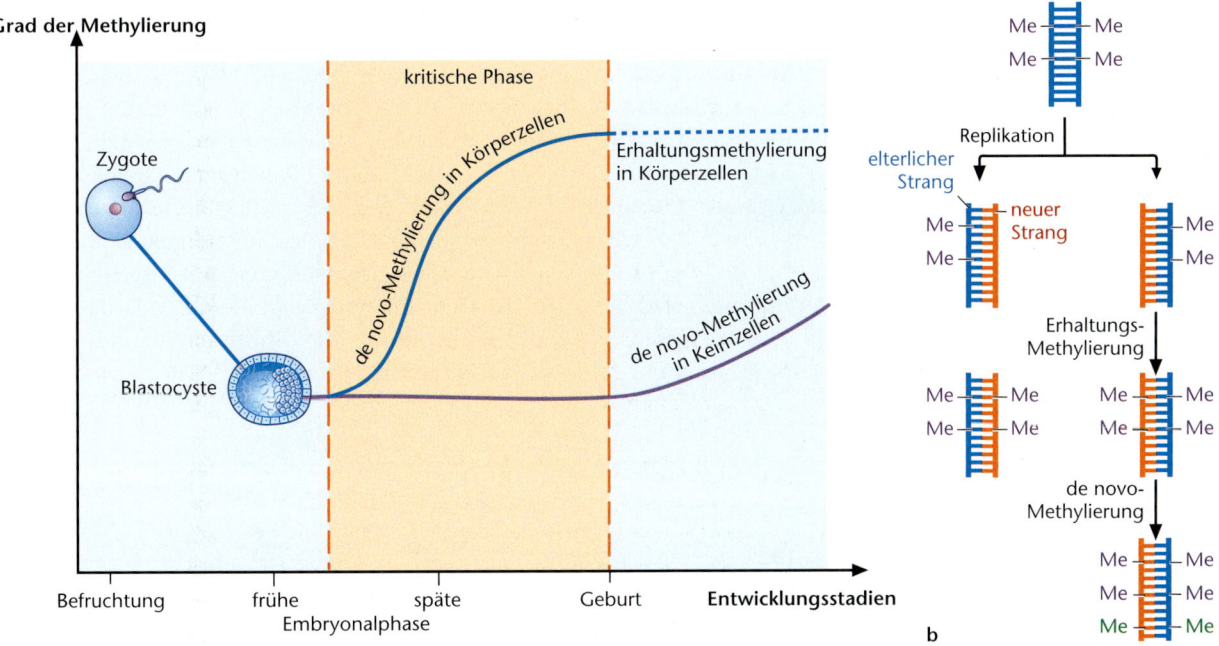

4 a) Kritische Phase für die Bildung neuer Methylierungen im Verlauf der Embryonalentwicklung, b) de novo- und Erhaltungsmethylierung

→ 2.7 Erbe und Umwelt - Zwillingsforschung

3.19 RNA-Interferenz

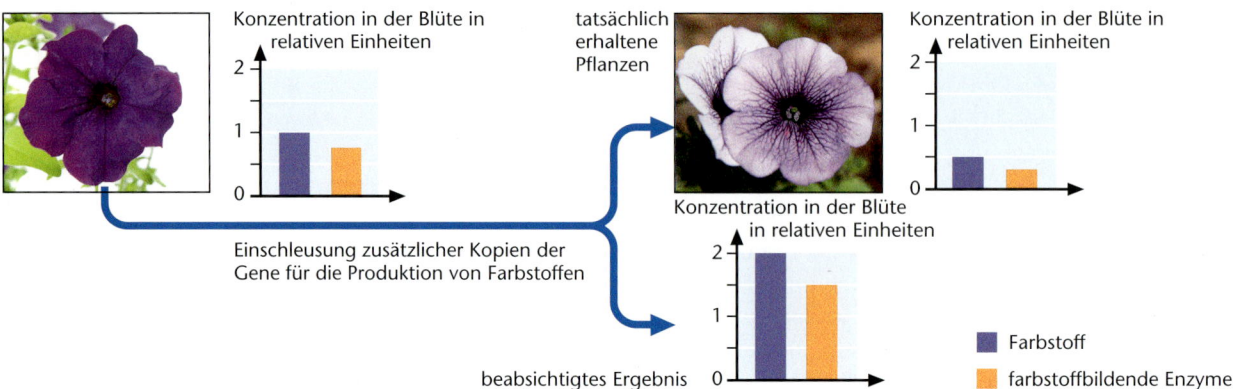

1 *Experiment zur Intensivierung der Blütenfarbe bei Petunien.*

Um die Blütenfarbe von Petunien zu verstärken, schleusen Forscher zusätzliche Kopien der Gene in Zellen der Pflanzen ein, die für die farbstoffbildenden Enzyme codieren. Pflanzen, die fremde Gene enthalten, werden **transgene Pflanzen** genannt. Die entstandenen transgenen Pflanzen zeigten jedoch zum Teil helle Bereiche der Blütenblätter oder waren insgesamt heller. Weitere Untersuchungen zeigten, dass sogar weniger farbstoffbildende Enzyme vorlagen, als in den ursprünglich eingesetzten Pflanzen (Abb. 1). Dieses Phänomen wurde **Cosuppression** genannt: Die Expression einer endogenen Erbinformation wird durch eine zusätzliche transgene Kopie unterdrückt.

Schon vorher war bekannt, dass die mRNA durch die Anlagerung einer komplementären mRNA (**antisense-RNA**) unterdrückt werden kann, da die resultierende doppelsträngige mRNA (dsRNA) nicht abgelesen werden kann. Gene können also noch nach erfolgter Transkription „stillgelegt" werden.

Der Mechanismus dieser **RNA-Interferenz** unterscheidet sich bei Pflanzen grundlegend von dem bei Tieren und Menschen (Abb. 2). Pflanzen bilden z. B. aufgrund entsprechender Gene RNA-abhängige RNA-Polymerase-Enzyme (RdRP), die mRNA-Stränge komplementär zu einer dsRNA ergänzen. Diese dsRNA wird anschließend durch ein Dicer-Enzym (engl. zerhacken) in kleine doppelsträngige Bruchstücke, sogenannte siRNA (small interferance RNA) zerlegt. Diese fungieren wiederum als Primer für weitere RdRP-Enzyme, indem sie komplementär an weitere mRNA-Stränge binden. Es entsteht eine positive Rückkopplung, die die Stilllegung des Gens aufrecht erhält.

Dem natürlichen Abbau der mRNA kommen verschiedene Bedeutungen zu. Einerseits kann fremde RNA, z. B. nach einer Virusinfektion, unschädlich gemacht werden, andererseits besteht die Möglichkeit zur Regulation der Genexpression, und damit zur Schonung von Ressourcen. Durch die zusätzlich eingebrachten Genkopien in die Petunien kam es zu einem RNA-Rückstau, der diesen Regulationsmechanismus ausgelöst hat. Für die Forschung ergibt sich die Möglichkeit, durch Einbringen von antisense-RNA gezielt einzelne Gene abzuschalten, um deren Bedeutung für die Entwicklung und den Stoffwechsel eines Lebewesens zu untersuchen.

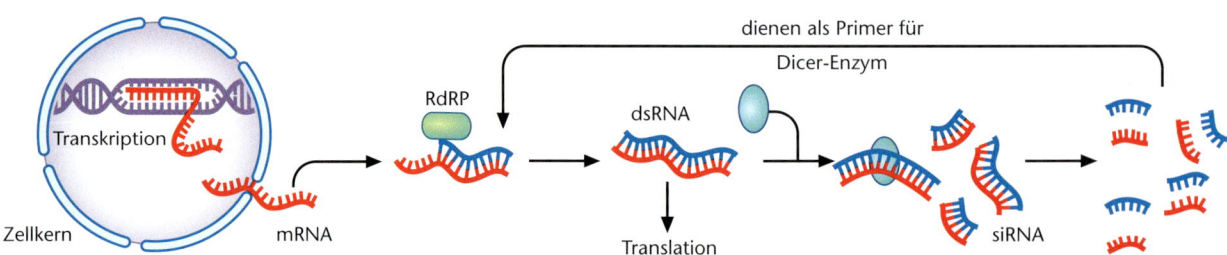

2 *Modell für den Mechanismus der RNA-Interferenz bei Pflanzen*

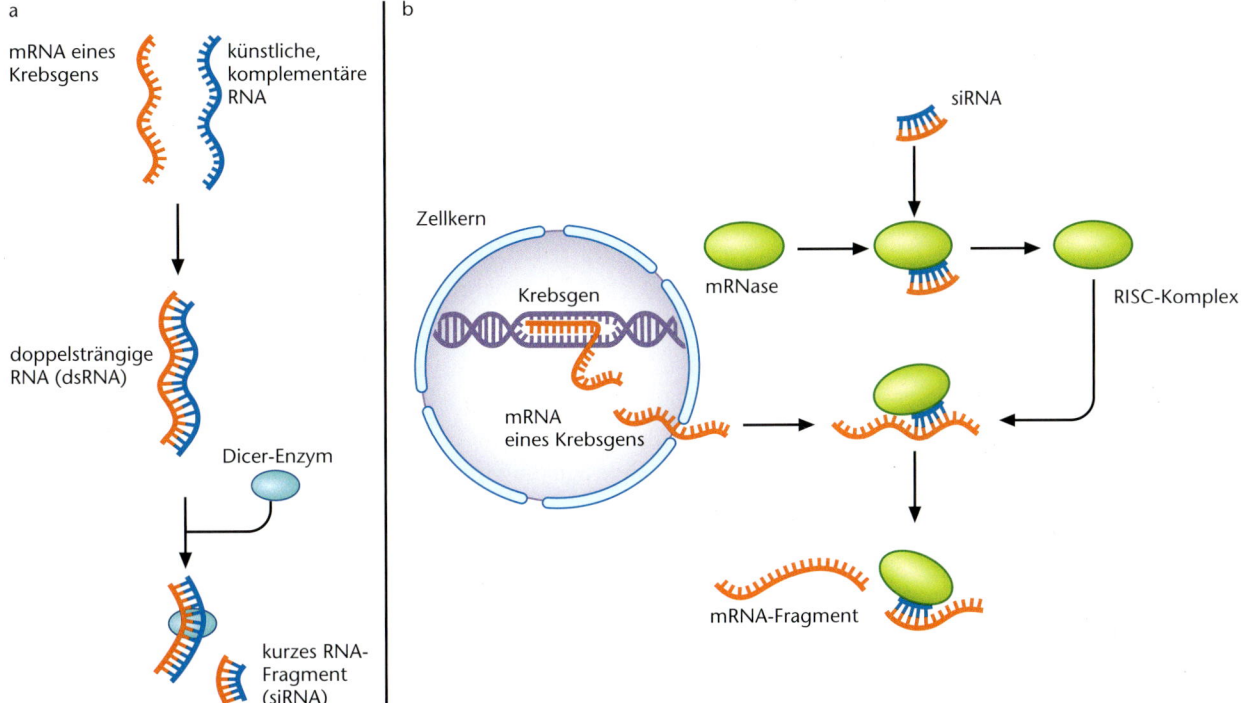

3 *a) Herstellung von siRNA für die RNA-Interferenz, b) RNA-Interferenz zur Krebsbehandlung eines Menschen*

1 RNA-Interferenz zur Behandlung bei Krebserkrankungen. Beim Mechanismus der RNA-Interferenz der Tiere und Menschen hat der RISC-Komplex (**R**NA-**i**nduzierter **s**ilencing **c**omplex) eine entscheidende Bedeutung. Es handelt sich dabei um einen Enzymkomplex, der dsRNA aufspalten kann. Überführt man nun siRNA in diesen Enzymkomplex, so wird dieser spezifisch für eine bestimmte mRNA.
Bestimmte mRNA-Sorten spielen bei der Vermehrung von Viren und bei der Entstehung von Krebs eine zentrale Rolle. Forscher versuchen auf Grundlage der RNA-Interferenz Medikamente zu entwickeln, die sich an diese mRNA binden und sie somit unwirksam machen (sogenannte Krebs- bzw. Viren-Hemmer).
a) Beschreiben Sie die RNA-Interferenz bei Tieren und Menschen (Abb. 3)
b) Vergleichen Sie den Mechanismus der RNA-Interferenz bei Tieren mit dem von Pflanzen (Abb. 2, 3).
c) Erläutern Sie die Wirkungsweise eines Krebs-Hemmers.
d) Stellen Sie begründete Hypothesen auf, warum nicht zwingend eine Heilung bei einer Behandlung mit Krebs-Hemmern erfolgen muss.

2 Ausschalten von Genen. Um die Bedeutung von Genen zu untersuchen, wird ihre Expression durch Versuche unterbunden. Dazu wird zunächst eine zum entsprechenden Gen komplementäre DNA-Sequenz hergestellt. Diese „antisense-DNA" wird in der Nähe des zu untersuchenden Gens in den DNA-Strang eingefügt, so dass sie ebenfalls transkribiert wird. Die erzeugte mRNA hat aufgrund der zusätzlichen Sequenz die Fähigkeit zur Selbstkomplementierung (Abb. 4).
a) Erklären Sie die Fähigkeit zur Selbstkomplementierung der gebildeten mRNA.
b) Erläutern Sie, wie es zur RNA-Interferenz durch Einschleusen einer antisense-Sequenz in den originären DNA-Strang kommt.

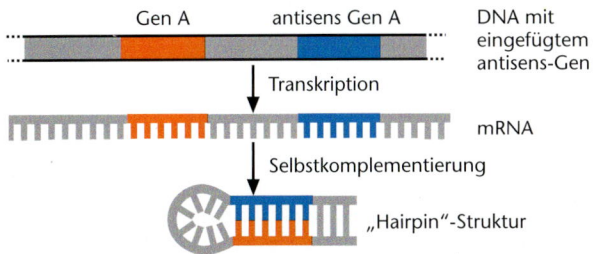

4 *Bildung von „Hairpin"-Strukturen in der mRA*

→ 3.22 Tumorwachstum und Fehlregulation der Zellteilungskontrolle

3.20 Differenzielle Genaktivität und Vielfalt der Zellen

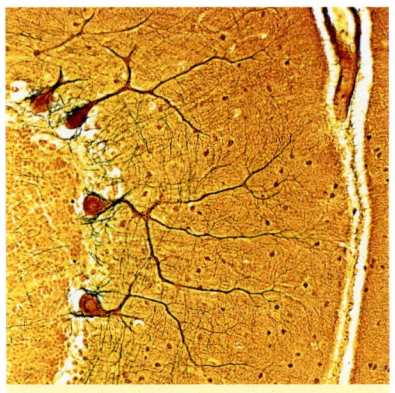
Nervenzellen sind auf die Informationsweiterleitung spezialisiert.

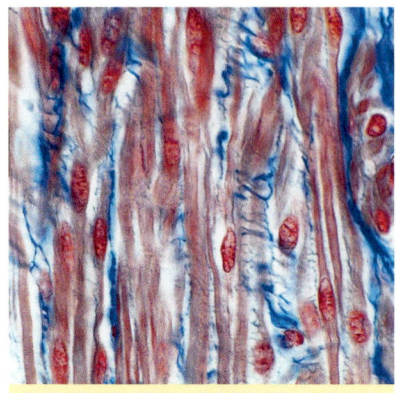
Muskelzellen sind auf Kontraktionen spezialisiert.

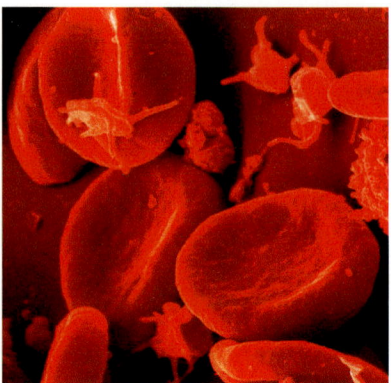
Rote Blutzellen sind auf den Transport von Sauerstoff spezialisiert.

1 *Zellen eines vielzelligen Organismus sind auf eine bestimmte Funktion spezialisiert*

In einem vielzelligen Organismus findet man verschieden spezialisierte Zellen, die jeweils eine ganz bestimmte Funktion haben, sodass eine Arbeitsteilung stattfindet (Abb. 1). Die Entwicklung von unspezialisierten zu spezialisierten Zellen wird **Zelldifferenzierung** genannt (lat. *differe,* sich unterscheiden). Zelldifferenzierung findet während der Individualentwicklung von Vielzellern statt. Die Zellkerne aller Körperzellen lassen sich durch eine Kette von erbgleichen Teilungen, den Mitosen, auf den Zellkern der befruchteten Eizelle, der Zygote, zurückführen. Alle Zellen eines Vielzellers besitzen dadurch gleiche Erbinformationen, auch wenn sie unterschiedliche Funktionen haben.

Auf molekularer Ebene äußert sich Zelldifferenzierung darin, dass neben den Genen für grundlegende Lebensvorgänge nur solche Gene aktiv werden, die für die spezielle Funktion, zum Beispiel die einer Nervenzelle, notwendig sind. Verschieden differenzierte Zellen, z. B. eine Nervenzelle und eine weiße Blutzelle, zeigen also Unterschiede in der Aktivität ihrer Gene. Man spricht von **differenzieller Genaktivität.** Sie äußert sich in Unterschieden in den gebildeten Proteinen, den Produkten der Genexpression (Abb. 2). Welchen Weg der Differenzierung eine undifferenzierte Zelle einschlägt, wird durch Hormone beeinflusst sowie durch Wachstumsfaktoren und andere Signalstoffe benachbarter Zellen. Intrazellulär beeinflussen **Transkriptionsfaktoren** maßgeblich die Aktivität von Genen.

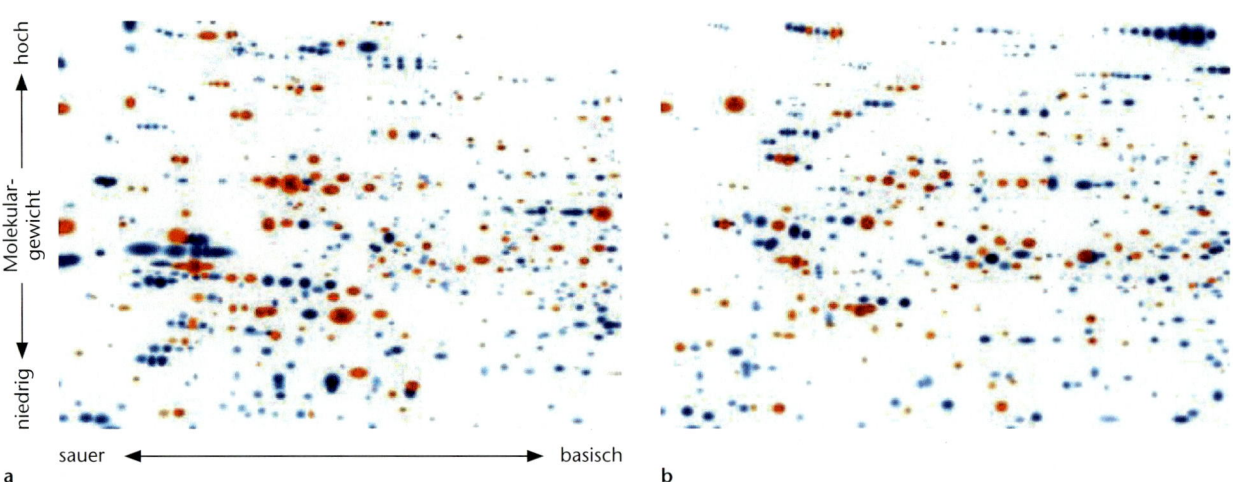

2 *Unterschiede in den Proteinen von a) Hirngewebe und b) Lebergewebe des Menschen.* Die Proteine wurden durch Gelelektrophorese aufgetrennt. Rote Punkte: in Hirngewebe und Leber vorkommende Proteine; blaue Punkte: nur in einer der beiden Proben vorkommende Proteine.

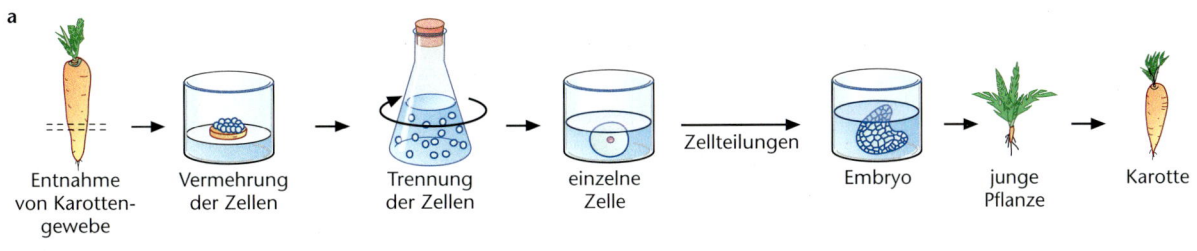
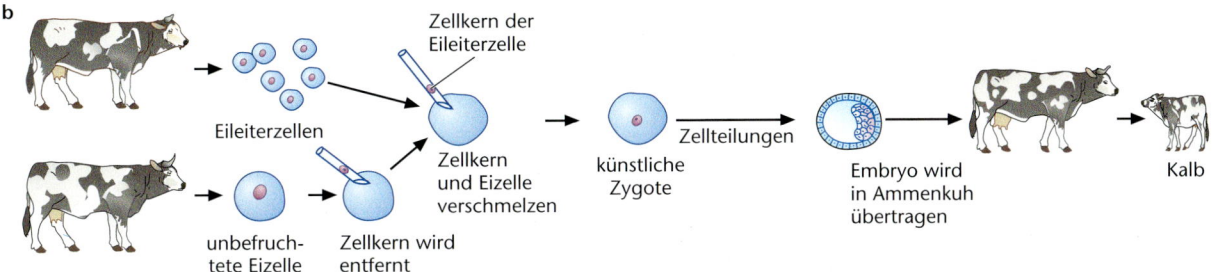

3 *Versuche mit spezialisierten Zellen a) Karottenzelle, b) Eileiterzelle einer Kuh*

1 Differenzielle Genaktivität. Informieren Sie sich in diesem Buch über die Arbeitstechnik der Gelelektrophorese. Werten Sie Abb. 2 in Hinblick auf differenzielle Genaktivität aus.

2 Versuche mit spezialisierten Zellen. Beschreiben Sie den Ablauf der beiden Versuche in Abb. 3. Vergleichen Sie die beiden Versuche hinsichtlich genetischer Eigenschaften der benutzten spezialisierten Karottenzelle und der Eileiterzelle einer Kuh.

3 Modell zur Zelldifferenzierung durch differenzielle Genaktivität.
a) Erläutern Sie das Modell in Abb. 4
b) Beschreiben Sie das Ergebnis der Modelldarstellung in Abb. 4.
c) Skizzieren Sie mit Farbstiften eine weitere Generation von Zellen mit den aktivierten Genen ⑥ und ⑦.
d) Erläutern Sie, inwiefern dieses Modell den Vorgang der Zelldifferenzierung durch differenzielle Genaktivität abbildet.

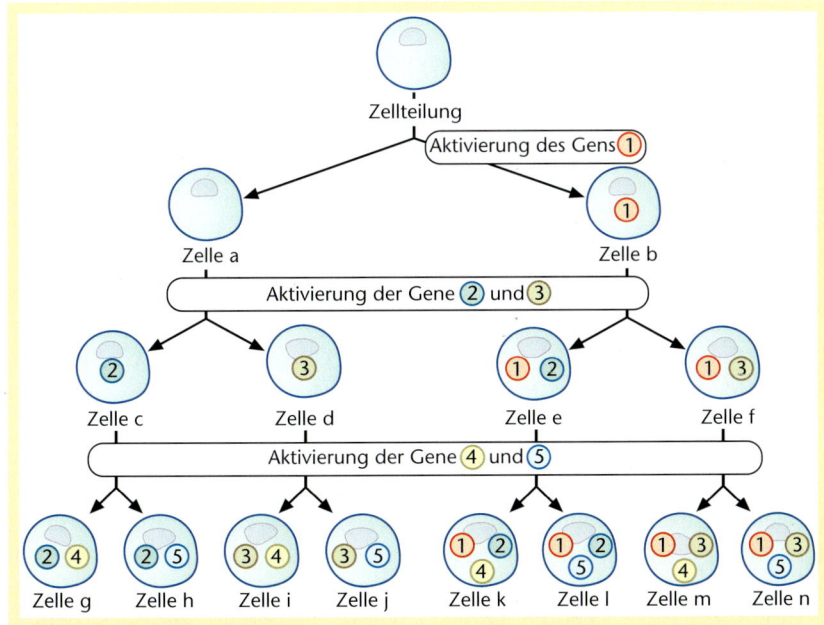

In diesem stark vereinfachten Modell werden die aktivierten Gene durch nummerierte farbige Kreise symbolisiert. Es gelten folgende Regeln:
1. Nach der ersten Zellteilung werden bei jeder weiteren Zellteilung zwei Gene (②–⑤) aktiviert, die für verschiedene Proteine codieren.
2. Gene mit ungerader Zahl sind in der jeweils rechten Tochterzelle aktiviert, Gene mit gerader Zahl in der linken Tochterzelle.

4 *Modell zur Zelldifferenzierung*

→ 3.23 Biologische Arbeitstechnik: DNA-Chip-Technologie

3.21 Kontrolle des Zellzyklus

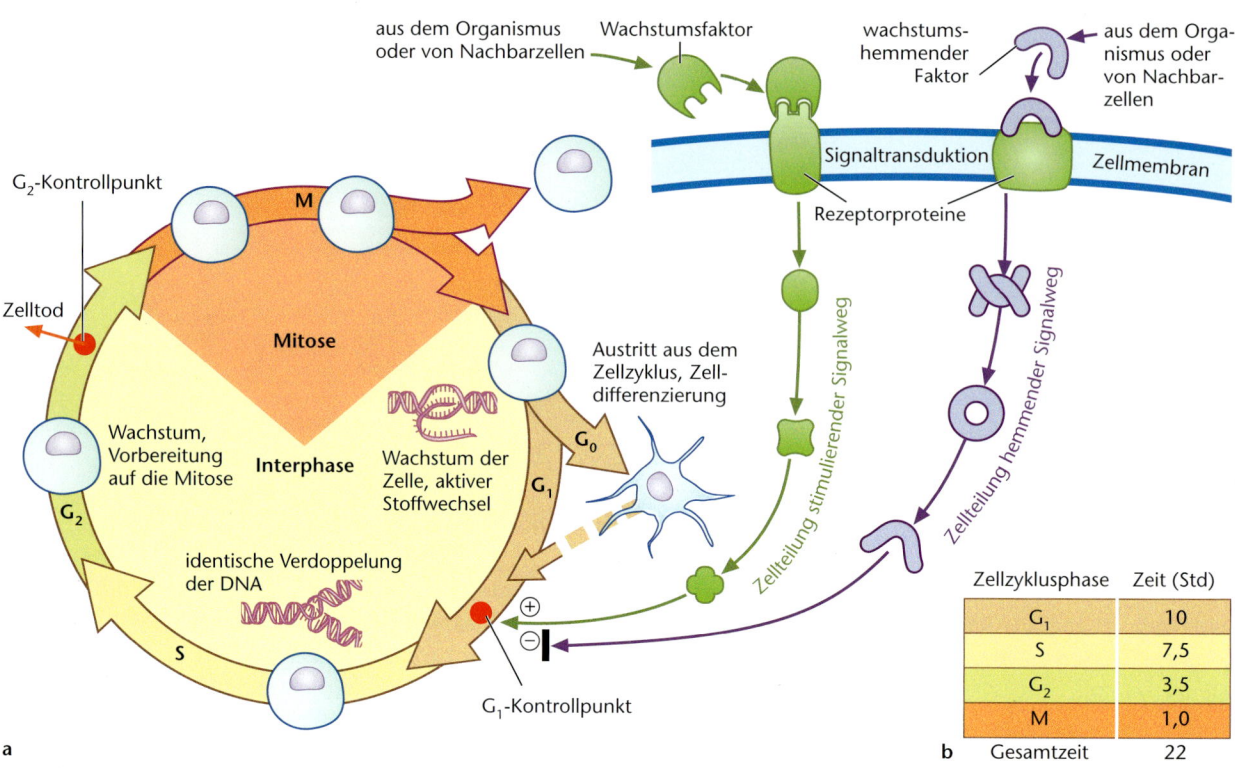

1 *a) Phasen des Zellzyklus und die Regulation durch äußere Wachstumsfaktoren, b) Dauer der Phasen des Zellzyklus bei Zellkulturen*

Im System eines Vielzellers ist Zellteilung ein grundlegender Vorgang, der geregelt und gesteuert wird. Man spricht von **kontrollierter Zellteilung.** Unkontrollierte Zellteilungen können z. B. das Wachstum von bösartigen Tumoren wie Hautkrebs zur Folge haben.

Der Zellzyklus wird in die **Interphase** und die **Mitose** eingeteilt (Abb. 1a). Die Interphase, die Zeit zwischen zwei Zellteilungen, wird in drei Phasen untergliedert, von denen die G_1-Phase in der Regel die längste ist (Abb. 1b). In dieser Phase wächst die Zelle heran, bildet neue Zellorganellen und betreibt einen intensiven Stoffwechsel. Danach folgt die S-Phase, in der die DNA identisch verdoppelt wird. In der G_2-Phase erfolgt die Vorbereitung der Zelle auf die folgende Mitose, deren Ergebnis zwei genetisch identische Tochterzellen sind. Manche Zellen, wie z. B. Nervenzellen, treten aus dem Zellzyklus aus, differenzieren sich und teilen sich nicht mehr oder nur unter ganz besonderen Bedingungen (G_0-Zustand, Abb. 1a). An der Zellteilung und an der Regulation der Zellteilung sind viele verschiedene Proteine beteiligt, die ihrerseits genetisch codiert sind.

Im Laufe eines Zellzyklus gibt es mehrere Zeitpunkte, an denen die Zelle Kontrollen durchlaufen muss. Allen **Kontrollpunkten** ist gemeinsam, dass bestimmte Proteine als molekulare Schalter wirken, die den Zellzyklus anhalten oder seine Fortsetzung einleiten. Der wichtigste Kontrollpunkt liegt am Übergang von der G_1- in die S-Phase. **Wachstumsfaktoren** aus Nachbarzellen und dem Organismus stimulieren über **Signaltransduktion** und intrazelluläre Signalwege den Start der S-Phase (Abb. 1a). Außerdem fließen Informationen über die Größe der Zelle und die Schäden der DNA in die Kontrollen ein. Sind die Bedingungen günstig, wird die S-Phase und die Verdopplung der DNA eingeleitet. Nach Durchlaufen des G_1-Kontrollpunktes erfolgen die weiteren Schritte des Zellzyklus unabhängig von äußeren Wachstumsfaktoren. Am G_2-Kontrollpunkt wird die DNA abermals auf Schäden geprüft. Sind sie sehr umfangreich und können sie nicht mehr durch das zelleigene **DNA-Reparatursystem** behoben werden, kann die Zelle über eine Kette vorprogrammierter enzymatischer Reaktionen absterben. Diesen Vorgang nennt man programmierten Zelltod oder **Apoptose.**

Die Oberhaut des Menschen bildet seine äußere Schutzhülle. Sie ist ca. 0,1 mm dick und besteht hauptsächlich aus Keratinocyten. Wenn diese Zellen sich differenzieren und schließlich verhornen (keratinisieren), geht aus ihnen die widerstandsfähige Hornschicht hervor. Ausgehend von Stammzellen werden Keratinocyten durch Zellzyklen beständig erneuert. Stammzellen sind Körperzellen, aus denen spezialisierte Zellen hervorgehen können. Es dauert etwa 30 Tage von der Entstehung der Keratinocyten aus einer Stammzelle bis zum Abschilfern der toten Hornzellen in Form von Hautschuppen. Im Laufe eines Menschenlebens erneuert sich die Oberhaut etwa 1000-mal.

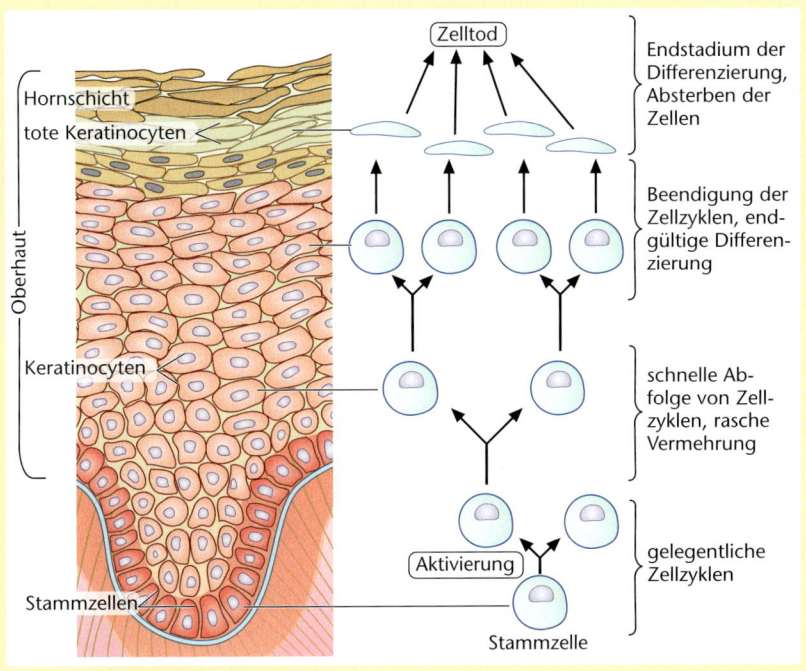

2 *Stammzellen und Zellzyklen in der Oberhaut des Menschen*

1 Stammzellen und Zellzyklus in der Oberhaut. Beschreiben Sie unter Bezug auf den Text und die Abb. 1, 2 die Zellzyklen bei Keratinocyten von der Entstehung aus Stammzellen bis zu ihrem Absterben.

2 Versuch zum Zellzyklus von Zellen in Kultur. Entwickeln Sie unter Bezug auf Abb. 1 Hypothesen über Ursachen des Versuchsergebnisses in Abb. 3.

3 Biologische Bedeutung der Prüfung auf DNA-Schäden an den Kontrollpunkten. Erläutern Sie die biologische Bedeutung der Prüfung auf DNA-Schäden an den Kontrollpunkten des Zellzyklus (Abb. 1).

4 Recherche: Rinderrasse, Zellzyklus und Gendoping. Die äußerst muskulöse Rinderrasse der „Weißblauen Belgier" (Abb. 4) hat eine Mutation in dem Gen, dessen Produkt, das Protein Myostatin, den Zellzyklus von Skelettmuskelzellen hemmt. Fehlfunktionen des Myostatins können auch beim Menschen zu überschießendem Wachstum der Skelettmuskulatur führen. Recherchieren Sie für einen Kurzvortrag, ob Myostatin ein Mittel für Gendoping sein könnte. Erläutern Sie in diesem Zusammenhang auch, was man unter Gendoping versteht.

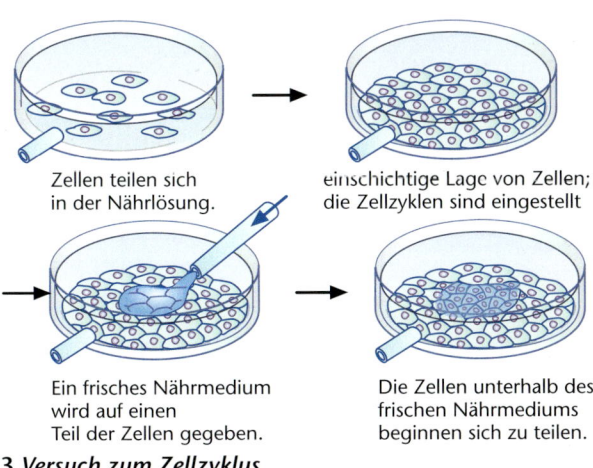

3 *Versuch zum Zellzyklus*

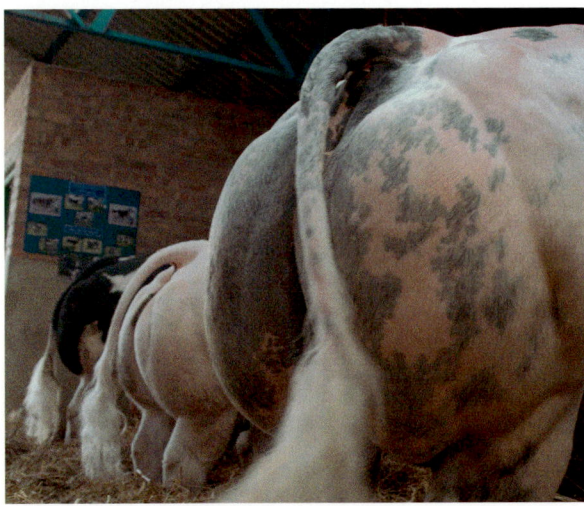

4 *Rinderrasse „Weißblaue Belgier"*

→ 3.3 Identische Verdopplung der DNA (Replikation) und Zelldifferenzierung

3.22 Tumorwachstum durch Fehlregulation der Zellteilungskontrolle

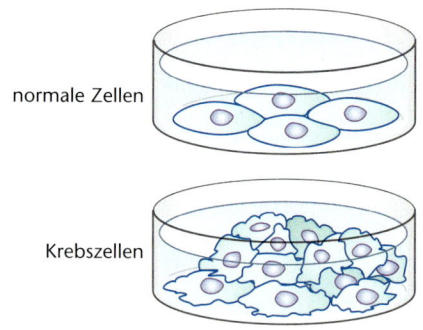

1 *In einer Kulturschale mit Nährlösung stellen normale Zellen ihre Zellteilungen ein, wenn sie am Boden des Gefäßes eine einschichtige Lage aus Zellen gebildet haben. Krebszellen wie die HeLa-Zellen teilen sich weiter und wachsen dabei übereinander hinweg.*

Krebszellen zeigen eine Reihe typischer Eigenschaften. Sie teilen sich unkontrolliert und missachten extra- und intrazelluläre Signale der Zellteilungskontrolle. Krebszellen altern nicht, sind unreif und wenig oder gar nicht differenziert. Krebszellen stellen bei Kontakt zu Nachbarzellen ihre Teilungen und Wanderungsbewegungen nicht ein (Abb. 1b). Sie dringen in Nachbargewebe vor und können es zerstören. Viele Tumore können schnell wachsen, weil sie durch Botenstoffe Blutkapillaren dazu anregen, in den Tumor hineinzuwachsen und ihn zu versorgen. Die Beweglichkeit von Krebszellen ist ungehemmt und feste Kontakte zu Nachbarzellen fehlen. Dadurch haben sie die Fähigkeit, Tochtertumore (Metastasen) im Körper zu bilden. Metastasen sind oft das medizinische Hauptproblem bei der Behandlung bösartiger Tumore.

Man bezeichnet diejenigen normalen Gene, die in jeder kernhaltigen Zelle vorkommen und die für Proteine codieren, die die normalen Zellteilungen kontrollieren und steuern, als **Proto-Onkogene** (wörtlich: „Vorläufer von Krebs-Genen"). Durch Mutationen können aus Proto-Onkogenen Onkogene („Krebs-Gene") werden, die unter bestimmten Umständen unkontrollierte Zellteilungen fördern. **Tumor-Suppressorgene** (Suppression: Unterdrückung) sind normale Gene, die für Proteine codieren, die den Zellzyklus und Zellteilungen hemmen. Durch Mutationen können sie diese Funktion verlieren und dadurch zu unkontrollierten Zellteilungen beitragen.

In der Krebsforschung stehen auf molekularer und zellulärer Ebene Proto-Onkogene und Tumorsupressorgene im Mittelpunkt. Sie codieren für Proteine, die in normalen Zellen an der Zellteilung beteiligt sind sowie mit den stimulierenden oder hemmenden Signalwegen bei der Kontrolle des Zellzyklus zu tun haben (Abb. 2). Durch Mutationen können diese Gene zu Krebsgenen umgewandelt werden und dann fehlerhafte oder funktionslose Proteine codieren. Wenn sich solche Mutationen anhäufen, kann eine Krebszelle entstehen.

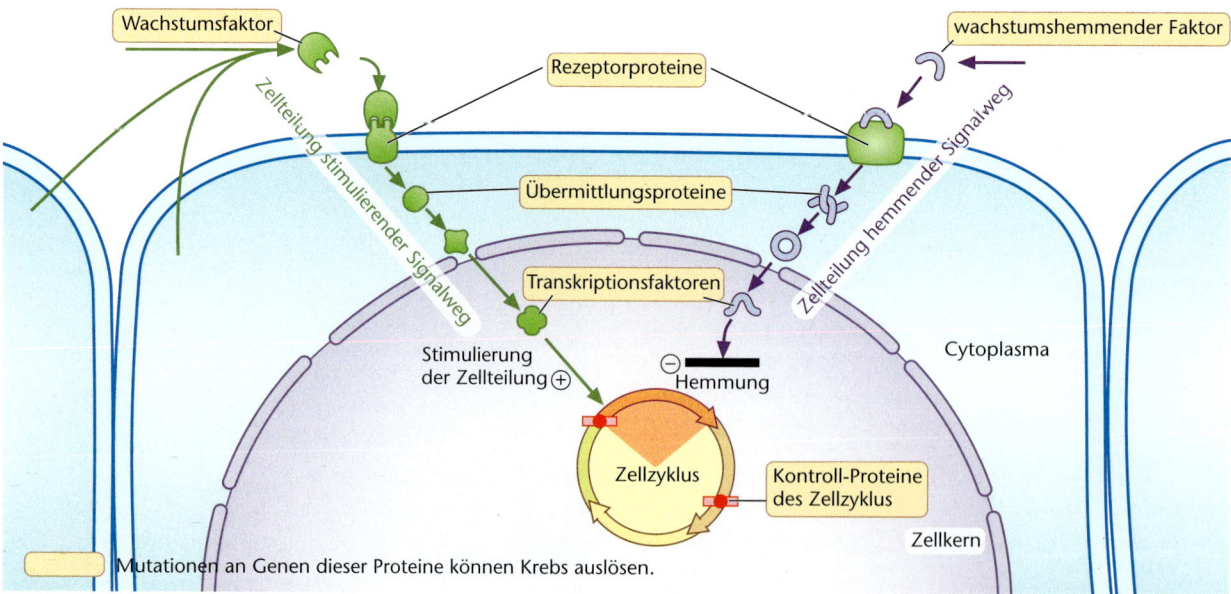

2 *Grundlegend notwendige Gene für die Zellteilung und deren Kontrolle können, wenn sie mutieren, Krebs auslösen.*

1 Transformation zur Krebszelle durch fehlerhafte Zellteilungskontrolle.
a) Erläutern Sie Abb. 2.
b) Ermitteln Sie unter Bezug auf Abbildung 2 mögliche Folgen, wenn bedingt durch Mutation(en) …
1. der Rezeptor für den Wachstumsfaktor dauerhaft die intrazelluläre Signalkette aktiviert, ohne dass der Wachstumsfaktor an ihn bindet;
2. der Rezeptor für den wachstumshemmenden Faktor defekt ist und die zugehörige intrazelluläre Signalkette nicht aktivieren kann;
3. eines der intrazellulären Übermittlungsproteine des hemmenden (des stimulierenden) Signalweges übermäßig gebildet wird;
4. Proteine an den Kontrollstellen des Zellzyklus ausfallen.

2 Melanome bei Zahnkarpfen. Verschiedene Kreuzungen des Spiegelkärpflings *(Xiphophorus maculatus)* und Schwertträgers *(Xiphophorus helleri)* ergeben Nachkommen mit unterschiedlicher Fleckung, zum Teil auch Nachkommen mit Melanomen, d. h. Tumoren der melaninbildenden Zellen. Die Abb. 3a zeigt *X. maculatus* mit seinen vier Chromosomenpaaren I, II, III und IV und Abb. 3b zeigt *X. helleri* mit den Chromosomenpaaren 1 bis 4. Werten Sie Abb. 3 in Hinblick auf Ursachen für die Entstehung von Melanomen bei e und g aus.

3 Der Ames-Test: Bakterien entlarven Krebs auslösende Substanzen. Beim Ames-Test arbeitet man mit einem Bakterienstamm von *Salmonella typimurium,* der die Fähigkeit verloren hat, die Aminosäure Histidin selbst herzustellen. Auf einem Nährboden ohne Histidin können diese Bakterien nicht wachsen. Bringt man solche Bakterien auf einen Nährboden ohne Histidin, treten dennoch einige Kolonien auf (Abb. 4a). Durch spontane Mutationen haben einige Bakterien die Fähig-

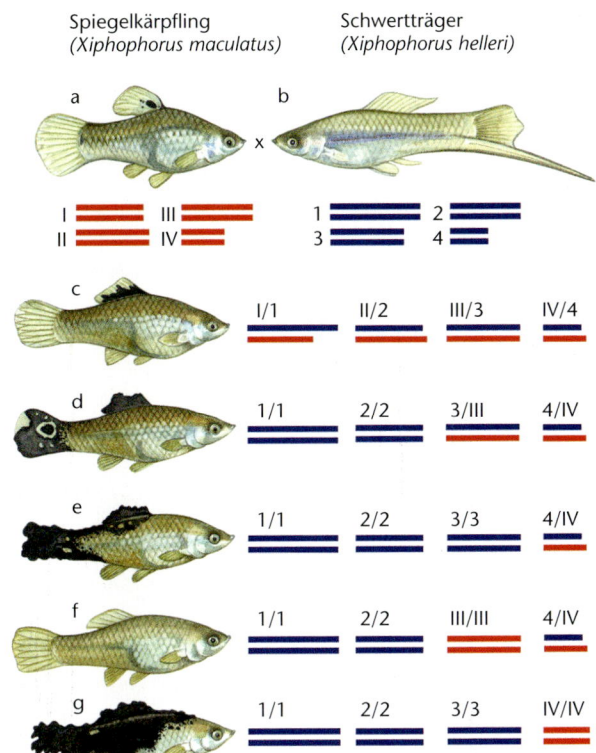

3 Melanome beim Zahnkarpfen

keit zur Histidin-Synthese zurückgewonnen (Rück-Mutationen). Indem man dem Nährboden andere Substanzen zusetzt, kann man prüfen, ob diese mutagen wirken. Im Fall b der Abb. 4 wurden dem Nährboden 250 Nanogramm, im Fall c 750 Nanogramm Nitrosoguanidin zugefügt.
Erläutern Sie Aussagen zur Mutagenität von Nitrosoguanidin anhand der Ergebnisse von b und c. Recherchieren Sie arbeitsteilig im Zusammenhang mit Tumor-Suppressorgenen zu folgenden Begriffen: Apoptose, Retinoblastom, p53-Protein.

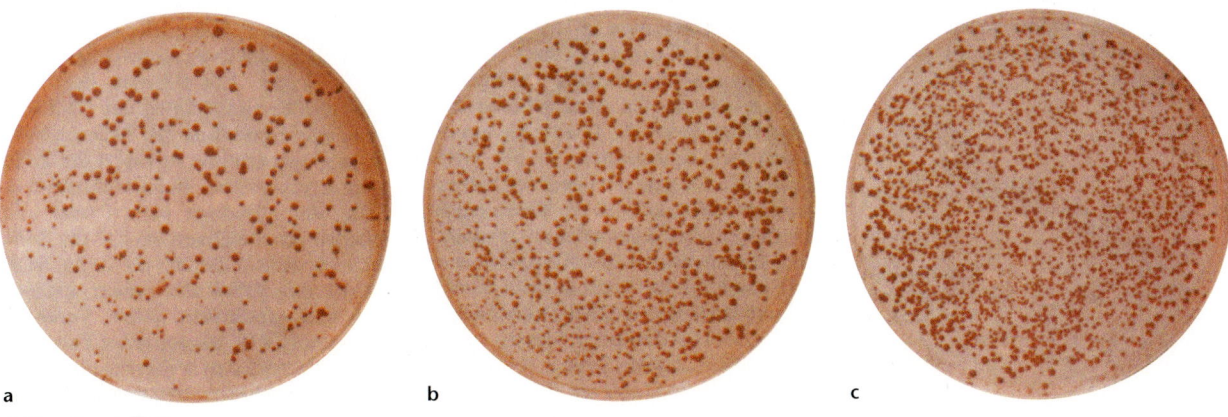

4 Der Ames-Test

3.23 Biologische Arbeitstechnik: DNA-Chip-Technologie

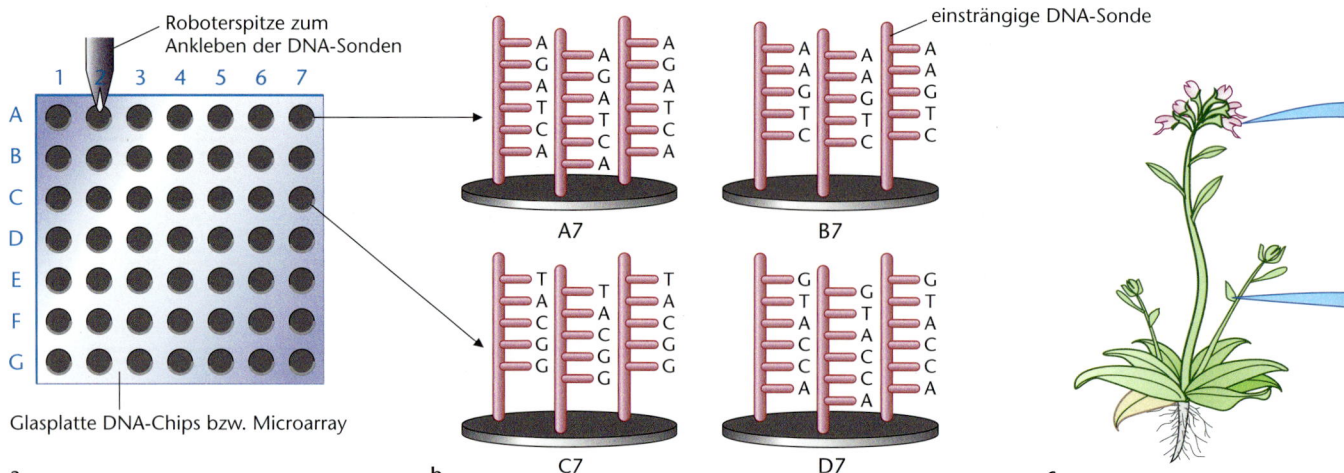

a — Glasplatte DNA-Chips bzw. Microarray

b

c

1 a: *Microarrays werden auf kleinen Glasplatten hergestellt. Die Platte ist in mehrere zehntausend Felder (engl. array, Kästchen) unterteilt, jedes nicht einmal halb so breit wie ein menschliches Haar. Hier ist zum besseren Verständnis nur ein DNA-Chip mit 7 x 7 = 49 Feldern (A1 bis G7) dargestellt. Mithilfe eines Roboters werden in jedes Feld Kopien von kurzen einzelsträngigen DNA-Bruchstücken, DNA-Sonden, aus dem Genom der Pflanze an das Glas geklebt.*

1 b: *In jedem einzelnen Feld ist die Basensequenz dieser DNA-Sonden einheitlich, von Feld zu Feld jedoch verschieden. Die DNA-Sonden eines jeden Feldes repräsentieren einen bestimmten DNA-Abschnitt aus dem Genom der Pflanze. Die Basensequenz der DNA-Sonden eines jeden Feldes und die Position des Feldes auf dem DNA-Chip sind in einem Computer gespeichert.*

In der Biologie und Medizin sind Vergleiche auf molekularer und zellulärer Ebene interessant. Wichtige Fragen sind dabei z. B.: Wie verändert sich die Genexpression von einem Entwicklungsstadium zum anderen? Wodurch unterscheidet sich ein bösartiger Tumor von normalem Gewebe? In diesem Zusammenhang spielt die Technik der **DNA-Chips (DNA-Microarrays)** eine wichtige Rolle. Sie basiert auf dem **Schlüssel-Schloss-Prinzip** der komplementären Basenpaarung (Adenin-Thymin, Cytosin Guanin). Treffen zwei komplementäre DNA-Einzelstränge aufeinander, können sie aufgrund der Basenpaarung durch Wasserstoffbrückenbindungen einen Doppelstrang, eine DNA-Doppelhelix, bilden. Die DNA-Chip-Technik gehört zu den **Hochdurchsatz-Sequenzierungen**, bei denen in kurzer Zeit große Mengen genetischer Information anfallen.

In Abb. 1 ist das Prinzip der DNA-Chip-Technik am Beispiel der Acker-Schmalwand, einem kleinen einjährigen Kraut, dargestellt. Untersucht wurde, ob sich Blüten- und Laubblätter in der Genexpression unterscheiden.

Die Anwendungsgebiete von DNA-Chips sind sehr vielfältig. Dazu gehören unter anderem:
– die Analyse der Genaktivität im Verlauf von Entwicklungsprozessen und dem Altern,
– die Untersuchung der Auswirkungen von Umwelteinflüssen auf die Genaktivität,
– die Erforschung von erblichen und erblich mitbedingten Krankheiten,
– die Analyse der Unterschiede in der Genexpression von gesundem und erkranktem Gewebe,
– die Analyse der Wirkungen von Medikamenten auf die Genexpression.

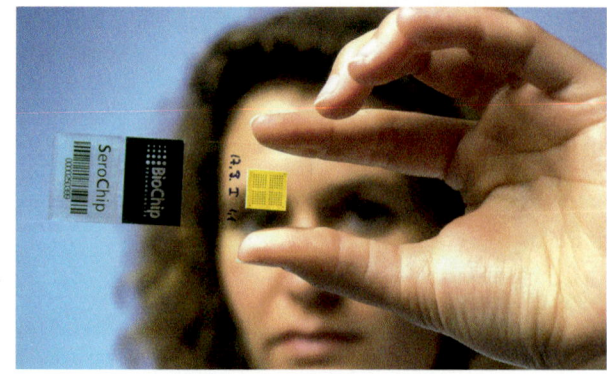

2 *DNA-Chip mit vier Microarrays*

→ 3.2 Bau der DNA → 3.13 Gene können an- und abgeschaltet werden

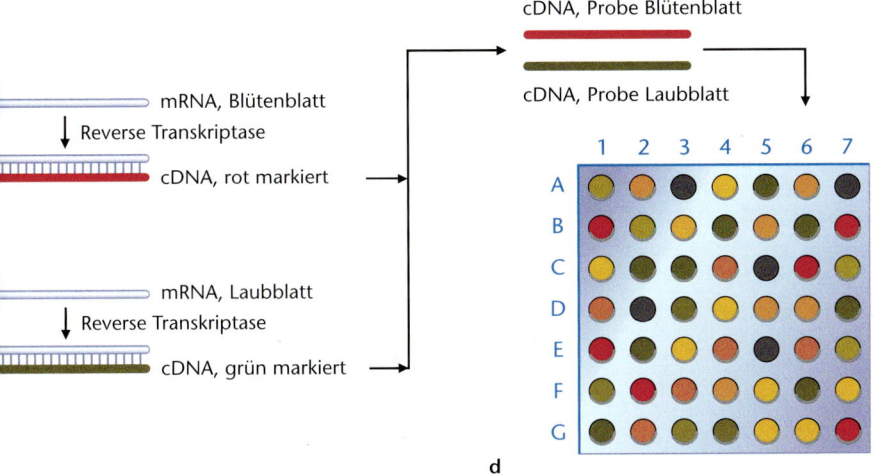
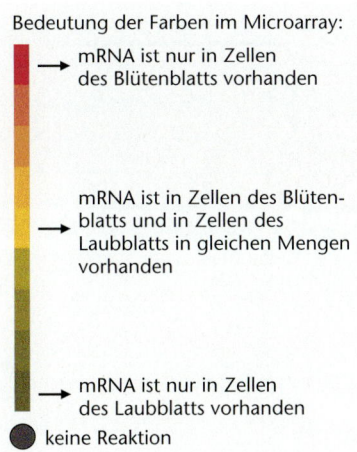

1 c: Aus Blütenblättern und aus Laubblättern der Pflanze wird mRNA gewonnen; mRNA-Moleküle repräsentieren aktive Gene. Die mRNA-Moleküle sind instabil. Mithilfe des Enzyms **Reverse Transkriptase** werden die mRNA-Moleküle in stabile einzelsträngige komplementäre, sogenannte **cDNA**-Moleküle umgeschrieben. Die cDNA aus Laubblättern und Blütenblättern wird getrennt mit verschiedenen **Fluoreszenzfarbstoffen** markiert. Häufig werden solche Farbstoffe benutzt, die durch grünes Licht (hier für cDNA aus dem Laubblatt) oder durch rotes Licht (hier für cDNA aus dem Blütenblatt) angeregt werden.

1 d: Die Proben werden zu gleichen Teilen gemischt und auf das Microarray gegeben. Bei der **Hybridisierungsreaktion** (lat. hybrida, Mischling) „fischt" eine DNA-Sonde eine cDNA der Probe mit komplementärer Basensequenz heraus und bildet einen Doppelstrang. Aufgrund seiner Fluoreszenz-Markierung wird dieser Doppelstrang mit einem Laserlicht-Scanner erkannt und am Computerbildschirm als farbiger Kreis wiedergegeben. Die Färbung eines Kreises hängt davon ab, wieviele DNA-Doppelstränge sich in dem Array gebildet haben und in welchem Verhältnis dabei rot und grün markierte cDNA beteiligt sind.

1 Komplementäre Basenpaarung. Nehmen Sie an, die folgende Basensequenz sei Teil der DNA-Sonde im Feld A1 des Microarrays (Abb. 1):
5' …AGTCCCTTGGCTC …3'.
Nennen Sie die Basensequenz der entsprechenden mRNA und der komplementären cDNA.

2 Auswertung eines DNA-Chips.
a) Begründen Sie unter Bezug auf das DNA-Chip-Verfahren die in Abb. 1d angegebene Interpretation eines grünen, roten und gelben Fleckes. Deuten Sie die verschiedenen intensiv gefärbten Flecke mit Mischfarben zwischen gelb und grün bzw. gelb und rot. Erläutern Sie, welche Aussage(n) ein graues Feld in Abb. 1d zulässt.

b) Werten Sie das Ergebnis (1d) mit Bezug zur Hypothese: „Blüten- und Laubblätter unterscheiden sich in der Genexpression" aus.

3 Hautkrebs und DNA-Chip-Technik. Erläutern Sie, welche Fragestellungen mit einem DNA-Chip in Hinblick auf das maligne Melanom beantwortet werden können (Abb. 3). Beschreiben Sie in den Grundzügen die Vorgehensweise.

Aus dem Prospekt einer Firma, die DNA-Chips herstellt:
DNA microarrays are the ideal tools for studying gene expression. Our Human Microarray is designed to profile gene expression of a panel of 113 genes. Through a simple hybridization experiment you can determine differential gene expression between your samples.

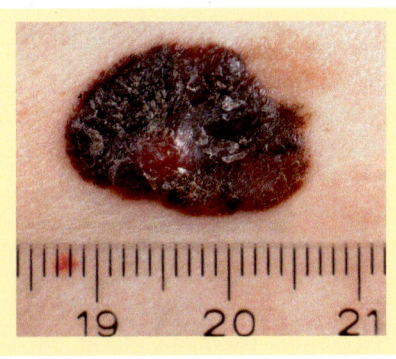

3 Text aus Firmenprospekt und malignes Melanom (Hautkrebs)

3.24 „Omics" (= Proteomics, Genomics, Transkriptomics,...)

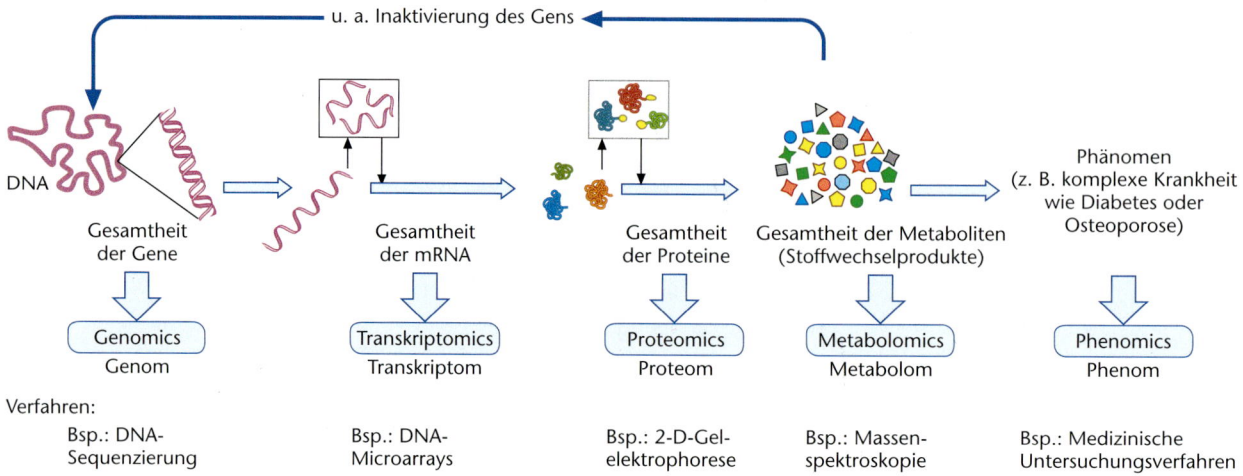

1 *Die Welt der „Omics": Vom Gen zum Phänomen*

Unter dem Begriff **„Omics"** werden viele neue Spezialdisziplinen und moderne molekularbiologische Methoden zusammengefasst (Abb. 1). Mithilfe dieser Methoden können Veränderungen in verschiedenen Molekülklassen (z.B. DNA, Proteine, Stoffwechselprodukte) gleichzeitig erfasst werden. Die modernen **Hochdurchsatz-Sequenzierungen** haben maßgeblich zur technischen Entwicklung der „Omics" beigetragen. Die Bedeutung der Silbe „-omics" liegt in der Erforschung eines bestimmten Themenfeldes der Biologie, das oft mit der Silbe „-om" endet. Der Begriff „Genomics" bedeutet daher die Erforschung des Genoms, also der Gesamtheit aller Gene. Zum Forschungsbereich der **Genomics** gehören z. B. die räumliche Lokalisierung der Gene sowie die Untersuchung der Gene und ihre Bedeutung für das Wachstum, die Entwicklung, die Steuerung biologischer Funktionen innerhalb eines Organismus und den Aufbau biologischer Strukturen.

Das **Genom** ist mit der Gesamtheit aller Gene, abgesehen von selten auftretenden Mutationen, sehr stabil und ändert sich sehr wenig. Das Genom ist daher in allen Zellen eines Organismus weitgehend identisch. Im Jahre 2003 wurde die endgültige Version des vollständig entschüsselten menschlichen Erbguts durch die Forscher der **Human-Genom-Organisation (HUGO)** veröffentlicht. Das menschliche Genom beinhaltet etwa 25 000 verschiedene Gene.

Das Ziel der **Proteomics** ist die Erforschung des **Proteoms**. Darunter versteht man die Gesamtheit der Proteine, die durch das Genom codiert werden. Anders als die Gene sind deren Produkte, die Proteine, nicht statisch, sondern werden – je nach Aktivierung bestimmter Gene – immer neu gebildet und wieder abgebaut. Dank moderner Methoden wie der **Massenspektroskopie** sind seit 2010 die Proteome bestimmter Zellen des Menschen vollständig bekannt. Beim Menschen wird die Zahl der unterschiedlichen Proteine insgesamt auf etwa 300 000 geschätzt. Die Gene liefern als Erbinformation den Bauplan eines Organismus. Die Proteine übernehmen die biologische Funktion oder bauen Strukturen im Organismus auf. Für das Verständnis der Vorgänge innerhalb eines Organismus ist die Wechselwirkung der zahllosen Proteine von entscheidender Bedeutung. (Abb. 2).

Die Untersuchung der Substanzen, die beim Stoffwechsel innerhalb einer Zelle durch Proteine verwendet, umgesetzt oder hergestellt werden, liegt im Fokus der **Metabolomics** (Abb. 1). Als Metaboliten werden dabei die Stoffwechselprodukte innerhalb der Zelle bezeichnet. Schwerpunktmäßig wird hier z. B. die Regulation von Stoffkreisläufen und Zellaktivitäten durch bestimmte Stoffwechselprodukte erforscht.

Unter dem **Phenom** versteht man die Gesamtheit der phänotypischen Eigenschaften, die durch eine Zelle, ein Gewebe, ein Organ oder ein Organismus ausgedrückt wird (Abb. 1). Beispiele für menschliche phänotypische Merkmale sind Hautfarbe, Augenfarbe oder Körpergröße.

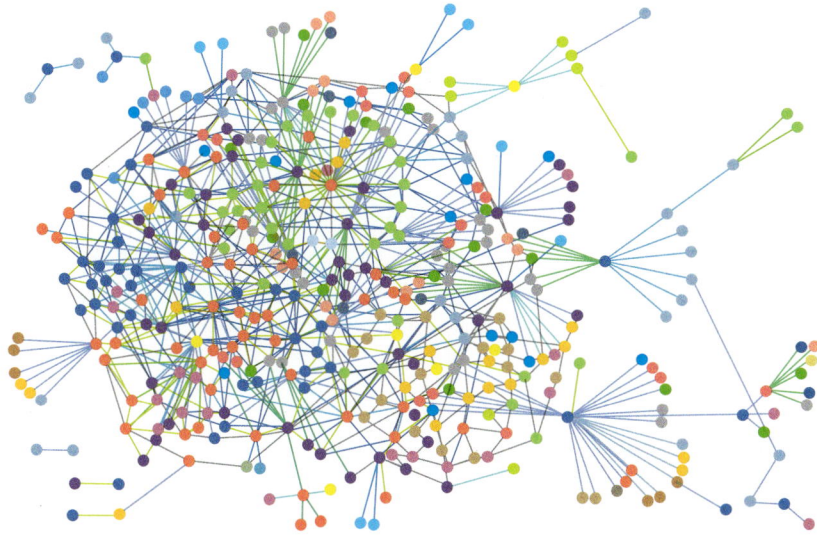

2 Netzwerk an Protein-Interaktionen (Jeder Kreis entspricht einem Protein)

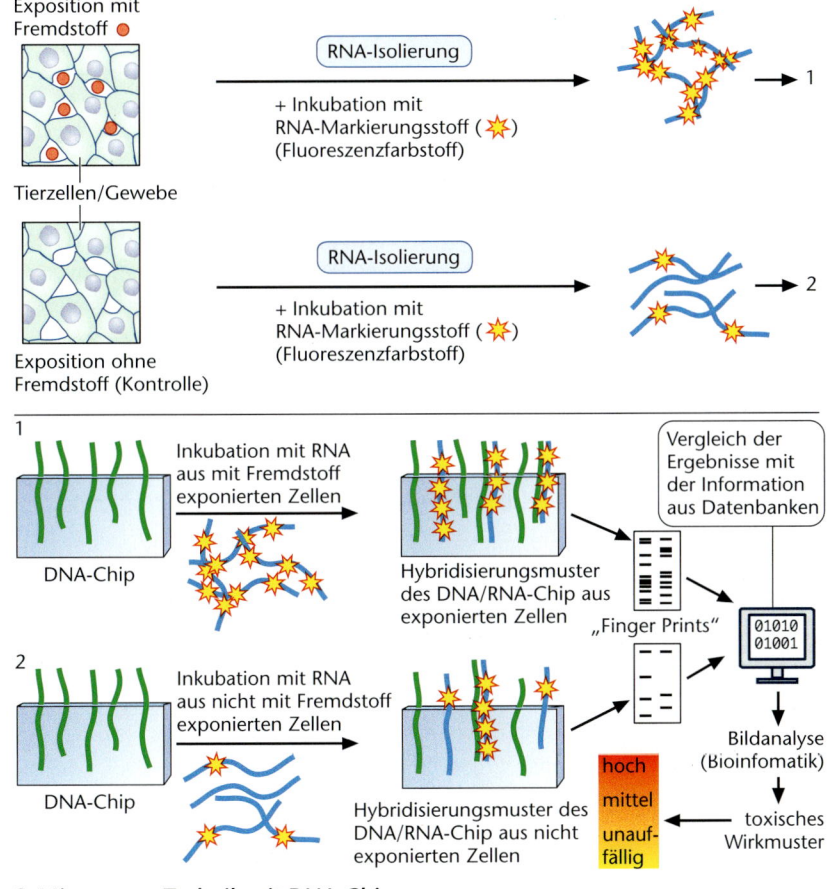

3 Microarray-Technik mit DNA-Chip

1 Proteogenomics. Der Begriff Proteogenomics umfasst die Gesamtheit der verschiedenen Disziplinen und Unterdisziplinen der Genomics und der Proteomics. Jede dieser Unterdisziplinen liefert einen wichtigen Beitrag zum Verständnis komplexer biologischer Prozesse.

a) Erläutern Sie den in Abb. 1 dargestellten Weg von den Genen über die darin verschlüsselten Proteine bis zu den dadurch gesteuerten Vorgängen auch unter Berücksichtigung von Abb. 2.

b) Beschreiben Sie (wiederholend) die beiden molekularbiologischen Untersuchungsmethoden „DNA-Sequenzierung" und „2-D-Gelelektrophorese" sowie deren jeweilige Bedeutung für die Proteogenomics (Abb. 1).

2 Toxico-Genomics. Mithilfe dieser Methode werden Änderungen der Aktivität bestimmter Gene auf der Ebene der mRNA erfasst, die z. B. durch giftige Stoffe ausgelöst werden. Beschreiben Sie diese Methode anhand von Abb. 3.

3 Weitere Einsatzgebiete der „Omics". Neben der Toxiko-Genomik (Aufg. 2) gibt es zahlreiche weitere Anwendungsgebiete der „Omics". Begründen Sie, welche Omics Sie als Wissenschaftler oder Wissenschaftlerin für jede der folgenden Fragestellungen einsetzen würden.

a) Wie groß ist die intraspezifische genetische Variablität?

b) Wie unterscheiden sich Krebszellen von gesunden Zellen eines Patienten?

c) Wie unterscheiden sich unterschiedlich differenzierte Zellen eines Menschen, z. B. Leberzellen und Hautzellen?

d) Auf der Basis molekularbiologischer Verwandtschaftsbelege soll ein Stammbaum für drei Arten von Lebewesen erstellt werden.

e) Verschiedene Pflanzen einer Art sollen für das Züchtungsziel „möglichst umfangreiche Herstellung eines bestimmten Wirkstoffes" ausgewählt werden.

→ 4.7 Hochdurchsatz-Sequenzierungen – Chancen und Risiken

3.25 Modellorganismen in der genetischen Forschung

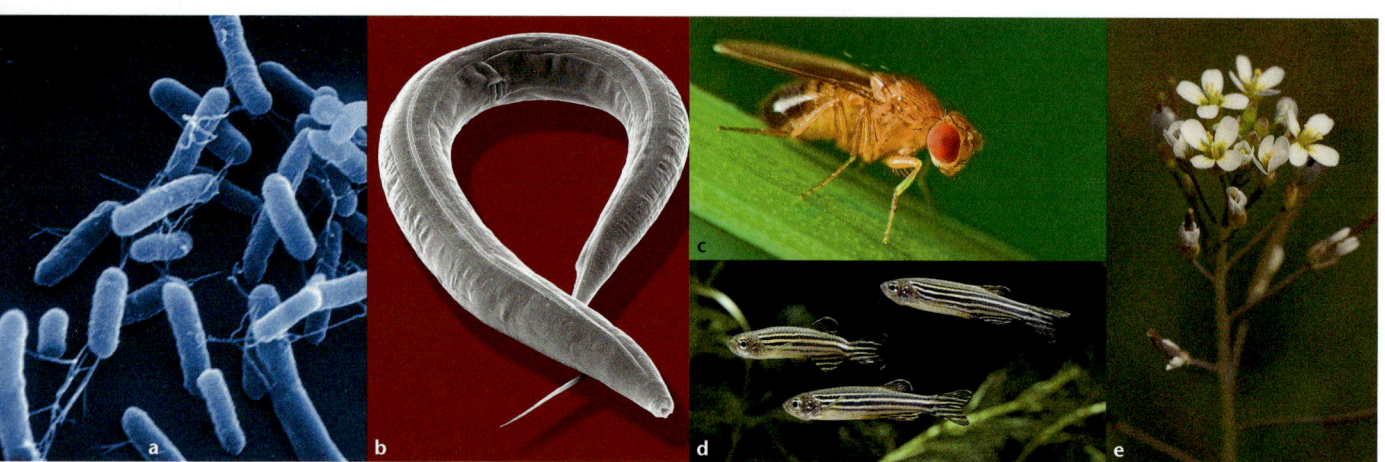

1 a) Bakterium, b) Fadenwurm, c) Fruchtfliege, d) Zebrabärbling, e) Ackerschmalwand

Modellorganismen sind Lebewesen, die sich besonders für die Erforschung von Krankheiten und biologischen Fragestellungen eignen. Ein Modellorganismus für die genetische Forschung muss verschiedene Voraussetzungen erfüllen: Er sollte sich gut im Labor halten und vermehren lassen und dabei nicht zu viel Platz einnehmen. Er muss sich möglichst schnell und mit vielen Nachkommen vermehren, sodass z. B. die Auswertung einer Stammbaumuntersuchung nicht zu lange dauert. Und schließlich sollte er sich gut gentechnisch verändern und untersuchen lassen.

Das **Darmbakterium** *Escherichia coli* wird wegen seiner leichten Handhabung und guten Kultivierbarkeit als Modellorganismus in der Molekularbiologie und Biotechnologie verwendet (Abb. 1a). Erkenntnisse, die an gesundheitlich unbedenklichen Stämmen von *E. coli* gewonnen werden, lassen sich häufig auf die krankheitserregenden Varianten übertragen. Deshalb wird das Bakterium oft auch in der medizinischen Forschung eingesetzt.

Ein weiterer wichtiger Modellorganismus ist der **Fadenwurm** *Caenorhabditis elegans* (Abb. 1b). Er zeichnet sich durch die konstante Anzahl seiner Zellen aus. Der erwachsene Fadenwurm besteht aus genau 959 Zellen. Im Verlauf seiner Embryonalentwicklung werden regelmäßig bestimmte Zellen durch ein genetisch gesteuertes Programm aus dem Embryo wieder entfernt. Diesen Vorgang nennt man programmierten Zelltod oder Apoptose. Die Erforschung der Apoptose am Modellorganismus *C. elegans* ist für die medizinische Forschung besonders interessant, weil die Apoptose eine wichtige Rolle bei vielen Erkrankungen des Menschen spielt. Dabei erleichtert die Transparenz des Fadenwurms die mikroskopische Beobachtung.

Die **Fruchtfliege** *Drosophila melanogaster* ist seit etwa 100 Jahren ein häufig genutztes Labortier der Genetiker (Abb. 1c). Die Fliegen sind klein und lassen sich einfach züchten. Sie entwickeln sich in zehn Tagen vom Ei zum ausgewachsenen Insekt und vermehren sich schnell. Anfangs wurden sie zur Erforschung der Vererbungsregeln genutzt. In den letzten Jahren sucht man mit ihrer Hilfe Antworten auf die Frage, wie aus einer einzigen Eizelle ein vollständiger Organismus entsteht. Über Mutationen, die zu Störungen in der Entwicklung führen, lassen sich die Gene finden, die diese Prozesse steuern. Die Erforschung der Erbinformationen hat ergeben, dass bei der Fruchtfliege und beim Menschen sehr ähnliche Gene die Entwicklung steuern.

Der **Zebrabärbling** *Danio rerio* dient als Modellorganismus für die Untersuchung der Entwicklungsgenetik von Wirbeltieren (Abb. 1d). Seine Vorteile sind die für Wirbeltiere sehr schnelle Embryonalentwicklung, die Durchsichtigkeit der Embryonen und die große Anzahl der Nachkommen.

Auch Pflanzen spielen in der Genetik eine besondere Rolle als Modellorganismen. Eine wichtige Pflanze ist die **Ackerschmalwand** *Arabidopsis thaliana* (Abb. 1e). An ihr werden Prozesse untersucht, die für die spätere Anwendung in Nutzpflanzen von großer Bedeutung sind.

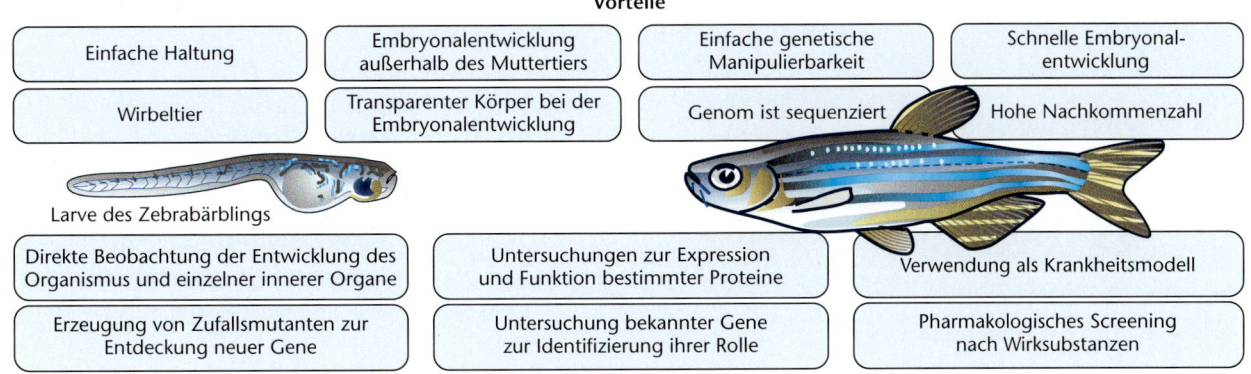

2 *Vorteile und Anwendungen des Zebrabärblings als Modellorganismus*

1 Recherche: Modellorganismen.
a) Recherchieren Sie für eines der folgenden Lebewesen seine Vorteile als Modellorganismus in der genetischen Forschung und die zugrunde liegenden Fragestellungen der Forscher: Bäckerhefe *(Saccharomyces cerevisiae)*, Schimmelpilz *(Neurospora crassa)*, Bakterium *(Bacillus subtilis)*, Krallenfrosch *(Xenopus laevis)*.
b) Dokumentieren Sie Ihre Recherche-Ergebnisse wie in Abb. 2 beispielhaft dargestellt.
c) Begründen Sie, weshalb gerade der ausgewählte Modellorganismus für die recherchierten Fragestellungen verwendet wird.

2 Knock-out-Mäuse. Mäuse, bei denen gezielt ein Gen ausgeschaltet wurde, dienen dazu, die Rolle einzelner Gene bei der Individualentwicklung und bei bestimmten Krankheiten zu erforschen. Die Methode bezeichnet man als Knock-out-Verfahren, die Mäuse als Knock-out-Mäuse. Das Ausschalten des zu untersuchenden Gens wird an embryonalen Stammzellen (ES-Zellen) der Maus vorgenommen. ES-Zellen sind pluripotent. Das bedeutet, dass sie das Potenzial besitzen, jeden Zelltyp des Erwachsenen auszubilden. Die veränderten ES-Zellen werden anschließend in die Zellen eingeschleust, aus denen die Keimzellen hervorgehen.
a) Erläutern Sie anhand von Abb. 3 die Herstellung von Knock-out-Mäusen.
b) Begründen Sie, warum man für die Erforschung der Wirkung eines Gens zwei Mäusestämme benötigt, die in sämtlichen Genen außer in dem Knock-out-Gen übereinstimmen.

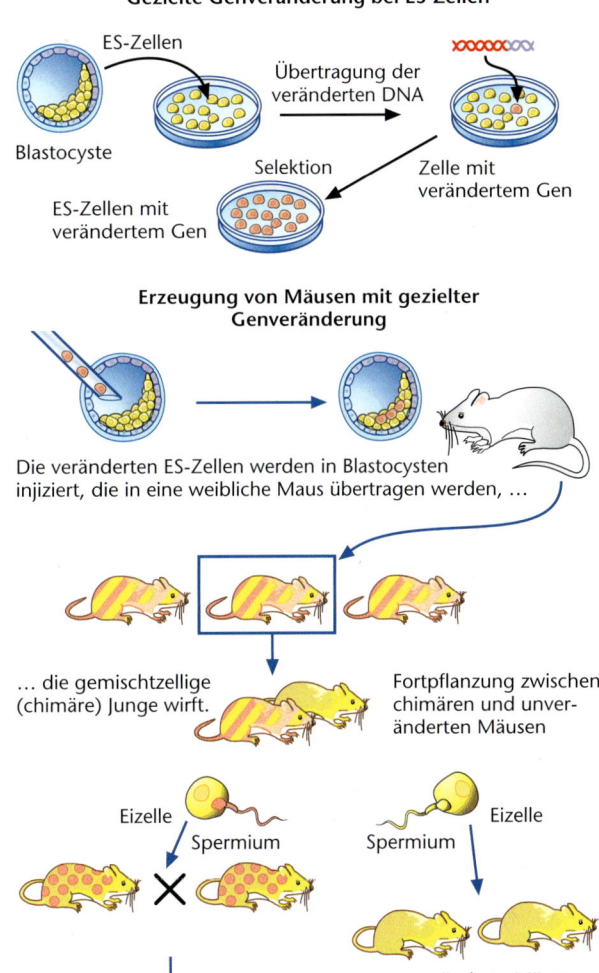

3 *Herstellung von Knock-out-Mäusen*

→ 4.6 Synthetische Organismen

3.26 Der Begriff „Gen" im Wandel der Zeit

1860er-Jahre: Laut J. G. Mendel lässt sich die Vererbung von Merkmalen auf Erbfaktoren zurückführen, die von einer Generation auf die nächste übertragen werden.

1909: W. Johannsen prägt den Begriff „Gen" für eine statistische Einheit im Zusammenhang mit vererbten Merkmalen.

1910: Die Entdeckung, dass Gene auf Chromosomen sitzen, führt zur Vorstellung von Genen, die wie Perlen auf einer Kette liegen.

1941: G. Beadle und E. Tatum führen das Konzept ein, dass ein Gen die Information zur Synthese eines Enzyms darstellt (Ein-Gen-ein-Enzym-Hypothese). Als man herausfindet, dass einige Gene auch Proteine codieren, die keine Enzyme sind, formuliert man die Ein-Gen-ein-Protein-Hypothese. Schließlich führt die Entdeckung, dass viele Enzyme aus mehreren Polypeptidketten aufgebaut sind, zu der Ein-Gen-ein-Polypeptid-Hypothese.

1944: O. Avery, C. MacLeod und M. McCarty finden heraus, dass Gene aus DNA bestehen.

1953: J. Watson und F. Crick veröffentlichen die chemische Struktur der DNA. Gemäß molekularbiologischem Dogma wird die Information von der DNA über die RNA zum Protein weitergegeben.

1977: Die Entdeckung des alternativen Spleißens führt zu der Idee, dass ein Gen mehrere Polypeptidketten codieren kann.

1993: Erstmals wird microRNA nachgewiesen.

bis heute: Der Genbegriff ist nicht klar definiert.

1 Der Wandel des Genbegriffs

In der klassischen Genetik war das **Gen** ein abstrakter Begriff für eine Einheit der Vererbung, die die Information für eine Eigenschaft von den Eltern auf das Kind überträgt (Abb. 1). Mithilfe der Molekularbiologie verstand man Gene immer mehr als DNA-Sequenzen, die wiederum als Basis dienen, um die codierten Polypeptide Stück für Stück aufzubauen. Die riesigen aufgerollten DNA-Moleküle der Chromosomen wurden angesehen als lange Ketten, auf denen die Gen-Sequenzen wie einzelne Perlen sitzen.

Die ersten Zweifel an der Ansicht, dass eine einzige DNA-Sequenz ein einzelnes Polypeptid codiert, kamen den Molekularbiologen, als sie im Jahre 1977 das **alternative Spleißen** entdeckten. Beim alternativen Spleißen werden die Exons unterschiedlich angeordnet, sodass ein DNA-Abschnitt verschiedene Proteine codieren kann. In den folgenden Jahren wurden auch **überlappende Gene** gefunden, also Gene, die z. B. in den Introns anderer Gene liegen. Ebenso steht mittlerweile fest, dass die Transkription an einer DNA-Sequenz starten kann, die für ein Protein codiert, und dann einfach in ein anderes Gen weiterlaufen kann, das für ein anderes Protein codiert. Auf diese Weise entsteht ein **fusioniertes Transkript**. Solche zusammengesetzten Transkripte zu erstellen, könnte ein Weg für die Zelle sein, aus einer begrenzten Anzahl von Exons eine größere Vielfalt an Proteinen herzustellen.

Die Forschungsergebnisse zur vorher nicht erwarteten wichtigen Rolle der **RNA** haben in den letzten Jahren die Vorstellung vom Gen zusätzlich stark verändert. Statt klar voneinander abgegrenzter Gene, die jeweils große Mengen identischer RNA-Transkripte produzieren, fanden die Forscher eine enorme Vielfalt an Abschnitten im Genom, an denen verschiedene RNA-Transkripte mit unterschiedlicher Länge gebildet werden. Diese RNA-Transkripte können sogar von beiden DNA-Strängen erzeugt werden, statt nur von einem, wie man bis dahin annahm. Zudem können RNAs von verschiedenen Transkripten beim Prozess des sogenannten trans-Spleißens zusammengefügt werden. Hinzu kommt, dass ein großer Teil der RNA nicht für Proteine codiert. Die Erkenntnis, dass RNA-Sequenzen nicht bloß Zwischenprodukte auf dem Weg von der DNA zur Proteinsynthese-Maschinerie sind, ist an sich nicht neu, denn für die Proteinbiosynthese werden neben Proteinen auch mRNA-, tRNA und rRNA-Moleküle benötigt. Aber die Entdeckung von microRNAs und anderen RNA-Molekülen, die viele zelluläre Prozesse in Pflanzen und Tieren kontrollieren, zeigt, dass die RNA auch aktiv Anweisungen des Genoms verarbeitet und umsetzt.

Heute ist klar: Gene sind äußerst komplexe Einheiten. Alle bisher dafür vorgeschlagenen Definitionen erweisen sich als unscharf. Diese sprachliche Unschärfe kann zu inhaltlichen Missverständnissen führen. Deshalb schlagen einige Forschern vor, jedes Mal, wenn man das Wort „Gen" verwendet, das passende Adjektiv voranzustellen, z. B. „protein-codierend", „rRNA-codierend" oder „microRNA-codierend". Ansonsten könnte das Fehlen einer eindeutigen Vorstellung von einem Gen die Zusammenarbeit von Wissenschaftlern behindern, wenn sie nicht mit derselben Definition arbeiten.

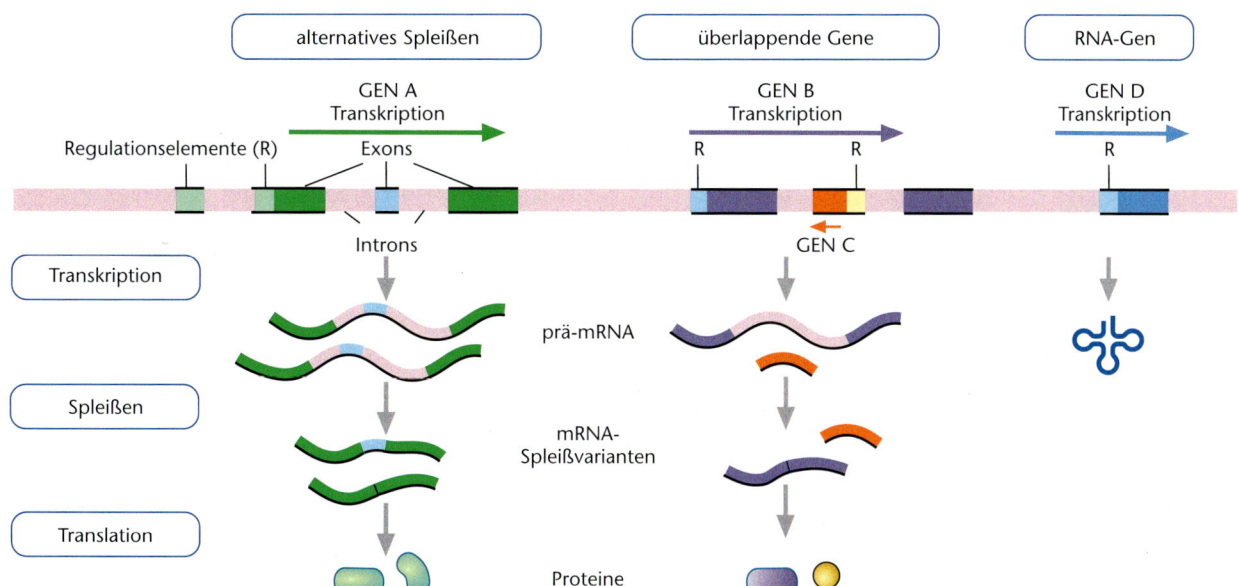

2 Struktur und Expression von Genen.
Erläuterungen: Die Transkription wird durch Regulationselemente gesteuert (R). Neben den Promotoren am Anfang des Gens können die Regulationselemente auch in einiger Entfernung vom Gen liegen, wie bei Gen A. Im Intron von Gen B liegt Gen C. Wie anhand des Regulationselements ersichtlich ist, wird Gen C in umgekehrter Richtung wie Gen B abgelesen.

1 Veränderung des Genbegriffs.
a) Stellen Sie die grundlegenden Veränderungen in den Vorstellungen vom Gen entlang einer Zeitachse übersichtlich dar (Text und Abb. 1).
b) Erläutern Sie, welche Probleme sich in heutiger Zeit bei der Definition des Begriffs „Gen" ergeben.
c) Diskutieren Sie die Richtigkeit der Aussage „Ein Gen ist ein DNA-Segment, das für einen Phänotyp oder für eine Funktion verantwortlich ist."

2 Struktur und Expression von Genen. Erläutern Sie die in Abb. 2 dargestellten Unterschiede in der Struktur und der Expression von Genen.

3 Was ein Gen ist. Beurteilen Sie jeweils, ob die folgenden Aussagen zutreffen.
– Ein Gen codiert immer für genau ein Polypeptid.
– Von einem Gen wird nur eine funktionelle RNA transkribiert.
– Eine Mutation kann zwei oder mehr Gene betreffen.

4 Mutationen beeinträchtigen die Funktionalität von Genen. Erläutern Sie die in Abb. 3 dargestellten unterschiedlichen Auswirkungen von Mutationen, also DNA-Basensequenzunterschieden.

→ 3.15/16 Regulation der Proteinbiosynthese bei Eukaryoten I/II

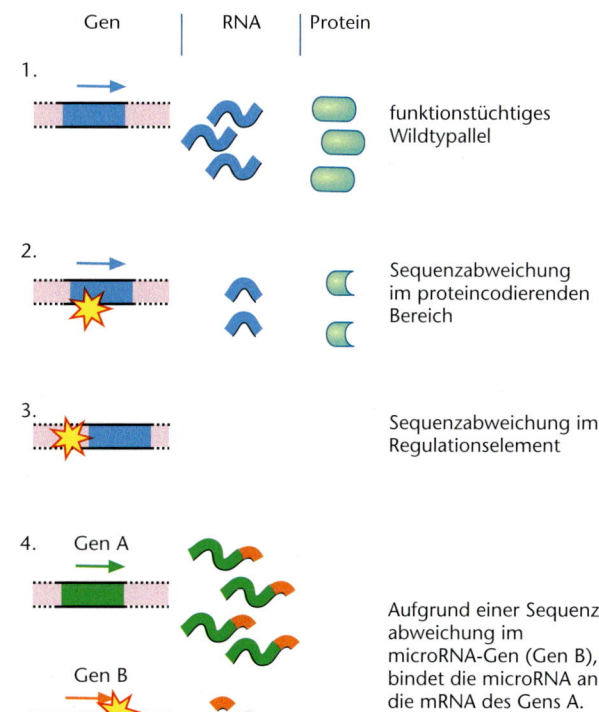

3 Basensequenzunterschiede (Mutationen) können zu einer veränderten Funktionalität eines Gens führen

4.1 Ethisches Bewerten

Neue Erkenntnisse aus Biologie und Medizin sowie Neuerungen in technologischen Verfahren haben Eingang in viele **Anwendungsgebiete der Life-Sciences**, der Wissenschaften vom Leben, gefunden. Ein gemeinsames Kennzeichen biologischer Anwendungen ist, dass dabei vom Menschen biologische Strukturen und Prozesse beeinflusst werden. Oftmals stehen sich dabei **Chancen und mögliche Risiken** gegenüber. Eine **ethische Bewertung** ist vor allem dort gefordert, wo es um die Verantwortung des Menschen gegenüber sich selbst, für andere Menschen, für andere Lebewesen und für die Umwelt geht. Beispiele sind Embryonenforschung, moderne Fortpflanzungsmedizin, Anwendungen der Gentechnik (z. B. Gendiagnostik beim Menschen), Sterbehilfe, Organtransplantationen, Tierversuche, Doping im Sport und Gehirndoping sowie Eingriffe in Ökosysteme.

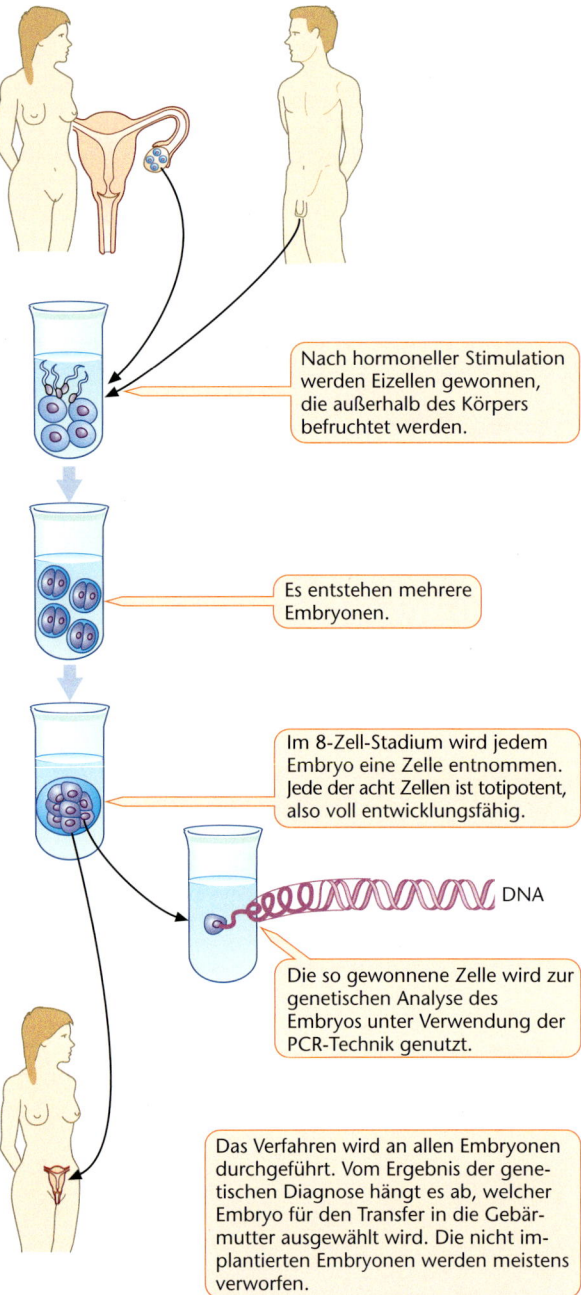

1 Präimplantationsdiagnostik. PID ermöglicht im Zusammenhang mit künstlicher Befruchtung eine genetische Diagnose insbesondere für bestimmte Erbkrankheiten (u. a. Bluterkrankheit, Sichelzellanämie, Mukoviszidose) und Chromosomenanomalien vor der Einnistung, also vor Beginn der Schwangerschaft. In einigen Ländern ist die PID verboten, in vielen Ländern, z. B. in England, nicht. In Deutschland ist die PID eingeschränkt erlaubt.

> Cecile (28) und Harry (29), zur Zeit in London lebend, wünschen sich ein Kind. In der Familie von Harry trat gehäuft Brustkrebs auf, der auf einer Mutation des Gens BRCA1 beruht (BReast CAncer 1, ein Tumorsuppressorgen auf Chromosom 17). Zwei Verwandte sind an Brustkrebs und seinen Folgen gestorben. Das mutierte BRCA1 kann durch PID erkannt werden. 50 bis 85 Prozent der Frauen mit dieser Genvariante müssen damit rechnen, dass sie im Laufe ihres Lebens an Brustkrebs erkranken. Sollten Cecile und Harry eine Tochter bekommen, so wäre mit diesen Wahrscheinlichkeiten damit zu rechnen, dass ihre Tochter im Laufe ihres Lebens an Brustkrebs erkrankt.
>
> Einerseits stehen Cecile und Harry der künstlichen Befruchtung und vor allem der Embryonenselektion bei der PID ablehnend gegenüber, anderseits verspüren sie einen starken Wunsch nach einem eigenen Kind. Das Paar fühlt sich in einem Dilemma.

2 Der Fall

> § 8(1): Als Embryo im Sinne dieses Gesetzes gilt bereits die befruchtete, entwicklungsfähige menschliche Eizelle vom Zeitpunkt der Kernverschmelzung an, ferner jede einem Embryo entnommene totipotente Zelle, die sich bei Vorliegen der dafür erforderlichen Voraussetzungen zu teilen und zu einem Individuum zu entwickeln vermag.

3 Begriffsbestimmung „Embryo" im Sinne des Embryonenschutzgesetzes

→ 2.6 Gendiagnostik   → 4.4 Grüne Gentechnik: Chancen und Risiken

1 **Ethisches Bewerten am Beispiel der Präimplantationsdiagnostik (PID).** Führen Sie unter Bezug auf den Fall, der in Abb. 2 dargestellt ist, eine ethische Bewertung durch. Unterscheiden Sie dabei zwischen deskriptiven und normativen Aussagen (Abb. 4). Nutzen Sie die in Abb. 5 dargestellte Methode der sechs Schritte.

Werte sind Zustände und/oder Ziele, die gesellschaftlich und individuell von Bedeutung sind. Einige Beispiele für Werte sind Frieden, Menschenwürde, Gesundheit, Schutz des Lebens, Gerechtigkeit, Freiheit, Sicherheit, Nachhaltigkeit, Selbstbestimmtheit, Toleranz, Erfolg, Meinungsfreiheit, Hilfsbereitschaft, Fairness, Chancengleichheit.

Normen sind Handlungsorientierungen, die zu bestimmten Handlungen auffordern (Du sollst helfen!) oder diese verbieten (Du sollst nicht lügen!). Normen haben eine bestimmte Verbindlichkeit und sind daher häufig in Form von Regeln und Gesetzen festgehalten.

Bewerten bezeichnet einen Prozess, bei dem Sachinformationen mit Werten und Normen in einer nachvollziehbaren Weise verknüpft werden, um Entscheidungen zu treffen oder vorzubereiten.

Deskriptive Aussagen sind rein beschreibende, wertfreie Aussagen.

Normative Aussagen gebieten Verhaltensweisen oder deklarieren sie als gerechtfertigt, haben also wertenden oder vorschreibenden Charakter. Normative Aussagen bezeichnen einen Soll-Zustand und nicht einen Ist-Zustand.

Moral beinhaltet individuelle oder kollektive Vorstellungen und Überzeugungen, nach denen Menschen ihre Handlungen als moralisch gut oder schlecht bewerten.

Ethik ist das Nachdenken über moralische Vorstellungen, die dem menschlichen Handeln zugrunde liegen. Ethik fragt auch nach Gründen, warum eine Handlung moralisch gut oder schlecht sein soll. Innerhalb der Ethik gibt es verschiedene Argumentationsansätze:
- **Deontologische Ansätze** stützen sich häufig auf kategorische, als unumstößlich erachtete Wahrheiten, höchste Prinzipien und absolut gesetzte Werte und Normen (Menschen dürfen nicht in die Schöpfung eingreifen!). Dabei wird eine Handlung unabhängig von ihren Konsequenzen beurteilt.
- **Konsequenzialistische Argumentationen** beurteilen die Konsequenzen und Folgen einer Handlung. Es wird nach der Verantwortung für die Folgen des Handelns gefragt: Wie gut oder erstrebenswert sind die Konsequenzen einer Handlung, welche Vor- und Nachteile, welche Chancen und Risiken bergen sie?

Dilemma: Unter einem Dilemma versteht man eine Situation ähnlich einer Zwickmühle, in der sich zwei oder mehr Handlungsmöglichkeiten so entgegenstehen, dass jede Entscheidung zu einem unerwünschten Resultat führt (Egal was man macht, man macht etwas falsch). In Hinblick auf Wertvorstellungen spricht man von einem Dilemma, wenn jede denkbare Entscheidung zur Verletzung eines Wertes führt.

4 Begriffserläuterungen

---

1. Schritt: Erläutern des Dilemmas. Die sachlichen Grundlagen werden geklärt und der Konflikt mit eigenen Worten wiedergegeben.
2. Schritt: Aufzählen möglicher Handlungsmöglichkeiten (Handlungsoptionen), die zur Lösung des Konflikts führen könnten.
3. Schritt: Auflisten von Pro- und Kontra-Argumenten zu den einzelnen Handlungsoptionen.
4. Schritt: Aufzählen ethischer Werte, die hinter den Argumenten stehen bzw. die Handlungsoptionen berühren. Dabei wird zwischen deontologischen und konsequenzialistischen Argumentationsweisen unterschieden (Abb. 4).
5. Schritt: Fällen eines persönlichen und begründeten Urteils und Diskussion andersartiger Urteile. Alle Erkenntnisse aus den vorherigen Schritten werden einbezogen.
6. Schritt: Aufzählen von Konsequenzen, die das eigene Urteil und andere Urteile nach sich ziehen. Damit ist ein Perspektivwechsel verbunden.

5 Sechs-Schritte-Methode zur ethischen Bewertung

4.2 Molekulare Werkzeuge in der Gentechnik: Bakterien produzieren Humaninsulin

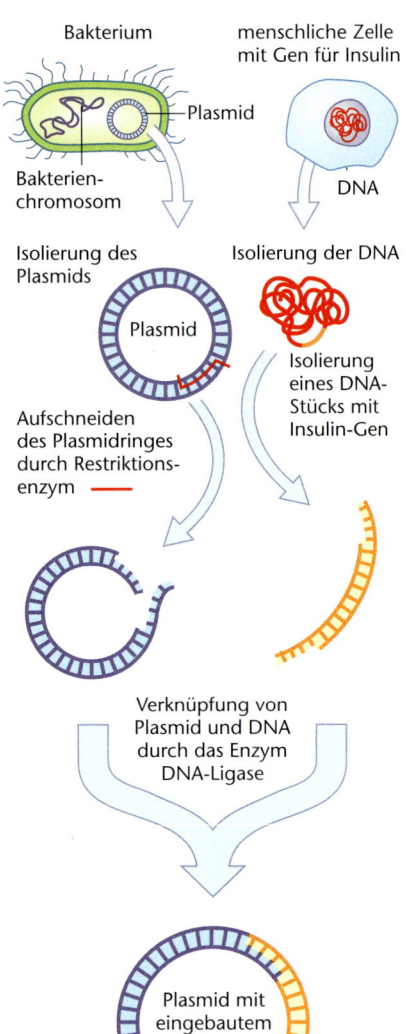

Schon früh haben Menschen die Stoffwechselleistungen bestimmter Lebewesen für sich genutzt. So werden Hefepilze zum Brotbacken und Bierbrauen und Milchsäurebakterien zur Herstellung von Sauermilch, Joghurt, Kefir und Käse genutzt. Heute nennt man die Produktion von Waren und Dienstleistungen durch Lebewesen **Biotechnologie.** Ein jüngeres Teilgebiet der Biotechnologie ist die **Gentechnik.** Gentechnische Verfahren sind möglich, weil die Erbinformation aller Lebewesen aus DNA besteht. Das ist der Grund, warum Bakterien auch Gene des Menschen lesen können und so Stoffe herstellen können, die sonst nur im menschlichen Körper gebildet werden. Im Jahr 1982 gelang es erstmals, das menschliche Insulin mithilfe gentechnisch veränderter Bakterien zu produzieren. Insulin ist ein Protein, das als Hormon an der Regelung des Blutzuckerspiegels beteiligt ist. Das Insulin-Molekül setzt sich aus zwei Polypeptid-Ketten mit unterschiedlicher Länge zusammen. Die A-Kette besteht aus 21, die B-Kette aus 30 Aminosäuren. Im Insulin-Molekül sind beide Ketten über zwei Disulfid-Brücken miteinander verbunden. Von den Menschen, die an Diabetes erkrankt sind, benötigen viele Insulin als Medikament. Vor der gentechnischen Herstellung wurde Insulin aus Bauchspeicheldrüsen von Rindern und Schweinen gewonnen.

Grundlegende Verfahren der Gentechnik sind die **Genanalyse** und der **Gentransfer** (Abb. 2). Mithilfe des Gentransfers können Bakterien gentechnisch so verändert werden, dass sie Proteine des Menschen wie etwa das Insulin herstellen (Abb. 1). Für dieses Verfahren sind zwei verschiedene Enzyme von großer Bedeutung. Ein Restriktionsenzym erkennt eine bestimmte Abfolge von Basen auf der DNA und schneidet die DNA an dieser Stelle auf. Es gibt verschiedene Restriktionsenzyme, die jeweils eine andere Basenabfolge auf der DNA erkennen und dort schneiden. Weil Restriktionsenzyme vereinfacht wie eine Schere wirken, nennt man sie auch „molekulare Scheren". Ein anderes Enzym, die DNA-Ligase, verknüpft die zueinander passenden Enden von DNA-Stücken.

Bakterien enthalten oft zusätzlich zu ihrem Chromosom kleine, ringförmige DNA-Moleküle, die **Plasmide** (Abb. 1). Plasmide können aus Bakterien isoliert und mithilfe eines Restriktionsenzyms aufgeschnitten werden. In die Schnittstelle kann mittels DNA-Ligase ein neues Gen, z.B. das für Insulin, eingefügt werden. So entsteht ein Plasmid mit neukombinierter DNA. Solche Plasmide werden in Bakterien übertragen und von den Bakterien identisch vervielfältigt. Die neukombinierten Plasmide sorgen in den Bakterien für die Bildung des gewünschten Proteins, in diesem Fall des Insulins. Das in Abb. 1 dargestellte Verfahren muss einmal für die A-Kette des Insulins und einmal für die B-Kette durchlaufen werden. Die Bakterien beginnen erst nach Zugabe von Lactose als Promotor mit der Produktion der beiden Ketten. Jedes E.Coli-Bakterium kann bis zu 100000 Moleküle der A- bzw. der B-Kette synthetisieren. Nach der Extraktion und Reinigung der A- und B-Ketten aus den verschiedenen E.Coli-Kulturen werden diese zusammengegeben. Dann verknüpfen sich beide Ketten über zwei Disulfidbrücken miteinander zum fertigen Humaninsulin.

1 *Verfahren zur gentechnischen Veränderung von Bakterien*

→ 3.6 Übersicht: Vom Gen zum Protein → 3.14 Regulation der Genaktivität bei Prokaryoten

Genanalyse bei Viren, Bakterien, Pflanzen, Tieren, Menschen:
- den Code eines Gens analysieren;
- das An- und Abschalten von Genen erforschen;
- die Bedeutung von Genen im Organismus erforschen;
- neue Gene entdecken.

Gentransfer bei Viren, Bakterien, Pflanzen und Tieren:
- Gene isolieren;
- Gene verändern;
- Gene zwischen verschiedenen Arten übertragen und einbauen.

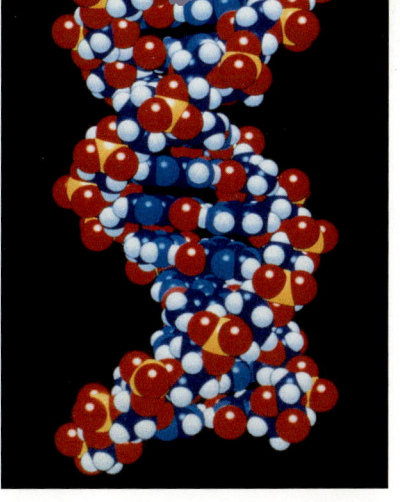

2 Methoden der Gentechnik

1865 Der österreichische Augustinermönch GREGOR MENDEL formuliert aufgrund seiner Züchtungsversuche mit Erbsenpflanzen die Vererbungsgesetze.
1903 Die „Chromosomentheorie der Vererbung" wird formuliert. Sie besagt, dass Chromosomen Träger der Erbanlagen sind.
1909 Der Begriff „Gen" wird zur Beschreibung einer einzelnen Erbeinheit eingeführt.
1944 Bei Experimenten mit einem Bakterium, das bei Mäusen Lungenentzündung hervorruft, gelingt der Beweis, dass Gene aus DNA bestehen.
1950 Bei Untersuchungen zur chemischen Zusammensetzung der DNA wird festgestellt, dass stets die Basen Adenin und Thymin sowie Guanin und Cytosin in gleichen Mengen vorkommen.
1953 JAMES WATSON und FRANCIS CRICK entschlüsseln die Doppelhelix-Struktur der DNA.
1961 Der genetische Code, der den Zusammenhang zwischen Basenabfolge der DNA und Aminosäureabfolge in einem Protein beschreibt, wird entschlüsselt.
1968 Entdeckung der Restriktionsenzyme zum Schneiden der DNA
1977 Erstmals gelingt es, Insulin-Gene von Ratten auf Bakterien zu übertragen (Gentransfer).
1982 Gentechnisch hergestelltes Insulin des Menschen auf dem Medikamentenmarkt.

3 Aus der Geschichte der Genetik

1 Gentechnische Veränderung von Bakterien. Beschreibe unter Bezug auf Abb. 1 und 2 das Verfahren zur Herstellung gentechnisch veränderter Bakterien.

2 Erfindungen bauen auf anderen Erfindungen und Entdeckungen auf. Die gentechnische Herstellung von Insulin seit 1982 hat eine Reihe wissenschaftlicher Voraussetzungen. Erläutere dies anhand der Angaben in Abb. 3.

3 Medizinische und wirtschaftliche Aspekte. Erörtert medizinische und wirtschaftliche Gesichtspunkte, die das Aufkommen gentechnisch hergestellten Insulins begünstigt haben. Beachtet dabei Abb. 4.

Insulin ist ein Protein, das in der Bauchspeicheldrüse gebildet wird. Insulin ist ein Hormon und fördert die Aufnahme von Glucose aus dem Blut in Zellen. Seit 1928 wird Insulin als Medikament bei Diabetikern eingesetzt. Dazu wurde Insulin aus Bauchspeicheldrüsen von Rindern und Schweinen gewonnen. Bereits 1976 wurde von Wissenschaftlern prognostiziert, dass Insulin aus Bauchspeicheldrüsen schon in wenigen Jahrzehnten den Bedarf nicht mehr decken könne. Weltweit ist die Zahl der Diabetiker deutlich gestiegen. Im Jahr 2006 gab es weltweit 180 Millionen Diabetiker. Bis zum Jahr 2030 rechnet die Weltgesundheitsorganisation mit einer Verdopplung. Schweineinsulin und Rinderinsulin unterscheiden sich vom Humaninsulin in einer Aminosäure bzw. zwei Aminosäuren. Das hatte bei einigen Patienten Unverträglichkeitsreaktionen zur Folge. 1975 gelang es, durch Enzyme, Schweineinsulin in Humaninsulin umzuwandeln. Gentechnisch hergestelltes Humaninsulin hat in den letzten Jahrzehnten auch aus wirtschaftlichen Gründen den größten Teil des Marktes erobert. In einem Bioreaktor von 40 Kubikmetern gewinnt man aus Bakterien namens Escherichia coli K12 in 30 Stunden etwa 100 Gramm Humaninsulin. Mittlerweile gibt es neue, gentechnisch hergestellte Humaninsuline, die sich in der Dauer ihrer Wirksamkeit unterscheiden und eine sorgfältige Abstimmung von Blutzuckerspiegel und Ernährung ermöglichen.

4 Insulin

→ 3.25 Modellorganismen in der genetischen Forschung

4.3 Grüne Gentechnik am Beispiel Bt-Mais

1 *Genmais*

Bereits seit Jahrtausenden züchtet der Mensch Nutzpflanzen und -tiere. Heute gibt es in Ergänzung der klassischen Züchtungsmethoden die Möglichkeit, die Erbinformation von Pflanzen und Tieren gezielt zu verändern, indem Gene anderer Organismen in das Genom der Nutzpflanzen bzw. Nutztiere eingeschleust werden. Anders als bei klassischen Züchtungsmethoden ist es dabei möglich, artfremde Gene zu übertragen. Dadurch können auch Eigenschaften hervorgebracht werden, die innerhalb der Art bisher nicht vorkamen (Abb. 2). Diesen Bereich der Gentechnik, der sich mit Tieren und Pflanzen beschäftigt, bezeichnet man als **Grüne Gentechnik**.

Die Ziele, die bei der gentechnischen Pflanzenzüchtung angestrebt werden, entsprechen weitgehend denen bei klassischen Züchtungsmethoden. Vor allem sollen Ertrag und Qualität erhöht und die Widerstandsfähigkeit der Pflanzen gegen Schädlinge oder Umweltbedingungen verbessert werden. So enthält Bt-Mais ein Gen des Bodenbakteriums *Bacillus thuringiensis*. Bt-Maispflanzen produzieren ein Protein, das für ihren Hauptschädling, den Maiszünsler, giftig ist. Der Maiszünsler verursacht in Europa regelmäßig erhebliche Ernteeinbußen. Es gibt verschiedene Varianten des Bt-Maises. Die Sorte 1507, deren Anbau in Europa seit 2014 erlaubt ist, enthält ein weiteres artfremdes Gen. Das pat-Gen macht die Pflanze unempfindlich gegen ein sehr wirksames Totalherbizid eines bestimmten Herstellers. Wird dieses Pflanzengift ausgebracht, tötet es alle Pflanzen bis auf den gentechnisch veränderten Mais.

Anders als in den USA sind in Europa die Vorbehalte gegenüber gentechnisch veränderten Pflanzen groß: Es wird befürchtet, dass verstärkt Allergien gegen Pflanzeninhaltsstoffe auftreten. Der permanente Kontakt von Schädlingen mit den von den Pflanzen produzierten giftigen Stoffen, wie beim Bt-Mais könnte zur Ausbildung von Resistenzen bei Schädlingen führen. Die Herbizidresistenzen könnten auf Wildkräuter übergehen, die dann nur noch schwer zu bekämpfen wären. Vor allem aber wird befürchtet, dass Pollen von im Freiland angebauten gentechnisch veränderten Pflanzen sich unkontrolliert ausbreiten und konventionell angebaute Pflanzen bestäuben könnte. Vollständig gentechnikfreie Anbauflächen würde es dann nicht mehr geben.

Mehr Akzeptanz für gentechnisch veränderte Pflanzen verspricht die **cis-Gentechnologie** (cis, lat. diesseits … der Artgrenzen). Dabei überträgt man ausschließlich Gene von Pflanzen der gleichen Art oder von nahen kreuzbaren Verwandten. Das führt dazu, dass Pflanzen entstehen, die auch durch Kreuzungen erhalten werden könnten. Mit der modernen CRISPR-Cas9-Technik lassen sich Gene punktgenau in das Zielgenom einsetzen, wodurch Risiken vermindert werden. Häufig sind Wildformen resistent gegen Schädlinge. Die Resistenzgene kann man auf Kulturformen übertragen. Man erhält so zum Beispiel pilzresistente Kartoffeln. Umstritten ist, ob derartige Pflanzen rechtlich wie gentechnisch veränderte Organismen oder wie durch Kreuzung erhaltene Pflanzen bewertet werden sollten.

Lebensmittel, die mithilfe der Gentechnik erzeugt werden, werden umfangreich getestet. Die meisten Wissenschaftler und Wissenschaftlerinnen halten sie für gesundheitlich unbedenklich. Dennoch sollen Verbraucher in Europa selbst entscheiden können, ob sie mit gentechnischen Methoden erzeugte oder gentechnikfreie Lebensmittel konsumieren möchten. Deshalb müssen in der Europäischen Union Lebensmittel, die mithilfe gentechnisch veränderter Organismen hergestellt werden, gekennzeichnet werden.

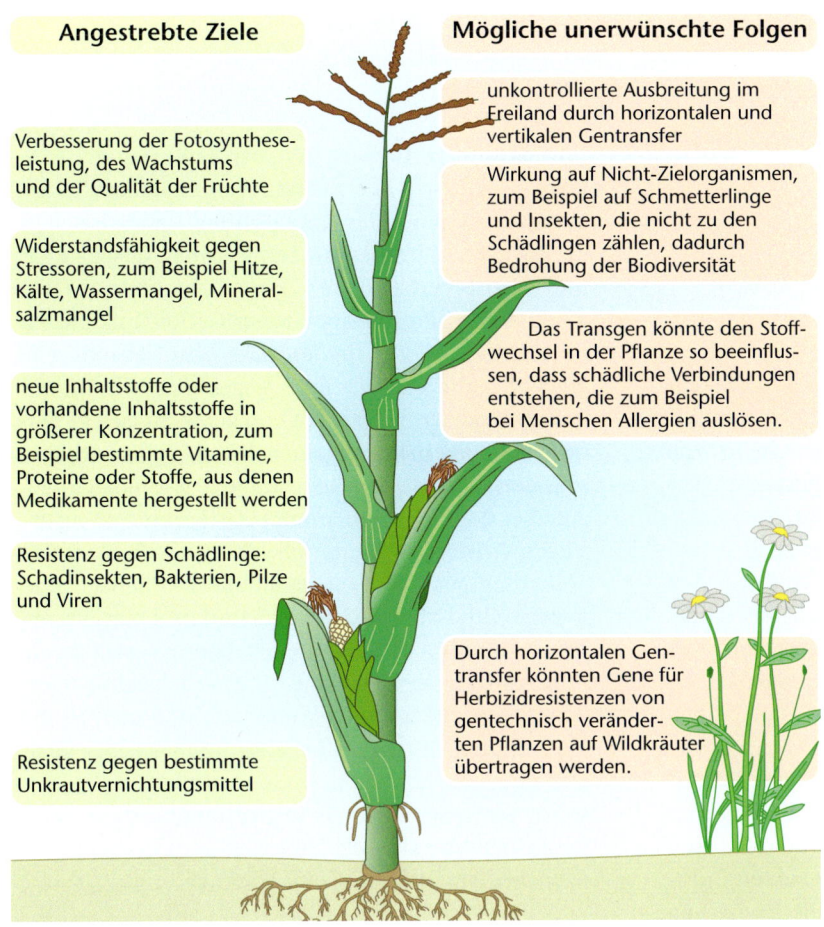

2 Angestrebte Ziele und mögliche unerwünschte Folgen der Gentechnik an Nutzpflanzen (Begriffe in Abb. 3)

Resistenz: die Widerstandskraft eines Organismus gegen Schädlinge, gegen schädigende Umwelteinflüsse oder gegen bestimmte Wirkstoffe

Transgen: ein Gen, das mithilfe gentechnischer Verfahren vom Organismus einer Art auf einen Organismus einer anderen Art übertragen wurde

Cisgene Pflanzen sind gentechnisch veränderte Pflanzen, die nur arteigenes Erbmaterial enthalten

Freisetzung: das gezielte Ausbringen von gentechnisch veränderten Organismen in die Umwelt

Herbizidresistenz bei genetisch veränderten Pflanzen bewirkt, dass diese Pflanzen nicht durch Herbizide (Unkrautvernichtungsmittel) geschädigt werden.

Sicherheitsforschung: Die biologische Sicherheitsforschung beschäftigt sich auch mit den Auswirkungen, die ein Anbau gentechnisch veränderter Pflanzen auf Menschen, Tiere und Pflanzen haben kann.

Nicht-Zielorganismen sind solche Pflanzen und Tiere, die nicht zum eigentlich angestrebten Ziel einer Pflanzenschutzmaßnahme gehören, dennoch von der Maßnahme betroffen sind.

Horizontaler Gentransfer meint die Übertragung von Genen im Freiland über Artgrenzen hinweg.

Vertikaler Gentransfer ist die Übertragung von Genen im Freiland auf andere Pflanzen der Art, zum Beispiel durch Pollenflug.

3 Begriffserklärungen

1 Grüne Gentechnik am Beispiel Bt-Mais.
a) Erläutern Sie die in Abb. 2 genannten Aspekte. Berücksichtigen Sie die Erklärungen in Abb. 3.
b) Bilden Sie in Ihrem Kurs Gruppen aus Befürwortern und weitere aus Gegnern einer Zulassung von Bt-Mais. Sammeln Sie Argumente für ihre Position. Tragen Sie Ihre Argumente vor und ermitteln Sie in ihrem Kurs ein Meinungsbild zum Anbau von Bt-Mais..

2 Resistenz beim Maiswurzelbohrer. In den USA wird Bt-Mais seit vielen Jahren auf riesigen Feldern angebaut. Im Jahr 2009 sind erstmals Ernteschäden durch Maiswurzelbohrer bekannt geworden, die gegen das Bt-Protein resistent sind. Viele Wissenschaftler hatten bemängelt, dass der Bt-Mais auch an Standorten angebaut wird, an denen der Maiswurzelbohrer kaum Ernteschäden bei konventionellen Pflanzen verursacht. Nach Ansicht von Wissenschaftlern gleichen die Verhältnisse denen, die zur Ausbildung von Antibiotikaresistenzen bei Bakterien führen.
Analysieren Sie, inwiefern die Bedingungen bei der Resistenzentwicklung des Maiswurzelbohrers und bei der Entwicklung von Antibiotikaresistenzen bei Bakterien Parallelen aufweisen.

→ 9.8 Bedeutung der Biodiversität

4.4 Grüne Gentechnik: Chancen und Risiken

*Medizin-Nobelpreisträgerin
C. Nüsslein-Volhard*

„**Die Bundesregierung muss sich klar zu gentechnisch veränderten Lebensmitteln bekennen.** Sie sollte sich von Vernunft leiten lassen, nicht von Ideologie! Es ist doch klar: Um den Nahrungsbedarf einer wachsenden Weltbevölkerung zu decken, müssen wir die landwirtschaftlichen Erträge steigern. Entweder zerstören wir dazu Natur und machen unberührte Flächen urbar. Oder aber wir setzen die Grüne Gentechnik ein, um unsere Äcker ergiebiger zu machen und weniger Pflanzenschutzmittel zu versprühen. Insofern ist ein Bekenntnis zur Grünen Gentechnik auch eines zum Naturschutz …
Bisher hat es keinen nachweisbaren Schaden für Mensch und Umwelt gegeben, obwohl die Pflanzen weltweit auf einer Fläche angebaut werden, die dreimal größer ist als Deutschland. Warum sollten Cornflakes aus Genmais ausgerechnet für die Deutschen schädlich sein?"

„**Wo es keinen Ausstieg gibt, verbietet sich der Einstieg.** Wir lehnen den Einsatz von gentechnisch veränderten Organismen (GVO) in der Landwirtschaft ab, da wir die Risiken derzeit für nicht abschätzbar und kontrollierbar halten. Einem erhofften „Mehrwert" durch den Einsatz Grüner Gentechnik stehen erhebliche soziale, ökologische und strukturelle Nachteile und Gefährdungen gegenüber. Wir fordern daher ein generelles Verbot von gentechnisch veränderten Pflanzen. Wo es keinen Ausstieg gibt, verbietet sich der Einstieg. Den berechtigten Vorbehalten gegenüber der Gentechnik muss endlich Rechnung getragen werden. Wenn der überwiegende Teil der Bevölkerung gentechnisch manipulierte Pflanzen und Lebensmittel ablehnt, ist es nicht einsehbar, warum bei der Bundes- und EU-Gesetzgebung vor allem die Forderungen der Agrarkonzerne berücksichtigt werden. Die Sorge um unkalkulierbare und irreversible Veränderungen an den Lebensgrundlagen der jetzigen und der kommenden Generationen sollte Ansporn genug sein, der Verantwortung für die Schöpfung einen Vorrang gegenüber den Interessen einiger weniger Agrarkonzerne einzuräumen."

Diözesanrat der Katholiken der Erzdiözese München und Freising, *Positionspapier des Vorstandes*

*Verbraucherin
Frau Kiene*

„**Ich will kein Genfood!** Ich will frei entscheiden können, was ich esse. Ich bin gegen den Anbau von gentechnisch veränderten Pflanzen im Freiland, weil die manipulierten Gene über Insekten, Pflanzenteile oder Pollen auf andere Pflanzen übertragen werden. Das ist nicht kontrollierbar und in einiger Zeit wird es gar keine gentechnikfreien Nahrungsmittel mehr geben. Ich habe bereits heute Probleme mit Nahrungsmittelallergien und ich glaube, dass sich diese durch den Verzehr genmanipulierter Pflanzen noch verstärken werden."

*Verbraucher
Herr Ratermann*

„**Die Risiken werden beherrschbarer.** Ich habe keine grundsätzlichen Bedenken, Lebensmittel zu essen, die mit gentechnisch veränderten Organismen hergestellt werden. Ich sehe eher große ökologische Risiken, wenn gentechnisch veränderte Pflanzen im Freiland angebaut werden. Ich glaube aber, dass zukünftig mit der Beschränkung auf Cisgene Pflanzen verbunden mit neuen Technologien, die das punktgenaue Einsetzen der übertragenen Gene in das Zielgenom erlauben, diese Risiken nicht mehr bestehen."

„Monsanto und andere Agrarunternehmen arbeiten weiter an der Verbesserung von pflanzlichen Erbinformationen und an der Entwicklung von gentechnisch veränderten Merkmalen, die neben der Ertragssteigerung weitere Vorteile bieten. 2009 wird Monsanto eine Sojabohnenlinie auf den Markt bringen, die laut Feldversuchen Ertragssteigerungen von 7 bis 11 Prozent ermöglicht. Monsanto hat sich öffentlich zu dem Ziel bekannt, die Erträge von wichtigen Nutzpflanzen bis zum Jahr 2030 zu verdoppeln. Ebenso wichtig wie die Ertragssteigerung ist uns ein zweites Ziel, nämlich gleichzeitig Ressourcen einzusparen: Wir wollen ein Drittel weniger Ressourcen wie z. B. Dünger und Wasser pro Ertragseinheit aufwenden."
Internetauftritt von Monsanto, eine Herstellungsfirma gentechnisch veränderter Pflanzen

*Alexandra Fritzsch
Gärtnerin, Biohof*

„**Für mich gibt es viele Gründe, mich gegen Gentechnik auszusprechen** – sozial, wirtschaftlich, ökologisch und auch emotional. Dass ich Biogemüse anbaue, ist nur ein Grund von vielen und auch bevor ich selbst Gärtnerin geworden bin, war ich schon gegen den Einsatz und die Erforschung dieser Technik. Wütend macht mich die Pseudo-Moral der Gentechnikbefürworter, nur mit ihrer Technik ließe sich die Ernährung der gesamten Weltbevölkerung sichern. Es gibt genügend Lebensmittel, auch für noch mehr Menschen, sie sind nur falsch zwischen Nord und Süd verteilt. Außerdem werden Flächen, auf denen Nahrungsmittel für Menschen angebaut werden könnten, benutzt, um unseren Energiebedarf zu decken und Futter für all unser Billigfleisch zu produzieren. Für mich geht es nicht darum, die Landwirtschaft unseren in meinen Augen falschen Bedürfnissen anzupassen, sondern menschliche Bedürfnisse an den gegebenen Bedingungen auszurichten. Momentan liegt die Produktivität von Gensojapflanzen übrigens noch immer unter dem Ertrag konventionell angebauten Sojas. Soviel zur Bekämpfung des Welthungers."

„**Grüne Gentechnik steht für Innovationen und Fortschrittssicherung.**
Die Gentechnik entwickelt sich zum wichtigsten Innovationsmotor in der Pflanzenzüchtung. Herkömmliche Methoden bei der Züchtung von Kulturpflanzen stoßen mittlerweile an ihre Grenzen – der Fortschritt hat sich in den letzten Jahrzehnten verlangsamt. Demgegenüber bietet die Grüne Gentechnik auf lange Sicht große Potenziale, wie krankheits- und schädlingsresistente Pflanzen, gesündere pflanzliche Inhaltsstoffe oder maßgeschneiderte nachwachsende Rohstoffe."
*Deutsche Industrievereinigung Biotechnologie
Dr. Ricardo Gent*

„**Die Leitlinie für die Forschung und Entwicklung von gentechnisch veränderten Organismen (GVO) sollte ein werteorientierter, umweltbewusster Fortschritt sein.** Im Sinne der Bürgergesellschaft sind dazu Transparenz und die Orientierung am Vorsorgeprinzip sowie an einer nachhaltigen Landwirtschaft unabdingbar. Dem stehen die aktuellen Entwicklungen beim Patentrecht, in der Forschung und beim Einsatz gentechnisch veränderter Pflanzen in der Landwirtschaft entgegen.
Deshalb fordert der NABU …
– den Verzicht auf Agro-Gentechnik, soweit wie derzeit gesetzlich möglich, auf nationaler Ebene festzuschreiben bzw. zu befördern und sich in der EU hierfür einzusetzen. ……..
– ein Verbot von Patenten auf Lebewesen in der Tier- und Pflanzenzucht, da sie den Zugang zu Saatgut/Nutztieren für wenige große Unternehmen monopolisieren."
Aus einem Positionspapier des NABU (Naturschutzbund Deutschland)

1 Grüne Gentechnik: Chancen und Risiken
a) Stellen Sie die Argumente, die in den Texten für und gegen die Anwendung der Grünen Gentechnik genannt werden, übersichtlich dar. Ergänzen Sie gegebenenfalls weitere Aspekte. Beachten Sie dabei auch den vorherigen Abschnitt. Geben Sie ethische Werte an, die hinter den Pro- und Kontra-Argumenten stehen.
b) Versetzen Sie sich in die Lage der jeweiligen Interessengruppen und erörtern Sie aus deren Sicht Chancen und Risiken der Anwendung gentechnisch veränderter Pflanzen in der Landwirtschaft.

4.5 Beispiele transgener Organismen und ihrer Verwendung

1 *Zebrabärblinge a) natürliche Form, b) fluoreszierende transgene Form, Glofish*

Seit 2004 kann man in den USA verschiedene Formen des Glofish kaufen. Der Glofish ist ein Zebrabärbling, *Danio rerio*, der durch den Einbau von Genen aus einer Anemonenart und zwei Quallenarten bei Tages- oder Kunstlicht rot, grün oder gelb fluoresziert (Abb. 1b). Der Fisch ist das erste transgene Heimtier. Vorher wurden **transgene Organismen** in den verschiedenen Bereichen der Gentechnik verwendet.

Mäuse werden häufig in der medizinischen Grundlagenforschung eingesetzt. Sie werden mithilfe der Gentechnik gezielt so verändert, dass sie unter den gleichen Krankheiten leiden wie Menschen. Diese transgenen Mäuse eignen sich als Modelle sowohl zur Erforschung der krankheitsauslösenden Vorgänge als auch zur Erprobung neuer Medikamente, die man nicht am Menschen durchführen kann. Jedoch eignet sich die Maus nicht für alle Krankheiten des Menschen als Modellsystem. Dies zeigt sich beispielsweise bei der Erforschung der Cystischen Fibrose (CF), der häufigsten genetisch bedingten Erkrankung des Menschen in Europa. CF beeinträchtigt neben anderen Organen vor allem die Atemwege und die Lungen. Ursache sind Mutationen des CFTR-Gens, das für die Aminosäuresequenz eines Chloridionen-Kanalproteins codiert. Doch Mäuse, bei denen man gezielt dieses CFTR-Gen ausschaltet, sogenannte CFTR-Knock-out-Mäuse, zeigen nicht die Symptome der Lungenerkrankung. Erst die Entwicklung von CFTR-Knock-out-Schweinen führte zum Erfolg. Die dem Menschen in anatomischer wie physiologischer Hinsicht ähnlicheren Schweine zeigen alle für den Menschen typischen Symptome der Lungenerkrankung, sodass sie als Modellsystem in der CF-Forschung eingesetzt werden können.

Zudem könnten Schweine möglicherweise einmal als Lieferanten von Spenderorganen für kranke Menschen dienen. Es wird versucht, das tierische Gewebe genetisch so zu verändern, dass die tierischen Implantate vom menschlichen Immunsystem nicht mehr als fremd erkannt und abgestoßen werden. Und auch die Übertragung von Krankheiten lässt sich zukünftig eventuell mithilfe transgener Mücken bekämpfen, die dann genetisch so verändert sind, dass sie beispielsweise nicht mehr den Malariaerreger *Plasmodium* übertragen können.

Ein weiterer Verwendungsbereich von transgenen Organismen ist das **Gene-Pharming**, eine Wortschöpfung aus Pharmazie und dem englischen *farming*. Das zugrunde liegende Prinzip ist einfach: Tiere und Pflanzen, in welche die gewünschte Erbinformation eingeschleust wird, sollen zum Beispiel in ihren Milchdrüsen oder Blättern Wirkstoffe produzieren, die dann beim Melken, Pflücken oder Mähen gewonnen werden können. Seit 2008 ist der erste Wirkstoff aus transgenen Tieren auf dem deutschen Markt zugelassen. Das Protein Antithrombin wird in der Milch von Ziegen produziert (Abb. 2). Es verhindert als Gerinnungshemmer bei Eingriffen an Patienten mit angeborenem Antithrombin-Mangel die Entstehung von Blutgerinseln. Eine transgene Ziege liefert im Jahr bis zu einem Kilogramm des Wirkstoffs. Dafür wären sonst mehrere Tausend menschliche Plasmaspender nötig. Ziegen wurden ausgewählt, weil sie sich schneller fortpflanzen als Kühe und mehr Antithrombin produzieren als beispielsweise Hasen oder Mäuse.

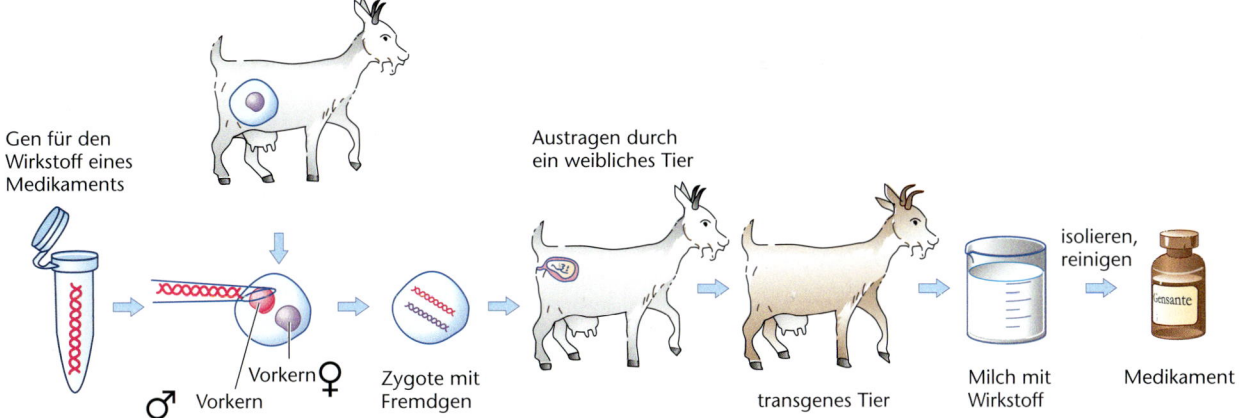

2 Erzeugung transgener Ziegen zur Antithrombin-Produktion

1 Recherche: Transgene Organismen. Recherchieren Sie im Internet für die Kartoffelsorte „Amflora", die Reissorte „Golden Rice" oder die Maissorte „1507" das Für und Wider der Herstellung und Verwendung dieser transgenen Pflanzen. Stellen Sie Ihre Recherche-Ergebnisse zusammenfassend in Form eines Posters dar.

2 Glofish in Deutschland zulassen? In der Europäischen Union sind Vertrieb und Zucht gentechnisch veränderter Tiere verboten. Nehmen Sie Stellung zu der Frage, ob der Glofish in Deutschland als Aquarienfisch zugelassen werden sollte (Abb. 1).

3 Gene-Pharming. Erläutern Sie anhand von Abb. 2 die Erzeugung einer transgenen Ziege und die Produktion des Wirkstoffs Antithrombin.

4 Angewandte Biotechnologie: HIV-Antikörper gentechnisch herstellen. Stellen Sie sich vor, Sie erhielten als Mitarbeiter eines Pharma-Unternehmens die Aufgabe, die Produktion eines bestimmten Antikörpers gegen HI-Viren zu planen. In diesem Zusammenhang stehen Sie vor der Entscheidung, transgene Tiere, Pflanzen, Hefen, Bakterien oder Zellkulturen einzusetzen (Abb. 3). Begründen Sie Ihre Entscheidung.

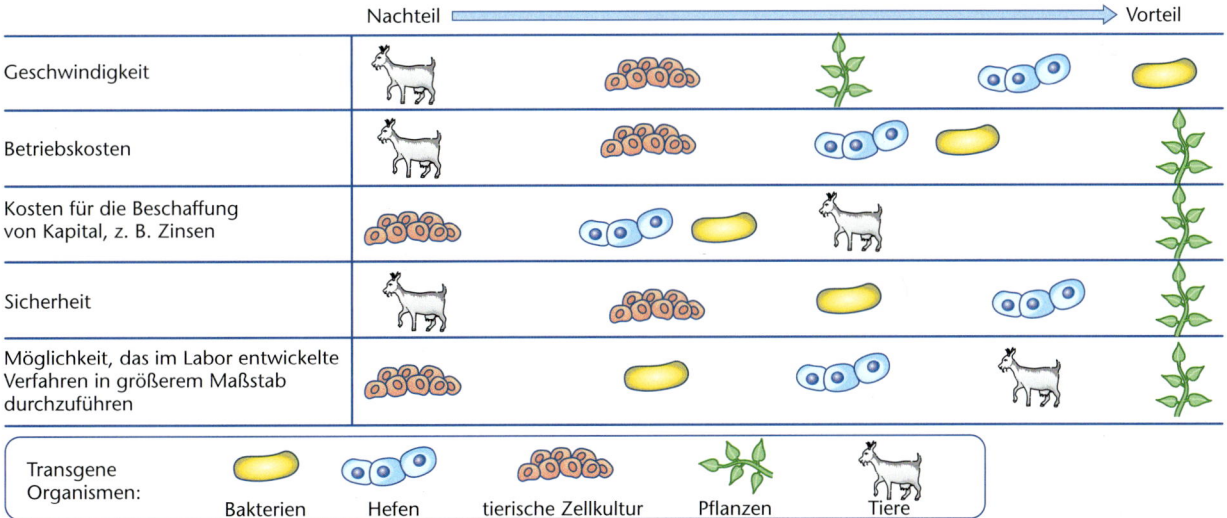

3 Gentechnische Produktion von Proteinen als Wirkstoffe – ein Methodenvergleich

4.6 Synthetische Organismen

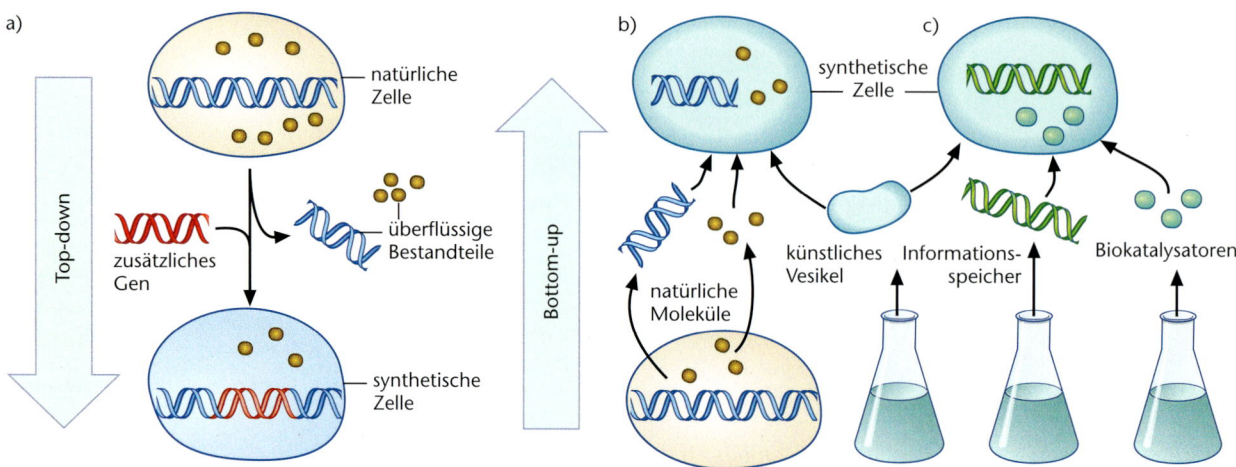

1 *a) Top-down-Ansatz, b) in-vitro-synthetischer Bottom-up-Ansatz, c) chemisch-synthetischer Bottom-up-Ansatz*

Die **Synthetische Biologie** verändert bestehende zellbiologische Systeme und kombiniert sie teilweise mit chemisch synthetisierten Komponenten zu neuen Einheiten, den **synthetischen Organismen**. Dadurch können Eigenschaften entstehen, die in den natürlichen Organismen nicht vorkommen. Die Arbeitsweise der Synthetischen Biologie basiert auf gentechnischen und biotechnologischen Verfahren und stellt ihre Weiterentwicklung dar.

Ziele der Synthetischen Biologie in der nahen Zukunft sind beispielsweise:
– Die Entwicklung von neuartigen Proteinen für bestimmte Funktionen. Dafür könnten auch neu entwickelte Aminosäuren verwendet werden.
– Die Beschleunigung und Optimierung von Stoffwechselprozessen durch die Gestaltung neuartiger Schaltkreise zum gezielten An- und Abschalten von Genen.
– Der Bau von neuen Organismen, zum Beispiel für die Produktion von Medikamenten, Nährstoffen oder zur Energiegewinnung.

Ein Organismus mit einem vollständig künstlich hergestellten Genom wurde erstmals im Jahr 2010 geschaffen. Dafür hat man zahlreiche etwa 1000 Basenpaare lange Genom-Stücke eines sehr einfach gebauten *Mycoplasma*-Bakteriums im Labor hergestellt. Anschließend wurden die verschiedenen künstlichen Genom-Stücke durch Rekombination in Hefezellen miteinander verbunden. Das nun vollständig synthetisierte Genom übertrug man in eine andere *Mycoplasma*-Art, wo es dann die genetische Kontrolle übernahm und sich eigenständig vermehrte. Wirklich neues Leben ist auf diese Weise jedoch nicht geschaffen worden, da das natürliche Genom noch als Vorlage diente, nach der die künstlichen Bausteine eins zu eins zusammengesetzt wurden. Der Nutzen des künstlichen Genoms besteht darin, dass man aus ihm gezielt einzelne Gene entfernen und so überprüfen kann, welche Gene für das Überleben der Zelle notwendig sind. Auf diese Weise könnte man schließlich einen **Minimalorganismus** erschaffen, für den nur noch drei Komponenten erforderlich sind:
– Eine Hülle, welche die Bestandteile zusammenhält und den Stoffaustausch mit der Umgebung regelt.
– Ein Stoffwechsel, der aufgenommene Stoffe in Baustoffe umwandelt und Energie bereitstellt.
– Ein System, das die Baupläne speichert.

Durch Hinzufügen von neuen Stoffwechselwegen ließe sich dann aus einem Minimalorganismus ein Organismus schaffen, der sich zur Herstellung eines bestimmten Stoffes eignet (Abb. 2). Neben dem als **Top-down-Ansatz** bezeichneten Versuch, ein bereits existierendes biologisches System in seiner Komplexität zu reduzieren, wird noch ein anderer Weg verfolgt (Abb. 1a). Beim **Bottom-up-Ansatz** startet man mit künstlichen Bauteilen, aus denen ein System minimaler Größe von Grund auf neu konstruiert wird (Abb. 1b, 1c). Der Top-down-Ansatz bietet einerseits zunächst den Vorteil, dass die Natur die grundlegenden Funktionen der Bestandteile bereits im Verlauf der Evolution optimiert hat, schränkt andererseits aber die Entwicklungsmöglichkeiten ein.

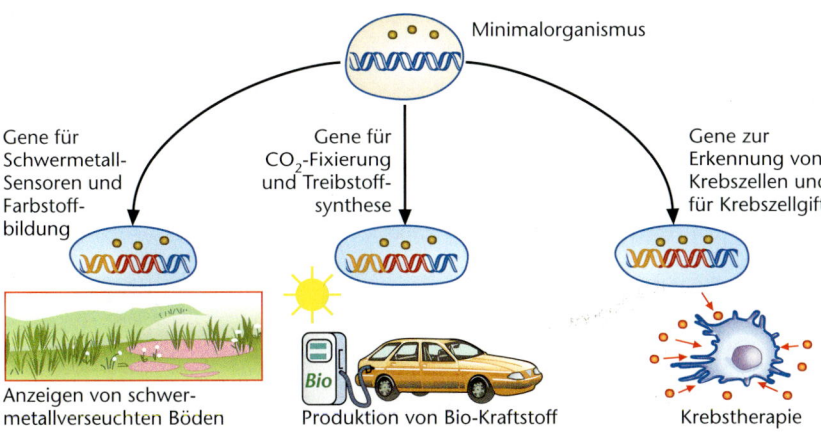

2 Mögliche Einsatzgebiete von synthetischen Organismen

Wie die Gentechnik und die konventionelle Züchtung birgt auch die Synthetische Biologie Risiken hinsichtlich der Folgen unbeabsichtigter Freisetzung von synthetischen Organismen (Biosafety) und hinsichtlich der Missbrauchsmöglichkeiten durch beabsichtigte Freisetzung (Biosecurity). In Bezug auf die Biosafety gehen die Kritiker der Synthetischen Biologie von der These aus, dass die Herstellung zumindest einiger synthetischer Organismen schwer zu kontrollierende Umweltgefahren mit sich bringt. So sei die unkontrollierte Verbreitung von synthetischen Organismen vor allem dann unvermeidbar, wenn sie in großen Mengen produziert und verwendet werden. Hinzu komme, dass die Biomasse der synthetischen Organismen über offene Stoffkreisläufe entsorgt werden müsse (z. B. als Tierfutter oder Dünger). Die Befürworter der Synthetischen Biologie sind hingegen der Meinung, dass die Entsorgung nicht problematischer als in anderen Industrien sei, da die synthetischen Anteile z. B. durch Verbrennen vernichtet werden könnten. Besonders kritisch wird von den Gegnern gesehen, dass die synthetischen Organismen aufgrund ihrer raschen Vermehrung, ihrer gezielt erzeugten Angepasstheit an die Umweltbedingungen, ihrer möglichen Veränderung durch Evolution und ihrer Fähigkeit zur Übertragung genetischer Elemente auf natürliche Organismen durch horizontalen Gentransfer natürliche Arten verdrängen oder verändern könnten. Die Befürworter weisen in diesem Zusammenhang allerdings darauf hin, dass die meisten Minimalorganismen in der Natur nicht überleben könnten. Zudem seien sie auf Ertrag, Inhaltsstoffe oder Volumen hin optimiert und nicht auf die Ausbreitung in der Natur. Und schließlich würden sich synthetische Organismen in dieser Hinsicht nicht von gentechnisch veränderten Organismen unterscheiden. Die geltenden Gesetze und Regelungen würden also ausreichen. Dem wird jedoch entgegnet, dass für die Risikobewertung nicht die aktuelle Praxis zugrunde gelegt werden dürfte, sondern Szenarien zukünftiger Entwicklungen. Im Rahmen der Biosecurity werden Risiken untersucht, die mit der beabsichtigten Freisetzung von krankheitserregenden Bakterien und Viren verbunden sind. Als ein Lösungsansatz wird die Selbstkontrolle von Forschung und Wirtschaft vorgeschlagen. Allerdings ließe sie sich kaum in allen Staaten durchsetzen. Zudem ist unsicher, welche Gene als gefährlich einzustufen sind.

3 Biosafety und Biosecurity in der Synthetischen Biologie

1 Herstellung synthetischer Organismen. Beschreiben Sie die unterschiedlichen Ansätze zur Herstellung synthetischer Organismen (Abb. 1).

2 Recherche: Synthetische Organismen.
a) Recherchieren Sie für eines der in Abb. 2 dargestellten möglichen Einsatzgebiete von synthetischen Organismen die aktuellen Entwicklungen und die Ziele der Forschung.
b) Bewerten Sie die aktuellen Entwicklungen aus biologischer und aus gesellschaftlicher Sicht.

3 Biosafety und Biosecurity. Übertragen Sie die Informationen aus Abb. 3 in eine Mindmap und ergänzen Sie gegebenenfalls mit eigenen Überlegungen.

4 Ethische Aspekte. Nehmen Sie Stellung zu dem Zitat in Abb. 4. Verfassen Sie zu diesem Zweck einen Leserbrief, mit dem Sie die Einschätzung des Medizinethikers Giovanni Maio begründet unterstützen oder ablehnen.

„Wenn Organismen umgebaut werden, um für uns Rohstoffe herzustellen, wird Leben aus der Perspektive einer Verwertung betrachtet. Das ist vielleicht unproblematisch, solange es sich um Einzeller oder Pilze handelt. Indem wir aber Leben immer mehr in Verwertungszusammenhängen betrachten, verwischen wir die Grenze zwischen dem Lebendigen und der Maschine. Wer sagt, Leben sei im Grunde nichts anderes als eine komplexe Maschine, entwertet alles Lebendige."

(Giovanni Maio, Professor für Medizinethik, in: ZEIT Wissen Magazin, Ausgabe 5/12, S. 58)

4 Eine ethische Position zur Schaffung synthetischer Organismen

4.7 Hochdurchsatz-DNA-Sequenzierungen – Chancen und Risiken

1 *Die Entwicklung von Hochdurchsatztechnologien ermöglicht die Sequenzierung des Genoms eines Menschen innerhalb weniger Tage. Das birgt Chancen und Herausforderungen in der humangenetischen Diagnostik aber auch Risiken im Umgang mit dem neuen Wissen.*

Der zweifache Nobelpreisträger FREDERICK SANGER (1918 – 2013) legte im Jahr 1975 den Grundstein für eine auch heute noch bedeutende enzymatische Methode, mit der die Abfolge (Sequenz) der Nukleotide der DNA mit ihren vier verschiedenen Basen (A, T, C, G) bestimmt werden konnte (Abb. 3). FREDERICK SANGER freute sich im Jahre 1975 sehr darüber, dass es gelang, etwa fünf Basen in einer Woche zu sequenzieren. Im Vergleich zu diesen fünf Basen nimmt sich die Zahl der Basenpaare (bp) der Genome, also der Gesamtheit der genetischen Information eines Lebewesens, astronomisch aus: $4,7 \times 10^6$ bp beim Bakterium E.coli, $3,2 \times 10^{12}$ bp beim Menschen und $1,6 \times 10^{13}$ bp beim Weizen (Triticum aestivum).

Heute kann das Genom eines Menschen innerhalb weniger Tage mit aufwändiger digitaler Technik und bioinformatorischer Software für weniger als 1000 Dollar sequenziert werden. Man spricht in diesem Zusammenhang vom „1000-Dollar-Genom". Ermöglicht wird dies durch sogenannte **Hochdurchsatztechnologien in der Genomanalyse**. Dazu zählt unter anderem die DNA-Chip-Technik und eine neue Generation von Sequenzierverfahren (NextGenerationSequencing, NGS, Abb. 4). Den Hochdurchsatzverfahren ist gemeinsam, dass sie durch hochgradig automatisierte, zeitgleiche (parallele) Sequenzierung sehr vieler DNA-Abschnitte schnell und effizient sind und zudem relativ kostengünstig arbeiten. Dabei fallen riesige Datenmengen an, mitunter mehrere Dutzend Terabyte (TB).

Die Auswertung der Daten für humangenetische Diagnosen stellt eine Herausforderung dar. Die Entschlüsselung der DNA-Sequenz ist die eine Seite, die ungleich schwierigere Aufgabe ist es, das Genom und seine Funktionen zu verstehen. Hilfreich sind die Hochdurchsatzverfahren bei der Suche nach bestimmten individuellen Einzelbasenvarianten (Basenpaaraustausche, single nucleotid polymorphisms, SNP), die Bedeutung für Krankheiten haben oder haben könnten. Die zunehmend kostengünstiger gewordenen Hochdurchsatzverfahren verbessern die Chancen, Mutationen zu finden, die im Zusammenhang mit Krankheiten stehen. Schon bestehende Diagnosen bestimmter genetisch (mit-)bedingter Krankheiten können mit diesen Verfahren abgesichert werden. In der sogenannten „**personalisierten Medizin**" erhofft man sich unter anderem, Auswahl und Dosierung von Medikamenten an individuelle Gegebenheiten des Genoms des Patienten anpassen zu können, um dadurch eine optimale Behandlung zu erreichen, z.B. bei der personalisierten Tumortherapie.

Die Auswertung von Hochdurchsatz-Sequenzierungen zum Zwecke humangenetischer Diagnostik, z.B. auf der Suche nach krankheitsverursachenden Mutationen, wird durch die Variabilität des menschlichen Genoms erschwert. Es gibt keine Standard-DNA-Sequenz. Jedes Individuum hat etwa drei Millionen SNPs (siehe oben), die zumeist keine Auswirkungen auf den Phänotyp des Einzelnen haben. Wurden nur die Exons im Genom sequenziert, sind es immer noch 20- bis 50-Tausend individuelle Veränderungen.

- Das menschliche Genom ist grundlegender Bestandteil des gemeinsamen Erbgutes aller Menschen.
- Jeder Mensch hat seine eigene genetische Identität. Dabei lässt sich die Persönlichkeit eines Menschen nicht auf seine genetischen Merkmale reduzieren.
- Jeder Mensch hat unabhängig von seinen genetischen Eigenschaften ein Recht auf Achtung seiner Würde. Niemals darf er aufgrund seiner Merkmale diskriminiert werden.
- Jedem Individuum soll das Recht auf das ihn betreffende krankheitsrelevante genetische Wissen garantiert sein. Gleichzeitig soll er aber das Recht haben, auf solches Wissen verzichten zu können.
- Die Würde und Freiheit des Menschen muss absoluten Vorrang vor jedem wissenschaftlichen Fortschritt haben.

2 *Aus der „Allgemeinen Erklärung über das menschliche Genom und Menschenrechte" (UNESCO, 1997). Siehe hierzu auch das Gendiagnostikgesetz, das seit dem 1.2.2010 in Deutschland in Kraft ist.*

Die Hochdurchsatzverfahren des NextGenerationSequencing (NGS) entschlüsseln durch automatisierte, zeitgleiche Sequenzierung mithilfe einer Auswertungs-Software in kurzer Zeit umfangreiche Sequenzen in kostengünstiger Weise. Mit NGS-Technik können zum Beispiel gezielt bestimmte Bereiche des Genoms sequenziert werden (targeted NGS), alle Exons, also alle codierenden Bereiche des Genoms (exome sequenzing) oder das ganze Genom (whole genom sequencing). NG-Sequenzierungen kosten ungefähr 0,01 Euro pro 33 Tausend Basenpaaren.

4 *NextGenerationSequencing (NGS)*

1 **Klassische Sequenzierung nach SANGER und Hochdurchsatzverfahren.** Erläutern Sie die Vorgehensweise bei der Sanger-Sequenzierung (Abb. 3), bei der DNA-Chip-Hochdurchsatztechnik (zu DNA-Chips finden Sie einen eigenen Abschnitt in diesem Buch) und beim NextGenerationSequencing (linke Seite, Abb. 4).

2 **Hochdurchsatz-Sequenzierungen: Chancen und Risiken.** Erörtern Sie Chancen und Risiken der Hochdurchsatztechniken (DNA-Chips, NGS). Recherchieren Sie in diesem Zusammenhang auch zum „1000-Dollar-Genom".

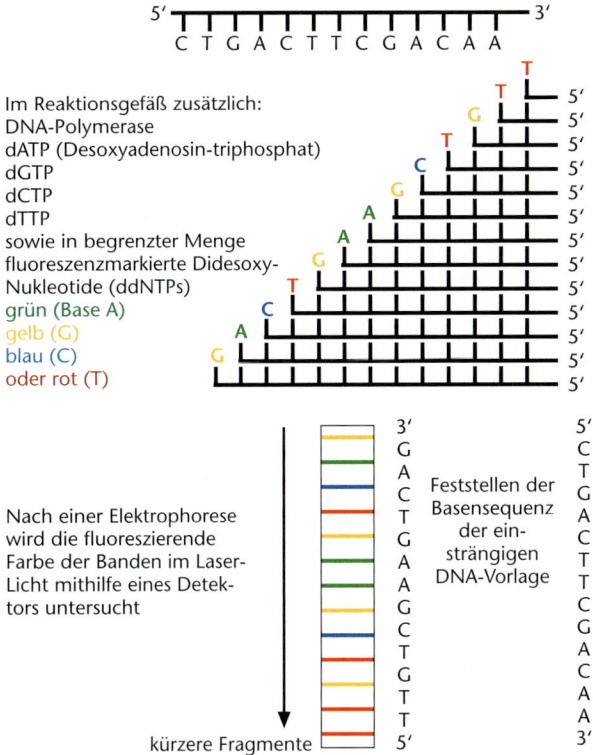

3 *Die Sanger-Sequenzierung (auch Kettenabbruch- oder Didesoxy-Methode genannt) ist ein klassisches, häufig genutztes Verfahren der DNA-Sequenzierung.* Hier ist eine neuere Variante dargestellt, bei der Fluoreszenzfarbstoffe verwendet werden. Nach Isolierung und Vervielfältigung des zu sequenzierenden Stranges (z.B. eines Exons mit vermuteter Punktmutation) mittels PCR wird die einzelsträngige DNA im Reaktionsgefäß zusammen gebracht mit einem Primer (hier nicht dargestellt) mit dem Enzym DNA-Polymerase, den vier verschiedenen Nukleotiden sowie in begrenzter Menge mit fluoreszenzmarkierten Didesoxy-Nukleotiden (ddNTPs). Je nach Base, fluoreszieren diese Didesoxy-Moleküle grün (Base A), gelb (G), blau (C) oder rot (T). Die Didesoxy-Moleküle werden von der DNA-Polymerase entsprechend den Regeln der komplementären Basenpaarung eingebaut, danach kommt es jedoch aufgrund der chemischen Eigenschaften der ddNTPs zum Kettenabbruch. Die so entstandenen unterschiedlich langen DNA-Fragmente werden nach ihrer Länge elektrophoretisch aufgetrennt, die Farbe der Fluoreszenz der Banden mit einem Detektor bestimmt und die entsprechende Basenssequenz generiert.

Pro Basenpaar kostet die Sequenzierung 0,01 Euro. Die Sanger-Sequenzierung wird vor allem für kurze DNA-Abschnitte eingesetzt.

4.8 Stammzellen und Klonen

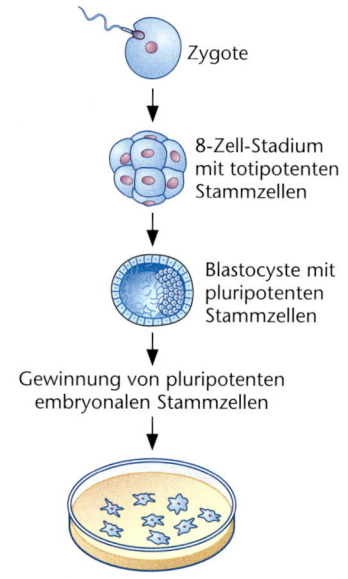

1 *Verschiedene Stammzelltypen des Menschen*

Aus einer Zygote entsteht etwa vier Tage nach der Befruchtung durch drei Zellteilungen ein 8-Zell-Stadium (Abb. 1). Bis zu diesem Stadium sind die Zellen **totipotent.** Das bedeutet, aus jeder dieser Zellen kann ein vollständiger Mensch entstehen. Das deutsche Embryonenschutzgesetz definiert totipotente Zellen als Embryo mit Menschenwürde. Durch weitere Zellteilungen entsteht die Blastocyste. Ihre Zellen sind **pluripotent.** Sie besitzen das Potenzial, jeden Zelltyp des erwachsenen Organismus auszubilden. Nur eines können sie nicht mehr: im Mutterleib zu einem Menschen heranwachsen.

Adulte Stammzellen stammen aus einem erwachsenen Organismus. Sie sind in zahlreichen Geweben zu finden. Wegen ihrer Eigenschaft, eine Vielzahl von Zelltypen, aber nicht alle bilden zu können, nennt man sie **multipotent.** Die Hauptaufgabe der adulten Stammzellen ist die Reparatur und Erneuerung des jeweiligen Gewebes, z. B. der Haut oder des Darms. Die adulten Stammzellen teilen sich und bringen bei jeder Zellteilung eine neue Stammzelle sowie eine bereits spezialisierte Vorläuferzelle hervor. Vorläuferzellen bilden fortlaufend vollständig ausdifferenzierte Zellen des jeweiligen Gewebes.

Unter **reproduktivem Klonen** versteht man beim Menschen die künstliche Erzeugung eines Klonembryos, der in die Gebärmutter einer Frau eingesetzt wird, damit sich daraus ein Mensch entwickelt und geboren wird (Abb. 2). Dieses Kind wäre hinsichtlich seiner Erbanlagen eine Kopie des Menschen, der den Zellkern gespendet hat. Das reproduktive Klonen von Menschen ist weltweit geächtet. In Tierversuchen ergab sich, dass Klontiere ein erhöhtes Risiko für Entwicklungsschäden und bestimmte Krankheiten haben.

Beim **therapeutischen Klonen** wird der künstlich erzeugte Klonembryo zerlegt, um so Stammzellen zu erhalten (Abb. 3). Man hofft, aus Stammzellen im Labor verschiedene Gewebe züchten zu können, die als Ersatz für krankes Gewebe beim Spender des Zellkerns dienen. Sowohl das reproduktive Klonen als auch das therapeutische Klonen sind bezüglich des Menschen in Deutschland verboten. Allerdings dürfen deutsche Forscher unter strengen Auflagen mit bestimmten Stammzellen aus anderen Ländern wissenschaftliche Untersuchungen betreiben.

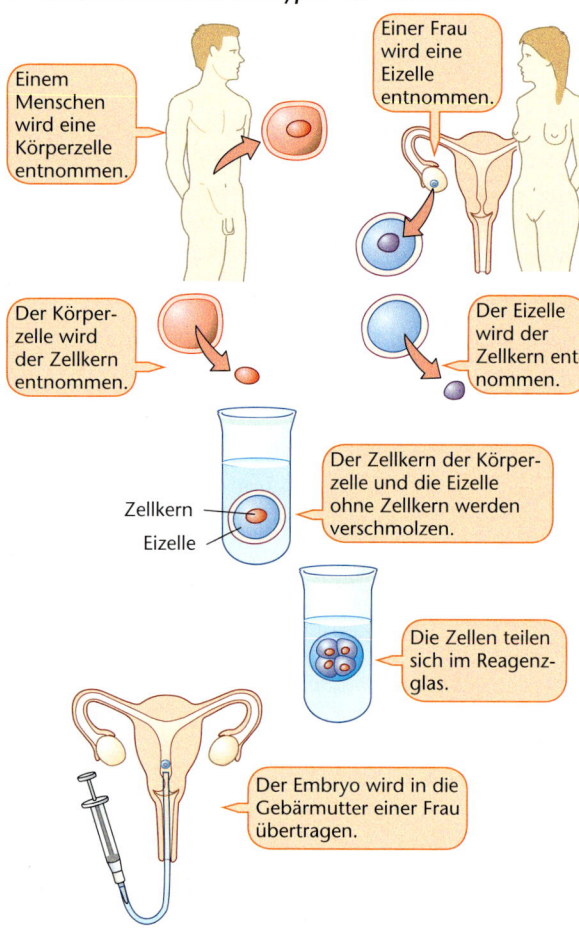

2 *Die Technik des reproduktiven Klonens*

→ 4.1 Ethisches Bewerten

1 Embryonale und adulte Stammzellen. Vergleichen Sie tabellarisch embryonale und adulte Stammzellen.

2 Glossar anfertigen. Unter einem Glossar versteht man eine Liste von Wörtern mit Erläuterungen und Definitionen. Fertigen Sie anhand des Textes auf der linken Seite ein Glossar der fett gedruckten Begriffe an. Informieren Sie sich durch Recherche nach der Begriffsbestimmung „Embryo" laut § 8 (1) des Embryonenschutzgesetzes.

3 Reproduktives und therapeutisches Klonen.
a) Beschreiben Sie die Abläufe in Abb. 3 in einem zusammenhängenden Text.
b) Vergleichen Sie reproduktives und therapeutisches Klonen (Abb. 2, 3). Nennen Sie mögliche Gründe dafür, dass das reproduktive Klonen von Menschen weltweit abgelehnt wird, das therapeutische Klonen jedoch nicht.
c) Erarbeiten Sie Argumente für und gegen therapeutisches Klonen. Beachten Sie dabei auch Herkunft und Eigenschaften embryonaler und adulter Stammzellen.

4 Ethische Positionen. Wer könnte die in Abb. 4 genannten Positionen jeweils vertreten? Begründen Sie Ihre Entscheidung.

A – Mit der Vereinigung von Ei- und Samenzelle liegt ein menschliches Wesen vor, dem menschliche Würde zukommt und das geschützt werden muss. Deshalb darf nicht zugelassen werden, dass einzelne Embryonen als geeignet für ein Weiterleben bezeichnet und andere ausgemustert werden.
B – Es ist ethisch nicht vertretbar, schwer kranken Menschen mögliche Heilungschancen zu verweigern.
C – Wir können es uns nicht leisten, dass Forschungen auf einem so wichtigen Gebiet nur im Ausland möglich sind. Da sich die Entwicklung nicht aufhalten lässt, sollte man auch in Deutschland an menschlichen Embryonen forschen dürfen.
D – Für die Herstellung von Embryonen werden Eizellen benötigt. Diese stammen von Frauen, deren Eizellproduktion vor der Eizellspende hormonell stimuliert wird. Dabei kommt es immer wieder zu Komplikationen, die teilweise sogar lebensbedrohlich sein können. Zum Schutz dieser Frauen sollten keine embryonalen Stammzellen verwendet werden.
E – In der Allgemeinen Erklärung der Menschenrechte heißt es: „Alle Menschen sind frei und gleich an Würde und Rechten geboren." Deshalb darf das Recht eines kranken Menschen auf Heilung nicht höher bewertet werden als der Schutz werdenden Lebens.

4 *Ethische Positionen*

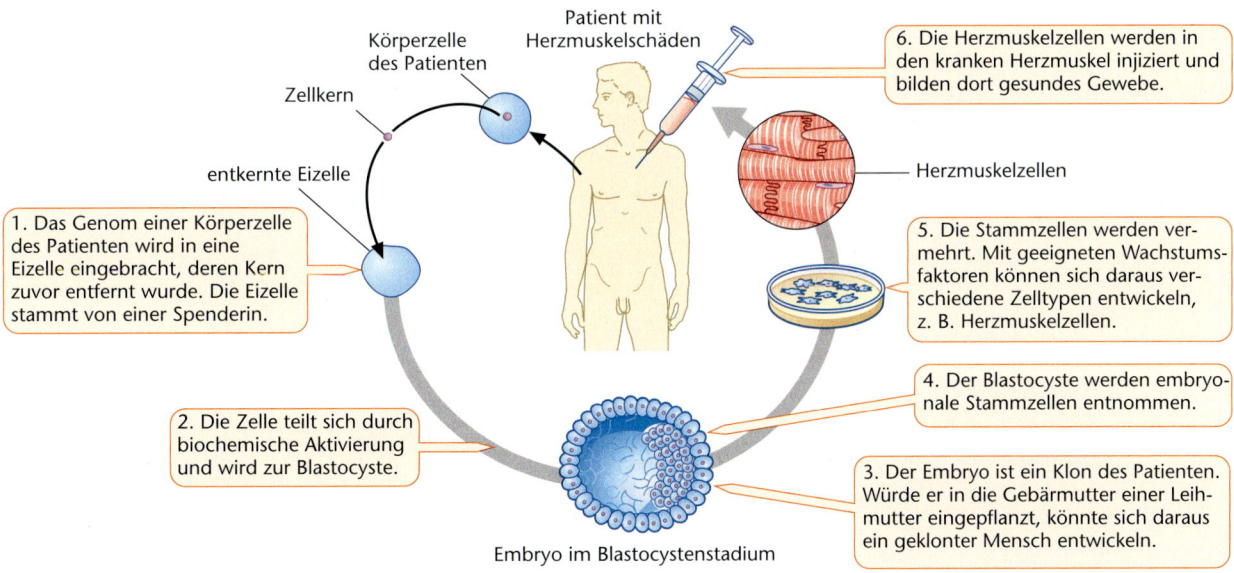

3 *Theorie des therapeutischen Klonens*

→ 3.20 Differentielle Genaktivität und die Vielfalt der Zellen

Wiederholen im Inhaltsfeld Genetik

Dieser Abschnitt bietet Hilfestellungen zur eigentätigen oder arbeitsteiligen Organisation Ihrer Wiederholungen im Inhaltsfeld Genetik, zum Beispiel in regelmäßigen zeitlichen Abständen, vor Klausuren oder umfassender vor der Abiturprüfung. Die inhaltlichen Schwerpunkte und alle angestrebten inhaltsbezogenen Kompetenzen, wie sie sich aus dem Biologie-Kernlehrplan des Ministeriums für Schule und Weiterbildung in Nordrhein-Westfalen für das Inhaltsfeld Genetik ergeben, sind nachfolgend angegeben. Die Nummerierung der Kompetenzen soll der besseren Verständigung dienen und ist weder eine Rangfolge noch eine zeitliche Abfolge. Oftmals können die angestrebten Kompetenzen mehreren inhaltlichen Schwerpunkten zugeordnet werden. In Klammern sind jeweils Kernabschnitte aus diesem Buch zur Wiederholung genannt. Fachliche Kompetenzen des Kernlehrplans, die nur für den Leistungskurs ausgewiesen sind, wurden hier blau markiert. Kompetenzen für den Grund- und den Leistungskurs sind orangefarbig gehalten.

Inhaltlicher Schwerpunkt (nach Kernlehrplan)	Kompetenz lt. Kernlehrplan, Operatoren *in kursiv und fett*; (grün: zugehörige Kernabschnitte in diesem Bioskop-Buch in Klammern). Die Schülerinnen und Schüler ......
A) Meiose und Rekombination	1. *erläutern* die Grundprinzipien der inter- und intrachromosomalen Rekombination (Reduktion und Neukombination der Chromosomen) bei Meiose und Befruchtung (1.4, 1.5). 2. Siehe unter 4 (1.7)
B) Analyse von Familienstammbäumen	3. *formulieren* bei der Stammbaumanalyse Hypothesen zum Vererbungsmodus genetisch bedingter Merkmale (X-chromosomal, autosomal, Zweifaktorenanalyse, Kopplung, Crossing-over) und *begründen* die Hypothesen mit vorhandenen Daten auf der Grundlage der Meiose (siehe auch A) (2.1, 2.2, 2.3, 2.4) 4. *erklären* die Auswirkungen verschiedener Gen-, Chromosom- und Genommutationen auf den Phänotyp (u.a. unter Berücksichtigung von Genwirkketten (siehe auch bei A und C) (2.3, 2.4, 2.5, 3.7) 5. *recherchieren* Informationen zu humangenetischen Fragestellungen (u. a. zu genetisch bedingten Krankheiten), *schätzen* die Relevanz und Zuverlässigkeit der Informationen *ein* und *fassen* die Ergebnisse strukturiert *zusammen* (siehe auch bei A, C, E, F) (2.5, 2.6, 2.7, 3.8)
C) Proteinbiosynthese und D) Genregulation	6. *benennen* Fragestellungen und *stellen Hypothesen* zur Entschlüsselung des genetischen Codes *auf* und *erläutern* klassische Experimente zur Entwicklung der Code-Sonne (3.4) 7. *Erläutern* Eigenschaften des genetischen Codes und charakterisieren mit dessen Hilfe Mutationstypen (3.5) 8. *erläutern* wissenschaftliche Experimente zur Aufklärung der Proteinsynthese, generieren *Hypothesen* auf der Grundlage der Versuchspläne und *interpretieren* die Versuchsergebnisse (3.6: A1, 3.7) 9. Siehe 4 (3.7, ggf. in Auswahl: 3.8, 3.10, 3.12). 10. *erläutern* molekulargenetische Verfahren (u.a. PCR, Gelelektrophorese) und ihre Einsatzgebiete (auch bei B, D und E, siehe auch 22 (3.9, 3.11) 11. Siehe auch 19 (3.25) 12. *erläutern* und *entwickeln* Modellvorstellungen auf der Grundlage von Experimenten zur Aufklärung der Genregulation bei Prokaryoten (3.14). 13. *erklären* mithilfe von Modellen genregulatorische Vorgänge bei Eukaryoten (3.15, 3.16).

	14. *erläutern* die Bedeutung der Transkriptionsfaktoren für die Regulation von Zellstoffwechsel und Entwicklung (3.16).
15. *vergleichen* die molekularen Abläufe der Proteinbiosynthese bei Pro- und Eukaryoten (3.14, 3.16).
16. *erklären* (Gk): ein epigenetischer Mechanismus als Modell zur Regelung des Zellstoffwechsels (3.17)/ *erläutern* epigenetische Modelle zur Regelung des Zellstoffwechsels und *leiten* Konsequenzen für den Organismus *ab* (3.17, 3.18).
17. erklären mithilfe eines Modells die Wechselwirkungen von Proto-Onkogenen und Tumor-Supressorgenen auf die Regulation des Zellzyklus und erklären (Gk)/ *beurteilen* die Folgen von Mutationen in diesen Genen (3.21, 3.22).
18. *reflektieren* und *erläutern* den Wandel des Genbegriffs (3.26).
E) Gentechnik 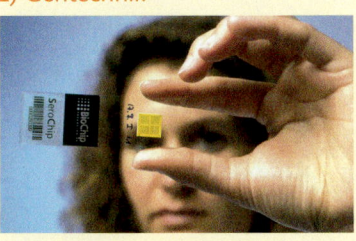	19. *begründen* die Verwendung bestimmter Modellorganismen (u.a. E.coli) für besondere Fragestellungen genetischer Forschung (3.25).
20. *beschreiben* molekulargenetische Werkzeuge, *erläutern*: Bedeutung für gentechnische Grundoperationen (4.2).
21. *stellen* mithilfe geeigneter Medien die Herstellung transgener Organismen *dar* und diskutieren ihre Verwendung (4.5, 4.2, 4.3).
22. *geben* die Bedeutung von DNA-Chips (3.23) und Hochdurchsatz-Sequenzierungen *an* (4.7) und *bewerten* Chancen und Risiken.
23. *beschreiben* aktuelle Entwicklungen in der Biotechnologie bis hin zum Aufbau von synthetischen Organismen in ihren Konsequenzen für unterschiedliche Einsatzziele und *bewerten* sie (4.6, 3.19, 3.20, 3.24).
F) Bioethik	24. *Recherchieren* Unterschiede zwischen embryonalen und adulten Stammzellen und *präsentieren* diese unter Verwendung geeigneter Darstellungsformen (4.1, 4.8).
25. *Stellen* naturwissenschaftlich-gesellschaftliche Positionen zum therapeutischen Einsatz von Stammzellen *dar* und *bewerten* Interessen sowie Folgen ethisch (4.8, 4.1).

Prokaryoten   Eukaryoten   DNA   Chromosom
Meiose Rekombination   (Neukombination), interchromosomal, intrachromosomal   Gen   Genotyp   Phänotyp
Genom   Stammbaumanalyse (Familie)   X-chromosomaler Erbgang
autosomaler Erbgang   genetischer Code   Code-Sonne
Genmutationen (Mutationstypen)   Proteinbiosynthese
Transkription   Translation   Genregulation
Operon-Modell   Transkriptionsfaktor   RNA-Interferenz
Exons/Introns   mRNA-Prozessing   alternatives Spleißen
Zelldifferenzierung/differentielle Genaktivität
Proto-Onkogen(Zellzyklus)   Tumor-Supressorgen (Zellzyklus)
Epigenese/ epigenetische Regulation   PCR
Gel-Elektrophorese   DNA-Chip   Hochdurchsatz-Sequenzierung
Modellorganismus   Transgener Organismus
Synthetischer Organismus   Stammzellen embryonal
Stammzellen adult

1 *Begriffskasten zur Genetik (Auswahl)*

1 Einige Schlüsselbegriffe zur Genetik (Abb.1)
a) Erläutern Sie sich in Partnerarbeit abwechselnd die in Abb. 1 genannten Fachbegriffe.
b) Erstellen Sie eine Mind-Map zum Thema Genetik. Nutzen Sie unter anderem den Begriffskasten. Zur Untergliederung der Mind-Map können Sie die inhaltlichen Schwerpunkte (nach Kernlehrplan, siehe Tabelle) verwenden.

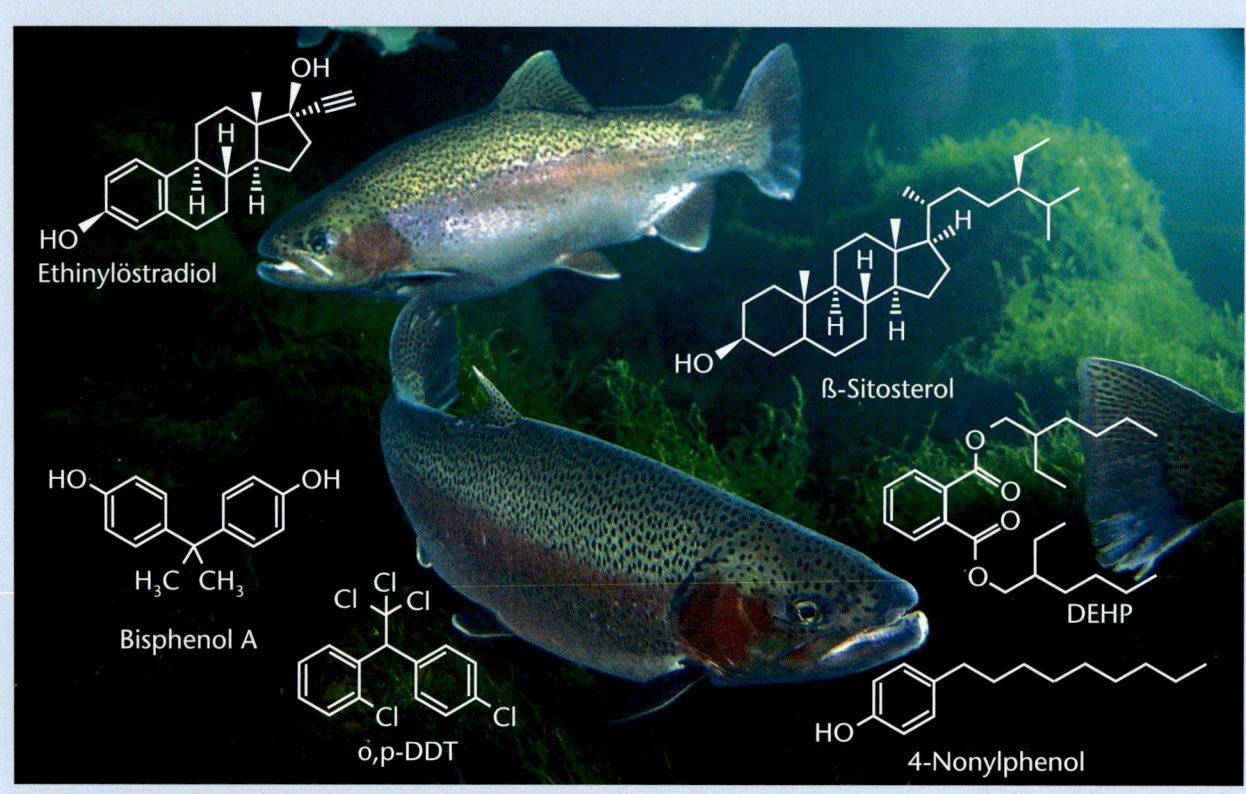

Ökologie

5 Fotosynthese

6 Umweltfaktoren und ökologische Potenz

7 Dynamik von Populationen

8 Stoffkreislauf und Energiefluss in Ökosystemen

9 Mensch und Ökosysteme

Kein Lebewesen lebt für sich allein. Die Ökologie ist ein Teilgebiet der Biologie, in der die Beziehungen der Lebewesen untereinander und ihre Wechselwirkungen mit der unbelebten Umwelt untersucht werden. Das Spektrum der biologischen Systemzusammenhänge reicht in diesem Fachgebiet der Biologie von einzelnen Organismen in ihrer Beziehung zur Umwelt über die vielfältig miteinander verflochtenen Beziehungen in Ökosystem bis hin zu globalen Prozessen. Oftmals ist für ökologische Themen typisch, dass sie ein hohes Maß an Vernetzung zwischen einzelnen Teilaspekten aufweisen. Insofern fördert auch der Ökologie-Unterricht ein „vernetztes Denken". In der (Umwelt-)Geschichte gibt es zahlreiche Beispiele dafür, dass Menschen ökologische Komplexität nicht oder nicht rechtzeitig begriffen haben – und in der Folge mit teilweise gravierenden Umweltbelastungen konfrontiert waren. Eingriffe des Menschen in ökologische Zusammenhänge erfordern ethisches Nachdenken über die Verantwortung und über die Nachhaltigkeit menschlichen Handelns für sich selbst.

In der Abbildung sind verschiedene Substanzen dargestellt, die durch menschliches Handeln in ein Gewässer gelangen und dort lebende Organismen beeinflussen können. Östradiole sind Hormone, die in der Antibabypille enthalten sind. DDT ist ein Insektizid, Bisphenol A ein Ausgangsstoff für die Kunststoffsynthese und Diethylhexylphthalat (DEHP) der gebräuchlichste Weichmacher. Weichmacher werden Kunststoffen zugesetzt, um sie dehnbarer, biegsamer und weicher zu machen. Weichmacher können sich aus diesen Kunststoffen heraus lösen und gelangen so auch in aquatische Ökosysteme. Wenn Weichmacher von Organismen aufgenommen werden, entfalten manche dieser Stoffe hormonartige Wirkungen. Das kann die Fortpflanzungsfähigkeit von Organismen beeinträchtigen oder Krankheiten verursachen.

5.1 Die Bedeutung der Fotosynthese für Lebewesen

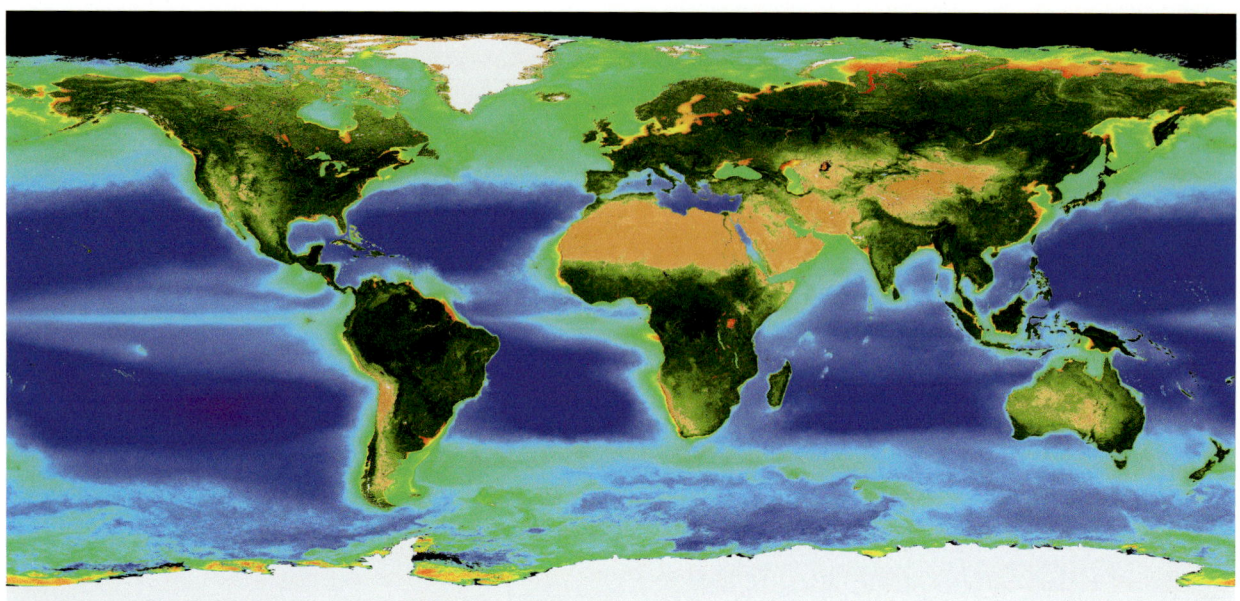

1 *Verteilung der Fotosynthese auf der Erde, Satellitenaufnahme*

Die Fotosynthese ist einer der wichtigsten biologisch-chemischen Prozesse auf der Erde. Sie stellt für sehr viele Organismen die Grundlage ihrer Existenz dar, so auch für das menschliche Leben. In der Frühzeit der Erde, vor etwa vier Milliarden Jahren, gab es noch keine Fotosynthese und die Uratmosphäre war frei von Sauerstoff. Erst mit der Entwicklung von Fotosynthese treibenden Lebewesen entstand im Laufe von Milliarden Jahren die sauerstoffhaltige Atmosphäre. In etwa zwanzig Kilometer Höhe wird Sauerstoff (O_2) durch ultraviolette Strahlung zu Ozon umgewandelt, ein Molekül aus drei Sauerstoffatomen (O_3). Ozon bildet dort eine Ozonschicht, die einen großen Teil der gefährlichen ultravioletten Strahlung abfängt. Erst unter diesem Schutz konnte sich das Leben an Land entwickeln.

Ökosysteme sind Beziehungsgefüge zwischen den Lebewesen einer Lebensgemeinschaft und ihrem jeweiligen Lebensraum. Sie benötigen eine Energiezufuhr von außen, um bestehen zu können. Diese Zufuhr an Energie von außen erfolgt in fast allen Ökosystemen durch das Sonnenlicht. Pflanzen können die Lichtenergie der Sonne durch den Prozess der Fotosynthese auffangen. Die aufgefangene Energie wird zum Teil in energiereiche, körpereigene Stoffe (organische Stoffe) wie Glucose und Stärke umgewandelt. Man bezeichnet Pflanzen deshalb auch als **Produzenten**.

In fast allen Ökosystemen beziehen die Lebewesen ihre Energie zum Überleben aus dem Prozess der Fotosynthese. Während die Produzenten ihren Energiebedarf durch ihre Fotosynthesetätigkeit direkt decken können, nehmen viele Organismen die Energie aus der Fotosynthese über ihre Nahrung auf. Sie sind Pflanzenfresser oder Fleischfresser. Diese Organismen nennt man **Konsumenten**.

Auf die Fotosynthese in längst vergangenen Zeiten gehen **fossile Energieträger** wie Erdöl, Erdgas und Kohle zurück. Aus der organischen Substanz damaliger Lebewesen entstand nach dem Absterben unter bestimmten Bedingungen Erdöl und Kohle. Zu den **regenerativen Energieträgern** zählen auch nachwachsende Rohstoffe, bei denen energiereiche Substanz durch Fotosynthese aufgebaut wurde, u. a. Biokraftstoffe, Textilfasern oder Holz.

Bei der Fotosynthese entsteht neben energiereichen Stoffen auch Sauerstoff. Sauerstoff hat eine große Bedeutung für atmende Lebewesen. Energiereiche Stoffe, wie Glucose werden durch den Prozess der Zellatmung abgebaut. Voraussetzung für die Zellatmung ist Sauerstoff. Die Intensität der Fotosynthese ist in den gemäßigten Breiten von den Jahreszeiten abhängig.

Die Meeresschnecke *Elysia chlorotica* ist bis zu 4 cm groß. Sie ergrünt, wenn sie Algen der Art Vaucheria litorea frisst. Dabei verdaut sie die Chloroplasten der Algen nicht, sondern nimmt diese in ihre Darmzellen auf. Dort teilen sie sich und betreiben aktiv Fotosynthese.
Solange die Schnecke genügend Licht bekommt, kann sie nun auf die übliche Nahrungsaufnahme verzichten. Allerdings stellen die aufgenommenen Chloroplasten nach etwa zehn Monaten ihren Dienst ein. Die Schnecke frisst dann erneut Algen, sodass sie weiterhin fremde Chloroplasten nutzen kann.

2 Meeresschnecke Elysia chlorotica

1 **Globale Verteilung der Fotosynthese zu einer bestimmten Jahreszeit.** Beschreiben Sie die Abb. 1 und werten Sie die Abbildung aus, auch im Hinblick auf die Jahreszeit, in der die Aufnahme gemacht wurde.

2 **Die Bedeutung der Fotosynthese aus energetischer Sicht.** Erläutern Sie die Bedeutung der Fotosynthese für Lebewesen aus energetischer Sicht. Verwenden Sie in Ihrer Darstellung Begriffe aus dem Glossar (Abb. 3).

3 **Die Meeresschnecke *Elysia chlorotica*.** Erläutern Sie die Fähigkeit der Meeresschnecke *Elysia chlorotica*, im ergrünten Zustand auf eine Nahrungsaufnahme verzichten zu können (Abb. 2). Beschreiben und erklären Sie das Verhältnis zwischen Meeresschnecke und Algenart als Wechselwirkung. Beachten Sie dabei grundlegende Prozesse bei Atmung und Fotosynthese.

Energieformen: sind unter anderem chemische Energie (z. B. in Nährstoffen), Strahlungsenergie (z. B. Lichtenergie), potenzielle Energie (Lageenergie), kinetische (Bewegungs-) Energie, elektrische Energie, Kernbindungsenergie („Kernenergie") und Wärmeenergie
Energieerhaltung: Energie kann weder vernichtet noch neu geschaffen werden. Bei allen Energieumwandlungen bleibt die Energie vollständig erhalten, es ändert sich lediglich die Energieform.
Energieumwandlung: liegt dann vor, wenn eine Energieform in eine andere Energieform umgewandelt wird. So betrachtet ist der Mensch ein Energiewandler, der chemische Energie aus der Nahrung unter anderem in Bewegungsenergie und Wärmeenergie umwandeln kann.
Energiefluss: bezeichnet die Weitergabe von Energie über eine Kette von Energiewandlern. Wegen der Energieentwertung wird die nutzbare Energie bezogen auf die primär eingesetzte Energie von Energieumwandler zu Energieumwandler deutlich geringer.
Energieentwertung: Die verschiedenen Energieformen sind aus Sicht des Menschen unterschiedlich gut nutzbar. Ein Beispiel: Beim Autofahren wird die chemische Energie des Benzins in Bewegungsenergie und zum größeren Teil in Wärme umgewandelt. Weil die Wärmeenergie nicht weiter nutzbar ist, spricht man von Energieentwertung. Im Allgemeinen hat die Energieentwertung erhebliche Ausmaße. Wärme ist zwar für die Lebensvorgänge vieler Organismen wichtig, jedoch ist Wärme für alle Lebewesen eine Energieform, die sie nicht mehr in irgendeine andere Energieform wandeln können.
Erneuerbare (regenerative) Energien: Ein Sammelbegriff für alle Energien, die immer wieder erneuert werden und nicht erschöpfen. Sonnenlicht, Biomasse, Windenergie, Wasserkraft und Holz gehören unter anderem zu den erneuerbaren Energien.
Fossile Energien: sind Produkte aus Biomasse, die vor mehreren hundert Millionen Jahren aus abgestorbenen Lebewesen durch biologische und geologische Prozesse entstanden. Kohle, Erdöl und Erdgas gehören dazu.
Trophieebenen: Nach ihrer Funktion in einem Ökosystem lassen sich Organismen in Trophieebenen (Ernährungsstufen) einordnen: Die autotrophen Produzenten können Biomasse mittels Fotosynthese selbst herstellen, die heterotrophen Konsumenten ernähren sich von der Biomasse anderer Lebewesen. Destruenten sind heterotrophe Lebewesen, die tote organische Substanz zersetzen und mineralisieren und auf diese Weise den Produzenten wieder zur Verfügung stellen. Durch die Tätigkeit der Destruenten wird die Weitergabe von Stoffen von Trophieebene zu Trophieebene zu einem Kreislauf geschlossen.

3 Glossar einiger Energie-Begriffe

5.2 Laubblatt – Chloroplasten – Chlorophyll

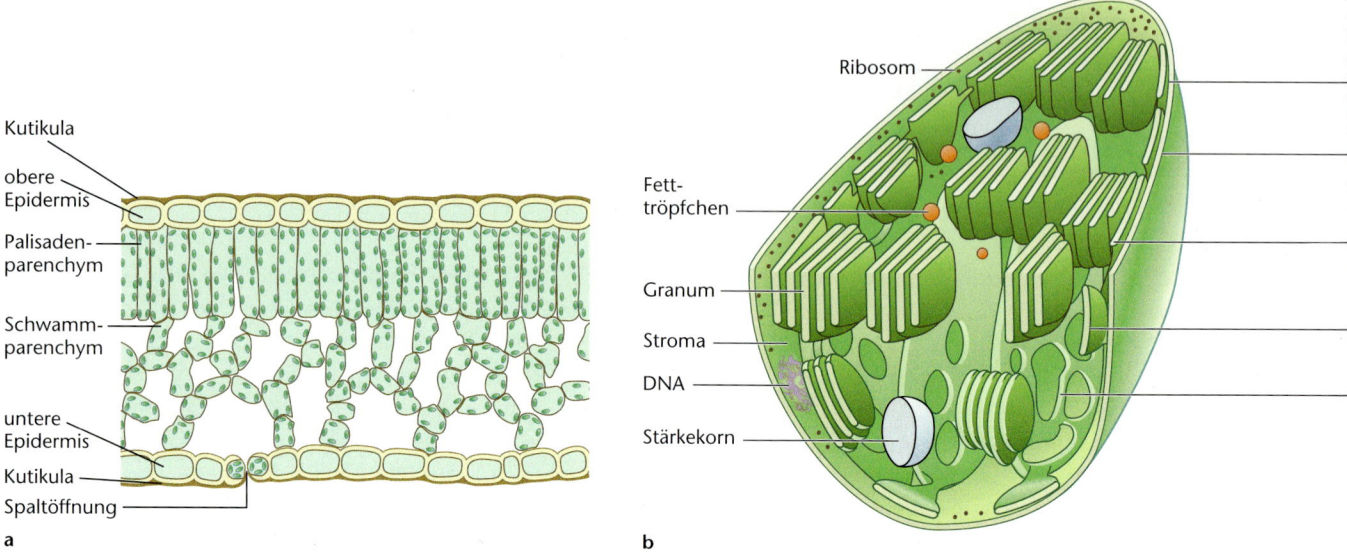

1 a) Aufbau eines typischen Laubblattes, b) Kompartimente eines Chloroplasten, c) Granathylakoid-Membran, d) Chlorophyllmol

Die **Fotosynthese** ist ein mehrstufiger Prozess, bei dem eine Pflanze mithilfe von Lichtenergie aus Kohlenstoffdioxid und Wasser energiereiche Glucose herstellt. Fotosynthese ist die Grundlage für Wachstum und Entwicklung einer Pflanze sowie für die Herstellung fast aller in einer Pflanze vorhandenen Stoffe. Durch Fotosynthese ernähren sich Pflanzen nicht nur selbst, sondern sie bilden auch die Nahrungsgrundlage für Tiere und Menschen.

Blätter sind Organe einer Pflanze, die neben der geregelten Abgabe von Wasserdampf, der Transpiration, vor allem der Fotosynthese dienen. Zwischen der Struktur und Funktion eines Blattes gibt es zahlreiche Zusammenhänge. Meistens sind Blätter dünn und haben eine große Oberfläche. Das begünstigt die Aufnahme von Licht in das Innere des Blattes. Bei einem typischen Laubblatt findet Fotosynthese vor allem im Palisadengewebe statt (Abb. 1a). Die länglichen Palisadenzellen an der Oberseite des Blattes enthalten im Vergleich zu anderen Geweben eines Blattes viele Chloroplasten. Kohlenstoffdioxid gelangt aus der Umwelt durch Spaltöffnungen in das Blattinnere, zunächst in das mit großen Zellzwischenräumen (Interzellularräumen) ausgestattete Schwammgewebe. Es dient dem **Gasaustausch**.

Chloroplasten sind diejenigen Zellorganellen, in denen die Fotosynthese der Pflanzen stattfindet. Chloroplasten sind wie die Mitochondrien kompartimentiert von zwei Membranen umhüllt (Abb. 1b). Die Grundsubstanz eines Chloroplasten wird Stroma genannt. Darin befinden sich unter anderem eine ringförmige DNA, Ribosomen, Stärkekörner und Fetttröpfchen. Der Chloroplast wird durchzogen von einem lamellenartigen System von weitgehend parallel verlaufenden Membranen, den Thylakoid-Membranen. Sie gehen aus der inneren Chloroplasten-Membran hervor. Die Thylakoid-Membranen trennen den mit Flüssigkeit gefüllten Innenraum der Thylakoide vom Stroma ab (Abb. 1b). Dort, wo die Thylakoide ähnlich wie die Münzen einer Geldrolle aufeinander gepackt sind, spricht man von **Granathylakoiden.** Die Granathylakoide eines Chloroplasten sind durch flächige **Stromathylakoide** verbunden.

Vor allem in den Granathylakoid-Membranen sind verschiedene Pigmente, die Fotosysteme, eingelagert (Abb. 1c). Pigmente sind Moleküle, die Licht absorbieren können. Zu den Fotosynthese-Pigmenten gehört auch das Chlorophyll (Abb. 1d). Die Umwandlung von Kohlenstoffdioxid in Glucose findet im Stroma des Chloroplasten statt. In den **Kompartimenten** eines Chloroplasten finden also verschiedene Reaktionen statt.

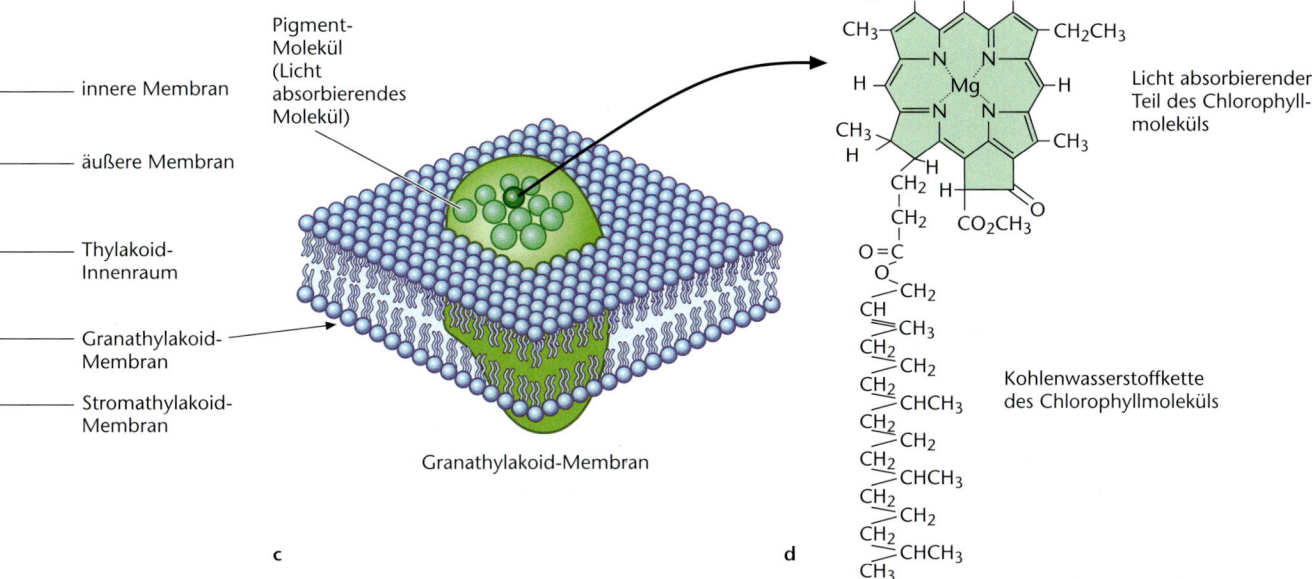

c

d

1 Laubblatt: Strukturen und Funktionen zuordnen. Ordnen Sie die nachfolgend aufgeführten Funktionen den Strukturen eines Laubblattes zu (Abb. 1a):
a) Leitung von Wasser, Mineralsalzen und Fotosyntheseprodukten; b) Gasaustausch und Transpiration; c) Transpirationsschutz, Schutz vor dem Eindringen von Krankheitserregern; d) Fotosynthese.

2 Kompartimentierung. Erläutern Sie an Beispielen aus diesem Abschnitt den Fachbegriff Kompartimentierung.

3 Sonnen- und Schattenblätter der Rotbuche. Sonnen- und Schattenblätter der Rotbuche sind Modifikationen, also nicht erbliche Anpassungen. Beschreiben Sie die Unterschiede zwischen Sonnen- und Schattenblättern in Abb. 2 und interpretieren Sie die Angaben.

4 Mikroskopische Übung: Blattquerschnitt. In der Abb. 3 ist die Vorgehensweise für ein Blatt der Christrose (Helleborus niger) gezeigt. Man schneidet den Querschnitt nahe der stabilen Mittelrippe.
Zeichnen und beschriften Sie einen Ausschnitt des Querschnitts. Fertigen Sie außerdem ein Zupfpräparat an, an dem Sie die Spaltöffnungen erkennen. Fassen Sie dafür das Blatt mit der Hand und reißen schnell mit einer Pinzette ein kleines Blattstück heraus, welches Sie mikroskopieren.

Blattquerschnitt schematisiert		
	Sonnenblatt	Schattenblatt
durchschnittliche Blattoberfläche (cm²)	28,8	48,9
durchschnittliche Blattdicke (mm)	0,185	0,093
durchschnittliche Blattmasse (g pro m²)	115,1	52,7

2 Vergleich Sonnen- und Schattenblätter

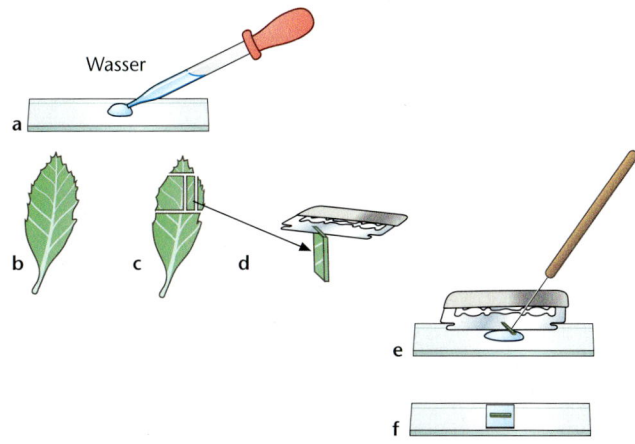

3 Herstellung eines Blattquerschnitts

→ 6.10 Die Kohlenstoffbilanz einer Pflanze

5.3 Biologische Arbeitstechnik: Chromatographie und Autoradiographie

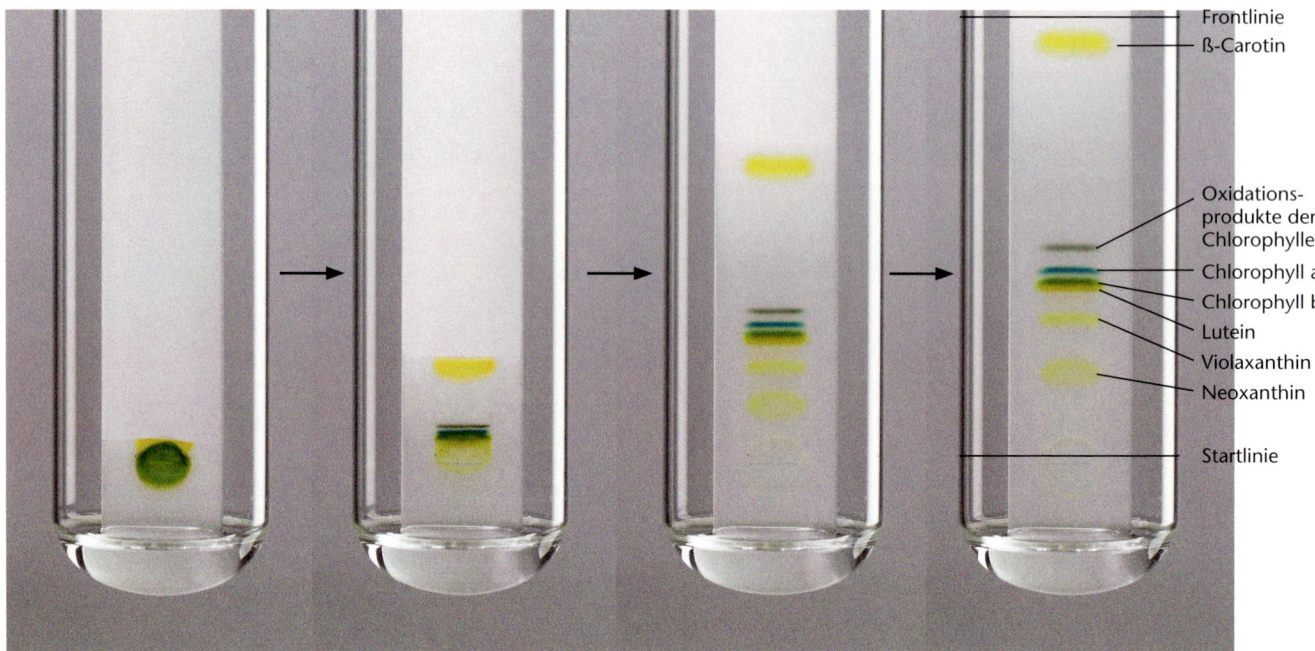

1 *Dünnschichtchromatographische Auftrennung von Blattfarbstoffen*

Um Inhaltsstoffe von Zellen qualitativ oder quantitativ zu erfassen, kann man sie aus der Zelle herauslösen und voneinander trennen. Dies kann durch die Methode der **Chromatographie** geschehen. Dabei handelt es sich um ein Stofftrennverfahren, bei dem sich Stoffe aufgrund verschiedener Wechselwirkungen mit dem Lösungsmittel oder dem Trägermaterial auftrennen lassen. Die von F. Runge (1795–1867) entwickelte Papierchromatographie bildete die Grundlage für die modernen Chromatographieverfahren. Anstelle des Papiers werden heute als Trägermaterial Glasplatten oder Metallfolien verwendet, die mit Kieselgel, Cellulose oder Aluminiumoxid beschichtet sind. Die Vorteile dieser Dünnschichtchromatographie liegen in einer kürzeren Laufzeit und einer besseren Auftrennung.

Bei der Dünnschichtchromatographie wird ein Farbstoffgemisch auf das Trägermaterial an einer Startlinie aufgetragen. Das Trägermaterial wird dann z. B. in eine Laufkammer mit einem Lösungsmittel gestellt (Abb. 1). Das Trägermaterial saugt das Lösungsmittel auf. Das Lösungsmittel steigt auf und mit ihm die darin gelösten Farbstoffe, wobei sich aufgrund der Wechselwirkungen der Farbstoffe mit dem Lösungsmittel einerseits und dem Trägermaterial andererseits stoffspezifische Wanderungsgeschwindigkeiten ergeben (Abb. 1).

Um herauszufinden, in welchen Schritten Stoffwechselprozesse innerhalb der Zelle ablaufen, muss man die zeitliche Reihenfolge der auftretenden Stoffe ermitteln. Dies geschieht mithilfe der **Autoradiographie.** Man setzt dabei radioaktiv markierte Isotope ein. Isotope sind Atome eines Elements, die sich in der Anzahl der Neutronen im Kern voneinander unterscheiden.

Melvin Calvin erhielt im Jahr 1961 den Nobelpreis für die Aufdeckung der Sekundärreaktionen bei der Fotosynthese (Calvin-Zyklus). Er hatte Algen das radioaktiv markierte Isotop ^{14}C in Form von $NaH^{14}CO_3$ angeboten, das in Wasser u. a. in $^{14}CO_2$ zerfällt. Dieses wurde von den Algen aufgenommen. Durch Abtöten der Algen nach bestimmten Zeitintervallen, Herstellung eines Extraktes mit anschließender Auftrennung durch Chromatografie konnten sämtliche Zwischenprodukte nachgewiesen werden. Die radioaktiv markierten Stoffe wurden mittels einer fotografischen Platte sichtbar gemacht (Abb. 2). Die Methode der Autoradiographie lieferte in der Geschichte der Biologie bereits viele Erkenntnisse. Zum Beispiel wurde sie auch angewandt, um den Ort und die Schritte der Proteinbiosynthese zu ermitteln.

Frage:
In welchen Schritten verläuft die CO_2-Fixierung in der Fotosynthese?

Hypothesen:
1. Kohlenstoffdioxid wird in einem Schritt zu Glucose umgewandelt.
2. Kohlenstoffdioxid wird in mehreren Schritten über Zwischenprodukte zu Glucose umgewandelt.

Durchführung:

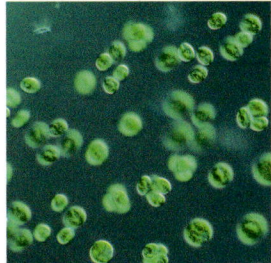

Grünalgen wurden in einem Kulturgefäß mit $^{14}CO_2$ versorgt und belichtet. Nach 3 und nach 30 Sekunden wurden die Grünalgen entnommen, abgetötet und aus ihnen ein Extrakt hergestellt.

Die beiden Pflanzenextrakte wurden jeweils hier aufgetragen und nacheinander in zwei Richtungen chromatographiert.

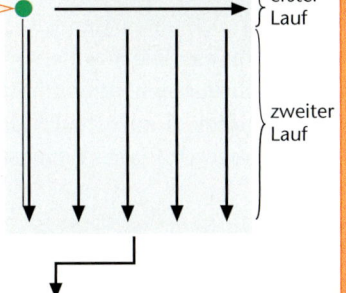

Nach der Auftrennung wurden die beiden Chromatogramme mit einem Röntgenfilm bedeckt, der durch die radioaktive Strahlung von ^{14}C verändert wird. Jeder dunkle Punkt entspricht einer mit ^{14}C markierten Verbindung.

Ergebnisse:

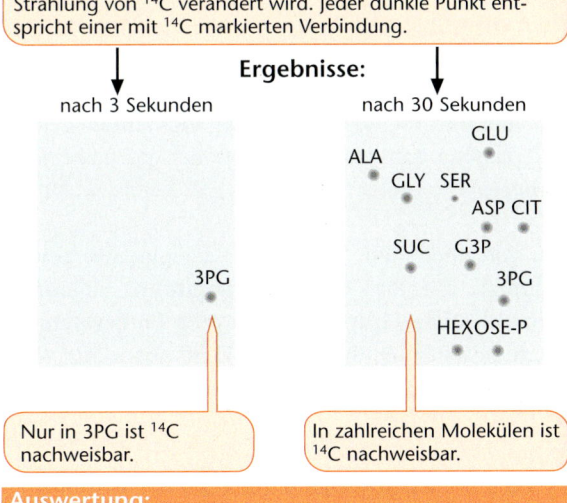

Nur in 3PG ist ^{14}C nachweisbar.

In zahlreichen Molekülen ist ^{14}C nachweisbar.

Auswertung:
Hypothese 2 ist bestätigt.

2 Autoradiographisches Forschungsexperiment

Frage:
Wie viele Farbstoffe enthält Paprikapulver?

Material:
 ₂ ₇ ₈ ₉

Paprikapulver, Aceton (2, 7), Laufmittel aus Petrolether 50/70 (2, 8, 9) und Aceton (2, 7) im Volumenverhältnis 9:3.

Durchführung:
Eine Spatelspitze rotes Paprikapulver wird in ein Reagenzglas gefüllt. Dazu gibt man 3 ml Aceton (2, 7), verschließt mit einem Stopfen und schüttelt. Die farbige Lösung wird in ein weiteres Reagenzglas filtriert. Dann trägt man etwas Filtrat mit einem Kapillarröhrchen etwa 1,5 cm vom unteren Rand entfernt auf eine mit Kieselgel beschichtete Chromatographieplatte auf. Mehrere Proben unterschiedlicher Paprikasorten können nebeneinander aufgetragen werden. Die Chromatographieplatte stellt man in eine Chromatographiekammer, die ca. 1 cm hoch mit dem Laufmittel gefüllt ist. Wenn die Laufmittelfront die Spitze der Chromatographieplatte fast erreicht hat, wird der Versuch beendet.

3 Chromatographie von Paprikafarbstoffen

1 Forschungsexperiment von MELVIN CALVIN. Erläutern Sie das Ergebnis der Autoradiographie in Abb. 2.

2 Paprikafarbstoffe chromatographisch untersuchen. Führen Sie das Experiment in Abb. 3 durch. Fotografieren Sie die Chromatographieplatte, beschreiben und deuten Sie die Versuchsergebnisse.

3 Ermittlung des R_f-Werts. Zur Identifikation von Substanzen in einem Chromatogramm dient der Rf-Wert. Dies ist der Quotient aus der Laufstrecke der jeweiligen Substanz und der Frontstrecke (Strecke zwischen der Startlinie und der Lösungsmittelfront). Ermitteln Sie anhand der Abb. 1 für jede der Substanzen die entsprechenden R_f-Werte.

4 Internetrecherche. Informieren Sie sich mithilfe des Internets über folgende Chromatographie-Methoden: Säulen-Chromatographie, Gas-Chromatographie, HPLC. Bereiten Sie jeweils einen Kurzvortrag vor und präsentieren Sie ihn.

5.4 Pigmente absorbieren Licht

Die evolutionäre Entwicklung der Fotosynthese vor ungefähr 3,5 Milliarden Jahren war einer der bedeutendsten Schritte in der Geschichte des Lebens auf unserem Planeten. Mit der Fotosynthese wurde die Nutzung der nahezu unerschöpflichen Energiequelle Sonne möglich. Der zentrale Vorgang im Fotosynthese-Prozess ist die Umwandlung von Lichtenergie in chemische Energie, die vom Organismus genutzt werden kann. Dazu wird Licht zunächst aufgenommen (absorbiert). Dies geschieht durch Farbstoff-Moleküle, die Fotosynthese-Pigmente, die sich in den Thylakoidmembranen der Chloroplasten befinden.

Bei der thermonuklearen Fusion in der Sonne wird Energie in Form elektromagnetischer Strahlung frei (Abb. 1a). Das für Menschen sichtbare Licht nimmt nur einen schmalen Bereich des elektromagnetischen Spektrums ein. Die Strahlen breiten sich als Pakete, die man Lichtquanten oder Photonen nennt, mit Lichtgeschwindigkeit aus. Ihr Energiegehalt hängt von der Wellenlänge ab. Blaues Licht ist energiereicher als rotes Licht.

Zu den wichtigsten **Fotosynthese-Pigmenten** der Blütenpflanzen, Farne, Moose und Grünalgen gehören Chlorophyll a, Chlorophyll b und Carotinoide. In Abbildung 1b sind ihre Absorptionsspektren dargestellt. Unter Absorptionsspektrum versteht man die Fähigkeit eines Pigments, Photonen verschiedener Wellenlänge zu absorbieren. Trotz Unterschieden in den Absorptionsspektren ist den genannten Pigmenten gemeinsam, dass sie grünes Licht kaum oder gar nicht absorbieren.

Die verschiedenen Fotosynthese-Pigmente sind in Gruppen in der **Thylakoidmembran** angeordnet (Abb. 3). Diese Gruppen nennt man **Fotosysteme**. In jedem dieser Fotosysteme wird Licht absorbiert. Zentrale Bedeutung in den Fotosystemen aller Pflanzen hat das Chlorophyll a.

Die verschiedenen Wellenlängen des Lichts treiben die Fotosynthese mit unterschiedlicher Wirkung an. Misst man in Experimenten die Sauerstoff-Produktion durch Fotosynthese als Funktion der Wellenlänge, erhält man das **Wirkungsspektrum** der Fotosynthese (Abb. 1c). Zwischen Absorptions- und Wirkungsspektrum der Fotosynthese gibt es Zusammenhänge.

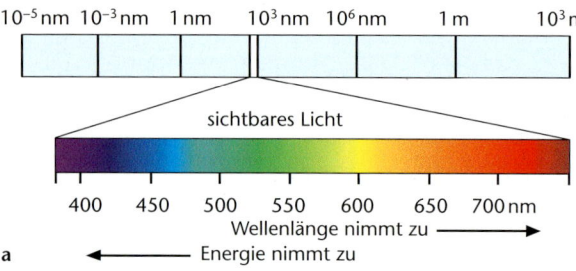

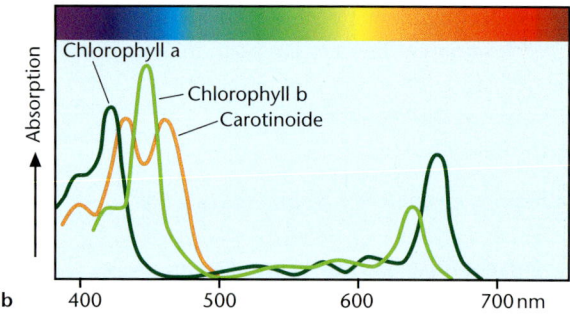

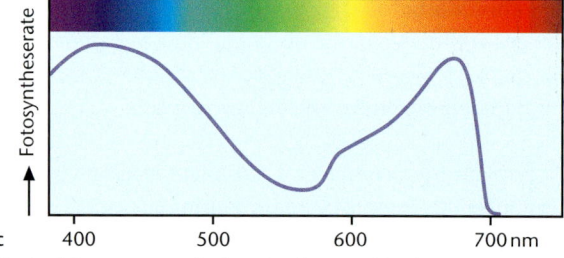

1 a) elektromagnetisches Spektrum, b) Absorptions- und c) Wirkungsspektrum der Fotosynthese-Pigmente

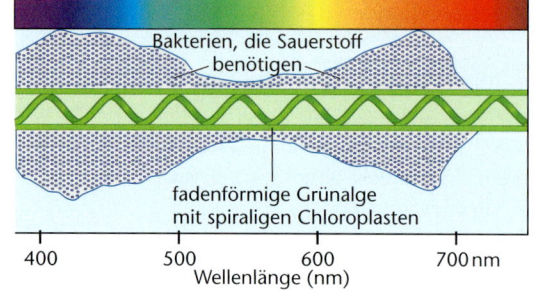

2 Engelmannsches Experiment

1 Versuch: Papier-Chromatogramm der Blattpigmente. Informieren Sie sich in diesem Buch über die Methode der Chromatografie. Als Ausgangsmaterial für eine Rohpigmentlösung sind unter anderem Spinat, Feldsalat oder Efeu geeignet. Extrahieren Sie aus dem zerkleinerten Blattmaterial, das mit Quarzsand in einer Reibschale zerrieben wurde, mittels 96-prozentigem Ethanol die Pigmente. Filtern Sie die Rohpigmentlösung in ein sauberes Reagenzglas. Als Laufmittel können Sie Petrolether (40–60 °C Siedebereich) – Petrolether (50–70 °C) – Aceton (100 %) im Verhältnis 8 : 2 : 1,6 verwenden. Führen Sie die Papierchromatografie durch. Beschreiben Sie das Ergebnis und werten Sie es aus.

2 Absorptionsspektren und Wirkungsspektrum. Beschreiben Sie die Graphen in Abb. 1b und c. Erläutern Sie den Zusammenhang zwischen Wirkungsspektrum und Absorptionsspektren.

3 Der Engelmannsche Versuch. Im Jahre 1883 führte Thomas Engelmann einen Versuch durch (Abb. 2), bei dem sauerstoffbedürftige Bakterien und fadenförmige Grünalgen zusammengebracht wurden. Mithilfe eines Prismas wurde farbiges Licht auf die fadenförmige Grünalge projiziert und die Verteilung der Bakterien entlang der Algen beobachtet. Das Ergebnis ist in Abb. 2 dargestellt. Beschreiben und deuten Sie die Versuchsergebnisse.

4 Modifikationen der Fotosysteme.
a) Stellen Sie eine begründete Hypothese auf, ob es sich bei Abb. 4a um ein Schatten- oder ein Sonnenblatt handelt.
b) Erläutern Sie die Modifikationen der Fotosysteme in Sonnen- und Schattenblättern der Rotbuche (Abb. 4) mithilfe der Angaben in Abb. 3 als Anpassung.

In der Thylakoidmembran der Chloroplasten sind Fotosynthese-Pigmente (Chlorophyll a, b, Carotinoide) in Form von Fotosystemen organisiert. Jedes Fotosystem besteht aus einem Chlorophyll-a-Molekül als Reaktionszentrum und Pigmenten darum herum, die als Antennenpigmente bezeichnet werden. Dazu gehören Chlorophyll b und Carotinoide. Wird ein Antennenpigment durch Photonen angeregt, überträgt es die Energie in einer Kettenreaktion über benachbarte Pigmentmoleküle bis zum Chlorophyll a im Reaktionszentrum. Jedes Mal, wenn das Chlorophyll a im Reaktionszentrum angeregt wird, überträgt es ein Elektron auf einen primären Elektronenakzeptor, der sich ebenfalls im Reaktionszentrum befindet.

Man unterscheidet Fotosystem I und Fotosystem II. Die Ziffern geben die Reihenfolge ihrer Entdeckung wieder. Fotosystem I hat im Reaktionszentrum ein Chlorophyll a, das am besten bei einer Wellenlänge von 700 Nanometern absorbiert (P700, P steht für Pigment), im Fotosystem II ist es P680.

3 Fotoreaktion: Bau und Funktion eines Fotosystems

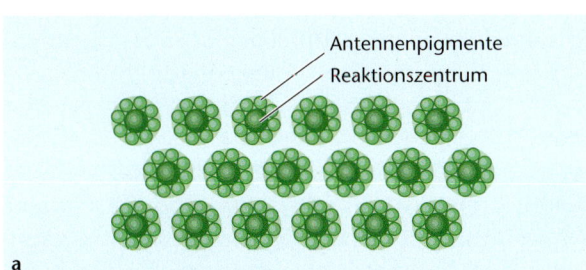

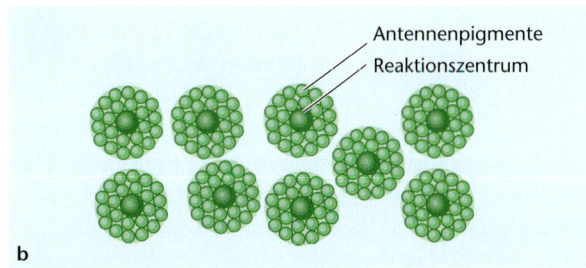

4 Schema zur Struktur der Fotosysteme bei Sonnen- und Schattenblättern der Rotbuche, bezogen auf gleich große Thylakoidmembranflächen

→ 8.2 Energiefluss in Ökosystemen

5.5 Lichtreaktionen: Bereitstellung von chemischer Energie

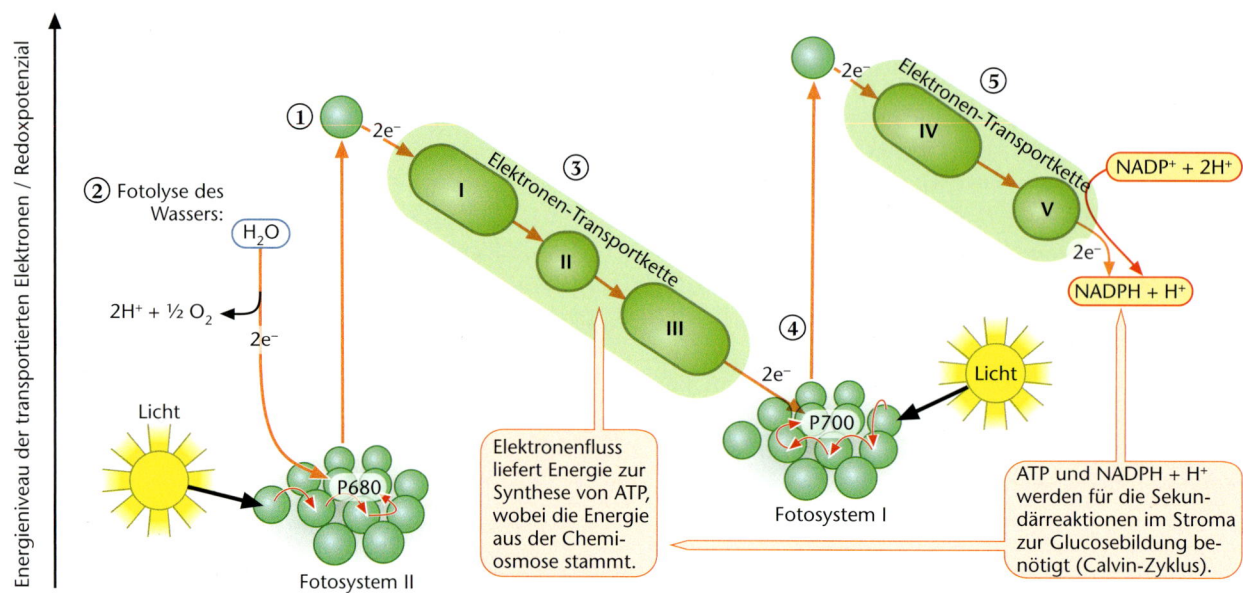

1 Energetisches Modell der Lichtreaktionen. ① Durch Lichtenergie wird Chlorophyll a (P680) im Reaktionszentrum des Fotosystems II angeregt und zwei Elektronen werden auf eine Elektronen-Transportkette übertragen. ② Die dadurch entstandene Elektronenlücke im P680 wird durch Elektronen aus Wasser ersetzt, indem ein Wasser-Molekül in zwei Elektronen (e^-), zwei Protonen (H^+) und ein Sauerstoffatom zerlegt wird. Der Vorgang heißt **Fotolyse des Wassers.** ③ Die Elektronen durchlaufen eine **Elektronen-Transportkette** aus hintereinander geschalteten Redoxsystemen. Dabei geben die Elektronen schrittweise Energie ab. Diese Energie wird teilweise als Wärme frei, teilweise wird sie zur **ATP-Synthese** genutzt (Abb. 2). ④ Chlorophyll a (P700) im Reaktionszentrum des Fotosystems I wird durch Licht angeregt und zwei Elektronen werden auf eine weitere Elektronen-Transportkette übertragen. Die Elektronenlücke im P700 wird durch Elektronen aus der Elektronen-Transportkette (3) gefüllt. ⑤ In der Elektronen-Transportkette werden Elektronen schließlich auf $NADP^+ + 2H^+$ übertragen. Es entsteht das Reduktionsäquivalent $NADPH + H^+$. Für die Bildung eines Moleküls $NADPH + H^+$ müssen zwei Elektronen die Elektronen-Transportketten der Lichtreaktionen durchlaufen.

Die Lichtreaktionen, auch Fotoreaktionen oder lichtabhängige Reaktionen genannt, sind der Teil der Fotosynthese, in dem an den Thylakoidmembranen Lichtenergie in chemische Energie des ATP gewandelt und so für die Pflanzen nutzbar wird. Außerdem werden mithilfe der Lichtenergie Reduktionsäquivalente ($NADPH + H^+$) gebildet. Sie übertragen Elektronen. Unter Beteiligung von ATP und $NADPH + H^+$ wird im Stroma des Chloroplasten Glucose aus Kohlenstoffdioxid hergestellt.

Die Lichtreaktionen umfassen eine Kette von Teilschritten, in die beide **Fotosysteme** und verschiedene **Redoxsysteme** als Elektronenüberträger einbezogen sind (Abb. 2). Im Zentrum stehen die beiden Fotosysteme, in denen durch Lichtabsorption Chlorophyll a angeregt wird und Elektronen auf eine **Elektronen-Transportkette** übertragen werden (Abb. 1). Wenn Elektronen diese Kette von Redoxsystemen durchfließen, geben sie schrittweise Energie ab (Abb. 1). Sie wird dazu benutzt, um Protonen (H^+) aus dem Stroma in das Innere der Thylakoide zu pumpen (Abb. 2). Dieser Unterschied in der Konzentration der Protonen, der Protonengradient, zwischen Stroma und Innerem der Thylakoide wird zur ATP-Bildung benutzt. Die Kopplung von Elektronenfluss, Aufbau eines Protonengradienten und ATP-Bildung wird **Chemiosmose** genannt (Abb. 2).

Die Elektronen, die in den Lichtreaktionen transportiert werden, stammen aus der **Fotolyse** des Wassers am Fotosystem II (Abb. 1), bei der auch Sauerstoff frei wird. Fast jedes Sauerstoffmolekül, das Lebewesen einatmen, ist so gebildet worden.

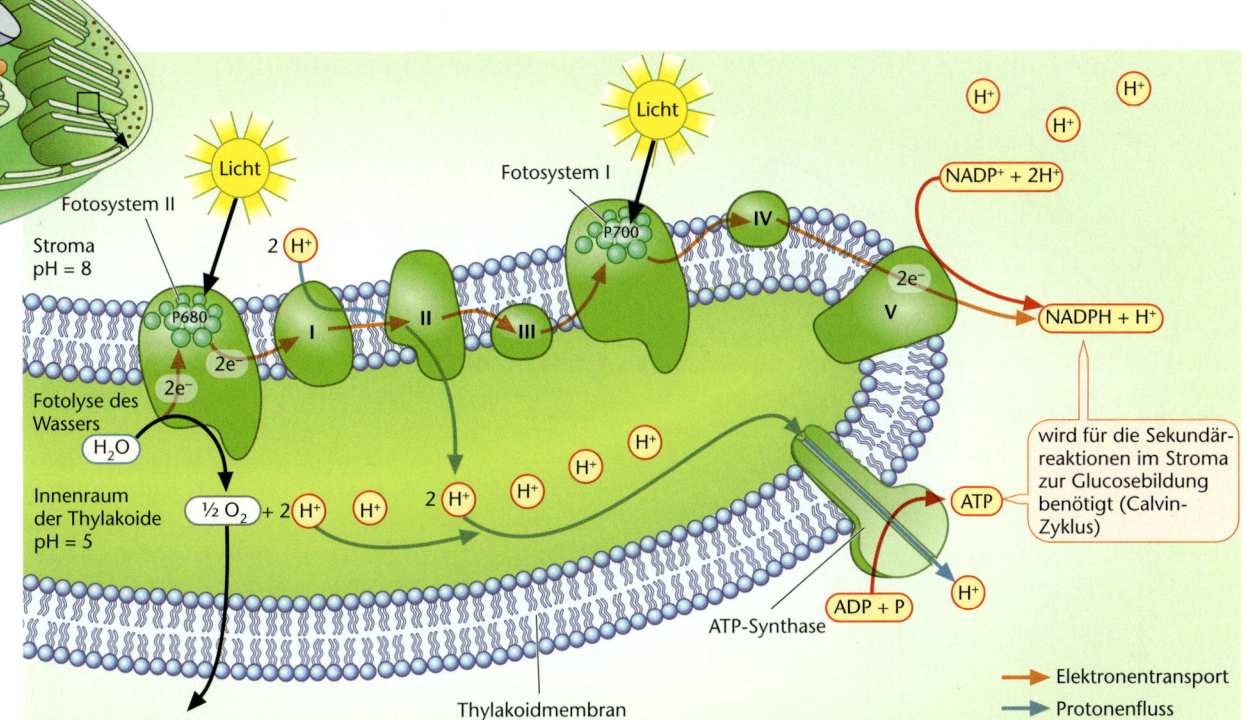

2 Chemiosmotisches Modell der Lichtreaktionen. Die Abbildung zeigt die Anordnung der beiden Fotosysteme und der Redoxsysteme I bis V in der Thylakoidmembran. Die Membran trennt das Stroma des Chloroplasten vom Innenraum der Thylakoide. Diese Kompartimentierung ist Voraussetzung für Bildung und Aufrechterhaltung eines Konzentrationsgefälles an Protonen (H^+). Der Protonengradient wird vor allem durch die Redoxsysteme I und II gefördert. Sie wirken zusammen als Protonen-Pumpe: Für jedes Elektron, das unter Freisetzung von Energie in der Elektronen-Transportkette weiterfließt, wird ein Proton aus dem Stroma in den Innenraum der Thylakoide gepumpt (Abb. 1, Ziffer 3). Zusätzlich reichern sich Protonen aus der Fotolyse des Wassers im Innenraum der Thylakoide an. Der Protonengradient wird am Unterschied des pH-Wertes von Stroma und Thylakoid-Innenraum deutlich. Im Protonengradienten ist Energie gespeichert. Sie wird durch das Enzym ATP-Synthase genutzt. Beim Fluss der Protonen durch die ATP-Synthase entlang des Konzentrationsgefälles von innen nach außen wird Energie frei, die zur Bildung von ATP verwendet wird. Der Zusammenhang von Energie, Elektronentransport, Aufbau und Aufrechterhaltung eines Protonengradienten und ATP-Bildung wird auch als **Chemiosmose** bezeichnet.

1 **Energetisches und chemiosmotisches Modell der Lichtreaktionen ergänzen sich.**
a) Erläutern Sie das energetische und das chemiosmotische Modell jeweils mithilfe einer geeigneten, möglichst einfachen Tafelskizze im freien Kurzvortrag.
b) Vergleichen Sie das energetische und das chemiosmotische Modell. Erläutern Sie, auf welche Weise sich beide Modelle ergänzen.

2 **Manche Herbizide wirken in den Lichtreaktionen der Fotosynthese.** Bestimmte Herbizide (Unkrautvernichtungsmittel) blockieren den Elektronentransport in den Lichtreaktionen, z. B. zwischen Redoxsystem I und II. Erläutern Sie kurz-, mittel- und langfristige Folgen dieser Blockade.

3 **Versuche planen: Herkunft des Sauerstoffs.** Lange Zeit war unklar, ob der Sauerstoff, der bei der Fotosynthese freigesetzt wird, aus dem Kohlenstoffdioxid (Hypothese 1) oder aus dem Wasser (Hypothese 2) oder aus beiden stammt (Hypothese 3). Mithilfe von Isotopen konnte eine Klärung dieser Frage herbeigeführt werden. Planen Sie in Grundzügen Versuche, mit denen die Hypothesen geprüft und die Frage widerspruchsfrei beantwortet werden kann. Ihnen stehen Wasser und Kohlenstoffdioxid zur Verfügung, die ausschließlich das Sauerstoffisotop ^{18}O gebunden haben. Gehen Sie vereinfachend davon aus, dass normales Wasser und Kohlenstoffdioxid nur ^{16}O enthalten. Zur Analyse wird ein Massenspektrometer verwendet, mit dem das Isotop ^{18}O nachgewiesen werden kann.

→ 5.11 Die Kohlenstoffbilanz einer Pflanze

5.6 Der Calvin-Zyklus: Umwandlung von Kohlenstoffdioxid in Glucose

Die Umwandlung von Kohlenstoffdioxid in energiereiche organische Verbindungen wie Glucose findet im Stroma der Chloroplasten statt (Abb. 1a). Nach seinem Entdecker MELVIN CALVIN wird der Stoffwechselweg Calvin-Zyklus genannt. Eine andere Bezeichnung für den Calvin-Zyklus ist „Sekundärreaktionen der Fotosynthese" oder **Synthesereaktionen der Fotosynthese**. Damit wird deutlich gemacht, dass diese Reaktionen auf die Primärreaktionen, die Lichtreaktionen, angewiesen sind. Tatsächlich werden ATP und Reduktionsäquivalente (NADPH+H$^+$) aus den Lichtreaktionen im **Calvin-Zyklus** benötigt (Abb. 1a). Da ATP und NADPH+H$^+$ nicht auf Vorrat gebildet werden, sondern schon nach wenigen Sekunden oder Minuten umgesetzt sind, kann der Calvin-Zyklus unter natürlichen Bedingungen nur ablaufen, wenn gleichzeitig die Lichtreaktionen stattfinden. Der Calvin-Zyklus wird in drei Phasen eingeteilt, die jeweils aus mehreren enzymatischen Einzelreaktionen bestehen (Abb. 1b). Die Umwandlung von Kohlenstoffdioxid in Glucose ist insgesamt eine Reduktion.

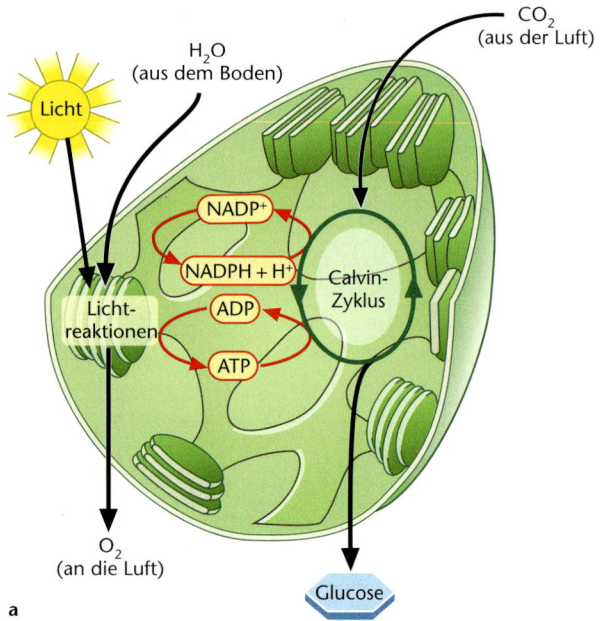

1 a) Übersicht zur Fotosynthese, b) Calvin-Zyklus ① Mithilfe von ATP aus den Lichtreaktionen wird aus Vorstufen Ribulose-1,5-bisphosphat (RuBP) gebildet. Das ist der **CO$_2$-Akzeptor**, also das Molekül, das Kohlenstoffdioxid aufnimmt. ② Das Enzym Rubisco katalysiert die Bindung von CO$_2$ an RuBP. Aus dem instabilen C$_6$-Körper entstehen zwei Moleküle 3-Phosphoglycerat (PGS). Man spricht von **Kohlenstofffixierung**, weil der Kohlenstoff des CO$_2$ in ein organisches Molekül eingebaut wurde. ③ ④ Mittels ATP aus den Lichtreaktionen wird PGS auf ein höheres Energieniveau gehoben und schließlich durch Übertragung energiereicher Elektronen, die NADPH+H$^+$ aus den Lichtreaktionen bereitstellt, zu Glycerinaldehyd-3-phosphat (G3P) reduziert (**Phase der Reduktion**). ⑤ Der C$_3$-Körper G3P ist das energiereiche Produkt des Calvin-Zyklus, aus dem Glucose und andere organische Verbindungen hervorgehen können. Für die Bildung von einem Molekül Glucose muss der Calvin-Zyklus sechs Mal durchlaufen werden. ⑥ Der größte Teil des gebildeten G3P verbleibt im Calvin-Zyklus und wird für die **Regeneration des CO$_2$-Akzeptors** genutzt.

→ 5.5 Lichtreaktionen: Bereitstellung von chemischer Energie   → 5.11 Die Kohlenstoffbilanz einer Pflanze

1 Lichtreaktionen und Calvin-Zyklus.
a) Erläutern Sie unter Bezug auf Abb. 1b die drei Phasen des Calvin-Zyklus.
b) Beschreiben Sie anhand einer selbst gefertigten Skizze das wechselseitige Zusammenwirken von Lichtreaktionen und Calvin-Zyklus (Sekundärreaktionen).
c) Erläutern Sie den Fotosynthese-Prozess in Chloroplasten unter dem Gesichtspunkt der Kompartimentierung.

2 Experiment mit Grünalgen zum Calvin-Zyklus.
a) Werten Sie die Ergebnisse des Experimentes in Abb. 2 unter Bezug auf die Hypothesen aus. Begründen Sie das Versuchsergebnis mithilfe ihrer Kenntnisse über den Calvin-Zyklus.
b) Entwerfen Sie ein Abb. 2 entsprechendes Diagramm über den Konzentrationsverlauf von PGS und RuBP, wenn durchgängig genügend Licht vorhanden ist, jedoch beim Übergang von Phase I zu II das Kohlenstoffdioxid dem Wasser entzogen wird.

3 Isotopenmarkierung und Autoradiographie.
MELVIN CALVIN gewann seine mit dem Nobelpreis (1961) gewürdigten Erkenntnisse mithilfe der Autoradiographie. Informieren Sie sich in diesem Buch über die Methode der Autoradiographie und die Ergebnisse, die Calvin damit erzielte.

4 Das Zusammenwirken verschiedener Komponenten bei der Fotosynthese. Chloroplasten lassen sich experimentell in die Fraktion der Thylakoidmembranen und in die Fraktion des Stromas trennen. Abb. 3 zeigt fünf Versuchsansätze (I bis V) in Reagenzgläsern bei 25 °C mit jeweils unterschiedlicher Kombination von Thylakoidmembranen, Stroma, Licht sowie von außen hinzugefügtem ATP und NADPH+H$^+$. In allen Reagenzgläsern befand sich genügend Kohlenstoffdioxid. (Lesebeispiel: Versuchsansatz II enthält im Regenzglas neben Kohlenstoffdioxid die Fraktion der Thylakoidmembranen. Das Reagenzglas wurde belichtet.) Jeder dieser fünf Versuchsansätze wurde daraufhin untersucht, ob es im Reagenzglas zur Bildung von ATP, von NADPH+H$^+$ und von Glucose kommt.
Entwerfen Sie für jeden der Versuche I bis V Hypothesen über die zu erwartenden Versuchsergebnisse. Begründen Sie ihre Hypothesen.

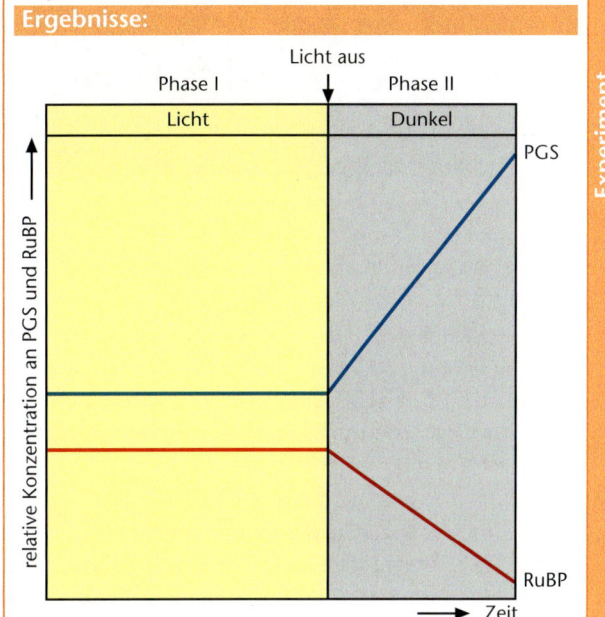

2 Versuch mit Grünalgen zum Calvin-Zyklus

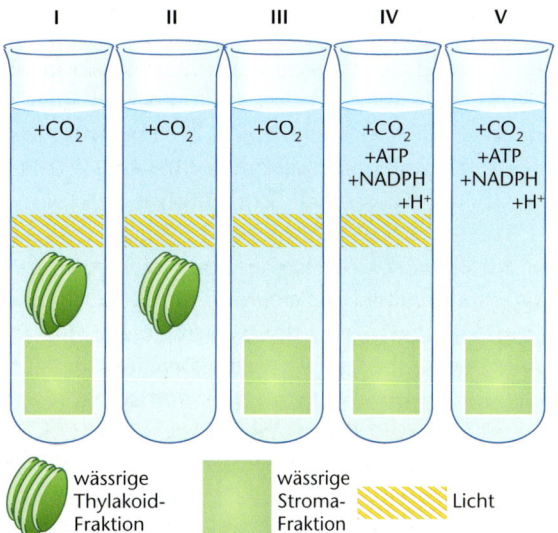

3 Versuchsanordnung zum Zusammenwirken verschiedener Bestandteile bei der Fotosynthese

5.7 Die Fotosyntheserate ist von verschiedenen Faktoren abhängig

1 *Frühblüher wie das Buschwindröschen* nutzen die relativ hohe Beleuchtungsstärke, die vor der Belaubung der Bäume den Waldboden erreicht.

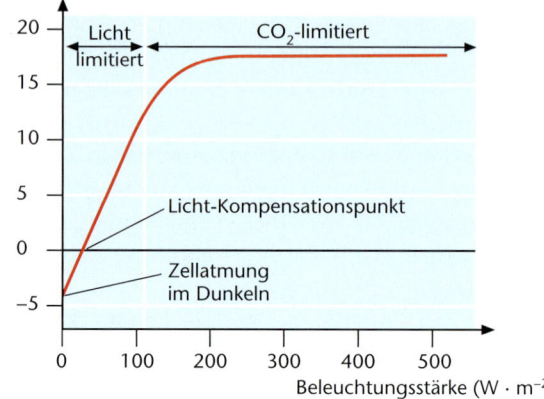

2 *Lichtsättigungskurve der Fotosynthese*

Die Fotosynthese wird in der Natur von mehreren Faktoren gleichzeitig beeinflusst. Selten sind alle Faktoren optimal. Bei niedrigen Temperaturen bleibt eine hohe Beleuchtungsstärke auf die Fotosyntheserate wirkungslos, in der Dämmerung begrenzt die geringe Beleuchtungsstärke die Fotosynthese, auch wenn die Temperaturen optimal sind. Es gilt das von Justus von Liebig (1803–1873) formulierte **„Gesetz des begrenzenden Faktors"**. Es besagt Folgendes: Hängt ein Prozess von mehreren Faktoren ab, so kann seine Intensität nur durch denjenigen Faktor gesteigert werden, der jeweils im Minimum ist und daher begrenzend wirkt. Der begrenzende Faktor wird auch **limitierender Faktor** genannt. Dieses Gesetz gilt auch für die Fotosynthese. Die wichtigsten limitierenden Faktoren sind für die Fotosynthese Beleuchtungsstärke, Temperatur und Kohlenstoffdioxidkonzentration.

Licht: Trägt man die Fotosyntheserate gegen die Lichtstärke auf, ergibt sich der in Abb. 2 dargestellte Kurvenverlauf. Im Dunkeln und bei sehr schwachem Licht liegt nur Atmung vor, bei der CO_2 freigesetzt und O_2 aufgenommen wird. Mit steigender Beleuchtungsstärke setzt der gegenläufige Prozess der Fotosynthese ein, bei dem CO_2 aufgenommen und O_2 abgegeben wird. An dem Punkt, wo die Kurve die Abszisse schneidet, liegt der **Licht-Kompensationspunkt.** Er gibt die Beleuchtungsstärke an, bei der sich CO_2-Freisetzung durch Atmung und CO_2-Aufnahme durch Fotosynthese ausgleichen. Oberhalb des Lichtkompensationspunktes liegt ein Kohlenstoff-Nettogewinn für die Pflanze vor. Dauerhaft kann eine Pflanze nur überleben, wenn sie einen Kohlenstoff-Nettogewinn durch Fotosynthese erzielt. Im Bereich des linearen Anstiegs der Kurve ist die Fotosynthese durch Licht begrenzt. Schließlich stagniert bei weiterer Erhöhung der Beleuchtungsstärke die Fotosyntheserate. Dann limitiert die CO_2-Konzentration die Fotosyntheserate. Insgesamt zeigt die Kurve den typischen Verlauf einer **Sättigungskurve** (Abb. 2). Der Lichtkompensationspunkt und der Beginn der Lichtsättigung unterscheiden sich bei Sonnen- und Schattenpflanzen, aber auch bei Sonnen- und Schattenblättern ein und derselben Pflanze.

Temperatur: Die Temperaturabhängigkeit der Fotosynthese folgt einer typischen **Optimumkurve** (Abb. 3). Ein Maß für die Temperaturabhängigkeit eines Prozesses ist der Q_{10}-Wert. Er ist definiert durch die Steigerung der Reaktionsgeschwindigkeit bei einer Temperaturerhöhung um 10 °C. Temperaturunabhängige Prozesse haben einen Q_{10}-Wert von 1, d. h., die Temperatur hat keinen Einfluss auf die Reaktionsgeschwindigkeit. Die an der Fotosynthese beteiligten chemischen Reaktionen haben Q_{10}-Werte von 2 bis 3.

Kohlenstoffdioxid: Am natürlichen Standort ist die CO_2-Konzentration von 0,038 % immer dann limitierender Faktor, wenn die Temperatur optimal und die Lichtstärke hoch ist. In bestimmten Gewächshauskulturen wird künstlich mit CO_2 begast.

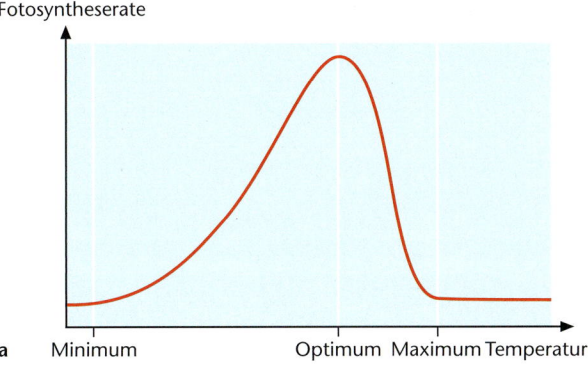

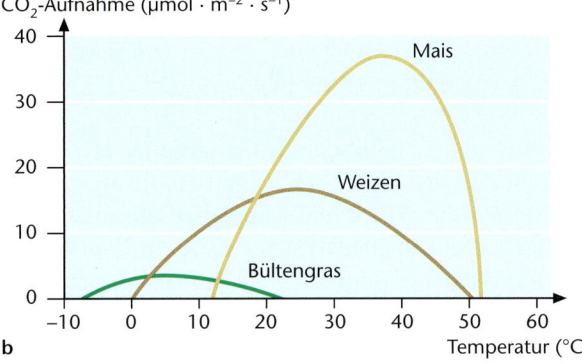

3 *Temperaturabhängigkeit der Fotosynthese* a) allgemeines Schema einer Optimumkurve; b) Fotosynthese-Temperatur-Kurven für drei Gräser

1 Temperatur-Optimumkurve der Fotosynthese.
a) Beschreiben Sie die Kurve in Abb. 3a. Erläutern Sie die Kurve. Entwickeln Sie plausible Hypothesen für die Ursachen des Kurvenverlaufs zwischen Minimum und Optimum sowie zwischen Optimum und Maximum. Diskutieren Sie Ihre Hypothesen.
b) Werten Sie Abbildung 3b aus.

2 Lichtsättigungskurven bei Sonnen- und Schattenpflanzen.
a) Schauen Sie aus dem Fenster Ihres Kursraumes und schätzen Sie anhand der folgenden Beispiele die Beleuchtungsstärke in verschiedenen Bereichen des Schulgeländes bzw. der Umgebung:
– mittags, wolkenloser Himmel, auf Meeresniveau: ca. 900 W · m^{-2}
– mittags, bedeckter Himmel: ca. 100 W · m^{-2}
– mittags, wolkenlos, Unterwuchs eines Buchenwaldes: ca. 10 W · m^{-2}
– Vollmond: ca. 2 bis 3 W · m^{-2}
b) Vergleichen Sie die Lichtsättigungskurven der verschiedenen Pflanzen in Abb. 4.

3 Zusammenwirken von Lichtstärke und Temperatur. Die drei Kurven in Abb. 5 stammen von derselben Pflanze. Vergleichen Sie die drei Kurven. Interpretieren Sie anschließend die Kurven.

4 Tomaten aus dem Gewächshaus. Erläutern Sie in Form einer schriftlichen Anleitung, wie ein gläsernes Gewächshaus betrieben werden sollte, um zum Beispiel Tomaten zu produzieren. Nutzen Sie dazu die Informationen in diesem Abschnitt.

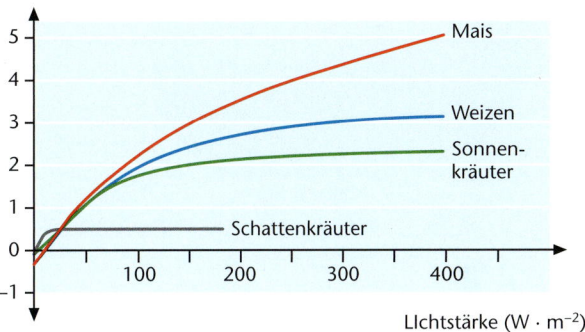

4 Lichtsättigungskurven verschiedener Pflanzen

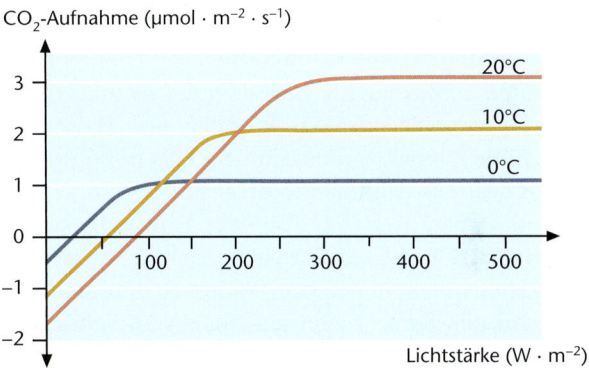

5 Zusammenwirken von Lichtstärke und Temperatur bei der CO$_2$-Aufnahme einer Pflanze

6 Gewächshaustomaten

5.8 Mais – eine C_4-Pflanze als Fotosynthesespezialist

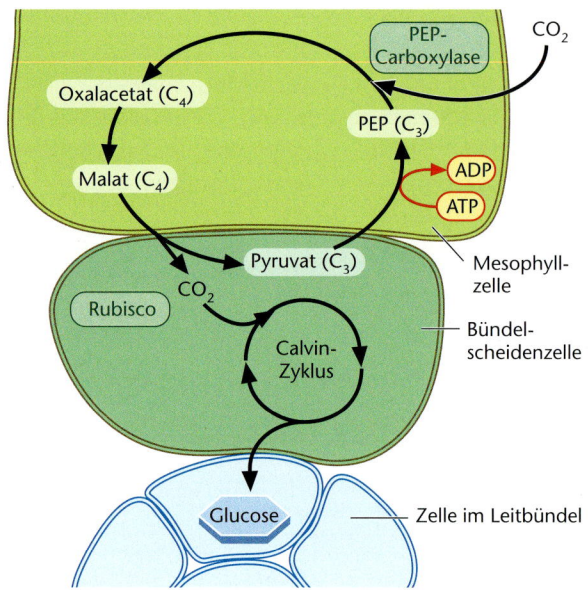

1 *Der C_4-Weg der Fotosynthese*

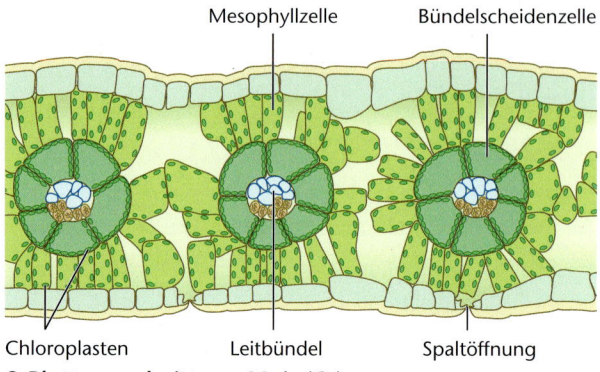

2 *Blattquerschnitt von Mais (C_4)*

Mais gehört neben Weizen und Reis zu den weltweit wichtigsten Getreidearten für unsere Ernährung. Seinen Ursprung hat der Mais in Regionen mit hohen Temperaturen in Mexiko. Ein Grund für die weltweite Verbreitung verschiedener Zuchtformen des Maises ist seine hohe Biomasseproduktion. Sie liegt in Besonderheiten des Fotosynthese-Stoffwechsels begründet, die man unter dem Begriff **C_4-Weg der Fotosynthese** zusammenfasst. Neben Mais gehören eine Reihe anderer tropischer und subtropischer Pflanzen, darunter Zuckerrohr und Hirse, zu den C_4-Pflanzen. Bei ihnen ist das erste Produkt der CO_2-Fixierung in der Fotosynthese Oxalacetat, ein Molekül mit vier Kohlenstoffatomen.

C_4-Pflanzen zeigen im Vergleich zu C_3-Pflanzen Besonderheiten in Struktur und Funktion ihrer Blätter. Diese Besonderheiten wurden im Laufe der Evolution durch natürliche Auslese begünstigt. Es handelt sich um Angepasstheiten. Mit ihrer Hilfe können C_4-Pflanzen auch dann noch Substanzgewinn durch Fotosynthese erzielen, wenn die Spaltöffnungen bei großer Hitze kaum oder gar nicht geöffnet sind. Durch diesen Regelungsvorgang verringert die Pflanze Wasserverluste, kann jedoch gleichzeitig weniger CO_2 aufnehmen. Die CO_2-Konzentration im Blatt sinkt.

C_4-Pflanzen besitzen zwei Formen von fotosynthetisch aktiven Zellen, die kranzförmig um die Leitbündel angeordnet sind. Die Bündelscheidenzellen umgeben die Leitbündel, nach außen schließen sich die Mesophyllzellen an (Abb. 2). Bündelscheidenzellen und Mesophyllzellen unterscheiden sich in ihren Enzymen. Die Chloroplasten der Bündelscheidenzellen können, ähnlich den C_3-Pflanzen, CO_2 mithilfe des Enzyms Rubisco fixieren, den Calvin-Zyklus durchführen und Glucose bilden (Abb. 1). Die Mesophyllzellen enthalten kein Rubisco. Im Cytoplasma der Mesophyllzellen befindet sich das Enzym PEP-Carboxylase. Dieses Enzym fixiert CO_2 an den Akzeptor PEP (Phosphoenolpyruvat). Es entsteht Oxalacetat, ein C_4-Molekül, das in den Chloroplasten weiter zu Malat umgesetzt wird. Malat wird schließlich durch stark ausgebildete Zell-Zell-Plasmaverbindungen von den Mesophyllzellen in die Bündelscheidenzellen transportiert. Dort wird CO_2 abgespalten. Auf diese Weise wird in der Umgebung des Enzyms Rubisco die CO_2-Konzentration beträchtlich erhöht. Das Enzym PEP-Carboxylase versorgt das Enzym Rubisco mit viel CO_2.

CO_2 wird bei C_4-Pflanzen also zweimal fixiert, zunächst durch PEP-Carboxylase in den Mesophyllzellen, dann durch Rubisco in den Bündelscheidenzellen. Diese räumliche Trennung ist ein Beispiel für Kompartimentierung. Das Enzym PEP-Carboxylase hat eine vielfach höhere Affinität zu CO_2 als Rubisco. PEP-Carboxylase nutzt geringe CO_2-Konzentrationen sehr viel effektiver aus als Rubisco. Das ist einer der Gründe dafür, dass C_4-Pflanzen besonders in warmer oder heißer Umgebung, wenn die Spaltöffnungen kaum oder gar nicht geöffnet sind, eine relativ hohe Fotosyntheserate haben. Durch Züchtung gelang es, dass Mais auch in gemäßigten Klimazonen eine hohe Biomasseproduktivität hat.

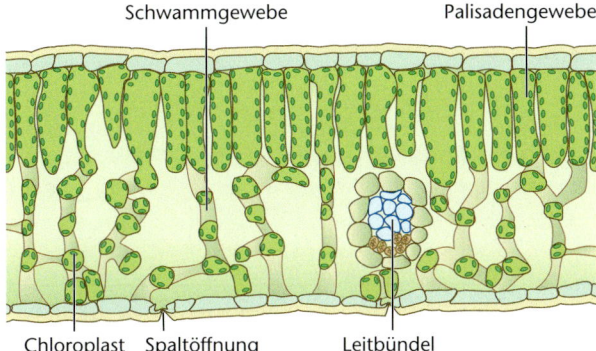

3 *Blattquerschnitt Laubblatt (C_3)*

1 Vergleich der Blätter. Vergleichen Sie den Blattquerschnitt eines typischen Laubblattes einer C_3-Pflanze mit dem Blattquerschnitt einer C_4-Pflanze (Abb. 2, 3).

2 Der C_4-Weg der Fotosynthese. Beschreiben Sie den C_4-Weg der Fotosynthese anhand der Abb. 1.

3 Experiment: Fotosyntheserate von C_3- und C_4-Pflanzen. Entwickeln Sie Hypothesen über die Farbveränderung des pH-Indikators in den drei Versuchsansätzen des Experiments in Abb. 4.

4 Gedankenexperiment: Konkurrenzversuch zwischen Weizen (C_3) und Mais (C_4). In einen großen abgeschlossenen Glasbehälter werden eine Weizenpflanze und eine Maispflanze mit etwa gleicher Masse gepflanzt. Der Behälter wird durchgängig mit einer Intensität belichtet, die etwa dem Licht um die Mittagszeit eines sonnigen Sommertages entspricht. Entwickeln Sie Hypothesen über mögliche Veränderungen im Laufe der Zeit im Glasbehälter.

5 Fotosynthese von C_3- und C_4-Pflanzen in Abhängigkeit von Außenfaktoren. Beschreiben Sie unter Bezug auf Abb. 5, unter welchen Bedingungen C_4-Pflanzen im Vorteil sind und unter welchen Bedingungen C_3-Pflanzen im Vorteil sind.

5 *Abhängigkeit der Fotosyntheserate* von a) der Lichtintensität, b) der Temperatur und c) der CO_2-Konzentration bei C_3-Pflanzen und bei C_4-Pflanzen

→ 6.8 Auswirkungen interspezifischer Konkurrenz auf Lebewesen

Experiment:
Fotosyntheserate von C_3- und C_4-Pflanzen.

Hypothese:
???

Durchführung:
Mit dieser Versuchsanordnung wurden Blätter etwa gleicher Masse von Mais (C_4) und Bohne (C_3) bei sonst gleichartigen Versuchsbedingungen auf ihre Fotosyntheserate hin untersucht. Als Kontrolle diente ein Versuchsansatz ohne Pflanzen. In allen drei Versuchsansätzen war der pH-Wert auf 5,5 eingestellt. Bromthymolblau diente als pH-Indikator. Alle drei Versuchsansätze wurden mit gleicher Lichtintensität etwa zwei Stunden lang belichtet.

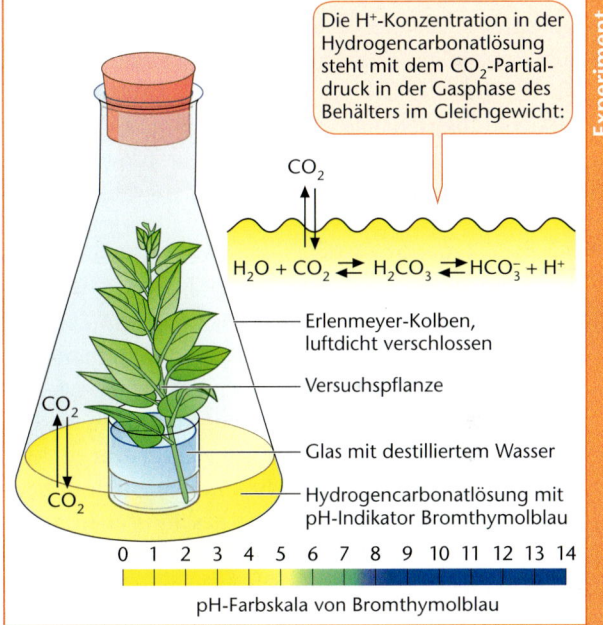

Die H^+-Konzentration in der Hydrogencarbonatlösung steht mit dem CO_2-Partialdruck in der Gasphase des Behälters im Gleichgewicht:

$$H_2O + CO_2 \rightleftharpoons H_2CO_3 \rightleftharpoons HCO_3^- + H^+$$

4 *Experiment: Fotosyntheserate von C_3- und C_4-Pflanzen*

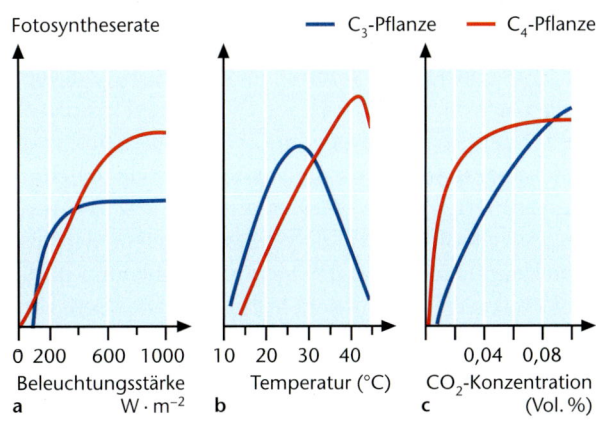

5.9 CAM-Pflanzen – angepasst an extreme Trockenheit

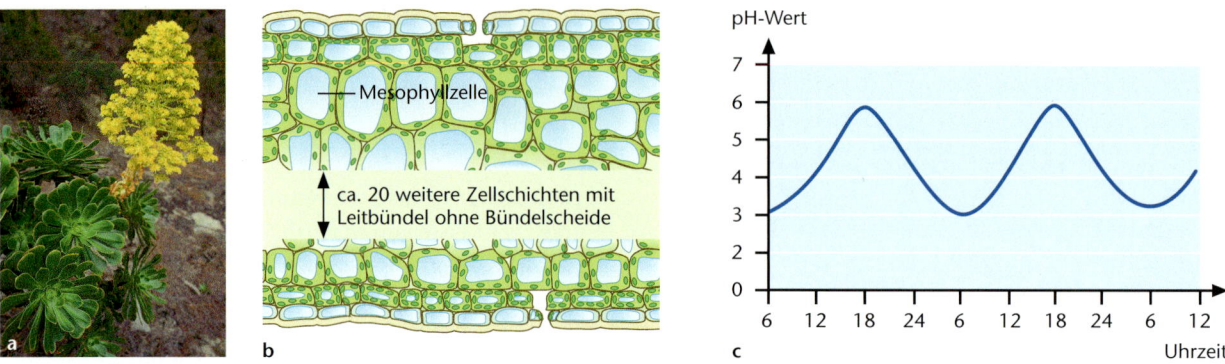

1 *a) Riesenhauswurz (Aeonium spec.), b) Blattquerschnitt, c) pH-Wert des Zellsaftes in der Vakuole*

In Gebieten mit extremer Trockenheit leben Pflanzen mit Wasserspeichern. Man nennt dieses Phänomen **Sukkulenz** (lat. *succus*, Saft). Zu den Sukkulenten gehören vor allem Kakteen und die Dickblattgewächse, die Wasser in den Blättern speichern (Abb. 1). Diese **Blattsukkulenten** sind an die klimatischen Verhältnisse an ihrem Standort, wie hohe Temperaturen und sehr seltene Niederschläge, besonders gut angepasst.

Das Dilemma zwischen notwendiger Aufnahme von Kohlenstoffdioxid und der Gefahr der Austrocknung durch Wasserdampfverlust über die Spaltöffnungen ist bei diesen Pflanzen groß. Sukkulenten öffnen ihre Spaltöffnungen daher nachts, wenn es kühler ist, und schließen sie tagsüber – genau umgekehrt wie bei den meisten anderen Pflanzen. Lange Zeit war unklar, weshalb der Kohlenhydratgehalt in den Blättern tagsüber ansteigt, obwohl durch die geschlossenen Spaltöffnungen kein Kohlenstoffdioxid für die Fotosynthese aufgenommen werden kann. Man beobachtete, dass der Säuregehalt des Zellsaftes der Vakuolen tagsüber abfällt und nachts wieder ansteigt (Abb. 2). Die Untersuchung des Zellsaftes ergab, dass nachts der Gehalt an Äpfelsäure, einer C_4-Verbindung, anstieg, der Gehalt an PEP, einer C_3-Verbindung im Zellplasma, dagegen sank (Abb. 2). Damit war der CO_2-Akzeptor identifiziert. Nachts wird das CO_2 im Cytoplasma in Form von Äpfelsäure fixiert und in die Vakuolen zur Speicherung transportiert, was zu einer Absenkung des pH-Werts des Zellsafts in der Vakuole führt. Tagsüber wird die Äpfelsäure wieder aus der Vakuole heraus und in die Chloroplasten transportiert, der pH-Wert des Zellsaftes steigt wieder an. Im Chloroplast wird das CO_2 wieder abgespalten und in den Calvin-Zyklus eingebaut, wobei Glucose gebildet wird. Diese Besonderheit gab dem besonderen Stoffwechselweg seinen Namen: **C**rassulacean **A**cid **M**etabolism: **CAM**.

Die besondere Anpassung der CAM-Pflanzen besteht also in einer zeitlichen Trennung der CO_2-Fixierung und der Sekundärreaktion der Fotosynthese und nicht in einer räumlichen, wie bei den C_4-Pflanzen. Im Vergleich mit den C_3-Pflanzen weisen CAM-Pflanzen zwar eine geringere Produktivität auf, dafür kann der Wasserverlust aber auf mehr als ein Zehntel des Wasserverlusts einer C_3-Pflanze reduziert werden. Die Angepasstheit der CAM-Pflanzen im Fotosynthese-Stoffwechsel ermöglicht es diesen Pflanzen, ökologische Nischen zu besetzen, die ihnen sonst nicht zugänglich wären.

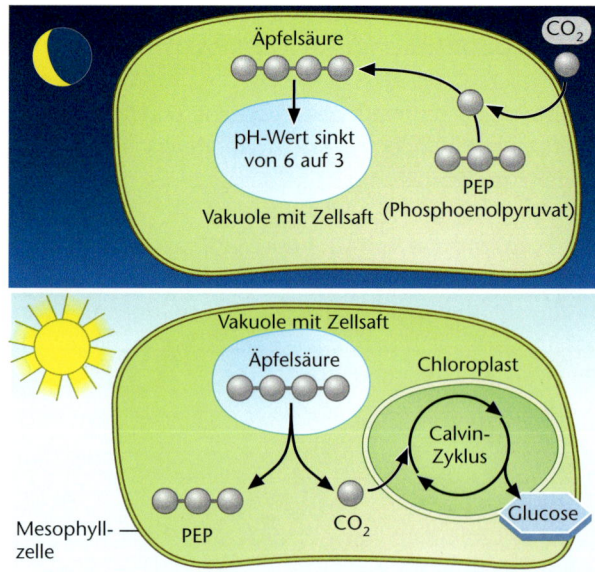

2 *CO_2-Fixierung bei CAM-Pflanzen, schematisch*

Folgende Autoradiogramme entstanden, nachdem man bei Dunkelheit Mesophyllzellen für die jeweils angegebene Zeit mit NaH^{14}CO$_3$ (Natriumhydrogencarbonat) inkubiert hat.

Versuchsreihe A: Cytoplasmaextrakt isolierter Mesophyllzellen bei Dunkelheit

Inkubationszeit: 1 s | Inkubationszeit: 5 s | Inkubationszeit: 60 s | Inkubationszeit: 10 min (Oxalessigsäure, Äpfelsäure)

Versuchsreihe B: Extrakt des Zellsaftes der Vakuolen isolierter Mesophyllzellen bei Dunkelheit

Inkubationszeit: 1 s | Inkubationszeit: 5 s | Inkubationszeit: 60 s | Inkubationszeit: 10 min (Äpfelsäure)

Folgende Autoradiogramme entstanden, nachdem man bei Dunkelheit Mesophyllzellen 20 Minuten lang mit NaH^{14}CO$_3$ (Natriumhydrogencarbonat) inkubiert hat, danach eine Stunde gewartet und erst dann belichtet hat.

Versuchsreihe C: Belichtung eines Cytoplasmaextraktes einschließlich der Chloroplasten von Mesophyllzellen, eine Stunde nach Inkubation im Hellen

Belichtungszeit: 1 s | Belichtungszeit: 5 s | Belichtungszeit: 30 s | Belichtungszeit: 60 s

Versuchsreihe C: Fortsetzung

Belichtungszeit: 70 s | Belichtungszeit: 90 s | Belichtungszeit: 10 min (Äpfelsäure, 3-Phosphoglycerinsäure (PGS), Glycerinaldehyd-3-Phosphat (G3P), versch. Zuckermonophosphate, Glucose-6-phosphat, versch. Zuckerdiphosphate)

3 *Autoradiogramme der CO$_2$-Fixierung bei Nacht bei Aeonium spec.*

1 Blattvergleich. Vergleichen Sie den Bau des Laubblattes von Aeonium mit dem einer C$_3$- und einer C$_4$-Pflanze (Abb. 1).

2 Erstellung eines Stoffwechselschemas aus Autoradiogrammen. Leiten Sie auf Grundlage des Textes und der Autoradiogramme in Abb. 3 ein vereinfachtes Stoffwechselschema ab. Stellen Sie dies zeichnerisch z. B. in einem Pfeildiagramm dar. Begründen Sie Ihre jeweiligen Entscheidungen unter Bezug auf die Autoradiogramme.

→ 6.9 Übersicht Fotosynthese

5.10 Übersicht: Fotosynthese

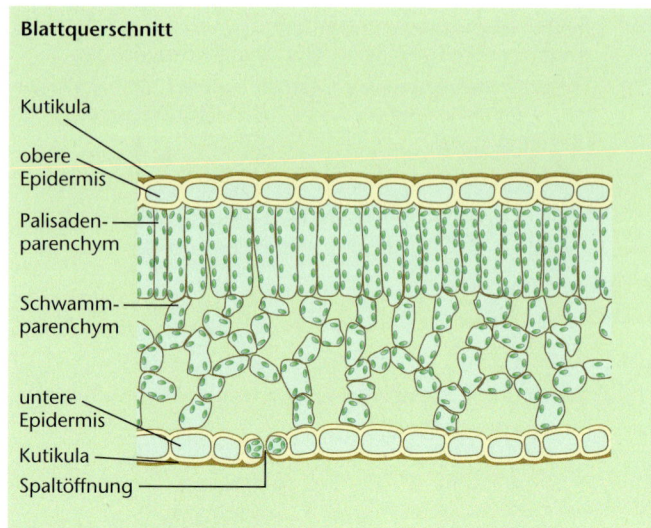

Blätter – Orte der Fotosynthese

In allen grünen Teilen der Pflanze kann Fotosynthese stattfinden. Für die Fotosynthese erforderlich sind Kohlenstoffdioxid, Wasser und Licht. Das Blatt ist meist der Hauptort der Fotosynthese. Trotz der Vielgestaltigkeit von Blättern sind es im Wesentlichen zwei Funktionen, die ihren Aufbau prägen: Transpiration und Fotosynthese.

Transport und Speicherung von Glucose

Leitbündel bestehen aus toten Zellen, die das Xylem bilden, sowie aus den lebenden Zellen, den Siebröhren, die das Phloem bilden. Die Aufgabe des Xylems ist der Transport von Wasser und Mineralsalzen aus den Wurzeln in alle Pflanzenteile. Über das Phloem wird in Saccharose umgewandelte Glucose von den Fotosyntheseorten (Quelle) zu den Orten des Bedarfs oder der Speicherung (Senke), z. B. den Wurzeln, transportiert. Dort wird sie als Stärke in den Zellen gespeichert.

Umwandlung von Lichtenergie in chemische Energie

Grüne Pflanzen nutzen das Sonnenlicht. Sie bilden mithilfe der Lichtenergie energiereiche Stoffe wie Glucose. Grüne Pflanzen sind autotroph. Die Entstehung der Fotosynthese kann man als Schlüsselereignis in der Evolution des Lebens auf der Erde bezeichnen, denn in der Frühzeit der Erde gab es noch keine Fotosynthese. Die Uratmosphäre war noch frei von Sauerstoff. Fotosynthese betreibende Organismen schufen erst allmählich die sauerstoffhaltige Atmosphäre der Erde und damit eine unserer Lebensgrundlagen.

Heterotrophe Organismen beziehen die energiereichen Stoffe für ihren Stoffwechsel, indem sie sich von anderen Lebewesen ernähren. Um weltweit alle pflanzenfressenden heterotrophen Lebewesen zu ernähren und gleichzeitig den Fortbestand der autotrophen Organismen zu sichern, sind sehr große Fotosyntheseraten notwendig. Jährlich werden auf der Erde etwa 100 Milliarden Tonnen Kohlenstoff in etwa 200 Milliarden Tonnen Biomasse fixiert. Diese immense Masse bildet die Lebensgrundlage aller heterotrophen Organismen – auch die des Menschen.

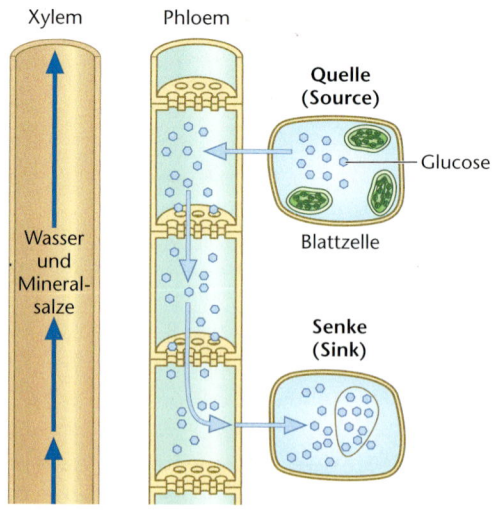

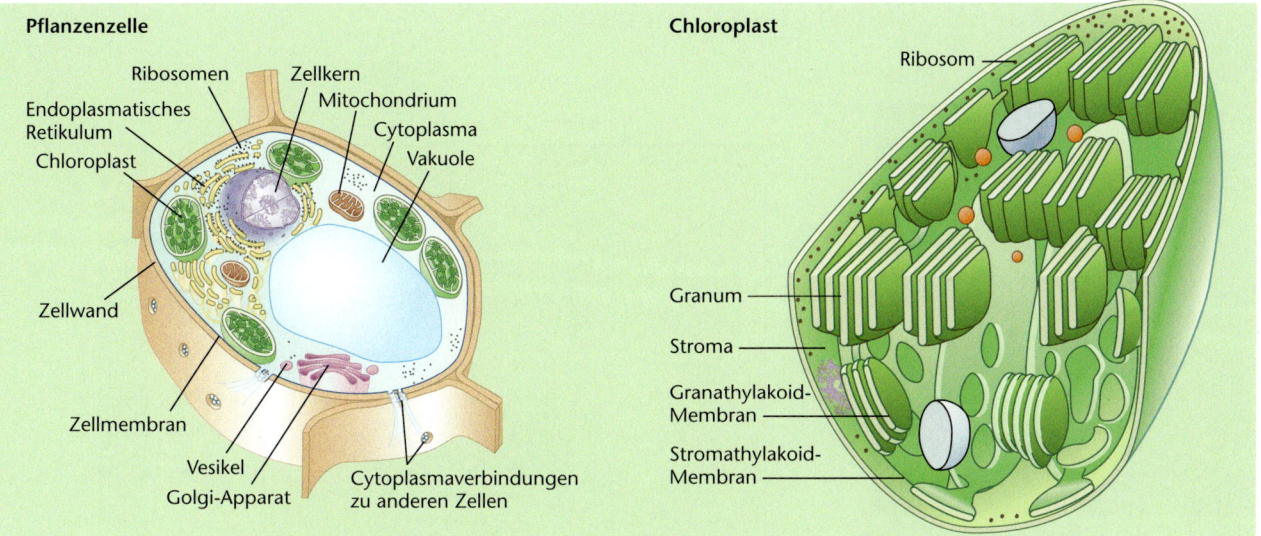

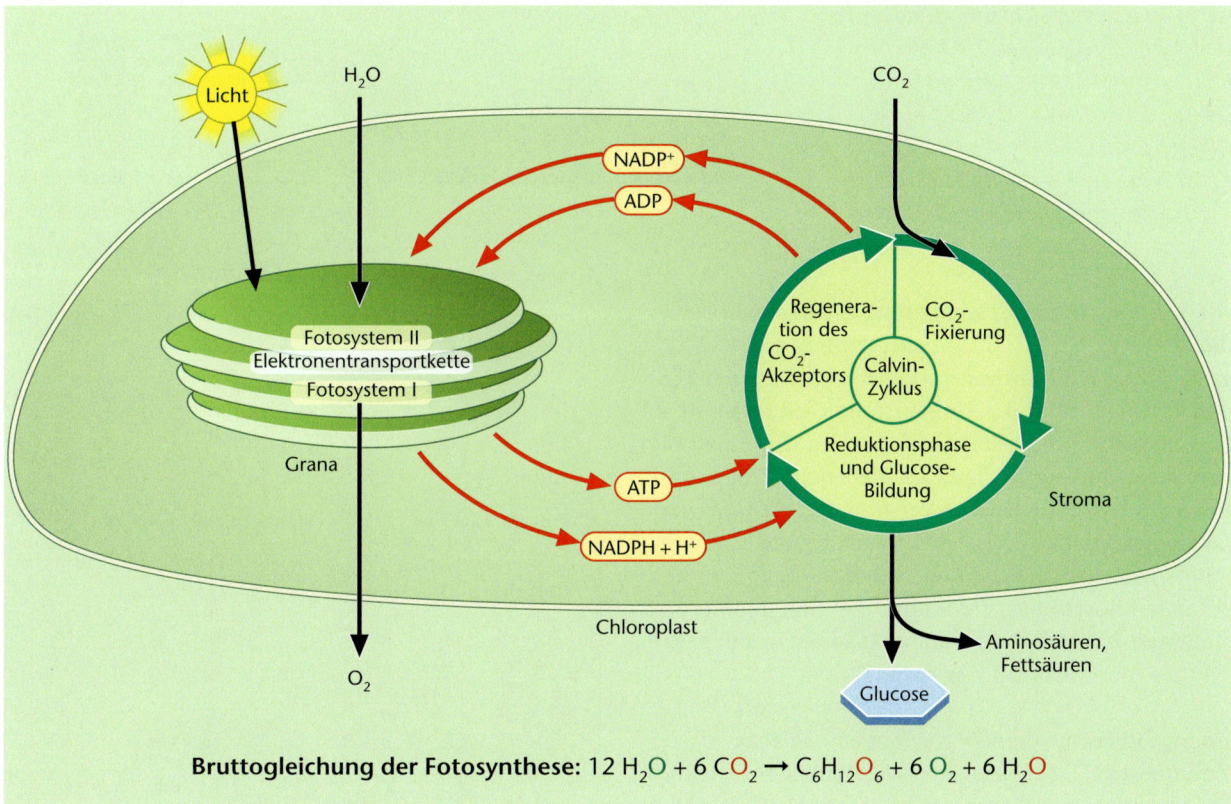

Bruttogleichung der Fotosynthese: 12 H_2O + 6 CO_2 → $C_6H_{12}O_6$ + 6 O_2 + 6 H_2O

Vernetzung mit anderen Stoffwechselprozessen

Die durch die Fotosynthese aufgebaute Glucose wird zum Aufbau von Biomasse und für die Zellatmung eingesetzt. Die beim Abbau der Glucose gebildeten energiereichen Moleküle ATP und NADH + H$^+$ werden für aktive Transport- und anabole Stoffwechselprozesse benötigt. So werden aus den Produkten des Calvin-Zyklus im Stoffwechsel der Pflanze z. B. Fette, Nuklein-säuren, Aminosäuren oder Proteine aufgebaut. All diese Prozesse können gleichzeitig stattfinden, da sie in unterschiedlichen **Kompartimenten** ablaufen: Glykolyse im Zellplasma, Zellatmung im Mitochondrium und Fotosynthese im Chloroplasten.

Die Energie fließt also von der Sonne über den reduzierten Kohlenstoff in der Fotosynthese weiter zum ATP.

→ 8.2 Energiefluss in Ökosystemen

5.11 Die Kohlenstoffbilanz einer Pflanze

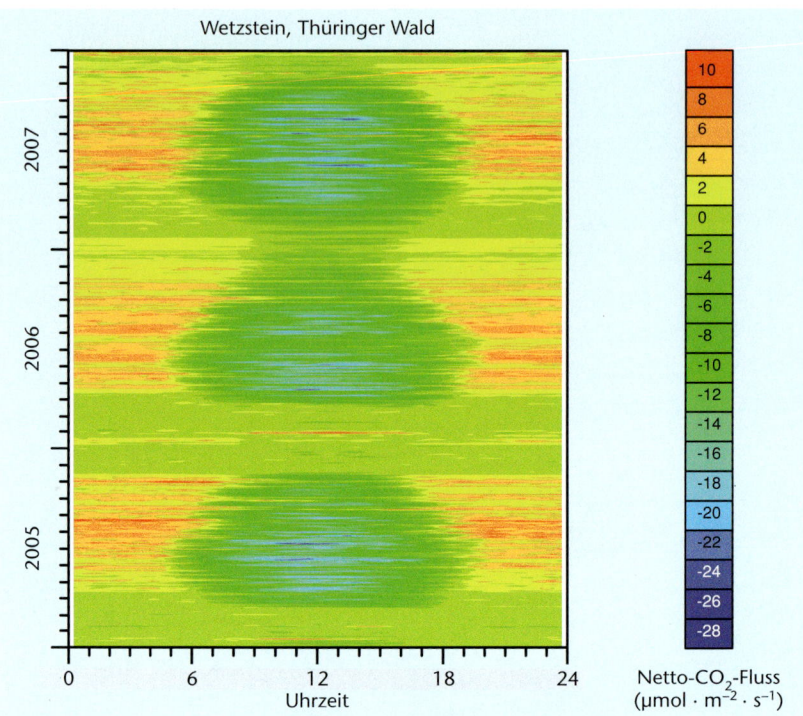

1 *Die Jahres- und Tagesgänge des CO_2-Flusses eines Fichtenbestandes* sind Ausdruck des jeweiligen Verhältnisses von Zellatmung und Fotosynthese. Der Netto-CO_2-Fluss ist die Differenz von CO_2-Abgabe durch Zellatmung und CO_2-Aufnahme durch Fotosynthese pro Quadratmeter Blattfläche und Sekunde.

Als **Kohlenstoffbilanz** einer Pflanze bezeichnet man die Differenz aus Gewinnen und Verlusten an Kohlenstoff. Durch **Fotosynthese** produziert eine Pflanze Biomasse. Dabei wird das Kohlenstoffdioxid der Luft in energiereiche Kohlenstoffverbindungen eingebaut. Sie sind die Grundlage zahlreicher Lebensvorgänge einer Pflanze. Dazu zählt u. a. die Versorgung des bereits vorhandenen Pflanzenkörpers, Wachstum und Entwicklung sowie die Speicherung von Reservestoffen. Die gesamte fotosynthetische Stoffproduktion in einer bestimmten Zeiteinheit bezeichnet man als Brutto-Fotosynthese oder Brutto-Primärproduktion.

Energie in Form von ATP gewinnt eine Pflanze aus der **Zellatmung**. Dabei wird die von ihr durch Fotosynthese selbst hergestellte Glucose genutzt (Abb. 2). Weil bei der Zellatmung Kohlenstoff in Form von gasförmigem Kohlenstoffdioxid frei wird, spricht man auch von **Atmungsverlusten** in der Kohlenstoffbilanz.

Netto-Fotosynthese = Brutto-Fotosynthese minus Zellatmung

Eine entsprechende Gleichung kann sich auf eine Pflanze oder eine Population beziehen (Abb. 1, 3). Dauerhaft kann eine Pflanze nur überleben, wenn ihre Netto-Fotosynthese ein positives Vorzeichen hat.

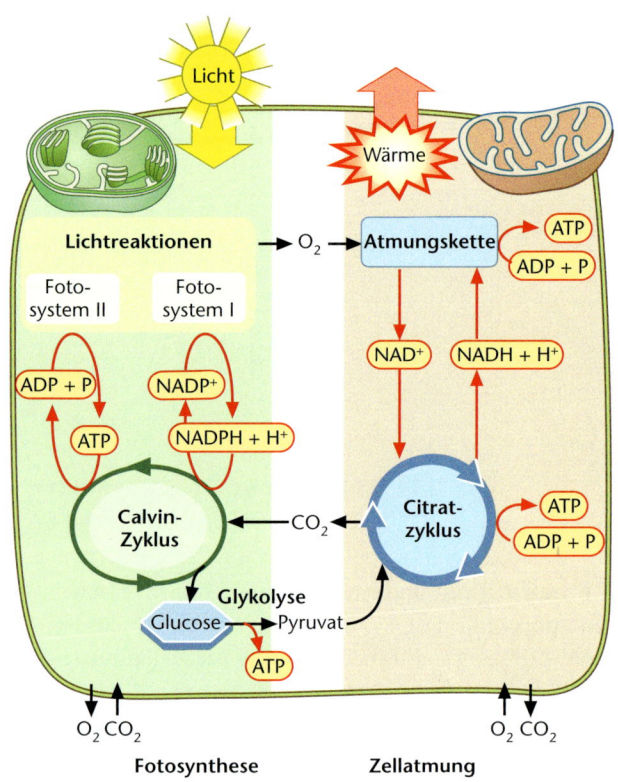

2 Zusammenhang von Fotosynthese und Zellatmung

→ 5.10 Übersicht Fotosynthese   → 8.4 Übersicht: Stoffkreisläufe und Energiefluss in einem Ökosystem

1 Fotosynthese und Atmung. Erläutern Sie Abb. 2.

2 Atmung und Fotosynthese von Fichten im Tagesgang und im Jahresgang.
a) Üben Sie sich im Lesen des Diagramms in Abb. 1, indem Sie Ihrer Nachbarin oder Ihrem Nachbarn je ein Beispiel für einen Tagesgang und einen Jahresgang beschreiben.
b) Ordnen Sie der Abb. 1 unter Bezug auf Abb. 2 folgende Gegebenheiten zu: Netto-Fotosynthese = 0; Netto-Fotosynthese > 0; Netto-Fotosynthese < 0.
c) Interpretieren Sie unter Bezug auf Abb. 2 folgende Daten in Abb. 1: 1.7.05, 12 Uhr; 1.1.06, 12 Uhr; 1.9.07, 21 Uhr.

3 Kohlenstoffbilanz eines Rotbuchenbestandes, eines Fichtenbestandes und eines Gerstenfeldes.
a) Errechnen Sie anhand von Abb. 3 die Netto-Fotosyntheseraten für Buchen, Fichten und Gerste in Tonnen Kohlenstoff pro Hektar und Jahr.
b) Werten Sie Abb. 3 vergleichend aus.

4 Experiment zum Nachweis von Fotosynthese und Atmung über den pH-Wert. Mit dem in Abb. 4 dargestellten geschlossenen Versuchsaufbau lässt sich die Aufnahme oder Abgabe von CO_2 über pH-Wert-Änderungen erfassen. Führen Sie das Experiment in Abb. 4 durch. Fertigen Sie ein Versuchsprotokoll an. Werten Sie die Ergebnisse aus. Diskutieren Sie mögliche Fehlerquellen.

Durchführung:
Die Hydrogencarbonat-Lösung wird hergestellt, indem 83 mg $NaHCO_3$ und 7326 mg KCl in 1000 ml destilliertem Wasser gelöst werden. 50 ml davon werden mit 0,5 ml 0,1%iger Bromthymolblau-Lösung versetzt und gegebenenfalls mit wenigen Tropfen kohlensäurehaltigem Mineralwasser auf pH 7,0 eingestellt. Nach Einbringen der beblätterten Sprossachse, z. B. von Efeu, und luftdichtem Abschluss stellt sich das dargestellte Gleichgewicht ein. Über eine Kette von Gleichgewichtsreaktionen verändert die Entnahme von CO_2 aus der Gasphase und gegensinnig die Zufuhr von CO_2 in die Gasphase die Konzentration an H^+-Ionen in der Lösung. Der Versuchsansatz wird für 4 Stunden hell belichtet, eine Dunkelkontrolle kommt unter einen Karton oder in einen Schrank.

Versuchsaufbau:

Die H^+-Konzentration in der Hydrogencarbonatlösung steht mit dem CO_2-Partialdruck in der Gasphase des Behälters im Gleichgewicht:

$$H_2O + CO_2 \rightleftarrows H_2CO_3 \rightleftarrows HCO_3^- + H^+$$

- Erlenmeyer-Kolben, luftdicht verschlossen
- Versuchspflanze
- Glas mit destilliertem Wasser
- Hydrogencarbonatlösung mit pH-Indikator Bromthymolblau

0 1 2 3 4 5 6 7 8 9 10 11 12 13 14
pH-Farbskala von Bromthymolblau

	Buche	Fichte	Gerste
Brutto-Fotosynthese (t C · ha^{-1} · Jahr^{-1})	8,6 (100 %)	14,9 (100 %)	8,3 (100 %)
Atmung	2,4 (28 %)	7,8 (52 %)	1,7 (20 %)
Blätter	1,3 (15 %)	6,4 (43 %)	1,5 (18 %)
Knospen	0,4 (5 %)	1,0 (6 %)	0,0 (0 %)
Stamm und Wurzel	0,7 (8 %)	0,4 (37 %)	0,2 (2 %)
Streu	3,2 (37 %)	2,9 (20 %)	6,6 (80 %)
Blätter	1,8 (21 %)	1,2 (8 %)	4,4 (53 %)
Feinwurzeln	1,4 (16 %)	1,7 (12 %)	2,2 (27 %)
Wachstum	3,0 (35 %)	4,2 (28 %)	0,0 (0 %)
Grobwurzeln	0,4 (4 %)	0,7 (5 %)	0,0 (0 %)
Äste	1,4 (16 %)	1,5 (10 %)	0,0 (0 %)
Stamm	1,3 (15 %)	2,0 (13 %)	0,0 (0 %)

3 Jährliche Kohlenstoffbilanz eines Buchenbestandes, eines Fichtenbestandes und eines Gerstenfeldes

4 Experiment: Nachweis von Fotosynthese und Atmung über den pH-Wert

5.12 Produktivität verschiedener Ökosysteme

1 *Verschiedene Ökosysteme*

Bruttoprimärproduktion (BPP): gesamte pro Zeit und Fläche durch Fotosynthese produzierte organische Substanz (Biomasse) in Gramm Trockengewicht pro Quadratmeter und Jahr. Ein Gramm Biomasse enthält durchschnittlich 20 kJ an chemisch gespeicherter Energie. Damit kann die Trockenmasse in Energieäquivalente umgerechnet werden.

Nettoprimärproduktion (NPP): Bruttoprimärproduktion abzüglich der von den autotrophen Lebewesen selbst veratmeten Energie (Respiration, RA): NPP = BPP – RA

Nettoproduktion (NP): Bruttoprimärproduktion abzüglich der von den autotrophen (RA) und heterotrophen Lebewesen veratmeten Energie (Respiration, RH): NP = BPP – RA – RH

2 *Kenngrößen für die Produktivität von Ökosystemen*

In den verschiedenen Klimazonen bilden sich unterschiedliche Vegetationen aus. Die Vegetation ist Grundlage der verschiedenen Ökosysteme. Die Energiezufuhr der Ökosysteme erfolgt dadurch, dass Pflanzen Lichtenergie der Sonne für die Fotosynthese und damit die Produktion energiereicher, organischer Stoffe, der sogenannten **Biomasse,** nutzen. Die Intensität, mit der die Pflanzen Fotosynthese treiben können, hängt vom Licht- und Wasserangebot, der Temperatur und der Mineralsalzverfügbarkeit ab. Pflanzen in verschiedenen Ökosystemen produzieren unterschiedliche Mengen an Biomasse (Abb. 1).

Pflanzen nutzen 1–2 % der eingestrahlten Sonnenenergie für die **Bruttoprimärproduktion** von Biomasse (Abb. 2). Etwa die Hälfte dieser Biomasse wird bei der Zellatmung der Pflanzen, über die diese ihren eigenen Energiebedarf decken, wieder abgebaut. Der Rest bildet die **Nettoprimärproduktion** an Biomasse. Ein Teil dieser Biomasse wird von heterotrophen Organismen für deren Ernährung genutzt. Den im Ökosystem verbleibenden Überschuss an Biomasse bezeichnet man als Nettoproduktion.

Zum Vergleich der Produktivität von Ökosystemen kann man die Biomasse bestimmen, die auf einer bestimmten Fläche pro Jahr produziert wird. Typisch für viele natürliche Ökosysteme, die sich in der Endstufe ihrer Entwicklung befinden, ist eine hohe Bruttoprimärproduktion bei geringer Nettoproduktion. Es kommt kaum zu einem Zuwachs an Biomasse. In der Landwirtschaft wird dagegen eine hohe Nettoproduktion angestrebt, da mit der Ernte ständig Biomasse entfernt wird. Durch optimierte Anbaumethoden, zu denen künstlich erhöhte CO_2-Konzentrationen, Folienabdeckungen, Bewässerungssysteme und Düngung gehören, wird im Vergleich zu natürlichen Ökosystemen eine bis zu vierfach höhere Nettoproduktion erreicht.

	Anteil am weltweit in Pflanzenmasse gespeicherten Kohlenstoffvorrat in Prozent und Gigatonnen 0 10 20 30 40 50 %	Fläche in Millionen km²	Kohlenstoffvorrat in der Biomasse in Kilogramm Kohlenstoff pro Quadratmeter	Nettoprimärproduktion des Lebensraumes in Gigatonnen Kohlenstoff pro Jahr
tropische Regenwälder	340	26,7	19	21,9
Wälder der gemäßigten Zonen	139	15,5	13	8,1
tropische Savannen und Grasland	79	39,9	3	14,9
Nadelwald	57	20,0	4	2,6
Wüsten und Halbwüsten	10	42,2	0,36	3,5
Agrarland	4	3,1	0,3	1,9
offener Ozean	0,46	332	0,0014	18,9

3 *Produktivität ausgewählter Ökosysteme*

1 Produktivität verschiedener Ökosysteme im Vergleich.

a) Vergleichen und interpretieren Sie die Daten der Abb. 3 anhand ausgewählter Beispiele. Begründen Sie dabei die unterschiedliche Nettoprimärproduktion der Ökosysteme.

b) Die Nettoprimärproduktion lässt sich auch in Gramm fixierter Kohlenstoff pro Quadratmeter und Tag angeben. Aus den Daten für tropische Regenwälder ermittelt man einen Wert von 2,25 g C/(m² · d). Ermitteln Sie unter Bezug auf Abb. 3 die Daten für andere Ökosysteme und interpretieren Sie Ihre Ergebnisse.

2 Buchenwald und Regenwald im Vergleich.
Vergleichen Sie die Produktivität eines Buchenwaldes und eines tropischen Regenwaldes anhand der Abb. 4. Erläutern Sie die Zusammenhänge und berücksichtigen Sie auch die anderen dargestellten Parameter. Stellen Sie Bezüge zur Abb. 3 her.

3 Zusammenhänge zwischen Artenvielfalt und Produktivität.
In den vergangenen Jahren haben viele Untersuchungen gezeigt, dass Standorte mit einer hohen Artenvielfalt unempfindlicher auf sich ändernde Umweltbedingungen reagieren. Ob es auch einen Zusammenhang zwischen der Artenvielfalt und Produktivität gibt, wird gegenwärtig untersucht. Abb. 5 zeigt Ergebnisse für verschiedene Ökosysteme.

Hypothese: Die Produktivität eines Ökosystems ist umso höher, je mehr Arten darin vorkommen.

Analysieren Sie, ob und inwiefern die in Abb. 5 dargestellten Ergebnisse diese Hypothese stützen.

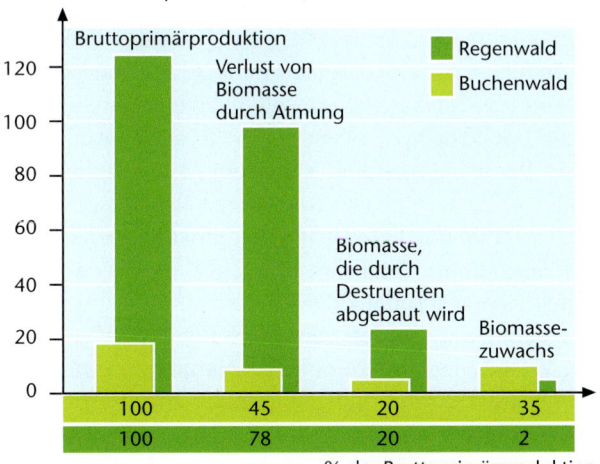

4 *Produktivität eines 60-jährigen mitteleuropäischen Buchenwaldes sowie eines tropischen Regenwaldes*

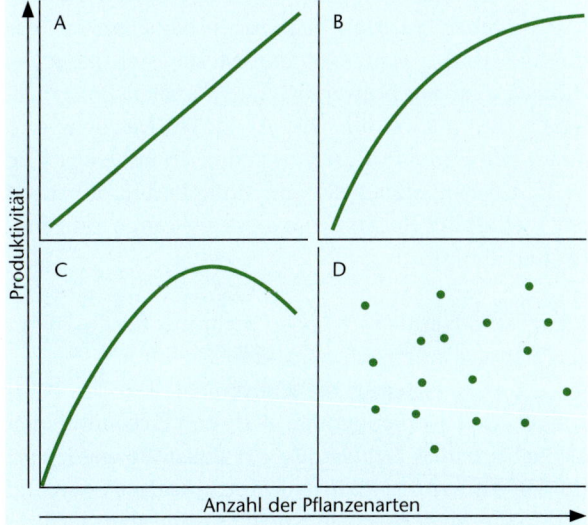

5 *Artenvielfalt und Produktivität von vier Ökosystemen*

→ 8.2 Energiefluss in Ökosystemen

5.13 Die Vielfalt pflanzlicher Naturstoffe beruht auf genetischer Vielfalt

1 a) *Der Gefleckte Schierling gehört zu den sehr giftigen heimischen Pflanzen.* Sein Gift, das Coniin, wirkt an den motorischen Endplatten der Nervenzellen am Muskel. Natürliche Funktion des Coniin ist vermutlich der Fraßschutz gegenüber Pflanzenfressern. **1 b)** *Der griechische Philosoph* Sokrates *wurde durch Coniin hingerichtet.* Er musste 399 v. Chr. den „Schierlingsbecher" trinken, weil er angeblich verderblichen Einfluss auf die Jugend im damaligen Athen hatte (Gemälde von J. L. David, 1787).

Pflanzen sind **Primärproduzenten.** So nennt man Lebewesen, die aus anorganischen Stoffen organische Stoffe herstellen können. Pflanzen können eine Vielzahl von organischen Stoffen synthetisieren. Sie lassen sich alle letztlich auf Stoffe zurückführen, die im Verlauf der **Fotosynthese** gebildet werden. Vielfach gehen auch **Mineralsalze** in die Synthese organischer Stoffe durch Pflanzen ein.

Die sehr vielfältigen, nur teilweise bekannten Stoffe, die von Pflanzen produziert werden, basieren auf vielfältigen biochemischen Reaktionen der Pflanzen. Für die biologische Synthese eines Stoffes sind ganz bestimmte Enzyme notwendig. Wie bei allen Proteinen, ist die Information über die Aminosäuresequenz und damit den Bau eines Enzyms genetisch festgelegt. Die Vielfalt der pflanzlichen Naturstoffe beruht daher auf der **Vielfalt der Enzyme** und diese wiederum auf **genetischer Vielfalt.**

Pflanzliche Naturstoffe haben nicht nur für die Pflanzen selbst, sondern oft auch eine ökologische Bedeutung, zum Beispiel für die Konsumenten in den **Nahrungsketten**. Kohlenhydrate, Fette und Proteine dienen als Nähr- und Speicherstoffe. Als Baustoffe werden sie für den Aufbau des Pflanzenkörpers, seiner Zellen und der Membranen benötigt. Nucleinsäuren speichern genetische Information und sind an der Proteinbiosynthese beteiligt. Proteine regulieren als Enzyme den Stoffwechsel. Pflanzenhormone und andere Signalstoffe steuern Wachstum und Entwicklung und dienen der Kommunikation innerhalb einer Pflanze sowie zwischen Pflanzen. Fotosynthesepigmente absorbieren Licht; Farbstoffe in Blüten und Früchten stehen im Dienst der Fortpflanzung und Ausbreitung. Vielfältige Abwehrstoffe und Gifte richten sich gegen Fressfeinde und Krankheitserreger (Abb. 1, 2).

Für den Menschen sind Naturstoffe aus Pflanzen als Nahrungsmittel und als Futtermittel unersetzlich. Darüber hinaus werden aus Pflanzen Heilmittel, Gewürze und Genussmittel, aber auch Drogen und Rauschgifte gewonnen. Eine Reihe von pflanzlichen Naturstoffen findet technische Verwendung, z. B. als Fasern, Bauholz, Papier, Gerbstoffe, Kautschuk, Harze und Farbstoffe. In letzter Zeit stehen Pflanzen als nachwachsende Rohstoffe und als so genannte „Energiepflanzen" in der Diskussion. Allein im Jahr 2007 wurde der wirtschaftliche Wert pflanzlicher Arzneimittel weltweit auf ungefähr 60 Milliarden Euro geschätzt. Ein Beispiel für die Vielfalt der Funktionen von Naturstoffen sind die drei chemisch sehr ähnlichen Stoffe Salicylsäure (SA), ein Signalstoff innerhalb einer Pflanze, Methylester-Salicylsäure (Me-SA) mit ökologischen Funktionen – und Acetylsalicylsäure (ASA) als Wirkstoff eines sehr weit verbreiteten Medikaments.

→ 5.10 Übersicht: Fotosynthese → 9.8 Bedeutung der Biodiversität

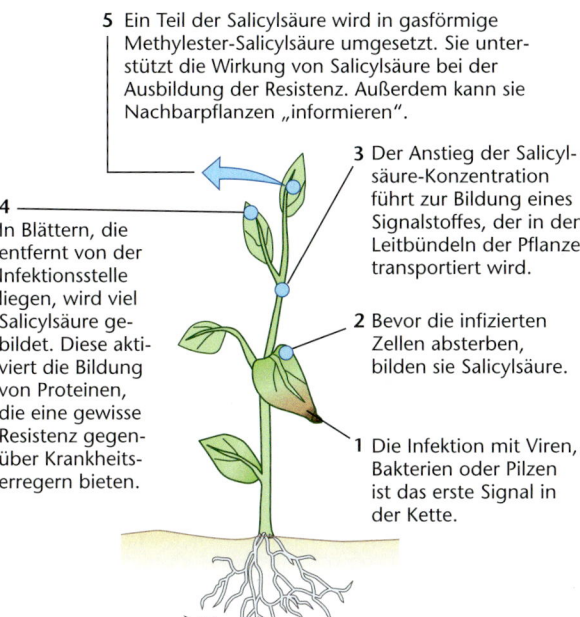
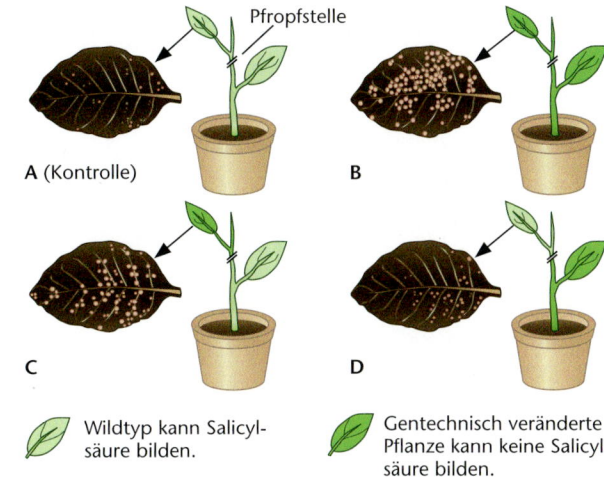

2 a) Signalkette bei der erworbenen Resistenz von Tabakpflanzen; **b)** Versuch zur erworbenen Resistenz bei Tabakpflanzen gegen das Tabakmosaikvirus (TMV)

1 **Salicylsäure – pflanzlicher Signalstoff gegen Krankheitserreger.**
Salicylsäure ist ein bei Pflanzen weit verbreiteter Signalstoff, der bei Infektionen mit Krankheitserregern wie Viren, Bakterien und Pilzen ein wesentlicher Bestandteil einer Signalkette ist. Er sorgt dafür, dass noch nicht infizierte Teile der Pflanze Schutzproteine bilden und dadurch eine gewisse Widerstandskraft gegen die Krankheitserreger ausbilden (Abb. 2). Man nennt dies erworbene Resistenz.
a) Beschreiben Sie anhand der Abb. 2a die Signalkette bei der Ausbildung der erworbenen Resistenz bei Tabakpflanzen.
b) Beschreiben Sie die Versuchsergebnisse in Abb. 2b. Werten Sie diese im Zusammenhang mit Abb. 2a aus.

2 **Methylester-Salicylsäure – ein Alarmstoff, der Marienkäfer anlockt.**
Von Blattläusen befallene Pflanzen sondern verschiedene gasförmige Stoffe ab, darunter auch Methylester-Salicylsäure. Dadurch werden Marienkäfer angelockt, die Blattläuse fressen. Die Weibchen der Marienkäfer legen bevorzugt Eier an Pflanzen, die von Blattläusen befallen sind. Die Marienkäferlarven ernähren sich ebenfalls von Blattläusen (Abb. 3).
Skizzieren Sie die Wechselwirkungen zwischen Pflanze, Blattläusen und Marienkäfern. Erörtern Sie die Frage, ob hier Parasitismus und/oder Symbiose vorliegt.

3 **Acetylsalicylsäure – eine über hundertjährige Erfolgsgeschichte mit pflanzlichem Ursprung.** Seit mehr als 2000 Jahren werden Extrakte aus Weiden, Pappeln und anderen Pflanzen zur Linderung von Schmerzen und Fieber eingesetzt. Die wirksame Substanz in diesen Pflanzen ist Salicylsäure. Seit 1898 wird die an Nebenwirkungen ärmere Acetylsalicylsäure unter dem Handelsnamen Aspirin© vertrieben. Aspirin ist bis heute eines der meistverkauften Medikamente.
Recherchieren Sie für einen Kurzvortrag die Entdeckungsgeschichte, Anwendungsgebiete sowie Wirkungsweise und Nebenwirkungen von Acetylsalicylsäure.

3 *Marienkäferlarve frisst Blattläuse*

→ 15.2 Variabilität

6.1 Abiotische und biotische Faktoren wirken auf Lebewesen

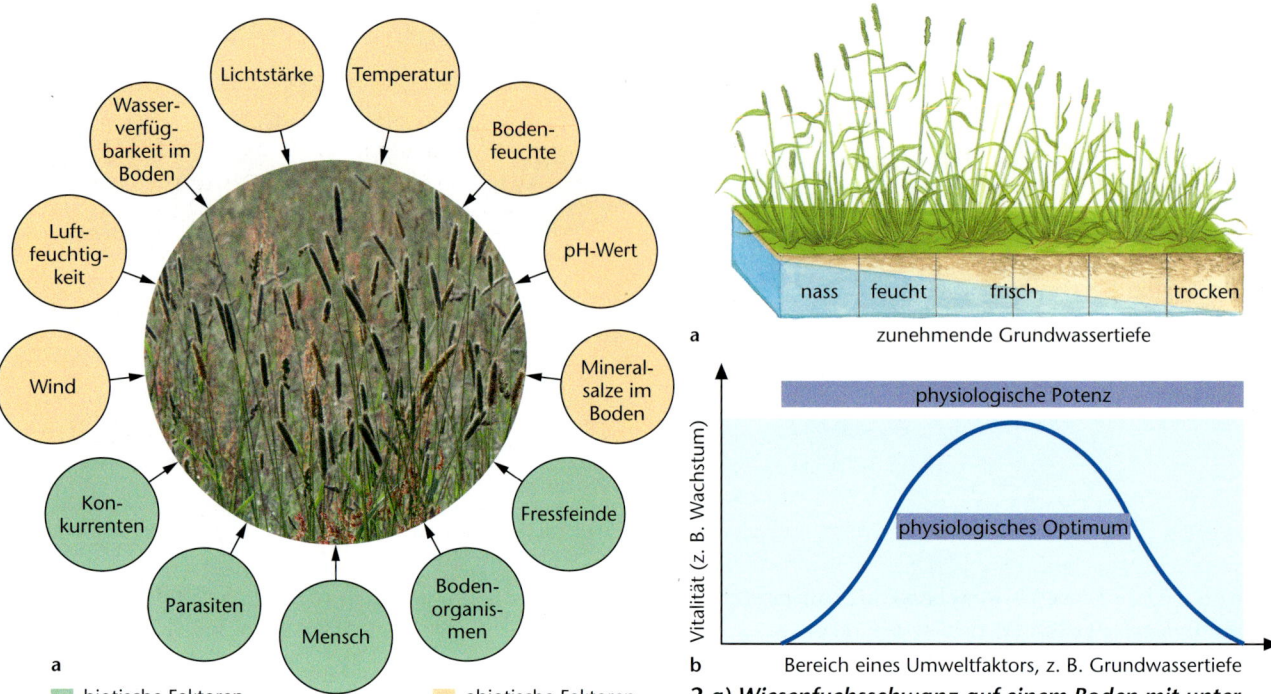

1 *Abiotische und biotische Umweltfaktoren des Wiesenfuchsschwanzes*

2 *a) Wiesenfuchsschwanz auf einem Boden mit unterschiedlicher Grundwassertiefe, b) Schema zur physiologischen Potenz*

Der Wiesenfuchsschwanz ist ein weit verbreitetes Gras auf frischen bis feuchten Böden. Wie jedes Lebewesen wird es von Faktoren in seiner Umwelt beeinflusst. Man unterscheidet dabei zwischen **biotischen Umweltfaktoren,** die von Lebewesen ausgehen, z. B. Konkurrenz durch andere Gräser, und **abiotischen Umweltfaktoren,** die von der unbelebten Umwelt ausgehen (Abb. 1). Jeder Umweltfaktor kann in unterschiedlichen Intensitäten vorliegen. Das Überleben eines Organismus, sein Wachstum und die Reproduktion sind nur innerhalb bestimmter Grenzen eines Umweltgradienten möglich (Abb. 2b).

In Versuchen, bei denen Konkurrenz durch andere Pflanzen ausgeschlossen wurde und nur der Grundwasserstand variierte, konnte ermittelt werden, in welchen Bereichen des Umweltfaktors „Grundwassertiefe" der Wiesenfuchsschwanz wächst (Abb. 2a). Auf feuchten und frischen Böden wächst der Wiesenfuchsschwanz gut, auf sehr nassen und auf sehr trockenen Böden weniger gut. Stellt man den Zusammenhang zwischen Intensität eines Umweltfaktors und der Intensität der Lebensäußerungen eines Organismus, z. B. seines Wachstums, in einem Koordinatensystem dar,

ergibt sich oftmals eine glockenförmige Kurve mit einem Optimalbereich und zunehmend ungünstigeren Bereichen, in denen der Organismus unter Stress gerät (Abb. 2b). Der Bereich eines Umweltfaktors, in dem Individuen einer Art ohne Konkurrenz durch Vertreter anderer Arten leben können, heißt **physiologische Potenz** (lat. *potentia,* Fähigkeit). Die Breite der physiologischen Potenz bezüglich eines bestimmten Umweltfaktors ist genetisch bedingt. Die Abbildungen 2a, 3a und 3b zeigen die physiologische Potenz hinsichtlich des Umweltfaktors „Grundwassertiefe" bei drei Arten von Gräsern.

Der Bereich eines Umweltfaktors, in dem Organismen einer Art unter natürlichen Bedingungen, also mit Konkurrenz durch andere Arten, bestimmte Lebensäußerungen wie z. B. Wachstum zeigen, wird **ökologische Potenz** genannt. Auch die Kurven der ökologischen Potenz sind glockenförmig mit einem Optimalbereich (Abb. 4b). Der Optimalbereich wird als ökologisches Optimum bezeichnet. Interspezifische Konkurrenz führt bei vielen Arten dazu, dass das ökologische Optimum vom physiologischen Optimum abweicht.

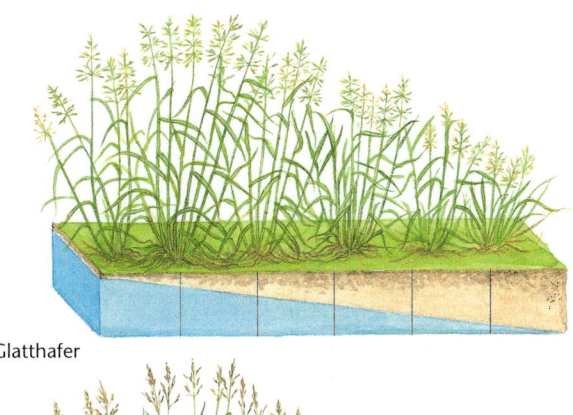

a Glatthafer

b Trespe

3 *Wachstum von Glatthafer und Trespe ohne Konkurrenz auf Böden mit unterschiedlicher Grundwassertiefe*

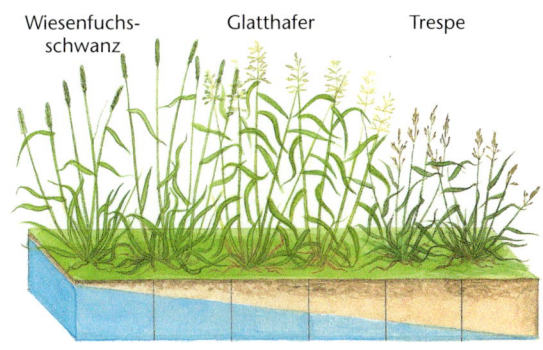

a

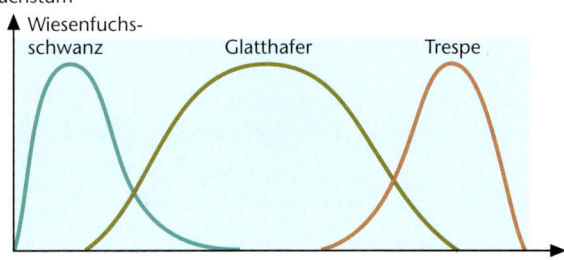

b zunehmende Grundwassertiefe

4 *a) Drei Grasarten gemischt auf einem Boden mit unterschiedlicher Grundwassertiefe, b) Ökologische Potenz der drei Grasarten bezüglich der Grundwassertiefe*

1 Physiologische Potenz. Skizzieren Sie entsprechend der Abb. 2b Kurven für einen Organismus mit kleiner physiologischer Potenz und einen Organismus mit großer physiologischer Potenz bezüglich des Umweltfaktors „Temperatur".

2 Hohenheimer Grundwasserversuch: Vergleich von physiologischer und ökologischer Potenz. Der Einfluss von Konkurrenz bei verschiedenen Gräsern wurde in einem grundlegenden Versuch an der Universität Hohenheim untersucht. Dabei wurde jeweils eine Grasart auf ein Beet mit einem Gradienten hinsichtlich der Grundwassertiefe ausgesät und das Wachstum nach einer bestimmten Zeit festgestellt (Abb. 2a, 3). Auf einem vierten Beet wurden alle drei Grasarten gemeinsam ausgesät (Abb. 4a).

a) Skizzieren Sie unter Bezug auf Abb. 2a, 3a und 3b Kurven der physiologischen Potenz bezüglich des Umweltfaktors „Grundwassertiefe" für die drei Gräser. Vergleichen Sie die drei Kurven untereinander.
b) Beschreiben Sie Abb. 4. Vergleichen Sie physiologische und ökologische Potenz bezüglich des Umweltfaktors „Grundwassertiefe" der drei Gräser.

3 Klimawandel. Das Klima wird im Wesentlichen durch die Temperatur und die Niederschläge bestimmt. Abb. 5 zeigt das Klima in Deutschland in der Gegenwart und das prognostizierte Klima um das Jahr 2090. Interpretieren Sie die Abb. 5 in Hinblick auf die Auswirkungen für die Forstwirtschaft bezüglich der Rotbuche und der Fichte durch den zu erwartenden Klimawandel.

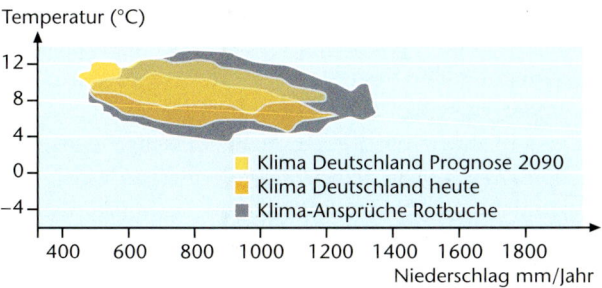

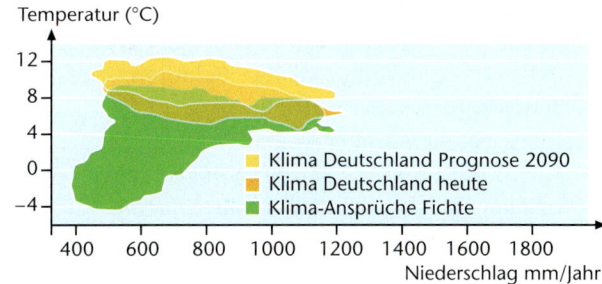

5 *Klimawandel und das Vorkommen von Buche und Fichte, angegeben sind Jahresdurchschnittswerte*

6.2 Experimente zur Überprüfung der ökologischen Potenz

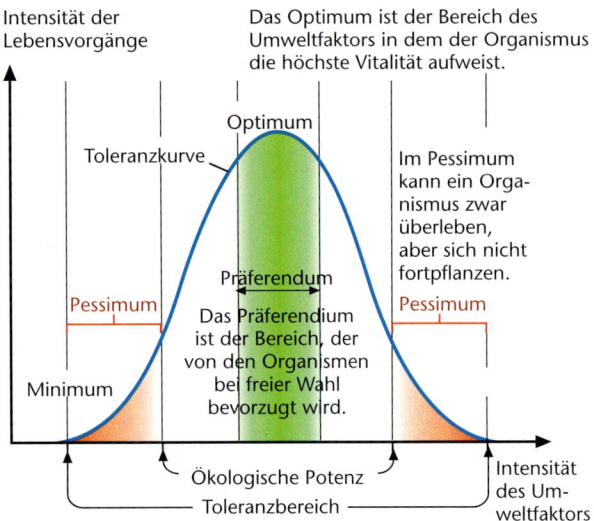

Der Toleranzbereich ist der Bereich, in dem die Organismen einer Art überleben können (ohne Konkurrenz).

1 *Toleranzkurve, Vitalität eines Organismus bei Variation eines Umweltfaktors*

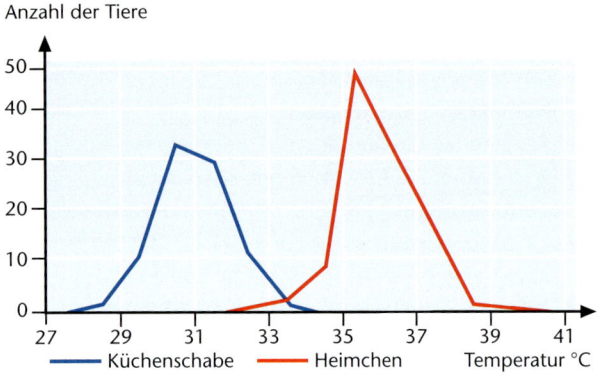

2 *Organismen mit verschiedenen Temperaturoptima*

Die Verbreitung vieler Arten lässt Rückschlüsse auf ihren jeweiligen Toleranzbereich, bezogen auf einen bestimmten Umweltfaktor zu. Während die Purpurseerose in fast allen Weltmeeren vorkommt, kann die Schneealge nur bei Temperaturen um den Gefrierpunkt existieren. Auch andere Umweltfaktoren, wie das Lichtangebot, das Nahrungsangebot oder der pH-Wert, beeinflussen die Verbreitung und Häufigkeit einer Art. Um den Einfluss eines Umweltfaktors auf eine Art zu bestimmen, müssen im Labor alle anderen für das Überleben der Art bedeutsamen Faktoren konstant gehalten werden. Der zu untersuchende Umweltfaktor wird dann variiert.

3 *Schneealge, eine stenöke Art, Purpurseerose, eine euryöke Art*

Man bestimmt nun z. B. anhand der Wachstumsrate oder des Fortpflanzungserfolgs die Vitalität verschiedener Organismen dieser Art. Als Ergebnis dieses Experiments erhält man eine Toleranzkurve (Abb. 1, 2). Aus der **Toleranzkurve** lassen sich der Optimalbereich (Optimum), der Toleranzbereich, der Präferenzbereich (Vorzugsbereich) und die Randbereiche (Pessima) für diese Art ablesen.

Die Temperaturtoleranzkurven des Heimchens und der Küchenschabe (Abb. 2) zeigen, dass beide Arten eine ähnlich breite ökologische Potenz, aber verschiedene Optimalbereiche besitzen. Die Purpurseerose und die Schneealge haben hingegen sehr verschiedene Toleranzbereiche (Abb. 3). Da die Schneealge eine vergleichsweise enge Temperaturtoleranz aufweist, bezeichnet man sie als **stenök**. Die Purpurseerose ist dagegen eine **euryöke** Art. Sie hat eine weite Temperaturtoleranz, außerdem gedeiht sie auch gut bei einem schwankenden Salzgehalt.

Beobachtung:
Bei der Aufzucht von Mehlkäferlarven beobachtet man, dass bei kühlen Temperaturen nur einige Tiere aktiv sind, bei wärmeren Temperaturen steigt sowohl die Anzahl der aktiven Tiere sowie ihre Aktivität selbst. Um die anderen abiotischen Faktoren auszuklammern, werden z.B. Licht und Feuchtigkeit konstant gehalten (Variablenkontrolle).

Frage:
Mit welcher Methode kann man hinsichtlich der Temperatur den Präferenzbereich von Mehlkäferlarven erfassen?

Experiment:
Mithilfe einer Temperaturorgel stellt man künstlich ein Temperaturgefälle her (Abb. 4). Dafür benötigt man ein langes Stück Blech (etwa 120 cm), das an beiden Enden nach unten gebogen ist. Ein Ende wird in eine Kältemischung getaucht, das andere Ende in heißes Wasser. Die Seitenwände des geraden Stücks sind nach oben gebogen, damit die Tiere nicht herunterfallen können. Nun lässt man den Versuchsansatz stehen, bis sich ein konstanter Temperaturgradient aufgebaut hat. Die Temperaturen werden mit mehreren Thermofühlern gemessen.

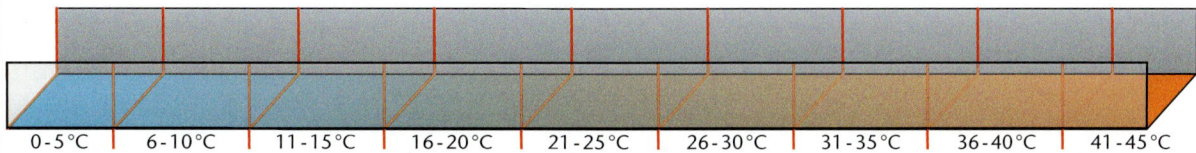

Dann gibt man je nach Größe der Temperaturorgel etwa 20-30 Mehlwürmer auf die Metallrinne und deckt diese z.B. mit einer durchsichtigen Glasplatte ab. Die Tiere werden eine längere Zeit beobachtet. Nun werden in festen Zeitintervallen Fotos der Temperaturorgel angefertigt, z.B. mit einem Tablet, einer Digitalkamera oder dem Handy. Die Kamera muss immer den gleichen Abstand zur Metallrinne haben. Hierfür kann man z.B. ein Stativ verwenden.

Methode zur Auswertung:
Die Fotos werden so übereinander gelegt, dass sie möglichst deckungsgleich sind. Hilfreich hierfür sind Markierungen, die an der Metallrinne angebracht worden sind. Abb. 5 zeigt ein idealisiertes Bild. Zum besseren Verständnis wurden einige Tiere farbig markiert. Es wurden drei Fotos ausgewählt. Die erste Aufnahme befindet sich oben, die zweite in der Mitte, und die letzte Aufnahme unten.

Schlussfolgerung:
Der Optimumsbereich bezüglich der Temperatur liegt bei Mehlkäferlarven etwa zwischen 26 °C und 30 °C. (Die Tatsache, dass Tiere sich in einem Bereich links oder rechts vom Präferendum aufhalten, hängt hier auch mit der innerartlichen Konkurrenz zusammen.)

4 Planen eines Beispiel-Experiments zur Überprüfung der ökologischen Potenz

1 Temperaturtoleranz von Lebewesen experimentell ermitteln
a) Erläutern Sie die Versuchsergebnisse zu dem Experiment anhand des Materials (Abb. 4, 5).
b) Nehmen Sie Stellung zu möglichen Fehlerquellen in diesem Experiment.
c) Optimieren Sie das Experiment, indem sie eine neue Versuchsanleitung entwickeln, um die innerartliche Konkurrenz zwischen den Mehlkäferlarven zu verringern.
d) Ermitteln Sie selbst die Temperaturtoleranz von Kellerasseln und von Mehlkäfern bzw. anderer wirbelloser Tiere, wie den Heimchen. Man findet Kellerasseln leicht unter Steinen oder unter der Rinde von am Boden liegenden Baumstämmen. Mehlkäferlarven oder Heimchen können über den Zoohandel bezogen werden.

2 Ermittlung der Toleranzen gegenüber weiteren abiotischen Faktoren. Planen Sie analog zu dem vorgestellten Experiment eine Versuchsvorschrift zur Ermittlung der Toleranz verschiedener Asselarten gegenüber verschiedenen Luftfeuchtigkeiten und Beleuchtungsstärken.

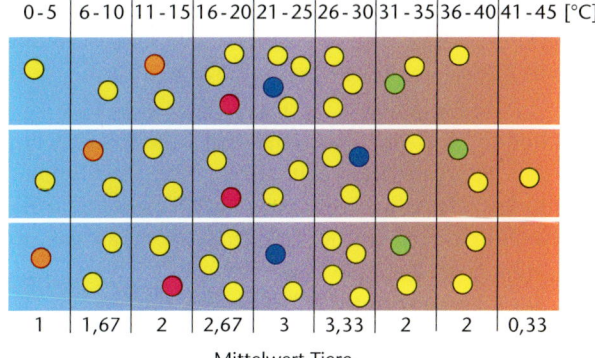

5 Fotostreifen, schematisch

6.3 Abiotischer Faktor Temperatur

1 *Eidechsen überwintern in frostgeschützten Verstecken*

2 *Polarbarsch, er lebt bei −2 °C Wassertemperatur*

Gleichwarme Tiere halten auch bei extremen Temperaturen ihre Körpertemperatur in engen Grenzen konstant. Bei tiefen Temperaturen ist dazu eine gute Isolierung durch Fell, Federn oder Fett vorteilhaft. Dadurch wird der Wärmeverlust und somit auch der Energieaufwand zum Halten der Körpertemperatur verringert. In der Regel genügt die Wärme, die bei Stoffwechselprozessen entsteht, um die Körpertemperatur zu halten, doch können manche Tiere durch Fettabbau zusätzlich Wärme freisetzen, z. B. Winterschläfer beim Aufwachen aus dem Winterschlaf.

Die Wärmeabgabe an die Umgebung erfolgt durch die Körperoberfläche, während die Wärme in den stoffwechselaktiven Zellen produziert wird. Die Wärmeproduktion ist also näherungsweise vom Körpervolumen abhängig. Wenn ein Tier größer wird, wächst die Oberfläche quadratisch, das Volumen kubisch. Daraus folgt, dass ein großer Körper im Vergleich zu einem kleinen Körper eine relativ geringere Körperoberfläche im Verhältnis zum Volumen hat. In kalten Regionen sind Tiere einer Art oder nahe verwandter Arten daher oft größer als in warmen Regionen (Abb. 3). Man nennt diesen Zusammenhang **Bergmannsche Regel**.

Bei hohen Temperaturen muss eine Überhitzung des Körpers vermieden werden. Viele Tiere sondern zur Kühlung Schweiß ab, wobei das Verdunsten der Schweißflüssigkeit den Körper kühlt. Bei Wassermangel droht durch das Schwitzen ein zu großer Wasserverlust des Körpers. Winterschläfer wie der Igel senken in der kalten Jahreszeit ihre Körpertemperatur und damit auch ihre Stoffwechselintensität stark ab, um mit den Fettreserven länger hinzukommen.

Wechselwarme Tiere können nur durch ihr Verhalten, z. B. das Aufsuchen geeigneter Orte, Einfluss auf ihre Körpertemperatur nehmen. So suchen Eidechsen zum Aufwärmen am Morgen sonnige Plätze auf, während sie in heißen Phasen den Schatten oder kühle Höhlen wählen. Bei zu hohen Temperaturen droht der Hitzetod durch Zerstörung der Enzyme in den Zellen, bei tiefen Temperaturen laufen die Stoffwechselreaktionen langsamer ab und die Tiere können sich nicht mehr so schnell bewegen. Bei Temperaturen unter 5 °C fallen viele wechselwarme Tiere in Kältestarre. Sie können dann keinen Ortswechsel vornehmen. Bei strengem Frost bilden sich in den Zellen Eiskristalle, die die Zellmembranen zerstören und so zum Tod führen. Amphibien und Reptilien suchen sich daher zur Überwinterung frostfreie Verstecke (Abb. 1). Manche Fische und Insekten haben die Fähigkeit, Frostschutzmittel, z. B. Glycerin oder Glycoproteine, in ihrer Körperflüssigkeit und ihren Zellen anzureichern, sodass keine Eisbildung erfolgt. Manche Tiere können auf diese Weise Temperaturen bis unter −30 °C ertragen (Abb. 2).

3 *Größenvergleich und Verbreitung von Pinguinen*

1 Pinguine im Vergleich. Erläutern Sie Körperform und Größe der Pinguine in Abb. 3 als Angepasstheiten.

2 Angepasstheiten von Kamelen. Erläutern Sie anhand der Abb. 4 die Angepasstheiten der Kamele an hohe Temperaturen bei gleichzeitiger Trockenheit. Vergleichen Sie dabei die in der Abb. 4 aufgezeigten Kurven und interpretieren Sie diese.

3 Stoffwechsel einiger Säugetiere. Interpretieren Sie die Kurven in Abb. 5 unter dem Aspekt der Wärmeregulation der Tiere.

4 Fische in kalten Gewässern. Zeigen Sie anhand der Abb. 6 die Überlebensstrategie von Fischen in sehr kalten Gewässern auf und interpretieren Sie die in der Tabelle angegebenen Werte als Angepasstheiten an den Lebensraum.

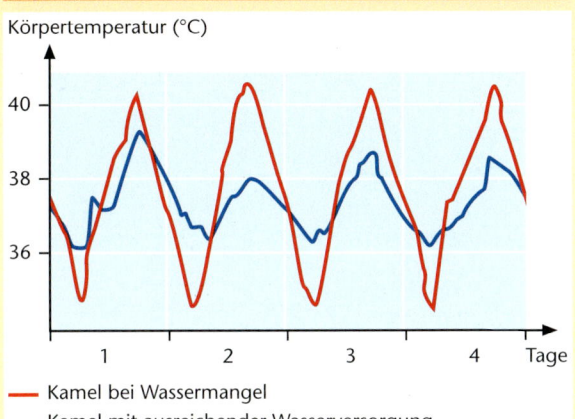

Kamele können ihre Körpertemperatur in gewissen Grenzen variieren. Tagsüber heizt sich der Körper auf und kühlt nachts ab. Kamele schwitzen erst bei einer Körpertemperatur von über 40 °C. Eine weitere Angepasstheit an die Trockenheit bei hohen Temperaturen ist die Fähigkeit, die Wasserverluste des Blutes beim Schwitzen durch Flüssigkeit aus den Körperzellen zu ersetzen. Dadurch bleibt der Kreislauf auch bei größerem Wasserverlust stabil und die im Körper produzierte Wärme kann an die Körperoberfläche transportiert werden.

4 *Angepasstheiten von Kamelen*

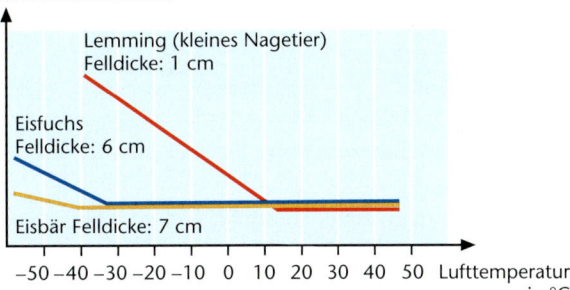

5 *Stoffwechselaktivität im Ruhezustand einiger Tiere*

Der Gefrierpunkt ist der Temperaturpunkt, bei dem beim Abkühlen die Eisbildung eintritt. Liegt der Gefrierpunkt in Lösungen unterhalb von 0 °C, so spricht man von Gefrierpunkterniedrigung. Sie spielt bei Fischen in arktischen und antarktischen Gewässern eine für das Überleben wichtige Rolle.
Die Tabelle gibt Ergebnisse von Versuchen wieder, die in diesem Zusammenhang gemacht wurden. Bei einer Dialyse werden die Salze aus der Flüssigkeit entfernt.

Flüssigkeit	Gefrierpunkt	Gefrierpunkt nach Dialyse
Süßwasser	0,0 °C	0,0 °C
Meerwasser	–1,86 °C	–0,02 °C
Blut Goldfisch	–0,6 °C	–0,02 °C
Blut Dorsch	–0,76 °C	–0,1 °C
Blut Polarbarsch (Antarktis)	–2,2 °C	–1,2 °C
Blut Polarbarsch ohne Glykoprotein	–1,0 °C	–0,02 °C

6 *Gefrierpunkterniedrigung von Blut*

→ 8.7 Bioindikatoren für Bodeneigenschaften

6.4 Angepasstheit von Pflanzen an Wassermangel

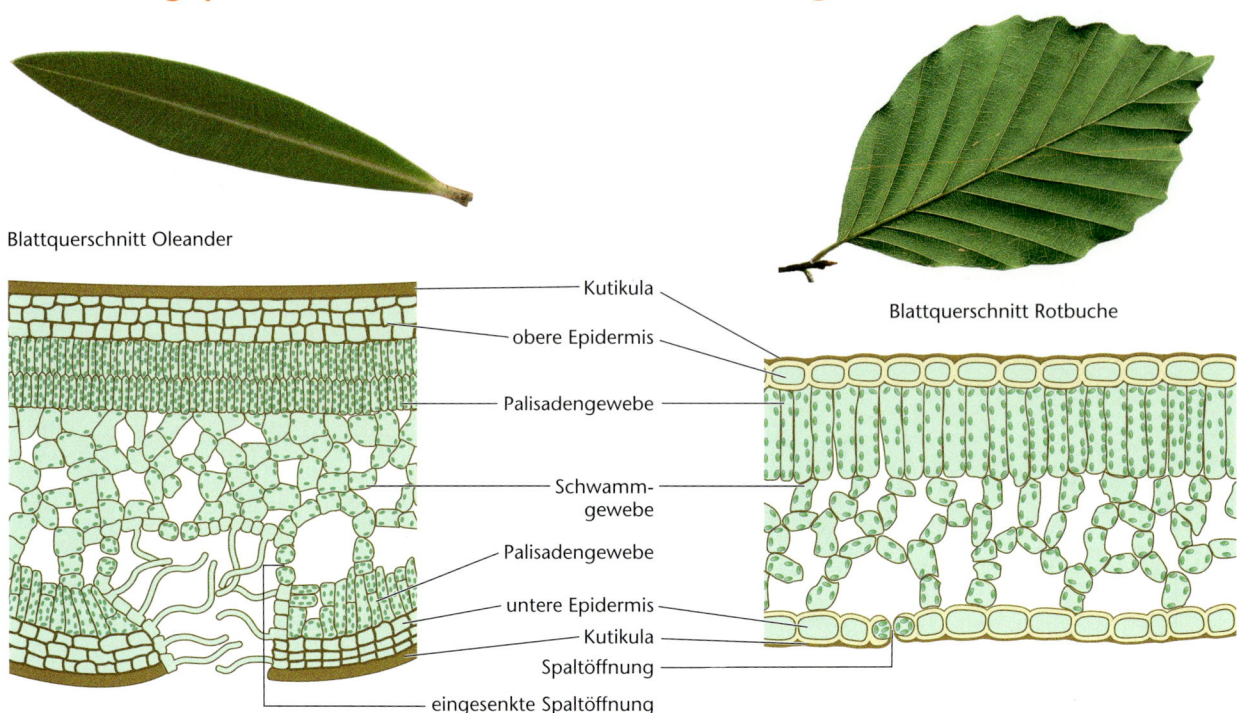

1 *Vergleich Oleanderblatt und Rotbuchenblatt*

Die bei uns heimische Rotbuche verfügt während der Vegetationsperiode über eine hinreichende Wassernachlieferung aus dem Boden, die die Transpirationsverluste ausgleicht. Das Laubblatt weist keine auffälligen Angepasstheiten auf, die dem Transpirationsschutz dienen (Abb.1). Pflanzen in warmen Gegenden wie der am Mittelmeer wachsende Oleander haben zum Schutz vor Austrocknung durch Transpiration so genannte **xeromorphe Blätter** (griech. *xeros,* trocken) entwickelt (Abb. 1). Diese meist kleinen Blätter weisen eine sehr dicke Kutikula und eine stark verdickte mehrschichtige Epidermis auf, sodass über die Blattfläche nur sehr wenig Wasser abgegeben wird. Wasserdampf wird vorwiegend über die Spaltöffnungen abgegeben, die tief in die Blattoberfläche eingesenkt und durch haarähnliche Zellausläufer vor austrocknenden Luftbewegungen geschützt sind (Abb. 1). Ein Großteil der Spaltöffnungen befindet sich an der Blattunterseite, wo die Sonneneinstrahlung und damit die Verdunstung nicht so groß ist. Einige Arten verfügen zusätzlich über eine weißliche Färbung der Blätter, die ebenso wie eine glänzende Wachsschicht auf der Kutikula zur Reflexion des Sonnenlichtes beiträgt und die Verdunstung verringert. Diese Angepasstheiten vergrößern die ökologische Potenz dieser Pflanzen.

Durch ihre Spaltöffnungen geben Pflanzen aber nicht nur Wasserdampf ab, sondern nehmen auch das für die Fotosynthese notwendige Kohlenstoffdioxid aus der Atmosphäre auf. Viele xeromorphe Pflanzen regulieren daher die Öffnung der Spaltöffnungen nach dem Tagesgang der Temperatur und der Luftfeuchtigkeit. Dadurch ist ihre Biomasseproduktion verhältnismäßig gering, da sie in der Zeit der stärksten Sonneneinstrahlung ihre Spaltöffnungen schließen, sodass dann kein für die Fotosynthese nötiges Kohlenstoffdioxid aufgenommen werden kann. Zur effizienten Nutzung des schwächeren Sonnenlichtes bei geöffneten Spaltöffnungen ist das chloroplastenreiche Palisadengewebe häufig mehrschichtig ausgebildet. Xeromorphe Blätter besitzen in der Regel weitaus mehr Spaltöffnungen als Blätter von Arten kühlerer Standorte. Auf diese Weise können sie, wenn die Spaltöffnungen geöffnet sind, in kürzerer Zeit mehr Kohlenstoffdioxid aufnehmen.

Viele xeromorphe Pflanzen wie z. B. Kakteen können nicht nur die Wasserabgabe stark einschränken, sondern zusätzlich Wasser speichern. Sie besitzen ein lockeres, aus kleinen Zellen bestehendes Schwammgewebe, in das sie große Mengen Wasser einlagern können. Man nennt die wasserspeichernden xeromorphen Pflanzen auch **Sukkulenten** (Abb. 5).

1 Struktur und Funktion xeromorpher Blätter.
Fassen Sie die Angepasstheiten der xeromorphen Blätter in Form einer zweispaltigen Tabelle zusammen. Die Spaltenüberschriften sind „Struktur" und „Funktion".

2 Bau des Laubblattes als Angepasstheit an den Lebensraum.
a) Vergleichen Sie die Blattquerschnitte von Rotbuche, Oleander und der im tropischen Regenwald lebenden Pflanze *Ruellia portellae* und notieren Sie die Unterschiede in einer Tabelle (Abb. 1,2).
b) Erklären Sie die Unterschiede im Blattbau als Angepasstheit an die Wasserversorgung und Luftfeuchtigkeit in den jeweiligen Lebensräumen.

3 Vergleich von Fotosyntheseleistungen. Die Steineiche *(Quercus ilex)* lebt im mediterranen Klimaraum und ist immergrün. Die Flaumeiche *(Quercus pubescens)* kommt in Südwestdeutschland vor. Werten Sie die Abb. 4 aus und erklären Sie die unterschiedlichen Fotosyntheseleistungen.

4 Xeromorphe Pflanzen in Deutschland?
a) Erläutern Sie anhand des Blattquerschnittes der Kiefer, inwiefern dieses Blatt xeromorphe Merkmale aufweist (Abb. 3).
b) Nehmen Sie Stellung zu der folgenden Aussagen eines Forstwissenschaftlers: „Mit der prognostizierten Klimaveränderung und entsprechender Ausdehnung trockener Standorte wird die Pionierbaumart Waldkiefer [...] wahrscheinlich eher zurechtkommen als die anderen einheimischen Baumarten."

5 Kugelförmige Xerophyten. Viele Kakteen weisen eine fast regelmäßige Kugelform auf (Abb. 5). Erläutern Sie diese Bauform als Angepasstheit an den trockenen Standort. Führen Sie zunächst eine Modellrechnung durch (siehe unten) und nutzen Sie diese für die Beantwortung der Aufgabenstellung.
Ein Zylinder und eine Kugel sollen das gleiche Volumen V von 5 cm³ aufweisen (Zylinderradius r = 1 cm).
Modellberechnung der Oberfläche:
$O_{Zyl} = 2(V + \pi r^3)/r$, $O_{Kug} = (36 \cdot \pi \cdot V^2)^{(1/3)}$

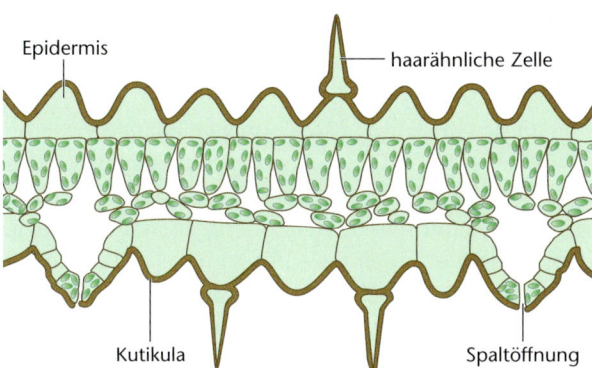

2 Blattquerschnitt von Ruellia

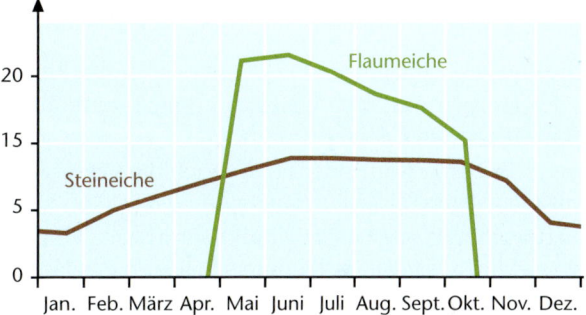

4 Fotosyntheseleistungen zweier Eichenarten

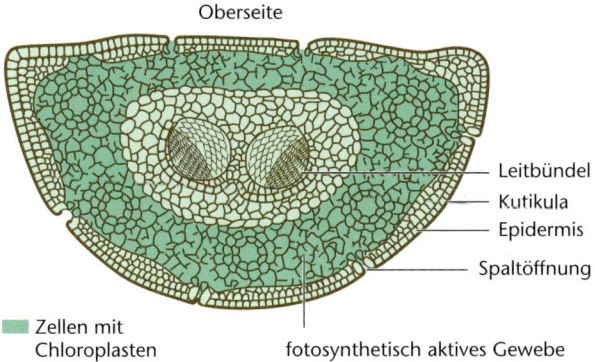

3 Blattquerschnitt der Waldkiefer

5 Kugelkakteen

→ 6.1 Abiotische und biotische Faktoren wirken auf Lebewesen

6.5 Wenn abiotische und biotische Umweltfaktoren Stress verursachen: Beispiel Pflanzen

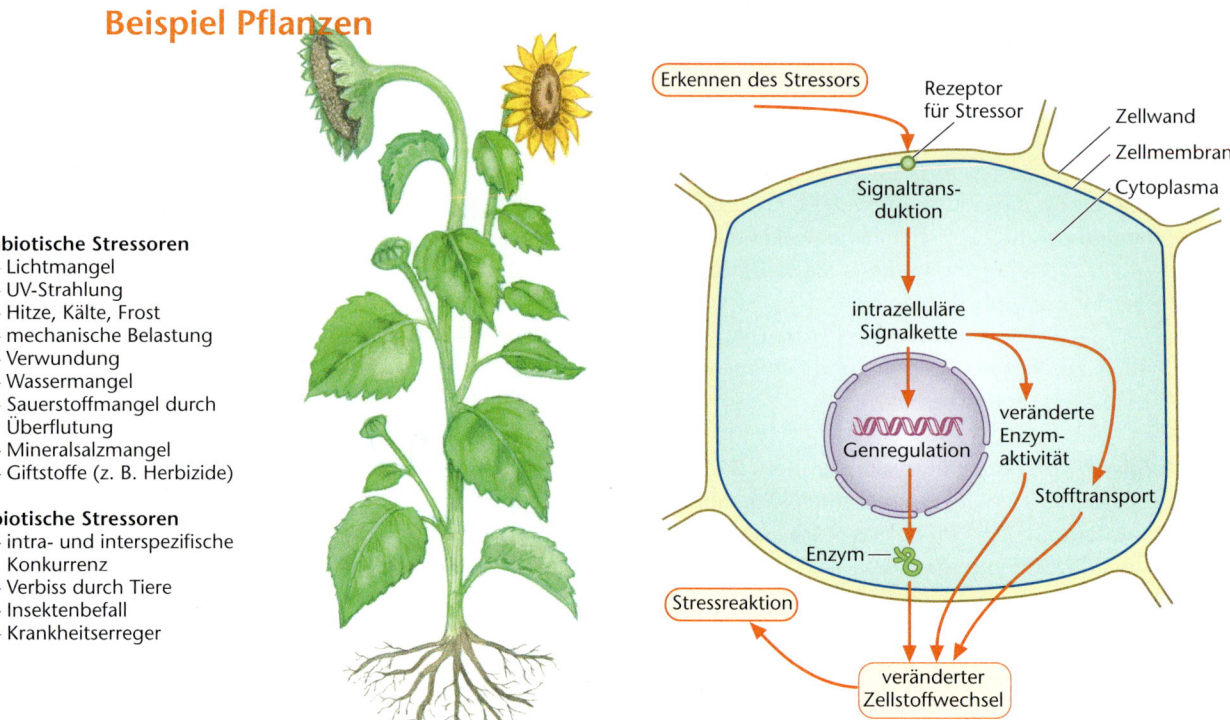

abiotische Stressoren
– Lichtmangel
– UV-Strahlung
– Hitze, Kälte, Frost
– mechanische Belastung
– Verwundung
– Wassermangel
– Sauerstoffmangel durch Überflutung
– Mineralsalzmangel
– Giftstoffe (z. B. Herbizide)

biotische Stressoren
– intra- und interspezifische Konkurrenz
– Verbiss durch Tiere
– Insektenbefall
– Krankheitserreger

1 *Abiotische und biotische Stressoren bei Pflanzen und die Auslösung einer Stressreaktion*

Die Umweltbedingungen für Lebewesen sind selten in jeder Hinsicht optimal. Pflanzen können verschiedenen belastenden **Stress-Situationen** ausgesetzt sein, wie z. B. Hitze, Kälte oder Frost. Auch die Versorgung mit Licht, Mineralsalzen, Sauerstoff oder Wasser kann unzureichend sein oder Krankheitserreger können eine Pflanze befallen. Man unterscheidet die belastenden Umweltfaktoren in **abiotische und biotische Stressoren** (Abb. 1). Die meisten Pflanzen sind ortsfest und können belastende Situationen nicht durch Fortbewegung vermeiden. Zudem sind Pflanzen oftmals mehreren Stressoren gleichzeitig ausgesetzt.

Pflanzen haben im Verlauf der Evolution vorteilhafte Eigenschaften erworben, die negative Folgen von Stress mindern. Dazu gehören artspezifische, erblich bedingte Angepasstheiten im Bau und im Stoffwechsel. Zum Beispiel überdauern manche Pflanzen den Zeitraum winterlicher Kälte und Frost mithilfe von Zwiebeln oder Knollen.

Pflanzen verfügen außerdem über die Fähigkeit, auf viele Stressoren mit einer Anpassungsreaktion, der **Stressreaktion,** zu reagieren. In Abb. 1 ist der grundlegende Verlauf solch einer Stressreaktion dargestellt:

Zunächst wird der Stressor von der Pflanze erkannt. Wie dies geschieht, ist in seinen Einzelheiten noch nicht für alle Stressoren bekannt. Eine wichtige Rolle spielen Rezeptoren in den Membranen der Zellen. Über einen passenden Rezeptor wird das extrazelluläre Signal in eine intrazelluläre Signalkette umgewandelt. Dieser Vorgang wird **Signaltransduktion** genannt. Durch die intrazelluläre Signalkette werden Gene angeschaltet und Enzyme neu produziert, vorhandene Enzyme in ihrer Aktivität beeinflusst oder der Transport von Stoffen verändert (Abb. 1). Der so veränderte Stoffwechsel ist die zelluläre Grundlage der Stressreaktion der Pflanze. Zum Beispiel führt Wassermangel im Wurzelbereich zu einer Stressreaktion, in deren Folge die Wasserdampfabgabe über die Spaltöffnung in den Blättern gemindert wird (Abb. 2).

Wenn die Anpassung an belastende Umweltbedingungen mithilfe einer Stressreaktion durch längerfristigen und übermäßigen Stress schwierig wird, können dauerhafte Schäden und verringertes Pflanzenwachstum die Folge sein. Abiotischer und biotischer Stress spielen für die Ertragsminderung im Kulturpflanzenanbau eine herausragende Rolle (Abb. 3).

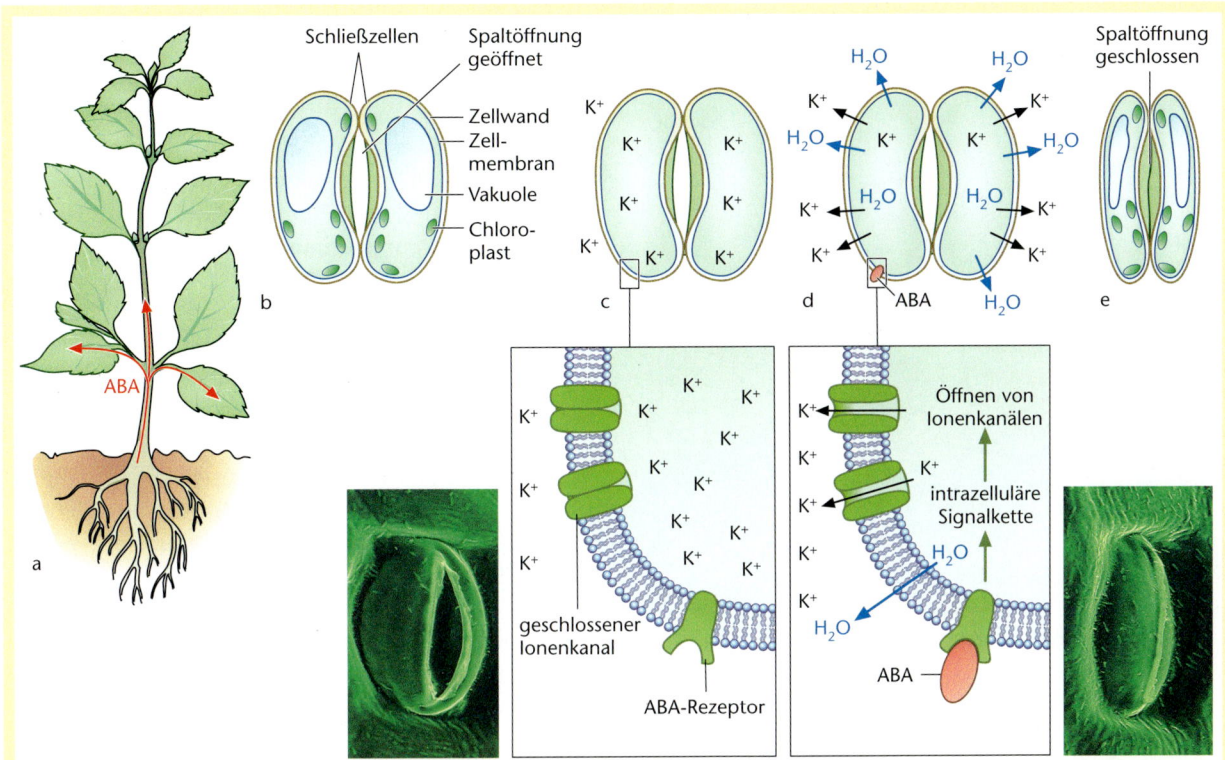

Wassermangel führt dazu, dass in den Wurzeln ein Pflanzenhormon namens Abscisinsäure, abgekürzt ABA, gebildet wird und durch die Wasserleitungsbahnen in die Blätter der Pflanze gelangt (a). Die dort befindlichen Spaltöffnungen dienen dem Gasaustausch zwischen der Pflanze und der Umgebung. Das Öffnen und Schließen der Spaltöffnungen wird von vielen Faktoren beeinflusst, unter anderem durch die Kohlenstoffdioxid-Konzentration, Licht sowie durch ABA. Bei geöffneter Spaltöffnung sind die Vakuolen der Schließzellen prall mit Wasser gefüllt (b). In den Schließzellen liegt eine hohe Konzentration von Kaliumionen vor, die durch aktiven Transport von außen nach innen aufrechterhalten wird (c). ABA bindet nach dem Schlüssel-Schloss-Prinzip an Rezeptoren in der Zellmembran der Schließzellen (d). Durch Signaltransduktion wird eine intrazelluläre Signalkette aktiviert, die zum Öffnen der K^+-Ionenkanäle führt. Kaliumionen gelangen entsprechend dem Konzentrationsgefälle von innen nach außen (d). Wasser folgt durch Osmose passiv nach. Die Schließzellen werden schlaffer (e). Dadurch wird der Spalt enger oder ganz geschlossen. Der Wasserverlust der Pflanze durch Transpiration wird eingeschränkt.

2 Stressreaktion einer Pflanze bei Wassermangel

1 Abiotische und biotische Stressoren bei Pflanzen. Informieren Sie sich über Signaltransduktion sowie abiotische und biotische Umweltfaktoren. Erläutern Sie dann die Abb. 1.

2 Stressreaktion auf Wassermangel. Erstellen Sie ein Fließdiagramm zur Stressreaktion auf Wassermangel bei Blütenpflanzen (Abb. 2). Erläutern Sie Ihr Diagramm.

3 Abiotischer und biotischer Stress im Kulturpflanzenanbau.
a) Stellen Sie die Daten aus Abb. 3 mit geeigneten Diagrammen dar, z. B. mithilfe geeigneter Software.
b) Werten Sie die Abb. 3 und Ihre Diagramme aus.
c) Erörtern Sie die Bedeutung der Stressforschung an Pflanzen im Zusammenhang mit Klimaveränderungen und wachsender Weltbevölkerung.

	Rekordernte	Durchschnittsernte	biotischer Stress	abiotischer Stress
Mais	19 300	4 600	1 952	12 700
Weizen	14 500	1 880	726	11 900
Sojabohne	7 390	1 610	666	5 120
Kartoffel	94 100	28 300	17 775	50 900

3 Maximale Ertragsminderung durch abiotischen und biotischen Stress, Angaben in kg pro ha

6.6 Wechselwirkungen zwischen Lebewesen: Konkurrenz, Parasitismus, Symbiose

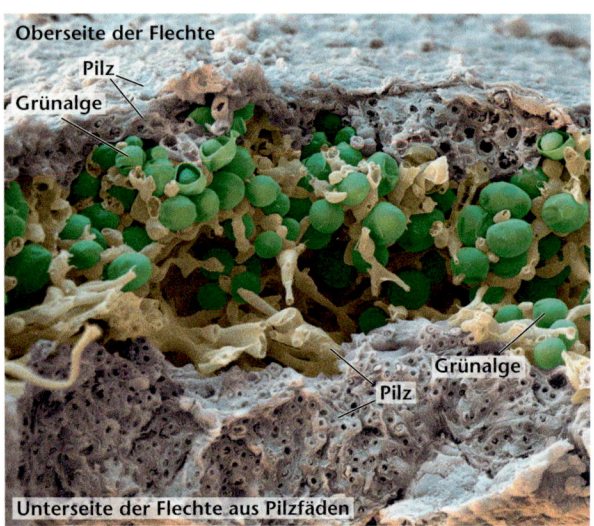

1 *Elektronenmikroskopisches Bild des Querschnitts einer Flechte*

Kein Lebewesen lebt für sich allein. Alle Lebewesen stehen in Wechselwirkung untereinander. Wenn es sich dabei um Wechselwirkungen von Lebewesen der gleichen Art handelt, spricht man von innerartlichen oder **intraspezifischen Wechselwirkungen.** Wechselwirkungen zwischen Lebewesen verschiedener Arten bezeichnet man als zwischenartliche oder **interspezifische Wechselwirkungen.** Bei diesen interspezifischen Wechselwirkungen unterscheidet man außerdem zwischen vorteilhaften und nachteiligen Wechselwirkungen (Abb. 3).

Symbiosen (griech. *sym*, zusammen; *bios*, Leben) sind dauerhafte Wechselwirkungen zwischen Vertretern zweier Arten, bei denen beide Vorteile voneinander haben. Getrennt voneinander ist ihre Lebensfähigkeit meistens eingeschränkt. Ein Beispiel für Symbiose sind Flechten (Abb. 1). Sie bestehen aus einem Pilz, dessen Fäden den Flechtenkörper vor allzu schneller Austrocknung schützen und Grünalgen, die energiereiche Produkte der Fotosynthese an die Pilzfäden abgeben.

Parasiten sind Lebewesen, die in oder auf einem artfremden Wirtsorganismus leben, von ihm Nahrung beziehen und ihn schädigen. Der Wirt ermöglicht dem Parasiten zu überleben und sich weiter fortzupflanzen. Beim **Parasitismus** (griech. *para*, bei, neben; *sitos*, Essen) hat der Wirt in jedem Fall Nachteile, wird aber vom Parasiten meistens nicht getötet. Ein Beispiel für diese Form der Wechselwirkung sind einzellige Tiere der Gattung Plasmodium, die Erreger der Malaria. Sie vermehren sich in roten Blutzellen des Menschen und beeinträchtigen deren Funktion (Abb. 2). Zwischen Symbiose und Parasitismus gibt es zahlreiche Übergangsformen.

Bei der **zwischenartlichen Konkurrenz** stehen Vertreter verschiedener Arten im Wettbewerb um knappe Lebensgrundlagen. Dieser Wettbewerb ist nachteilig für beide Arten. Pflanzen konkurrieren zum Beispiel um Licht, Mineralsalze und Wasser, Tiere um Nahrung und Nistplätze. In einer **Nahrungsbeziehung** fressen Vertreter der einen Art die Vertreter einer anderen Art. Pflanzenfresser nehmen meist nur Teile einer Pflanze auf. Die Pflanze stirbt nicht ab. In einer **Räuber-Beute-Beziehung** dagegen tötet der Beutegreifer seine tierische Beute. Die Vorteile dieser Wechselwirkung liegen auf Seiten der Beutegreifer.

Parasitismus, Symbiose sowie Nahrungsbeziehungen sind Beispiele für **Koevolution.** So nennt man die Evolution artverschiedener Organismen, die über lange Zeiträume intensiv miteinander in Wechselwirkung stehen und sich in ihrer Evolution gegenseitig beeinflussen. Dabei üben die Vertreter der beiden Arten einen starken Selektionsdruck aufeinander aus. Er äußert sich z. B. beim Parasitismus in immer stärkerer Angepasstheit beim Parasiten.

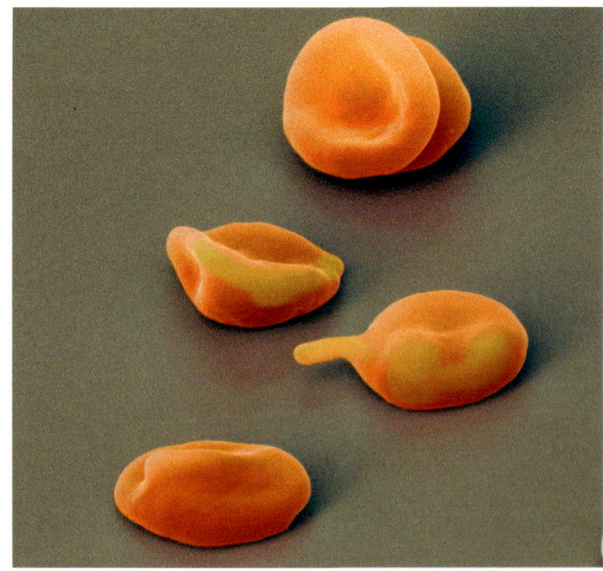

2 *Malaria-Erreger in roten Blutzellen des Menschen*

Mistel
Die Mistel ist eine Samenpflanze, die auf Ästen bestimmter Bäume wächst. Ihre gelbgrünen Blätter enthalten vergleichsweise wenig Chlorophyll. Mit speziellen Gewebeauswüchsen, den sogenannten Haustorien, wachsen Misteln in das Holz der Bäume und entnehmen ihnen Wasser und Mineralsalze.

Mäusebussard und Feldmaus
Feldmäuse sind die häufigsten Säugetiere in Mitteleuropa. Sie ernähren sich u. a. von Kräutern, Wurzeln und Samen. Zu den Lebensräumen von Feldmäusen gehören Wiesen, Weiden, Äcker und Böschungen. Feldmäuse sind die Hauptnahrung des Mäusebussards. Er frisst durchschnittlich zehn Mäuse am Tag.

Wurzelknöllchen
Bestimmte Bodenbakterien der Gattung Rhizobium leben in knöllchenförmigen Auswüchsen der Wurzeln von Schmetterlingsblütlern. Dort binden sie Luftstickstoff und bilden daraus Stickstoff-Verbindungen, die sie der Pflanze zur Verfügung stellen. Die Wurzelknöllchenbakterien erhalten von der Pflanze Wasser, Mineralsalze und Glucose.

Mikroorganismen im Pansen von Wiederkäuern
Im Pansen von Wiederkäuern, zum Beispiel Rindern, leben Mikroorganismen (Bakterien, Einzeller, Pilze), die schwer verdauliche Cellulose abbauen können, sodass deren Abbauprodukte dem Energiestoffwechsel der Wiederkäuer zugute kommen. Cellulose ist wichtigster Bestandteil der pflanzlichen Zellwände. Wegen des Nahrungsangebots, der Wärme und Feuchtigkeit im Pansen vermehren sich die Mikroorganismen stark.

Pilzzucht durch Insekten
Südamerikanische Blattschneiderameisen bilden durch Zerkleinern von Pflanzenteilen einen speziellen Nährboden für Pilze, auf dem sie gut wachsen können. Teile der Pilzfäden dienen den Ameisen als eiweißreicher Nahrungsbestandteil. Die Ameisen schützen ihre Pilze vor Fressfeinden.

Maiszünsler
Der Maiszünsler ist ein kleiner Schmetterling. Ende Juli legt er seine Eier an Maispflanzen ab. Die Raupen des Maiszünslers fressen das Stängelmark der Maispflanze. Dadurch wird die Entwicklung der Maispflanze und ihr Kornertrag beeinträchtigt. Außerdem sind vom Maiszünsler befallene Maispflanzen nicht sehr standfest und knicken schneller um.

Kuckuck
Beim Kuckuck legt das Weibchen ein Ei in das Nest einer anderen Singvogelart, zum Beispiel des Teichrohrsängers. Die Färbung des Eies entspricht der jeweiligen Vogelart. Nach dem Ausbrüten und Schlüpfen wirft das Kuckucksküken alle anderen Eier oder Jungvögel aus dem Nest. Die artfremden Eltern füttern das Kuckucksküken, bis es flügge ist und das Nest verlässt.

Symbole für verschiedene Wechselwirkungen:
+ = Der Vertreter dieser Art hat Vorteile von der Wechselwirkung (positiv).
– = Der Vertreter dieser Art hat Nachteile von der Wechselwirkung (negativ).
o = Der Vertreter dieser Art hat weder Vorteile noch Nachteile von der Wechselwirkung.
Beispiel: +/+ bedeutet: Die Vertreter beider Arten haben Vorteile von der Wechselwirkung, Symbiose

3 *Verschiedene Formen von interspezifischen Wechselwirkungen und Symbole für verschiedene Wechselwirkungen*

---

1 Analyse verschiedener Wechselwirkungen.
Erstellen Sie eine vierspaltige Tabelle für alle im Text angegebenen Beispiele interspezifischer Wechselwirkungen.
a) Analysieren Sie die verschiedenen Beispiele interspezifischer Wechselwirkungen in Abb. 3 und ordnen Sie jedem Beispiel in der Tabelle eine Form von zwischenartlicher Wechselwirkung begründet zu.
b) Geben Sie für alle Beispiele die entsprechende Symbolschreibweise an (Abb. 3).
c) Recherchieren Sie bei Parasitismus, Symbiose und Räuber-Beute-Beziehung jeweils die Angepasstheiten der beteiligten Lebewesen.

2 Recherche weiterer Beispiele für Konkurrenz, Parasitismus, Symbiose.
a) Recherchieren Sie weitere Beispiele für Konkurrenz, Parasitismus und Symbiose. Erläutern Sie jeweils die interspezifischen Wechselwirkungen.
b) Erläutern Sie die Eigenschaften einer interspezifischen +/o-Wechselwirkung.

3 Flechten: Symbiose oder kontrollierter Parasitismus? Bei Flechten kontrolliert der Pilz durch bestimmte Stoffe das Wachstum und die Zellteilungsrate der Grünalgen. Manche Fachleute meinen, die Flechten-Symbiose sei eher eine Form von „kontrolliertem Parasitismus". Diskutieren Sie, was für und was gegen diese Auffassung spricht.

6.7 Schüleruntersuchungen zum Vorkommen von Lebewesen im Freiland

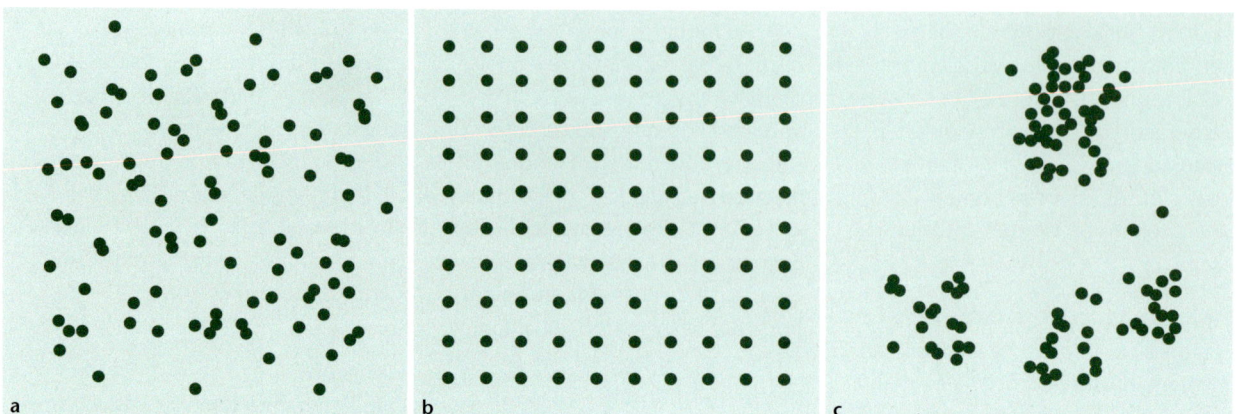

1 *Drei Beispiele für mögliche Verteilungsformen von Individuen in einem Waldgebiet; die Individuenzahl pro Fläche ist immer gleich*

Um einen Pflanzenbestand im Wald zu beschreiben, werden **Vegetationsaufnahmen** angefertigt. Zunächst wird eine ca. 10 m x 10 m große Fläche ausgesucht, die von der Struktur und dem Pflanzenbewuchs möglichst einheitlich ist. Übergangsbereiche wie Waldrand oder Lichtung eignen sich nicht. Die Eckpunkte der Fläche werden markiert und ausgewählte Standortsbedingungen werden erfasst sowie Datum und jahreszeitliche Entwicklung der Pflanzen (Abb. 3). Bei einer Vegetationsaufnahme im Wald trennt man Baum-, Strauch- und Krautschicht und gibt deren Höhe und Gesamtdeckungsgrad an. Der Deckungsgrad ist der Flächenanteil, der bei senkrechtem Sonnenstand von einer Pflanze beschattet werden würde. Alle Pflanzenarten, die sich auf der Fläche befinden, werden pro Schicht notiert, danach wird deren Artmächtigkeit geschätzt und ein Wert zugeordnet (Abb. 2). Die Artmächtigkeit einer Art setzt sich aus deren Deckungsgrad und **Abundanz** zusammen. Die Abundanz ist die Individuenzahl einer Pflanze pro Fläche. Ist der Deckungsgrad einer Art kleiner als 5 %, wird feiner, nach Abundanz, unterteilt. (Beispiel: Die Stieleiche hat in Abbildung 3 eine Artmächtigkeit von 30 % und erhält den Wert 3, das Perlgras hat einen Deckungsgrad ≤ 5 %, ist aber mit über 5 Individuen auf der Fläche vorhanden und erhält den Wert 1.) Mehrere solcher Vegetationsaufnahmen werden ausgewertet und lassen Rückschlüsse auf den zu untersuchenden Wald zu.

Am Waldrand oder in anderen Übergangsbereichen verändert sich die Vegetation oft sehr kleinräumig. Häufig steht dies in Zusammenhang mit Umweltgradienten wie Licht oder Bodenfeuchte. Hier ist es sinnvoll entlang einer Linie, einem Transsekt, Messungen und Vegetationsaufnahmen durchzuführen. Die Aufnahmeflächen werden entlang dieses Transsekts in vorher festgelegten gleichen Abständen gelegt.

Dispersion (lat. *dispergere*, ausbreiten, zerstreuen) ist die Verteilung der Individuen einer Population im Raum. Man unterscheidet die zufällige Verteilung (z. B. seltene Bodeninsekten), die regelmäßige Verteilung (ungefähr gleiche Abstände zwischen den Individuen wie Bäume oder Tiere mit Territorialverhalten) und die gehäufte Verteilung (z. B. Teppiche von Buschwindröschen und dazwischen weniger dicht besiedelte Flächen, Abb. 1a-c). Untersucht man die Verteilung einzelner Arten in einem Bestand, so lässt dies Rückschlüsse auf die Ausbreitung der Art, deren Wuchsform und das Konkurrenzverhalten gegenüber Individuen der eigenen Art zu.

5	>75 % der Fläche deckend, IA beliebig
4	>50 %-75 % der Fläche deckend, IA beliebig
3	>25 %-50 % der Fläche deckend, IA beliebig
2	>5 %-25 % der Fläche deckend, IA beliebig
1	≤5 % und über 5 Individuen
+	≤5 % und 2-5 Individuen
r	≤5 % und 1 Individuum

2 *Skala für Artmächtigkeit (Deckungsgrad und Abundanz, Individuenanzahl = IA)*

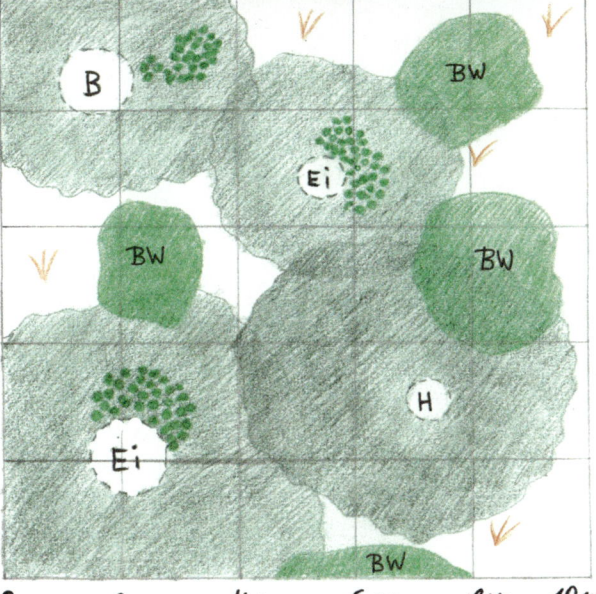

Ort: Teutoburger Wald: Datum: 10. 5. 2015	
Bestand: Eichen-Mischwald, schattig, feuchte Erde	
Höhe: 230 m	Exposition: Süd
Gesamtdeckung der Schichten:	
Baumschicht: 60 %	Krautschicht 25 %
B: Stieleiche 3	K: Buschwindröschen 2
B: Hainbuche 2	K: Sauerklee 2
B: Rotbuche 2	K: Perlgras 1

3 Foto, Skizze und Ausschnitt einer Vegetationsaufnahme für einen Eichen-Hainbuchen-Wald

1 Vegetationsaufnahme. Fertigen Sie mithilfe eines Protokollbogens wie in Abb. 3 und unter Beachtung der beschriebenen Schritte eine oder mehrere Vegetationsaufnahmen in einem Waldstück an. Wählen Sie zunächst eine geeignete Fläche 10 m x 10 m oder 5 m x 20 m und stecken Sie den Umfang mithilfe einer Schnur ab. Skizzieren Sie Ihre Aufnahmefläche wie in Abb. 3. Pflanzen, die in mehreren Schichten vorkommen, z. B. hohe Bäume und Jungpflanzen werden mehrfach notiert. Achten Sie darauf, die Pflanzen während der Aufnahme möglichst wenig zu zertreten.
Recherchieren Sie die Zeigerwerte der Pflanzen. Vergleichen Sie Ihre Vegetationsaufnahmen mit denen anderer Gruppen und deuten Sie die Ergebnisse.

2 Vegetationsaufnahmen entlang eines Transsekts. Wählen Sie eine geeignete Strecke in einem Wald, in dem sich die Vegetation entlang eines Umweltgradienten ändert, z. B. vom Waldrand ins Waldinnere, von einem Nadelwald in einen Laubwald, von einem bodenfeuchten zu einem trockenen Gebiet im Wald. Stecken Sie Anfang und Ende der Strecke mit Stöcken ab und spannen Sie eine Schnur dazwischen.
Führen Sie in regelmäßigen vorher festgelegten Abständen Vegetationsaufnahmen durch und bestimmen Sie je nach Fragestellung und Geländesituation die Lichtverhältnisse, die Bodenfeuchte oder pH-Werte des Bodens. Tragen Sie die Ergebnisse wie in Abb. 4 ein. Erläutern Sie Unterschiede in der Pflanzenzusammensetzung anhand Ihrer erhobenen Daten.

3 Dispersion ausgewählter Arten. Untersuchen Sie das Vorkommen und die Verteilung einer selbst gewählten Art, die auf Ihrer Untersuchungsfläche vorkommt. Wählen Sie eine einjährige Art (z. B. Springkraut, Stinkender Storchschnabel), eine mehrjährige Art (z. B. Buschwindröschen, Einbeere) oder eine Baumart als Untersuchungsobjekt. Teilen Sie Ihre Aufnahmefläche in geeignete Rasterflächen (z. B. 1x1 m bei krautigen Pflanzen). Skizzieren Sie pro Aufnahmefläche die Verteilung der Art. Recherchieren Sie Wuchsform, Ausbreitung und andere Besonderheiten der Art. Präsentieren Sie die Verteilung der Art unter verschiedenen Aspekten.

Messwert für Gradient (z. B. Licht in Lux)	2000	1800	1800	1300	500	300
Aufnahmenummer	1	2	3	4	5	6
Art/Artmächtigkeit						
B: Eiche	3	3	1	1		
B: Rotbuche	+	+	+	3	4	5
K: Bingelkraut	4	3	3	1		
K: Sauerklee			r	1	2	2

4 Mustertabelle für Transsektuntersuchung mit Umweltfaktor Licht

→ 8.7 Bioindikatoren für Bodeneigenschaften → 8.11 Bioindikatoren der Gewässergüte

6.8 Auswirkungen von interspezifischer Konkurrenz auf das Vorkommen von Lebewesen

1 *Wachsen Bäume dort, wo sie optimale Bedingungen vorfinden oder dort, wo die Konkurrenz es zulässt?*
a) Rotbuchen auf einem schwach sauren, mäßig feuchten Boden; b) Waldkiefer auf einem trockenen, sauren Boden

In einer Gemeinschaft von Lebewesen, einer Biozönose, nutzen Individuen verschiedener Arten die gleichen Lebensgrundlagen. Zu diesen Ressourcen gehören bei Pflanzen unter anderem Licht, Wasser, Kohlenstoffdioxid und Mineralsalze. Sind diese Lebensgrundlagen nur eingeschränkt vorhanden, dann konkurrieren die Vertreter der verschiedenen Arten um begrenzte Ressourcen. Zum Beispiel stehen in einem Mischwald die verschiedenen Baumarten in **interspezifischer Konkurrenz** um Licht (Abb. 1a). Unter natürlichen Bedingungen bestimmt bei Bäumen die interspezifische Konkurrenz weitgehend das Vorkommen der verschiedenen Arten.

Der Erfolg im interspezifischen Wettbewerb kann durch bestimmte Eigenschaften der konkurrierenden Lebewesen gefördert oder gemindert werden. Bei Baumarten können solche Eigenschaften z. B. die Toleranz gegenüber Kälte, Trockenheit, Mineralsalzmangel und Schatten sein (Abb. 2). All diese artspezifischen Eigenschaften beeinflussen die Konkurrenz und machen Bäume unterschiedlich erfolgreich im interspezifischen Wettbewerb. Es handelt sich dabei um Eigenschaften, die durch natürliche Selektion entstanden und genetisch beeinflusst sind.

Ob bestimmte Eigenschaften Konkurrenzvorteile oder Konkurrenznachteile mit sich bringen, hängt unter anderem von der jeweiligen Umwelt und vom Entwicklungsstadium der Pflanzen ab. Für einen kleinen Buchenkeimling sind teilweise andere Eigenschaften vorteilhaft als für den tief wurzelnden, großen hundertjährigen Baum.

Eigenschaft und Faktoren, die die Konkurrenz beeinflussen	Rotbuche	Waldkiefer
Kälte-Toleranz	4	5
Trockenheits-Toleranz	3	5
Mineralsalzmangel-Toleranz	3	5
Schatten-Toleranz der heranwachsenden Bäume	5	2
Fähigkeit der herangewachsenen Bäume, selbst Schatten zu erzeugen	5	1
Geschwindigkeit des Höhenwachstums	5	4
Hohe Lebensdauer	4	4
1 = sehr niedrig, 2 = niedrig, 3 = mittel, 4 = stark, 5 = sehr stark ausgeprägt		

2 *Unterschiedliche Ausprägung von Eigenschaften, die die Konkurrenz beeinflussen*

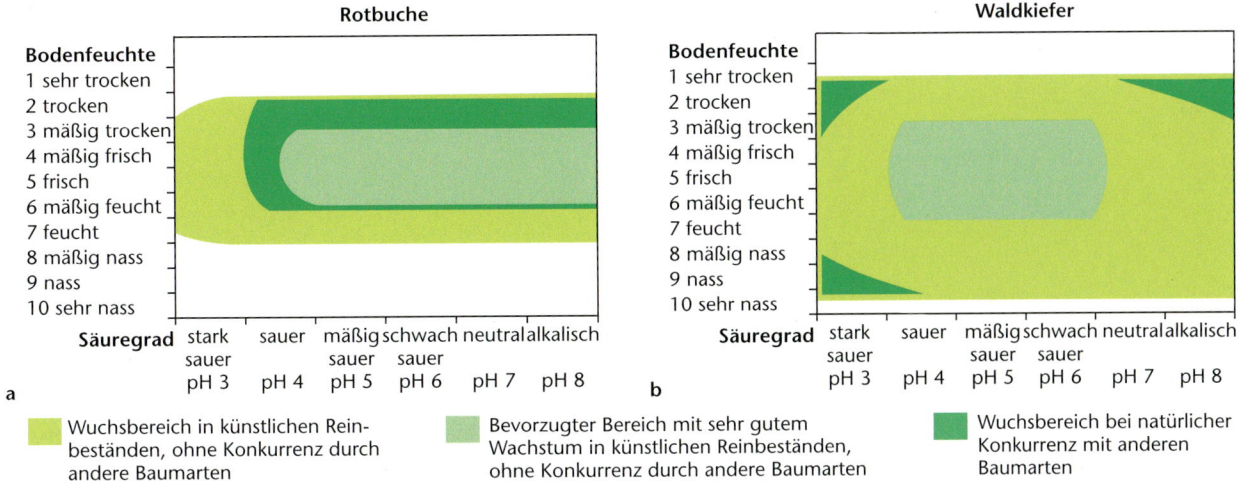

3 Ökogramme von a) Rotbuche und b) Waldkiefer

- Wuchsbereich in künstlichen Reinbeständen, ohne Konkurrenz durch andere Baumarten
- Bevorzugter Bereich mit sehr gutem Wachstum in künstlichen Reinbeständen, ohne Konkurrenz durch andere Baumarten
- Wuchsbereich bei natürlicher Konkurrenz mit anderen Baumarten

1 Ökogramme von Rotbuche und Waldkiefer. Ökogramme sind eine Form von Diagrammen, in denen die Wuchsbereiche von Pflanzen in Abhängigkeit von zwei Umweltfaktoren dargestellt werden (Abb. 3).
a) Beschreiben und vergleichen Sie die beiden Diagramme.
b) Interpretieren Sie die beiden Diagramme und die Abb. 1 in Hinblick auf die interspezifische Konkurrenz beider Baumarten.

2 Recherche: Einwanderung gebietsfremder Arten: Kanadische Goldrute und Blutweiderich. Unter Neophyten (griech. *neos*, neu) versteht man gebietsfremde Pflanzen, die nach 1492 durch Menschen eingeführt wurden. Beispiele für Neophyten sind die Kanadische Goldrute *(Solidago canadensis)*, die aus Nordamerika nach Europa gelangte und der Blutweiderich *(Lythrum salicaria)*, der von Europa nach Nordamerika eingeführt wurde. Recherchieren Sie über diese beiden Neophyten und ihre Ausbreitungsgeschichte. Nennen Sie Konkurrenzvorteile der beiden Arten in den neuen Gebieten.

3 Experiment zur Konkurrenz von Reismehlkäfern. Stellen Sie die Daten der Abb. 5 in geeigneter Weise graphisch dar, eventuell auch digital. Interpretieren Sie die Graphen.

4 Kanadische Goldrute, Blutweiderich

Klima	Temperatur	relative Luftfeuchte	T. castaneum überlebt	T. confusum überlebt
heiß-feucht	34 °C	70 %	100 %	0 %
heiß-trocken	34 °C	30 %	10 %	90 %
warm-feucht	29 °C	70 %	86 %	14 %
warm-trocken	29 °C	30 %	13 %	87 %
kühl-feucht	24 °C	70 %	31 %	69 %
kühl-trocken	24 °C	30 %	0 %	100 %

5 Daten zur Konkurrenz von Reismehlkäfern. Für jeden der 6 Teilversuche wurden je 200 Tiere der beiden Reismehlkäferarten zusammen im Labor gehalten und mit Weizenkleie gefüttert.

→ 9.6 Invasion von Arten und Folgen für Ökosysteme   → 8.5 Ökosystem wald

6.9 Ökologische Nische und Koexistenz

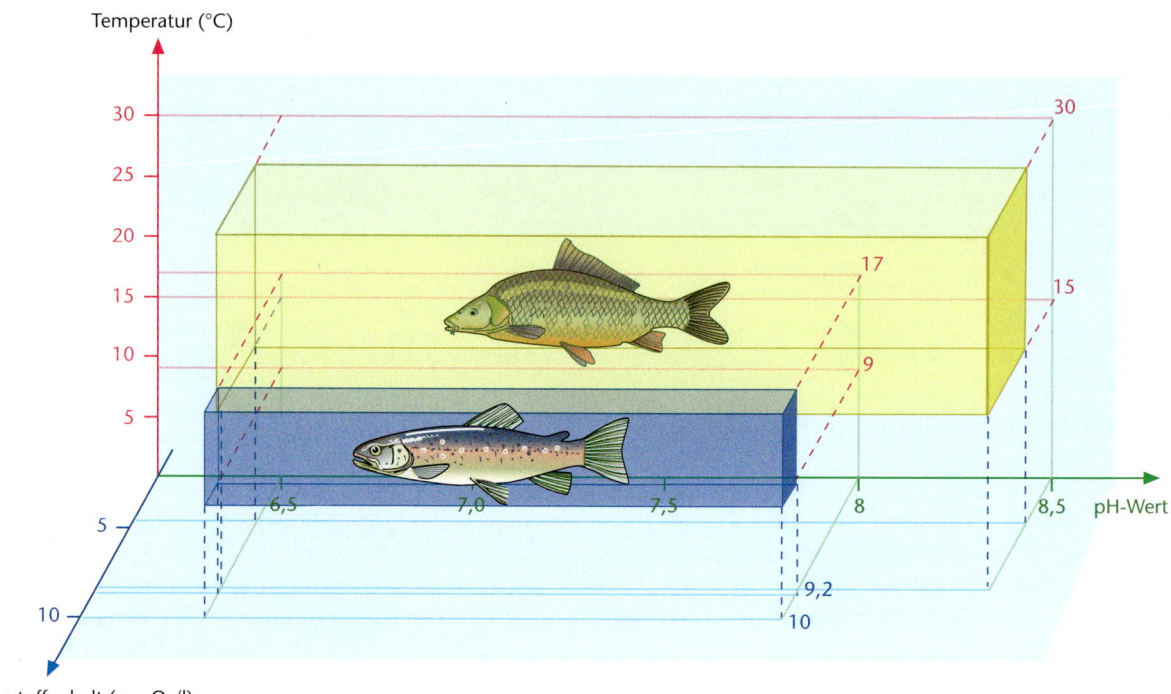

1 *Dreidimensionales Modell zur ökologischen Nische von Karpfen und Forelle.*

Jedes Lebewesen beansprucht biotische und abiotische Umweltfaktoren in bestimmter Intensität. Z. B. lebt die Forelle in einem Temperaturbereich des Wassers von 9 °C bis 17 °C und benötigt Kleintiere wie Insektenlarven und kleine Fische als Nahrung. Die jeweiligen Ausschnitte der Umweltfaktoren, die beansprucht werden, ergeben in ihrer Gesamtheit die **ökologische Nische** einer Art. Man kann die ökologische Nische als Überlappungsraum aller ökologischer Potenzen der Art verstehen. Wenn jede ökologische Potenz eine Dimension darstellt, dann besteht die ökologische Nische aus einer Vielzahl von Dimensionen. Ein solcher n-dimensionaler Raum ist aber für uns Menschen nur schwer vorstellbar, da wir im Allgemeinen nur drei Dimensionen wahrnehmen können. In entsprechenden Diagrammen werden daher maximal drei Dimensionen, meistens jedoch nur zwei Dimensionen, der ökologischen Nische dargestellt (Abb. 1, 2).

Verschiedene Arten können nur dann nebeneinander koexistieren, wenn sie sich in ihrer ökologischen Nische unterscheiden, zum Beispiel dadurch, dass sie unterschiedliche Nahrung bevorzugen. Durch die unterschiedlichen ökologischen Nischen vermeiden die Lebewesen der verschiedenen Arten Konkurrenz. Man spricht vom Prinzip der **Konkurrenzvermeidung.** Bei völliger Gleichheit der Ansprüche an Umweltfaktoren hätten die Lebewesen der beiden Arten die gleiche ökologische Nische. Das **Konkurrenzausschlussprinzip** besagt, dass nicht mehrere Arten mit gleicher ökologischer Nische auf Dauer nebeneinander existieren können.

Das Modell zur ökologischen Nische ist eng mit dem Evolutionsgedanken verknüpft. Mit der Veränderung einer Art im Laufe der Evolution ändert sich auch die ökologische Nische dieser Art. Artbildung begreift man als Anpassungsprozess an veränderte Umweltbedingungen. Hierbei spielt Konkurrenz eine wichtige Rolle. Veränderungen von Lebewesen sind dann erfolgreich, wenn sie zur Verminderung von Konkurrenz führen. Der Prozess, der dazu führt, wird als **Einnischung** bezeichnet. Auch hier gilt: Einnischung ist keine Besetzung eines vorhandenen Raumes, sondern eine erfolgreiche Entwicklung zur Nutzung von Ressourcen unter Konkurrenzvermeidung.

1 Ökologische Nische und Koexistenz. Erklären Sie mithilfe des Modells der ökologischen Nische die Koexistenz von Arten.

2 Ökologische Nischen von zwei Laufkäfern. Laufkäfer sind in Europa weitverbreitet. Sie ernähren sich von Würmern, Insekten und Schnecken. In der Abb. 3 sind die Ergebnisse von Experimenten zur Untersuchung der Präferenz, also des Vorzugsbereichs der beiden Käferarten, gegenüber der Temperatur, der Luftfeuchtigkeit und der Lichtintensität dargestellt.
a) Werten Sie die Abb. 3 aus.
b) Planen Sie ein Experiment, mit dem man den Vorzugsbereich von Lebewesen gegenüber einem abiotischen Umweltfaktor unter Laborbedingungen ermitteln kann.

3 Modelle zur ökologischen Nische. Der Begriff der ökologischen Nische wurde im Lauf der Zeit unterschiedlich mit Inhalt gefüllt. Abb. 2a zeigt eine Darstellung, die auf J. GRINNELL beruht, der erstmals den Begriff 1917 einführte. Abb. 2b ist eine Darstellung nach G. HUTCHINSON, 1958, dem Begründer der modernen Auffassung der ökologischen Nische. Vergleichen Sie die beiden Vorstellungen und arbeiten Sie die wichtigsten Unterschiede heraus.

Poecilus cupreus

Molops elatus

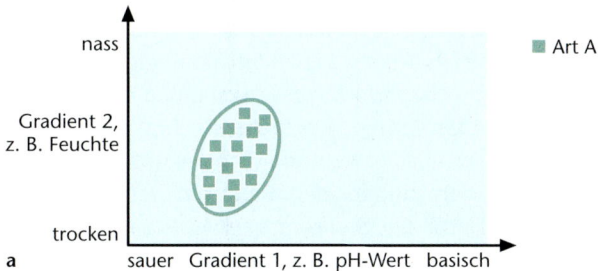

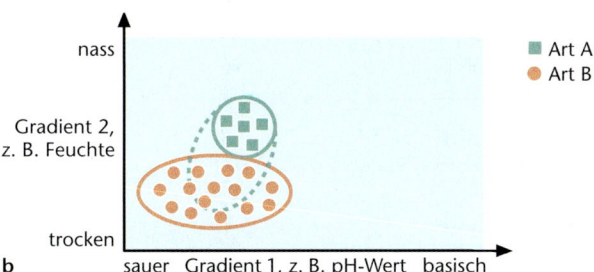

2 Modelldarstellungen zur ökologischen Nische

Temperatur in °C	Temperaturpräferenz relative Individuenanzahl der jeweiligen Art in %	
	Molops elatus	Poecilus cupreus
00 – 05	4	0
06 – 10	21,5	10
11 – 15	48,5	6,5
16 – 20	16	3,5
21 – 25	10	8,5
26 – 30	0	16
31 – 35	0	26,5
36 – 40	0	29

Luftfeuchtigkeit in %	Feuchtigkeitspräferenz relative Individuenzahl der jeweiligen Art in %	
	Molops elatus	Poecilus cupreus
0 – 40	10,4	45
41 – 55	13,3	19,5
56 – 75	21,7	21,5
76 – 90	21,3	7
91 – 100	33,3	7

Lichtintensität in Lux	Lichtpräferenz relative Individuenzahl der jeweiligen Art in %	
	Molops elatus	Poecilus cupreus
20	51,2	31,5
150 – 200	13,8	9,4
300 – 450	13,1	9,4
550 – 700	11,9	14,8
1150 – 1350	8,5	18,8
1350 – 1650	1,5	16,1

3 Untersuchungsergebnisse zu unterschiedlichen Präferenzen bei zwei Laufkäferarten

7.1 Populationswachstum: dichteabhängige und dichteunabhängige Faktoren

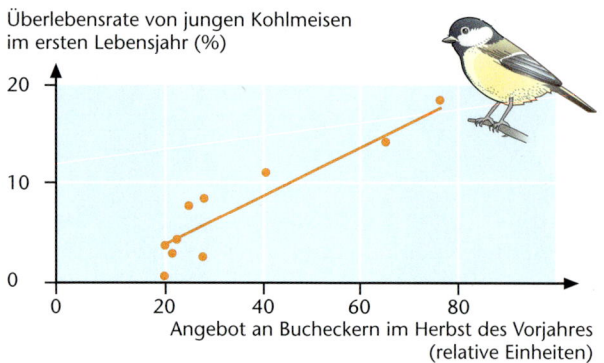

1 *Überlebensrate junger Kohlmeisen*

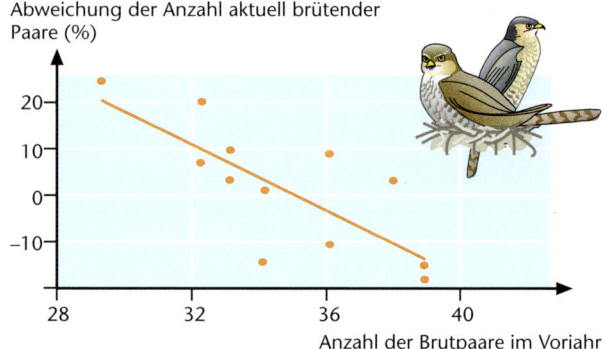

2 *Regulation der Populationsdichte beim Sperber*

Als **Population** bezeichnet man eine Gruppe von Individuen derselben Art, die in einem bestimmten geografischen Gebiet leben, sich untereinander fortpflanzen und über mehrere Generationen genetisch verbunden sind. Die Individuenzahlen von Populationen schwanken in verschiedenen Lebensräumen und Jahren oft erheblich. So ist beispielsweise die Anzahl junger Kohlmeisen abhängig von der Ernährungssituation im vorausgegangenen Winter (Abb. 1).

Die Anzahl der Individuen innerhalb einer Population, die **Populationsdichte,** wird von unterschiedlichen Faktoren bestimmt. Neben Umweltfaktoren wie z. B. Temperatur und Luftfeuchtigkeit können auch Naturkatastrophen wie Überschwemmungen oder der Einsatz von Pestiziden eine wichtige Rolle spielen. Nasskalte Witterung im Frühjahr führt zu erheblichen Verlusten bei Jungvögeln. Allerdings ist oft nicht bekannt, ob es sich hierbei um direkte temperaturbedingte Verluste handelt oder ob sie indirekt auf eine witterungsbedingt schlechte Nahrungsversorgung zurückgehen. So kommt es bei Schleiereulen im Winter nur dann zu vielen Todesfällen, wenn es kaum Mäuse gibt. Sind dagegen ausreichend Mäuse vorhanden, bleibt die Populationsdichte der Schleiereulen auch bei sehr niedrigen Wintertemperaturen nahezu konstant.

Umweltfaktoren wie Temperatur oder Pestizideinsatz sind unabhängig von der Anzahl der Individuen in einer Population. Sie werden deshalb als **dichteunabhängige Faktoren** zusammengefasst. Von den dichteunabhängigen Faktoren unterscheidet man die **dichteabhängigen Faktoren,** diese sind von der Individuenanzahl in der Population abhängig. Die Populationsdichte ist auch abhängig von der Individuenanzahl im Vorjahr (Abb. 2). Dichteabhängige Faktoren sind z. B. die Häufigkeit von Fressfeinden oder Parasiten sowie die Menge an Nahrung und die Größe des Lebensraums. Sowohl die dichteunabhängigen als auch die dichteabhängigen Faktoren verändern die Geburten- und die Sterberate einer Population und beeinflussen damit die Populationsdichte (Abb. 3).

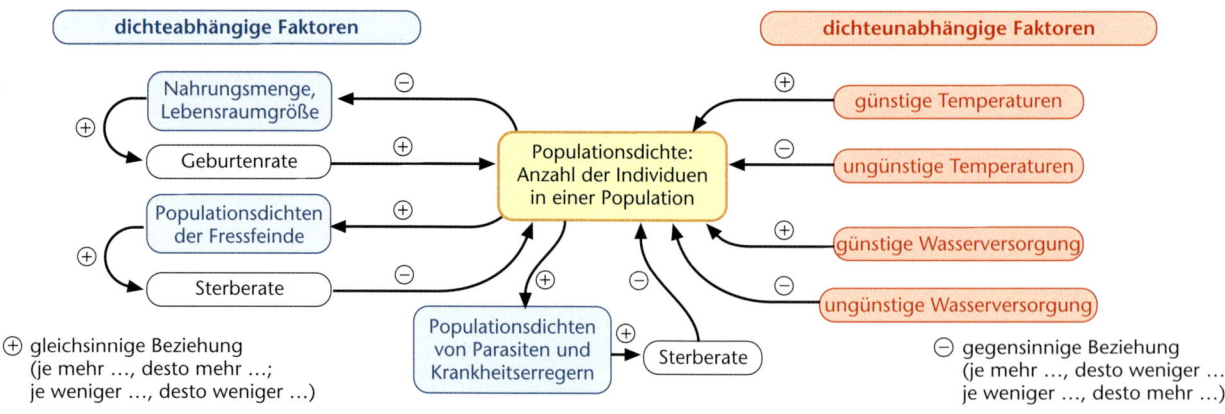

3 *Beispiele für dichteabhängige und dichteunabhängige Faktoren*

1 Dichteunabhängige und dichteabhängige Faktoren. Erläutern Sie Abb. 1 und Abb. 2 mithilfe der allgemeinen Darstellung in Abb. 3.

2 Intraspezifische Konkurrenz. Der Queller ist eine typische Pflanze der Salzwiesen und des Wattenmeeres. Werten Sie Abb. 4 aus. Erläutern Sie an diesem Beispiel die intraspezifische Konkurrenz.

3 Intraspezifische Regulation. Entwickeln Sie Hypothesen zur Erklärung der in Abb. 5 beschriebenen Beobachtungen. Unterscheiden Sie dabei zwischen proximaten und ultimaten Erklärungen.

4 Populationswachstum.
a) Vergleichen Sie die beiden Wachstumskurven (Abb. 6a, 6c).
b) Entwickeln Sie Hypothesen dazu, unter welchen konkreten Bedingungen ein exponentielles bzw. logistisches Wachstum in einer Population auftreten wird.

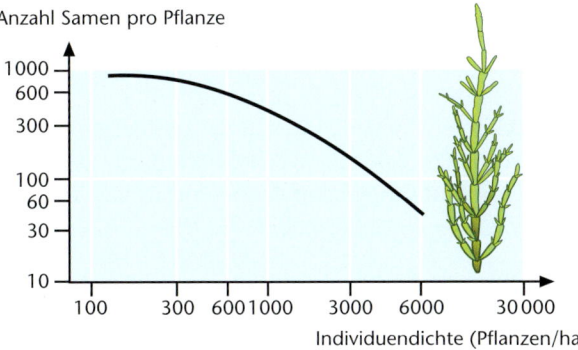

4 Intraspezifische Konkurrenz beim Queller

In zwei von großen Straßen begrenzten Gebieten lebt je eine Hausmaus-Population. Die Individuen der Population A leben dicht gedrängt, die Population B hingegen besitzt eine geringere Populationsdichte. Einigen Weibchen beider Populationen entnimmt man Urin, tränkt damit Filterpapier und gibt es in Laborkäfige zu noch nicht geschlechtsreifen Hausmäusen. Bei den jungen Weibchen, die dem Urin der Population A ausgesetzt werden, verzögert sich in der Folge der Eintritt der Geschlechtsreife. Der Urin aus der Population B zeigt keine Wirkung.

5 Intraspezifische Regulation der Populationsdichte bei Hausmäusen

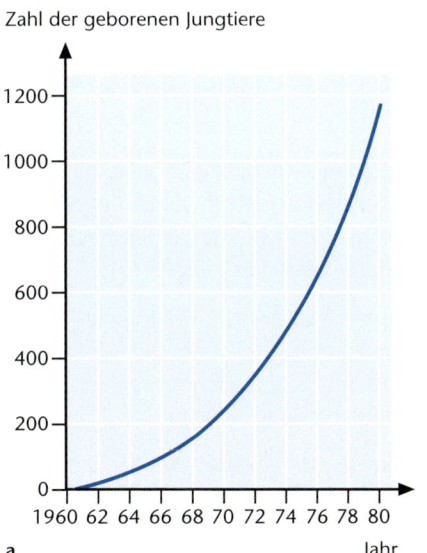  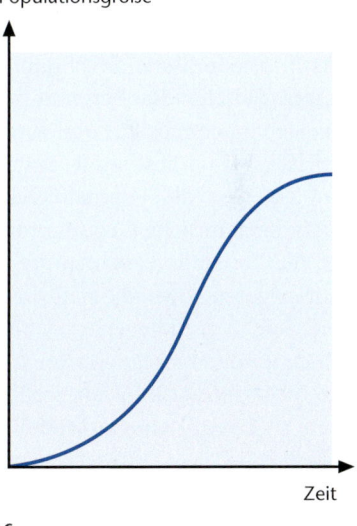

6 Populationswachstum a) exponentielles Wachstum: *Nachdem die Nördlichen See-Elefanten im 19. Jahrhundert vom Menschen fast ausgerottet worden waren, siedelten sie sich im Jahre 1960 wieder auf einer Insel vor der kalifornischen Küste an. In den folgenden 20 Jahren wuchs die Population, die dort ihre Jungen zur Welt brachte, exponentiell an.* **b)** *See-Elefanten am Strand,* **c) logistisches Wachstum:** *Bei dieser Form des Wachstums steigt die Zuwachsrate kontinuierlich an. Nach einer Phase starken Wachstums verlangsamt sich das Wachstum aufgrund von Umwelteinflüssen und stagniert schließlich.*

→ 6.6 Wechselwirkungen zwischen Lebewesen: Konkurrenz, Parasitismus, Symbiose

7.2 Veränderungen von Populationen: Das Lotka-Volterra-Modell und seine Grenzen

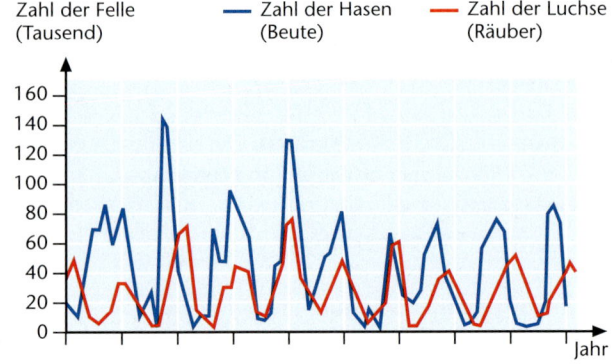

1 *a) Schneeschuhhase auf der Flucht vor seinem Hauptfressfeind, dem Kanadischen Luchs, b) Populationsgrößen von Schneeschuhhasen und Kanadischem Luchs, ermittelt anhand der Anzahl der von Jägern abgelieferten Felle.*

Auf der Ebene von Populationen hängt die Populationsdichte der Räuber (Beutegreifer, Prädatoren) im einfachsten Fall direkt von der Populationsdichte der Beute ab (Abb. 2). Die Regelung der Populationsdichte erfolgt in diesem Fall durch **negative Rückkopplung**. Unter Rückkopplung versteht man die (Rück-)Wirkung einer veränderlichen Größe auf sich selbst, also in diesem Fall beispielsweise den folgenden Zusammenhang: Je mehr Beute vorhanden ist, desto mehr Räuber können sich davon ernähren. Je mehr Räuber aber sich von der Beute ernähren, desto weniger Beute überlebt.

Für die theoretische Beschreibung der Wechselbeziehungen zwischen Räuber- und Beutepopulationen stellt man sich im einfachsten Fall einen Räuber vor, der ausschließlich eine bestimmte Beute frisst. Weiter nimmt man an, dass die Populationsdichten der Beute nur durch die natürliche Geburtenrate sowie den Fressfeind und die Populationsdichten der Räuber nur durch das Beuteangebot sowie die natürliche Todesrate bestimmt sind. Solche grundlegenden Überlegungen wurden unabhängig voneinander von den Ökologen LOTKA (1925) und VOLTERRA (1926) angestellt. Ihre Ergebnisse sind heute als **Lotka-Volterra-Modell** bekannt (Abb. 3).

Ein Beispiel für die Veränderungen von Populationen sind die Populationsschwankungen beim Kanadischen Luchs und seiner Hauptbeute, dem Schneeschuhhasen (Abb. 1). Lange Zeit nahmen die Forscher an, die Veränderungen der Hasen- und Luchspopulationen hingen ausschließlich von ihrer **Räuber-Beute-Beziehung** ab. Spätere Untersuchungen bestätigten jedoch weitere Ursachen für die Populationsschwankungen (Abb. 4, 5).

Die konkreten Freilanduntersuchungen zeigen in den meisten Fällen, dass die Wechselwirkungen zwischen den Räuber- und Beutepopulationen sehr viel komplexer sind als im vereinfachenden Modell.

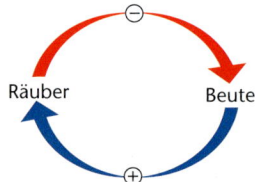

⊕ gleichsinnige Beziehung (je mehr ..., desto mehr ...; je weniger ..., desto weniger ...)

⊖ gegensinnige Beziehung (je mehr ..., desto weniger ...; je weniger ..., desto mehr ...)

2 *Einfachster Fall einer Räuber-Beute-Beziehung*

1. **Regel der periodischen Zyklen:** Die Populationsdichten von Räuber und Beute schwanken periodisch, wobei Maxima und Minima der Räuber denen der Beute phasenverzögert folgen.

2. **Regel der konstanten Mittelwerte:** Die Populationsdichten schwanken langfristig jeweils um konstante Mittelwerte. Dabei liegen die Individuenzahlen der Beute durchschnittlich höher.

3. **Regel der Störung der Mittelwerte:** Werden die Individuenzahlen von Räuber und Beute gleich stark proportional zu ihren Ausgangswerten vermindert, so erholt sich die Population der Beute schneller als die der Räuber.

3 *Die Lotka-Volterra-Regeln. Sie gelten modellhaft vereinfacht für die Betrachtung der beiden Arten eines Räuber-Beute-Systems und vernachlässigen den Einfluss anderer biotischer und abiotischer Faktoren.*

1 Das Lotka-Volterra-Modell. Stellen Sie die drei in Abb. 3 genannten Regeln in je einer Zeichnung dar. Gehen Sie von einer Beute- und einer Räuber-Population aus und orientieren Sie sich an Abb. 1.

2 Experiment: Populationszyklen von Schneeschuhhasen.
a) Fassen Sie die Beobachtungen des Experiments zusammen (Abb. 4). Beachten Sie die unterschiedlichen Einteilungen der y-Achsen.
b) Interpretieren Sie die Beobachtungen hinsichtlich der angegebenen Hypothese und der Aussagekraft des Lotka-Volterra-Modells (Abb. 4).

3 Freiland-Systeme sind komplex.
a) Fassen Sie die wesentlichen Aussagen von Abb. 5 zusammen, indem Sie die mit nummerierten Pfeilen markierten Zusammenhänge erläutern.
b) Diskutieren Sie die Aussagekraft und die Grenzen des Lotka-Volterra-Modells anhand von Abb. 5.

4 Schädlingsbekämpfung. Erläutern Sie mögliche Auswirkungen auf die Schädlingsbekämpfung, die sich aus der dritten Regel ergeben könnten (Abb. 3).

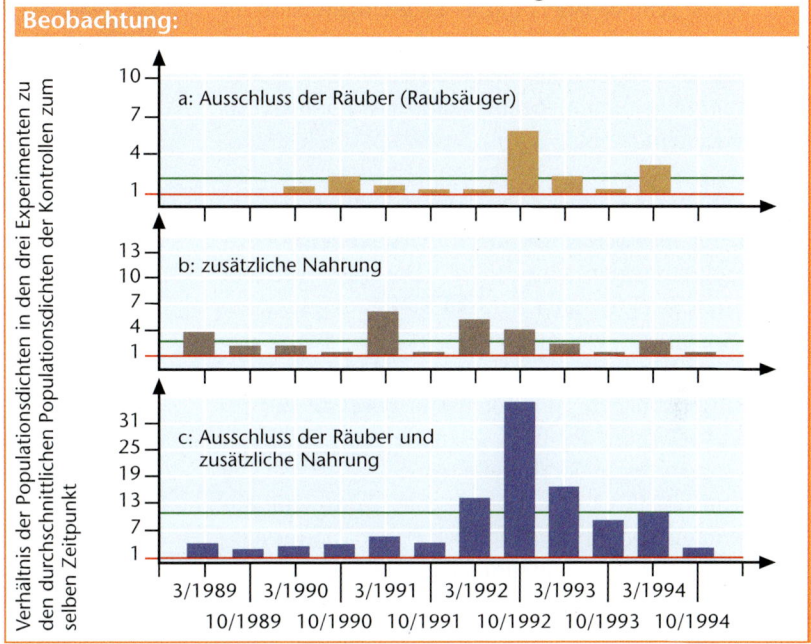

Hypothese: Die Populationszyklen von Schneeschuhhasen werden sowohl durch das Nahrungsangebot als auch durch die Räuber beeinflusst.

Durchführung: Ein ungestörter Nadelwald wird in sieben Abschnitte von je 1 km² unterteilt. Drei Abschnitte werden als Kontrollen verwendet. In zwei Abschnitten erhalten die Hasen das ganze Jahr über Zusatznahrung. Aus den übrigen zwei Abschnitten werden mit einem Elektrozaun die hasenfressenden Raubsäuger ausgeschlossen; die Hasen dagegen können aufgrund der Maschenweite ungehindert in die umzäunten Abschnitte eindringen. In einem dieser Abschnitte wird ebenfalls zusätzlich gefüttert.

Beobachtung:

4 Experiment: Populationszyklen von Schneeschuhhasen. *Rote Linien: Liegt kein Einfluss vor, ist das Verhältnis der Populationsdichten (Experiment / Kontrolle) 1. Grüne Linien: Durchschnittswerte.*

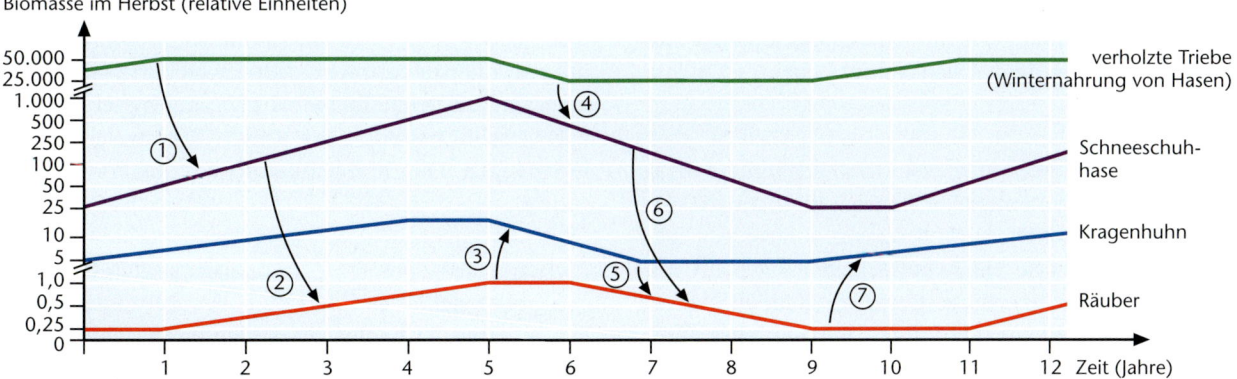

5 Die Schneeschuhhasen-Population als Teil eines komplexen Systems. *Die nach starker Beweidung neu gebildeten Triebe des Winterfutters sind aufgrund hoher Konzentrationen an giftigen Stoffen schwer verdaulich. Erst nach zwei bis drei Jahren sind sie wieder wohlschmeckend. Bei Mangel an Hasen weichen die Luchse auf Kragenhühner als Beute aus.*

→ 6.6 Wechselwirkungen zwischen Lebewesen: Konkurrenz, Parasitismus, Symbiose

7.3 Lebenszyklusstrategien und Populationswachstum

Die Fortpflanzung von Lebewesen ist mit Kosten verbunden. Dazu zählen unter anderem die Aufwendungen der Eltern für ihre Nachkommen. Unter **Elterninvestment** versteht man in der Biologie alle Investitionen von Eltern zu Gunsten eines Nachkommen, die dessen Überlebenschancen und seinen Fortpflanzungserfolg erhöhen. Das Elterninvestment kann artspezifisch unterschiedlich sein. Ein hohes Elterninvestment geht meistens mit einer geringen Zahl an Nachkommen einher. Elefanten sind dafür ein Beispiel (Abb. 1). Im Vergleich zu Elefanten haben Feldmäuse sehr hohe Nachkommenzahlen und ein geringes Elterninvestment (Abb. 2).

In der Evolution haben sich unter dem Einfluss verschiedener Umweltbedingungen verschiedene Fortpflanzungsstrategien ausgebildet. Darunter versteht man durch Selektion im Laufe der Stammesgeschichte einer Art entstandene, genetisch fixierte Muster des Fortpflanzungsverhaltens. Den verschiedenen Fortpflanzungsstrategien ist gemeinsam, dass sie die reproduktive Fitness der Individuen steigern. Die Fortpflanzungsstrategie der Individuen einer Art ist eng verknüpft mit ihrer Lebensgeschichte. In diesem Zusammenhang spricht man auch von **Lebenszyklusstrategien**. Mit **Lebenszyklus oder Lebensgeschichte** bezeichnet man die Abfolge von Entwicklungsschritten und Veränderungen innerhalb der Lebensspanne eines Individuums, die Einfluss auf seine Fortpflanzung haben. Dazu gehören z. B. die Dauer der Trächtigkeit, die Zeitspanne elterlicher Betreuung des Nachkommen, das Alter beim Eintritt der Geschlechtsreife und die Zeitspanne der Fortpflanzungsfähigkeit sowie die gesamte Lebensdauer eines Individuums. Feldmäuse und Elefanten unterscheiden sich in ihrer Lebensgeschichte (Abb. 1, 2).

Eine Lebenszyklusstrategie ist die so genannte **r-Strategie.** Das Kürzel r steht für Reproduktionsrate (Fortpflanzungsrate). Diese Lebewesen, r-Strategen genannt, haben hohe Nachkommenzahlen gepaart mit einem geringen Elterninvestment. Es handelt sich in der Regel um kleine Lebewesen mit schneller Individualentwicklung und geringer Lebensdauer. Weitere typische Kennzeichen von r-Strategen sind früher Eintritt in das fortpflanzungsfähige Alter und kurze Geburtenabstände. Populationen von r-Strategen zeigen oft stark schwankende Individuenzahlen. Die Sterblich-

Ein Bulle des Afrikanischen Elefanten wiegt etwa 5000 kg. Im Alter von etwa 12 Jahren werden Elefanten geschlechtsreif. Nach 20 bis 22 Monaten Tragzeit wird ein 100 kg schweres Junges geboren, das etwa drei Jahre von der Elefantenkuh gesäugt wird. Eine Elefantenkuh bringt in ihrem Leben höchstens sechs Junge zur Welt. Elefanten werden etwa 60 Jahre alt.

1 *Elefantenkuh mit Jungtier*

keit der Nachkommen, ist hoch. Die Feldmaus ist ein Beispiel für einen r-Strategen.

Elefanten gehören zur Gruppe der **K-Strategen.** Das Kürzel K bezieht sich auf die Kapazität (Tragfähigkeit) des Lebensraumes. K-Strategen sind zumeist Lebewesen mit großer Körpermasse und hoher Wettbewerbsfähigkeit. Populationen von K-Strategen nutzen die Ressourcen eines Lebensraumes mit vergleichsweise wenigen Individuen aus. Die Individuenzahl schwankt bei konstanten Umweltverhältnissen kaum und liegt an der Grenze der Tragfähigkeit des jeweiligen Lebensraumes. Typisch für K-Strategen sind relativ wenige, jedoch langlebige Nachkommen, verbunden mit hohem Elterninvestment. Große Geburtenabstände, langsame Individualentwicklung und später Eintritt der Geschlechtsreife sind weitere Kennzeichen von K-Strategen. Die Sterblichkeit ihrer Nachkommen ist gering.

Zwischen ausgeprägten r- und ausgeprägten K-Strategen gibt es vielfältige Übergänge. Die Zuordnung einer Art zu einer der beiden Strategien erfolgt dabei meistens im Vergleich: Eine Feldmaus ist im Vergleich mit einer Auster, die jedes Jahr mehrere Millionen Eier legt, eher K-Stratege, im Vergleich zum Elefanten eher r-Stratege. In manchen Fällen ist eine Zuordnung zur r- oder K-Strategie nicht eindeutig möglich.

3 **r-Strategen zeigen Angepasstheiten an schwankende Umweltbedingungen.** Begründen Sie an selbst gewählten Beispielen, dass r-Strategen Angepasstheiten aufweisen, die vorteilhaft für die Besiedlung von Lebensräumen mit stark schwankenden, variablen Umweltbedingungen sind.

4 **Modell: Lebensdauer und Elterninvestment.**
a) Erläutern Sie die Zusammenhänge, die dem Modell in Abb. 4 zugrunde liegen.
b) Begründen Sie anhand der Abb. 4, wie eine stabile Population auf eine Zunahme a) des Elterninvestments, b) der Lebensdauer reagieren muss, wenn die Individuenzahl gleich bleiben soll.

Eine Feldmaus wiegt etwa 25 g. Im Alter von 12 Tagen sind die Tiere geschlechtsreif. Die Tragzeit beträgt 21 Tage. Ein Feldmaus-Weibchen kann unter günstigen Bedingungen bis zu zehnmal im Jahr bis zu zwölf Junge pro Wurf zur Welt bringen. Die Jungtiere werden 17 bis 20 Tage gesäugt. Die Lebensdauer von Feldmäusen beträgt ungefähr ein halbes Jahr bis zu zwei Jahren.

2 Feldmäuse im Nest

1 **Kennzeichen von K- und r-Strategen.**
Vergleichen Sie die Kennzeichen von K- und r-Strategen in Form einer Tabelle. Beachten Sie dabei folgende Aspekte: Reproduktionsrate, Elterninvestment, Körpergröße, Individualentwicklung, Lebensdauer, Eintritt der Geschlechtsreife, Geburtenabstände, Sterblichkeit, Schwankungen der Populationsgröße.

2 **r- oder K-Stratege?** Bilden Sie aus den Organismen, die in Abb. 3 dargestellt sind, Vergleichspaare. Begründen Sie, welcher der beiden gegenübergestellten Organismen K-Stratege bzw. r-Stratege ist.

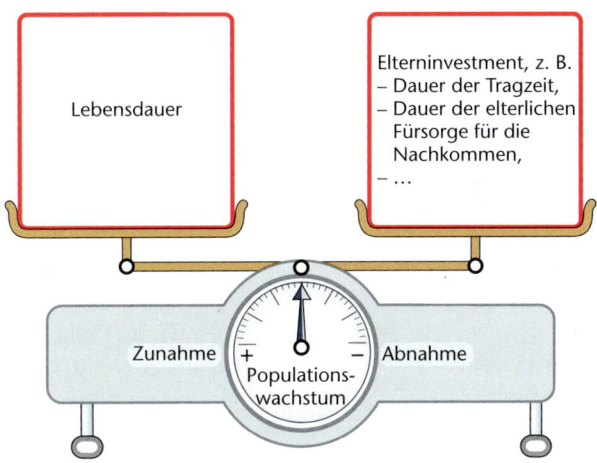

4 Zusammenhänge zwischen Lebensdauer, Elterninvestment und Individuenzahl

3 r- oder K-Stratege? a) Eichhörnchen, b) Bakterien, c) Frosch mit Laich, d) Kaninchen, e) Schnecken, f) Menschen

→ 6.1 Abiotische und biotische Faktoren wirken auf Lebewesen   → 17.4 Fitnessmaximierung und die Weitergabe von Allelen

8.1 Stoffkreislauf in Ökosystemen: Kohlenstoffkreislauf

1 *Das Projekt „Biosphäre 2" bei Tucson, Arizona*

1991 wurde die „Biosphäre 2" mit dem Ziel gebaut, ein künstliches, von der Außenwelt unabhängiges, sich selbst erhaltendes Ökosystem zu schaffen (Abb. 1). Es sollte bewiesen werden, dass in einem eigenständigen, geschlossenen ökologischen System Leben über Jahre hinweg möglich ist. Das Projekt sollte auch Erkenntnisse über mögliche bemannte Stationen auf dem Mond oder dem Mars bringen. Die Namensgebung „Biosphäre 2" wurde gewählt, da die gesamte Erde „Biosphäre 1" genannt wurde.

Die Erde besteht aus vielen Ökosystemen, die zusammen die **Biosphäre** bilden. Man unterscheidet die Land-, die Meeres- und die Süßwasserökosysteme. Ein **Ökosystem** umfasst alle Organismen und die abiotischen Faktoren, die auf sie einwirken. Alle Organismen benötigen zum Leben organische Stoffe, die in den meisten Ökosystemen von den **Produzenten** aus anorganischen Stoffen erzeugt werden. Zu ihnen gehören alle fotosynthetisch aktiven (autotrophen) Organismen, hauptsächlich Pflanzen und bestimmte Bakterien. In allen Ökosystemen nehmen die nicht fotosynthetisch aktiven (heterotrophen) Organismen direkt oder indirekt als **Konsumenten** die von den Produzenten gebildeten energiereichen organischen Stoffe auf, um ihren eigenen Stoff- und Energiebedarf zu decken. Anhand der Art und Weise, wie Organismen dies erreichen, lassen sie sich in **Trophieebenen** (griech. *trophe*, Nahrung) unterteilen. Zu einer Ebene gehören dabei alle Organismen mit einer ähnlichen Hauptnahrungsquelle (Abb. 2). Alle Pflanzen fressenden Organismen bilden die Trophieebene der **Primärkonsumenten.** Die Fleisch fressenden Lebewesen, welche sich von Pflanzenfressern ernähren, bezeichnet man als **Sekundärkonsumenten.** Diejenigen, die sich von Sekundärkonsumenten ernähren, heißen **Tertiärkonsumenten** und so weiter. Allesfresser, wie z. B. Menschen, können sich sowohl von den Primärproduzenten als auch von Organismen anderer Trophieebenen ernähren.

Den Weg, auf dem die Nährstoffe, ausgehend von den Produzenten, von einer Trophieebene an die nächste weitergegeben werden, bezeichnet man als **Nahrungskette.** In einem Ökosystem sind die Nahrungsketten zu einem komplexen **Nahrungsnetz** verflochten, weil sich fast alle Lebewesen von mehr als einer anderen Art ernähren und auch selbst von mehreren Arten gefressen werden (Abb. 3).

Ökosysteme haben mit der Sonne zwar eine unerschöpfliche Energiequelle, die chemischen Elemente sind auf der Erde aber nur begrenzt vorhanden. Sie durchlaufen einen Stoffkreislauf. **Destruenten** bauen abgestorbene Biomasse zu anorganischen Stoffen, wie Wasser, Kohlenstoffdioxid und Mineralsalzen, ab. Durch diesen Abbau wird der Vorrat an anorganischen Stoffen, die Pflanzen und andere autotrophe Organismen zum Aufbau von Biomasse benötigen, wieder aufgefüllt. In allen Ökosystemen gibt es eine Vielzahl solcher **Stoffkreisläufe,** z. B. den Kohlenstoff-, den Stickstoff- und den Phosphorkreislauf (Abb. 2).

→ 5.11 Die Kohlenstoffbilanz einer Pflanze   → 8.4 Übersicht: Stoffkreislauf und Energiefluss in einem Ökosystem

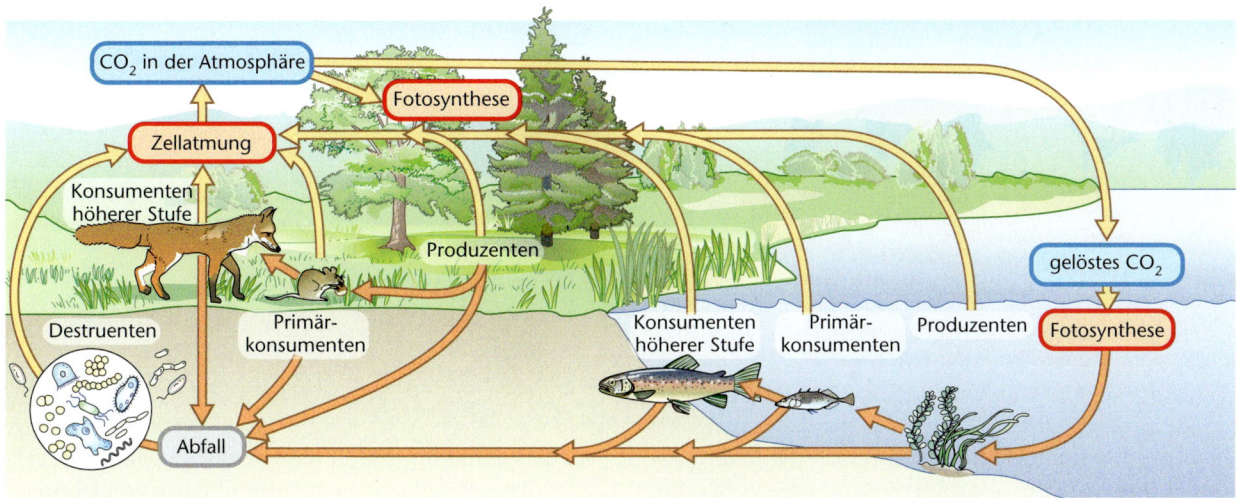

2 Der Kohlenstoffkreislauf, helle Pfeile: Kohlenstoff in Form von CO_2, dunkle Pfeile: Kohlenstoff in Biomasse gebunden

1 Der Kohlenstoffkreislauf. Erläutern Sie den Kohlenstoffkreislauf in Abb. 2.

2 Trophieebenen.
a) Ordnen Sie die in Abb. 3 genannten Organismen den verschiedenen Trophieebenen zu. Formulieren Sie anhand von Abb. 3 zwei Nahrungsketten mit mindestens vier Trophieebenen.
b) Erläutern Sie anhand des Nahrungsnetzes in Abb. 3 den Biomassefluss innerhalb des Nadelwaldes.

3 Biosphäre 2. Nach zwei Jahren musste das Projekt abgebrochen werden, da immer größere Probleme auftraten. Formulieren Sie begründete Hypothesen bezüglich des Scheiterns des Projektes. Prüfen Sie Ihre Hypothesen, indem Sie mithilfe des Internets die Gründe für das Scheitern des Projekts „Biosphäre 2" herausfinden.

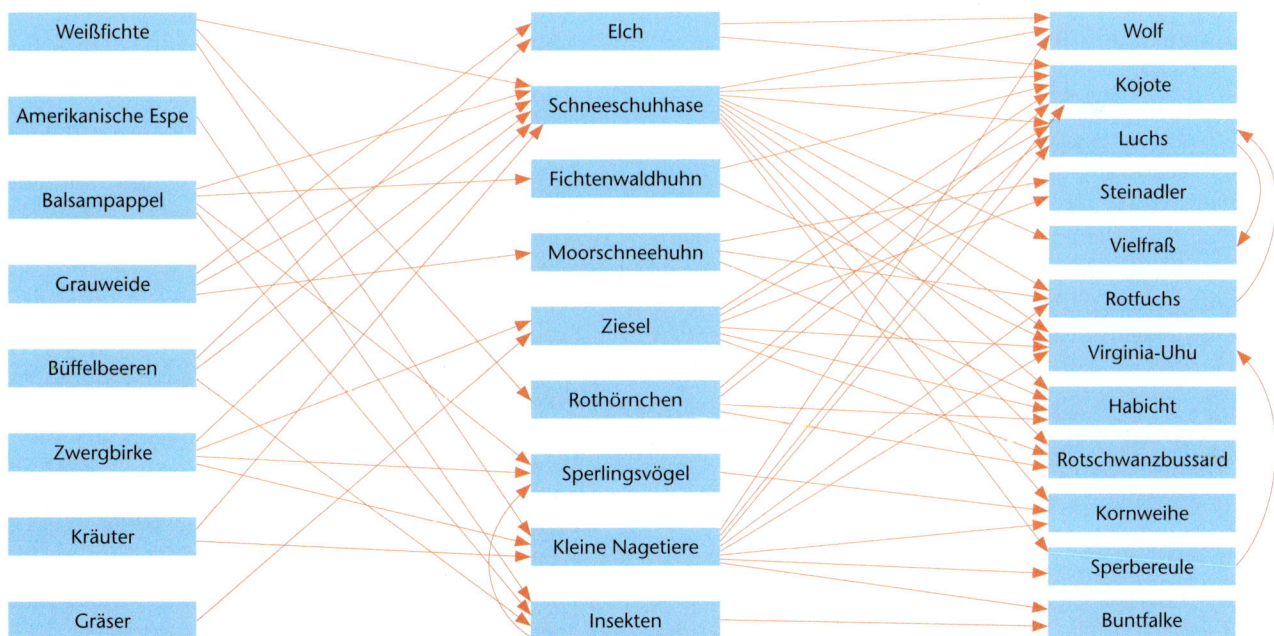

3 Nahrungsnetz eines Nadelwaldes in Kanada

→ 9.3 Einflüsse des Menschen auf den globalen Kohlenstoffkreislauf

8.2 Energiefluss in Ökosystemen

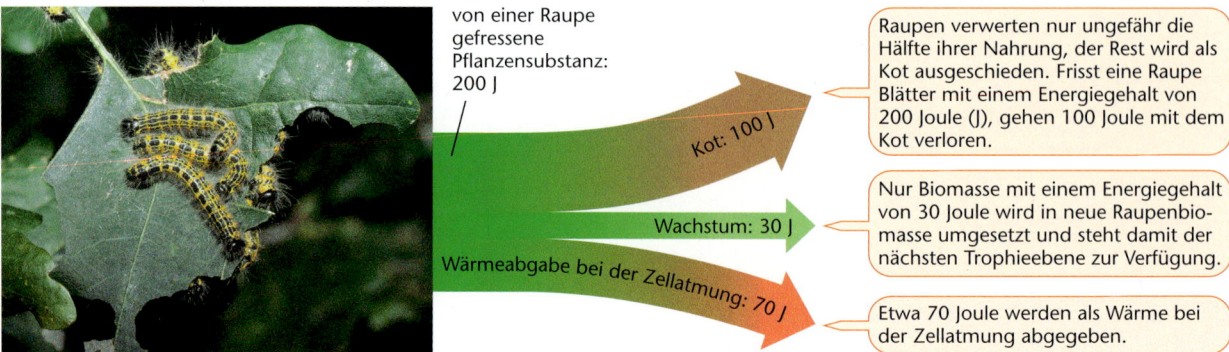

1 *Energieumwandlung in einem Glied der Nahrungskette*

Autotrophe Primärproduzenten nutzen die Lichtenergie der Sonne im Prozess der Fotosynthese zur Synthese von Biomasse, also von energiereichen organischen Verbindungen. Diese werden anschließend zum Teil im Prozess der Zellatmung abgebaut, wobei ATP gebildet wird. Heterotrophe Organismen nehmen als Konsumenten chemische Energie durch die in ihrer Nahrung enthaltenen energiereichen Stoffe auf. Diese werden in katabolen Stoffwechselwegen abgebaut, wodurch die Konsumenten die benötigte Energie erhalten. Konsumenten beziehen die energiereichen organischen Stoffe über Nahrungsketten direkt von den Produzenten oder über Konsumenten niedrigerer Trophieebenen. Für die gesamte in Biomasse gebundene Energie eines Ökosystems ist demnach die Fotosyntheseleistung seiner Produzenten entscheidend.

Unter **Energiefluss** versteht man die Weitergabe chemischer Energie in einem Ökosystem von einer Trophieebene zur nächsten. Ökosysteme umfassen selten mehr als fünf Trophieebenen. Dies lässt sich vor allem dadurch erklären, dass alle Organismen Energiewandler sind, die beim Abbau von Biomasse bei der Zellatmung einen Teil der chemischen Energie in Wärme umwandeln. Wärme ist eine Energieform, die von Lebewesen nicht mehr in eine andere Energieform umgewandelt werden kann. Man spricht daher von **Energieentwertung.** Als Faustregel gilt, dass von einer Trophieebene zur nächsten die Biomasse, und damit auch die darin enthaltene Energie, jeweils um ungefähr 90 % Prozent abnimmt (Abb. 1, 3).

Als **Energiepyramiden** bezeichnete Diagramme verdeutlichen, wie die nutzbare Energie im Laufe des Energieflusses von niedrigen zu höheren Trophieebenen abnimmt. Die Biomasse der Organismen verschiedener Trophieebenen kann in Form von **Biomassepyramiden** dargestellt werden. Oft haben beide Pyramiden in einem Ökosystem ungefähr die gleiche Form (Abb. 2).

Da auf jeder Trophieebene ein Teil der Energie entwertet wird oder als organischer Abfall verloren geht, wird die Gesamtmasse, die auf einer Trophieebene entstehen kann, durch die gespeicherte Energiemenge der Biomasse auf der nächst niedrigeren Ebene begrenzt. Die Biomasse der Produzenten ist daher in der Regel immer größer als die der Primärkonsumenten und diese wiederum immer größer als die der Sekundärkonsumenten (Abb. 3). Daher verlaufen Biomassepyramiden nach oben oftmals spitz zu (Abb. 2). Dies gilt jedoch nicht für jedes Ökosystem.

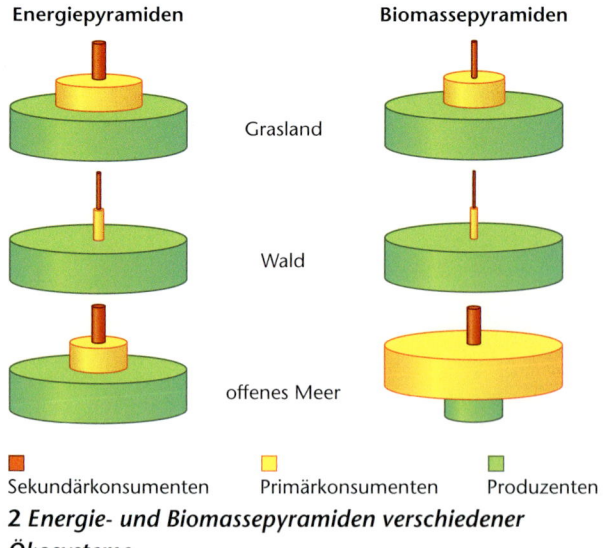

2 *Energie- und Biomassepyramiden verschiedener Ökosysteme*

→ 5.10 Übersicht Fotosynthese   → 5.11 Die Kohlenstoffbilanz einer Pflanze

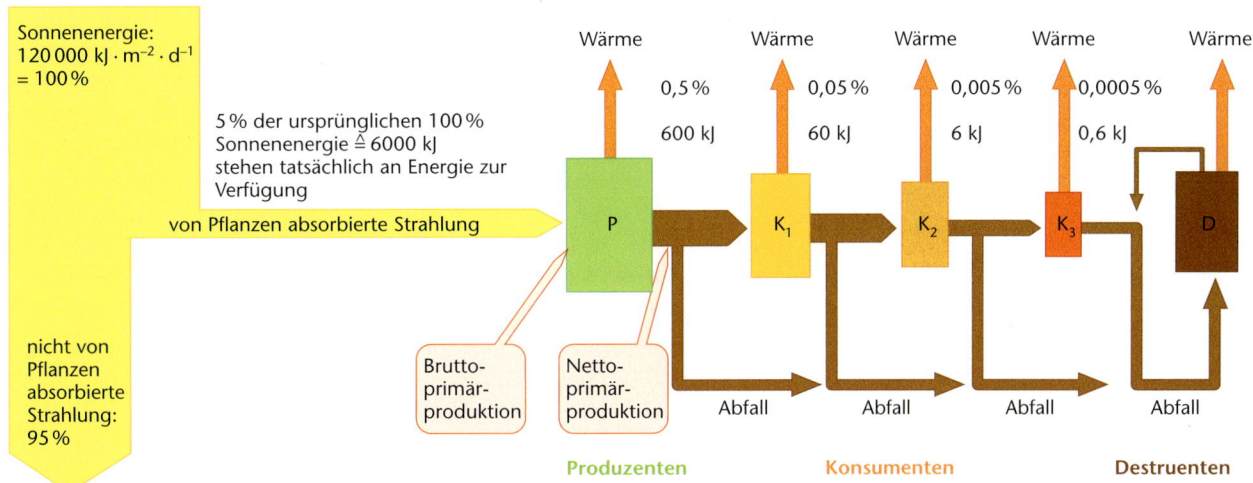

3 *Energieflussdiagramm in einem Ökosystem*

1 Energiefluss und Energieentwertung.
a) Erläutern Sie die Begriffe Energiefluss und Energieentwertung. Vergleichen Sie Energiefluss und Stoffkreislauf miteinander.
b) Erläutern Sie die in Abb. 3 dargestellten Zusammenhänge. Nennen Sie beispielhaft für das allgemeine Schema in Abb. 3 eine Nahrungskette.

2 Energiefluss in verschiedenen Ökosystemen.
Erläutern Sie qualitative Unterschiede im Energiefluss der drei Ökosysteme Mischwald, Kartoffelacker und Großstadt (Abb. 4).

3 Energie- und Biomassepyramiden in den Ökosystemen Wald, Grasland und Meer.
a) Vergleichen und erläutern Sie die in Abb. 2 dargestellten Energie- und Biomassepyramiden in den Ökosystemen Wald und Grasland. Erklären Sie die Gemeinsamkeiten und die Unterschiede.
b) Formulieren Sie eine begründete Hypothese, weshalb im offenen Meer die Biomassepyramide von der Form her stark von der Energieflusspyramide abweicht (Abb. 2).

4 Bruttoprimärproduktion und Nettoprimärproduktion. Die Gesamtmenge der von den Pflanzen fixierten Energie wird als Bruttoprimärproduktion bezeichnet (Abb. 3). Der Energiebetrag, der nach Abzug der Zellatmung der Pflanzen noch übrig bleibt, ist die Nettoprimärproduktion. Erläutern Sie, wie die Bruttoprimärproduktion in einem Ökosystem auf die Nettoprimärproduktion begrenzend wirkt.

4 *Ökosysteme mit unterschiedlichem Energiefluss: a) Mischwald, b) Kartoffelacker, c) Großstadt*

→ 8.4 Übersicht: Stoffkreislauf und Energiefluss in einem Ökosystem

8.3 Der Stickstoffkreislauf

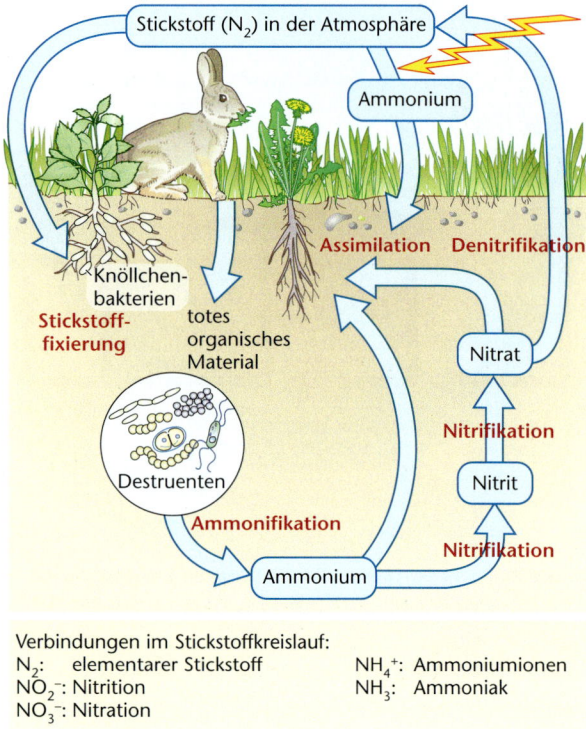

1 *Der globale Stickstoffkreislauf*

Stickstoff ist ein unentbehrlicher Bestandteil vieler biologischer Moleküle, wie z. B. von Aminosäuren oder von Nucleotiden und muss von Tieren und Pflanzen aufgenommen werden.

Unsere Atmosphäre besteht zu etwa 78 % aus elementarem Stickstoff (N_2). Die meisten Organismen können diesen Stickstoff jedoch nicht direkt nutzen. Sie nehmen Stickstoff nur in der Form von Ammoniumionen (NH_4^+) oder Nitrationen (NO_3^-) auf (Abb. 1, 2). Dies nennt man **Assimilation.** Lediglich einige Bakterien können den in der Luft enthaltenen Stickstoff durch **Stickstofffixierung** aufnehmen und nutzbar machen, wie z. B. die symbiotisch lebenden Knöllchenbakterien in den Wurzelknöllchen von z. B. Klee oder Bohnen. Neben der Stickstofffixierung, die etwa 90 % der fixierten Stickstoffmenge pro Jahr ausmacht, gibt es noch einen zweiten Weg, wie der Stickstoff in ein Ökosystem gelangen kann. Durch die große Energiemenge kosmischer Strahlung oder Blitze kann sich Stickstoff in der Atmosphäre mit den Sauerstoff- und Wasserstoffatomen aus dem Wasserdampf verbinden. Dabei entstehen Ammoniakmoleküle und Nitrationen, die sich im Regenwasser lösen und u. a. als Ammoniumionen in den Boden gelangen. Ammonium kann dann direkt über die Pflanzenwurzeln aufgenommen werden. Ammonium gelangt außerdem durch Abbau von totem organischem Material, das Stickstoffverbindungen enthält durch Bakterien in den Boden. Während ihrer Tätigkeit wird Ammoniak freigesetzt, was als **Ammonifikation** bezeichnet wird. Dieses reagiert schnell zu Ammonium und steht so den Pflanzen zur Verfügung.

In einigen Ökosystemen konkurrieren Pflanzen und zwei Gattungen von Bakterien um das Ammonium. Bakterien der Gattung *Nitrosomonas* oxidieren Ammonium zu Nitrit. Bakterien der Gattung *Nitrobacter* oxidiert anschließend Nitrit zu Nitrat. Diese Vorgänge bezeichnet man als **Nitrifikation.** Das gebildete Nitrat kann von den Pflanzenwurzeln aufgenommen werden oder es kann unter anaeroben Bedingungen die **Denitrifikation** durchlaufen. Dabei reduzieren heterotrophe Bakterien das Nitrat zu elementarem Stickstoff, welcher wieder in die Atmosphäre gelangt.

Biologisch verwertbarer Stickstoff ist häufig der limitierende Faktor in Ökosystemen. Zur Optimierung des Pflanzenwachstums werden landwirtschaftliche Nutzflächen mit Stickstoffverbindungen, besonders Nitrat, gedüngt. Nitrat gehört zu den Mineralsalzen, die am häufigsten aus den Landökosystemen in Gewässer eingetragen werden. Diese **Eutrophierung** kann vielfältige negative Auswirkungen auf die Gewässer haben.

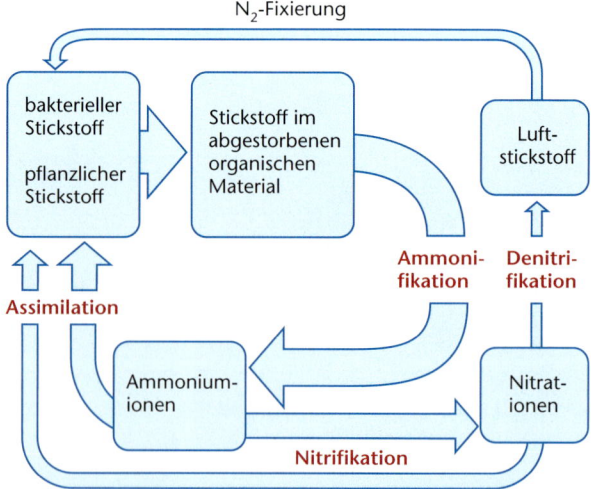

2 *Schema zum Stickstoffkreislauf.* Pfeilstärke entspricht dem Mengenumsatz.

Prozess/Vorrat	Stickstoffmengen (10^6 Tonnen)
Denitrifikation (Land)	40
biologische Fixierung	44
industrielle Fixierung aus der Atmosphäre (z. B. Dünger)	30
Denitrifikation (Gewässer)	40
Vorrat in der Atmosphäre	$3,9 \cdot 10^9$
Vorrat im Boden	$100–140 \cdot 10^3$
Vorrat im Gewässer	8000
Vorrat, gebunden in organischer Substanz	1200

3 *Der globale Stickstoffkreislauf.* Die Zahlen geben die Menge an Stickstoff in Organismen und verschiedenen Reservoiren an, sowie die Mengen, die pro Jahr zwischen den globalen Kompartimenten ausgetauscht werden.

1 **Der Stickstoffkreislauf.** Erläutern Sie den Stickstoffkreislauf in Abb. 1 mithilfe der Informationen in Abb. 2 und 3.

2 **Eutrophierung an der Mündung des Mississippi.** Durch den Abfluss von den Feldern im Mittelwesten der Vereinigten Staaten gelangen immer größere Mengen Stickstoff und Phosphor in den Golf von Mexiko. Durch den hohen Stickstoffeintrag kommt es zu einer Zone mit starkem Sauerstoffmangel, in der die meisten Meeresorganismen nicht mehr überleben können.
Entwickeln Sie eine mögliche Kausalkette zur Erklärung der Bildung dieser Zone.

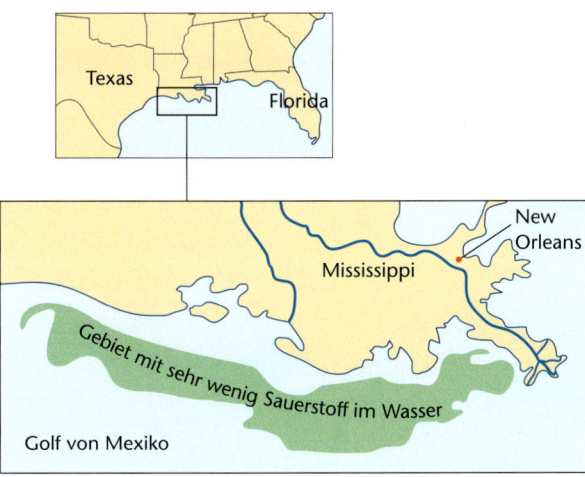

4 *Zone mit starkem Sauerstoffmangel an der Mississippimündung*

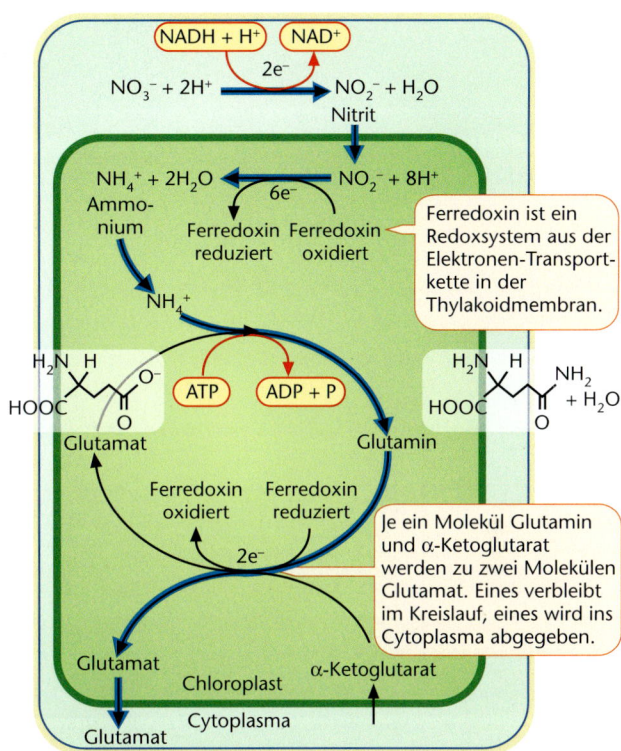

5 *Umwandlung von Nitrat zu Glutamat in einer Pflanzenzelle*

3 **Glutamat-Bildung in Mesophyllzellen.** Beschreiben Sie anhand der Abb. 5 die Synthese von Glutamat, dem Stickstofflieferant für die Bildung aller Aminosäuren. Gehen Sie von dem Nitrat aus, das die Pflanze über die Wurzeln aufgenommen hat.

4 **Stoffverteilung im eutrophen See.** Deuten Sie die Stoffverteilung in einem eutrophen See (Abb. 6).

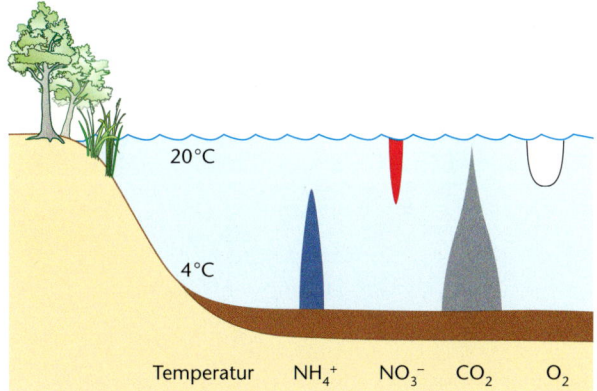

6 *Verteilung einiger Stoffe in einem eutrophen See*

→ 8.11 Bioindikatoren der Gewässergüte

8.4 Übersicht: Stoffkreisläufe und Energiefluss in einem Ökosystem

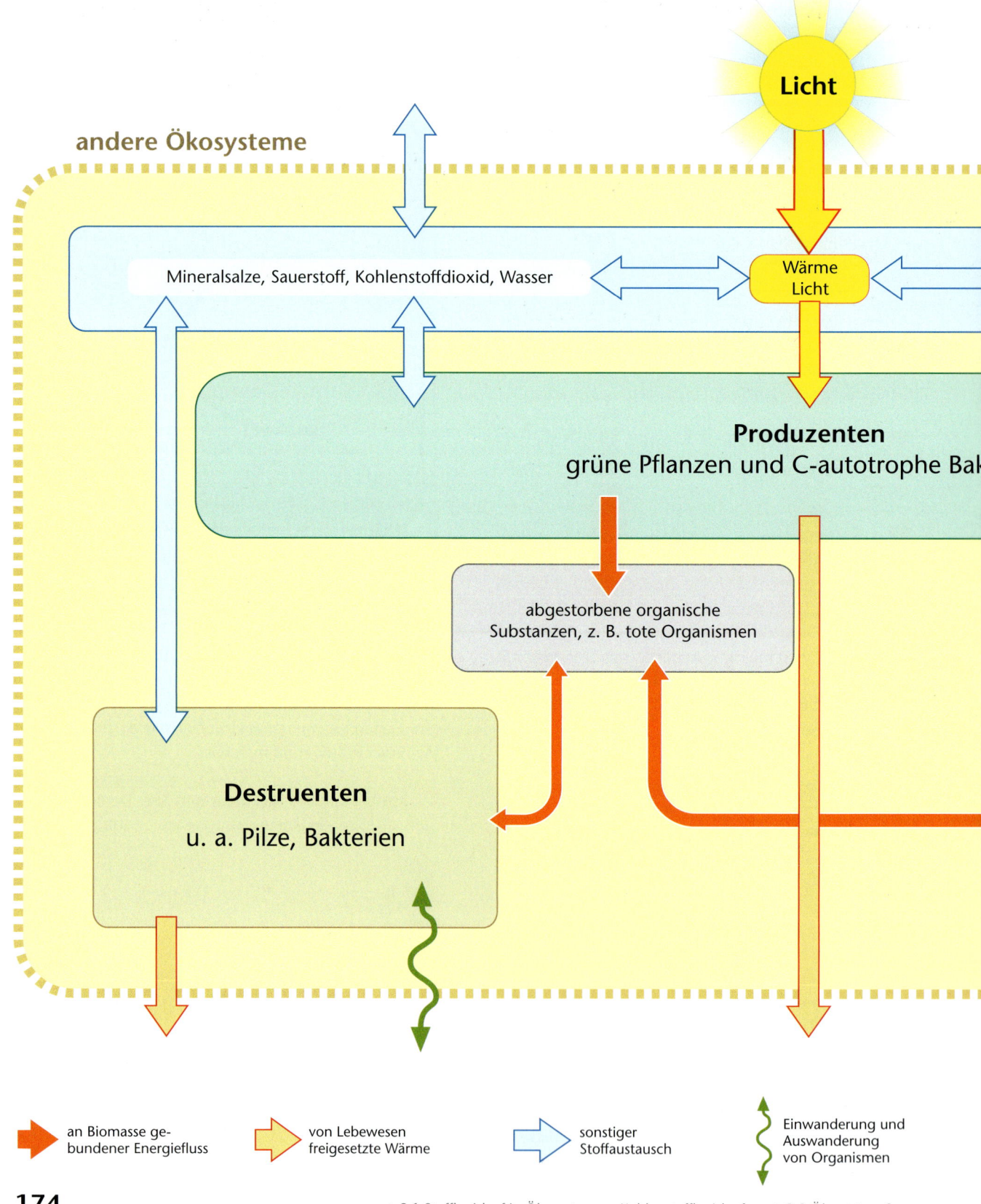

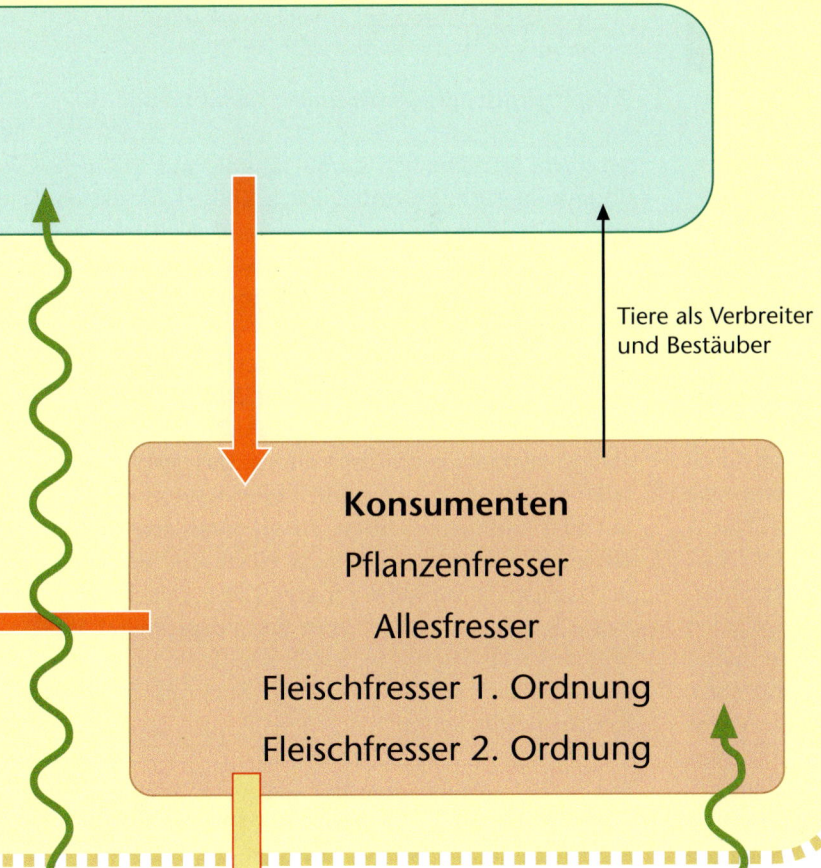

Ökosystemgrenze

Beschaffenheit des Lebensraumes (Biotop)

Ausrichtung (u. a. zur Sonne, zum Wind) — Ausdehnung — Höhe, Relief, Bodenart — Barrieren

Tiere als Verbreiter und Bestäuber

Konsumenten
Pflanzenfresser
Allesfresser
Fleischfresser 1. Ordnung
Fleischfresser 2. Ordnung

Verschiedene Ökosysteme: kleine Glaskugel mit Meerwasser, Algen und Bakterien auf Korallenstücken und zwei Garnelen; Streuobstwiese; Regenwald und die Erde

→ 9.3 Einflüsse des Menschen auf den globalen Kohlenstoffkreislauf

1 *Sommergrüner Laubwald*

8.5 Ökosystem Wald

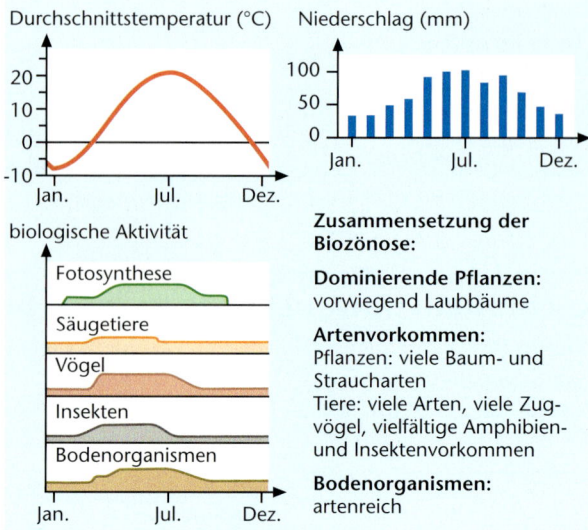

2 *Kennzeichen des sommergrünen Laubwaldes*

Wälder sind komplexe Ökosysteme. Neben den Ozeanen beeinflussen sie maßgeblich das Klima der Erde. Sie sind wichtige Sauerstoffproduzenten und nehmen Kohlenstoffdioxid aus der Atmosphäre auf. Damit sind sie auch bedeutsam für den **globalen Kohlenstoffkreislauf.** Auf der Erde findet man je nach Klimazone verschiedene Waldformen. In den tropischen Klimaten dominieren immergrüne Regenwälder. In unseren Breiten würden von Natur aus sommergrüne Wälder, vor allem Buchenmischwälder, vorkommen. Bedingt durch die Forstwirtschaft bestehen die Wälder bei uns zu etwa 50 % aus Nadelbäumen, vor allem Fichte und Kiefer.

Die Ökologie der sommergrünen Laubwälder unterscheidet sich von derjenigen der immergrünen Wälder. Im Winter tragen die Laubbäume keine Blätter mehr, weshalb der Stoffwechsel, z. B. die Zellatmung, stark reduziert ist. Im Frühjahr ist der gut belichtete Waldboden von einer artenreichen Bodenvegetation bedeckt, deren Pflanzen oft schon Samen gebildet haben, bevor die auf den Boden fallende Lichtintensität geringer wird, wenn sich das Blätterdach schließt. Die Existenz verschiedener Jahreszeiten ermöglicht somit im sommergrünen Laubwald eine ökologische Nische für die Frühblüher.

Im Wald wird ein großer Teil des Kohlenstoffdioxids durch die Fotosynthese grüner Pflanzen, den **Produzenten,** zur Herstellung von Biomasse genutzt. Dies geschieht vornehmlich durch Bäume und Sträucher und nur in geringem Anteil durch Kräuter, Moose und Farne. Die Pflanzen sind sowohl Stoff- als auch Energielieferanten für die Pflanzen fressenden **Konsumenten** erster Ordnung, wie z. B. viele Insekten, Vögel oder Säugetiere. Sie dienen wiederum den Konsumenten zweiter Ordnung, den Fleisch fressenden Tieren, wie z. B. Mäusebussard oder Marder, als Nahrung. Größere Fleisch fressende Tiere, wie z. B. Fuchs oder Habicht, sind Konsumenten dritter Ordnung. Das im Herbst abfallende Laub bildet zusammen mit abgestorbenen Ästen oder Bäumen die Streu. Sie wird von den **Destruenten,** wie Schnecken, Milben, Pilzen und Bakterien, im Laufe mehrerer Jahre zersetzt. Dabei gelangt der fixierte Kohlenstoff teilweise in Form organischer Verbindungen als Humus in den Boden. Beim vollständigen Abbau werden Wasser, Mineralsalze und Kohlenstoffdioxid frei.

Die meisten Waldbäume können nur existieren, weil es im Waldboden weit verzweigte Pilzgeflechte gibt, welche die Enden der Baumwurzeln umgeben und in die Wurzeln eindringen, die sogenannte **Mykorrhiza** (Abb. 5). Durch die auf diese Weise stark vergrößerte Oberfläche der Wurzeln können Bäume genügend Wasser und Mineralsalze aus dem Boden aufnehmen. Die Pilze werden durch die Wurzeln mit energiereichen Stoffen versorgt, welche die Bäume durch Fotosynthese bilden.

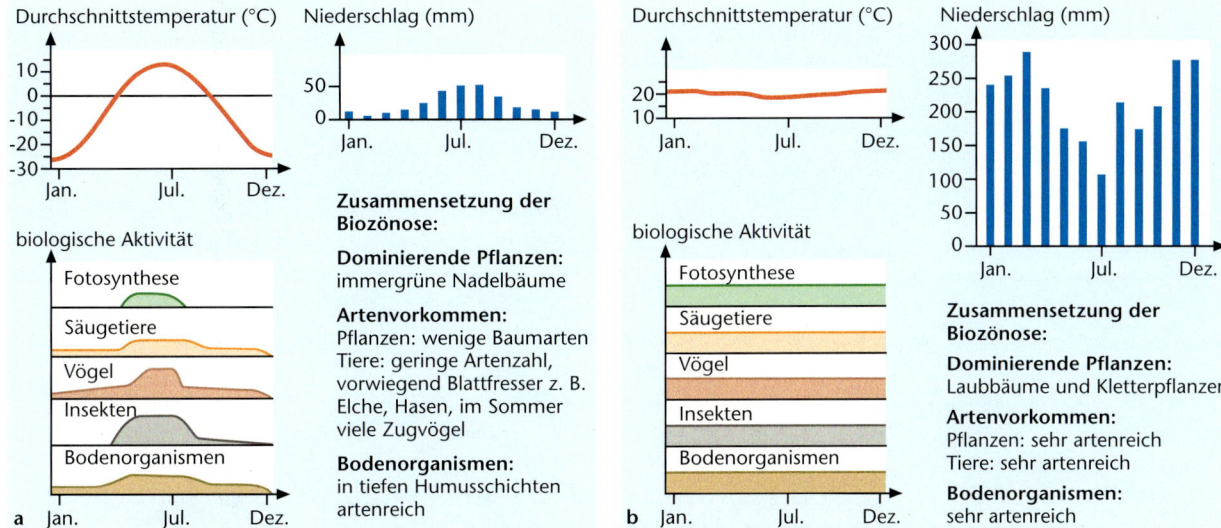

3 Kennzeichen a) des borealen und b) des immergrünen tropischen Waldes

1 Vergleich dreier Wald-Typen.
a) Vergleichen Sie die drei in Abb. 2 und 3 dargestellten Waldtypen miteinander.
b) Erklären Sie die unterschiedliche biologische Aktivität sowie die Zusammensetzung der Biozönose bei den drei Waldtypen.

2 Tragen Wälder zur Minderung des Treibhauseffekts bei?
a) Erläutern Sie den Kohlenstoffkreislauf im Wald anhand einer aussagekräftigen Skizze.
b) Geben Sie für die drei Phasen eines wachsenden Baumbestandes an, inwieweit der Wald eine Kohlenstoffsenke ist (Abb. 4).

3 Stoff- und Energiefluss im Ökosystem Wald.
Skizzieren Sie den Energiefluss im sommergrünen Wald anhand einer selbst erstellten beispielhaften Nahrungskette. Erläutern Sie Ihre Darstellung.

4 Mykorrhiza.
a) Vergleichen Sie den Bau der Wurzeln in der Abb. 5.
b) Erläutern Sie die besondere Bedeutung der Mykorrhiza für den Wald unter Bezug auf das Basiskonzept „Struktur und Funktion".
c) Planen Sie in den Grundzügen ein Experiment, mit dem Sie nachweisen können, ob es sich bei der Mykorrhiza um Symbiose oder um Parasitismus handelt.

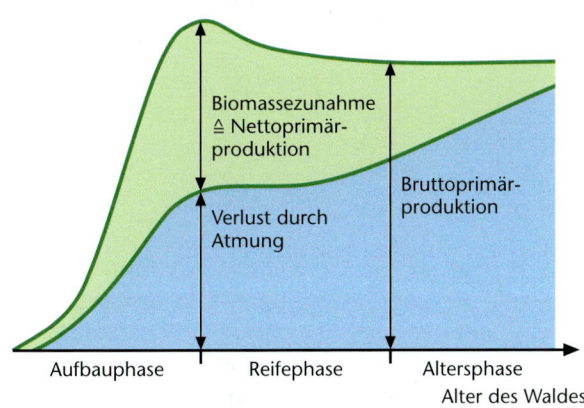

4 CO_2-Umsatz eines Waldes

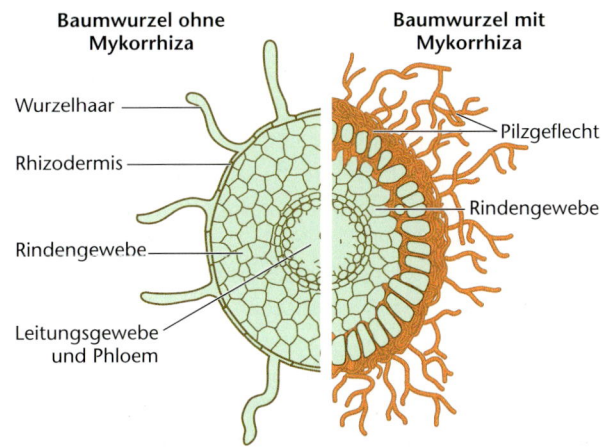

5 Kiefernwurzeln mit und ohne Mykorrhiza

→ 9.3 Einflüsse des Menschen auf den globalen Kohlenstoffkreislauf

8.6 Biologische Aktivität im Waldboden

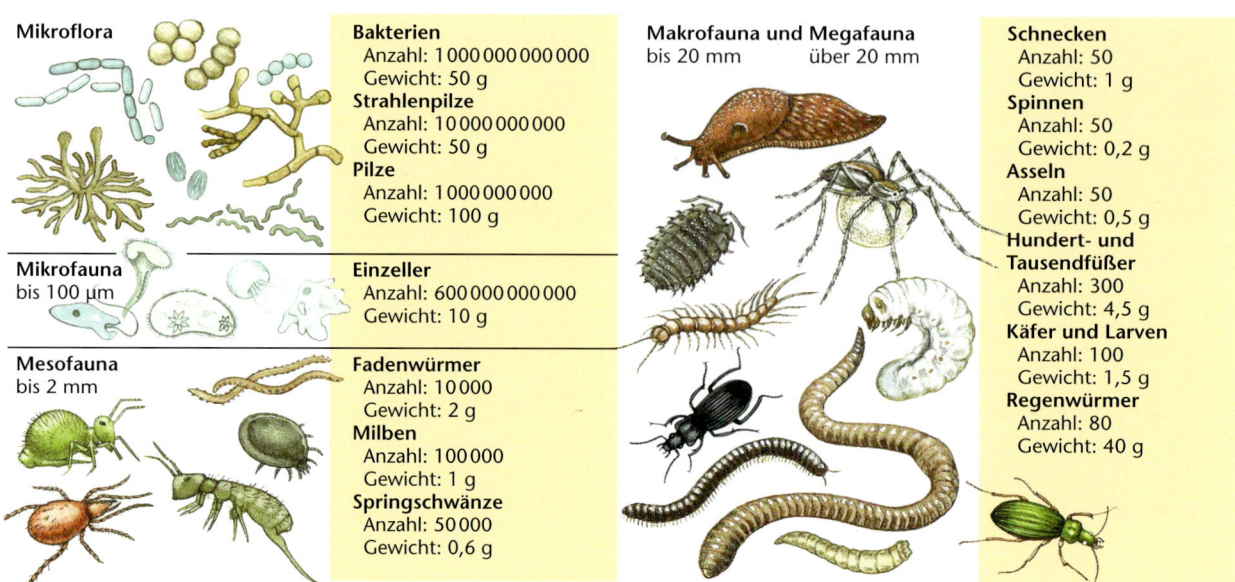

1 *Einteilung der Bodenorganismen. Gewicht und Anzahl pro m² Boden bis 30 cm Tiefe; Größenangaben: Körperbreite in mm.*

Eine Handvoll humusreichen Bodens enthält mehr Lebewesen als Menschen auf der Erde leben. Diese Bodenlebewesen, deren Lebendgewicht pro Hektar Boden bis 30 cm Tiefe 15 Tonnen betragen kann, werden in die **Bodenfauna** und die **Mikroflora** unterteilt. Die Mikroflora umfasst Bakterien und Pilze, die Bodenfauna besteht aus Einzellern und den Bodentieren (Abb. 1).

Der Boden ist für die meisten Stoffkreisläufe sehr wichtig. In einem Laubmischwald fallen ungefähr 100-1000 g/m² Streu pro Jahr an. Die Streu besteht vorwiegend aus Blättern, Zweigen und tierischem Material. Ohne Bodenorganismen blieben die meisten Mineralsalze, die in der Streu organisch gebunden sind, unzersetzt und stünden den Pflanzen nicht zur Verfügung. Die nachhaltige Produktivität von Ökosystemen hängt von der raschen Zersetzung organischer Stoffe zu Mineralsalzen ab. Für die Zersetzung zuständig sind im engeren Sinne nur die **Destruenten** (Bakterien und Pilze), die organische Stoffe zu Kohlenstoffdioxid, Wasser und Mineralsalzen abbauen. Im weiteren Sinne können auch die Humus fressenden Tiere hinzugerechnet werden, die allerdings allesamt **Konsumenten** sind. Bodenfauna und Mikroflora arbeiten bei der Zersetzung organischer Substanz eng zusammen. Dadurch wird der Zersetzungsprozess bei schwer zersetzbaren Stoffen wie Cellulose, Holzsubstanz und Harz beschleunigt.

Die Aktivität der Bodenorganismen kann man mithilfe verschiedener Methoden messen. Bei Netzbeutelversuchen werden Beutel mit unterschiedlicher Maschenweite mit Streu gefüllt und in die Streuschicht am Boden gelegt. Nach einiger Zeit lassen sich je nach Maschenweite Unterschiede in der Streuzersetzung feststellen (Abb. 3). Die Aktivität der Kleinstlebewesen lässt sich über die Bodenatmung bestimmen (Abb. 4).

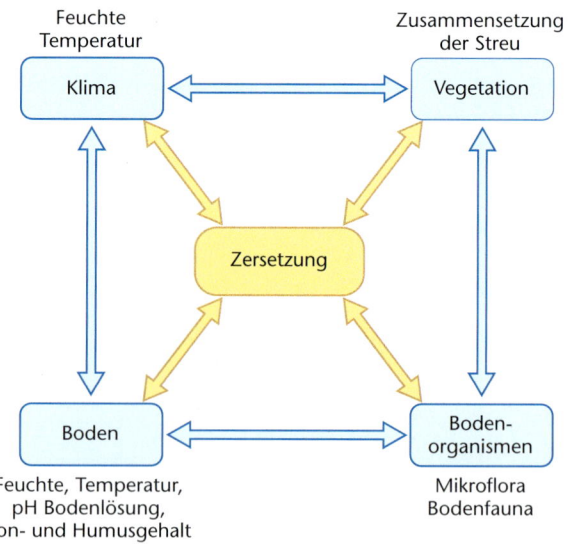

2 *Die Zersetzung im Boden wird von verschiedenen Faktoren beeinflusst*

→ 8.1 Stoffkreislauf in Ökosystemen: Kohlenstoffkreislauf → 8.5 Ökosystem Wald

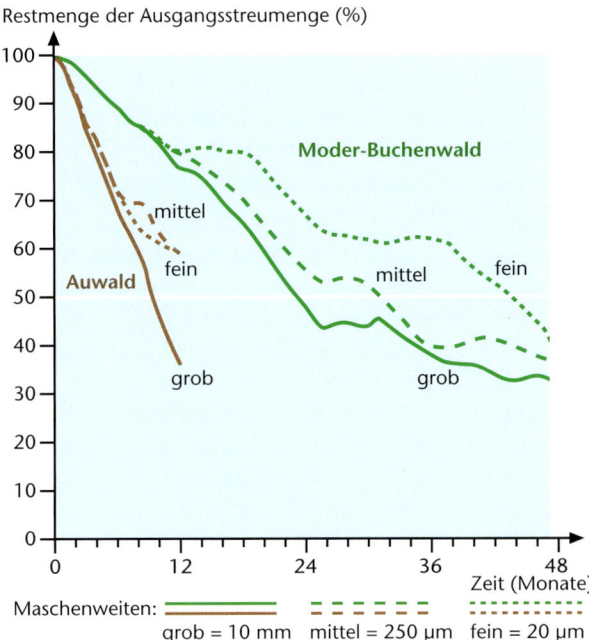

3 *Verlauf des Streuabbaus in verschiedenen Wäldern*

1 Netzbeutelversuch. Beutel aus Gaze werden mit Streu gefüllt und an der Entnahmestelle wieder ausgelegt. Alle vier Wochen wird der Beutelinhalt gewogen und die Zersetzungsrate über die Gewichtsverminderung bestimmt. Durch die unterschiedlichen Maschenweiten der Netzbeutel werden die Bodentiere nach ihrer Größe ausgeschlossen (grob: kein Ausschluss; mittel: Makrofauna ausgeschlossen; fein: auch Mesofauna ausgeschlossen; Abb. 3). Durch die unterschiedliche Maschenweite lässt sich ermitteln, welche Anteile die jeweiligen Bodenorganismen an der Zersetzung haben. Zwei Standorte werden untersucht: **Moder-Buchenwald:** schattig, niedriger pH-Wert, mittlere Bodenfeuchte, auf Buntsandstein; häufige Bodenorganismen: Fadenwürmer, Milben und Pilze. **Auwald:** lichtreich, neutraler pH-Wert, hohe Bodenfeuchte, auf Auelehm; häufige Bodenorganismen: Regenwürmer, Käfer, Schnecken, Fadenwürmer und Bakterien.

a) Beschreiben Sie die in Abb. 3 dargestellten Ergebnisse.
b) Erläutern Sie die Rolle der Mega- und Makrofauna im Zeitverlauf des Streuabbaus.
c) Diskutieren Sie mithilfe von Abb. 2 und den Angaben über die beiden Standorte, welche Faktoren in diesem Versuch die unterschiedliche Zersetzungsrate an den beiden Standorten bedingen könnten.

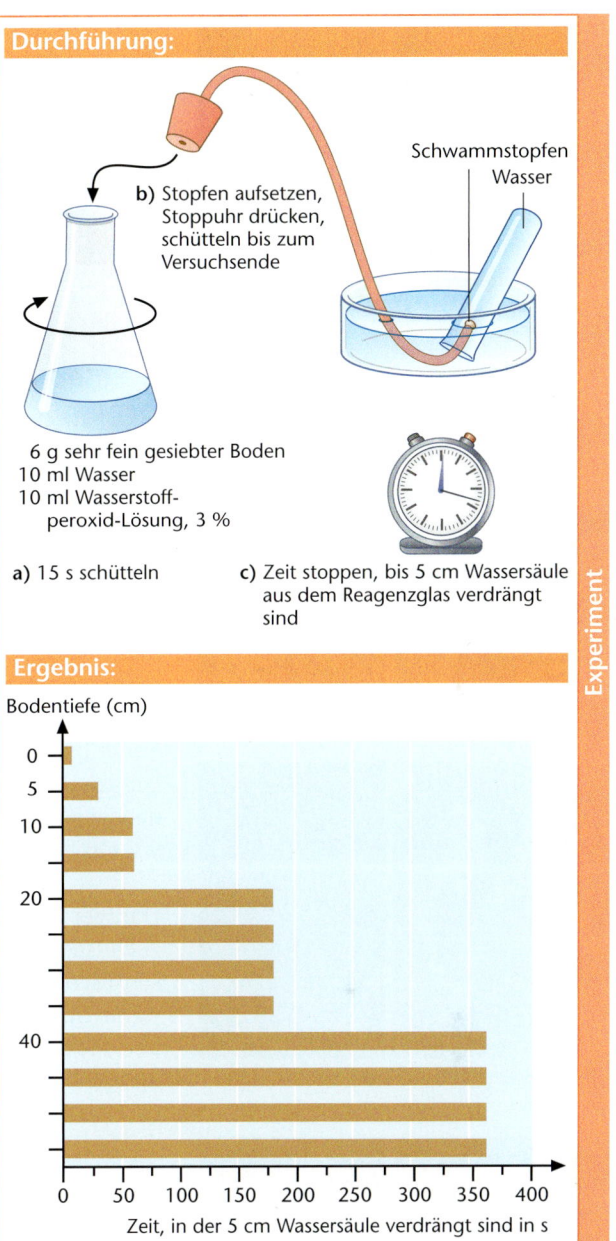

4 *Experiment zum Nachweis mikrobieller Aktivität*

2 Nachweis mikrobieller Aktivität mittels Katalase. Beim Stoffwechsel aller aeroben Organismen entsteht das giftige Zwischenprodukt Wasserstoffperoxid, das durch das Enzym Katalase sofort zu Wasser und Sauerstoff abgebaut wird.
a) Ermitteln Sie die Fragestellung, die dem Versuch in Abb. 4 zugrunde liegt.
b) Deuten Sie die Ergebnisse.

→ 8.7 Bioindikatoren für Bodeneigenschaften   → 9.5 Funktionen des Bodens

8.7 Bioindikatoren für Bodeneigenschaften

Bioindikatoren sind Organismen, deren Anwesenheit oder deren Zustand Rückschlüsse auf bestimmte Umweltbedingungen zulassen. So können Pflanzen Hinweise auf die herrschenden Boden- und Klimabedingungen geben, Flechten auf die Schadstoff-Konzentration der Luft und wasserlebende Tiere auf die Gewässergüte. Als Bioindikatoren kommen vor allem Organismen mit enger ökologischer Potenz, also stenöke Lebewesen, in Frage.

Mithilfe von Pflanzen lassen sich pH-Wert und Wasserversorgung eines Bodens im Gelände relativ rasch abschätzen, ohne vorher langwierige Messungen durchgeführt zu haben. Der pH-Wert des Bodens erlaubt Rückschlüsse darüber, in welchem Maße Mineralsalze für die Pflanze verfügbar sind. Eine ausreichende Mineralsalzversorgung ist ebenso wie eine ausreichende Wasserversorgung Voraussetzung für ein gutes Pflanzenwachstum. Pflanzen können als Bioindikatoren verwendet werden, um beispielsweise eine Fläche als geeigneten Standort für Nutzpflanzen einzuschätzen.

Für den Einsatz von Pflanzen als Bioindikatoren zieht man z. B. die von ELLENBERG entwickelten **Zeigerwerte** heran, die das ökologische Verhalten gegenüber wichtigen Standortfaktoren wie Licht, Temperatur, Feuchtigkeit und Boden-pH-Wert für jede Pflanzenart mit einer bestimmten Ziffer beschreiben (Abb. 1, 2). Ein Vorteil der Einstufung in Ziffern ist die Möglichkeit, Durchschnitts-Zeigerwerte für ganze Pflanzenbestände zu berechnen. Somit bekommt man eine erste, schnelle Einschätzung der Umweltbedingungen. Um diese Aussagen zu überprüfen oder weiteren Fragestellungen nachzugehen, können dann beispielsweise Messungen mit dem pH-Meter vor Ort erfolgen.

Darüber hinaus erlaubt die Verwendung von Pflanzen als Bioindikatoren auch Aussagen über den langfristigen Mittelwert von Standortfaktoren, die sonst schwer oder gar nicht messbar sind. Dies ist z. B. dann von Bedeutung, wenn Umweltbedingungen im Tages- oder Jahresverlauf stark schwanken und Messungen immer nur eine Momentaufnahme darstellen, z. B. Lichtmenge und Wasserversorgung.

Echte Schlüsselblume F: 4 R: 8 — Seidelbast F: 5 R: 7

Waldmeister F: 5 R: 6 — Goldnessel F: 5 R: 7

Weißliche Hainsimse F: 5 R: 3 — Heidelbeere F: x R: 2

Kriechender Hahnenfuß F: 7 R: x — Waldziest F: 7 R: 7

1 *Verschiedene Pflanzenarten und ihre Zeigerwerte für Bodenfeuchte (F) und Boden-pH-Wert (R)*

F Feuchtezahl:
Ordnung nach der Bodenfeuchte bzw. Wasserversorgung: 1: starke Trockenheitszeiger; 3: Trockniszeiger; 5: Frischezeiger; 7: Feuchtezeiger; 9: Nässezeiger
R Reaktionszahl zum Boden-pH-Wert:
Ordnung nach der Bodenreaktion: 1: Starksäurezeiger; 3: Säurezeiger; 5: Mäßigsäurezeiger; 7: Schwachsäure- bis Schwachbasenzeiger; 9: Basen- und Kalkzeiger
x: indifferentes Verhalten einer Art Die Zeigerwerte 2, 6, 8 heißen jeweils: 2: zwischen 1 und 3, usw.

2 *Die Ellenberg-Zeigerwerte für Bodenfeuchte und Boden-pH-Wert*

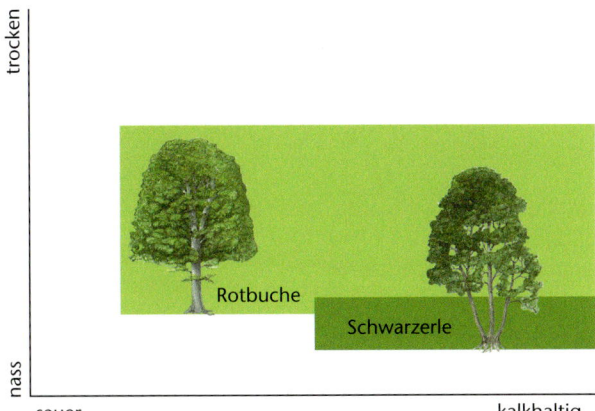

3 Ökogramm von Rotbuche und Schwarzerle

1 Eignung von Pflanzen als Bioindikatoren. Beurteilen Sie unter Verwendung des Ökogramms in Abb. 3 die Eignung von Rotbuche und Schwarzerle als Bioindikatoren. Die farblich hinterlegte Fläche zeigt die Verbreitung der Arten unter natürlichen Konkurrenzbedingungen.

2 Bestandsaufnahme eines Waldgebietes. In einem Waldgebiet sind entlang einer Linie von einer Bergkuppe bis ins Tal vier Bestandsaufnahmen angefertigt worden (Abb. 4 Ⓐ–Ⓓ). In den Vegetationsaufnahmen sind alle Arten, die auf einer Fläche von 100 m² vorkommen, aufgelistet. Die Abb. 4 gibt diese vier Bestandsaufnahmen verkürzt wieder.
a) Berechnen Sie für jede Aufnahme die Mittelwerte von R und F, indem Sie pro Aufnahme die Summe aller Zahlen von R bzw. F durch die Artenzahl der Aufnahme teilen. Arten mit indifferentem Verhalten (Zeigerwert=x) werden nicht mitgerechnet. Stellen Sie diese Ergebnisse für die verschiedenen Aufnahmeflächen graphisch dar.
b) Interpretieren Sie Ihre Ergebnisse in Hinblick auf die Lage der Bestandsaufnahmen im Wald.
c) Entwickeln Sie Hypothesen hinsichtlich der Standortverhältnisse, die am jeweiligen Ort vorherrschen.
d) Während der Bestandsaufnahmen wurden pH-Wert-Messungen im Boden mit folgenden Ergebnissen durchgeführt: Aufnahmefläche/pH-Wert: A/7,9; B/6,7; C/4,9; D/7,6. Überprüfen Sie anhand dieser Messdaten Ihre Hypothesen.

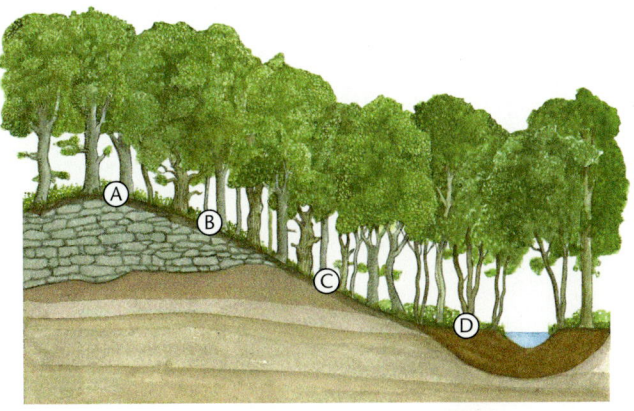

Kalk   Sandstein   Auelehm

	Ⓐ	Ⓑ	Ⓒ	Ⓓ	F	R
Rotbuche	3	4	5	.	5	x
Elsbeere	1	.	.	.	4	7
Traubeneiche	.	2	2	.	5	x
Schwarzerle	.	.	.	4	9	6
Esche	.	.	.	2	x	7
Echte Schlüsselblume	+	.	.	.	4	8
Seidelbast	+	.	.	.	5	7
Maiglöckchen	+	.	.	.	4	x
Schwalbenwurz	+	.	.	.	3	7
Waldhabichtskraut	+	.	.	.	5	5
Rotes Waldvögelein	+	.	.	.	3	8
Waldmeister	.	1	.	.	5	6
Einblütiges Perlgras	.	1	.	.	5	6
Haselwurz	.	+	.	.	5	7
Bingelkraut	+	+	.	.	x	8
Buschwindröschen	+	+	.	+	5	x
Waldziest	.	+	.	2	7	7
Goldnessel	.	+	.	1	5	7
Weißliche Hainsimse	.	.	1	.	5	3
Drahtschmiele	.	.	+	.	x	2
Heidelbeere	.	.	+	.	x	2
Giersch	.	.	.	3	6	7
Gundermann	.	.	.	1	6	x
Echte Nelkenwurz	.	.	.	+	5	x
Mädesüß	.	.	.	+	8	x
Rote Lichtnelke	.	.	.	+	6	7
Kriechender Hahnenfuß	.	.	.	+	7	x

4 Ergebnisse von vier Bestandsaufnahmen in einem Wald. Die Zahlen in den Spalten A–D geben die Bodenbedeckung durch die jeweiligen Arten an: +: bis 1 % der Fläche bedeckend; **1**: bis 5 %; **2**: bis 25 %; **3**: bis 50 %; **4**: bis 75 %; **5**: bis 100 %. Am rechten Rand der Tabelle sind die Zeigerwerte für die Faktoren Wasserversorgung (F) und Boden-pH-Wert (R) für die jeweilige Art aufgeführt.

→ 8.11 Bioindikatoren der Gewässergüte

8.8 Auswirkungen rhythmischer Änderungen des Lebensraumes auf Lebewesen

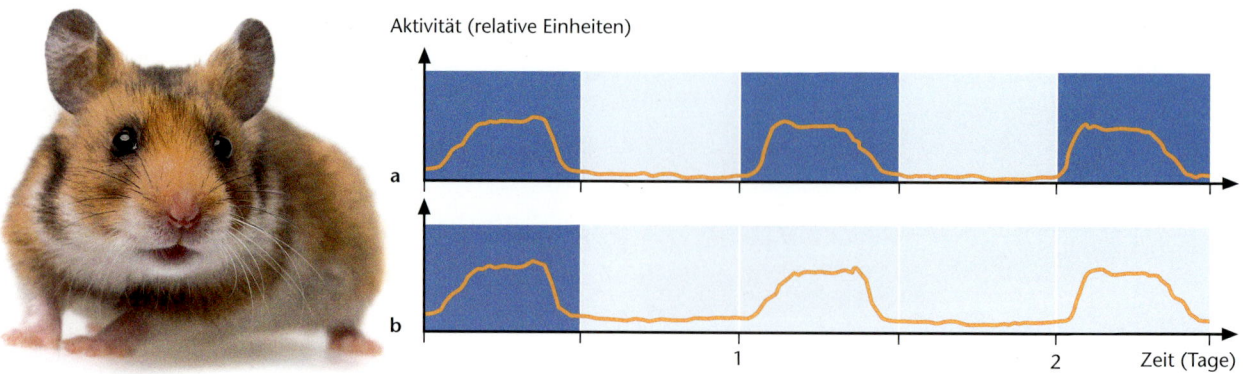

1 *Aktivitäts- und Ruhephasen eines Goldhamsters bei einem Tag-Nacht-Wechsel (a) und bei konstanter Belichtung (b)*

Die Umweltbedingungen in einem Lebensraum ändern sich ständig. Eine Ursache dafür ist die Rotation der Erde, wodurch sich z. B. die Licht- und in der Folge die Temperaturverhältnisse rhythmisch innerhalb des Tagesverlaufs ändern. Allgemein versteht man unter **biologischen Rhythmen** regelmäßig wiederkehrende Zustände und Veränderungen von Lebewesen. So zeigen Pflanzen, Tiere und auch Menschen verschiedene rhythmische Aktivitäten, die den Veränderungen der Umweltbedingungen im Tagesverlauf folgen, z. B. der Schlaf-Wach-Rhythmus oder die Blattstellung bei Bohnenpflanzen.

Diese **Tagesrhythmik** kann bei Individuen auch dann noch beobachtet werden, wenn man sie abrupt aus ihrer gewohnten Umgebung entfernt und veränderten Umweltbedingungen aussetzt (Abb. 1). Dies wird durch die Annahme erklärbar, dass Lebewesen eine innere „biologische Uhr" besitzen. Sie beruht auf der Tatsache, dass viele Prozesse im Körper, z. B. Hormonausschüttungen oder die Bildung bestimmter Proteine, in einem Rhythmus von etwa 24 Stunden erfolgen. Sie wird daher als **circadiane Rhythmik** (lat. circa dies „ungefähr einen Tag") bezeichnet.

Da sich Umweltbedingungen, z. B. der Hell-Dunkel-Wechsel, nicht streng periodisch ändern, sondern im Jahresverlauf variieren, müssen Tagesrhythmen der Lebewesen ständig angepasst werden. Für diese Synchronisierung wirken äußere Reize als Zeitgeber auf innere Uhren und regulierend auf Stoffwechselprozesse und die genetische Aktivität. Am häufigsten dient das Licht als solch ein Zeitgeber.

In ähnlicher Weise wird auch der „innere Kalender" von Lebewesen beeinflusst, durch den ein Individuum den jahreszeitlichen Anforderungen entsprechend angepasst ist. So können z. B. bei Zugvögeln körperliche Veränderungen im Jahresverlauf beobachtet werden. Auch Entwicklung und Wachstum eines Lebewesens werden so in Abhängigkeit von den Umweltbedingungen gesteuert und reguliert. Die Blütenbildung bei Pflanzen erfolgt etwa erst bei Lichtverhältnissen, bei denen auch ihre Bestäuber eine große Aktivität aufweisen, wodurch ein größerer Fortpflanzungserfolg wahrscheinlich wird.

Beispiele für zeitlich-rhythmische Veränderungen von Lebensräumen:
– Veränderung der Lichtintensität im Tag-/Nacht-Wechsel
– Wechsel von Ebbe und Flut im Küstenbereich
– Veränderung der Tageslänge (Sonnenaufgang bis Sonnenuntergang) im Jahreswechsel
– Veränderung der Temperatur im Jahresverlauf

Beispiele für rhythmische biologische Vorgänge:
– Blattentfaltung (z. B. bei Bäumen)
– Blütenbildung bei Pflanzen
– Keimung (im Freiland)
– Beginn des morgendlichen Gesanges bei Vögeln („Vogeluhr")
– Vogelzug
– Winterschlaf
– Vertikalwanderung von Plankton-Organismen im See oder im Meer

2 *Zeitlich-rhythmische Veränderungen von Lebensräumen und rhythmische biologische Vorgänge*

→ 6.1 Abiotische und biotische Faktoren wirken auf Lebewesen

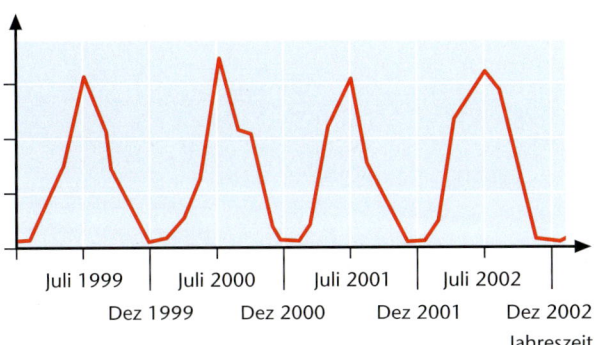

3 *Zellatmungsrate in einem Mischwald der gemäßigten Zone*

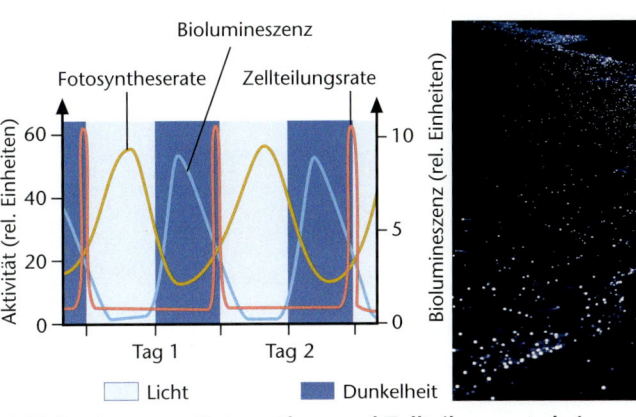

4 *Biolumineszenz, Fotosynthese und Zellteilungsrate bei Gonyaulax polyedra*

1 Fragestellungen entwickeln. Entwickeln Sie aus zeitlich-rhythmischen Änderungen des Lebensraumes biologische Fragestellungen, also solche Fragestellungen, von denen Sie annehmen, dass sie mit Mitteln biologischen Erkenntnisgewinns (u. a. Beobachtung, Experiment, Modell) beantwortet werden können (Abb. 2). Skizzieren Sie die wesentlichen Schritte, um diese Frage zu beantworten.

2 Jahreszeitliche Veränderungen der Zellatmungsrate in einem Mischwald der gemäßigten Zone. Erklären Sie die rhythmischen Veränderungen der Atmung im Laufe der Jahreszeiten im Ökosystem Wald (Abb. 3).

3 Experiment zur Aktivität von Vögeln. In einem Experiment wurde ein Gimpel für mehrere Tage in einem Licht-Dunkel-Zyklus gehalten. Auf eine zwölfstündige Dunkelphase folgte dabei eine zwölfstündige Lichtphase. Über den Versuchszeitraum wurde die Bewegungsaktivität des Tieres für die verschiedenen Tage erfasst. Am fünften Tag wurde die Lichtphase um sechs Stunden vorgezogen, am 12. Tag wurde sie um sechs Stunden verzögert. Die erhaltenen Befunde sind in Abb. 5 dargestellt.
a) Beschreiben Sie die Veränderungen der Aktivität des Gimpels während des Experiments.
b) Deuten Sie die Befunde im Hinblick auf die Frage, ob eine circadiane Rhythmik für die Aktivität des Vogels vorliegt.
c) Begründen Sie, warum die experimentelle Untersuchung von Jahresrhythmen bei Lebewesen im Gegensatz zur Untersuchung von circadianen Rhythmen nur sehr schwer möglich ist.

4 Circadiane Rhythmik bei Einzellern? Die einzellige Alge Gonyaulax polyedra tritt bisweilen massenhaft auf und verursacht Algenblüten, die aufgrund der von den Algen produzierten Giftstoffe auch eine Bedrohung für den Menschen darstellen. Die Algen besitzen zudem die Fähigkeit zur Biolumineszenz, können also über Stoffwechselwege Licht erzeugen. Sie stehen daher im Zentrum biologischer Forschungen.
a) Beschreiben Sie die Befunde zur Biolumineszenz, zur Fotosynthese- und zur Zellteilungsrate (Abb. 4).
b) Entwickeln Sie Versuche, mit denen überprüft werden kann, ob bei der Alge eine circadiane Rhythmik vorliegt.

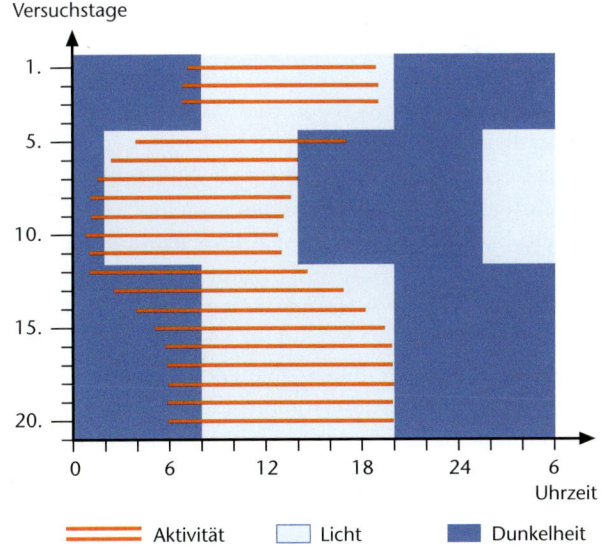

5 *Aktivitäts- und Ruhephasen beim Gimpel innerhalb eines Licht-Dunkel-Zyklus*

→ 6.7 Schüleruntersuchungen zum Vorkommen von Lebewesen im Freiland   → 8.5 Ökosystem Wald   → 8.9 Ökosystem See

8.9 Ökosystem See

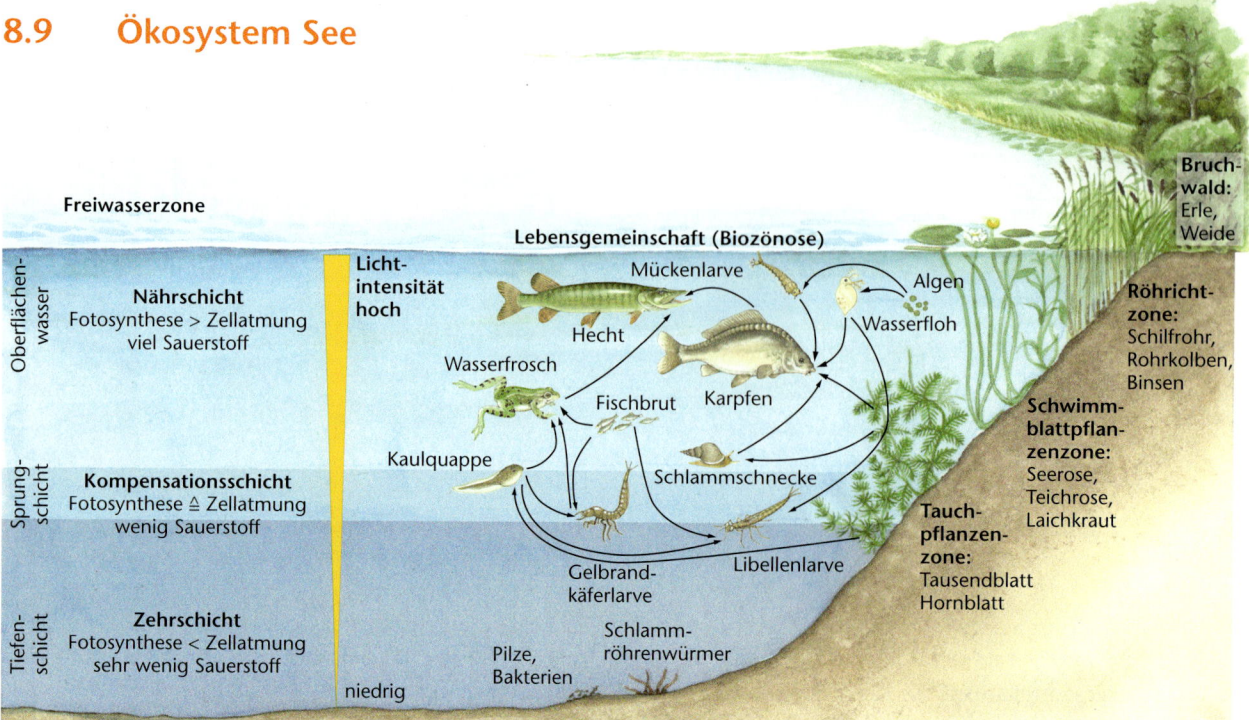

1 Schematische Darstellung eines Sees im Sommer

Seen sind natürliche Gewässer mit einer Tiefe von mehr als zwei Metern, die am Boden nicht durchgängig mit Pflanzen bewachsen sind. Im Gegensatz zu den flacheren Gewässern kann sich in tiefen Seen im Sommer eine stabile Temperaturschichtung ausbilden, die bedeutsame ökologische Folgen hat (Abb. 1, 2). Die abiotischen Faktoren, wie Lichtintensität, Temperatur und Sauerstoffkonzentration, sind abhängig von der Wassertiefe. In der oberen Wasserschicht ist die Lichtintensität so stark, dass die Bildung von Biomasse und die Freisetzung von Sauerstoff durch die Produzenten größer ist als der Verbrauch von Biomasse und Sauerstoff durch die Zellatmung der Tiere und Pflanzen. Daher bezeichnet man diese Zone auch als **Nährschicht.** Die Lichtintensität nimmt jedoch mit zunehmender Wassertiefe exponentiell ab. In der **Kompensationsschicht** halten sich Fotosynthese und Zellatmung die Waage. In der **Zehrschicht** ist aufgrund der geringen Lichtintensität kaum noch oder fast gar keine Fotosynthese mehr möglich. Der wenige hier vorhandene Sauerstoff wird durch die heterotrophen Organismen nahezu vollständig verbraucht. In der Zehrschicht kommen nur noch Organismen vor, die bei sehr geringen Sauerstoffkonzentrationen existieren können.

In Seen der gemäßigten Breiten kann es im Frühjahr und Herbst zur vollständigen Durchmischung des Wassers, der **Vollzirkulation,** kommen (Abb. 2). Die Gründe hierfür sind der Wind und die Konvektion. Darunter versteht man, dass kaltes Wasser aufgrund seiner höheren Dichte nach unten sinkt und wärmeres Wasser aufsteigt. Wasser hat bei 4 °C seine größte Dichte. Im Sommer bildet sich aufgrund der unterschiedlichen Dichte des Wassers ein Temperatursprung zwischen Oberflächen- und Tiefenwasser aus, das kältere Tiefenwasser kann nicht mehr nach oben steigen. Zwischen Oberflächen- und Tiefenwasser bildet sich eine Sperrschicht, die Sprungschicht, aus. Zirkulation erfolgt nur noch im Oberflächenwasser, vor allem bedingt durch den Wind. Dieser Zustand heißt **Sommerstagnation** (Abb. 2). Bedingt durch diese Stagnation kommt es zum Absinken des Sauerstoffgehalts in der Zehrschicht, da abgestorbene Pflanzenreste oder Tiere nach unten sinken und von Destruenten unter Sauerstoffverbrauch zu Mineralsalzen, wie Nitrat, Phosphat und Ammonium, sowie Kohlenstoffdioxid abgebaut werden. Durch die Vollzirkulation im Frühjahr gelangen diese Mineralsalze in die obere Wasserschicht. Zusammen mit den steigenden Temperaturen wird dann das Wachstum von Wasserpflanzen und Algen begünstigt. Man spricht von **Eutrophierung,** wenn es durch hohen zusätzlichen Mineralsalzeintrag in ein Gewässer zu einem übermäßigen Wachstum von Wasserpflanzen und Algen kommt.

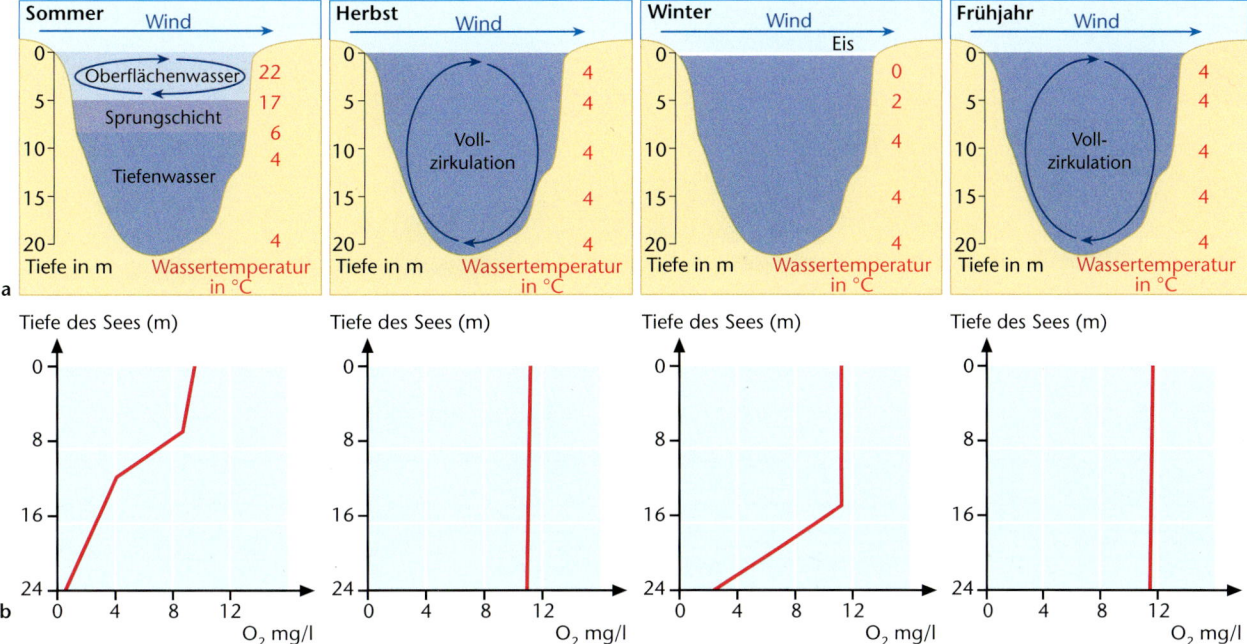

2 Der See im Wechsel der Jahreszeiten. a) Zustand in den verschiedenen Jahreszeiten, b) zugehöriger Sauerstoffgehalt

1 Temperatur- und Stoffschichtung im See.

a) Erklären und begründen Sie die Temperaturschichtung und den Sauerstoffgehalt im See in den vier Jahreszeiten (Abb. 2).

b) Ordnen Sie die folgenden Messwerte einer bestimmten Jahreszeit begründet zu und erklären Sie die unterschiedlichen Werte im Hinblick auf die Wassertiefe.

Tiefe [m]	NH_4^+-Gehalt [mg/l]	NO_3^--Gehalt [mg/l]	PO_4^{3-}-Gehalt [mg/l]
0	0,34	0,15	0
5	0,35	0,17	0
9	3,04	0,28	0,99
15	10,2	0,31	4,59

2 Kohlenstoffkreislauf im See.

a) Beschreiben Sie anhand der Abb. 1 das Verhältnis von Zellatmung und Fotosynthese in den verschiedenen Schichten eines Sees im Sommer.

b) Skizzieren Sie in einem Schema den Kohlenstoffkreislauf in einem See. Präsentieren Sie Ihre Skizze und diskutieren Sie die Vor- und Nachteile.

3 Modellversuch zur Eutrophierung.

Entwickeln Sie mithilfe von flüssigem Blumendünger einen Modellversuch zum Einfluss unterschiedlicher Mineralsalzkonzentrationen auf ein Stillgewässer. Führen Sie nach Rücksprache mit Ihrer Lehrerin oder Ihrem Lehrer den Versuch durch.

4 Jahreszeitliche Schwankungen.

Der Gehalt an Sauerstoff, Kohlenstoffdioxid sowie der Mineralsalzgehalt des Bodensees schwanken jahreszeitlich. Setzen Sie die Angaben in der Tabelle in ein geeignetes Diagramm um und beschreiben Sie die Schwankungen. Erläutern Sie das Wirkungsgefüge, das für diese Schwankungen ursächlich ist.

	Temperatur [°C]	O_2 [mg/l]	CO_2 [mg/l]	NO_3^- [mg/l]	PO_4^{3-} [mg/l]
Jan.	4,6	10,0	4,6	0,71	35
Feb.	4,6	10,0	3,5	1,13	36
März	4,3	10,2	2,5	0,93	62
April	5,6	10,1	3,3	0,70	64
Mai	9,0	14,7	0,0	0,45	11
Juni	14,7	11,0	0,0	0,31	10
Juli	19,8	11,9	0,0	0,27	1
Aug.	20,1	12,2	0,0	0,24	3
Sep.	19,6	11,0	0,0	0,11	1
Okt.	14,7	12,0	0,0	0,14	4
Nov.	8,7	10,5	1,0	0,45	22
Dez.	4,3	9,2	4,0	0,77	85

3 Messwerte für das Oberflächenwasser des Bodensees

→ 9.3 Einflüsse des Menschen auf den globalen Kohlenstoffkreislauf

8.10 Ökosystem Fließgewässer

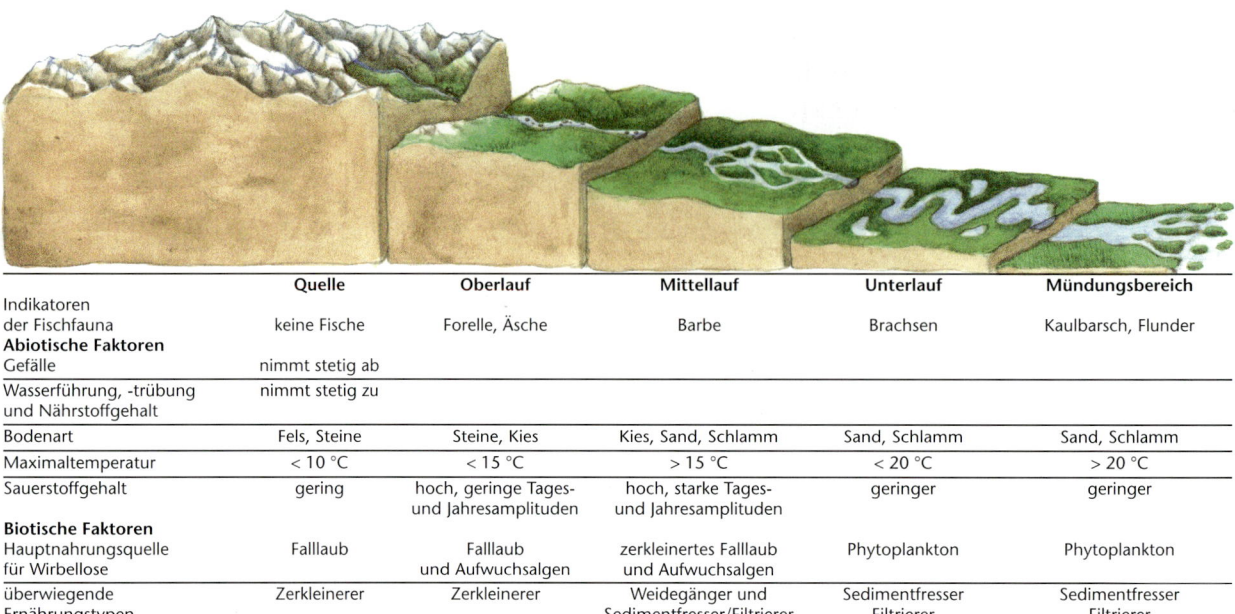

	Quelle	Oberlauf	Mittellauf	Unterlauf	Mündungsbereich
Indikatoren der Fischfauna	keine Fische	Forelle, Äsche	Barbe	Brachsen	Kaulbarsch, Flunder
Abiotische Faktoren					
Gefälle	nimmt stetig ab				
Wasserführung, -trübung und Nährstoffgehalt	nimmt stetig zu				
Bodenart	Fels, Steine	Steine, Kies	Kies, Sand, Schlamm	Sand, Schlamm	Sand, Schlamm
Maximaltemperatur	< 10 °C	< 15 °C	> 15 °C	< 20 °C	> 20 °C
Sauerstoffgehalt	gering	hoch, geringe Tages- und Jahresamplituden	hoch, starke Tages- und Jahresamplituden	geringer	geringer
Biotische Faktoren					
Hauptnahrungsquelle für Wirbellose	Falllaub	Falllaub und Aufwuchsalgen	zerkleinertes Falllaub und Aufwuchsalgen	Phytoplankton	Phytoplankton
überwiegende Ernährungstypen	Zerkleinerer	Zerkleinerer	Weidegänger und Sedimentfresser/Filtrierer	Sedimentfresser Filtrierer	Sedimentfresser Filtrierer

1 *Fließgewässerregionen und ihre Umweltbedingungen*

Von der Quelle eines Fließgewässers bis zu seiner Mündung nimmt die Strömungsgeschwindigkeit ab, während Breite und Tiefe kontinuierlich zunehmen. Die Beschaffenheit des Untergrundes sowie Temperatur und Sauerstoffgehalt verändern sich. Die Strömung transportiert Bodenteilchen und abgestorbenes organisches Material, sodass die Trübung zur Mündung hin zunimmt. Auch der Gehalt an organischen Stoffen und Mineralsalzen nimmt zum Unterlauf hin zu und wird vorwiegend erst dort in Biomasse umgesetzt (Abb. 3). Die unterschiedliche Ausprägung der abiotischen Umweltfaktoren hat zu einer Einteilung in fünf unterschiedliche **Fließgewässerregionen** geführt (Abb. 1). Als Indikatorarten der Regionen gelten typische Fischarten. Die **Quellregion** ist für die Besiedlung mit Fischen nicht geeignet. Die **Forellenregion** befindet sich im quellnahen Oberlauf eines Fließgewässers. Hier herrscht eine sehr starke Strömung, die das Wasser ständig umwälzt und so mit Sauerstoff anreichert. Die Wassertemperatur steigt selten über 10 °C. Der Grund besteht aus Steinen und Kies. Der untere Teil des Oberlaufes im Übergang zum Mittellauf weist schon ein geringeres Gefälle und eine geringere Fließgeschwindigkeit auf. Der Untergrund ist steinig-kiesig. Pflanzenbewuchs ist kaum vorhanden. Hier befindet sich die **Äschenregion**. Forellen- und Äschenregion werden auch als Bachregion bezeichnet. Wenn ein Fließgewässer das Tiefland erreicht, beginnt die **Flussregion**. Der Mittellauf wird auch als **Barbenregion** bezeichnet. Die Strömung wird geringer und das Wasser erwärmt sich zunehmend. Im Mittellauf hat das Wasser im Sommer häufiger eine Temperatur von 15 °C und mehr. Die Sauerstoffsättigung des Wassers nimmt ab. Der Untergrund ist kiesig-sandig, stellenweise auch schlammig. Der Pflanzenbewuchs ist artenreich und dicht. Im Unterlauf, der **Brassenregion**, ist das Gefälle gering und das Wasser fließt sehr langsam. Es erwärmt sich im Sommer bis auf 25 °C. Der Boden ist feinsandig-schlammig und üppig mit Pflanzen bewachsen. Im Mündungsbereich der Flüsse, der **Kaulbarschregion**, vermischen sich Süß- und Salzwasser. Der Untergrund ist meist schlammig und der Sauerstoffgehalt gering.

Als Angepasstheit an die unterschiedliche Nahrung der Flussregionen haben sich verschiedene **Ernährungstypen** entwickelt (Abb. 4). Die Zerkleinerer wie Bachflohkrebse und Wasserasseln ernähren sich von Pflanzenteilen. Schnecken sowie Eintags- und Steinfliegenlarven raspeln als Weidegänger den Algenaufwuchs von Substraten ab. Sedimentfresser wie Zuckmückenlarven ernähren sich von organischem Material auf dem Boden des Gewässers. Muscheln und Kriebelmückenlarven, die Filtrierer, nehmen Plankton aus dem fließenden Wasser auf. Räuber wie die Libellenlarven und räuberisch lebende Fischarten fangen gezielt Tiere als Nahrung.

→ 8.1 Stoffkreislauf in Ökosystemen: Kohlenstoffkreislauf

1 Abiotische Umweltfaktoren in den verschiedenen Flussregionen. Beschreiben Sie die kontinuierliche Veränderung der abiotischen Umweltfaktoren von der Quelle bis zur Mündung (Abb. 1). Berücksichtigen Sie dabei auch die Geländeform der Landschaft. Erklären Sie die unterschiedlichen Temperaturen und Sauerstoffgehalte.

2 Transport, Erosion und Sedimentation von Bodenteilchen. Das Fließgewässer transportiert in seinem ganzen Verlauf Bodenteilchen. Sie werden durch Erosionsprozesse im Boden oder an den Seiten des Fließgewässers gelöst. Unter bestimmten Bedingungen sedimentieren diese Teilchen im Flussbett. Erläutern Sie anhand von Abb. 2 die Abfolge dieser Prozesse im Verlauf des Fließgewässers.

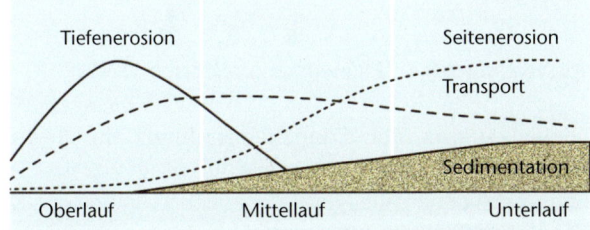

2 Transport von Bodenteilchen im Fließgewässer

3 Fließgewässer sind Durchlaufsysteme. Ein Gewässerforscher bezeichnet den Fluss als Durchlaufsystem, da die Lebewesen auf die Zufuhr von organischem Material vom oberhalb liegenden Flusslauf sowie von den Ufern angewiesen sind. Erklären Sie diese Aussage anhand von Abb. 3.

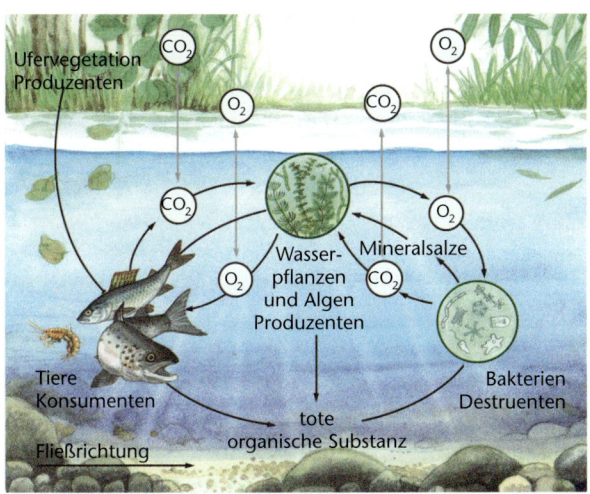

3 Stoffumsetzungen und Nahrungsbeziehungen in einem Fließgewässer

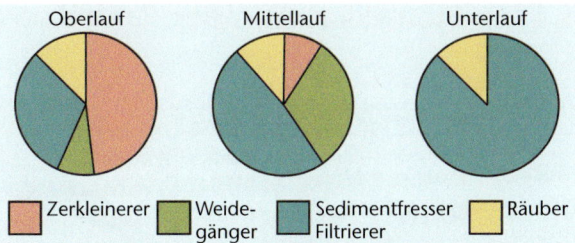

4 Ernährungstypen in den Fließgewässerregionen

4 Verteilung der Ernährungstypen in den Fließgewässerregionen. Als Angepasstheit an die Umweltfaktoren haben Tiere im Fließgewässer unterschiedliche Ernährungstypen entwickelt. Erkläre die unterschiedliche Verteilung der Ernährungstypen in den Fließgewässerregionen (Abb. 4).

5 Vergleich der Ökosysteme See und Fließgewässer. Vergleichen Sie Stoffkreislauf und Energiefluss in den beiden Ökosystemen anhand der Abb. 5 und 6. Stellen Sie wesentliche Erkenntnisse in einem Kurzvortrag dar.

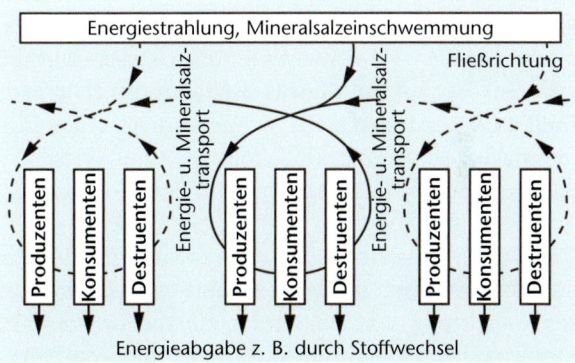

5 Stoffdurchlauf und Energiedurchfluss im Fließgewässer

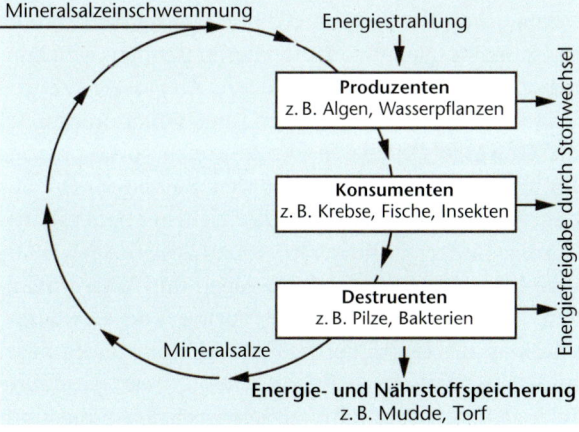

6 Stoffkreislauf und Energiefluss im Ökosystem See

8.11 Bioindikatoren der Gewässergüte

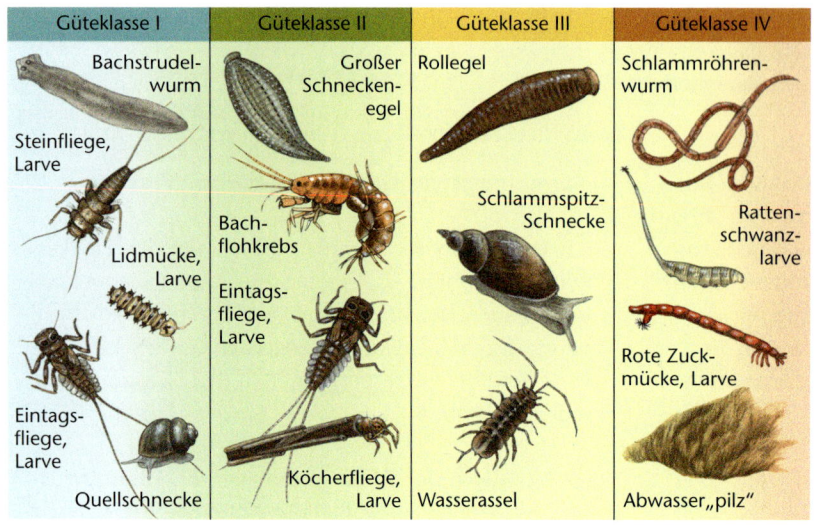

1 *Bioindikatoren zur Bestimmung der biologischen Gewässergüte (vereinfacht)*

2 *Gewässergüteklassen in NRW*

In der Quellregion hat ein Fließgewässer eine hohe Gewässergüte. Hier treten die Larven von Steinfliegen auf. Diese Tierart ist ein Indikator für die **Gewässergüteklasse I** (Abb. 1). Durch natürliche Einträge von organischen Stoffen wie Blättern sinkt die Gewässergüte im weiteren Verlauf auf **Gewässergüteklasse II** ab. Als Indikatorarten treten hier z. B. Köcherfliegen- und Eintagsfliegenlarven sowie Bachflohkrebse auf. Diese Gewässergüteklasse ist typisch für Mittel- und Unterlauf.

Wenn über Abwassereinleitungen organische Stoffe in das Fließgewässer gelangen, kommt es zu einer Massenvermehrung von Bakterien, die die organischen Stoffe oxidieren und in anorganische Mineralsalze, vor allem Phosphat und Ammonium abbauen. Durch eine weitere Oxidation entsteht aus Ammonium Nitrat. Die Vermehrung der Bakterien führt zu einem Absinken des Sauerstoffgehaltes. Unter diesen Bedingungen können nur noch wenige Arten, wie Abwasserpilze und Schlammröhrenwürmer leben, die Indikatorarten für die **Gewässergüteklasse IV**. Zahlreich vorkommende Protozoen ernähren sich von den Bakterien. Die aus dem Abbau der organischen Stoffe entstehenden Mineralsalze fördern im weiteren Verlauf des Fließgewässers eine Massenvermehrung von Algen und Wasserpflanzen (Produzenten). Die hier vorliegende **Gewässergüteklasse III** wird durch die Indikatorarten Rollegel und Wasserasseln gekennzeichnet. Das vermehrte Pflanzenwachstum führt zu ausgeprägten Sauerstoffamplituden im Tagesverlauf, weil die Pflanzen in Abhängigkeit von der Sonneneinstrahlung durch die Fotosynthese tagsüber Sauerstoff produzieren. In pflanzenreichen Fließgewässern der Güteklasse III treten in den Nachmittagsstunden regelmäßig Sauerstoffübersättigungen auf, die mit mehr als 200 % Sauerstoffgehalt für Fische tödlich sein können (Gasblasenkrankheit). In der Nacht dagegen wird der Sauerstoff durch Atmung der Pflanzen und Tiere verbraucht, sodass es zu ökologisch kritischen Sauerstoffdefiziten kommt. Die Pflanzen binden die Mineralsalze, sodass im weiteren Verlauf des Fließgewässers die Massenentwicklung der Pflanzen abnimmt. Der stabilisierte Sauerstoffhaushalt ermöglicht wieder das Vorkommen von Fischen. Die Gewässergüteklasse II ist wieder erreicht. Nach der Abwassereinleitung kommt es zu einer charakteristischen Abfolge von Veränderungen im Stoffhaushalt und in den Lebensgemeinschaften, bis die Zustände vor der Verschmutzung wieder erreicht sind. Diesen Vorgang nennt man **natürliche Selbstreinigung**. Wie lang eine Selbstreinigungsstrecke ist, hängt von der eingeleiteten Abwassermenge sowie der Gewässerstruktur ab. Die Wasserqualität wird in Fließgewässergütekarten dargestellt (Abb. 2).

Die EU verpflichtet ihre Mitgliedsstaaten in der Wasserrahmenrichtlinie bis zum Jahr 2015 einen guten ökologischen Zustand für alle Fließgewässer zu erreichen und zu erhalten. Das betrifft die Vielfältigkeit der Pflanzen- und Tierarten, eine naturnahe Gewässerstruktur und die Einhaltung chemischer Grenzwerte.

1 Selbstreinigung eines Fließgewässers. Die Abb. 4 zeigt Veränderungen in einem Fließgewässer nach der Einleitung von organischen Abwässern. Beschreiben und erklären Sie die Diagramme. Recherchieren Sie unbekannte Bezeichnungen wie BSB_5.

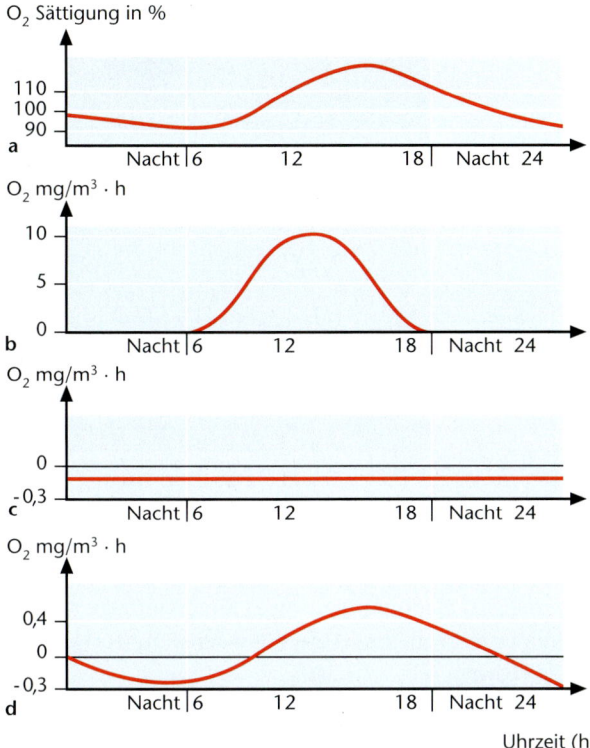

3 *Sauerstofftagesgang im Fließgewässer*

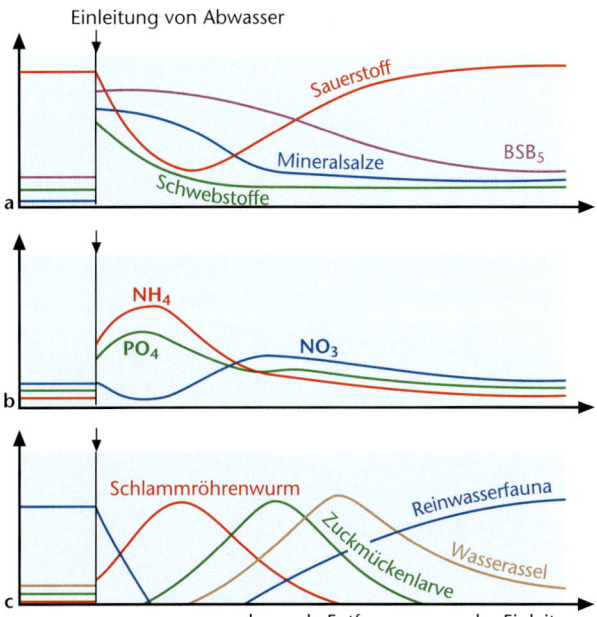

4 *Veränderung von Stoffhaushalt und Lebensgemeinschaften nach Abwassereinleitung*

2 Sauerstofftagesgänge eines Fließgewässers. Der Tagesgang des Sauerstoffes (Abb. 3a) im Fließgewässer wird von verschiedenen Prozessen bestimmt, die einander überlagern (Abb. 3). Die Sauerstoffproduktion durch Fotosynthese (Abb. 3b) hängt von der Sonneneinstrahlung ab. Die Sauerstoffzehrung (Abb. 3c) wird vorwiegend von Bakterien durch den aeroben Abbau organischer Stoffe verursacht. Der Sauerstoffaustausch zwischen Wasser und Luft (Abb. 3d) ist abhängig von der Sauerstoffsättigung des Wassers. Entwickeln Sie begründete Hypothesen zum Sauerstofftagesgang im Sommer und im Winter bzw. bei Belastung mit organischen Abwässern. Begründen Sie die Aussage, dass eine einmalige Messung des Sauerstoffgehaltes kaum Aussagen über den Zustand eines Fließgewässers zulässt.

3 Kennzeichen der Gewässergüteklassen. Ordnen Sie die vier Texte in Abb. 5 Gewässergüteklassen zu. Begründen Sie die Zuordnung durch Aussagen zum Stoffhaushalt und zur Bakterienzahl.

Sauerstoffgehalt: gering, z. T. gegen Null gehend
organische Belastung: hoch; Sichttiefe: stark getrübt
Gewässerboden: nur oberste Schicht hell, ansonsten schwarz, Faulschlamm-Ablagerungen
Bakterienzahl: sehr hoch: 1 Mio. Bakterien pro cm³
artenarm und individuenreich

Sauerstoffgehalt: sehr hoch
organische Belastung: minimal, Sichttiefe sehr hoch
Gewässerboden: hell bis braun gefärbt
Bakterienzahl: sehr gering, <1000 Bakterien pro cm³
artenreich und individuenarm (viele Insektenarten)

Sauerstoffgehalt: hoch
organische Belastung: niedrig, Sichttiefe leicht getrübt
Gewässerboden: gelb/braun, in der tiefe schwarz
Bakterienzahl: gering: <100 000 Bakterien pro cm³
arten- und individuenreich

Sauerstoffgehalt: sehr hoch, stark schwankend
organische Belastung: mäßig hoch, Wasser getrübt
Gewässerboden: Oberfläche gelb/braun, tiefere Schichten schwarz, z.T. Faulschlamm
Bakterienzahl: hoch >100 000 Bakterien pro cm³
Rückgang der Artenvielfalt

5 *Kennzeichen von Gewässergüteklassen*

→ 8.10 Ökosystem Fließgewässer

8.12 Ökosystem Hochmoor

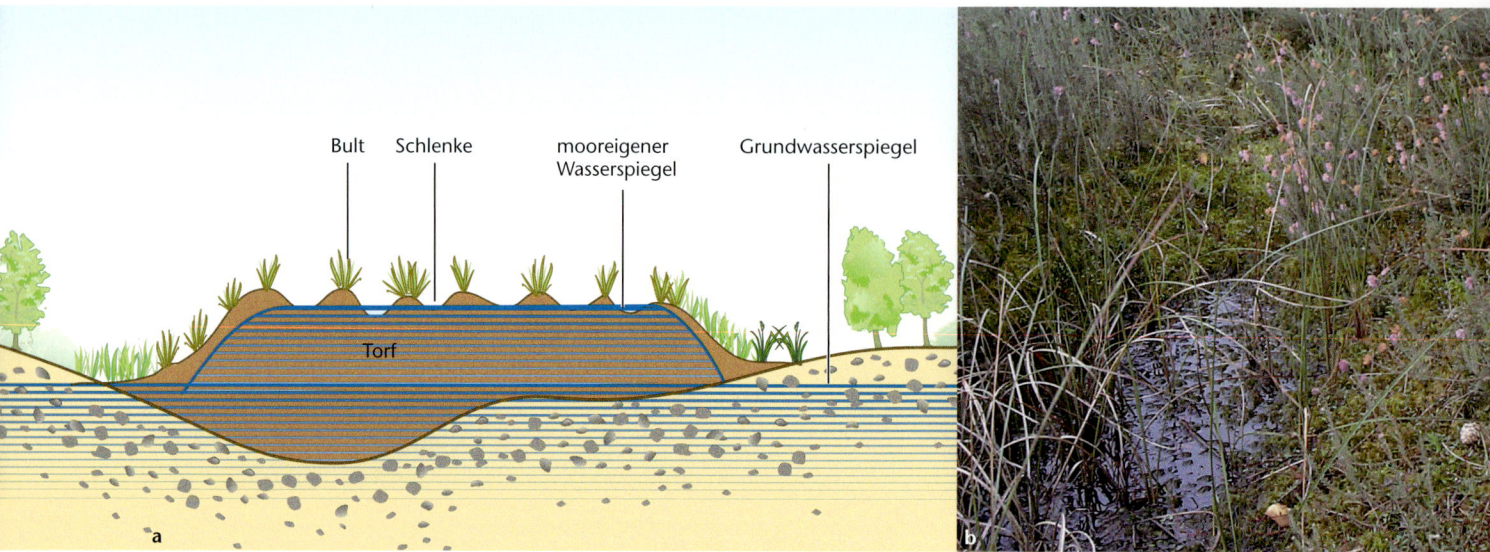

1 *a) Hochmoor mit Schlenken und Bulten, b) Schlenke im Hochmoor*

Im niederschlagsreichen Nordwestdeutschen Tiefland und im Harz waren Hochmoore ursprünglich weit verbreitet. Das **Hochmoor** ist gekennzeichnet durch hohe Wassergehalte, geringe Mineralsalzverfügbarkeit und extrem niedrige pH-Werte. In diesem Milieu können Pflanzenreste nur unvollständig zersetzt werden und es kommt zur **Torfbildung** (Abb. 1). Durch das starke Torfwachstum werden Hochmoore nicht mehr vom Grundwasser, sondern ausschließlich durch Regenwasser gespeist. Das Hochmoor besitzt somit einen eigenen vom Grundwasser unabhängigen Wasserspiegel. Die Pflanzen des Hochmoors erhalten ihr Wasser nur aus Niederschlägen, ihre Mineralsalze nur aus der Luft. Trockenere, torfmoosreiche Erhebungen des Moores, Bulten, wechseln sich mit nassen, tiefer liegenden Schlenken ab (Abb. 1).

Die Pflanzen des Hochmoores sind an diesen Extremstandort angepasst. Die **Torfmoose** nehmen eine Schlüsselstellung bei der Torfbildung ein (Abb. 2). Durch ihre Lebensweise werden andere Pflanzen am Wachstum gehindert: Torfmoose besitzen spezialisierte Zellen, die enorm viel Wasser speichern können (Abb. 3). Torfmoose haben keine Wurzeln und nehmen Mineralsalze über die Oberfläche auf. Dabei geben sie Protonen in das umgebende Wasser ab, was dort zur Versauerung führt (Abb. 4). Torfmoose verlagern Mineralsalze aus abgestorbenen Teilen in wachsende Abschnitte. So wachsen sie an der Spitze, während ihre unteren Teile allmählich absterben und vertorfen. Da ihre Zellwände schwer zersetzbar sind und aufgrund ungünstiger Bedingungen wie Sauerstoffarmut und fehlender mikrobieller Aktivität wächst die Torfschicht in die Höhe.

Die Mineralsalzaufnahme erfolgt bei Torfmoosen sehr rasch, für Gefäßpflanzen bleiben daher kaum Mineralsalze übrig. Sie zeigen andere Angepasstheiten an ihren Standort. So kann der Sonnentau z. B. seinen Stickstoffbedarf zusätzlich über Insektenfang decken (Abb. 5, 6). Um 6000 v. Chr. wurde das Klima humider, die ersten Hochmoore entstanden. Auf Niedermooren oder mineralischem Untergrund wuchsen sie empor. Vorhandene Wälder vernässten und wurden durch das Torfwachstum erstickt. Die Landschaft wurde offener.

Moore haben besondere Bedeutung für das Klima. Ihre großen Wasserspeicher helfen, den Wasserhaushalt der Umgebung im Boden und in der Luft zu regulieren. Durch die Torfbildung wird Biomasse gebunden, das Moor ist somit eine **Kohlenstoffsenke** im Kohlenstoffkreislauf. Durch Entwässerung und Torfabbau wird Kohlenstoffdioxid wieder frei und die Senke wird zur Quelle. Hochmoore sind Extremstandorte und stellen einen Lebensraum für Tiere und Pflanzen mit entsprechenden Angepasstheiten dar. Durch Entwässerung und Torfabbau sind die Moore stark gefährdet und mit ihnen die selten gewordenen Pflanzen und Tiere.

→ 6.1 Abiotische und biotische Faktoren wirken auf Lebewesen

2 Torfmoos

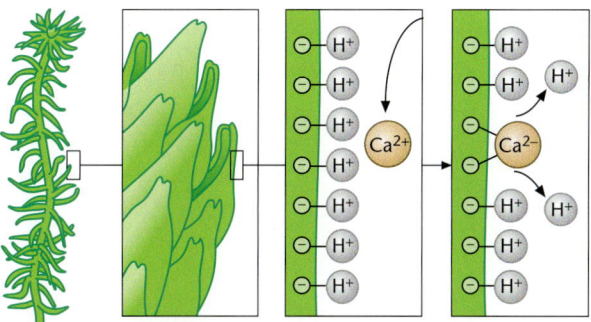

4 Ionenaustausch beim Torfmoos über die Blattoberfläche

3 Zellaufbau eines Torfmoosblättchens

5 Sonnentau mit gefangenem Insekt

1 Torfmoose mikroskopieren.
a) Skizzieren und beschreiben Sie den Bau eines frischen Torfmooses.
b) Mikroskopieren Sie ein Torfmoosblatt. Zeichnen Sie ein Blatt in Übersicht und einen Ausschnitt mit wenigen Zellen.

2 Experimente mit Torfmoos.
a) Eine getrocknete Torfmoospflanze wird in ein mit 10 ml roter Tinte gefülltes Becherglas gestellt. Messen Sie alle 2 Minuten, wie hoch die Pflanze rot eingefärbt ist.
b) Frische Torfmoospflanzen werden für mehrere Stunden in ein mit Wasser gefülltes Becherglas gelegt. Messen Sie den pH-Wert des Wassers vor Beginn des Experimentes, kurz nach Beginn und anschließend in Abständen von jeweils einer Stunde. Beschreiben und begründen Sie das Ergebnis.
c) Erläutern Sie nach Auswertung der Experimente Zusammenhänge zwischen Struktur und Funktion im Hinblick auf Angepasstheiten an das Leben im Hochmoor.

3 Die Pflanzen des Hochmoores zeigen Angepasstheiten. Erläutern Sie anhand von Abb. 6 Struktur- und Funktionsbeziehungen sowie die Angepasstheiten beim Sonnentau.

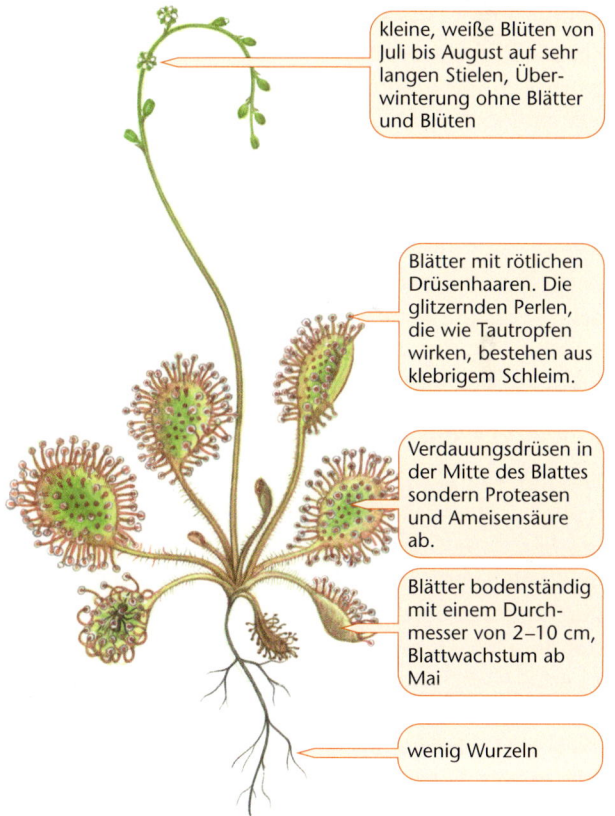

6 Angepasstheiten des Sonnentaus

→ 8.1 Stoffkreislauf in Ökosystemen: Kohlenstoffkreislauf

9.1 Interessenskonflikte zwischen der Nutzung natürlicher Ressourcen durch Menschen und dem Naturschutz

1 *Die Rurtalsperre Schwammenauel mit Rurstausee*

Der Rurstausee ist mit einer Fläche von etwa 8 km² der zweitgrößte Stausee Deutschlands (Abb.1). Das von der Rurtalsperre Schwammenauel aufgestaute Wasser bietet dem Menschen verschiedene Nutzungsmöglichkeiten. Es gibt Möglichkeiten zum Segeln, Wasserskifahren oder zu Fahrten mit dem Ausflugsdampfer. Zahlreiche Rad- und Wanderwege machen die Gegend um den Rurstausee zu einem Naherholungsgebiet. Das touristische Angebot wurde gezielt ausgebaut und liefert zahlreichen Menschen eine wirtschaftliche Existenzgrundlage. Zudem wird aus einem Teil des Stausees Trinkwasser entnommen und nach Aufbereitung in das Trinkwassernetz eingespeist. Die Versorgung mit Trinkwasser kann so sichergestellt werden. Die Lageenergie des aufgestauten Wassers kann mithilfe von Turbinen beim Ablassen des Wassers aus dem Stausee in elektrische Energie umgewandelt werden. Dies ermöglicht die Produktion von Strom ohne Freisetzung von Kohlendioxid und ohne Entstehung radioaktiver Abfälle.

Die Rur war vor der Errichtung von Stausperren ein typisches Fließgewässer, das in einer Quelle in Belgien entsprang, sich durch große Teile Nordrhein-Westfalens schlängelte und schließlich in den Niederlanden in die Maas mündete. Sie zeigte dabei die gewöhnlichen Kennzeichen eines Fließgewässers. Durch das Aufstauen großer Wassermassen entsteht in einem Teil der Rur ein Stillgewässer, das einem See in vielen Facetten gleicht. Die Folgen im weiteren Flussverlauf können eine höhere Eutrophierung, eine Minderung der Fließgeschwindigkeit und die Veränderungen der Wassertemperaturen sein. Am gravierendsten wirken jedoch die mechanischen Barrieren, die Wasserorganismen meistens nicht überwinden können. Gerade Fischen ist der Aufstieg in den Flussoberlauf dadurch unmöglich. Starke Schwankungen des Pegelstandes des Stausees führen dazu, dass sich die Ufervegetation nicht wie gewöhnlich entwickeln kann. Diese veränderten Bedingungen können zu langfristigen Veränderungen von Lebensgemeinschaften führen. Einige Menschen mussten für den Bau des Rurstausees umgesiedelt werden und verloren dadurch ihre Heimat. Der vorhandene Interessenskonflikt wurde in der jüngeren Vergangenheit deutlich, als Aktivitäten einer Bürgerinitiative eine weitere Staustufe an der Rur verhinderten.

Man bezeichnet solche Bestandteile und Funktionen der Natur, die einen wirtschaftlichen Nutzen haben können, als **natürliche Ressourcen**. Zu ihnen können Rohstoffe, Fläche, Boden, Luft, Wasser und genetische Vielfalt zählen. Häufig erfolgt die Beurteilung der Nutzung natürlicher Ressourcen auch unter dem Aspekt der Nachhaltigkeit bzw. nachhaltiger Entwicklung. Nachhaltig ist eine Entwicklung, die den Bedürfnissen der heutigen Generation entspricht, ohne die Möglichkeiten künftiger Generationen zu gefährden. Unter **nachhaltigem Wirtschaften** versteht man Produktionsmethoden, die einen schonenden Umgang mit den natürlichen Ressourcen gewährleisten.

Konflikte treten beim Straßenbau, bei der Zersiedelung der Landschaft, in der landwirtschaftlichen Produktion, beim Zugriff auf regenerative und fossile Energien sowie bei der intensiven Nutzung von Ökosystemen zu touristischen Zwecken wie Skifahren, Klettern oder Mountainbikefahren auf (Abb. 2-4).

2 *Mögliche Interessenskonflikte bei der Nutzung aquatischer Ökosysteme*

3 *Landwirtschaftliche Produktion*

4 *Straßenbau*

1 Konflikte zwischen der Nutzung natürlicher Ressourcen und Naturschutz.

Menschen nutzen seit Jahrhunderten Fließgewässer. Dabei nahmen die Wasserverschmutzung und die Gefährdung der Lebensgemeinschaften stetig zu. Seit einigen Jahren wird versucht, menschliche Nutzungsansprüche mit ökologischen Bedürfnissen zu vereinen, um die Wasserqualität zu verbessern.

a) Stellen Sie mögliche Interessenkonflikte beim Bau einer Talsperre dar (Abb. 2). Erörtern Sie ökologische Konsequenzen.
b) Erläutern Sie Interessenkonflikte bei der landwirtschaftlichen Produktion, dem Straßenbau sowie einer touristischen Nutzung (Abb. 3, 4).

2 Mindmap „Ziele des Naturschutzes und der Landschaftspflege".
Erstellen Sie zum Bundesnaturschutzgesetz unter dem zentralen Begriff „Ziele des Naturschutzes und der Landschaftspflege" eine Mindmap (Abb. 5). Präsentieren und erläutern Sie ihre Mindmap.

3 Nutzungskonflikte im regionalen Umfeld.
Recherchieren Sie Nutzungskonflikte in ihrem regionalen Umfeld und erläutern Sie die Interessen der beteiligten Gruppen.

Gesetz über Naturschutz und Landschaftspflege (Bundesnaturschutzgesetz – BNatSchG)
Ausfertigungsdatum: 29.07.2009
§ 1 Ziele des Naturschutzes und der Landschaftspflege
(1) Natur und Landschaft sind auf Grund ihres eigenen Wertes und als Grundlage für Leben und Gesundheit des Menschen auch in Verantwortung für die künftigen Generationen im besiedelten und unbesiedelten Bereich nach Maßgabe der nachfolgenden Absätze so zu schützen, dass 1. die biologische Vielfalt, 2. die Leistungs- und Funktionsfähigkeit des Naturhaushalts einschließlich der … nachhaltigen Nutzungsfähigkeit der Naturgüter sowie 3. die Vielfalt, Eigenart und Schönheit sowie der Erholungswert von Natur und Landschaft auf Dauer gesichert sind; der Schutz umfasst auch die Pflege, die Entwicklung und, soweit erforderlich, die Wiederherstellung von Natur und Landschaft (allgemeiner Grundsatz).
2) Zur dauerhaften Sicherung der biologischen Vielfalt sind entsprechend dem jeweiligen Gefährdungsgrad insbesondere 1. lebensfähige Populationen wild lebender Tiere und Pflanzen einschließlich ihrer Lebensstätten zu erhalten und der Austausch zwischen den Populationen sowie Wanderungen und Wiederbesiedelungen zu ermöglichen, 2. Gefährdungen von natürlich vorkommenden Ökosystemen, Biotopen und Arten entgegenzuwirken, 3. Lebensgemeinschaften und Biotope mit ihren … Eigenheiten … zu erhalten; …

5 *Auszug aus dem Bundesnaturschutzgesetz*

9.2 Der Treibhauseffekt

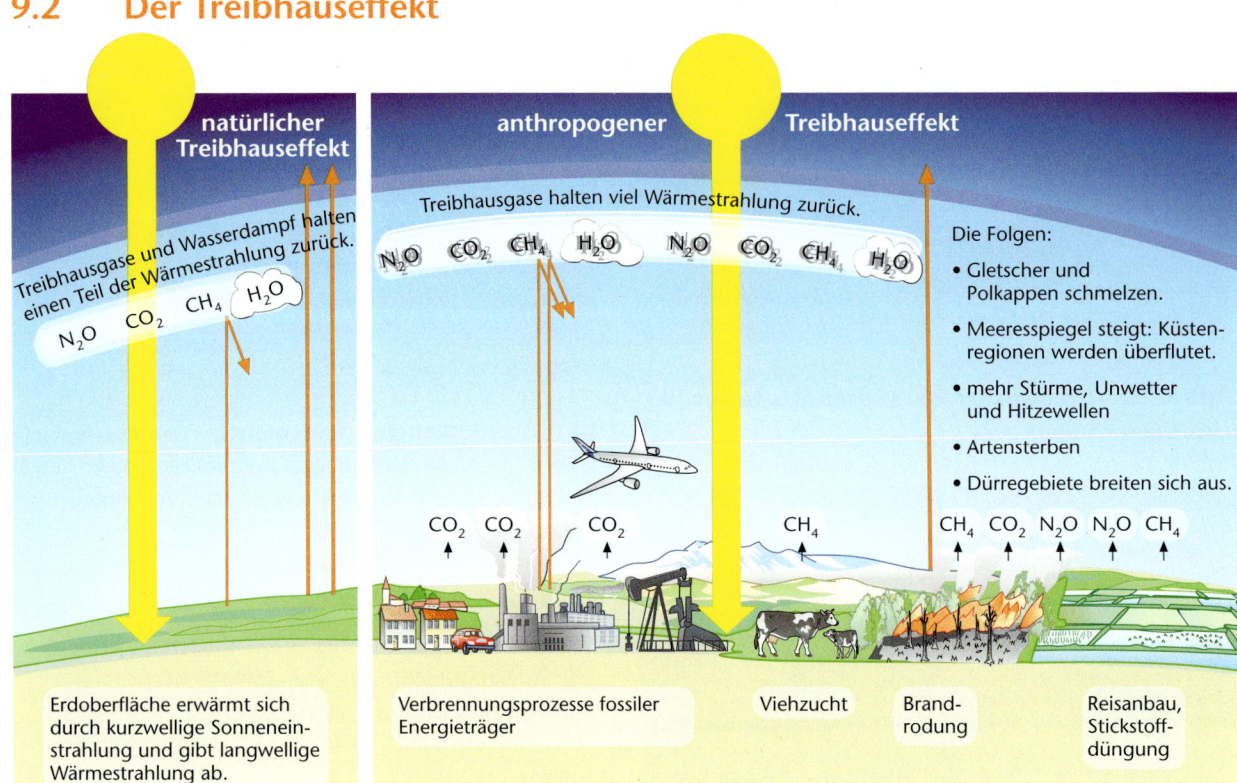

1 *Natürlicher Treibhauseffekt und anthropogener Treibhauseffekt mit Folgen,* N_2O: Distickstoffmonooxid

Der Mensch reichert heute durch seine auf fossilen Energieträgern basierende Wirtschaft die Atmosphäre stark mit Kohlenstoffdioxid an. CO_2 ist ein so genanntes Treibhausgas, weil es das Klima auf der Erde beeinflusst. Die Zunahme von CO_2 in der Atmosphäre hat gravierende Folgen für die Menschheit: globale Erwärmung, Anstieg des Meeresspiegels und extreme Wetterveränderungen (Abb. 1).

Der **natürliche Treibhauseffekt** macht das Leben auf der Erde erst möglich. Ohne ihn würden statt 14 °C im Jahresmittel -19 °C auf der Erde vorherrschen (Abb. 1). Durch Emissionen beeinflusst der Mensch die Zusammensetzung der Atmosphäre, was zu einer Zunahme des Treibhauseffektes führt. Dieser zusätzliche Effekt wird **anthropogener Treibhauseffekt** genannt.

Die CO_2-Konzentration in der Atmosphäre ist in den letzten 250 Jahren von 280 ppm auf 385 ppm stetig gestiegen und steigt auch weiterhin an (Abb. 3). Allerdings hat es in der Erdgeschichte schon immer Schwankungen im CO_2-Gehalt gegeben. Da der CO_2-Gehalt mit der Temperatur korreliert, gab es bei hohen CO_2-Werten relativ warme Zeiten, bei niedrigen Werten kalte Zeiten wie z. B. die Eiszeiten der letzten zwei Millionen Jahre. Ursache dafür sind u. a. regelmäßige Schwankungen im Umlaufverhalten der Erde um die Sonne, wodurch die Erwärmung der Erde durch die Sonne variiert. Der Zyklus, in dem sich die Form der Ellipse ändert, die die Erde um die Sonne beschreibt, hat eine Dauer von ungefähr 100 000 Jahren (Abb. 3). Andere Ursachen sind Veränderungen der Erdoberfläche, z. B. die Hebung des Himalayas vor 55 Mio. Jahren. Änderungen von Luftströmungen und Windrichtungen sind Folgen solcher Gebirgshebungen. Zeiten starker tektonischer Aktivität führen zu intensiverem Vulkanismus, erhöhten Treibhausgas-Emissionen und damit einhergehend höheren globalen Temperaturen. Man vermutet, dass solche Zeiten starker Veränderungen auch die Evolution der Lebewesen antrieb. So wird die Evolution der Gräser vor ca. 60 Mio. Jahren unter anderem auf eine starke CO_2-Zunahme in der Atmosphäre zurückgeführt.

Viele Zusammenhänge sind bislang noch ungeklärt. Jedoch gehen Wissenschaftler heute davon aus, dass die derzeitige Zunahme der globalen Temperatur mit hoher Wahrscheinlichkeit auf den anthropogenen Treibhauseffekt zurückzuführen ist.

Gesundheit: Sterblichkeit und Krankheiten werden zunehmen, bedingt durch Hitzewellen, Überschwemmungen und Dürren. Infektionskrankheiten wie Malaria und Denguefieber werden sich ausbreiten.

Ökosysteme: Die Artenvielfalt kann sich regional verändern; es kann zum vermehrten Aussterben von Arten kommen. Die Biosphäre wird zunehmend zur Kohlenstoffquelle. Im Meer werden die Kalkskelette der Korallen zerstört.

Wasser: In nördlichen Breiten sowie den Tropen wird mehr Wasser zur Verfügung stehen, in mittleren Breiten wird es zu Wassermangel kommen; dabei wird für Hunderte Millionen Menschen das Wasser knapp. Generell werden die Starkniederschläge zunehmen.

Küsten: Durch Überschwemmungen und Stürme können viele Millionen Menschen jedes Jahr von Küstenüberflutungen betroffen sein.

Nahrungsmittel: Während die Getreideproduktivität in mittleren Breiten zunächst zunehmen wird, sinkt die Getreideproduktivität in äquatorialen Gebieten und wird mit weiter steigender Temperatur auch in mittleren Breiten abnehmen.

2 Vermutete globale Auswirkungen des Klimawandels im 21. Jahrhundert

1 Der Treibhauseffekt.
a) Beschreiben und erklären Sie den natürlichen und den anthropogenen Treibhauseffekt.
b) Nennen Sie Treibhausgase und ihre Entstehung.
c) Geben Sie die Folgen an, die der anthropogene Treibhauseffekt mit sich bringt.

2 Klimawandel in der Erdgeschichte und Ursachen.
Deuten Sie die Kurven in Abb. 3 und vergleichen Sie den heutigen Zustand mit dem der letzten 400 000 Jahre.

3 Wenn sich Nahrungsketten verändern.
a) Verschiedene Arten richten sich in ihren Rhythmen nach unterschiedlichen Umweltfaktoren. Erläutern Sie diese Aussage anhand von Abb. 4 und 5.
b) Stellen Sie das Problem dar, das sich aus der Klimaerwärmung für die Kohlmeisenpopulation ergibt.

In einem niederländischen Nationalpark werden seit 1955 Untersuchungen an Kohlmeisenpopulationen durchgeführt. Die Kohlmeisen füttern ihre Jungen vorwiegend mit Frostspannerraupen, die sich wiederum von jungen Eichenblättern ernähren. Ältere Eichenblätter enthalten Gerbstoffe als Fraßschutz vor Raupen und werden von den Frostspannern nicht verzehrt. Das Ausschlagen der Eichen richtet sich nach den Temperaturen im Spätfrühling. Heute sind diese etwa 2 °C höher als 1980. Das Schlüpfen der Frostspannerraupen hängt u. a. von den Temperaturen im Spätwinter ab. Die Spätwinter sind in den letzten 30 Jahren wärmer geworden. Die Kohlmeisen schlüpfen einen Monat nach der Eiablage, die von den Temperaturen des Vorfrühlings abhängt. Diese haben sich im Untersuchungszeitraum kaum verändert.

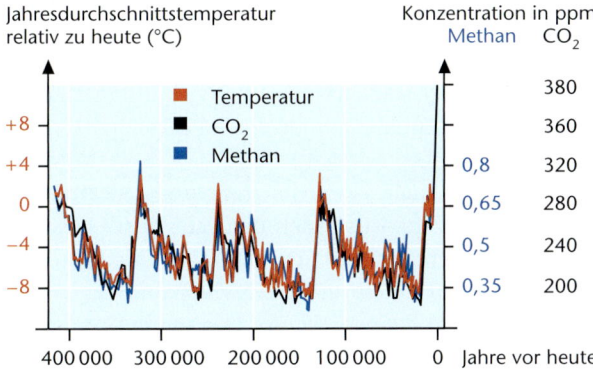

3 Temperaturschwankungen und Treibhausgas-Konzentrationen der letzten 400 000 Jahre

5 Klimaerwärmung und ihre Auswirkung auf Kohlmeisenpopulationen

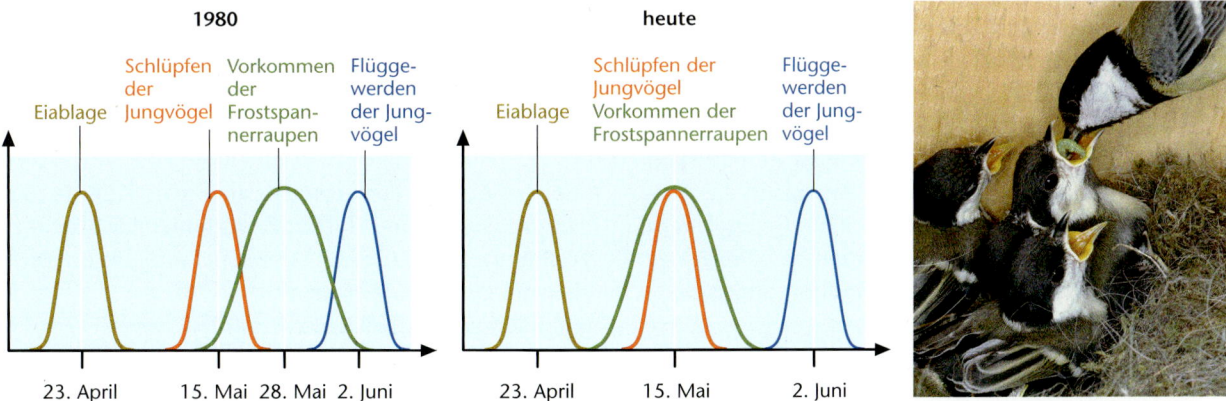

4 Zeiten von Eiablage und Schlupfdatum bei Kohlmeisen und dem Vorkommen von Frostspannerraupen in einem niederländischen Nationalpark 1980 und heute

9.3 Einflüsse des Menschen auf den globalen Kohlenstoffkreislauf

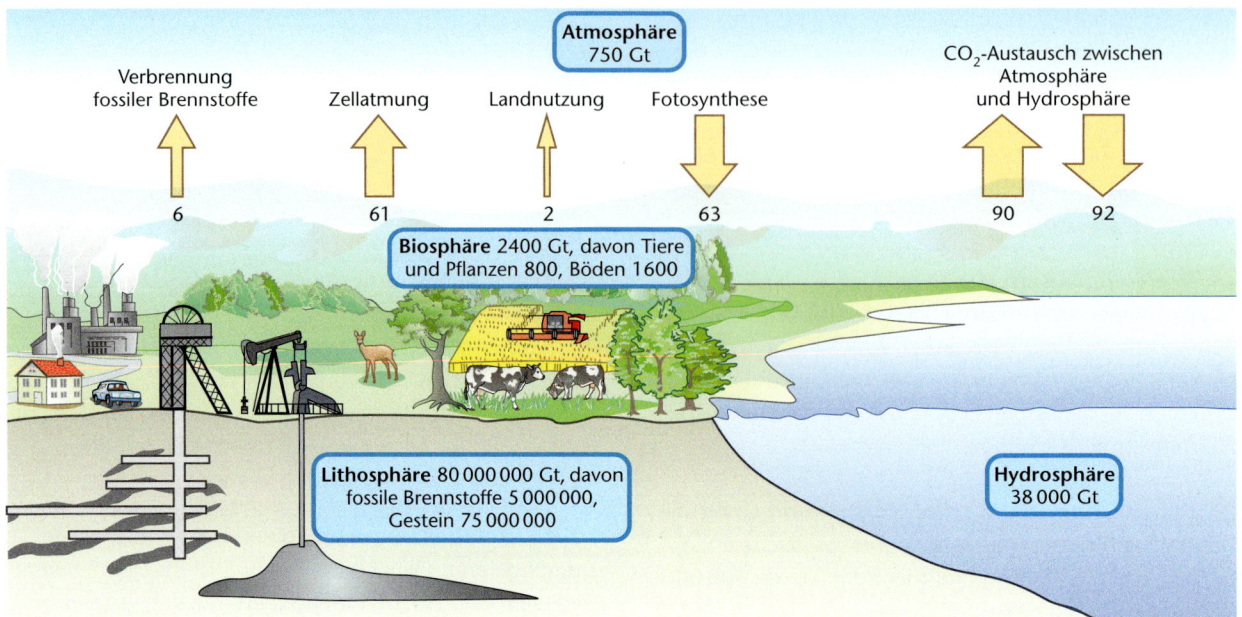

1 *Der globale Kohlenstoffkreislauf unter Einfluss des Menschen. Austausch cirka in Gigatonnen Kohlenstoff pro Jahr*

Viele Jahrtausende blieb die CO_2-Konzentration in der Atmosphäre in etwa konstant. Seit Beginn der Industrialisierung steigt sie stetig an. Pro Jahr gelangen durch Verbrennen fossiler Energieträger und veränderte Landnutzung 6–8 Gigatonnen Kohlenstoff in die Atmosphäre (Abb. 1).

Im **globalen Kohlenstoffkreislauf** gibt es vier unterschiedlich große Speicher: die Atmosphäre, die Biosphäre (Pflanzen, Tiere und Böden), die Lithosphäre (Gestein, fossile Brennstoffe) und die Hydrosphäre (vorwiegend Ozeane). Zwischen diesen Speichern kann durch unterschiedliche Prozesse ein Kohlenstoffaustausch stattfinden. Alle diese Speicher können sowohl **Kohlenstoffsenken** als auch **-quellen** darstellen, das heißt, sie können Kohlenstoff aufnehmen oder abgeben. Obwohl die Atmosphäre den kleinsten Speicher darstellt, hat sie für den Kohlenstoffkreislauf eine große Bedeutung. Denn zum einen sind die Austauschraten zwischen ihr und den anderen Speichern sehr groß und zum anderen bewirken bereits geringe Zuflussmengen eine große Konzentrationsänderung.

Für den Kohlenstofffluss zwischen Biosphäre und Atmosphäre spielen Fotosynthese und Zellatmung eine wichtige Rolle. Die Biosphäre wirkt hier als Senke, da sie mehr atmosphärisches CO_2 bindet als sie abgibt. Da jedoch durch die Landnutzung des Menschen Kohlenstoffdioxid freigesetzt wird, ist die CO_2-Bilanz, bezogen auf die Biosphäre, annähernd ausgeglichen.

An der Grenzfläche zwischen Luft und Ozean kann CO_2 in Wasser gelöst werden oder aus dem Ozean in die Atmosphäre entweichen. Das ist abhängig von Temperatur, pH-Wert und CO_2-Partialdruck. Unter derzeitigen Bedingungen ist der Ozean eine Senke für atmosphärisches CO_2, da er den Kohlenstoff langfristig in der Tiefsee binden kann (Abb. 1). Das geschieht auf zwei Wegen: CO_2 reagiert mit Wasser zu anorganischen C-Verbindungen und gelangt durch Wasserbewegungen in die Tiefe oder es wird von marinen Organismen in organische Verbindungen umgewandelt und sinkt in die Tiefe ab. In großen Zeiträumen geht der Kohlenstoff von dort auch in die Lithosphäre über.

Die Hauptfolge der Anreicherung von CO_2 in der Atmosphäre ist eine globale Erwärmung der Erde, der **Treibhauseffekt.** In den Ozeanen führt diese Anreicherung zu einer Versauerung der Meere. Kalkschalenbildende Lebewesen, die oftmals Grundlage der Nahrungsketten in den Meeren sind, sind bei sinkendem pH-Wert nicht mehr in der Lage, Kalkschalen zu bilden und werden dadurch geschädigt.

1 Kohlenstoffkreislauf.
a) Skizzieren Sie den natürlichen Kohlenstoffkreislauf mit seinen vier Speichern (Abb. 1). Verbinden Sie die Speicher mit beschrifteten Pfeilen, die die Netto-Zu- bzw. Abflüsse verdeutlichen. Beschriften Sie die Kohlenstoffquellen und -senken.
b) Ergänzen Sie Ihre Skizze mit den anthropogenen Veränderungen des Kohlenstoffkreislaufes.
c) Beurteilen Sie den Einfluss des Menschen unter dem Aspekt einer nachhaltigen Entwicklung. Berücksichtigen Sie dabei Vorgänge wie die zunehmende Zerstörung des tropischen Regenwaldes sowie folgendes Zitat: „Durch den globalen Klimawandel wird auch das Oberflächenwasser des Ozeans erwärmt, dadurch bilden sich weniger kalte Wassermassen, die in die Tiefe absinken könnten. Der Transport von Kohlenstoff in Form von Kohlenstoffdioxid in die Tiefsee wird reduziert. Durch den kombinierten Effekt von erstens der zunehmenden Sättigung des Oberflächenwassers mit Kohlenstoffdioxid und zweitens des geringeren Absinkens von kaltem Wasser werden zwei wichtige negative Rückkopplungen im Kohlenstoff-Klima-System geschwächt und damit die Rate der Aufnahme von Kohlenstoffdioxid durch den Ozean reduziert."

2 Veränderungen im Kohlenstoffhaushalt seit 1850. Vergleichen Sie Abb. 1 und 2 und gehen Sie dabei auch auf die Veränderungen der Kohlenstoffflüsse ein.

3 Die Versauerung der Meere.
a) Erläutern Sie die Ursache und den Prozess der Versauerung (Abb. 3, 4).
b) Stellen Sie mögliche Folgen für die Meeresbewohner dar.

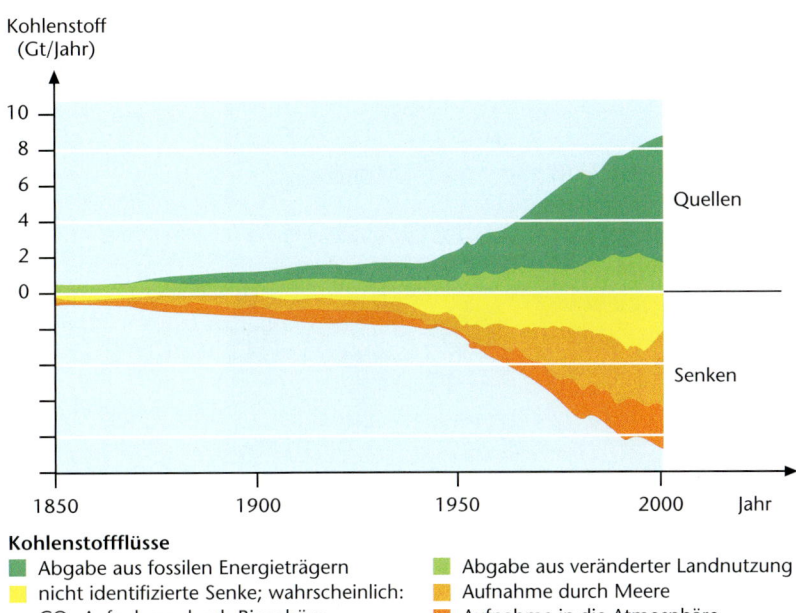

Kohlenstoffflüsse
- Abgabe aus fossilen Energieträgern
- Abgabe aus veränderter Landnutzung
- nicht identifizierte Senke; wahrscheinlich: CO_2-Aufnahme durch Biosphäre
- Aufnahme durch Meere
- Aufnahme in die Atmosphäre

2 Anthropogene Kohlenstoffquellen und Kohlenstoffsenken in der Zeit von 1850 bis 2000

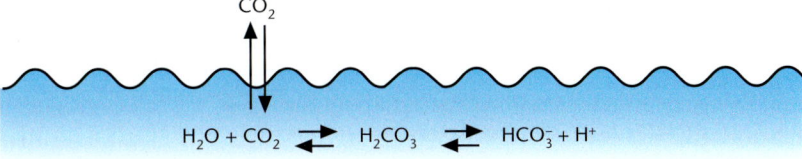

3 Lösung von CO_2 in Wasser

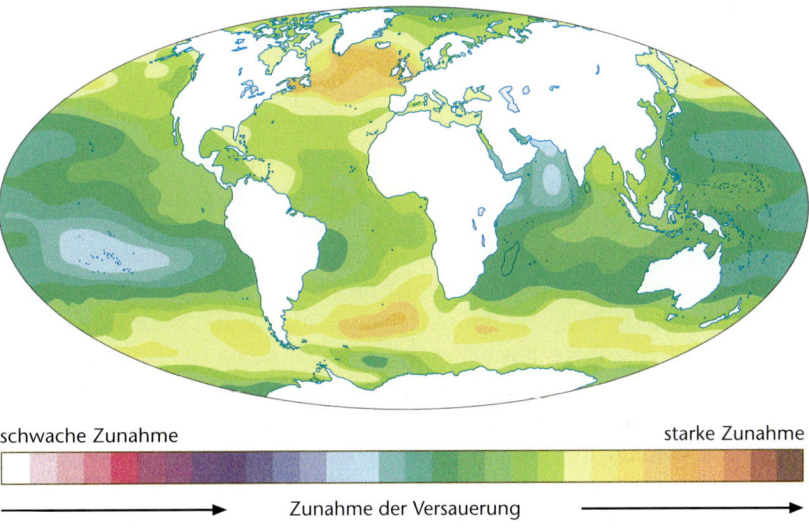

4 Geschätzte Zunahme der Versauerung an der Meeresoberfläche durch anthropogenes CO_2 in der Atmosphäre zwischen 1700 und 2000. *Der pH-Wert ist in dieser Zeit im Durchschnitt von 8,18 auf 8,07 gesunken.*

→ 9.2 Der Treibhauseffekt   → 9.4 Kohlenstoffdioxid-Bilanzen und Nachhaltigkeit

9.4 Kohlenstoffdioxid-Bilanzen und Nachhaltigkeit

1 CO₂-Fußabdruck auf einer Lebensmittelverpackung

Rindfleisch	13,4 kg	Transport-Aufwand für Obst	
Butter	23,6 kg		
Käse	8,5 kg	aus der Region	0,23 kg
Geflügel	3,6 kg	Europa	0,46 kg
Speiseöl	1,0 kg	Übersee (Schiff)	0,57 kg
Margarine	0,8 kg	Übersee (Flugzeug)	11 kg
Tiefkühlgemüse aus der Region	0,4 kg	CO₂-Ausstoß pro km und Person bei mittlerer Auslastung	
frisches Gemüse aus der Region	0,2 kg	Pkw (Kleinwagen)	120 g
Kartoffeln	0,2 kg	ICE	47 g
Brot	0,8 kg	Flugzeug	150 – 750 g

2 CO_2-Äquivalente für jeweils 1 kg Lebensmittel

In den vergangenen Jahren ist der globale Klimawandel immer stärker in das Bewusstsein von Bevölkerung und Politikern gedrungen. In diesem Zusammenhang werden auch die Umwelt- und Klimaauswirkungen bei der Erzeugung von Gütern zum Thema. Mit **Ökobilanzen** versucht man, Auswirkungen von der Rohstoffgewinnung bis zur Herstellung, Lieferung, Nutzung und Entsorgung eines Produktes auf Wasser, Boden, Luft und Klima zu erfassen. In Ökobilanzen fließt nicht nur die unmittelbare Produktion ein. Werden z. B. Dünger, Insektizide und Pestizide beim Anbau von Getreide verwendet, ist zu berücksichtigen, dass auch bei deren Produktion Rohstoffe und Energie eingesetzt werden und dass auch dabei klimaschädliche Gase freigesetzt werden.

Ein Maß für die Umweltbelastungen durch ein Produkt ist das **CO_2-Äquivalent** (Abb. 2). Dieses gibt an, in welchem Umfang ein Produkt das Klima belastet. Um eine Vergleichsmöglichkeit zu haben, werden alle anderen klimaschädlichen Gase, wie z. B. Methan, in CO_2-Äquivalente umgerechnet. Immer mehr Verbraucher interessieren sich für die Umweltauswirkungen ihres Verhaltens. Erste Hersteller geben auf Lebensmittelverpackungen den **CO_2-Fußabdruck** an (Abb. 1). Jeder Bundesbürger setzt pro Tag etwa 30 Kilogramm Kohlenstoffdioxid frei. Bis 2050 soll dieser Wert auf 5,5 Kilogramm reduziert werden. Einsparpotenziale sind vorhanden. Werden z. B. saisonale Produkte aus der Region verzehrt, wird weniger Energie für den Transport oder das Beheizen von Gewächshäusern aufgewendet. Ein wesentlicher Faktor bei den Emissionen klimaschädlicher Gase ist der Verkehr. Es werden große Mengen fossiler Brennstoffe vor allem als Autobenzin verbrannt. Dabei wird Kohlenstoffdioxid in die Umwelt abgegeben, das vor Millionen von Jahren von Pflanzen durch Fotosynthese gebunden und der Atmosphäre entzogen wurde.

Nachhaltig zu handeln heißt so zu handeln, dass zukünftige Generationen die gleichen Chancen haben, ihre Bedürfnisse zu befriedigen. Das bedeutet zunächst, dass Ressourcen geschont und Klima und Umwelt geschützt werden. Darüber hinaus bedeutet Nachhaltigkeit aber auch, dass Menschenrechte geachtet werden und Menschen unter gesunden Bedingungen und mit fairer Bezahlung arbeiten.

Verbraucher haben durch ihr Konsumverhalten großen Einfluss. Sie können durch ihre Kaufentscheidungen das Warenangebot auf dem Markt beeinflussen. Sie können sich zum Beispiel für regional angebaute Produkte entscheiden oder darauf achten, dass die Regeln des Tierschutzes eingehalten werden. Nachhaltiges Konsumverhalten beschränkt sich aber nicht auf die Auswahl von Nahrungsmitteln. Beim Bereich Wohnen ist von Bedeutung, ob der Wohnraum gut isoliert ist und wenig beheizt werden muss. Beim Bereich Mobilität können Fahrgemeinschaften oder die Nutzung öffentlicher Verkehrsmittel die CO_2-Bilanz verbessern. In Bezug auf die Kleidung kann von großem Interesse sein, unter welchen Bedingungen sie produziert wird.

Ein etwas verschwenderischer Tag

– Der Radiowecker springt an, dudelt eine halbe Stunde. Er hängt den ganzen Tag am Netz. **Ausstoß CO_2: 22,26 g**
– Licht an. Insgesamt brennt die Lampe mit der 60-Watt-Birne sechs Stunden, zum Teil leuchten mehrere Birnen zugleich, sodass sich die Leuchtzeit auf neun Stunden summiert. **286,2 g**
– Heizung an: Eine 90-qm-Wohnung zu beheizen, produziert täglich im Schnitt **9562 g**
– Zähneputzen mit elektrischer Bürste. **47,7 g**
– Einen Liter Teewasser kochen. **137,8 g**
– Zwei Brötchen vom Vortag 15 Minuten lang aufbacken. **212 g**
– Mit dem VW Golf acht Kilometer zur Arbeit fahren, und zwar im Stadtverkehr. **1800 g**
– Das Büro neun Stunden lang mit drei 58-Watt-Neonröhren von 1,20 Metern Länge beleuchten. **1001,7 g**
– Computer und Flachbildschirm einschalten. Sie werden neun Stunden laufen. Nachts ist der Computer aus, der Bildschirm auf Standby.
– Und der Drucker ist immer an. **726,1 g**
– Mittagessen: 200 g Rindfleisch **1290 g**
– Heimfahrt mit dem Auto. **1800 g**
– Lust auf Obst: Ein Kilogramm Erdbeeren aus Südafrika, eingeflogen. **11 671 g**
– Ein Kilogramm Äpfel aus Neuseeland, mit dem Schiff geliefert. **513 g**
– 45 Minuten Sport auf dem Laufband. **596,3 g**
– Drei Minuten heiß duschen. **2885 g**
– Drei Minuten fönen. **47,7 g**
– Wäsche waschen – bei 90 Grad in einer mittelmäßig effizienten Maschine. **1060 g**
– Wäsche trocknen in einem Trockner mit durchschnittlichem Verbrauch. **2332 g**
– Tiefkühlgemüse auf E-Herd auftauen. **371 g**
– Geschirrspülen in einer Spülmaschine der Energieeffizienzklasse D. **869,2 g**
– Zehn Minuten Staubsaugen bei einer Leistung von 2000 Watt. **106 g**
– Eine Stunde Fernsehen mit einem kleinen Röhrenfernseher. **37,1 g**
– Fernseher und DVD-Player immer auf Standby. **148,4 g**
– Eine Stunde Laptop. **12,19 g**
– DSL-Modem den ganzen Tag angeschaltet haben. **148,4 g**
– Nochmal elektrisch Zähne putzen. **47,7 g**
– 150-Liter-Kühlschrank Klasse A mit ***-Fach, läuft 24 Stunden. **355,1 g**
Bilanz: 38 085,85 g

3 CO_2-Bilanz an einem „verschwenderischen Tag"

1 Persönliche CO_2-Bilanzen.
a) Abb. 3 zeigt die von einem Journalisten ermittelte CO_2-Bilanz an einem „etwas verschwenderischen Tag". Der gleiche Journalist kommt in einer Bilanz für einen „sparsamen Tag" auf ein CO_2-Äquivalent von 14 411 g. Entwickeln Sie einen hypothetischen Tagesverlauf für diesen „sparsamen" Tag, der dem „verschwenderischen Tag" vom Ablauf her ähneln soll.
b) Beschreiben Sie nach dem Muster von Abb. 3 für sich persönlich den Verlauf eines typischen Tages. Beurteilen Sie, ob es sich dabei um einen eher „verschwenderischen" oder einen eher „sparsamen Tag" handelt.

2 Vor- und Nachteil von Biokraftstoffen. Diskutieren Sie Vor- und Nachteile einer verstärkten Nutzung von Biokraftstoffen. Führen Sie dazu gegebenenfalls weitere Recherchen durch.

3 Handlungsoptionen zur Verbesserung der persönlichen CO_2 Bilanz.
a) Der durchschnittliche jährliche CO_2-Ausstoß eines Bundesbürgers beträgt im Jahr 2014 11 t CO_2. Die unterschiedlichen Anteile an dieser Bilanz sind in Abb. 4 dargestellt. Ermitteln Sie mithilfe eines CO_2-Rechners im Internet Ihre persönliche CO_2-Bilanz.
b) Beschreiben Sie verschiedene Möglichkeiten, Ihr Konsumverhalten zu ändern. Beurteilen Sie jeweils die Wirksamkeit der möglichen Verhaltensänderungen im Hinblick auf die Nachhaltigkeit Ihres Verbraucherverhaltens.

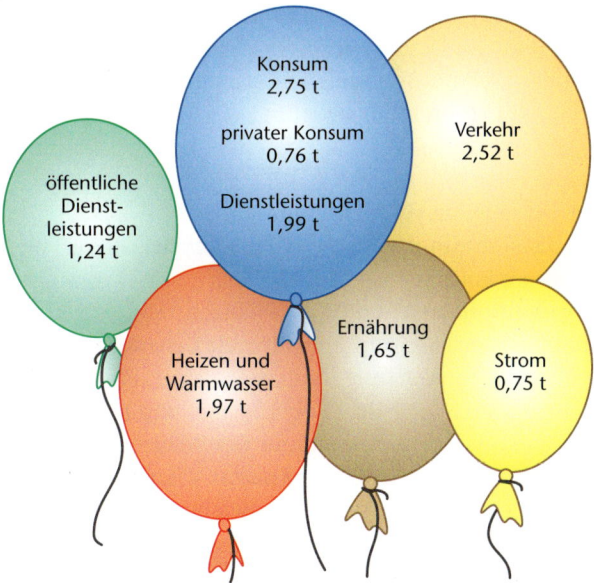

4 Anteile an der CO_2-Bilanz von Bundesbürgern 2014 (Öffentlicher Konsum: Emissionen, die vom Staat verursacht und auf alle Bürger verteilt werden)

→ 9.3 Einflüsse des Menschen auf den globalen Kohlenstoffkreislauf

9.5 Funktionen des Bodens

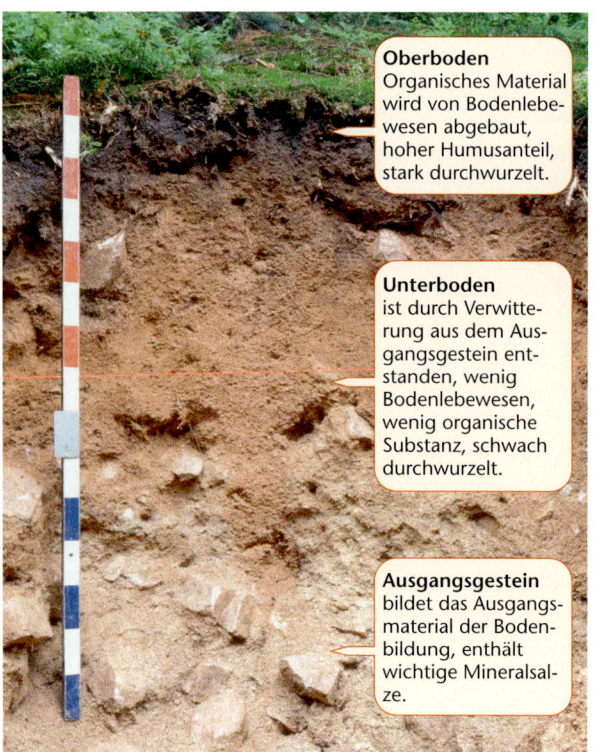

Oberboden
Organisches Material wird von Bodenlebewesen abgebaut, hoher Humusanteil, stark durchwurzelt.

Unterboden
ist durch Verwitterung aus dem Ausgangsgestein entstanden, wenig Bodenlebewesen, wenig organische Substanz, schwach durchwurzelt.

Ausgangsgestein
bildet das Ausgangsmaterial der Bodenbildung, enthält wichtige Mineralsalze.

1 Bodenaufbau

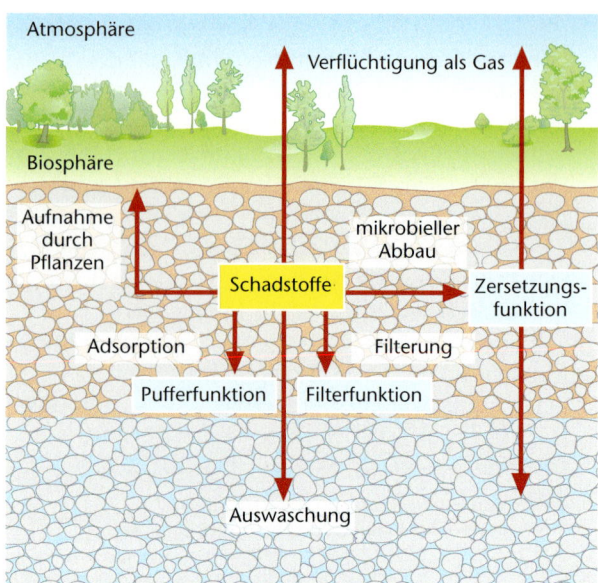

2 Umsatz von Schadstoffen im Boden

Der Boden ist die oberste lockere und belebte Schicht der Erdoberfläche. Böden bestehen aus festen Bestandteilen, dem Bodenwasser und der Bodenluft. Die festen Bestandteile setzen sich zusammen aus anorganischen, mineralischen Bestandteilen, lebenden Organismen und dem **Humus,** der zersetzten organischen Substanz (Abb. 1).

Der Boden hat vielfältige Funktionen:
Lebensraumfunktion: Er dient Pflanzen, Tieren und Mikroorganismen als Lebensraum.
Produktionsfunktion: Er ist Pflanzenstandort und damit die Nahrungsgrundlage für viele Lebewesen. Anorganische Tonminerale und organische Huminstoffe besitzen große geladene Oberflächen und können dadurch Wassermoleküle und für das Pflanzenwachstum wichtige Ionen anlagern und austauschen. Tonminerale und Huminstoffe sind daher wichtig für die Bodenfruchtbarkeit.
Regelungsfunktion: Böden regulieren Wasser-, Luft-, und Stoffkreisläufe.
Speicher- und Pufferfunktion: Böden haben die Fähigkeit, Mineralsalze und Schadstoffe zu binden, Säuren zu neutralisieren sowie Wasser zu speichern (Abb. 2). Je mehr Tonminerale und Humus in einem Boden vorhanden sind, desto besser kann der Boden diese Funktion erfüllen.
Filterfunktion: Böden besitzen die Fähigkeit, Stoffe aus dem Bodenwasser zu filtern.
Zersetzungsfunktion: Organische Stoffe, zu denen auch organische Dünger und Pflanzenschutzmittel gehören, können im Boden durch Mikroorganismen zersetzt werden.
Rohstofffunktion: Böden liefern Rohstoffe, z. B. Sand, Ton, Torf.
Kulturfunktion: Böden beherbergen Kulturgüter, z. B. archäologische Bodendenkmale.

Die Gefährdung des Bodens durch menschliche Nutzung ist groß. Böden werden entwertet durch Versiegelung und Abgrabungen, sie werden als Nutzpflanzenstandort unter Einsatz von Pflanzenschutzmitteln bearbeitet, befahren, be- und entwässert und gedüngt. Bodenverdichtung und Erosion können die Folge sein. Schadstoffeinträge, die Bodenversauerung durch „Sauren Regen" (Eintrag von Wasserstoffionen über Niederschläge) und die Anreicherung von Schwermetallen im Boden können die Böden belasten. Gesetzliche Regelungen wie das Bundes-Bodenschutzgesetz fordern, die Funktionen des Bodens nachhaltig zu sichern und schädliche Bodenveränderungen abzuwehren.

3 *Bodenfunktionen*

1 Funktionen des Bodens.
a) Ordnen Sie den Bildern in Abb. 3 jeweils eine Bodenfunktion zu.
b) Erstellen Sie eine tabellarische Übersicht der Bodenfunktionen. Diskutieren Sie über mögliche Gefährdungen der jeweiligen Funktionen und nehmen Sie diese Gefährdungen in die Tabelle auf.
c) Beurteilen Sie die Bedeutsamkeit der Bodenfunktionen für einen Gartenliebhaber, einen Landwirt, einen Archäologen, einen Umweltschützer und für Sie selbst.
d) Beschreiben Sie an zwei selbst gewählten Beispielen aus Ihrer Umgebung Nutzungskonflikte im Hinblick auf den Boden. Erläutern Sie die jeweilige Interessenlage der Beteiligten.

2 Schadstoffe im Boden. Erläutern Sie den Umsatz von Schadstoffen im Boden anhand von Abb. 2. Beurteilen Sie die Wirkung des Bodens auf Schadstoffeinträge.

3 Modellexperiment zur Schadstoffpufferung.
Führen Sie den Versuch in Abb. 4 durch. Protokollieren Sie das Ergebnis und überprüfen Sie die Hypothesen.

4 Flächennutzung. Stellen Sie die folgenden Daten zur Bodenfläche in Deutschland in einem Diagramm dar. Diskutieren Sie vorab, welche Diagramm-Form besonders geeignet ist.
Bodenfläche Deutschlands: insgesamt 357 000 km² (≙ 100 %), davon:
Gebäude-, Grundstücksflächen: 7,4 %, Erholungsflächen: 0,9 %, Verkehrsflächen: 4,9 %, Landwirtschaftsflächen: 53,0 %, Waldflächen: 29,8 %, Wasserflächen: 2,3 %, andere Flächen: 1,7 %.

Experiment

Hypothesen:
– Böden können Mineralsalze binden.
– Tonböden binden Mineralsalze besser als Sandböden.
– Kationen- und Anionen werden gleichermaßen gebunden.

Material:
Verschiedene Böden (Sand, Ton, humusreicher Boden), Trichter, Reagenzgläser, Watte, Stativ, Reagenzglasständer, Methylenblau 0,1 % (Kationenfarbstoff), Eosin-Lösung 0,1 % (Anionenfarbstoff), destilliertes Wasser, Pipetten.

Durchführung:
In die Trichter wird ein Wattebausch gelegt und mit gesiebtem Boden zur Hälfte gefüllt. Jeder Boden wird zuerst mit wenig Wasser angefeuchtet und dann mit 5 ml einer Kationen- oder Anionenfarbstofflösung begossen. Nach dem Versickern wird mehrmals mit destilliertem Wasser vorsichtig nachgewaschen. Das durchsickernde Wasser wird in den Reagenzgläsern nacheinander aufgefangen. Die Färbung ab dem 2. bzw. 3. Reagenzglas wird beurteilt. Jeder Boden sollte mit den beiden Farblösungen getestet werden.

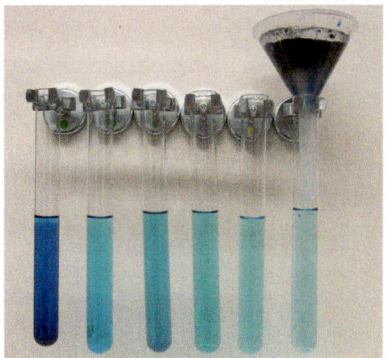

4 *Modellexperiment zur Schadstoffpufferung*

9.6 Invasion von Arten und Folgen für Ökosysteme

1 *Der Riesen-Bärenklau, auch Herkulesstaude genannt, ist eine invasive Blütenpflanze. Auf dieser Brachfläche an dem Flüsschen Volme bei Hagen (NRW) dominiert der Riesen-Bärenklau den Bestand und hat andere Pflanzen verdrängt. An der Volme wurde die Pflanze in den 50-er Jahren des 20. Jahrhundert erstmals für Westfalen nachgewiesen.*

Das ursprüngliche Verbreitungsgebiet des Riesen-Bärenklaus *(Heracleum mantegazzianum)* ist der Kaukasus. Im 19. Jahrhundert wurde der schnell wachsende, großblättrige Doldenblütler als dekorative Zierpflanze in Gärten in Mittel- und Westeuropa ausgesät. Der Riesen-Bärenklau fand seinen Weg in die freie Natur, wo er besonders an Wasserläufen, auf Brach- und Ruderalflächen, an Straßenrändern, Bahndämmen und Waldrändern großflächige Bestände ausbilden kann (Abb. 1). Die ganze Pflanze, insbesondere der Saft, ist giftig und enthält unter anderem sogenannte Furocumarine. Bei Hautkontakt werden sie durch UV-Strahlung zu fototoxischen Substanzen aktiviert. Dadurch werden schwerwiegende Symptome ähnlich einer Verbrennung hervorgerufen.

Der Riesen-Bärenklau ist ein Beispiel aus der Gruppe der **Neophyten** (griech. neos, neu). So nennt man wild lebende Pflanzen, die nach 1492 (dem Jahr der Entdeckung Amerikas durch Kolumbus) durch den Einfluss des Menschen beabsichtigt oder unbeabsichtigt in Gebiete gelangten, in denen sie zuvor nicht heimisch waren und sich dort ausbreiteten. Entsprechend hat man für Tiere den Begriff **Neozoen** geprägt. Neophyten und Neozoen werden unter dem Begriff **Neobiota** zusammengefasst. Die Intensivierung des überregionalen und interkontinentalen Verkehrs im letzten Jahrhundert hat die Zahl der Neophyten und Neozoen beträchtlich erhöht. Mit Blick auf den Klimawandel prognostizieren Forscherinnen und Forscher eine Ausbreitung mancher wärmeliebender Arten nach Norden.

Eine kleine Untergruppe der Neobiota sind sogenannte invasive Arten. Das Bundesnaturschutzgesetz aus dem Jahre 2009 (§ 7) definiert eine **invasive Art** als „eine Art, deren Vorkommen außerhalb ihres natürlichen Verbreitungsgebiets für die dort natürlich vorkommenden Ökosysteme, Biotope oder Arten ein erhebliches Gefährdungspotenzial darstellt." Oftmals geht diese Invasion mit einer zuerst lokalen Minderung der Biodiversität einher. Wie beim Riesen-Bärenklau bringen einige invasive Arten auch wirtschaftliche Beeinträchtigungen und Gesundheitsgefahren für andere Lebewesen mit sich. Häufig erfolgt die zeitliche Ausbreitung invasiver Neobiota einem Muster wie beim Riesen-Bärenklau (Abb. 5).

	verursachte Kosten	Unter- und Obergrenze	Bemerkungen
Gesundheitswesen	1.050.000 €	309.000 bis 1.960.000 €	jährliche Kosten, die regional stark ansteigen können
Naturschutzgebiete	1.170.000 €	1.170.000 bis ??? €	Untergrenze
Bekämpfung an Straßen	2.340.000 €	2.340.000 bis ??? €	Untergrenze der jährlichen Kosten
Bekämpfung im Kommunalen Bereich	2.100.000 €	1.200.000 bis 3.700.000 €	
Bekämpfung	53.000 €		Deutsche Bahn AG
Bekämpfung in Landkreisen	5.600.000 €	5.600.000 bis ??? €	Untergrenze
Summen	12.313.000 E	10.619.000 bis 14.770.000 €	

2 Der Riesen-Bärenklau wird mittlerweile in vielen Regionen Europas bekämpft. Hier die geschätzten Folgekosten in Deutschland im Jahr 2003

Name des invasiven Neobionten und Herkunft	Ökologische Auswirkungen, z. B. auf vorhandene Arten	Wirtschaftliche und/oder gesundheitliche Auswirkungen
Beifuß-Ambrosie, Traubenkraut (Ambrosia artemisiifolia), Nordamerika	(Mancherorts massenhaftes Auftreten)	Pollen sind hochallergen (Heuschnupfen, Asthma); verursacht erhebliche Kosten im Gesundheitswesen
Japanischer Staudenknöterich (Fallopia japonica), Ostasien	Vegetative Massenentwicklung, mindert lokal die Biodiversität	Kosten für Bekämpfung, u.a. in der Gewässer- und Strassenunterhaltung
Bisamratte (Ondatra zibethicus), Nordamerika	Schädigung/ Zerstörung von Röhricht- und Wasserpflanzenbeständen; Gefährdung von Großmuscheln	Kosten für Deich- und Uferschutz; Überträger des Fuchsbandwurms
Kamberkrebs (Orconectes limosus); Nordamerika	Heimische Krebse durch Kamberkrebs fast ausgestorben, Überträger der Krebspest, selbst jedoch resistent	Krebsfischerei ist zum Erliegen gekommen

3 Einige weitere invasive Arten in NRW. Im Internetauftritt des Landesamtes für Natur, Umwelt und Verbraucherschutz finden sich unter „Neobiota" Artenlisten invasiver Neobionten in Nordrhein-Westfalen.

Unter **Invasionspotenzial** versteht man das Ausmaß der Fähigkeit eines invasiven Neobionten, sich in einem bestimmten Gebiet erfolgreich anzusiedeln. Abiotische und biotische Umweltfaktoren (z. B. interspezifische Konkurrenz) beeinflussen das Invasionspotenzial ebenso wie bestimmte Merkmale und Eigenschaften der invasiven Art.
Hier einige Eigenschaften des Riesen-Bärenklaus, die sein Invasionspotenzial fördern:
– Keimung vor der übrigen Vegetation schon im zeitigen Frühjahr;
– Schnelles Wachstum und frühe Ausbreitung der sehr großen Blätter;
– Hohe Samenproduktion und extrem hohe Keimungsrate;
– Samen können ungünstige Umweltbedingungen über ein Jahr überdauern

4 Invasionspotenzial beim Riesen-Bärenklau

1 **Recherche für ein Kurzreferat.** Recherchieren Sie unter dem Titel „Biologische Invasion von Arten und Folgen für das Ökosystem" arbeitsteilig über die in Abb. 3 genannten invasiven Neobiota (ggf. weitere Arten, siehe Hinweis in der Bildunterschrift). Nennen Sie in diesem Zusammenhang auch Merkmale der jeweiligen invasiven Art, die ihr Invasionspotenzial mit begründen (Abb. 4).

2 **Invasionspotenzial beim Riesen-Bärenklau.** Erläutern Sie unter Bezug auf Abb. 1 und 4 das Invasionspotenzial beim Riesen-Bärenklau.

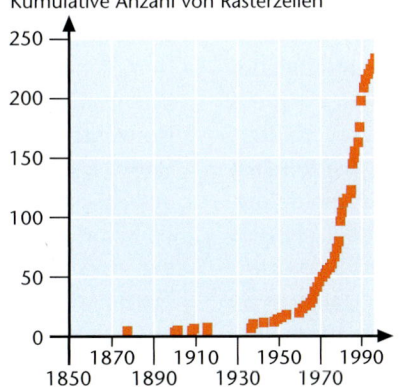

5 Ausbreitung des Riesen-Bärenklaues in der Tschechischen Republik. Dabei wurde die Landfläche in 11 x 12 km große Rasterzellen eingeteilt und in jeder dieser Rasterzellen das Vorkommen untersucht.

3 **Invasion als natürlicher Vorgang?** Viele Naturschützer empfinden die Invasion von Neozoen und Neophyten als natürlichen Vorgang, auf den Menschen keinen Einfluss nehmen sollten. Nehmen Sie schriftlich, begründet Stellung zu dieser Ansicht.

9.7 Hormonartig wirkende Substanzen in der Umwelt

1 Östrogenartig wirkende Substanzen in der aquatischen Umwelt

Im Jahr 1980 machten Forscher am amerikanischen Apopkasee eine besorgniserregende Beobachtung. Die Geburtenrate der Alligatorpopulation ging stark zurück. Viele männliche Tiere hatten verkümmerte Geschlechtsorgane. Später stellte sich heraus, dass Insektengifte, die aufgrund eines Chemieunfalls in den See gelangt waren, Ursache der Veränderungen waren.

Inzwischen sind auch bei anderen Wildtierpopulationen **Störungen der Fortpflanzungsfähigkeit** beobachtet worden. Gut untersucht sind einige Fischpopulationen. Häufig findet man ein zugunsten des Anteils weiblicher Tiere verschobenes Geschlechterverhältnis und einen hohen Anteil von Tieren mit männlichen und weiblichen Geschlechtsorganen, die nicht fortpflanzungsfähig sind. Diese Tiere bezeichnet man als Intersexe. Bei männlichen Fischen lässt sich das Dotterprotein Vitellogenin nachweisen, das normalerweise nur weibliche Tiere während der Fortpflanzungsphase produzieren. Das führte zu der Annahme, dass die männlichen Tiere Substanzen ausgesetzt waren, die wie weibliche Sexualhormone wirken. Diese hormonartig wirkenden Substanzen werden als **Umweltöstrogene** oder **endokrine Disruptoren** (endokrin: auf das Hormonsystem bezogen, Disruptor: Störer) bezeichnet (Abb. 1).

Umweltöstrogene sind allgegenwärtig. Es handelt sich zum Beispiel um Wirkstoffe aus Antibabypillen, die über den Urin in die Umwelt gelangen oder um Abbauprodukte von Pflanzenschutzmitteln. Außerdem entfalten einige Inhaltsstoffe von Waschmitteln und vor allem **Weichmacher**, die als Bestandteile von Kunststoffen regelmäßig Verwendung finden, hormonartige Wirkungen. Kläranlagen können derartige Stoffe nicht entfernen, und so findet man niedrige Konzentrationen weltweit in nahezu allen Oberflächengewässern.

Endokrine Disruptoren wirken bereits in geringsten Konzentrationen. Sie wirken sich besonders auf frühe Entwicklungsphasen der Tiere aus und stören die normale Geschlechtsentwicklung. In der Regel bewirken sie keine unmittelbare Sterblichkeit, führen aber zu einer Beeinträchtigung der reproduktiven Fitness der Tiere und können so zum Aussterben ganzer Populationen führen.

Dass hormonartig wirkende Substanzen auch Einfluss auf den Menschen haben, wird vermutet. Die in den westlichen Industrieländern zu beobachtenden steigenden Fallzahlen von Brust-, Hoden- und Prostatakrebs und der Rückgang der Spermienqualität werden von einigen Forschern auf endokrine Disruptoren zurückgeführt.

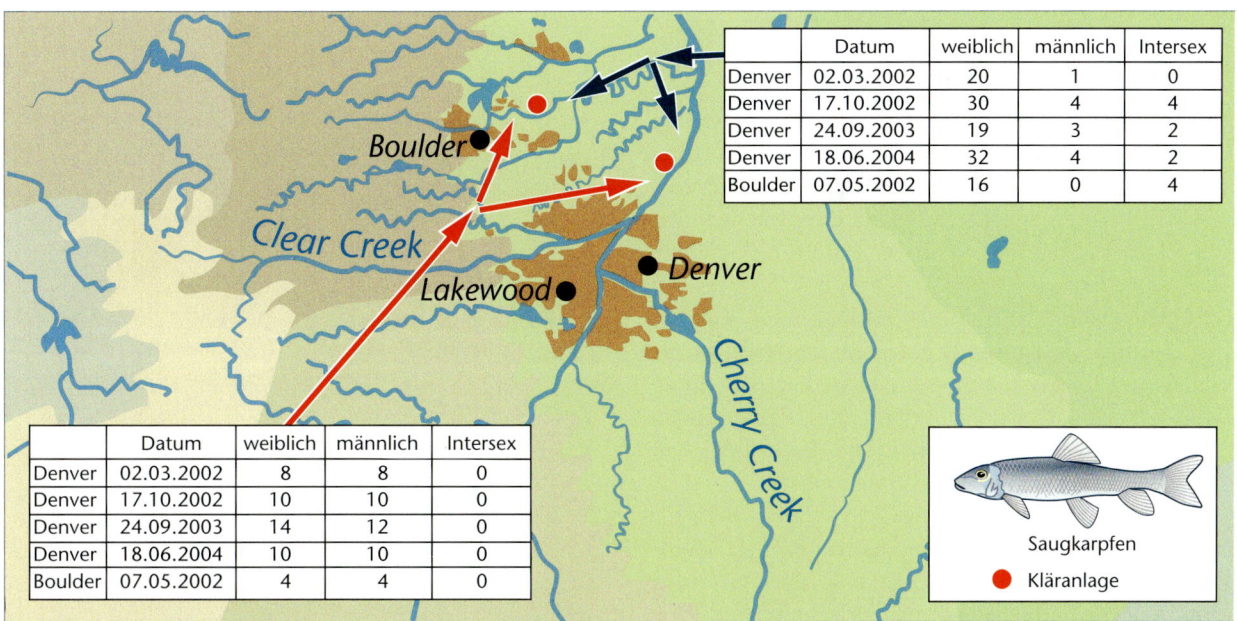

2 Untersuchungen an Catostomus commersonii (die roten und blauen Pfeile weisen auf die Messstellen hin)

	Datum	weiblich	männlich	Intersex
Denver	02.03.2002	20	1	0
Denver	17.10.2002	30	4	4
Denver	24.09.2003	19	3	2
Denver	18.06.2004	32	4	2
Boulder	07.05.2002	16	0	4

	Datum	weiblich	männlich	Intersex
Denver	02.03.2002	8	8	0
Denver	17.10.2002	10	10	0
Denver	24.09.2003	14	12	0
Denver	18.06.2004	10	10	0
Boulder	07.05.2002	4	4	0

1 Umwelteinflüsse auf Fische.
a) Erläutern Sie die in Abb. 2 dargestellte Untersuchung amerikanischer Studenten an Catostomus commersonii.
b) Nennen Sie die Fragestellung, die den Untersuchungen zugrunde lag.
c) Entwickeln Sie aufgrund der Untersuchungen an Catostomus commersonii Hypothesen zu den Ursachen der Versuchsergebnisse. Entwickeln Sie eine Vorschrift für eine Laboruntersuchung, mit der Sie diese Hypothesen überprüfen könnten.

2 Ebenen der Hormonwirkung. Abb. 3 zeigt schematisch mögliche Auswirkungen von Umweltöstrogenen auf eine Fischpopulation. Erläutern Sie anhand der Abb. 3 den Begriff Systemebenen.

3 Vitellogeningehalt bei Fischen.
a) Erläutern Sie Abb. 4. Stellen Sie Zusammenhänge mit der Abb. 2 her.

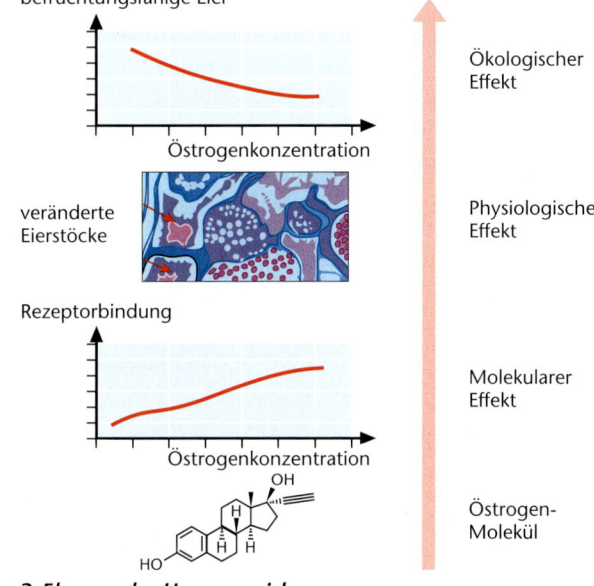

3 Ebenen der Hormonwirkung

4 Eintragswege von Umweltöstrogenen und Folgen

→ 8.9 Ökosystem See   → 13.2 Zelluläre Wirkmechanismen von hydrophilen und lipophilen Hormonen

9.8 Bedeutung der Biodiversität

Im Laufe der Evolution sind zu allen Zeiten Arten von Lebewesen ausgestorben. In der heutigen Zeit ist daher nicht dieses natürliche Phänomen besorgniserregend, sondern die dramatische Zunahme der Geschwindigkeit, mit der Arten heute von der Erde verschwinden.

Die Artenvielfalt ist Teil der **biologischen Vielfalt**, auch **Biodiversität** genannt. Darunter versteht man die Vielfalt der Ökosysteme, die Vielfalt der Arten und die genetische Vielfalt innerhalb von Populationen (Abb. 1). Die genetische Vielfalt und die Artenvielfalt sind das Ergebnis langer Evolutionsprozesse.

Die biologische Vielfalt ist eine unersetzliche Lebensgrundlage und für den Menschen aus vielen Gründen wertvoll. Man hat versucht, den wirtschaftlichen Wert der biologischen Vielfalt in Geldeinheiten auszudrücken. Nach Schätzungen von Fachleuten sind es mehrere hundert Milliarden Euro weltweit in jedem Jahr. Für die Züchtung von Nutztieren und Nutzpflanzen ist genetische Vielfalt unabdingbare Voraussetzung (Abb. 2).

Als **Ökosystem-Dienstleistungen** bezeichnet man alle Leistungen, die von der Natur erbracht und von Menschen genutzt werden. Zu ihnen gehören Versorgungs-Dienstleistungen wie Nahrung, Rohstoffe, Energie, Heilmittel und Regulations-Dienstleistungen wie Klima- und Hochwasserregulation. Biologische Vielfalt hat zudem Bedeutung für das Wohlergehen der Menschen, z. B. für Erholung und Tourismus. Menschliches Leben wäre ohne die Dienstleistungen der Ökosysteme nicht denkbar.

Die größten Bedrohungen der Biodiversität gehen vom Menschen und seinen Ansprüchen an die Umwelt aus. Der Verlust an Lebensräumen, der Klimawandel und die durch Menschen herbeigeführte Einwanderung konkurrenzstarker Arten aus fremden Gebieten verursachen den größten Teil des Artensterbens. Der Schutz der biologischen Vielfalt zielt darauf ab, sie weltweit zu erhalten und nachhaltig zu nutzen.

1 *Biodiversität bedeutet a) genetische Vielfalt bei Lebewesen, b) Artenvielfalt in Ökosystemen und c) Vielfalt der Ökosysteme*

2 *Genetische Vielfalt beim Wildapfel Malus sieversii aus dem Kaukasus. Dieser Wildapfel ist Vorfahre unserer heutigen Äpfel.*

1 Biodiversität auf verschiedenen Systemebenen beschreiben. Beschreiben Sie anhand der Abb. 1 Biodiversität auf der Ebene der Gene, der Arten und der Ökosysteme.

2 Genetische Vielfalt bei der Apfelzüchtung. Erläutern Sie die Bedeutung genetischer Vielfalt für die Züchtung von Äpfeln aus der Wildform (Abb. 2).

3 Genetische Vielfalt und Umweltveränderungen. Erläutern Sie die Bedeutung genetischer Variabilität in Populationen für das Überleben bei Veränderungen der Umwelt, z. B. bei Klimaerwärmung.

4 Biologische Vielfalt ist wertvoll. Erläutern sie die Abb. 3. Entwickeln Sie auf dieser Grundlage in arbeitsteiliger Form ökologische und ökonomische Begründungen sowie soziale und kulturelle Gründe für den Schutz und die nachhaltige Nutzung der Biodiversität.

5 Bedeutung der Biodiversität im regionalen Umfeld. Erläutern Sie unter Bezug auf die rechte Spalte in Abb. 3 anhand selbst gewählter Beispiele aus Ihrem regionalen Umfeld die wirtschaftliche, ökologische, soziale und gesundheitliche Bedeutung biologischer Vielfalt.

Globale Veränderungen verringern die biologische Vielfalt:
– stark wachsende Weltbevölkerung;
– Land- und Meeresnutzung, Zerstörung von Lebensräumen;
– veränderte Stoffkreisläufe;
– Klimawandel;
– Einwanderung gebietsfremder Arten

↓

biologische Vielfalt:
– genetische Vielfalt;
– Artenvielfalt;
– Vielfalt der Ökosysteme

wirtschaftlicher Wert:
– organische Stoffe: Nahrung, Futter, nachwachsende Rohstoffe, Arzneimittel, Grundstoffe für biotechnologische Verfahren;
– genetische Ressourcen für Ernährung, Land- und Forstwirtschaft, für Tier- und Pflanzenzüchtung

ökologischer Wert:
– Luft, Klima: CO_2-Speicher für Fotosynthese, Produktion von atmosphärischem Sauerstoff, Temperatur- und Klimaregulation, Windhemmung, Filter für Schadstoffe in der Luft;
– Wasser: Versorgung, Speicherung und Reinigung des Wassers, Hochwasserregulation, Wasserkreislauf;
– Boden: Bodenbildung, Humusbildung, Schutz vor Erosion, Standort für Pflanzen, Filterwirkung, Abbau von Schadstoffen;
– Stoffkreisläufe: Kohlenstoffkreislauf, Stickstoffkreislauf, Zersetzung toter Pflanzen und Tiere; Mineralsalzbildung;
– weitere Ökosystem-Leistungen: biologische Schädlingsbekämpfung, Bestäubung von Pflanzen

Wert für das Wohlergehen der Menschen:
– Grundversorgung;
– Gesundheit, Erholungsfunktion;
– wirtschaftliche und soziale Sicherheit, gute soziale Beziehungen;
– Entscheidungsfreiheit;
– Wert für Wissenschaft: Arzneimittelforschung, Bionik, Bio-Indikatoren, ökologische Forschung;
– kultureller Wert: Schönheit der Natur, bildende Funktion, Tourismus, Heimatkultur;
– Zukunftswert: Biologische Vielfalt ist auch für zukünftig lebende Menschen wertvoll.

3 Biologische Vielfalt ist wertvoll

Wiederholen im Inhaltsfeld Ökologie

Dieser Abschnitt bietet Hilfestellungen zur eigentätigen oder arbeitsteiligen Organisation Ihrer Wiederholungen im Inhaltsfeld Ökologie, zum Beispiel in regelmäßigen zeitlichen Abständen, vor Klausuren oder umfassender vor der Abiturprüfung. Die inhaltlichen Schwerpunkte und alle angestrebten inhaltsbezogenen Kompetenzen, wie sie sich aus dem Biologie-Kernlehrplan des Ministeriums für Schule und Weiterbildung Nordrhein-Westfalen für das Inhaltsfeld Ökologie ergeben, sind nachfolgend angegeben. Die Nummerierung der Kompetenzen soll der besseren Verständigung dienen und ist weder eine Rangfolge noch eine zeitliche Abfolge. Oftmals können die angestrebten Kompetenzen mehreren inhaltlichen Schwerpunkten zugeordnet werden. In Klammern sind jeweils Kernabschnitte aus diesem Buch zur Wiederholung genannt. Fachliche Kompetenzen des Kernlehrplans, die nur für den Leistungskurs ausgewiesen sind, wurden hier blau markiert. Kompetenzen für den Grundkurs und den Leistungskurs sind orangefarbig gehalten.

Inhaltlicher Schwerpunkt (nach Kernlehrplan)	Kompetenz lt. Kernlehrplan, Operatoren *in kursiv und fett*; (grün: zugehörige Kernabschnitte in diesem Bioskop-Buch in Klammern). Die Schülerinnen und Schüler ……
A) Fotosynthese 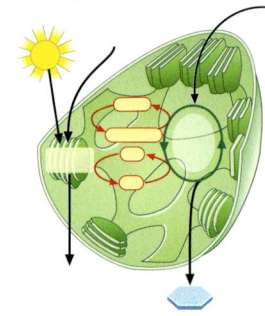	1. *erläutern* den Zusammenhang zwischen Fotoreaktion und Synthesereaktion und ordnen die Reaktionen den unterschiedlichen Kompartimenten des Chloroplasten zu (5.2, 5.4, (5.5), 5.6, 5.9). 2. *erläutern* mithilfe einfacher Schemata das Grundprinzip der Energieumwandlung in den Fotosystemen und den Mechanismus der ATP-Synthese (5.5). 3. *leiten* aus Forschungsexperimenten zur Aufklärung der Fotosynthese zu Grunde liegende Fragestellungen und Hypothesen *ab* (5.3, 5.6 (A 4), 5.8 (A3, A4), 5.9. 4. *analysieren* Messdaten zur Abhängigkeit der Fotosyntheseaktivität von unterschiedlichen abiotischen Faktoren (5.7).
B) Umweltfaktoren und ökologische Potenz 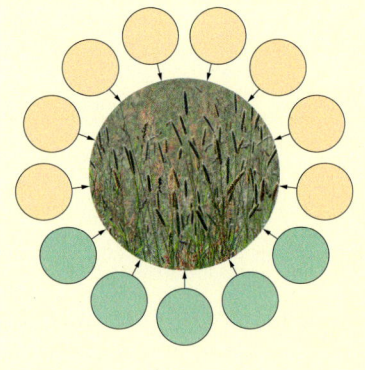	5. *zeigen* den Zusammenhang zwischen dem Vorkommen von Bioindikatoren und der Intensität abiotischer Faktoren in einem beliebigen Ökosystem *auf* (6.1, 8.7, 8.11). 6. *erläutern* die Aussagekraft von biologischen Regeln (u.a. tiergeographische Regeln) und grenzen diese von naturwissenschaftlichen Gesetzen ab (6.3). 7. *planen* ausgehend von Hypothesen Experimente zur Überprüfung der ökologischen Potenz nach dem Prinzip der Variablenkontrolle, nehmen kriterienorientiert Beobachtungen und Messungen vor und deuten die Ergebnisse (6.2). 8. leiten aus Untersuchungsdaten zu intra- und interspezifischen Beziehungen (Parasitismus, Symbiose, Konkurrenz) mögliche Folgen für die jeweiligen Arten ab und präsentieren diese unter Verwendung angemessener Medien (6.6, 6.9). 9. *untersuchen* das Vorkommen, die Abundanz und die Dispersion von Lebewesen eines Ökosystems im Freiland (6.7). 10. *leiten* aus Daten zu abiotischen und biotischen Faktoren Zusammenhänge im Hinblick auf zyklische und sukzessive Veränderungen (Abundanz und Dispersion von Arten) sowie K- und r-Lebenszyklusstrategien *ab* (8.8; 7.3). 11. *erklären* mithilfe des Modells der ökologischen Nische die Koexistenz von Arten (6.9).

→ 5.13 Die Vielfalt pflanzlicher Naturstoffe beruht auf genetischer Vielfalt

C) Dynamik von Populationen 	12. *beschreiben* die Dynamik von Populationen in Abhängigkeit von dichteabhängigen und dichteunabhängigen Faktoren (7.1). 13. *untersuchen* die Veränderungen von Populationen mithilfe von Simulationen auf der Grundlage des Lotka-Volterra-Modells (7.2). 14. *vergleichen* das Lotka-Volterra-Modell mit veröffentlichten Daten aus Freilandmessungen und diskutieren die Grenzen des Modells (7.2). 15. (s.o.: 10) *leiten* aus Daten zu abiotischen und biotischen Faktoren Zusammenhänge im Hinblick auf zyklische und sukzessive Veränderungen (Abundanz und Dispersion von Arten) sowie K- und r-Lebenszyklusstrategien *ab* (7.3).	
D) Stoffkreislauf und Energiefluss 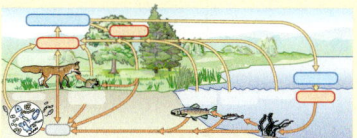	16. (s.o., 5): *zeigen* den Zusammenhang zwischen dem Vorkommen von Bioindikatoren und der Intensität abiotischer Faktoren in einem beliebigen Ökosystem *auf* (8.7, 8.11, 6.1). 17. *stellen* energetische und stoffliche Beziehungen verschiedener Organismen unter den Aspekten von Nahrungskette, Nahrungsnetz und Trophieebene formal, sprachlich und fachlich korrekt *dar* (8.1, 8.2, 8.4; Wald: 8.5, 8.6; See: 8.9; Fließgewässer: 8.10; Hochmoor: 8.12). 18. *entwickeln* aus zeitlich-rhythmischen Änderungen des Lebensraums biologische Fragestellungen und erklären diese auf der Grundlage von Daten (8.8).	
E) Mensch und Ökosysteme 	19. diskutieren Konflikte zwischen der Nutzung natürlicher Ressourcen und dem Naturschutz (9.1, 9.5, 9.7, 9.8). 20. präsentieren und erklären auf der Grundlage von Untersuchungsdaten die Wirkung von anthropogenen Faktoren auf einen ausgewählten globalen Stoffkreislauf (9.2, 9.3). 21. entwickeln Handlungsoptionen für das eigene Konsumverhalten und schätzen diese unter dem Aspekt der Nachhaltigkeit ein (9.4, 9.8). 22. recherchieren Beispiele für die biologische Invasion von Arten und leiten Folgen für das Ökosystem ab (9.6).	

Abiotische (Umwelt-)Faktoren   biotische (Umwelt-)Faktoren   Kompartimente (des Chloroplasten)   Fotosynthese   Fotoreaktionen (Primärreaktionen, lichtabhängige Reaktionen)   Synthesereaktionen (Sekundärreaktionen der Fotosynthese)   ATP-Bildung bei der Fotosynthese   Bioindikatoren   ökologische Potenz   Population   Populationswachstum: Dichteabhängige Faktoren   dichteunabhängige Faktoren   Konkurrenz   Parasitismus   Symbiose   Koexistenz   Abundanz   Dispersion   Ökosystem   Biotop   Biozönose   Trophieebenen   Konsumenten   Destruenten   Produzenten   Nahrungskette und Nahrungsnetz   Stoffkreislauf   Energiefluss (Ökosystem)   ökologische Nische   Konkurrenz-Ausschluss-Prinzip   K-Lebenszyklusstrategie (Fortpflanzungsstrategie)   r-Lebenszyklusstrategie (Fortpflanzungsstrategie)   Sukzession   Lotka-Volterra-Modell   tiergeographische Regeln   Kohlenstoffkreislauf   anthropogene Einflüsse (auf Ökosysteme)   Biodiversität   Neobiota   invasive Arten   Nachhaltigkeit

1 *Begriffskasten zur Ökologie (Auswahl)*

1 Einige Schlüsselbegriffe zur Ökologie (Abb.1)
a) Erläutern Sie sich in Partnerarbeit abwechselnd die in Abb. 1 genannten Fachbegriffe.
b) Erstellen Sie eine Mind-Map zum Thema Evolution. Nutzen Sie unter anderem den Begriffskasten. Zur Untergliederung der Mind-Map können Sie die inhaltlichen Schwerpunkte (nach Kernlehrplan, siehe Tabelle) verwenden.

Neurobiologie

10 Molekulare und zellbiologische Grundlagen der neuronalen Informationsverarbeitung

11 Fototransduktion

12 Aspekte der Hirnforschung

13 Zusammenwirken von neuronaler und hormoneller Informationsübertragung

Der Künstler WILLIAM UTERMOHLEN erfuhr 1995, dass er an der Alzheimer-Erkrankung leidet. Er hielt den Krankheitsverlauf in Selbstporträts fest. In ihnen zeichnet er nach, wie das Ich allmählich im Laufe der Jahre verschwindet. Details und Farbe werden in seinen Selbstporträts seltener, die räumliche Tiefe geht verloren. Schließlich wird er orientierungslos, kennt vertraute Gegenstände und nahestehende Personen nicht mehr. Selbst das eigene Spiegelbild ist ihm fremd und ängstigt ihn. William Utermohlen starb 2007.

10.1 Nervenzellen und Nervensysteme

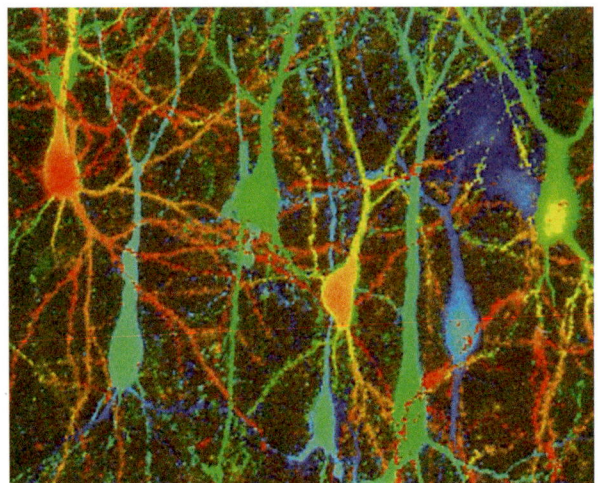

1 Neurone der Großhirnrinde. Zur besseren Unterscheidung sind die einzelnen Neurone mit ihren Dendriten und Axonen koloriert worden.

Fast alle Tiere können sich im Gegensatz zu den meisten Pflanzen aktiv fortbewegen. Sie besitzen ein Nervensystem, das mithilfe einer schnellen Signal-Weiterleitung der raschen Informationsverarbeitung und der gezielten Fortbewegung dient. Grundlegende Baueinheiten von Nervensystemen sind **Nervenzellen** oder **Neurone** (Abb. 1, 2). Dies sind hochspezialisierte Zellen, die es in vielfältigen Formen gibt. Neurone, die an der Muskelkontraktion beteiligt sind und so Bewegungen steuern, bezeichnet man als motorische Neurone (Abb. 2). Sie zeigen die typischen Strukturen und Funktionen eines Neurons. Die meisten Neurone lassen sich in vier Regionen einteilen, denen jeweils eine bestimmte Funktion zugeordnet werden kann. Die Signalaufnahme erfolgt über die verästelten **Dendriten** (gr. *dendron*, Baum). Das sind dünne, verzweigte Ausläufer des Neurons. An der Membran der Dendriten und des Zellkörpers, dem Soma, können Signale von anderen Neuronen empfangen werden.

Der lange Ausläufer des Neurons wird **Axon** genannt. Dort, wo das Axon aus dem Zellkörper hervorgeht, liegt der **Axonhügel**. In dieser Signal-Auslöse-Region werden empfangene Signale zusammengeführt und verrechnet. Wenn bestimmte Bedingungen erfüllt sind, werden elektrische Signale ausgelöst, die über die Membran des Axons fortgeleitet werden. Axone von Neuronen der Wirbeltiere können nur wenige Millimeter bis hin zu mehr als einem Meter lang sein. Axone leiten elektrische Signale mit hoher Geschwindigkeit vom Axonhügel bis zu den Synapsen. Die Axone von motorischen Neuronen der Wirbeltiere sind in eine Hülle aus Myelin eingewickelt, die in regelmäßigen Abständen unterbrochen ist. Die Myelinhüllen steigern die Leitungsgeschwindigkeit des Axons.

Die Signalübertragung erfolgt durch **Synapsen.** Sie sind auf die Übertragung von Signalen auf Zielzellen, hier auf Muskelzellen, spezialisiert. An den Synapsen wird das einlaufende elektrische Signal in ein chemisches Signal umgewandelt. Bestimmte Botenstoffe, zusammenfassend Neurotransmitter genannt, werden in den synaptischen Spalt freigesetzt, diffundieren zur gegenüberliegenden Membran der Muskelzelle und binden dort an spezifische Rezeptoren. Dadurch kann es schließlich zur Kontraktion der Muskelzelle kommen.

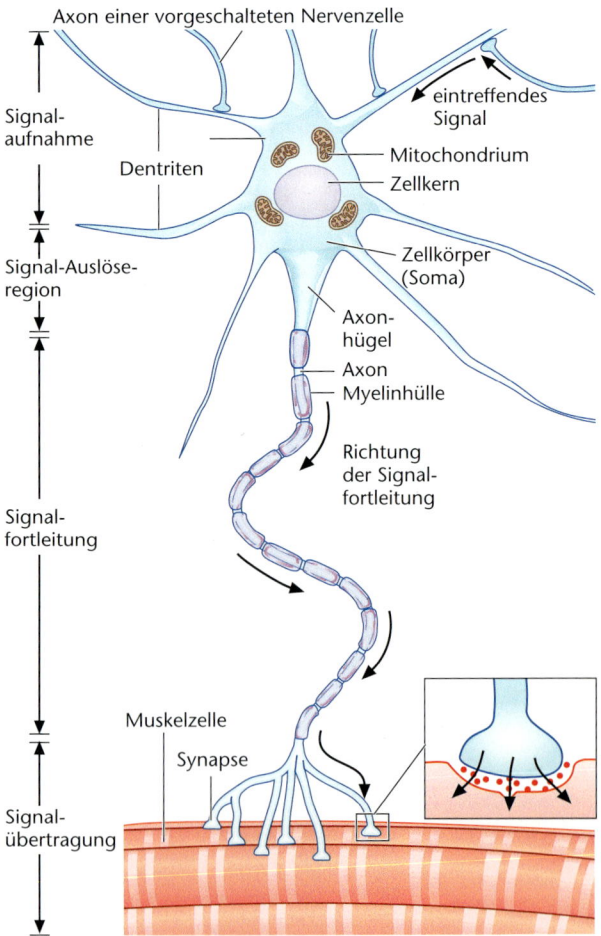

2 Bau eines motorischen Neurons

→ 1.2 Struktur und Funktion von Zellorganellen (u.a. Zellmembran)

1 Übersicht zum Bau und zur Funktion eines motorischen Neurons. Erarbeiten Sie anhand der Abb. 2 den Bau und die grundlegenden Funktionen eines motorischen Neurons. Skizzieren Sie an der Tafel den Bau eines Neurons und erläutern Sie die Funktionen in einem freien Kurzvortrag.

2 Gehirn am Vorderende des Körpers. Entwickeln Sie ultimate Erklärungen zu der Tatsache, dass bei den meisten Tieren das Gehirn am Vorderende des Körpers liegt. Recherchieren Sie dazu vorab in diesem Buch, was man unter "ultimaten Erklärungen" in der Biologie versteht.

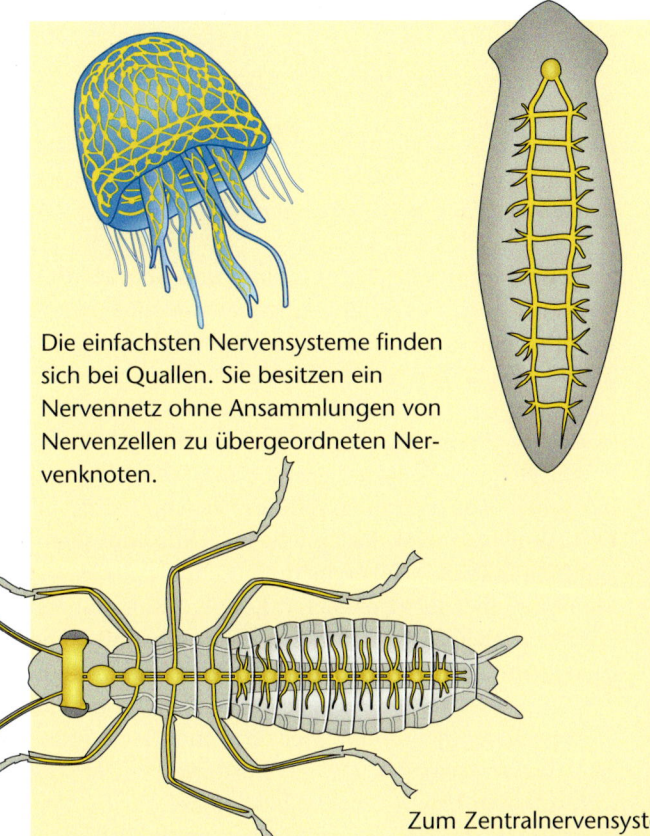

Die einfachsten Nervensysteme finden sich bei Quallen. Sie besitzen ein Nervennetz ohne Ansammlungen von Nervenzellen zu übergeordneten Nervenknoten.

Zusammenlagerungen von Nervenzellen findet man bei Wirbellosen, u. a. bei Plattwürmern, Ringelwürmern sowie Insekten und Krebsen. Diese Nervenknoten dienen der Zusammenführung von Informationen in einem bestimmten Abschnitt des Körpers und der Abstimmung von Reaktionen, z. B. Bewegungen der Beine. Bei vielen Wirbellosen bildet ein großer Nervenknoten am Vorderende des Körpers ein Gehirn. Darunter versteht man den übergeordneten Teil des Nervensystems, der als Integrationszentrum die neuronalen Aktivitäten eines Lebewesens koordiniert, steuert und regelt. Ein typisches Merkmal von Gehirnen ist die große Ansammlung von Nervenzellen mit vielfältigen Verbindungen z. B. zu Sinnesorganen und Muskeln.

Zum Zentralnervensystem der Wirbeltiere gehören das Gehirn und das Rückenmark. Sie sind durch den knöchernen Schädel und die Wirbelsäule geschützt. Die neuronalen Strukturen, die außerhalb des Zentralnervensystems liegen, heißen peripheres Nervensystem. Beim Menschen dient das Gehirn unter anderem der Zusammenführung von Informationen aus der Umwelt und dem Inneren des Körpers, der Koordination und Feinabstimmung von Bewegungen, der Informationsverarbeitung und Gedächtnisbildung, der Wortsprache sowie der Entstehung von Gefühlen. Auch die Regelung von Hunger, Durst, Körpertemperatur, Atem- und Herzschlagfrequenz sind Funktionen des Gehirns. Darüber hinaus beeinflusst das Gehirn über hormonelle Vorgänge den Energiehaushalt im Körper und die Fortpflanzung.

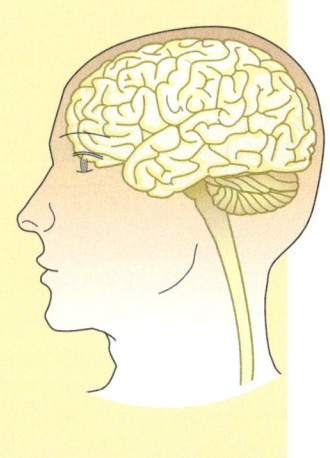

3 Nervensysteme bei verschiedenen Tiergruppen und dem Menschen

→ 3.20 Differentielle Genaktivität und die Vielfalt der Zellen   → 18.6 Evolution des menschlichen Gehirns

10.2 Das Ruhepotenzial

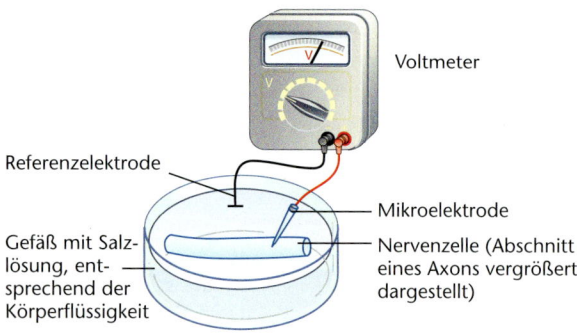

1 Versuchsanordnung zur Messung des Membranpotenzials an einer Nervenzelle

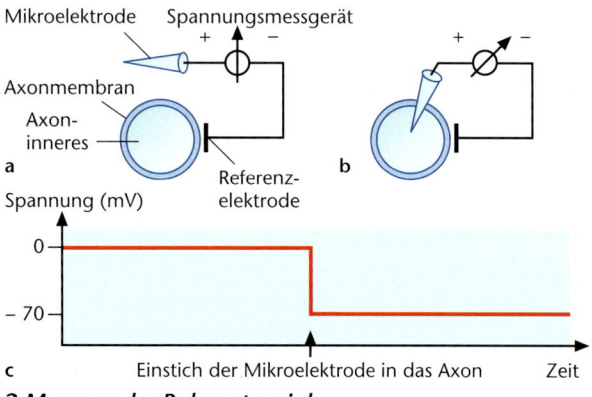

2 Messung des Ruhepotenzials

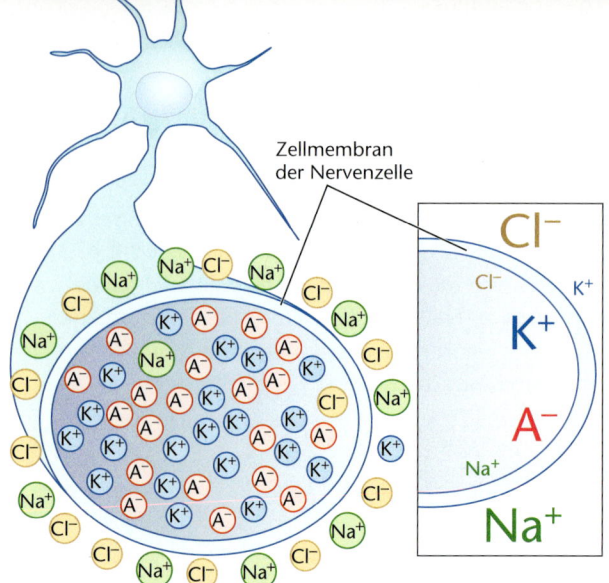

3 Ionenverteilung beim Ruhepotenzial

Messungen zeigen, dass das Innere einer Nervenzelle im Ruhezustand gegenüber dem Außenraum negativ geladen ist. Zwischen Innen und Außen herrscht eine elektrische Spannung von minus 70 Millivolt (mV). Man bezeichnet diese Spannung an der Membran einer unerregten Nervenzelle als **Ruhepotenzial** (Abb. 2).

Das Ruhepotenzial beruht auf der ungleichen Verteilung von Ionen. Diese wird durch die selektive Permeabilität der Membran hervorgerufen. Im Wesentlichen tragen folgende Ionen zum Ruhepotenzial bei: Natrium Na^+, Kalium K^+, Chlorid Cl^- und negativ geladene organische Moleküle A^-, vor allem Proteine. Vereinfacht kann man sagen, dass die Membran sehr gut durchlässig für Kaliumionen und gut durchlässig für Chloridionen ist, undurchlässig für organische Anionen und wenig durchlässig für Natriumionen.

Im Inneren der Nervenzelle befinden sich viele Kaliumionen und organische Anionen, aber nur wenige Natriumionen und Chloridionen (Abb. 3). Außerhalb der Zelle findet man viele Natriumionen und viele Chloridionen, aber nur wenige Kaliumionen und keine organischen Anionen. Man bezeichnet die Arbeit, die durch die Trennung von unterschiedlich geladenen Ionen beim Ausgleich verrichtet werden kann, als **elektrostatisches Potenzial**, die Arbeit, die von ungleich verteilten Teilchen beim Ausgleich durch Diffusion entlang eines Konzentrationsgefälles verrichtet wird, als **Diffusionspotenzial**. Es besteht ein Diffusionspotenzial für alle Ionen, wobei die organischen Anionen die Membran aber nicht passieren können. Kaliumionen können nach außen diffundieren. Mit jedem Kaliumion gelangt eine positive Ladung nach außen. Das vorhandene elektrostatische Potenzial wird dadurch erhöht, die Bewegung von Kaliumionen von Innen nach Außen schließlich gestoppt. Das Diffusionspotenzial der Chloridionen bewirkt, dass Chloridionen in die Nervenzelle wandern, doch ist die Menge an Chlorid in der Zelle gering, da die Chloridionen von den negativen organischen Anionen in der Zelle abgestoßen und von den positiven Ionen außerhalb der Zelle angezogen werden. Es herrscht ein stabiles Gleichgewicht zwischen dem Diffusionspotenzial für Kalium- und Chloridionen und dem elektrostatischen Potenzial. Das Ruhepotenzial beruht auf diesem Gleichgewicht.

Durch die Zellmembran können im geringen Umfang auch Natriumionen in das Axon wandern. Diese stören das bestehende Gleichgewicht und die für die Funktion der Signalübertragung wichtige Ungleichverteilung der Ionen. In die Membran eingelagerte Natrium-Kalium-Ionenpumpen befördern laufend eingedrungene Natriumionen unter ATP-Verbrauch nach außen und gleichzeitig Kaliumionen nach innen (Abb. 4).

→ 1.2 Struktur und Funktion von Zellorganellen (u.a. Zellmembran)

1 Gedankenexperiment zum Ruhepotenzial.
a) Gehen Sie davon aus, dass zum Beginn des Experimentes im Innern des Axons nur Kaliumionen und organische Anionen vorliegen, außen hingegen nur Natriumionen und Chloridionen. Die Membrandurchlässigkeit soll so sein wie auf der linken Seite beschrieben. Erläutern Sie die möglichen Vorgänge an der Nervenzelle.
b) Beschreiben und begründen Sie in einem Gedankenexperiment die Auswirkungen auf das Ruhepotenzial, wenn die Membran für Natrium-, Kalium- und Chloridionen ungehindert passierbar ist, nicht aber für die organischen Anionen. Berücksichtigen Sie Abb. 3.

2 Experiment an der Nervenzelle. Mit einer Anordnung wie in Abb. 1 wird das Membranpotenzial gemessen. Anschließend erhöht man kontinuierlich die Natriumkonzentration in der umgebenden Flüssigkeit. Skizzieren Sie ein Spannung-Zeit-Diagramm. Stellen Sie Hypothesen auf, wie sich die Erhöhung der Natriumkonzentration auf das Ruhepotenzial auswirken könnte.

3 Chloridionen im Gleichgewicht. Obwohl die Membran des Axons einer Nervenzelle für Chloridionen gut durchlässig ist, diffundieren nur relativ wenige dieser Anionen von außen nach innen. Begründen Sie diesen Sachverhalt unter Bezug auf Abb. 3.

4 Die Natrium-Kalium-Ionenpumpe. Entwickeln Sie Hypothesen über die Auswirkungen, wenn die Natrium-Kalium-Ionenpumpen einer Nervenzelle aufgrund einer Vergiftung der mitochondrialen Atmungskette kein ATP mehr zur Verfügung haben.

5 Experimente mit Natriumsulfatlösung. In einem U-Rohr mit einer selektiv permeablen Membran, die für Natriumionen durchlässig ist, nicht aber für Sulfationen, wird ein Schenkel mit Natriumsulfatlösung und ein Schenkel mit Wasser gefüllt (Abb. 5). Während des Experimentes wird die Spannung zwischen den beiden Schenkeln des U-Rohres gemessen. Man wiederholt das Experiment, wobei statt der selektiv permeablen Membran ein Diaphragma verwendet wird, das beide Ionen hindurchlässt, den Austausch zwischen den Schenkeln des U-Rohres aber insgesamt verlangsamt. Erläutern Sie jeweils den Verlauf des Spannung-Zeit-Diagramms. Beachten Sie dabei, dass die Diffusionsgeschwindigkeit der großen Sulfationen geringer ist als die der kleinen Natriumionen.

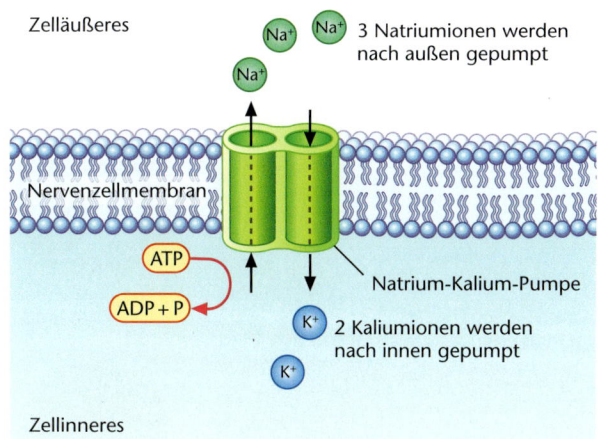

4 *Die Natrium-Kalium-Ionenpumpe*

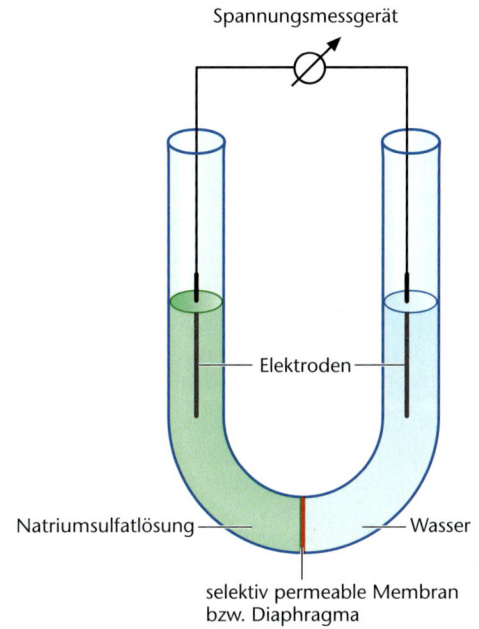

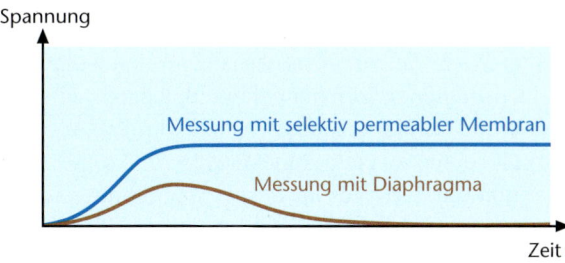

5 *Experiment mit Natriumsulfatlösung*

10.3 Biologisch-medizinische Arbeitstechnik: Patch-clamp-Technik

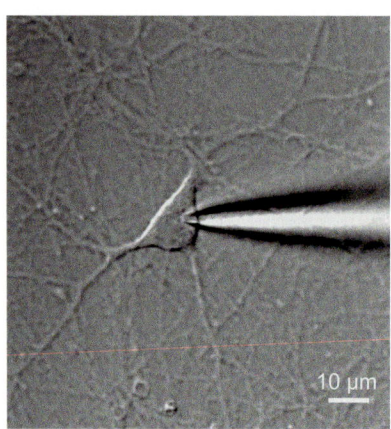

1 *Lichtmikroskopische Aufnahme einer Nervenzelle, die mithilfe der Patch-clamp-Technik untersucht wird*

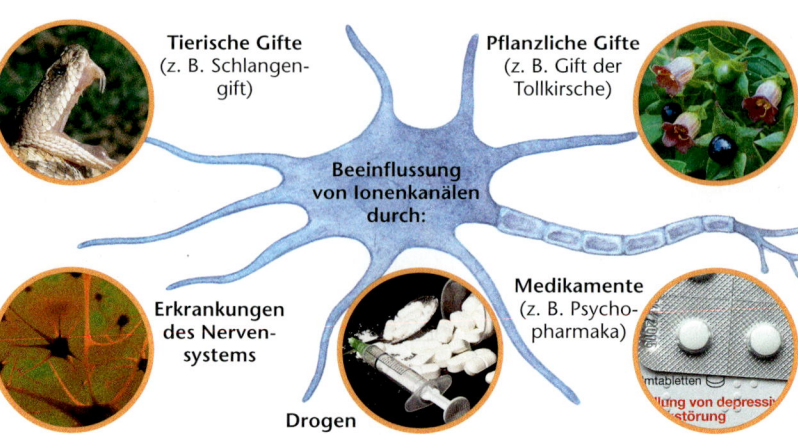

2 *Mögliche Faktoren, die die Aktivität von Ionenkanälen in Membranen beeinflussen*

Ionenkanäle regulieren in Nervenzellen durch Öffnen und Schließen den Ein- und Ausstrom von Ionen, z. B. Na^+- oder K^+-Ionen. Durch diese Ionenströme kommt es an diesen Bereichen der Zellmembran der Nervenzelle zu kurzzeitigen Änderungen des Membranpotenzials. Neurophysiologen untersuchen die Aktivität dieser Ionenkanäle und deren Beeinflussung durch äußere Faktoren (Abb. 2). Ihre Forschungsergebnisse sind z. B. in der Medizin bei der Entwicklung neuer Medikamente von großer Bedeutung.

Die Untersuchung der Aktivität der Ionenkanäle erfolgt u. a. mit der **Patch-clamp-Technik** (Abb. 1). Dabei wird eine feine Glaspipette, die eine Mikroelekrode in einer Salzlösung enthält, von außen auf die Zelle gesetzt und auf der Zellmembran fixiert (engl. to clamp: festklammern, befestigen). Auf diese Weise kann ein kleiner Membranbereich innerhalb der Pipette mit den darin enthaltenen Ionenkanälen (engl. patch: Flicken) von seinem direkten Umfeld isoliert werden (Abb. 3a). Mithilfe einer zweiten Mikroelektrode können nun Spannungsänderungen an diesem Membranbereich gemessen werden. Plötzliche Änderungen der Stromstärke zeigen dabei an, dass ein Ionenkanal geöffnet wurde (Abb. 3b). Ionen sind also durch die Ionenkanäle diffundiert. Diese Untersuchungen geben den Forschern Auskunft über die Ursachen, die zum Öffnen oder zum Schließen eines Ionenkanal-Typs führen.

Durch leichte Variationen der Versuchsanordnung können verschiedene Anwendungsformen, so genannte Konfigurationen, der Patch-clamp-Technik erstellt werden. So können etwa Ionenströme oder das Membranpotenzial über die gesamte Zelloberfläche gemessen werden (whole-cell recording). Man kann aber auch Ionenströme durch einzelne Ionenkanäle messen. Dabei ist es egal, ob sich das Membranstück noch in Kontakt mit der Zelle befindet (cell-attached) oder aber das Membranstück aus der Zelle herausgerissen wurde (Inside-out) (Abb. 4).

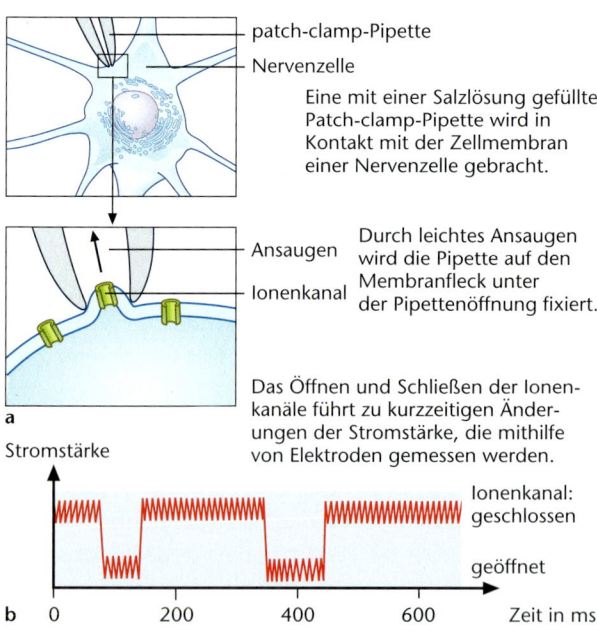

3 *Patch-clamp-Technik: a Durchführung; b Messergebnisse für einen Ionenkanal.*

→ 10.2 Das Ruhepotenzial   → 10.7 Informationsübertragung an Synapsen

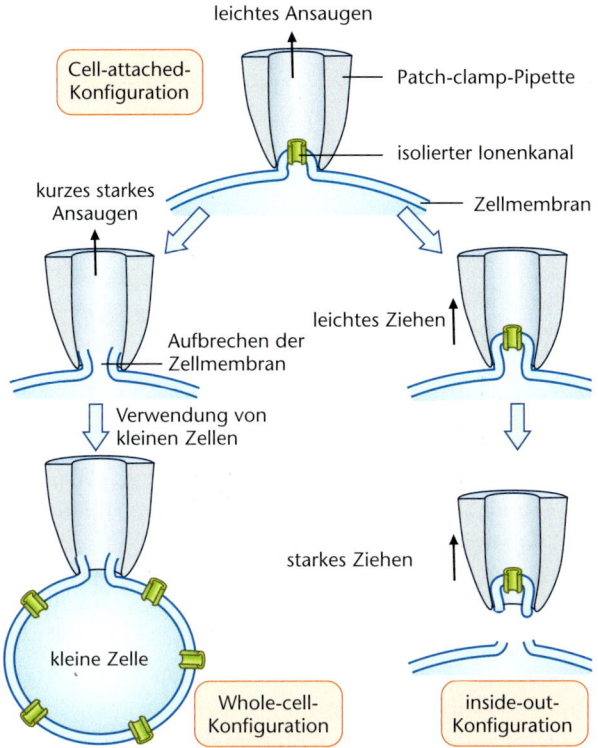

4 *Konfigurationen der Patch-clamp-Technik*

1 **Einsatzmöglichkeiten der Patch-clamp-Technik in der Forschung.** Durch die verschiedenen Konfigurationen der Patch-clamp-Technik können Ionenkanäle eindeutig identifiziert und ihre Beeinflussung durch äußere Faktoren ermittelt werden. So kann die Wirkung von chemischen Substanzen sowohl an einzelnen Zellen im Reagenzglas als auch innerhalb des lebenden Organismus untersucht werden.

a) Beschreiben Sie die Vorgehensweise zum Erstellen der verschiedenen Konfigurationen der Patch-clamp-Technik.
b) Planen Sie ein Experiment, mit welchem eindeutig überprüft werden kann, ob es sich bei dem durch die Inside-out-Konfiguration isolierten Ionenkanal in Abb. 4 um einen Natriumionenkanal handelt.
c) Erläutern Sie die Einsatzmöglichkeiten der verschiedenen Konfigurationen und die dabei überprüfbaren Fragestellungen, wenn die mögliche Wirkung eines neuen Medikaments auf die Aktivität von Ionenkanälen in der Zellmembran einer Nervenzelle untersucht werden soll.

2 **Conotoxine: Gifte der Kegelschnecken.** Kegelschnecken der Gattung Conus ernähren sich räuberisch von kleinen Fischen, die sie mithilfe eines Giftgemisches überwältigen. Wissenschaftlern ist es gelungen, die verschiedenen Bestandteile, die Conotoxine, zu isolieren, um daraus Wirkstoffe für die Behandlung von Patienten mit chronischen Schmerzen zu entwickeln. Die Giftstoffe blockieren die Weiterleitung der elektrischen Signale an Axonen. Mithilfe der Patch-clamp-Technik kann ihre Wirkung auf die Ionenkanäle in der Axonmembran untersucht werden. Dazu wurden einzelne Natrium- und Kaliumionenkanäle isoliert und nach kurzer Zeit mit δ- bzw. K-Conotoxin in Kontakt gebracht.
Deuten Sie die dabei ermittelten Messwerte für die Ionenströme (Abb. 5).

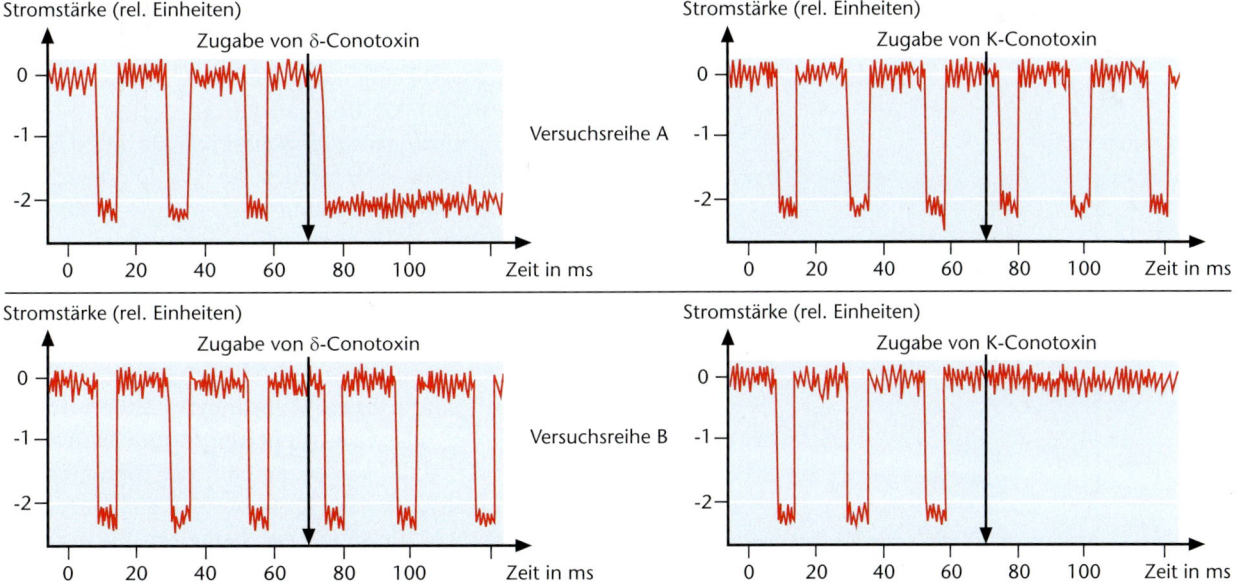

5 *Messergebnisse zur Untersuchung der Wirkung von δ-Conotoxin und K-Conotoxin auf Natriumionenkanäle (Versuchsreihe A) und Kaliumionenkanäle (Versuchsreihe B) mithilfe der Patch-clamp-Technik*

→ 10.9 Beeinflussung von Nervenzellen durch neuroaktive Stoffe

10.4 Das Aktionspotenzial an Nervenzellen

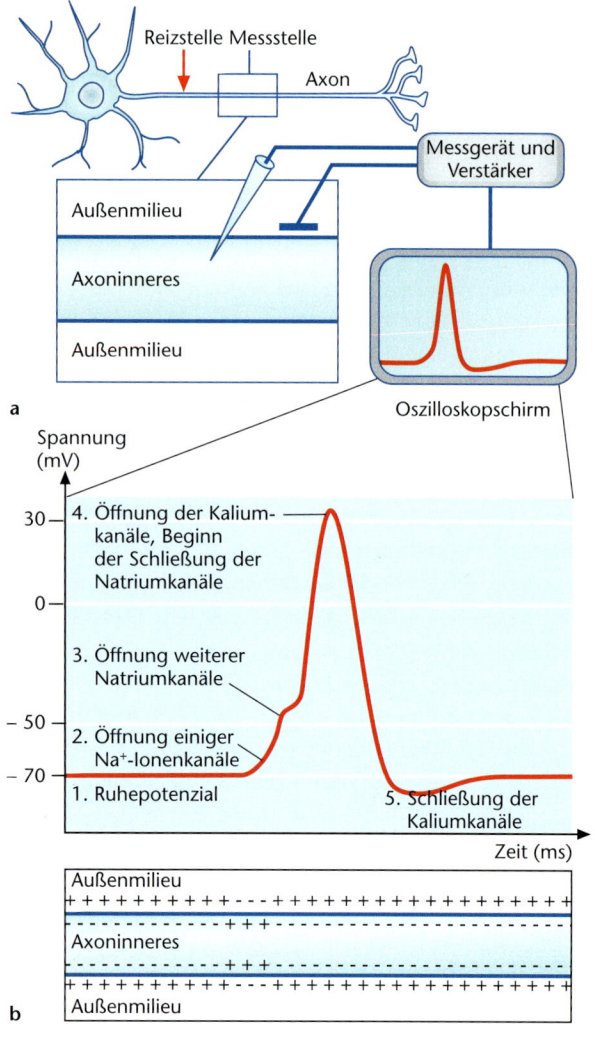

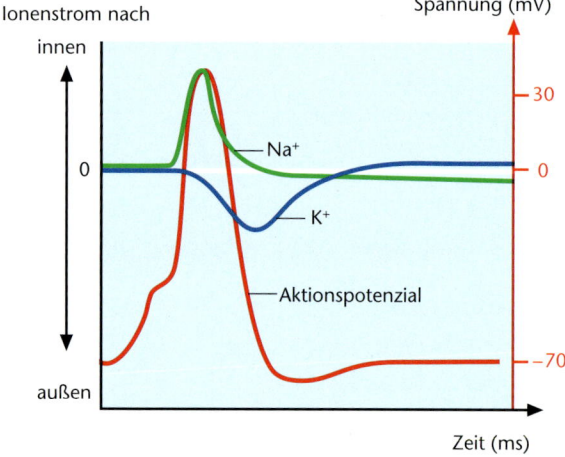

1 *a)* Anordnung zur Messung des Membranpotenzials, *b)* Aktionspotenzial, *c)* Ionenströme

Die zentrale Funktion von Nervenzellen ist die Weiterleitung von Informationen in Form von elektrischen Impulsen. Dies geschieht durch mehrere aufeinander folgende, wenige Millisekunden dauernde Spannungsänderungen am Axon, die sich auf einem Oszilloskopschirm darstellen lassen (Abb. 1a). Den typischen zeitlichen Verlauf dieser Spannungsänderungen nennt man **Aktionspotenzial**. Den Ablauf eines Aktionspotenzials kann man in verschiedene Phasen einteilen (Abb. 1b):

– Ausgehend vom Ruhepotenzial (1) verringert sich die Ladungsdifferenz zwischen dem Außen- und Innenmedium und damit die Spannung. Durch das Öffnen einiger Na^+-Ionenkanäle (2) beginnt die Depolarisation.

– Wird der Schwellenwert erreicht, bei dem die Spannung nur noch etwa –50 mV beträgt, öffnen sich in der Membran abrupt weitere Ionenkanäle für Na^+-Ionen (3). Durch diese **spannungsgesteuerten Ionenkanäle für Na^+-Ionen**, die sich infolge der Spannungsänderung öffnen, strömen aufgrund des Diffusionspotenzials und des elektrostatischen Potenzials positiv geladene Natriumionen in das Axoninnere ein. Dadurch schreitet die Depolarisation voran, bis es zu einer Umkehr der Ladungsverhältnisse kommt. Im Axon überwiegen jetzt positive Ladungen, außerhalb negative Ladungen.

– Die Spannungsumkehr bewirkt die Öffnung von **spannungsgesteuerten Kaliumkanälen**. Kaliumionen strömen durch diese geöffneten Kanäle ins Außenmedium, während sich die Natriumkanäle bereits wieder schließen (4). Die Spannung kehrt sich dadurch wieder um, man spricht von Repolarisation.

– Darauf schließen sich die Kaliumkanäle und das Ruhepotenzial stellt sich wieder ein (5). Die beständig arbeitenden Natrium-Kalium-Ionenpumpen stellen die ursprünglichen Ionenverhältnisse wieder her.

Aktionspotenziale können nur am Axonhügel und am Axon der Nervenzelle ausgelöst werden. Aktionspotenziale folgen dem „**Alles-oder-Nichts-Gesetz**". Das bedeutet, entweder wird ein vollständiges Aktionspotenzial ausgelöst, oder es entsteht kein Aktionspotenzial. Nach einem Aktionspotenzial sind die spannungsgesteuerten Natriumkanäle für kurze Zeit nicht erregbar, ein erneutes Aktionspotenzial kann erst nach dieser sogenannten **Refraktärzeit** wieder ausgelöst werden.

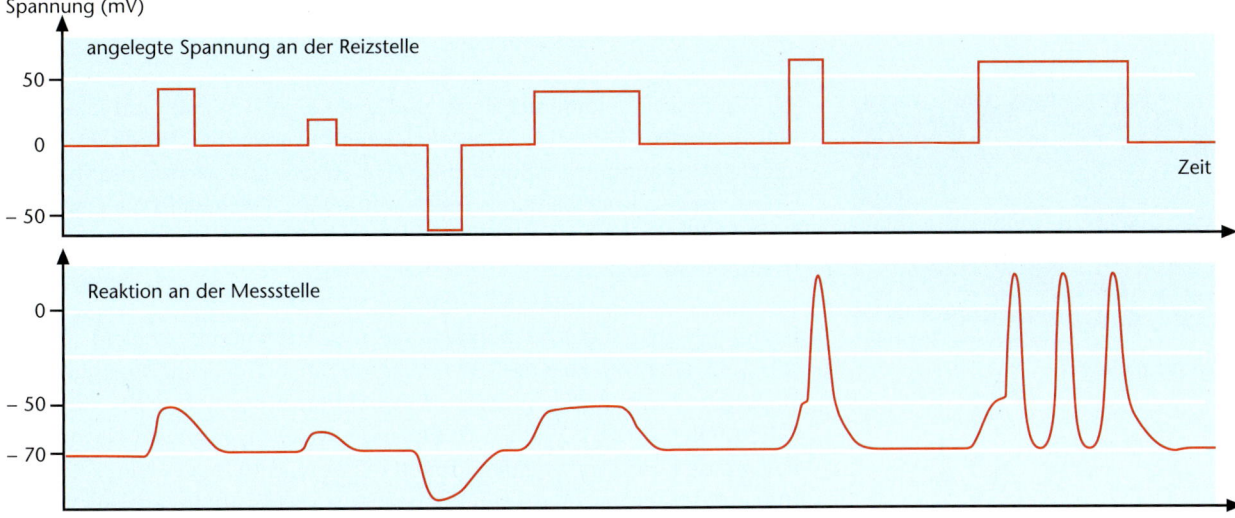

2 Experimente zur Auslösung von Aktionspotenzialen

1 Ionenströme.
a) Erläutern Sie Abb. 1c.
b) In Abb. 3 sind die Ergebnisse der Ionen-Strommessung während eines Aktionspotenzials angegeben. Erläutern und begründen Sie den unterschiedlichen Verlauf der Kurven.

2 Experimente zur Auslösung von Aktionspotenzialen.
Aktionspotenziale können an einem Axon auch durch Anlegen einer Spannung ausgelöst werden. Dabei verwendet man eine Mikroelektrode, die in das Axon eingestochen wird, und eine Drahtelektrode, die sich außen am Axon befindet (Abb. 1a).
Überprüfen Sie anhand der in Abb. 2 dargestellten Messergebnisse folgende Aussagen und begründen Sie Ihre Antwort.
A: Die Auslösung eines Aktionspotenzials ist unabhängig von der Polung der angelegten Spannung.
B: Die Dauer der angelegten Spannung ist maßgebend für die Auslösung von Aktionspotenzialen.
C: Nur die Höhe der angelegten Spannung ist für die Auslösung von Belang.
D: Eine hohe Dauerspannung erzeugt ein lang anhaltendes Aktionspotenzial.

3 Tetrodotoxin.
Tetrodotoxin (TTX) ist das schnell wirkende tödliche Nervengift der Kugelfische. Stellen Sie anhand der Kurven in Abb. 4 eine Hypothese über die Wirkung des Giftes bei einem Aktionspotential auf.

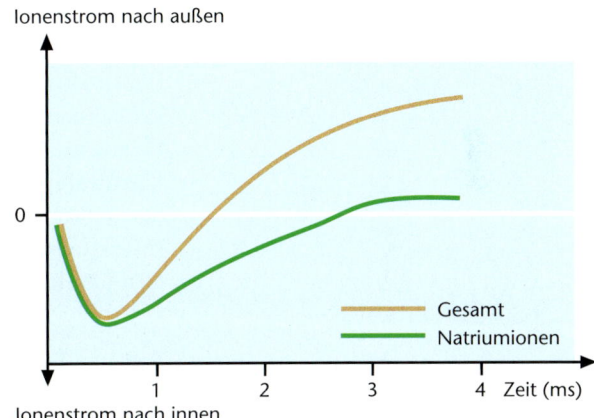

3 Ionenbewegungen während eines Aktionspotenzials

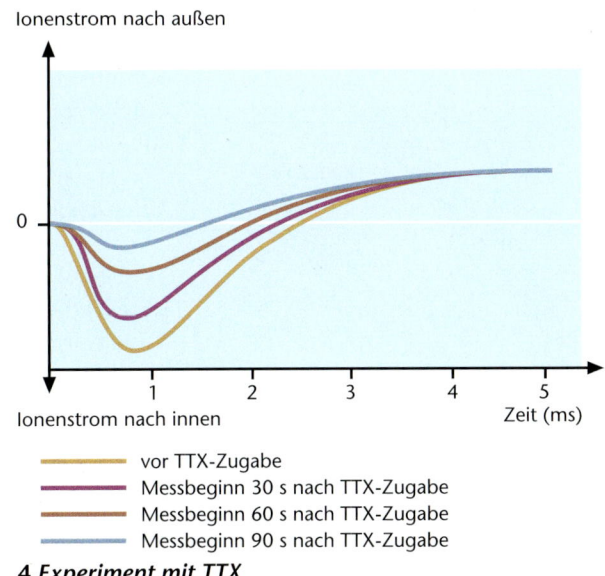

4 Experiment mit TTX

→ 10.10 Vom Reiz zum Aktionspotenzial

10.5 Kontinuierliche und saltatorische Erregungsleitung

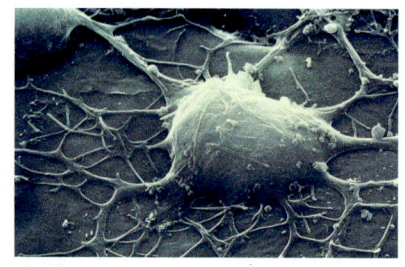

1 Nervenzellen

An Nervenzellen kann am Soma und den Dendriten aufgrund fehlender Natriumkanäle kein Aktionspotenzial ausgelöst werden. Wird durch eine angelegte Spannung am Soma einer Nervenzelle eine Depolarisation ausgelöst, breitet sie sich entlang der Membran aus. Dabei wird die Depolarisation um so geringer, je größer der Abstand zur Reizstelle wird (Messstelle 1 und 2 in Abb. 2).

Ist am Axonhügel eine Depolarisation noch stark genug, erreicht sie also den Schwellenwert von ca. −50 mV, so öffnen sich hier die spannungsgesteuerten Natriumionenkanäle. Ein Aktionspotenzial wird ausgelöst (Messstelle 3). Die bei einem Aktionspotenzial eingedrungen Natriumionen werden von den negativen Ionen in der unmittelbaren Umgebung im Inneren des Axons angezogen. Man spricht von Natrium-Ausgleichsströmen. Dadurch entsteht räumlich neben der gerade erregten Stelle eine Depolarisation (Abb. 4b). Diese Depolarisation löst nun benachbart zum „alten" Aktionspotenzial ein neues aus, während das alte Aktionspotenzial abklingt. Während der Refraktärzeit kann an der Stelle, an der ein Aktionspotenzial gerade abgeklungen ist, kein neues Aktionspotenzial ausgelöst werden. Ein Zurücklaufen eines Aktionspotenzials ist daher nicht möglich. Man nennt diese Art der Weiterleitung von Aktionspotenzialen **kontinuierliche Erregungsleitung**. Aktionspotenziale wandern aufgrund der „Alles-oder-Nichts"-Gesetzmäßigkeit ohne Verluste am Axon entlang (Messstelle 4) zur Synapse. Es können dabei Strecken von mehreren Metern überbrückt werden. Axone mit großem Querschnitt leiten dabei Aktionspotenziale schneller als dünne.

Myelinhaltige Hüllzellen können das Axon wie Isolatoren umgeben (Abb. 2). Nur im Bereich der Ranvierschen Schnürringe haben bei diesen **myelinisierten Axonen** die Natriumionen Kontakt zur Axonmembran und nur dort wirken Ionenkanäle und Ionenpumpen. Deshalb kann nur dort ein Aktionspotenzial entstehen. Die Natrium-Ausgleichsströme erfolgen im Innern des Axons über die ganze Strecke der Hüllzelle von Schnürring zu Schnürring. Diese Ausgleichsströme wirken sehr schnell. Das Aktionspotenzial springt gewissermaßen von Schnürring zu Schnürring (Abb. 4). Man nennt diese Art der Weiterleitung **saltatorische Erregungsleitung**. Sie ist wesentlich schneller als bei den nichtmyelinisierten Axonen, die keine Hüllzellen aufweisen.

Weil ein Aktionspotenzial ein „Alles-oder-Nichts"-Ereignis ist und immer dieselbe Form hat, kann es nicht das Grundelement von Information sein. Die Information ist in der Frequenz der Aktionspotenziale verschlüsselt (codiert). Man spricht daher von der **Frequenzcodierung** der Information.

2 Erregungsleitung

1 Weiterleitung eines Aktionspotenzial an myelinisierten und nichtmyelinisierten Axonen. Vergleichen Sie die Erregungsleitung am Axon ohne Hüllzellen und am Axon mit Hüllzellen (Abb. 2, 4).

2 Verzweigung eines Axons. Abb. 5 zeigt die Aktionspotenzialfrequenz an der Messstelle A. Leiten Sie aus den Informationen des Textes die Aktionspotenziale an den Messstellen B und C ab und begründen Sie Ihre Ansicht.

3 Leitungsgeschwindigkeiten. Werten Sie die Abb. 3 mithilfe des Textes aus. Gehen Sie dabei auch auf die Lebensweise der Organismen ein.

4 Erstellen von Modellen zur Erregungsleitung. Erstellen Sie mithilfe von Dominosteinen Modelle für die kontinuierliche und saltatorische Erregungsleitung an Axonen. Beurteilen Sie die Aussagekraft der Modelle.

Tierart	Axon-durchmesser μm	Hüllzellen	Geschwindigkeit in m/s	Temperatur (°C)
Frosch	18	ja	42	20
Frosch	2	ja	4	20
Frosch	2,5	nein	0,3	20
Katze	22	ja	120	37
Katze	3	ja	15	37
Katze	1	nein	2	37

3 Durchmesser und Leitungsgeschwindigkeit von Nerven

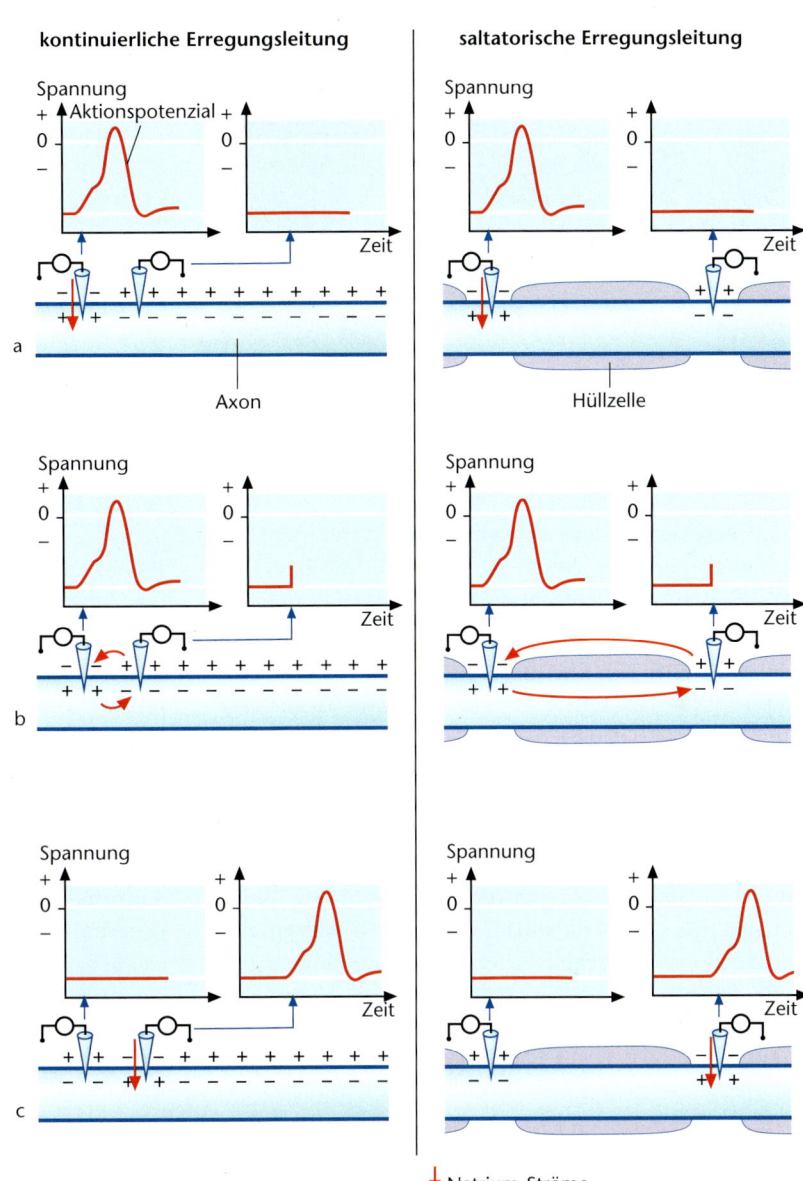

4 Kontinuierliche und saltatorische Erregungsleitung

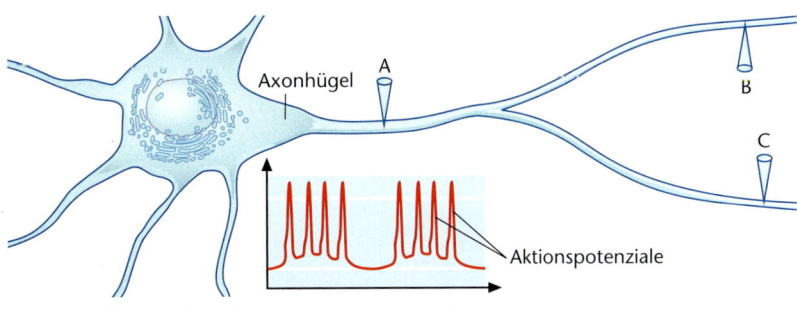

5 Verzweigung eines Axons

→ 10.2 Das Ruhepotenzial → 14.8 Verwandtschaft und Stammbaum der Wirbeltiere

10.6 Multiple Sklerose

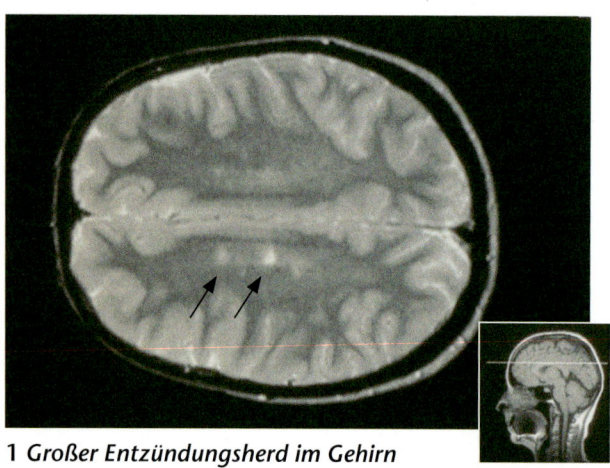

1 *Großer Entzündungsherd im Gehirn*

Multiple Sklerose ist eine degenerative Erkrankung des Zentralen Nervensystems. Mit etwa 130 000 betroffenen Menschen in Deutschland ist Multiple Sklerose die häufigste auf Entzündungsprozesse zurückzuführende neuronale Erkrankung. Frauen sind doppelt so häufig betroffen wie Männer. Die Krankheit bricht meist zwischen dem 20. und 40. Lebensjahr aus. Bis heute ist Multiple Sklerose nicht heilbar, allerdings kann das Voranschreiten der Krankheit verlangsamt werden.

Die Symptome der Krankheit sind sehr vielfältig. Häufig treten zunächst Empfindungsstörungen wie Taubheitsgefühle oder Kribbeln in Armen und Beinen auf. Auch Lähmungserscheinungen und Depressionen sind nicht ungewöhnlich. Sehstörungen treten fast immer auf. Zum Beispiel nehmen Betroffene alles wie durch einen Schleier wahr oder Kleingedrucktes kann plötzlich nicht mehr gelesen werden. Meist verläuft die Krankheit in Schüben, doch gibt es auch eine schleichende Form und eine Mischform aus Schüben und schleichendem Fortschreiten. Die Symptome verschwinden nach den Schüben häufig zunächst wieder, bis sie oder andere Symptome bei einem nächsten Schub wieder auftreten. In der Regel bleiben nach einem Schub irreparable Schäden zurück, sodass sich der Allgemeinzustand der Erkrankten mit jedem Schub verschlechtert. Eine Prognose zum Verlauf der Krankheit ist nicht möglich. Die Zunahme bleibender Schäden kann so langsam erfolgen, dass auf Jahrzehnte hin kaum eine Beeinträchtigung erfolgt. Im anderen Extremfall kann aufgrund von Gehbehinderungen ein Leben im Rollstuhl nicht ausgeschlossen werden.

Bei Multipler Sklerose entstehen Entzündungsherde im Zentralen Nervensystem (Abb. 1). Immunzellen greifen die Hüllzellen von Nerven an und zerstören dabei die von den Hüllzellen gebildete Isolationsschicht um die Axone (Abb. 2). Die Weiterleitung der Aktionspotenziale ist damit gestört. Die Art der Symptome hängt davon ab, in welchem Gehirnteil sich die Entzündung entwickelt und wie umfassend die Zerstörung ist. Da die Abwehr der Immunzellen sich gegen körpereigene Zellen richtet, wird Multiple Sklerose zu den **Autoimmunkrankheiten** gezählt. Entsprechende Antigene hat man allerdings noch nicht gefunden. Unklar ist auch, weshalb die Angriffe nur im zentralen Nervensystem erfolgen und Hüllzellen außerhalb des Gehirns unbeschädigt bleiben. Als Auslöser für Multiple Sklerose werden verschiedene Faktoren diskutiert (Abb. 4).

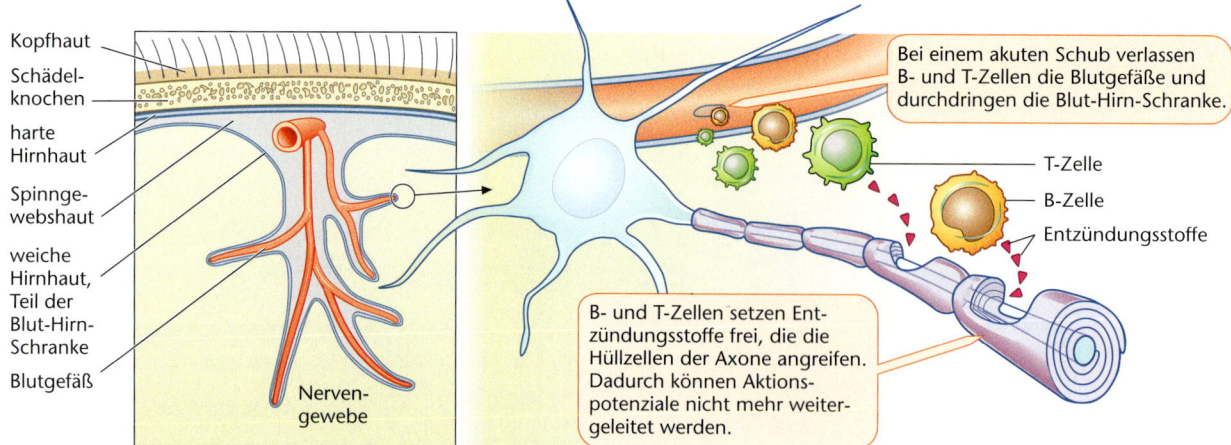

2 *Vorgänge im Gehirn bei einem akuten Schub von Multipler Sklerose*

	Groß-britannien	Kanada
Bevölkerung, insgesamt	0,3 %	0,2 %
Frauen	0,7 %	
Männer	0,1 %	
Verwandte 1. Grades (Eltern, Geschwister, Kinder)	2,8 %	3–5 %
Verwandte 2. Grades	1,0 %	
eineiige Zwillinge	33,0 %	38,0 %
zweieiige Zwillinge	3,0 %	3–5 %
Geschwister	3,0 %	3–5 %
Halbgeschwister		1,3 %
Adoptivkinder/-geschwister		0,2 %

Die Konkordanzrate (lat. *concordare*, übereinstimmen) gibt hier an, mit welcher Wahrscheinlichkeit eine Übereinstimmung hinsichtlich der Erkrankung an Multipler Sklerose vorhanden ist. Lesebeispiel: Die Wahrscheinlichkeit, dass ein eineiiger Zwilling in seinem Leben an Multipler Sklerose erkrankt, wenn der andere Zwilling an Multipler Sklerose erkrankt ist, beträgt nach der Untersuchung aus Großbritannien 33%.

3 *Verwandtschaftsgrad und Konkordanzrate für Multiple Sklerose*

1 **Konkordanzrate für Multiple Sklerose.** Werten Sie die Angaben in Abb. 3 aus.

2 **Ursachen von Multipler Sklerose.** Bezüglich der Ursache(n) von Multipler Sklerose werden verschiedene Faktoren diskutiert (Abb. 4). Keiner der Faktoren kann allein Multiple Sklerose hervorrufen. Beschreiben Sie die Schwierigkeiten, die sich bei der Ursachenforschung ergeben. Erläutern Sie, wie weitere Untersuchungen zur Ursachenforschung angelegt sein können.

3 **Multiple Sklerose, Schwangerschaft und Kinderwunsch.** Ein junges Paar, die Frau ist an Multipler Sklerose erkrankt, hat noch keine Kinder und steht vor der Frage, ob es seinem Wunsch nach einem eigenen Kind nachgibt oder davon Abstand nimmt. Beschreiben Sie das Dilemma, in dem sich das Paar befindet. Beachten Sie dabei die Angaben im Text sowie Abb. 3 und 5.

Beim derzeitigen Stand des Wissens lässt sich Folgendes sagen:
– Hormonale Empfängnisverhütungsmittel können von Multiple Sklerose-Patientinnen verwendet werden.
– Durch Multiple Sklerose ist keine Schädigung des Fötus zu erwarten, da nach mehreren Studien die Fehlbildungsrate bei Kindern von Frauen mit Multipler Sklerose nicht erhöht ist.
– Der Geburtsverlauf ist bei Multiple Sklerose-Patientinnen normal.
– Mit fortschreitender Schwangerschaft werden die Multiple-Sklerose-Schübe seltener, steigen jedoch nach der Geburt wieder an.
– Eine Schwangerschaft hat nach den bisherigen Daten keinen ungünstigen Einfluss auf den Langzeitverlauf einer Multiplen Sklerose.

5 *Multiple Sklerose, Schwangerschaft und Kinderwunsch*

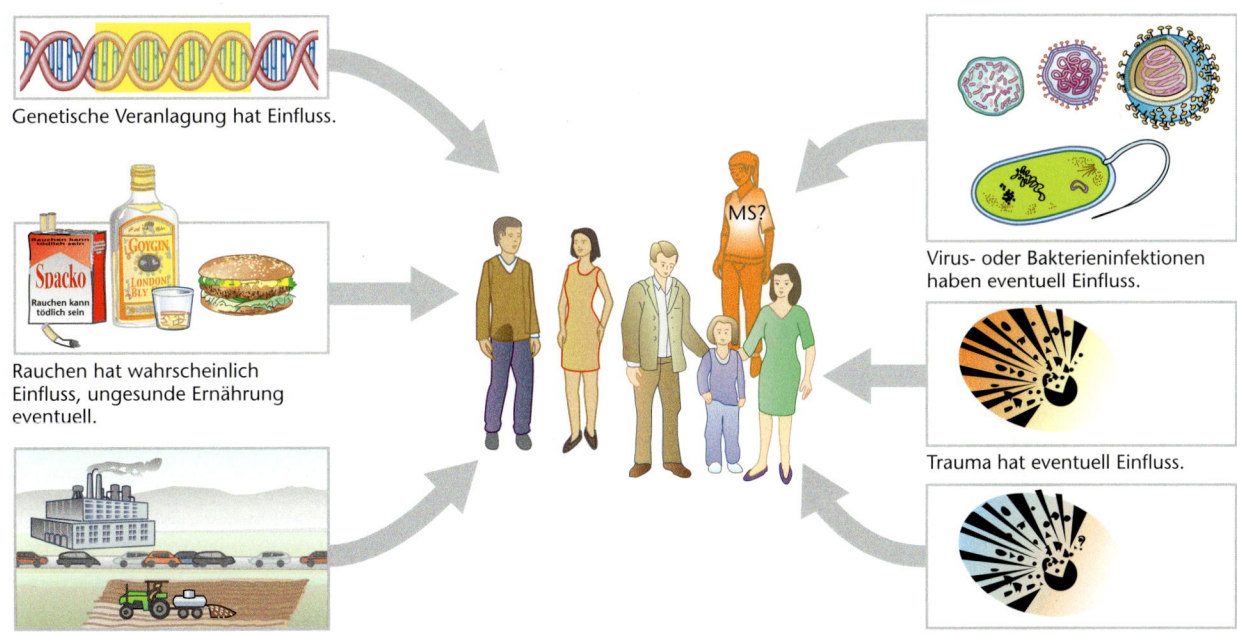

Genetische Veranlagung hat Einfluss.

Rauchen hat wahrscheinlich Einfluss, ungesunde Ernährung eventuell.

Umweltgifte haben eventuell Einfluss.

Virus- oder Bakterieninfektionen haben eventuell Einfluss.

Trauma hat eventuell Einfluss.

Stress hat Einfluss.

4 *Viele Faktoren werden als Auslöser der Multiple Sklerose diskutiert*

10.7 Informationsübertragung an Synapsen

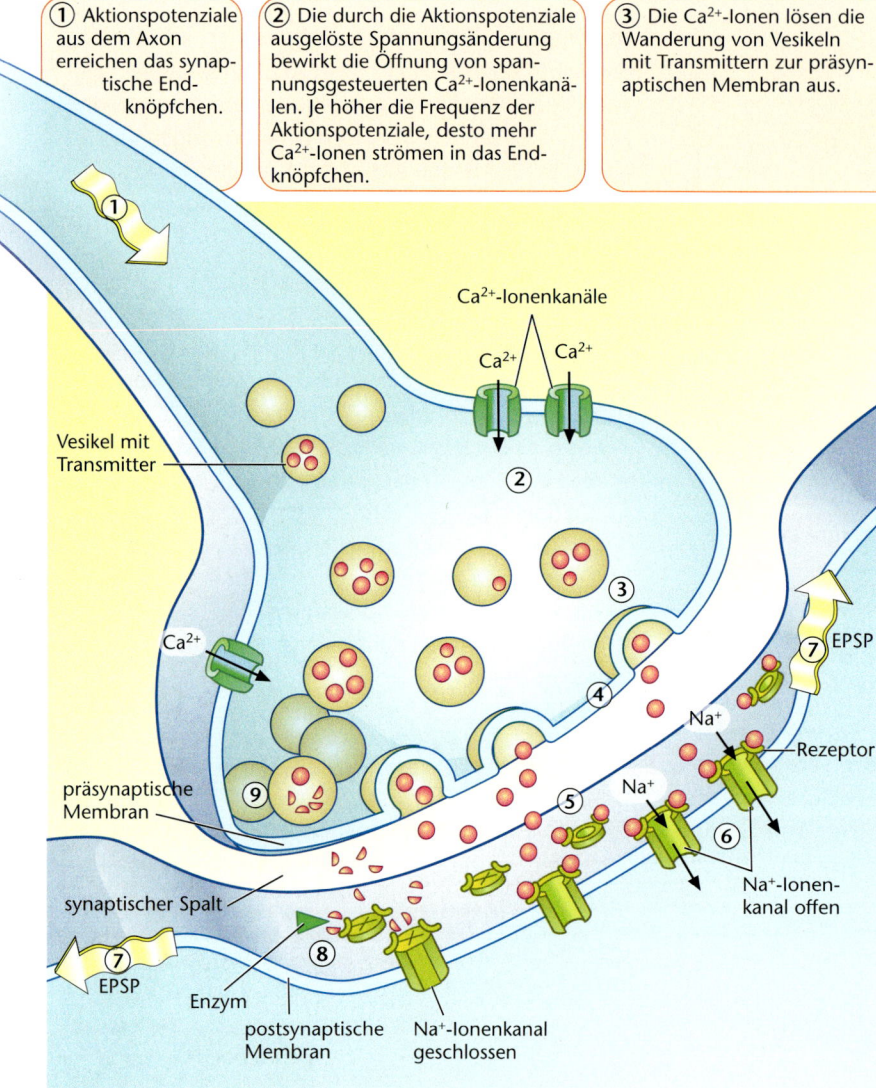

① Aktionspotenziale aus dem Axon erreichen das synaptische Endknöpfchen.

② Die durch die Aktionspotenziale ausgelöste Spannungsänderung bewirkt die Öffnung von spannungsgesteuerten Ca^{2+}-Ionenkanälen. Je höher die Frequenz der Aktionspotenziale, desto mehr Ca^{2+}-Ionen strömen in das Endknöpfchen.

③ Die Ca^{2+}-Ionen lösen die Wanderung von Vesikeln mit Transmittern zur präsynaptischen Membran aus.

④ Die Vesikel verschmelzen mit der präsynaptischen Membran und entleeren die Transmittermoleküle in den synaptischen Spalt. Je mehr Ca^{2+}-Ionen vorhanden sind, desto mehr Transmittermoleküle werden ausgeschüttet.

⑤ Transmittermoleküle diffundieren durch den synaptischen Spalt und docken an passende Rezeptoren der postsynaptischen Membran an.

⑥ Durch das Andocken der Transmittermoleküle an die Rezeptoren werden Na^+-Ionenkanäle geöffnet, Na^+-Ionen strömen in die postsynaptische Zelle. Je mehr Transmitter an die Rezeptoren andocken, desto mehr Na^+-Ionen strömen ein.

⑦ Durch den Natrium-Ionen-Einstrom entsteht eine Depolarisation an der postsynaptischen Membran. Diese Depolarisation wird als EPSP (erregendes postsynaptisches Potenzial) bezeichnet. Je mehr Na^+-Ionen einströmen, desto stärker ist das EPSP. Das EPSP breitet sich auf der postsynaptischen Membran aus.

⑧ Enzyme spalten die Transmittermoleküle an den Rezeptoren. Die Teilstücke lösen sich von den Rezeptoren. Daraufhin schließen sich die Na^+-Ionenkanäle.

⑨ Die Produkte der enzymatischen Spaltung werden in die präsynaptische Zelle transportiert. Dort werden sie wieder zu neuen Transmittermolekülen synthetisiert.

1 *Informationsübertragung an einer Synapse*

Synapsen sind die Verbindungsstellen zwischen Nervenzellen oder anderen nachgeschalteten Zellen. Die Nervenzelle mit ihrem Endknöpfchen wird als präsynaptische Zelle bezeichnet, die nachgeschaltete Zelle als postsynaptische Zelle. Nachgeschaltete Zellen können Nervenzellen, Muskelzellen oder Drüsenzellen sein. Das Prinzip der Signalübertragung ist bei den meisten Synapsen gleich (Abb. 1): Sie erfolgt durch Überträgersubstanzen, die man als **Transmitter** bezeichnet. Es gibt verschiedene Transmitter, wobei jede Nervenzelle nur einen Transmitter verwendet. Wichtige Transmitter sind z. B. Acetylcholin, Serotonin, Dopamin und Glutamat. Das von dem Transmitter an der postsynaptischen Membran ausgelöste Potenzial (EPSP) wandert z. B. bei einer Nervenzelle unter Abschwächung zum Axonhügel der postsynaptischen Zelle und kann im Axon Aktionspotenziale auslösen. Störungen an Synapsen können Krankheiten hervorrufen. So wird z. B. die Parkinsonkrankheit durch einen Mangel an dem Transmitter Dopamin hervorgerufen. Viele Psychopharmaka und Drogen wirken im Bereich der Synapsen.

Stoff	Wirkungsweise	natürliches Vorkommen	Anwendung der Medizin
Curare	– blockiert die Rezeptoren für Acetylcholin der postsynaptischen Membran, ohne die Ionenkanäle zu öffnen – Es handelt sich um eine kompetitive Hemmung. Der Tod tritt durch Atemlähmung ein.	– Pflanzenextrakte, die als Pfeilgift von südamerikanischen Indianern verwendet werden – giftig nur bei Injektion.	– zur Ruhigstellung von Muskeln z. B. bei Augenoperationen – heute wegen starker Nebenwirkungen kaum noch verwendet
Botulinumtoxin (Botox)	– verhindert in der präsynaptischen Zelle die Verschmelzung der Vesikel mit der präsynaptischen Membran, indem das Toxin als Enzym ein Protein spaltet, das zur Verschmelzung der Vesikelmembran mit der präsynaptischen Membran notwendig ist – 0,0001 mg Botulinumtoxin können für Menschen tödlich sein. Der Tod erfolgt durch Atemlähmung.	– Unter anaeroben Bedingungen vom Bakterium *Clostridium botulinum* gebildet – Lebensmittelvergiftung z. B. nach Genuss verdorbener Konserven	– bei spastischen Lähmungen, die meist durch eine zu hohe Muskelspannung oder wechselnde Muskelspannungen hervorgerufen werden – unter dem Namen Botox in der Kosmetik zur Faltenglättung

2 Vergleich zweier Giftstoffe: Curare und Botulinumtoxin, beide wirken auf Synapsen mit Acetylcholin als Transmitter

Das zur Milderung von Falten eingesetzte Mittel zur Muskelentspannung Botox gerät zunehmend in die Kritik. Das Nervengift Botox wird unter anderem in verkrampfte Muskeln gespritzt, um diese zu lösen. Die weltgrößte Medikamenten-Aufsichtsbehörde „US Food and Drug Administration" meldete 180 ernsthafte Zwischenfälle in Zusammenhang mit der Verabreichung des Nervengifts. Wie es heißt, werden 16 Todesfälle, darunter vier Minderjährige, in Verbindung mit der Kosmetik-Injektion gebracht. Dabei wird Botox in bestimmte Gesichtsbereiche injiziert, um Mimikfalten zu glätten. Der unter der Falte liegende Muskel wird durch Botox für einige Monate gelähmt. Dann kann die Injektion wiederholt werden. Unerwünschte Nebenwirkungen seien das Auftreten von Muskelschwäche oder Schluckbeschwerden. Ein amerikanischer Verbraucherverband fordert nun eine eindeutige Kennzeichnungspflicht für das Medikament, die auf die Todesgefahr hinweist. Botox-Hersteller Allergan, der dieses Jahr einen weltweiten Umsatz von 1,1 Milliarden US-Dollar erwartet, weist darauf hin, dass die angezeigten Risiken bereits in der Anwendungsbeschreibung aufgeführt sind.

3 Pressemeldung zu Botox

Von der Mehrzahl der Betroffenen wird der Biss nicht einmal bemerkt. 10 Minuten bis eine Stunde nach dem Biss setzt ein Schmerz in den Lymphknoten der Achselhöhlen oder der Leistengegend ein. Erst scheint der Schmerz gering, dann steigert er sich ins Unerträgliche. Er strahlt in den Bauch, in die Arme und Beine aus. Der Patient ist vor Schmerz nicht mehr in der Lage zu stehen, wälzt sich stöhnend und schreiend auf dem Boden. Beklemmungsgefühle in der Brust treten auf. Die Haut ist schweißbedeckt und extrem schmerzempfindlich. Die Atmung ist schnell und oberflächlich, und es treten heftige Krämpfe auf. Die Symptome halten unbehandelt 12 bis 24 Stunden an.

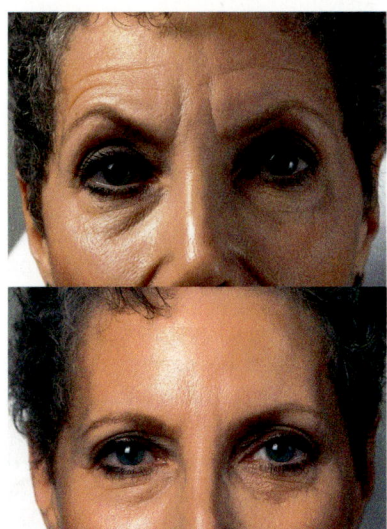

4 Gesichter mit und ohne Botoxbehandlung

1 Bau und Funktion einer Synapse. Beschreiben Sie Bau und Funktion einer Synapse anhand der Abb. 1. schließen Sie dann ihr Buch und skizzieren Sie eine Synapse. Erläutern Sie Ihre Skizze.

2 Curare und Botulinumtoxin.
a) Vergleichen Sie Curare und Botulinumtoxin (Abb. 2).
b) Stellen Sie eine Hypothese auf, weshalb Botulinumtoxin eine wesentlich höhere Giftigkeit aufweist als Curare.

3 Botoxbehandlungen. Nennen Sie anhand der Abb. 2, 3 und 4 die Vor- und Nachteile von Botoxanwendungen und bewerten Sie den Einsatz in Medizin und Kosmetik.

5 Der Biss der schwarzen Witwe

4 Der Biss der schwarzen Witwe. Das Gift der schwarzen Witwe bewirkt die schlagartige Ausschüttung der Vesikel an Synapsen zwischen Nerven- und Muskelzellen. Werten Sie die Abb. 5 aus und begründen Sie die Symptome nach einem Biss.

10.8 Neuronale Verrechnung

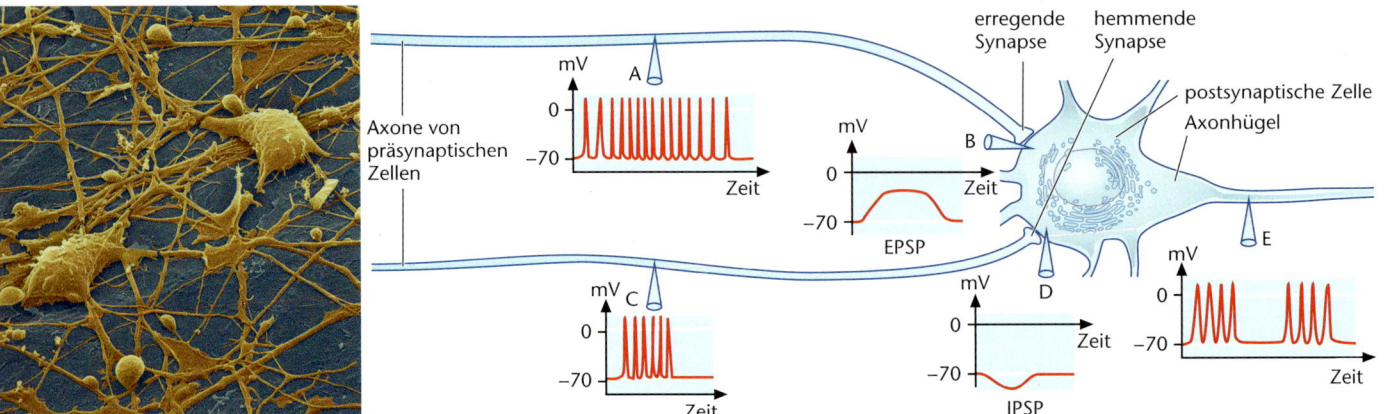

1 *Potenzialverrechnung an einer Nervenzelle*

Die Ionenkanäle an der postsynaptischen Membran bezeichnet man als **ligandengesteuerte Ionenkanäle**. Darunter versteht man Ionenkanäle, die sich nach Bindung von bestimmten Molekülen, den Liganden (lat. ligare, verbinden), an Rezeptoren öffnen. Werden bei einer Synapse durch den Transmitter an der postsynaptischen Membran Na^+-Ionenkanäle geöffnet, entsteht in der postsynaptischen Zelle eine Depolarisation, die über den Zellkörper unter Abschwächung bis zum Axonhügel läuft. Wird dort der Schwellenwert erreicht, werden ein oder mehrere Aktionspotenziale nach dem Alles-oder-Nichts-Gesetz im Axon ausgelöst. Die Depolarisation der postsynaptischen Zelle wirkt also erregend. Dieses postsynaptische Potenzial wird deswegen als **e**rregendes **p**ost**s**ynaptisches **P**otenzial (**EPSP**) bezeichnet, die Synapse als erregende Synapse (Abb. 1B). Es gibt aber auch Synapsen, bei denen durch das Andocken der Transmitter an die Rezeptoren der postsynaptischen Membran statt der Na^+-Ionenkanäle K^+-Ionenkanäle oder Cl^--Ionenkanäle geöffnet werden. Dabei kommt es kurzfristig zu einem Ausstrom von K^+-Ionen bzw. einem Einstrom von Cl^--Ionen, bevor sich wieder ein Gleichgewichtszustand einstellt. In beiden Fällen entsteht für kurze Zeit ein stärkerer Überschuss an negativen Ionen in der Zelle als im Ruhezustand. Es entsteht eine Hyperpolarisation (Abb. 1D). Ein solches postsynaptisches Potenzial bezeichnet man als hemmendes oder **i**nhibitorisches **p**ost**s**ynaptisches **P**otenzial (**IPSP**), da es einer Depolarisation und damit einer Erregung entgegenwirkt. Man spricht von einer hemmenden Synapse. Sowohl für erregende Synapsen als auch hemmende Synapsen gilt, dass die Transmittermenge die Höhe des postsynaptischen Potenzials bestimmt. Von der gleichen Nervenzelle können erregende und hemmende Synapsen ausgebildet werden. Ob eine Synapse erregend oder hemmend wirkt, hängt von den Rezeptoren und der Art der Ionenkanäle an der postsynaptischen Membran ab.

Die von dem Ruhepotenzial abweichende Ionenverteilung bei einem EPSP oder einem IPSP hat eine Wanderung von Ionen zur Folge. Sowohl das EPSP als auch das IPSP breiten sich über Dendrit und Soma der Nervenzelle aus. Dabei nimmt die Depolarisation bzw. Hyperpolarisation mit zunehmender Entfernung von der Synapse ab, weil sich die Ionen im Cytoplasma der Nervenzelle verteilen. Je weiter ein postsynaptisches Potenzial wandert, desto kleiner wird es.

Entstehen mehrere postsynaptische Potenziale in kurzen Zeitabständen oder gleichzeitig an verschiedenen Synapsen der gleichen Nervenzelle, summieren sich die Potenziale. Depolarisationen addieren sich, ebenso Hyperpolarisationen. Depolarisationen und Hyperpolarisationen wirken einander entgegen. Werden zeitlich schnell folgende Potenziale auf diese Weise verrechnet, spricht man von **zeitlicher Summation,** werden gleichzeitige Potenziale von verschiedenen Synapsen verrechnet, von **räumlicher Summation.** Maßgebend für die Entstehung von Aktionspotenzialen ist schließlich das am Axonhügel durch Verrechnung aller Potenziale resultierende Potenzial. Hat dies einen Schwellenwert überschritten, entstehen am Axonhügel Aktionspotenziale. Je stärker und länger der Schwellenwert überschritten wird, desto größer ist die Frequenz der Aktionspotenziale.

1 Einfache neuronale Verrechnung. Erläutern Sie die in Abb. 1 dargestellten Vorgänge.

2 Modell zur neuronalen Verrechnung. Abb. 2 zeigt ein Modell zur neuronalen Verrechnung.
a) Beschreiben und erläutern Sie die Funktionsweise des Modells.
b) Stellen Sie den Bezug zwischen den Funktionselementen des Modells und den entsprechenden neuronalen Elementen her.
c) Beurteilen Sie die Aussagekraft des Modells.

3 Beispiele neuronaler Verrechnung. Erläutern Sie die Verrechnung der Aktionspotenzialfrequenzen in Abb. 3. Skizzieren Sie dabei die postsynaptischen Potenziale an den aktiven Synapsen im Spannungs-Zeit-Diagramm.

4 Alltagssituation. Abb. 4 zeigt eine Verschaltung von Neuronen, die zur Bewältigung folgender Alltagssituation notwendig ist: Ein ziemlich heißer Topf wird vom Herd genommen. Die Finger schmerzen, aber der Topf wird nicht fallen gelassen. Erläutern Sie die Funktion dieser Verschaltung.

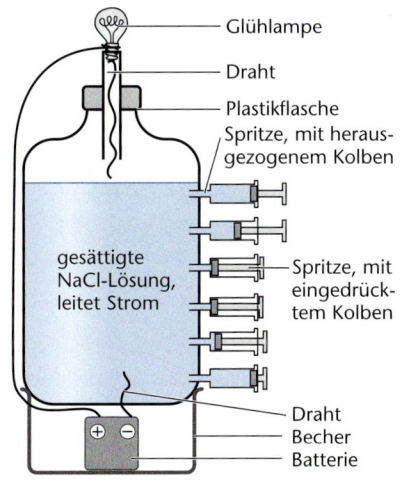

2 *Modell zur neuronalen Verrechnung*

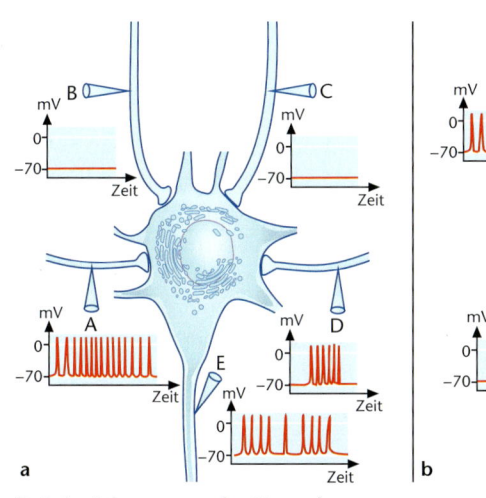
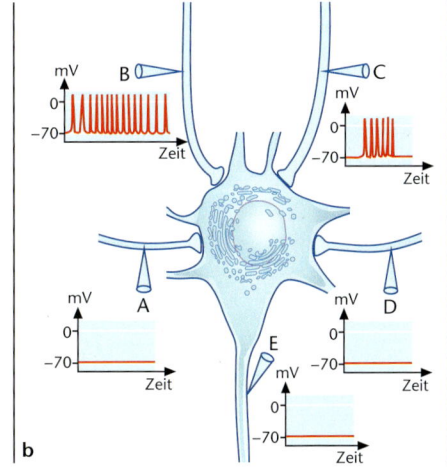
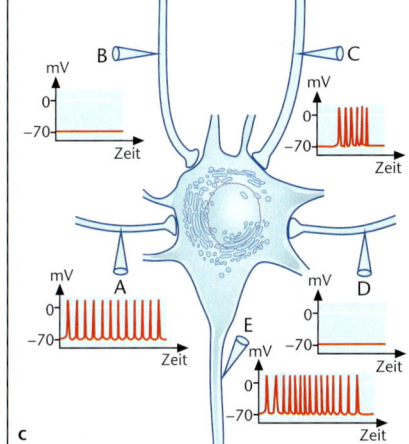

3 *Beispiele neuronaler Verrechnung*

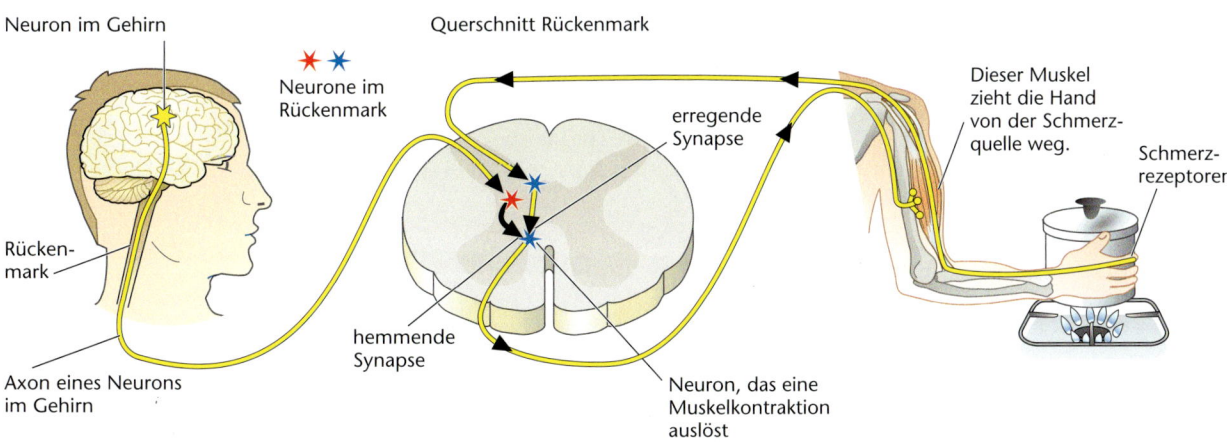

4 *Alltagssituation*

→ 12.3 Neuronale Plastizität

10.9 Beeinflussung von Nervenzellen durch neuroaktive Stoffe

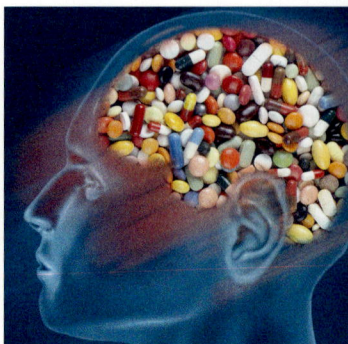

1 *Nervengifte von Pflanzen und Tieren sowie Drogen und Psychopharmaka haben Wirkungen auf die Funktion von Synapsen*

Kegelschnecken kommen in flachen Meeresbereichen des indisch-pazifischen Ozeans vor (Abb. 1). Manche von ihnen jagen Fische. Blitzschnell wird einem vorbeischwimmenden Fisch ein Giftcocktail mit einem Giftzahn injiziert. Der Jagderfolg der Kegelschnecke beruht darauf, dass auf die Fische sofort Gifte wirken, die die Muskulatur der Flossen schlagartig verkrampfen lassen und die Fische dadurch bewegungsunfähig machen. Die Nervengifte, die zum Verkrampfen führen, aktivieren die Na^+-Ionenkanäle und hemmen die K^+-Ionenkanäle in den Axonen des Fisches (Abb. 2).

Mit kurzer zeitlicher Verzögerung werden auch die Ca^{2+}-Ionenkanäle der präsynaptischen Membran blockiert sowie die Ionenkanäle der postsynaptischen Membran. Der Fisch ist nun gelähmt und wird gefressen.

Mittlerweile kennt man Hunderte von Stoffen, die an Nervenzellen wirksam sind. Diese neuroaktiven Stoffe entfalten ihre Wirkung meistens im Bereich der Synapsen. Zu den **neuroaktiven Stoffen** gehören auch Drogen und Psychopharmaka (Abb. 1).

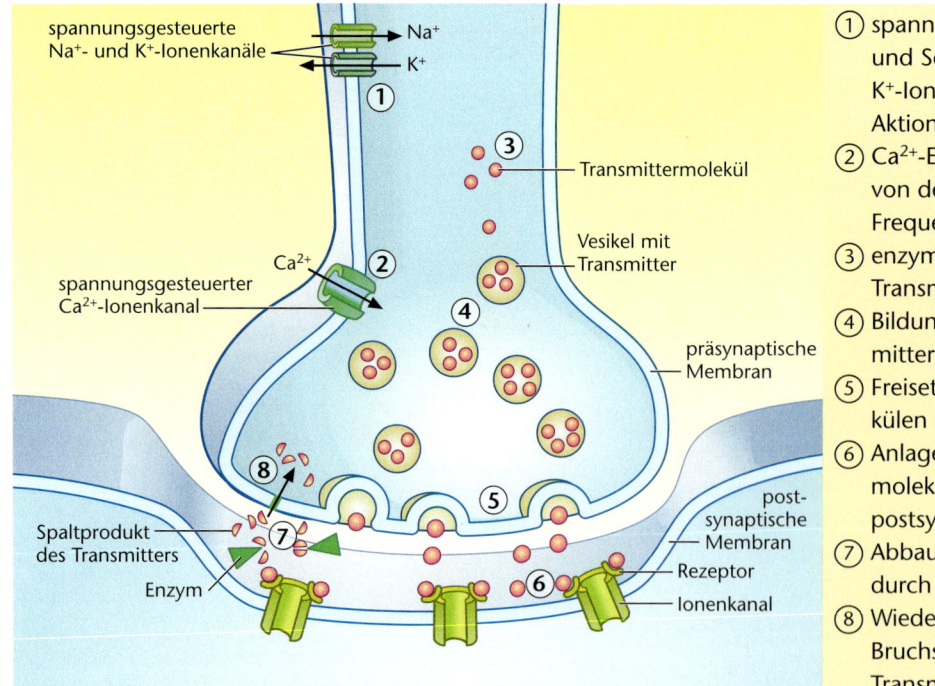

① spannungsgesteuertes Öffnen und Schließen von Na^+- bzw. K^+-Ionenkanälen im Verlauf von Aktionspotenzialen
② Ca^{2+}-Einstrom in Abhängigkeit von der Aktionspotenzial-Frequenz
③ enzymatische Synthese des Transmitters
④ Bildung von Vesikeln mit Transmittermolekülen
⑤ Freisetzung von Transmittermolekülen in den synaptischen Spalt
⑥ Anlagerung der Transmittermoleküle an die Rezeptoren der postsynaptischen Membran
⑦ Abbau von Transmittermolekülen durch Enzyme
⑧ Wiederaufnahme der Transmitter-Bruchstücke und Resynthese zu Transmittermolekülen

2 *Jeder Schritt der Informationsübertragung an der Synapse kann durch neuroaktive Stoffe beeinflusst werden*

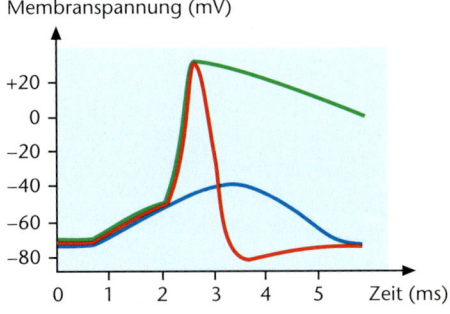

3 a) Aktionspotenzial und seine Veränderung durch Nervengifte, b) Kugelfisch

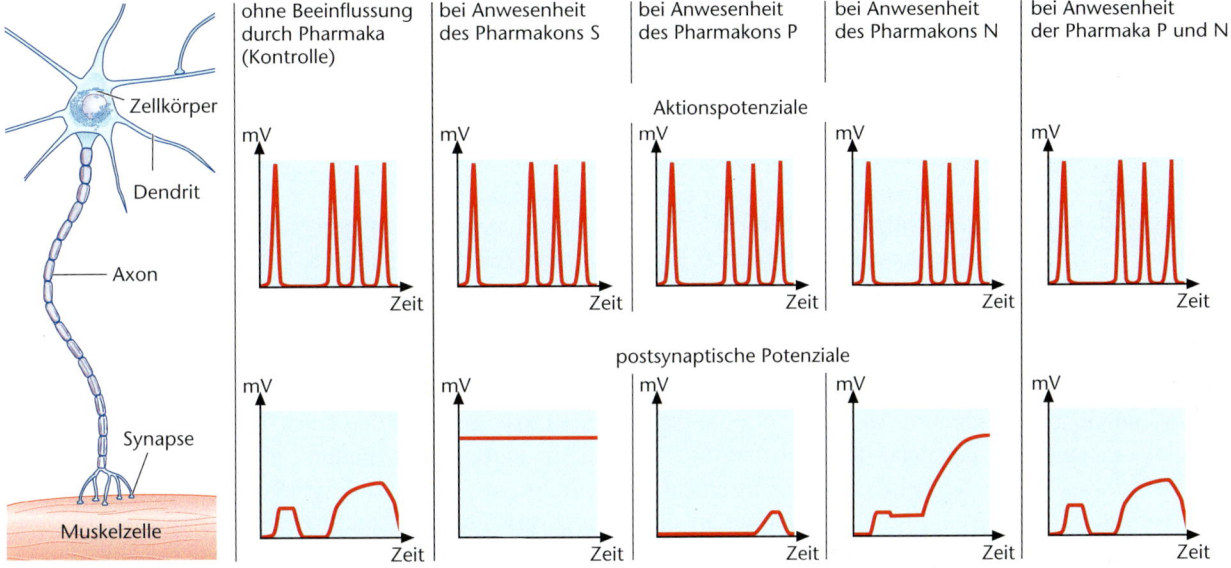

4 Kontrollversuch und Effekte verschiedener neuroaktiver Stoffe auf die Synapsen eines motorischen Neurons

1 Beeinflussung der Informationsübertragung an Synapsen durch neuroaktive Stoffe. Beschreiben Sie die acht Schritte synaptischer Übertragung aus der Abb. 2. Entwerfen Sie dann für jeden einzelnen Schritt begründete Hypothesen über die Folgen auf die synaptische Übertragung, wenn der jeweilige Schritt von einem neuroaktiven Stoff gehemmt (oder gefördert) wird.

2 Recherche: Nikotin. Recherchieren und präsentieren Sie Informationen zur biologischen Bedeutung des Nikotins in der Tabakpflanze, zu den synaptischen Wirkungen sowie zum Suchtpotenzial des Nikotins.

3 Nervengift von Kegelschnecke und Kugelfisch. Analysieren Sie Abb. 3 in Hinblick auf mögliche Wirkungsweisen der Nervengifte eines Kugelfisches und einer Kegelschnecke.

4 Beeinflussung von neuromuskulären Synapsen. Werten Sie Abb. 4 in Hinblick auf mögliche Wirkorte und Wirkungsweisen der neuroaktiven Stoffe S, P und N vergleichend aus.

5 Recherche: Neuro-Enhancement. Unter Neuro-Enhancement (engl. *to enhance,* steigern, verbessern) versteht man den Versuch, die eigene Hirnleistung z. B. Konzentration, Gedächtnis und Stimmung durch die Einnahme von Medikamenten, die zur Behandlung von Kranken entwickelt wurden, zu verbessern. Recherchieren Sie zur Problematik des Neuro-Enhancements auch in diesem Buch und referieren Sie zu diesem Thema.

→ 10.11 Molekulare Vorgänge der Signaltransduktion an Sinneszellen

10.10 Vom Reiz zum Aktionspotenzial

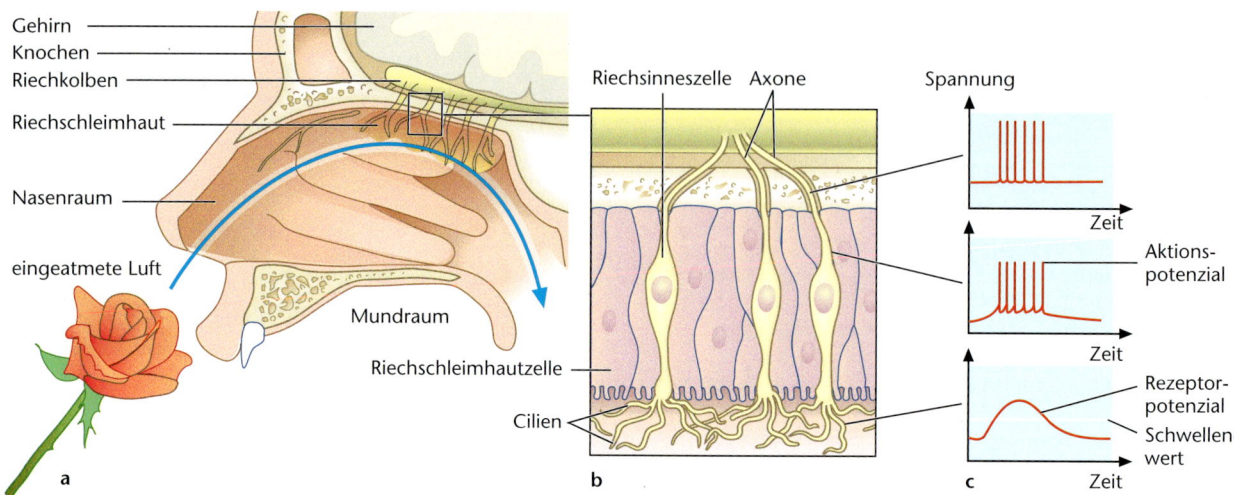

1 a) Schnitt durch den Nasenraum, b) Riechschleimhaut, c) Spannungsänderungen an einer Riechsinneszelle nach Reizung. Riecht ein Mensch an einer Blume, so gelangen die Geruchsstoffmoleküle der Blume in die Nase, wo sie an die Rezeptoren verschiedener Riechsinneszellen binden und Aktionspotenziale erzeugen können.

Wenn ein Mensch an einer Blume riecht, so nimmt er mit seiner Nase ein Gemisch aus verschiedenen Geruchsstoffen auf. Die Geruchsstoffe wirken als Reize, die von spezialisierten Neuronen, den **Riechsinneszellen,** aufgenommen und in Aktionspotenziale umgewandelt werden. Die Riechsinneszellen liegen in der Riechschleimhaut im oberen Nasenraum (Abb. 1). Mit der eingeatmeten Luft gelangen die Geruchsstoffe in den Nasenraum, wo sie teilweise in der Riechschleimhaut hängen bleiben. Wenn die Geruchsstoffe an die Rezeptoren in den Cilien einer Riechsinneszelle binden, verändert sich das Membranpotenzial der Zelle. Dieser Vorgang ist eine Form der **Signaltransduktion,** denn die Geruchsinformation wird in eine Veränderung des Membranpotenzials der Sinneszelle übertragen. Die elektrische Veränderung nennt man **Rezeptorpotenzial.** Wenn der Wert des Rezeptorpotenzials oberhalb eines bestimmten Schwellenwerts liegt, werden in der Sinneszelle Aktionspotenziale erzeugt, die über das Axon weitergeleitet werden (Abb. 1).

Die Axone der Riechsinneszellen führen in mehreren Bündeln in den Riechkolben. Jede Riechsinneszelle besitzt einen bestimmten Geruchsrezeptortyp. Die Axone der Zellen mit dem gleichen Rezeptortyp enden im Riechkolben in einem Knäuel. Entsprechend gibt es im Riechkolben so viele Knäuel wie Rezeptortypen. Die Anzahl der wahrnehmbaren Geruchsstoffe ist weitaus höher als die Anzahl der verschiedenen Geruchsrezeptortypen. Dies ist nur möglich, weil ein Geruchsstoffmolekül an mehr als einen Geruchsrezeptortyp binden kann (Abb. 2). Die meisten Rezeptoren der Riechsinneszellen arbeiten nämlich nicht streng nach dem Ein-Schlüssel-ein-Schloss-Prinzip. Vielmehr ähnelt ein Geruchsstoffmolekül einem Dietrich, der viele Schlösser aufschließen kann, jedoch in verschiedenen Schlössern unterschiedlich gut funktioniert. Ein bestimmtes Geruchsstoffmolekül aktiviert so jeweils mehrere Geruchsrezeptoren. Die weitere Verarbeitung dieses Aktivierungsmusters erfolgt im Gehirn.

2 Modell zur Entstehung von Geruchsinformationen. Aktivierte Rezeptoren sind blau gefärbt. Jedes Geruchsstoffmolekül aktiviert ein anderes Muster von Rezeptoren. So kann im Gehirn vom Aktivierungsmuster der Rezeptoren auf den jeweiligen Geruchsstoff geschlossen werden.

1 Signaltransduktion. Erläutern Sie anhand von Abb. 1 den Vorgang der Signaltransduktion am Beispiel einer Riechsinneszelle.

2 Spannungsmessungen an einer Riechsinneszelle.
a) Nennen Sie die Orte, an denen die in Abb. 3 dargestellten Messungen a, b und c vorgenommen worden sind.
b) Begründen Sie mithilfe von Abb. 3 die Aussage, dass gleichbleibend starke Gerüche bereits nach kurzer Zeit nicht mehr wahrgenommen werden.

3 Modell zur Entstehung von Geruchsinformationen. Beschreiben Sie das in Abb. 2 dargestellte Modell zur Entstehung von Geruchsinformationen.

4 Entstehung von Geruchsinformationen.
a) Werten Sie die in Abb. 5 dargestellten Messergebnisse aus.
b) Prüfen Sie, ob die Messergebnisse das in Abb. 2 dargestellte Modell bestätigen.

5 Biologische Funktion von Blütenduft. Viele Pflanzen geben während ihrer Blütezeit Duftstoffmoleküle an ihre Umgebung ab. Erläutern Sie an einem selbst gewählten Beispiel die biologische Funktion des Blütendufts.

6 Menschliche Pheromone. Pheromone sind Botenstoffe, die der biochemischen Kommunikation zwischen Lebewesen einer Art dienen. Begründen Sie anhand von Abb. 4, dass auch Menschen über Pheromone kommunizieren. Entwickeln Sie eine Hypothese zur biologischen Funktion dieses Phänomens.

> Von einer Gruppe von Frauen, den „Spenderinnen", wurden Pheromone gesammelt, indem man in ihren Achselhöhlen acht Stunden Wattebäuschchen anbrachte. Die Wattebäuschchen wurden anschließend anderen Frauen, den „Empfängerinnen", für einige Zeit unter die Nase gehalten. Zudem durften die Empfängerinnen in den folgenden sechs Stunden ihr Gesicht nicht waschen. Den Empfängerinnen war die Herkunft der Wattebäuschchen nicht mitgeteilt worden. Sie nahmen keinen Geruch bewusst wahr. In der folgenden Zeit verkürzte oder verlängerte sich der Menstruationszyklus der Empfängerin in Abhängigkeit vom jeweiligen Zeitpunkt im Zyklus der Spenderin.

4 *Nachweis menschlicher Pheromone*

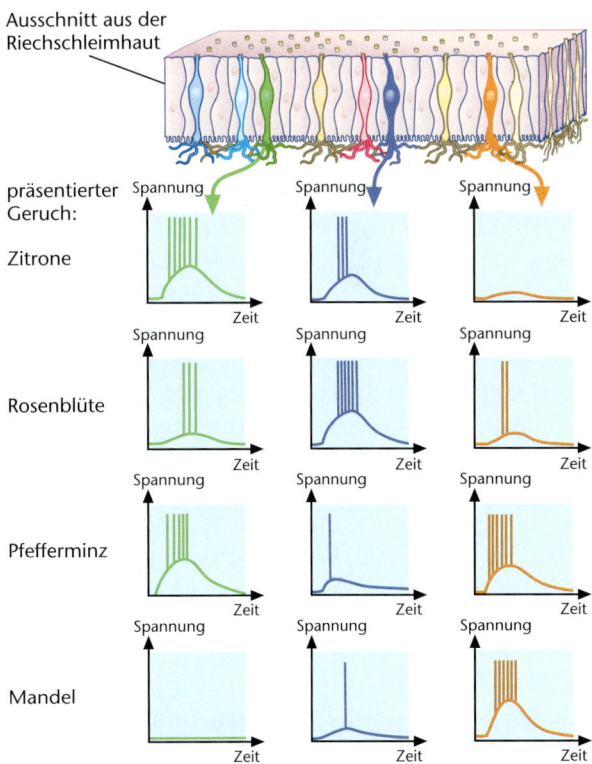

5 *Messungen zur Aktivierung von Riechsinneszellen.* Riechsinneszellen besitzen jeweils einen einzigen Rezeptortyp, der hier durch die Farben der Zellen symbolisiert wird.

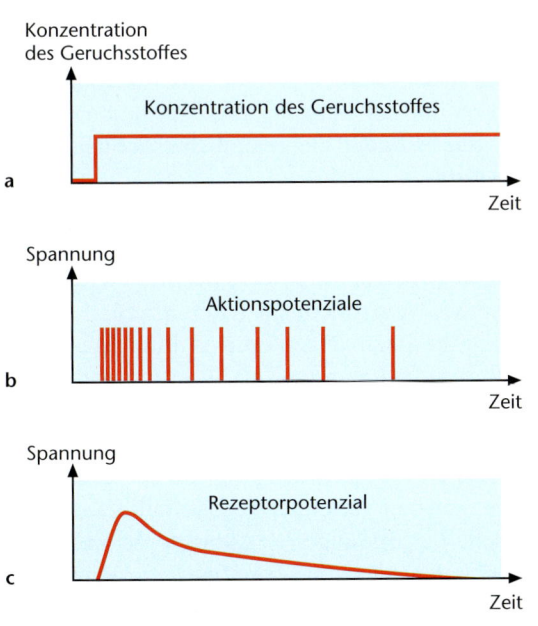

3 *Spannungsveränderungen bei gleichbleibender Konzentration eines Geruchsstoffes*

→ 10.4 Das Aktionspotenzial an Nervenzellen

10.11 Molekulare Vorgänge der Signaltransduktion an Sinneszellen

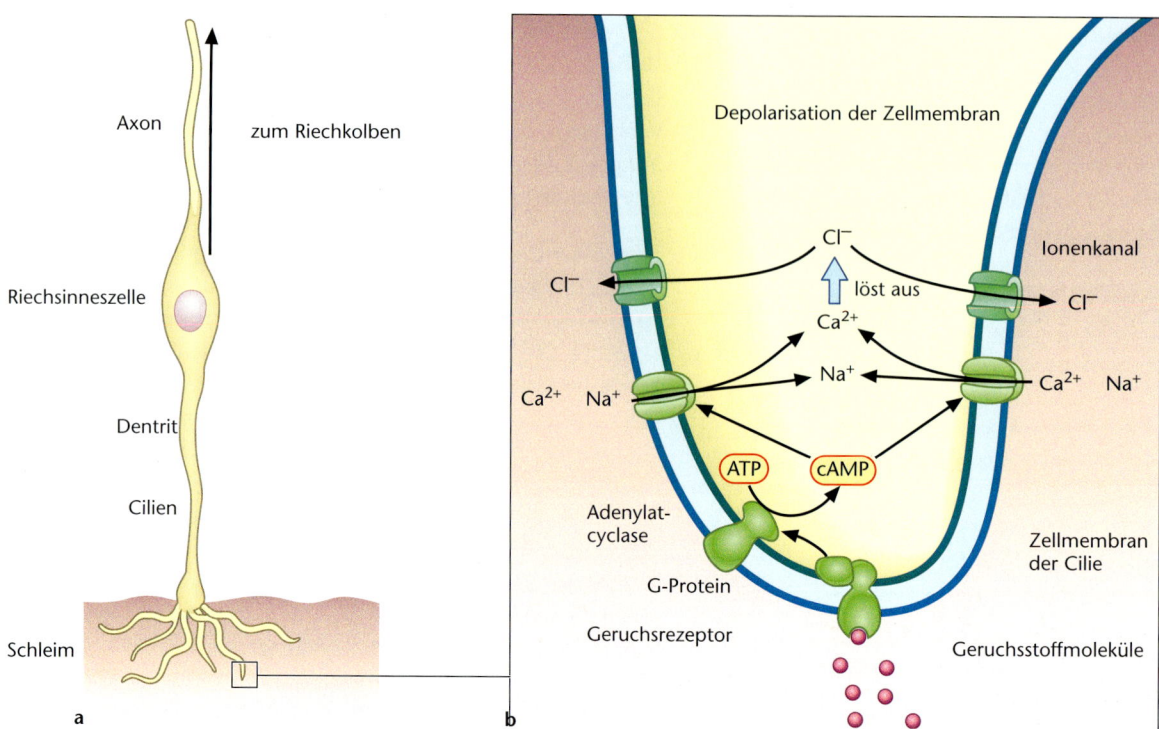
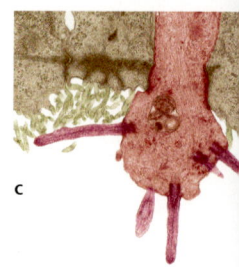

1 a) Riechsinneszelle, b) Molekulare Vorgänge bei der Signaltransduktion in einer Riechsinneszelle eines Wirbeltiers, c) Riechsinneszelle mit Cilien

Binden Geruchsstoffmoleküle an Geruchsrezeptoren einer Riechsinneszelle, wird das Signal in der Riechsinneszelle in ein Rezeptorpotenzial übertragen. Dieses ist ein Beispiel für **Signaltransduktion.** Auf molekularer Ebene führt das Signal zu einer Abfolge chemischer Reaktionen (Abb. 1): Durch die Bindung an den Rezeptor in der Cilienmembran aktiviert der Geruchsstoff das sogenannte G-Protein. Das G-Protein wiederum aktiviert eine Adenylatcyclase. Adenylatcyclasen sind an die Zellmembran gebundene Enzyme, welche die Synthese von cyclischem Adenosinmonophosphat (cAMP) aus Adenosintriphosphat (ATP) katalysieren. Das cAMP reichert sich im Cytoplasma der Riechsinneszelle an. Es wirkt als **Second messenger.** Ein solcher sekundärer Botenstoff wird als Antwort auf ein Signal in der Zielzelle freigesetzt. Der Second messenger dient der intrazellulären Signalübertragung des äußeren Signals, hier des Geruchsstoffes. In der Riechsinneszelle bindet der Second messenger cAMP an Ionen-Kanäle in der Zellmembran. Die Ionen-Kanäle öffnen sich und Ca^{2+}- sowie Na^+-Ionen diffundieren von außen in die Zelle. Die Membran der Riechsinneszelle wird depolarisiert. Daraufhin lösen die Ca^{2+}-Ionen einen Cl^--Ionenstrom aus, der das Rezeptorpotenzial der Riechsinneszelle weiter verstärkt. Wenn das entstehende Rezeptorpotenzial den Schwellenwert übersteigt, werden Aktionspotenziale erzeugt, die entlang des Axons zum Riechkolben und weiter ins Gehirn geleitet werden. Erst mit der Verarbeitung der Aktionspotenziale im Gehirn findet die eigentliche Geruchswahrnehmung statt.

Neben den Riechsinneszellen gibt es noch weitere Sinneszellen, die darauf spezialisiert sind, bestimmte Reize aus der Umwelt aufzunehmen (Abb. 3). Die meisten Sinneszellen besitzen Rezeptoren in ihrer Membran, die den Reiz aufnehmen und als Reaktion darauf die Ionenverteilung entlang der Membran verändern. Das veränderte Rezeptorpotenzial führt je nach Sinneszelltyp entweder direkt zur Erzeugung von Aktionspotenzialen oder zu einer veränderten Transmitterausschüttung, welche die Bildung von Aktionspotenzialen im nachgeschalteten Neuron beeinflusst. Die Reizstärke wird immer in Aktionspotenzial-Frequenzen codiert und diese werden in das Gehirn weitergeleitet.

→ 10.10 Vom Reiz zum Aktionspotenzial

Mechanorezeptor — Druck
Thermorezeptor — Wärme

2 Zwei Formen der Signaltransduktion in Sinneszellen

1 Signaltransduktion bei Riechsinneszellen. Stellen Sie die bei der Signaltransduktion ablaufenden Vorgänge von der Bindung des Geruchsstoffmoleküls an einem Geruchsrezeptor in der Membran bis zur Erzeugung des Rezeptorpotenzials in Form eines Fließdiagramms dar (Abb. 1).

2 Formen der Signaltransduktion in Sinneszellen. Neben den Riechsinneszellen gibt es noch weitere Sinneszellen, die auf verschiedene Weisen die physikalischen oder chemischen Signale in Rezeptorpotenziale übertragen. Vergleichen Sie diese Formen der Signaltransduktion in Sinneszellen (Abb. 2).

3 Nozizeptoren.
a) Der süße Geschmack eines Bonbons ist auf seinen Hauptbestandteil, den Haushaltszucker (Saccharose), zurückzuführen. Im Mund spaltet ein Enzym die Saccharose in Glucose und Fructose. Diese Moleküle binden an spezifische Geschmacksrezeptoren, in denen das chemische in ein elektrisches Signal umgewandelt und über die Nervenbahnen an das Gehirn weitergeleitet wird. Dort erfolgt die Interpretation des elektrischen Signals als „süß". Neben süß gibt es vier weitere Geschmacksqualitäten: bitter, salzig, sauer und umami. Der beim Verzehr von Chilischoten empfundene Sinneseindruck lässt sich nicht mit einer der fünf Geschmacksqualitäten beschreiben. Stattdessen deutet man mit dem Wort „scharf" (engl. *hot*) an, dass die Schärfe der Chilischote als schmerzhaftes Hitzegefühl wahrgenommen wird. Erklären Sie dieses Phänomen auf molekularer Ebene mithilfe von Abb. 3.
b) Beschreiben Sie anhand von Abb. 3 die Sinnesempfindungen beim Verzehr von Minze. Erläutern Sie die Wirkung von Minze auf molekularer Ebene.
c) Entzündetes Gewebe weist typischerweise eine erhöhte Protonenkonzentration auf. Erklären Sie mithilfe von Abb. 3 die resultierende Schmerzwahrnehmung.
d) Entwickeln Sie eine Hypothese zur biologischen Funktion von Nozizeptoren.

Nozizeptoren (lat. *nocere*, schaden) sind Sinneszellen, die vor allem der Wahrnehmung von gesundheitsschädlichen Substanzen und Temperaturen dienen. Ihre Zellkörper sind in einem Nervenknoten konzentriert, wohingegen ihre Enden frei im Gewebe liegen. In der Membran des freien Endes eines Nozizeptors liegen TRP-Kanalproteine (Transient Receptor Potential). Die TRP-Kanalproteine werden sowohl bei bestimmten Temperaturen als auch durch verschiedene chemische Stoffe geöffnet (Tab.). In der Folge strömen positiv geladene Ionen, meist Ca^{2+}-Ionen, in das Cytoplasma und führen zu einer Depolarisation. Das daraus resultierende Aktionspotenzial wird von den freien Nervenendigungen zum Zellkörper des Nozizeptors im Nervenknoten und schließlich ins Gehirn weitergeleitet, wo die Schmerzwahrnehmung stattfindet.

Name des Rezeptors	Temperaturbereich, in dem der Ionenkanal normalerweise geöffnet wird	Stoffe, die auch zur Öffnung des Ionenkanals führen
TRPA1	< 17 °C	Senföl (z. B. in Senf, Radieschen, Meerrettich)
TRPM8	8 – 28 °C	Menthol (in Blättern der Minze)
TRPV1	> 43 °C	Capsaicin (z. B. in Chilischoten), pH < 5,9 (Protonen senken die Schwellentemperatur, oberhalb welcher der TRPV1-Rezeptor aktiviert wird)

3 Drei TRP-Kanalproteine von Nozizeptoren

→ 11.2 Signaltransduktion an Lichtsinneszellen

10.12 Vom Reiz zur Reaktion

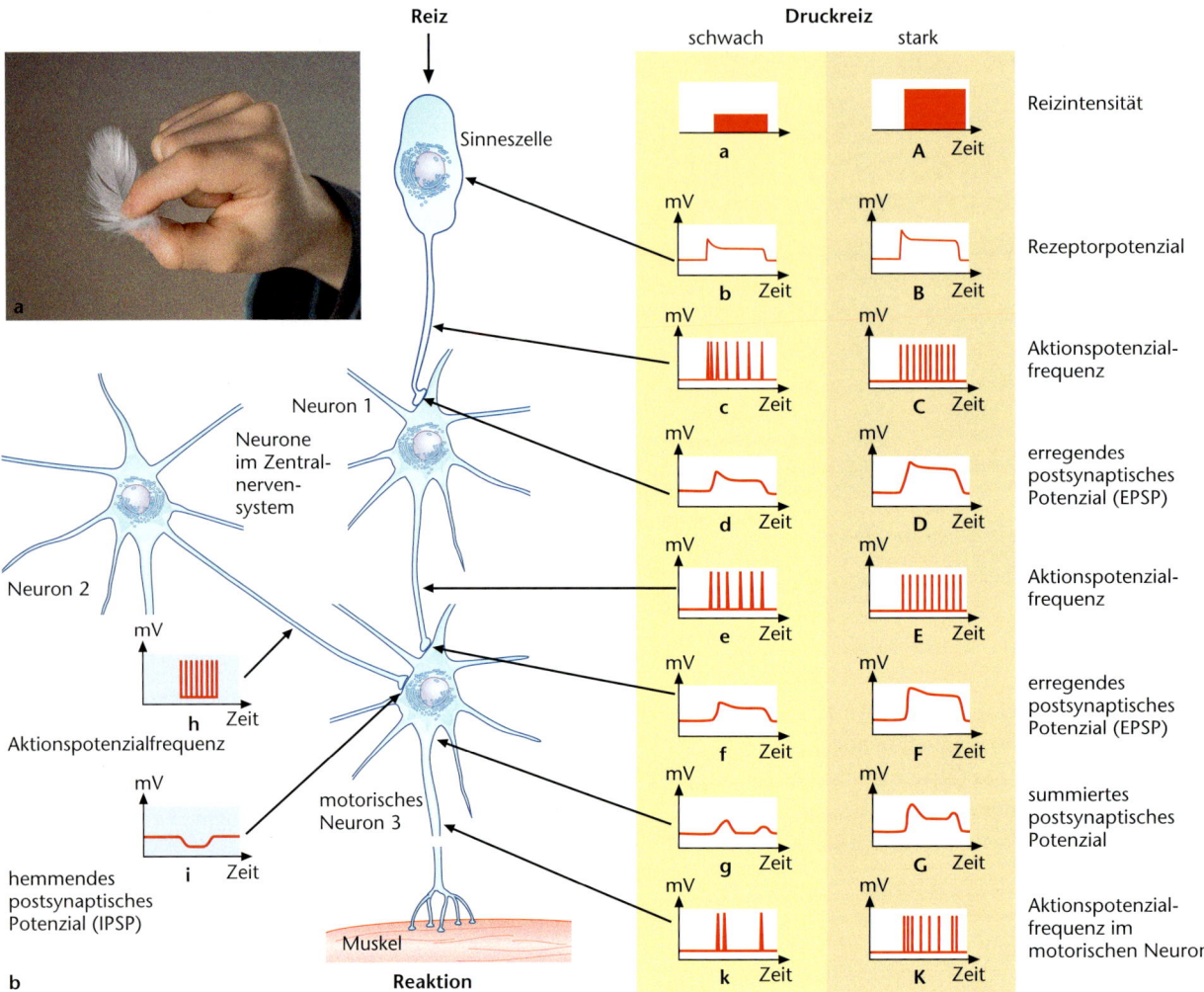

1 *a) Präzisionsgriff, b) Vom Reiz zur Reaktion, vereinfachtes Schema.* Beispiel Druckreiz beim Präzisionsgriff.

Die Hände des Menschen sind komplexe Tast- und Greiforgane, die sich in der Evolution der Primaten herausgebildet haben. Bei fast allen Greifbewegungen spielt der Daumen eine besondere Rolle. Er kann allen anderen Fingern der Hand gegenübergestellt werden. Beim Präzisionsgriff wird ein Gegenstand zwischen Daumen und Zeigefinger genommen (Abb. 1). Die Haut der Hände besonders der Fingerendglieder enthält viele Sinneszellen, für die mechanischer Druck ein adäquater **Reiz** ist (Abb. 1).

Die Bereiche der Großhirnrinde, die für die Steuerung der Hand- und Fingerbewegungen zuständig sind und für die Auswertung von Informationen des Tastsinns, weisen eine hohe Nervenzell-Dichte auf und haben im Verlauf der Evolution des Menschen eine beträchtliche Erweiterung erfahren. In der Großhirnrinde werden die verschiedenen Sinneseindrücke zu einer Gesamtwahrnehmung verknüpft. Außerdem gibt es vielfältige Verbindungen zu Gehirnfunktionen wie Sprache, Aufmerksamkeit und zu Gedächtnisinhalten. Zum Beispiel wird bei der Feinsteuerung des Präzisionsgriffs mit Daumen und Zeigefinger das Gedächtnis über erlernte Bewegungsabläufe genutzt.

Das Gehirn ist über Nervenzellen mit den Organen, in denen eine **Reaktion** erfolgt, verbunden. Man nennt solche Organe **Effektoren** (lat. *efficere*, bewirken). Im Fall der Bewegungssteuerung beim Präzisionsgriff gehören Muskeln in der Hand zu den Effektoren.

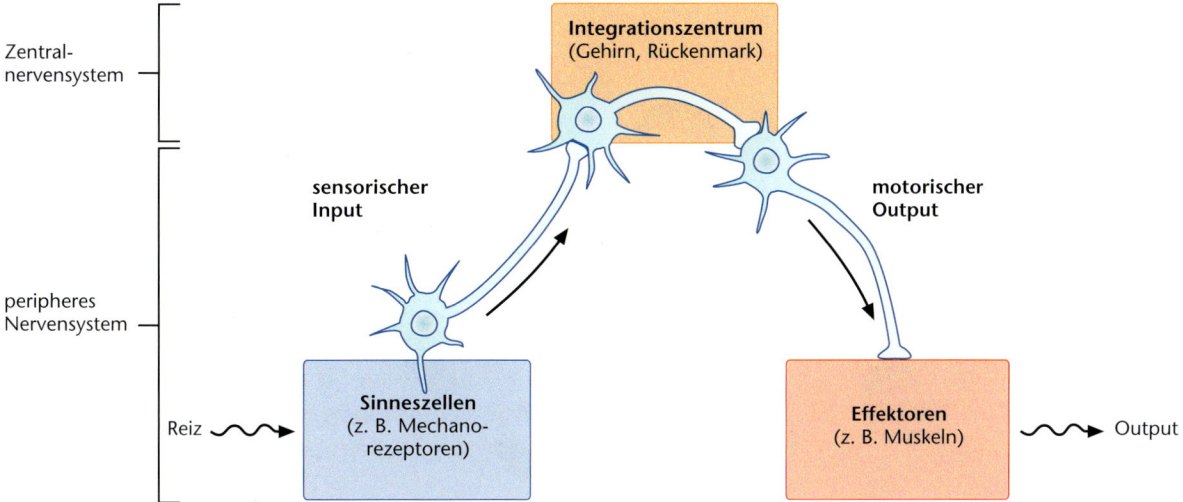

2 Vom Reiz zur Reaktion: Die drei Funktionsbereiche des Nervensystems

1 Die drei Funktionsbereiche des Nervensystems. Erläutern Sie die drei Funktionsbereiche des Nervensystems in Abb. 2. Beschreiben Sie das Zusammenwirken dieser drei Bereiche anhand von Abb. 1, links.

2 Vom Reiz zur Reaktion: Der Präzisionsgriff. Beschreiben Sie die Abb. 1 in der Abfolge der Schritte, die unter Beteiligung des Gehirns vom Reiz bis zur Reaktion führen. Beachten Sie dabei die einzelnen Spannung-Zeit-Diagramme. Differenzieren Sie Ihre Ausführungen in Hinblick auf einen schwachen Druckreiz und einen starken Druckreiz.

3 Ein technisches Modell. In der Technik haben Sensoren eine ähnliche Funktion wie Sinnesorgane. In der Abb. 3 sind einfache Verbindungen zwischen Sensoren und Effektoren am Beispiel von Modellfahrzeugen dargestellt.
a) Beschreiben Sie für jedes der drei Modellfahrzeuge, wie es sich „verhält", wenn die Lichtquelle eingeschaltet wird. Die Lichtintensität nimmt mit der Entfernung von der Lichtquelle ab.
b) Beschreiben Sie prinzipielle Unterschiede in den Reiz-Reaktions-Beziehungen, die in Abb. 3 und in Abb. 1b dargestellt sind.

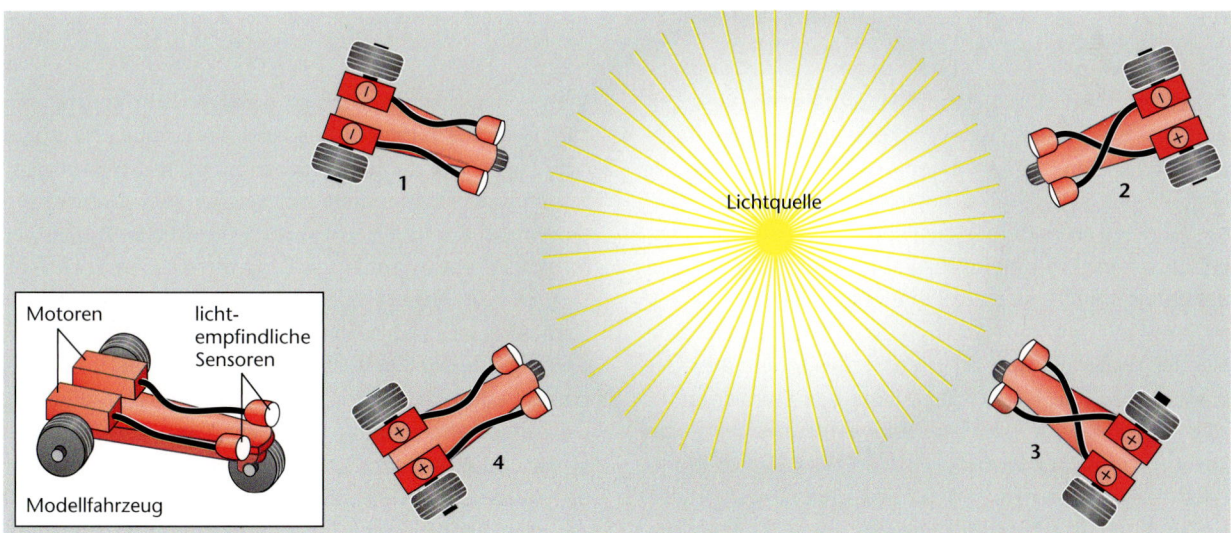

3 Verknüpfung zwischen Sensoren und Effektoren. Jedes der vier Modellfahrzeuge besitzt vorne zwei lichtempfindliche Sensoren, die jeweils für sich mit einem Effektor, einem der beiden Motoren hinten, verschaltet sind. Jeder Motor treibt ein Rad an. Dabei erregt (+) bzw. hemmt (–) jeder Sensor seinen Motor umso mehr, je mehr Licht auf ihn fällt. Im Dunkeln bewegen sich die Fahrzeuge langsam gradlinig vorwärts.

→ 11.3 Leistungen der Netzhaut

10.13 Wahrnehmung: Sinnesorgane und Gehirn arbeiten zusammen

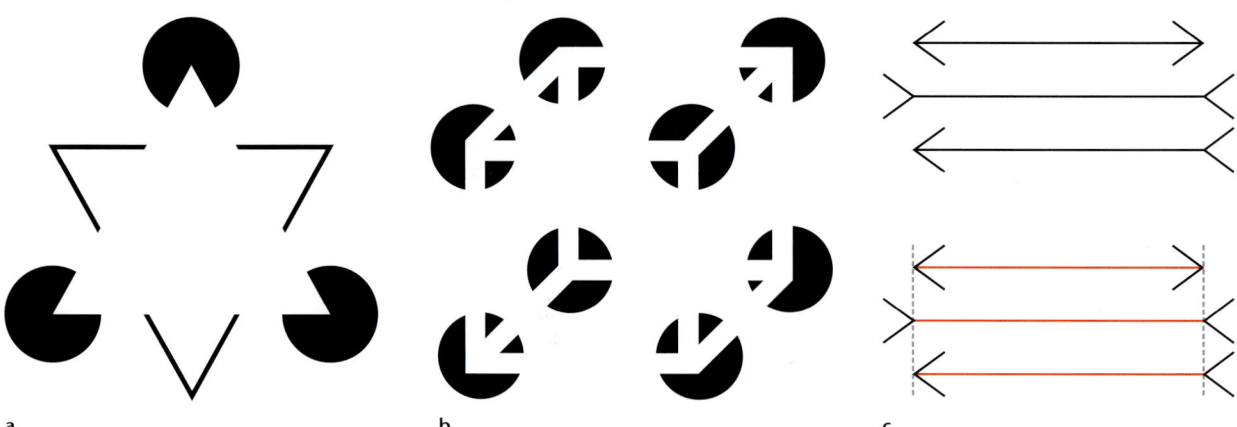

a　　　　　　　　　　　　b　　　　　　　　　　　　c

1 *Das menschliche Gehirn bildet die Wirklichkeit nicht fotografisch ab*, sondern erzeugt auf der Grundlage von Sinneseindrücken aktiv ein eigenes Bild der Welt. Bei a) und b) werden vom Gehirn eigentätig Lücken gefüllt und dadurch Formen wahrgenommen. Bei c) wird das Gehirn getäuscht: Die drei roten sowie die drei schwarzen Strecken sind gleich lang.

Mithilfe von Sinnesorganen und Sinneszellen nimmt ein Mensch Reize aus seiner Außenwelt und aus seiner Innenwelt auf. Dadurch gewinnt er Informationen über seine Umwelt und seinen Körper. Beim Menschen erfolgt die Verarbeitung solcher Informationen zu **Wahrnehmungen** vor allem im Großhirn. Sehen, Riechen, Hören, Schmecken und Fühlen informieren über die Außenwelt. Darüber hinaus können Wärme und Kälte wahrgenommen werden. Der Gleichgewichtssinn dient der Wahrnehmung von Lageveränderungen des Körpers im Raum. Sinneszellen in Gelenken, Muskeln und Sehnen informieren über die Stellung der Körperglieder und die Körperhaltung. Die Wahrnehmung von Organtätigkeiten, von Schmerzen, von Zeit und von Emotionen sind weitere Aspekte der vielfältigen Wahrnehmungsleistungen des Menschen. Die Fähigkeit, sich seiner selbst bewusst zu sein und die Fähigkeit, sich in andere Menschen hinein zu versetzen gehören zu sehr komplexen Wahrnehmungsleistungen des Menschen als soziales Lebewesen.

Bei der Wahrnehmung arbeiten Sinnesorgane und Gehirn zusammen. Bereits auf Ebene des Sinnesorgans, z.B. der Netzhaut im Auge, finden erste Schritte der **Informationsverarbeitung** statt. In bestimmten Bereichen des Großhirns erfolgen weitere wesentliche Schritte der Informationsverarbeitung. Das Sehzentrum ist dafür ein Beispiel. Für das linke Gesichtsfeld liegt es in der hinteren rechten Großhirnhälfte, für das rechte Gesichtsfeld in der hinteren linken Großhirnhälfte (Abb. 2, 3). Im Sehzentrum werden visuelle Informationen unter anderem hinsichtlich Farbe, Kontur, Form, räumlicher Lage und Bewegung analysiert. Diese Informationen werden mit Informationen verschiedener anderer Sinne wie Sehen und Hören verknüpft. Zudem wird der erste Seheindruck mit bereits vorhandenen Informationen abgeglichen. Individuelle Erfahrungen spielen dabei eine Rolle (Abb. 1). Aufmerksamkeit, Wachheit und Emotionen beeinflussen den Wahrnehmungsprozess. Aufmerksamkeit trägt dazu bei, dass bestimmte Informationen in der Wahrnehmung hervortreten und andere Informationen, für die man nicht aufmerksam ist, in den Hintergrund treten.

Man schätzt heute, dass eine **Sehwahrnehmung** nur zu einem Viertel auf Informationen von der Netzhaut der Augen beruht und zu drei Vierteln auf Informationen aus verschiedenen Bereichen des Gehirns. In diesem Sinne sind Sehwahrnehmungen kein passives fotografisches Abbild der Umwelt. Das menschliche Gehirn konstruiert mithilfe von Informationen der Sinnesorgane und zusätzlichen Informationen ein eigenes Bild der Welt. Dieser Sachverhalt wird z.B. durch Patienten bestätigt, die an einem Skotom leiden. Darunter versteht man eine Schädigung der hinteren Hirnrinde (visueller Cortex), wo wesentliche Schritte der Auswertung der visuellen Informationen stattfinden. Ein Skotom erzeugt einen blinden Bereich. Manche Patienten mit Skotom sind sich ihrer Defizite nicht bewusst. Häufig berichten sie bei entsprechenden ärztlichen Untersuchungen, vollständige Bilder zu sehen. Man spricht dann von Wahrnehmungsergänzung.

2 *Versuchsanordnung eines Split-Brain-Experiments, die Gegenstände sind für die Versuchsperson nicht sichtbar*

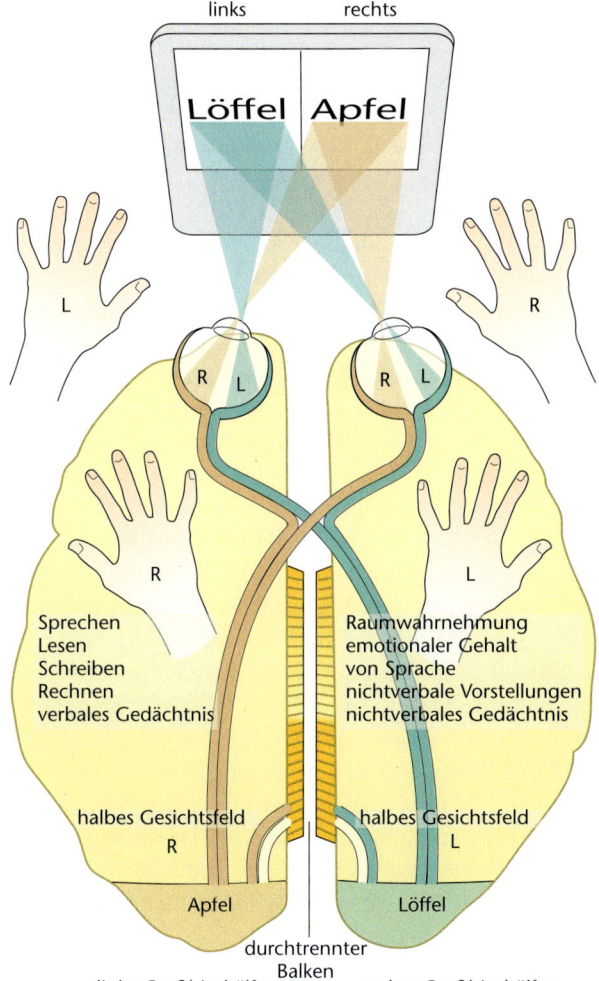

3 *Sensorischer Input und einige Fähigkeiten der linken und rechten Großhirnhälfte eines Rechtshänders*

→ 5.13 Die menschliche Wortsprache

1 Recherche: Optische Täuschungen. Recherchieren Sie nach optischen Täuschungen. Präsentieren Sie zwei Beispiele optischer Täuschungen. Erläutern Sie, ob und inwiefern diese Beispiele ein Hinweis darauf sind, dass die Sehwahrnehmung kein fotografisches Abbild der Umwelt ist.

2 Split-Brain: Wahrnehmung mit getrennten Hirnhälften. Die beiden Großhirnhälften gleichen sich äußerlich. In ihren Funktionen und in ihrem sensorischen Input gibt es jedoch eine Reihe von Unterschieden. So ist zum Beispiel das Sprachvermögen sowie die Kontrolle der Bewegungen und die Informationen des Tastsinns der rechten Hand bei den meisten Menschen in der linken Großhirnhälfte lokalisiert (Abb. 3). Beide Hälften sind durch den so genannten Balken verbunden. Über diese Gehirnstruktur tauschen die beiden Großhirnhälften Informationen aus, sodass beide Hälften zusammenarbeiten und sich bei Wahrnehmungen ergänzen können.

Mitte des vergangenen Jahrhunderts wurden besonders schwere Fälle von Epilepsie mitunter dadurch gelindert, dass der Balken und damit die Verbindung zwischen beiden Großhirnhälften operativ durchtrennt wurde (Abb. 3). Mit solchen so genannten Split-Brain-Patienten wurden Versuche durchgeführt.

a) Beschreiben Sie den Verlauf der Sehbahn für das linke und das rechte Gesichtsfeld in Abb. 3.

b) Eine Split-Brain-Patientin befand sich in einer Versuchssituation wie in Abb. 2 dargestellt. Auf einem Bildschirm konnten getrennt für das linke und rechte Gesichtsfeld Begriffe projiziert werden. Nicht sichtbar für die Patientin lagen hinter der Projektionsfläche Gegenstände, die ertastet werden können. Entwickeln Sie mithilfe der Informationen dieses Abschnitts, insbesondere Abb. 3, begründete Hypothesen darüber, wie die Patientin (Split-Brain-Patientin) in folgenden Situationen reagiert:

A: „Löffel" und „Apfel" werden so projiziert, wie in Abb. 2 dargestellt. Die Patientin wird aufgefordert, das Gesehene zu benennen.

B: „Löffel" und „Apfel" werden so projiziert, wie in Abb. 2 dargestellt. Die Patientin wird aufgefordert, das Gesehene zu benennen und anschließend das Benannte nur mit der rechten Hand bzw. mit der linken Hand zu ertasten.

10.14 Medizinische Arbeitstechniken: Bildgebende Verfahren zum Aufbau und zur Funktion des Gehirns

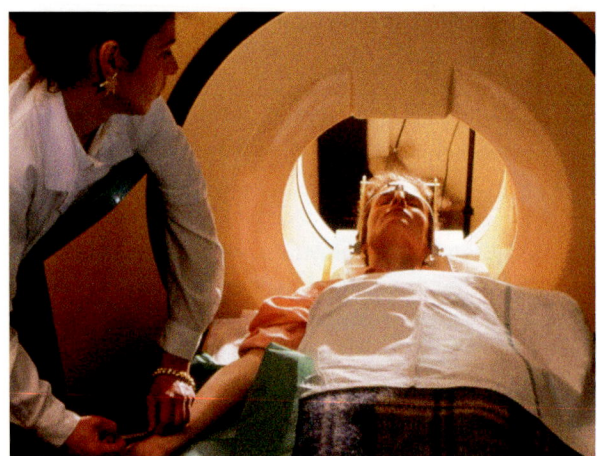

1 *Vorbereitung einer Hirnuntersuchung mit dem PET-Verfahren*

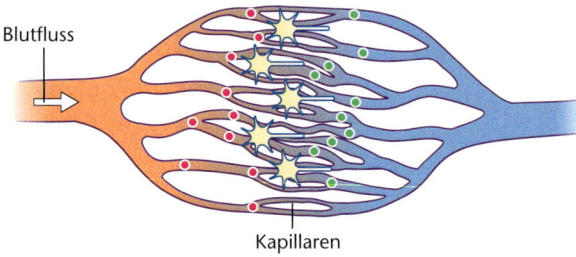

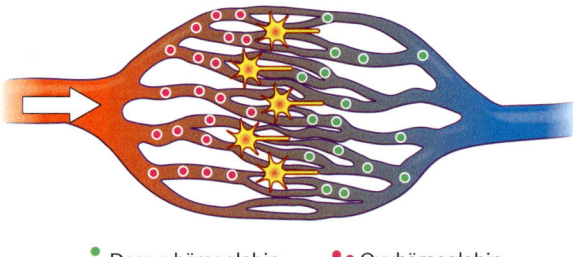

2 *Veränderungen im Blutfluss von Nervengewebe mit aktiven Neuronen*

Unter **bildgebenden Verfahren** versteht man in der Medizin verschiedene Diagnoseverfahren, bei denen jeweils eine bestimmte physikalische oder chemische Messgröße aus dem Körperinneren gemessen wird. Anschließend werden mit aufwändiger Computertechnik und bildgebender Software die unterschiedlichen Messwerte in ein Graustufenbild und nachfolgend in ein Farbbild übersetzt. Die so digital konstruierten Bilder sind also keine direkten Originalabbildungen aus dem Körperinneren. Solche digitalen Bilder liefern wichtige Informationen über Struktur (Aufbau) und Funktion (Stoffwechsel, neuronale Aktivität). Entsprechend unterscheidet man **strukturelle** und **funktionelle bildgebende Verfahren**, die je nach Fragestellung auch kombiniert werden können.

Zu den strukturellen bildgebenden Verfahren in der Hirnforschung gehört unter anderem die **Magnetresonanz-Tomografie (MRT)**, auch Kernspintomografie genannt. Die zu untersuchende Person befindet sich in einem röhrenförmigen Apparat, der ein Magnetfeld erzeugen kann. Für die Messung macht man sich die magnetischen Eigenschaften des Protons im Wasserstoff des Wassermoleküls zu Nutze. Das detaillierte MRT-Graustufenbild basiert auf Unterschieden im Gehalt von Wasser bzw. Fett und zeigt feine anatomische Strukturen in der gewählten Hirnregion. Die Teilbilder A und B in Abbildung 4 sind mithilfe der MRT entstanden.

Eine Weiterentwicklung der MRT ist die **funktionelle Magnetresonanz-Tomografie (f MRT)**. Sie basiert auf den magnetischen Eigenschaften des Roten Blutfarbstoffes Hämoglobin in den Roten Blutzellen. Hämoglobin transportiert Sauerstoff im Blut. Die vier Proteineinheiten eines Hämoglobinmoleküls besitzen im Zentrum je ein Eisenatom, das Sauerstoff reversibel binden kann. Mit Sauerstoff beladenes Hämoglobin wird Oxyhämoglobin genannt, ohne Sauerstoff heißt es Desoxyhämoglobin. Bei der fMRT macht man sich zu Nutze, dass sich diese beiden Formen des Hämoglobins in ihren magnetischen Eigenschaften unterscheiden. In Nervengewebe mit aktiven Neuronen wird vermehrt Sauerstoff (und Glucose) benötigt. Der Blutfluss steigt Oxyhämoglobin gelangt vermehrt in die Kapillaren (Abb. 2). Mittels der fMRT erhält man also indirekt Auskunft über die aktuelle regionale Durchblutung und damit im Rückschluss Auskunft über neuronale Aktivitäten. Das Auflösungsvermögen der fMRT liegt räumlich unter einem Kubikmillimeter und zeitlich etwa im Bereich einer Sekunde. Die Teilbilder C und D in Abbildung 4 basieren auf der fMRT.

Ein weiteres bedeutsames funktionelles bildgebendes Verfahren in der Hirnforschung ist die **Positronen-Emissions-Tomografie (PET**, Abb. 1, 3).

Die Positronenemissions-Tomografie war das erste funktionelle bildgebenden Verfahren, mit der sich die Stoffwechselaktivität im Gehirn darstellen lässt (PET, Abb. 1). Für diese Technik werden Radionuklide verwendet, die Positronen aussenden, z. B. die Isotope ^{18}F, ^{15}O und ^{11}C. Im Körper verbinden sich die abgestrahlten Positronen unmittelbar mit Elektronen und geben dabei Gammastrahlung ab. Sie wird von einem ringförmigen Scanner gemessen und gibt Auskunft über den Ort und die Konzentration des Radionuklids im Gehirn (Abb. 1). Mit der PET kann man ein großes Spektrum von neurobiologischen Untersuchungen durchführen. Die entsprechenden Radionuklide können in Medikamente, Vorläufer von Transmittermolekülen oder Moleküle, die im (Energie-)Stoffwechsel eine Rolle spielen (z.B. [^{11}C]Glucose), eingebaut werden. Nach Injektion in die Blutbahn (Abb. 1) können die Gehirnregionen auf die Gammastrahlung abgetastet werden. Die Abb. 5 in diesem Abschnitt wurde mithilfe der PET erstellt.

3 *Grundzüge des bildgebenden Verfahrens der Positronenemissions-Tomografie (PET)*

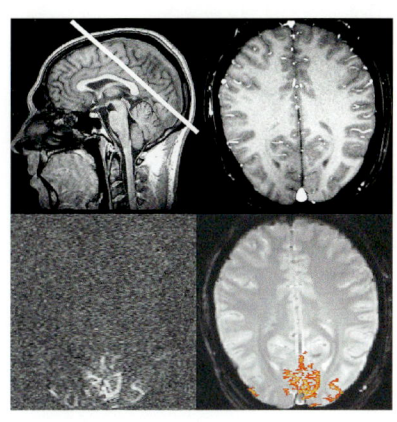

4 *Ein Versuch zur visuellen Wahrnehmung.* A und B : Mit der MRT-Technik wurde ein Bild des Schädels der Versuchsperson gewonnen (A). Die weiße Linie in A zeigt die Schicht, die in B als MRT-Bild in Aufsicht dargestellt ist. Pfeile in A und B weisen auf die Region des primären visuellen Cortex (Hirnrinde) hin, wo die visuellen Informationen erstmals im Gehirn verarbeitet werden. C: Mittels der fMRT wird indirekt die verstärkte Durchblutung im visuellen Cortex (vergrößert unten in C) registriert, wenn die Versuchsperson statt einer eintönig grauen Fläche ein Schachbrettmuster sieht. Je heller ein Bereich in diesem Graustufenbild ist, desto stärker die Durchblutung. In D wurde das Graustufenbild in ein Farbbild übersetzt. In den rot gefärbten Bereichen ist die Durchblutung am stärksten erhöht.

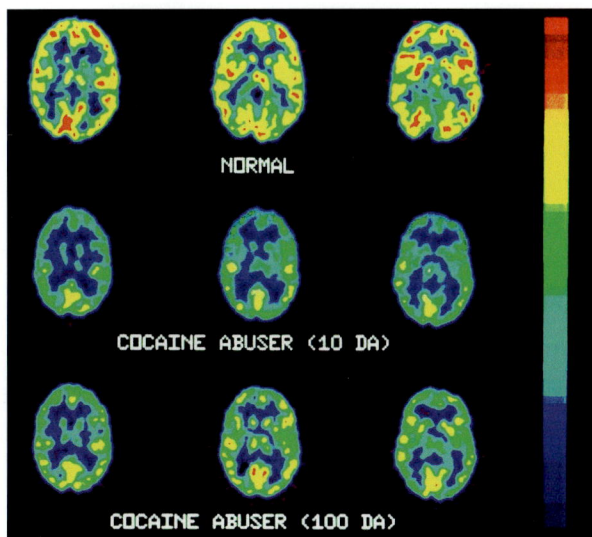

5 *Stoffwechselintensität (Glucoseumsatz) nach dem PET-Verfahren in einem normalen Gehirn und im Gehirn eines Drogenabhängigen mit schwerem Kokain-Missbrauch, 10 und 100 Tage nach Absetzen der Droge.* Injiziert wurde [^{11}C] Glucose (Abb. 1, 3). Der Stirnbereich ist jeweils oben, von links nach rechts nimmt die Tiefe der gescannten Schicht im Gehirn zu.

1 Vergleich von fMRT und PET. Vergleichen Sie die beiden bildgebenden Verfahren nach selbst gewählten Kriterien.

2 Stoffwechsel im Gehirn eines Drogenabhängigen. Werten Sie Abb. 5 unter Berücksichtigung der Vorgehensweise beim PET-Verfahren aus. Recherchieren Sie in diesem Zusammenhang über die neuronale Wirkungsweise der illegalen Droge Kokain und die Folgen eines schweren Kokainmissbrauchs. Beachten Sie auch Abb. 2.

3 Auswahl eines geeigneten bildgebenden Verfahrens. Prüfen Sie, ob der Einsatz einer der beiden bildgebenden Verfahren (fMRT oder PET), beide (fMRT und PET) oder keines von beiden Verfahren für die Lösung folgender Fragestellungen sinnvoll ist: a) Wie sind die postsynaptischen Rezeptoren für einen bestimmten Transmitter, z.B. Dopamin, im Gehirn verteilt? b) Wo im Gehirn und wie gravierend ist der Energiestoffwechsel bei einer Demenz-Erkrankung (z.B. Alzheimer-Demenz) bzw. bei einem Schlaganfall beeinträchtigt? c) Welche Gehirnareale sind beim Sprechen aktiviert? d) Was denkt die Versuchsperson im Augenblick?

→ 12.7 An den Grenzen des Lebens – Der Hirntod

10.15 Die menschliche Wortsprache

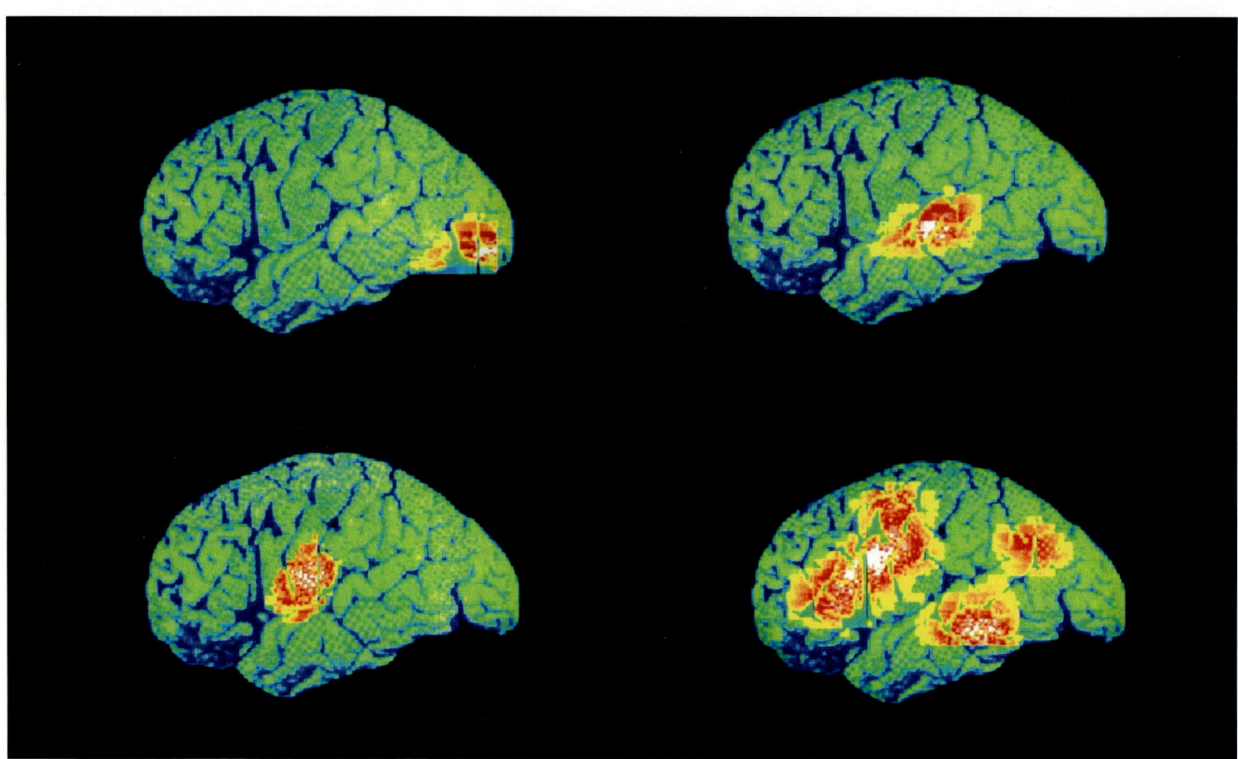

1 *Aktivierung von Nerbengewebe in Regionen der linken Großhirnrinde (Cortex) bei Durchführung verschiedener sprachlicher Aufgaben.* Mit einem bildgebenden Verfahren (PET-Verfahren) wurde die Stoffwechselaktivität (Durchblutung) gescannt, während die Versuchsperson verschiedene Aufgaben durchführte. Die Stirnseite des Gehirns ist jeweils links. Abbildung oben links: Sehen von Wörtern; oben rechts: hören von Wörtern; unten links: Sprechen von Wörtern; unten rechts: Nachdenken über Wörter und Aussprechen dieser Wörter.

„Bitte einen Cappucino mit geschäumter Milch und ein Eis mit zwei Kugeln Stracciatella". Wenn Sie diese Bestellung einem Kellner in einem Eiscafe mitteilen, ist das gewöhnlich sowohl für den Sender als auch den Empfänger unproblematisch zu verstehen.

Wortsprache ist ein sehr effektives Kommunikationsmittel zwischen Menschen. Weltweit gibt es etwa zehntausend verschiedene Dialekte und Sprachen, jedoch gibt es keine Menschengruppe ohne Wortsprache. Diese Universalität von Wortsprache führt man darauf zurück, dass im Gehirn aller Menschen sprachverarbeitende Systeme angelegt sind. Kinder, die in einer normalen Sprachumgebung aufwachsen, lernen das Verstehen und Sprechen von Sprache wie von selbst. Der Wortschatz eines Erwachsenen beträgt mehrere zehntausend Wörter, die nach grammatikalischen Regeln zu einer fast unbegrenzten Zahl von verständlichen Sätzen mit Bedeutung kombiniert werden können. Wortsprache ermöglicht Kommunikation über Vergangenes und Zukünftiges und alles, was nicht unmittelbar wahrzunehmen ist. Zusammen mit dem umfassenden Vermögen zum Lernen und zur Gedächtnisbildung bildet die Wortsprache damit die Grundlage für planvolles Verhalten und für die **kulturelle Evolution** des Menschen, bei der Wissen von Generation zu Generation weitergegeben wird. Außerdem hat Sprache die Funktion soziale Bindungen herzustellen. Mithilfe von Sprache können sich Individuen in vielfältiger und präziser Weise über ihre Gefühle, Ansichten, Absichten und Ziele austauschen. Sprache ist auch eine wesentliche Grundlage der **sozialen Intelligenz**, also der Fähigkeit, mit anderen Menschen in Wechselwirkung zu treten, sich zu verständigen, gemeinsam zu planen, Arbeitsteilung und Kooperation zu vereinbaren, Beziehungen aufzubauen und zu pflegen und Konflikte zu lösen.

Broca-Areal: Das Broca-Areal ist wesentlich an Grammatik und Satzbau (Syntax) beteiligt. Im Broca-Areal wird das motorische Programm für den geplanten Sprechakt entworfen.

Motorische Hirnrinde für Sprechen: Motorische Kontrolle des Sprechens bzw. der am Sprechen beteiligten Muskeln im Rachenraum, im Mund und den Lippen.

Hörzentrum: Grundlegende Verarbeitung der akustischen Informationen von den Ohren.

Wernicke-Areal: Das Wernicke-Areal ist wesentlich an Wortbedeutung und Sprachverständnis (Semantik) beteiligt.

Sehzentrum: Grundlegende Verarbeitung der visuellen Informationen von den Augen.

Lesezentrum: In diesem Bereich werden die visuellen Informationen vom Lesen mit der lautlichen Form der Worte verknüpft. In dieser Form können die gelesenen Worte im Wernicke-Areal analysiert werden.

auf eine gehörte Frage antworten

stilles Lesen

gehörte Frage | gelesene Wörter

b

2 Modell der in der linken Großhirnhälfte ablaufenden Vorgänge bei Sprachverständnis und Spracherzeugung.
a) beteiligte Strukturen und ihre Funktion; b) Vorgänge bei einer gehörten Frage und bei still gelesenen Worten.

a

1 PET und Wortsprache. Informieren Sie sich in diesem Buch über das PET-Verfahren. Werten Sie Abb. 1 mithilfe einer selbst gefertigten Skizze aus.

2 Verbale und nonverbale Kommunikation. Versuchen Sie folgenden Satz nonverbal, nur mit Mimik und Gestik, jemandem mitzuteilen, der den Satz nicht kennt: „Ich werde nächste Woche Samstag in die Abendvorstellung des Kinos gehen." Vergleichen Sie verbale und nonverbale Kommunikation.

3 Sprachstörungen. Durch einen Unfall oder durch einen Schlaganfall können Funktionen des Sprachsystems gestört sein. Entwickeln Sie für die folgenden Fälle unter Bezug auf Abb. 2 und 3 begründete Hypothesen welche Teile des Sprachsystems gestört sind.
Fall 1: Therapeut: „Können Sie sich noch an den Beginn ihrer Krankheit erinnern?" Patientin sehr langsam, stockend: „Kopf … ich … Anfang … weh … Arm … weh … Bekommenheit … Doktor kommen … hier jetzt … Krankenhaus … Wochen … drei" Therapeut fordert zum Nachsprechen auf: „Das sind die Professorinnen, die die Studentin suchte." Patientin langsam stockend: „Suchen … Studentin … Pressoren … sind das."
Fall 2: Frage wie im Fall 1; Patient redet flüssig: „Ja, na ja, wenn es kalt ist, wie heißt das noch, das Zeugs, das runterkommt, mit dem habe ich mich befasst, ne, das glaubst du nicht, sie wissen schon, mit dem habe mich befasst, nee, da ist es für mich gelaufen, irgendwie kriege ich das in die Reihe, Kopf im Zeugs, nee, lassen sie es doch, da habe …". Nachsprechen wie im Fall 1; Patient redet flüssig: „Da versuchten sie es, äh, mit den Ohren, nein, na ja, lassen sie es doch sein, na ja, sie sehen, so kann es kommen, das denkst Du doch nicht."
Fall 3: Der Patient mit dieser Störung kann zwar einen Satz richtig schreiben – sowohl von sich aus, also spontan, als auch nach Diktat, aber wenn man ihm das Geschriebene zeigt, vermag er es nicht zu lesen.

Spracherzeugung (Sprachproduktion): Hier der Teil des hirnlichen Sprachsystems, in dem die motorischen Programme für sprachliche Äußerungen entstehen, vor allem das Broca-Areal.
Sprachverständnis: Die Fähigkeit, Sinn und Bedeutung von sprachlichen Äußerungen zu verstehen; hier vor allem eine Funktion des Wernicke-Areals.
Syntax: Regeln, mit denen Wörter zu Sätzen kombiniert werden können (Satzbau); Teil der Grammatik.
Funktionswörter: Wörter, die in einem Satz hauptsächlich eine grammatikalische Funktion und keine eigene inhaltliche Bedeutung haben, z. B. Artikel, Präpositionen und Pronomina.
Semantik: Inhaltliche Bedeutung von Wörtern, sprachlichen Ausdrücken und Sätzen.
Inhaltswörter: Wörter, die die inhaltliche Bedeutung eines Satzes tragen; dazu zählen Substantive, Verben, Adjektive und Adverbien.

3 Erklärung von Fachbegriffen

→ 12.3 Neuronale Plastitizität   → 18.9 Vergleich biologischer und kultureller Evolution

11.1 Lichtsinnesorgan Auge

1 *Augentypen von Wirbeltieren*

Bei den meisten Organismen spielt der Lichtsinn eine herausragende Rolle. Im Tierreich haben sich ganz unterschiedliche Augentypen entwickelt. Einfache Augentypen können nur hell und dunkel wahrnehmen. Wirbeltiere besitzen dagegen hochkomplexe optische Systeme (Abb. 1). Das Wirbeltierauge ist annähernd rund und von einer zähen Lederhaut umgeben. Das Auge unterteilt sich funktionell in einen physikalisch-optischen Teil, den dioptrischen Apparat, und in den Rezeptorbereich der **Netzhaut**, in dem die Transduktion erfolgt. Fotorezeptoren wandeln bei diesem Vorgang die Lichtenergie in Änderungen des Membranpotenzials um.

Der dioptrische Apparat bildet auf der Netzhaut ein reelles, umgekehrtes und verkleinertes Bild der Umwelt ab. Er besteht aus der durchsichtigen Hornhaut, den mit Kammerwasser gefüllten vorderen und hinteren Augenkammern, der die Pupille bildenden Iris, der Linse und dem Glaskörper. Der Glaskörper besteht aus einer gelartigen Struktur, die den größten Teil des Auges ausfüllt (Abb. 2). Das Licht gelangt durch die Pupille in das Auge. Die Linse wird von dem Ciliarmuskel ringförmig umgeben. Die Linse ist an den Zonulafasern aufgehängt, die zur Innenseite des Ciliarmuskels ziehen. Die „Scharfeinstellung" wird durch Veränderung der Brechkraft der Linse erreicht werden. Diesen Vorgang nennt man **Akkommodation**.

Der Rezeptorteil des Auges besteht aus der Netzhaut, die die Lichtsinneszellen enthält. Es gibt in der Netzhaut der Säugetiere zwei Typen von Lichtsinneszellen: die **Stäbchen** ermöglichen das **Hell-Dunkel-Sehen** und die **Zapfen** das **Farbensehen** (Abb. 6). Es gibt drei Zapfentypen (Abb. 3). Die periphere Netzhaut kann mit ihren Stäbchen schwaches Licht erfassen. Sie ist aber nicht geeignet, bei Tageslicht feinste Details aufzulösen. Für das scharfe Sehen bei Tageslicht werden Zapfen benötigt. Weiterhin erfordert eine kontrastreiche Sehschärfe ein niedriges Verhältnis von Lichtsinneszellen zu Ganglienzellen. In der **Fovea centralis** stehen die Lichtsinneszellen, ausschließlich Zapfen, besonders dicht. Dies ist der Bereich der Netzhaut, der ein besonders scharfes Sehen ermöglicht (Abb. 2 u. 4).

Die Axone der ableitenden Nervenzellen verlassen das Auge an der Hinterseite und leiten als Sehnerv die visuelle Information zum Gehirn. Die Austrittsstelle des Sehnervs nennt man **blinden Fleck**, da es dort keine Lichtsinneszellen gibt. Das Sehfeld eines einzigen Auges ist oval (Abb. 6). Erst wenn sich die Sehfelder von linkem und rechtem Auge überlappen, ist uns das binokulare, räumliche Sehen möglich.

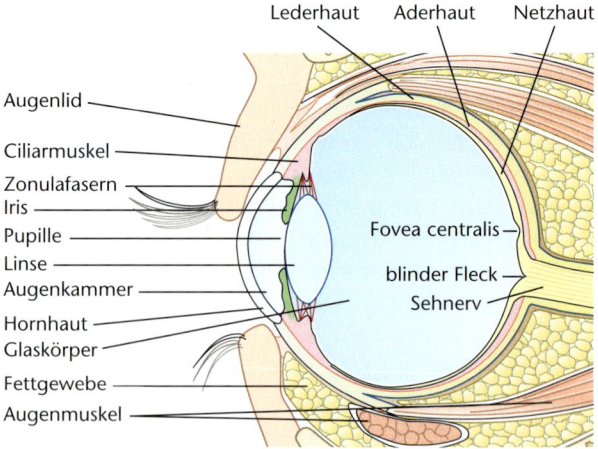

2 *Längsschnitt durch das menschliche Auge*

→ 10.1 Nervenzellen und Nervensysteme

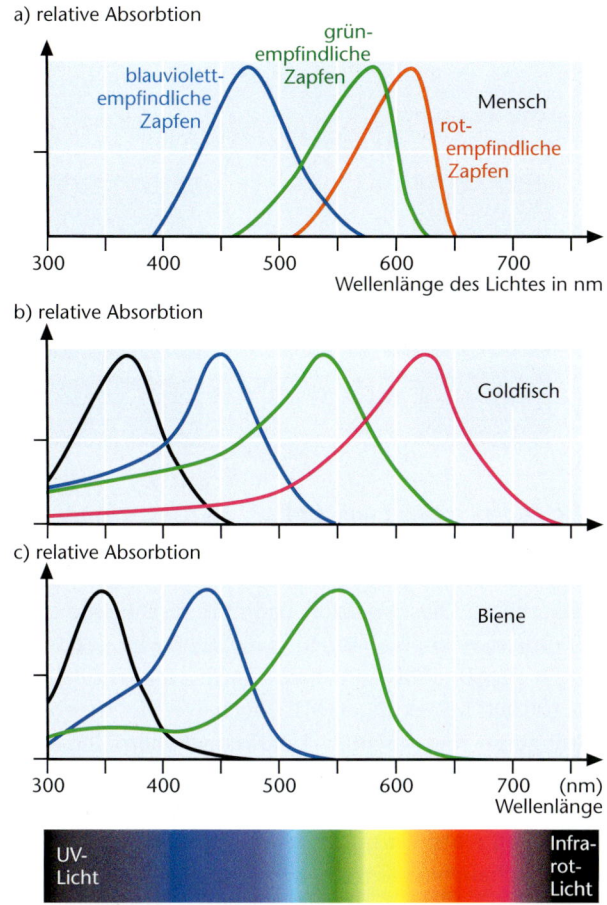

3 Spektrale Empfindlichkeit der Zapfen des Menschen, des Goldfisches und der Lichtsinneszellen der Honigbiene

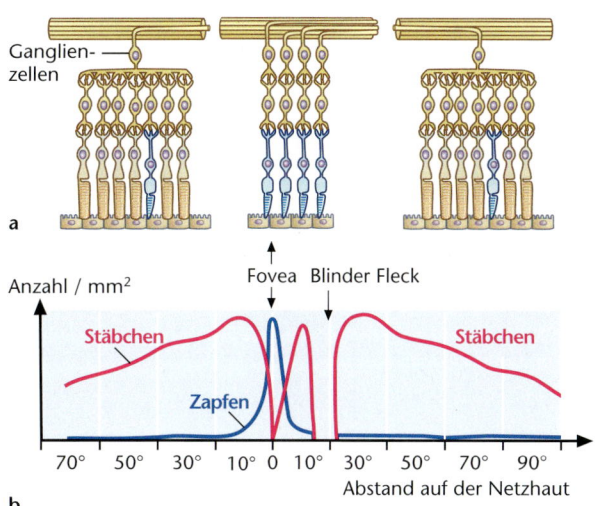

4 Lokale Unterschiede in der Netzhautstruktur

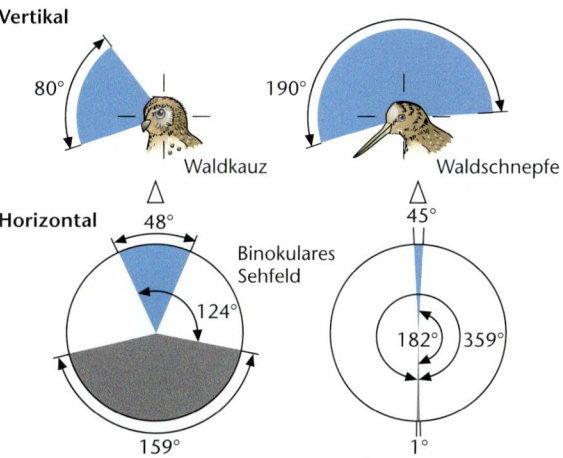

5 Vertikale und horizontale Sehfelder beim Waldkauz und bei der Waldschnepfe

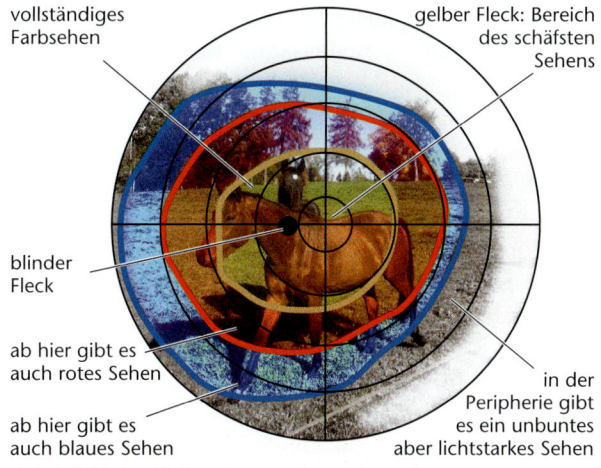

6 Sehfeld des linken Auges eines Menschen

1 Stäbchen und Zapfen

a) Beschreiben Sie die Abb. 3.
b) Erläutern Sie die in Abb. 4 a und b abgebildete Verteilung von Zapfen und Stäbchen.
c) Wenn man in der Dunkelheit einen schwach leuchtenden Stern direkt fixiert, so verschwindet er. Er erscheint aber erneut, wenn man an ihm vorbeischaut. Erklären Sie dieses Phänomen mithilfe des Grundwissentextes und der Abb. 4.
d) Erläutern Sie das Sehfeld in Abb. 6.

2 Sehfelder verschiedener Vögel

a) Beschreiben und vergleichen Sie die Sehfelder vom Waldkauz und der Waldschnepfe (Abb. 5).
b) Entwickeln Sie begründete Hypothesen bezüglich der Ernährungs- und der Lebensweise dieser beiden Vogelarten (Abb. 5).

→ 10.13 Wahrnehmung: Sinnesorgane und Gehirn arbeiten zusammen

11.2 Signaltransduktion an Lichtsinneszellen

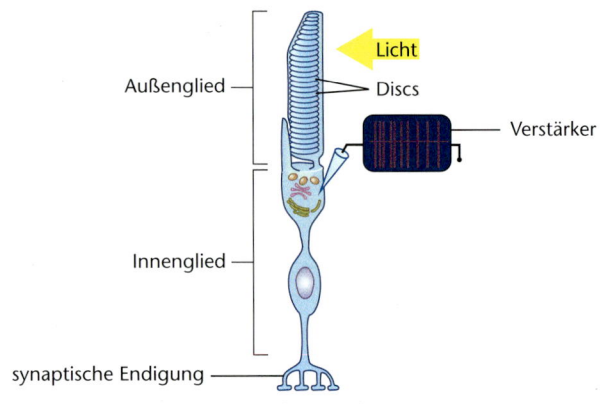

1 *Bau einer Lichtsinneszelle (Zapfen)*

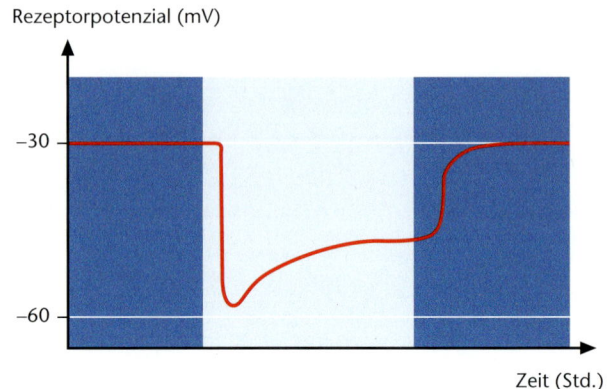

2 *Ein Zapfen reagiert auf Licht*

In der menschlichen Netzhaut befinden sich insgesamt etwa 6 Millionen Zapfen und etwa 120 Millionen Stäbchen. Beide Typen von Lichtsinneszellen haben einen sehr ähnlichen Aufbau. Das Außenglied der Stäbchen und Zapfen besteht aus vielen Scheibchen (Discs), die durch Auffaltungen und Abschnürungen der Zellmembran entstanden sind (Abb. 1). In der Membran dieser Discs ist das lichtempfindliche rote Fotopigment **Rhodopsin** eingelagert. Dieses besteht aus einem Membranprotein, dem Opsin, und dem Retinal.

Das Retinal kann in zwei verschiedenen Raumstrukturen vorkommen (Abb. 3). Nur das 11-cis-Retinal kann sich mit dem Opsin verbinden. Bei Lichtabsorption wandelt sich das lichtempfindliche 11-cis-Retional in das Alltrans-Retinal um. Infolge dieser Strukturveränderung wird das Rhodopsin zu einem aktiven Enzym und aktiviert seinerseits das GTP-bindende Protein Transducin. Durch diesen ersten Schritt der Fototransduktion wird eine **Signalkaskade** (**Reaktionskaskade**) ausgelöst. Ein Molekül Transducin aktiviert etwa 100 Enzyme Phosphodiesterase (PDE), die in der Sehzelle cyclisches Guanosinmonophosphat (cGMP) abbauen (Abb. 4).

Im Dunkeln ist der **sekundäre Botenstoff** (**second messenger**) cGMP an Natriumionenkanäle der Außenmembran gebunden und hält diese geöffnet. Bei Dunkelheit strömen viele Na^+-Ionen in die Zelle hinein (Dunkelstrom). Die Membran wird dadurch depolarisiert. An der synaptischen Endigung der Lichtsinneszelle wird dadurch bei Dunkelheit ein hemmender Transmitter ausgeschüttet. Das nachgeschaltete Neuron, die Bipolarzelle, wird daher nicht erregt (Abb. 4).

Bei Belichtung löst sich das cGMP von den Natriumionenkanälen. Diese werden dadurch geschlossen und der Einstrom von Na^+-Ionen in die Zelle wird gestoppt. Durch ein Molekül Transducin werden letztendlich etwa 100 000 Moleküle cGMP abgebaut. Die Membran wird durch diese Signalverstärkung hyperpolarisiert. Als Folge kommt es nicht mehr zur Ausschüttung von hemmenden Transmittern an der synaptischen Endigung der Lichtsinneszelle. Daraufhin können sich am nachgeschalteten Neuron Natriumionenkanäle öffnen. Durch den dann stattfindenden Einstrom von Na^+-Ionen wird die nachgeschaltete Bipolarzelle depolarisiert und dadurch aktiviert. An den Lichtsinneszellen selbst entstehen keine Aktionspotenziale. Es sind umgewandelte Gewebezellen. Diese werden als sekundäre Sinneszellen bezeichnet.

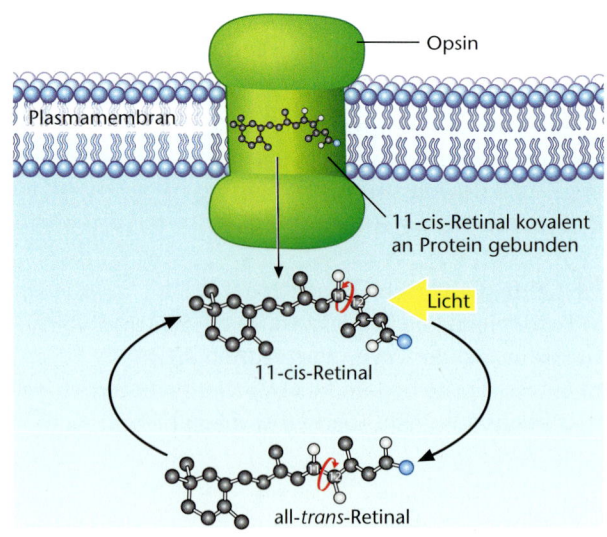

3 *Strukturveränderungen des Rhodopsins*

→ 10.11 Molekulare Vorgänge der Signaltransduktion an Sinneszellen
→ 10.13 Wahrnehmung: Sinnesorgane und Gehirn arbeiten zusammen

4 Vorgänge in der Sehzelle bei Dunkelheit und bei Belichtung

1 Vorgänge in den Lichtsinneszellen

a) Erläutern Sie anhand des Grundwissentextes und der Abb. 3 und 4 den in Abb. 2 dargestellten Verlauf des Membranpotenzials bei einer Lichtsinneszelle.

b) Vergleichen Sie die Vorgänge in einer Lichtsinneszelle mit den Vorgängen bei einer Riechsinneszelle in Form einer geeigneten Tabelle.

c) Begründen Sie, weshalb man für eine kurze Zeit nahezu blind ist, wenn man aus einem hellen Raum heraus ins Dunkle tritt.

2 Vergleich des Sehvorgangs bei Gliederfüßern und bei Wirbeltieren.

a) Vergleichen Sie den in Abb. 5 dargestellten Sehvorgang bei Gliederfüßern und Wirbeltieren hinsichtlich der beteiligten anatomischen Strukturen und des Verlaufs der dargestellten Potenziale.

b) Entwickeln Sie eine begründete Hypothese zur Erklärung des Verlaufs der Rezeptorpotenziale bei der Retinulazelle nach Reizung durch Licht (Abb. 5).

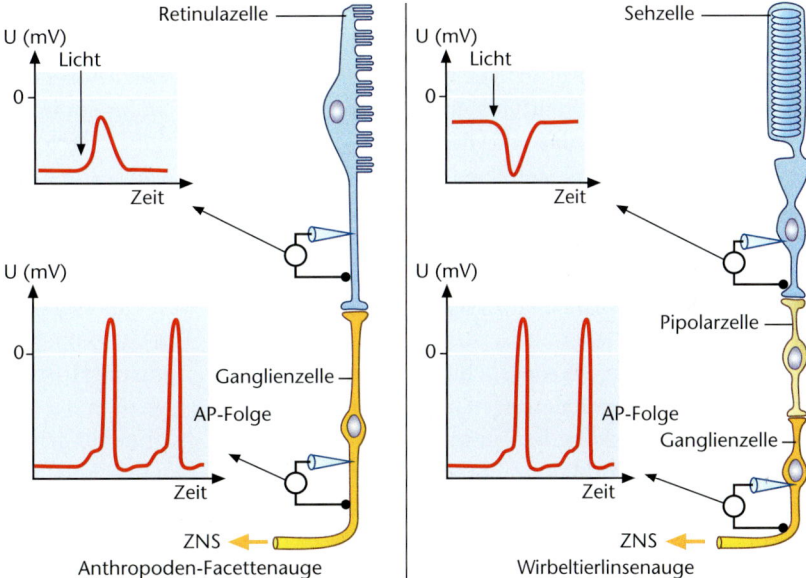

5 Verknüpfung von Lichtsinneszellen in der Netzhaut bei Wirbeltieren und Gliederfüßern (Arthropoden)

3 Augen als Belege für gemeinsame Abstammung.
Begründen Sie, warum die weite Verbreitung des Pax-6-Gens nicht als Zufall gedeutet wird, sondern als Ausdruck der gemeinsamen Abstammung.

→ 10.14 Medizinische Arbeitstechniken: Bildgebende Verfahren zum Aufbau und zur Funktion des Gehirns

11.3 Leistungen der Netzhaut

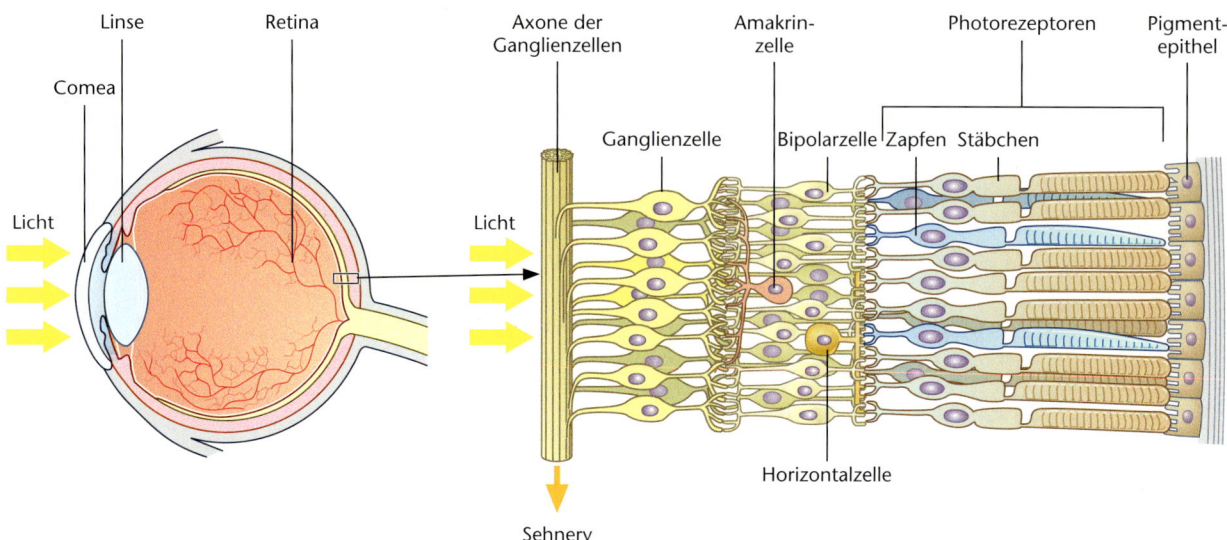

1 *Der Weg des Lichts durch die Netzhaut*

In der menschlichen Netzhaut gibt es insgesamt sechs Zelltypen in drei unterschiedlichen Schichten (Abb. 1). Die Verschaltung dieser Zellen ist die Grundlage für den Empfang und die Verarbeitung von visuellen Informationen, bevor diese an das Gehirn weitergeleitet werden. Die Stäbchen und Zapfen übertragen die Erregung auf die **Horizontal-**, die **Bipolar-** und die **Amakrinzellen**. Diese drei Zelltypen bilden keine Axone aus und können daher keine Aktionspotenziale weiterleiten. Diese können erst an den Axonhügeln der nachgeschalteten Ganglienzellen entstehen, die ihre Axone über den Sehnerv zum Gehirn schicken (Abb. 1).

Die **Bipolarzellen** verbinden die Sehzellen mit den Ganglienzellen. Veränderungen im Membranpotenzial der Stäbchen und Zapfen aufgrund von Lichtreizen wirken sich auf das Membranpotenzial der Bipolarzellen aus. Die Menge an Transmitterstoffen, die von den Bipolarzellen abgegeben wird, bestimmt letztendlich die Aktionspotenzialfrequenz in den Axonen der Ganglienzellen, die zum Gehirn führen. Es handelt sich hierbei um einen direkten Informationsfluss von den Stäbchen bzw. den Zapfen über die Bipolarzellen zu den Ganglienzellen.

Die **Horizontalzellen** sind seitlich mit mehreren benachbarten Stäbchen oder Zapfen verknüpft (Abb. 1). Sie bilden Synapsen zu diesen benachbarten Sinneszellen aus. Licht, das auf eine Lichtsinneszelle fällt, kann auf diese Weise die Lichtempfindlichkeit der benachbarten Lichtsinneszellen beeinflussen. So erscheint das graue Quadrat auf hellem Untergrund dunkler, als dasselbe graue Quadrat auf dunklem Untergrund (Abb. 4). Die Helligkeit des Quadrats wird also nicht absolut wahrgenommen, sondern die Kontraste werden verstärkt hervorgehoben (**Kontrastverstärkung**). Die Angepasstheit besteht darin, dass so z. B. in der Dämmerung ein Fressfeind vor dem Hintergrund mit ähnlicher Dunkelheit besser wahrgenommen werden kann. Wird ein Stäbchen von einem hellen Lichtpunkt getroffen, seine Nachbarn aber nur von einem schwachen Lichtreiz, so überträgt dieses Stäbchen die starke Erregung auf die Horizontalzelle (Abb. 3). Die anderen Stäbchen werden durch die Horizontalzelle gehemmt, sodass die ohnehin schon schwache Erregung stärker verringert wird (Abb. 3). So wird nur die Ganglienzelle erregt, die zu dem durch den hellen Lichtpunkt erregten Stäbchen gehört. Dadurch wird der Lichtpunkt vom dunkleren Hintergrund deutlicher unterschieden (Abb. 3). Das Verschaltungsprinzip ist die **laterale Inhibition**.

Amakrinzellen sind Verbindungen zwischen Bipolarzellen und Ganglienzellen (Abb. 1). Sie sorgen so – ähnlich wie die Horizontalzellen – für laterale Verbindungen innerhalb der Netzhaut. Amakrinzellen modulieren den über die Bipolarzellen laufenden Signalfluss zu den Ganglienzellen.

→ 10.11 Molekulare Vorgänge der Signaltransduktion an Sinneszellen
→ 10.13 Wahrnehmung: Sinnesorgane und Gehirn arbeiten zusammen

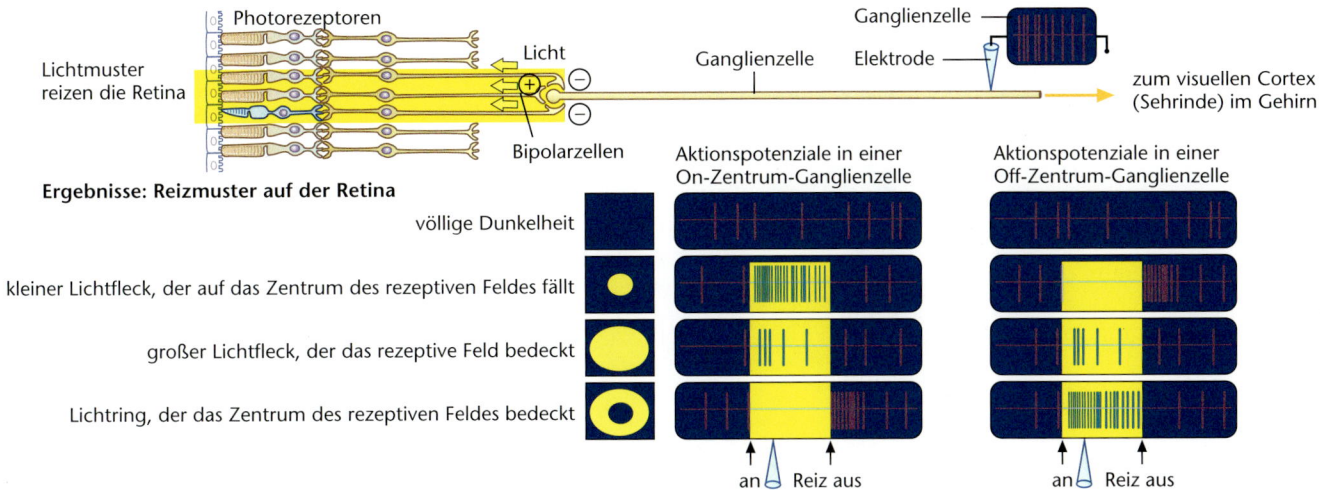

2 Codierung von Erregungen durch Lichtreize

1 Modellvorstellung zur lateralen Inhibition. Erläutern Sie mithilfe von Abb. 3 und des Grundwissentextes das Phänomen der lateralen Inhibition.

2 Rezeptive Felder in der Netzhaut. Es gibt in der menschlichen Netzhaut mehr als 100 Millionen Lichtsinneszellen, aber nur etwa eine Million Ganglienzellen. Man kann die Reaktion einer Ganglienzelle am besten durch ihr rezeptives Feld erklären. Das ist eine Gruppe von Lichtsinneszellen, die mit einer Ganglienzelle verbunden ist. Man unterscheidet On-Ganglienzellen, die ein erregendes Potenzial auslösen, und Off-Ganglienzellen, die ein hemmendes Potenzial auslösen. Das rezeptive Feld besteht aus einem kreisrunden Zentrum und einem umgebenden Ring.

Um zu erforschen, wie Ganglienzellen Lichtmuster codieren, die auf die Netzhaut fallen, wurde ein Experiment durchgeführt (Abb. 2).

a) Beschreiben Sie das durchgeführte Experiment und die jeweiligen Beobachtungen (Abb. 2).
b) Erklären Sie mithilfe der Beobachtungen, wie ein rezeptives Feld funktioniert.
c) Begründen Sie anhand der Versuchsergebnisse, dass der Sinn einer derartigen Verschaltung in der höheren Kontrastfähigkeit des Auges liegt.

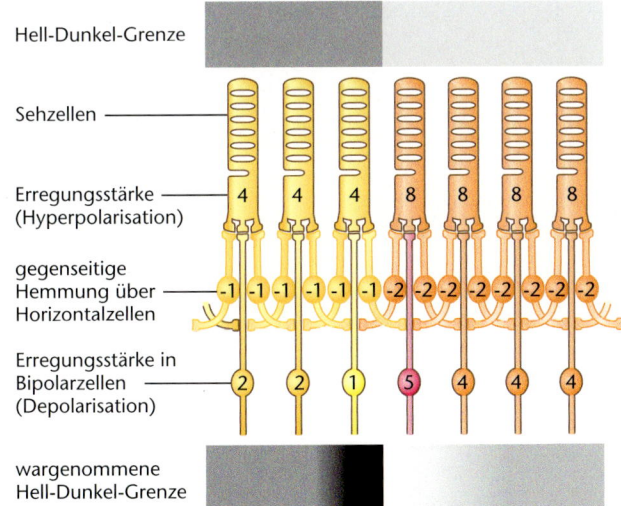

4 Optische Täuschung bei Graukontrasten

3 Modellvorstellung zur lateralen Inhibition

→ 10.14 Medizinische Arbeitstechniken: Bildgebende Verfahren zum Aufbau und zur Funktion des Gehirns

11.4 Vergleich: Fotosynthese – Sehvorgang

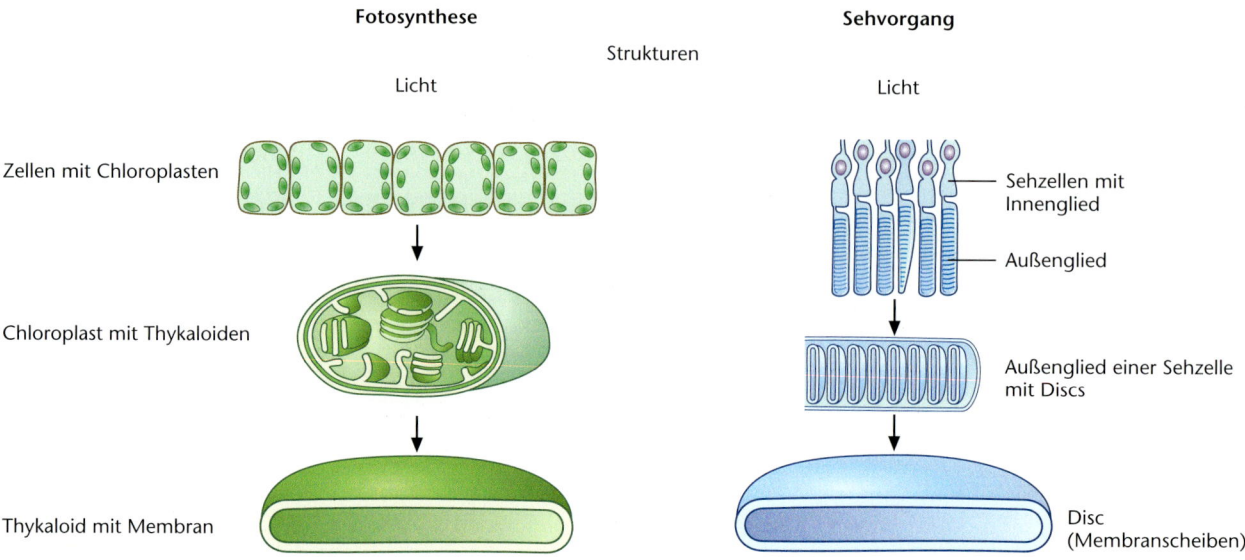

1 Vergleich von Fotosynthese und Sehvorgang

Die Entwicklung des Lebens auf der Erde ist untrennbar mit dem Licht der Sonne verbunden. Im Laufe der Zeit begann die Evolution von fotosynthetischen Systemen, welche die Lichtenergie in chemische Energie umsetzen können. Das Sonnenlicht ist auch der Auslöser für die Entstehung von Fotorezeptoren, mit deren Hilfe sich Organismen im Raum orientieren können.

Das Lichtspektrum des Sonnenlichts und seine Intensität ist in den Lebensräumen sehr unterschiedlich. Bei Pflanzen ist der fotosynthetische Apparat auf die für sie optimalen Lichtverhältnisse durch die Entwicklung verschiedener Fotorezeptorsysteme besonders angepasst. Bestimmte einzellige Grünalgen sind z. B. in der Lage, sich durch ihr Fotorezeptorsystem und den Besitz von Flagellen aktiv in die Richtung günstiger Lichtverhältnisse zu bewegen. Bei Tieren wird das Licht über verschiedene Augensysteme dazu genutzt, andere Tiere und Gegenstände zu orten, was beispielsweise für die Nahrungssuche oder die Flucht vor Feinden notwendig ist.

Die molekulare Grundlage für die Lichtabsorption wird durch Farbstoffe gebildet. Diese setzen sich aus einem Protein und dem jeweiligen Chromophor zusammen. Als **Chromophor** (griech. „Farbträger") bezeichnet man denjenigen Teil eines Farbstoffs, der für das Vorhandensein der Farbigkeit verantwortlich ist. Durch die Kombination von Protein und Chromophor

wird erst die Lichtabsorption des sichtbaren Lichts und damit die Umwandlung in chemische Energie ermöglicht. Sowohl die Fotosynthese der Pflanzen wie auch der Sehvorgang bei Tieren weisen viele Übereinstimmungen auf (Abb. 1).

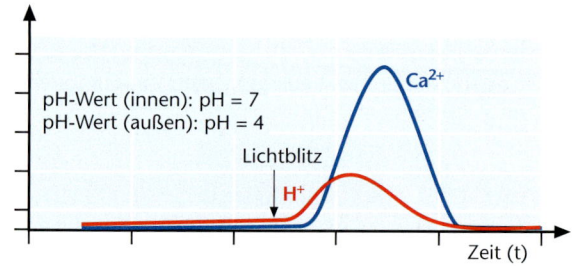

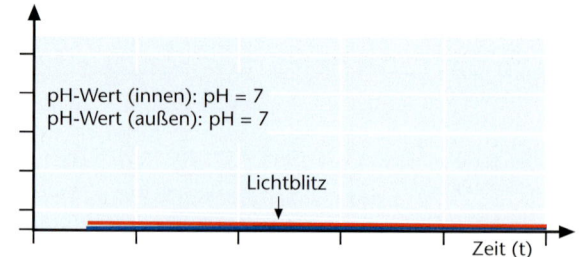

2 Membranleitfähigkeiten bei C. reinhardtii bei unterschiedlichen pH-Werten

248 → 5.4 Pigmente absorbieren Licht → 10.11 Molekulare Vorgänge der Signaltransduktion an Sinneszellen

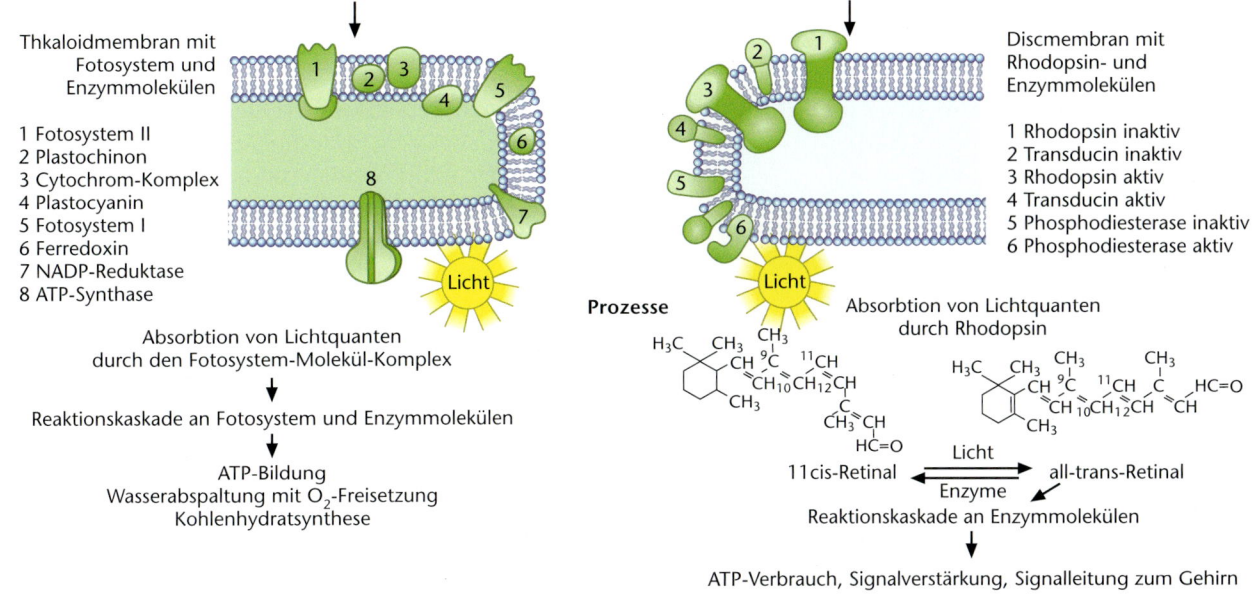

Thkaloidmembran mit Fotosystem und Enzymmolekülen		Discmembran mit Rhodopsin- und Enzymmolekülen
1 Fotosystem II 2 Plastochinon 3 Cytochrom-Komplex 4 Plastocyanin 5 Fotosystem I 6 Ferredoxin 7 NADP-Reduktase 8 ATP-Synthase		1 Rhodopsin inaktiv 2 Transducin inaktiv 3 Rhodopsin aktiv 4 Transducin aktiv 5 Phosphodiesterase inaktiv 6 Phosphodiesterase aktiv

Absorbtion von Lichtquanten durch den Fotosystem-Molekül-Komplex
↓
Reaktionskaskade an Fotosystem und Enzymmolekülen
↓
ATP-Bildung
Wasserabspaltung mit O_2-Freisetzung
Kohlenhydratsynthese

Prozesse

Absorbtion von Lichtquanten durch Rhodopsin

11cis-Retinal ⇌ all-trans-Retinal (Licht / Enzyme)
↓
Reaktionskaskade an Enzymmolekülen
↓
ATP-Verbrauch, Signalverstärkung, Signalleitung zum Gehirn

Stoffproduktion — **Hauptfunktionen** — Informationsproduktion

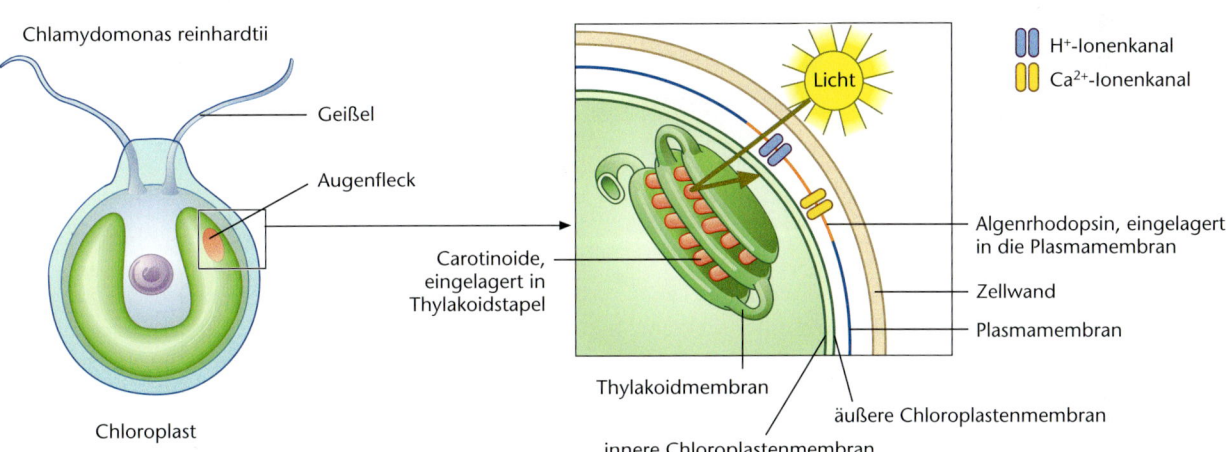

3 *Aufbau von Chlamydomonas reinhardtii und ihres Augenflecks, schematisch*

1 Vergleich zwischen Fotosynthese und Sehvorgang. Erläutern Sie mithilfe von Abb. 1 und des Grundwissenstextes zu den Themenbereichen Fotosynthese und Sehvorgang die wesentlichen Gemeinsamkeiten und Unterschiede zwischen der Fotosynthese und dem Sehvorgang.

2 Algenrhodopsin. Die einzellige Alge *Chlamydomonas reinhardtii* trägt zwei Geißeln, mit denen sie sich im Wasser fortbewegen kann. Sie ist in der Lage, ihre Schwimmrichtung in Abhängigkeit von der Richtung des in das Wasser einfallenden Lichts aktiv zu verändern. Im Bereich des Augenflecks ist in der Plasmamembran ein Pigment eingelagert, das mit dem Rhodopsin im menschlichen Auge nah verwandt ist. Die in den Thylakoiden eingelagerten Carotinoide reflektieren von außen einfallendes Licht auf das Algenrhodopsin, wodurch die Absorptionswahrscheinlichkeit erhöht wird. Dieses Algenrhodopsin ist dafür verantwortlich, dass sich die begeißelte Alge zum Licht orientieren kann. Forscher erkannten, dass die Veränderung des Geißelschlags, die zu einer Orientierungsbewegung führt, unter anderem von einem Calciumionen-Einstrom in die Algenzelle abhängig ist. Leiten Sie aus Abb. 2 und 3 ab, wie es nach Reizung mit Licht zur Veränderung des Geißelschlags bei der Alge *Chlamydomonas reinhardtii* kommt.

→ 11.2 Signaltransduktion an Lichtsinneszellen

12.1 Lernformen und Lernstrategien

1 *Diese Kohlmeise hat gelernt, den Foliendeckel einer Milchflasche aufzupicken*

In England beobachtete man Kohlmeisen dabei, wie sie den Foliendeckel von Milchflaschen durchpickten. So gelangten sie an die Milch, die morgens vom Milchmann vor die Tür gestellt wurde (Abb. 1). Rasch breitete sich dieses Verhalten in Kohlmeisenpopulationen aus. Die Kohlmeisen haben gelernt, d. h. sie haben ihr Verhalten aufgrund individuell erworbener Erfahrungen geändert. Zum Lernen gehört die Aufnahme, Verarbeitung sowie die abrufbare Speicherung von Informationen im Gedächtnis.

Man unterscheidet verschiedene **Lernformen:**
Gewöhnung ist eine einfache Lernform. Beispielsweise wird jemand in seiner neu bezogenen Wohnung in der Nähe einer viel befahrenen Bahnstrecke schon nach wenigen Tagen in der Nacht nicht mehr wach, wenn ein Zug vorbeifährt. Gewöhnung liegt dann vor, wenn ein Verhalten nach wiederholter identischer Reizung abnimmt. Die biologische Funktion von Gewöhnung liegt in der Unterscheidung von bedeutungsvollen und bedeutungslosen Reizen.

Lernen durch Verstärkung ist eine Lernform, bei der auf ein Verhalten gute Erfahrung, z. B. eine Belohnung, erfolgt. Im Gehirn werden Informationen über das Verhalten mit den Informationen über die Folgen zu einer Assoziation verknüpft. Verstärker sind alle Reize, die in einer Lernsituation die Häufigkeit eines bestimmten Verhaltens erhöhen. In vielen Tierdressuren werden z. B. Futterbrocken als Verstärker für ein bestimmtes Verhalten eingesetzt. Lernen durch Verstärkung ist eine Unterform des **Lernens aus Erfahrung**, bei dem die Folgen eines Verhaltens (gute oder schlechte Erfahrung) die Häufigkeit beeinflusst, mit der dies Verhalten gezeigt wird.

Lernen durch Nachahmung ist dann gegeben, wenn ein Verhalten, ohne vorheriges eigenes Ausprobieren durch Beobachtung und Nachahmung von Artgenossen übernommen wird. Das Lernen durch Nachahmung spielt unter anderem für eine Reihe sozial lebender Vögel und Säugetiere sowie für den Menschen eine wichtige Rolle.

Lernen durch Einsicht erfolgt, wenn ein neues Verhalten gleichsam „in Gedanken", also ohne Ausprobieren und ohne Lernen durch Nachahmung, geplant und dann ausgeführt wird.

Beim Lernen von **Fachinhalten** in der Schule spielt das Erwerben oder Verändern von Kenntnissen, Fähigkeiten und Einstellungen durch Verknüpfung von vorhandenem Wissen mit neuen Informationen eine große Rolle. Solche Verknüpfungen nennt man auch **Assoziationen** (lat. associare, verknüpfen). Nach einer gängigen Modellvorstellung sind an der Bildung von Assoziationen gleichzeitig aktive Neurone in neuronalen Netzen beteiligt.

Unter **Lernstrategien** versteht man von einer Person bewusst angewandte individuelle Handlungs- und Zeitpläne, Lerntechniken, Arbeitshilfen und Organisationselemente, die dazu dienen, ein bestimmtes, mit Lernaufwand verbundenes Ziel (z.B. eine Prüfung) möglichst effizient und gut zu erreichen. Im Wesentlichen wird bei der Entwicklung einer Lernstrategie also danach gefragt, wie ein bestimmtes Lernziel unter Beachtung individueller Gegebenheiten und Möglichkeiten durch Optimierung des Lernprozesses am besten erreicht werden kann. Unter anderem gehört ein realistisches Zeitmanagement für die sinnvolle Aufbereitung des Lernstoffes dazu – etwa bei der Vorbereitung der Abiturprüfung.

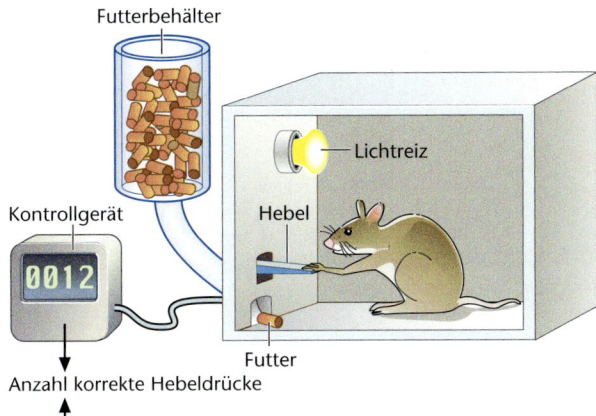

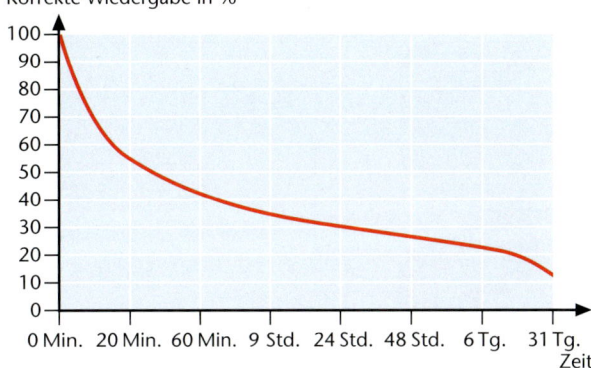

2 Eine Maus wird mit Futter belohnt, wenn sie auf einen Lichtreiz mit einem Hebeldruck reagiert

Tag	Ratten A	Ratten B
1	10	10
2	9	9
3	7	10
4	8	9
5	6	9
6	5	9
7	4	10
8	2	10
9	1	9
10	1	10

3 Durchschnittliche Fehlerzahl von hungrigen Ratten beim Erlernen eines Labyrinths mit Futterbelohnung am Ziel (A) und ohne Belohnung (B).

1 Lernformen: a) Fassen Sie für jede der links erläuterten Lernformen das Wesentliche in je einem Merksatz zusammen; b) Beschreiben Sie den Lernprozess, der Abb. 2 zugrunde liegt.

2 Belohnung und Verstärkung. Erstellen Sie anhand der Daten in Abb. 3 geeignete Graphen und werten Sie diese aus.

4 Vergessenskurve nach Ebbinghaus (1850-1909) nach einmaligem Lernen von sinnfreien Silben und ohne Wiederholungen.

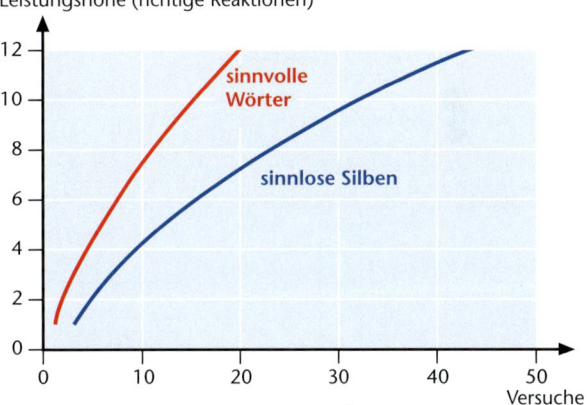

5 Sinnvolles Lernen. (Angegeben ist die durchschnittliche Fehlerzahl beim Lernen einer Liste von zwölf sinnlosen Silben und einer Liste von zwölf sinnvollen Wörtern.)

3 Vergessen und die Bedeutung von Wiederholungen. Übertragen Sie die Vergessenskurve in Abb. 4 großformatiger (etwa halbe DIN-A4-Seite) als Skizze in Ihr Heft. Beschreiben Sie die Kurve in Abb. 4. Skizzieren Sie in Ihrer Vorlage mit jeweils unterschiedlicher Farbe neue Vergessenskurven, wenn nach 24 und abermals nach 48 Stunden auf hundertprozentig korrekte Wiedergabe wiederholt wurde. Präsentieren und erläutern Sie ihre Skizze in Hinblick auf die Bedeutung von Wiederholungen.

4 Sinnvolle Lerninhalte. Vergleichen Sie die Graphen in Abb. 5 und begründen Sie die Unterschiede. Leiten Sie aus den Versuchsergebnissen eine allgemeine Empfehlung ab.

→ 18.7 Lebensgeschichte und Elterninvestment

12.2 Gedächtnismodelle

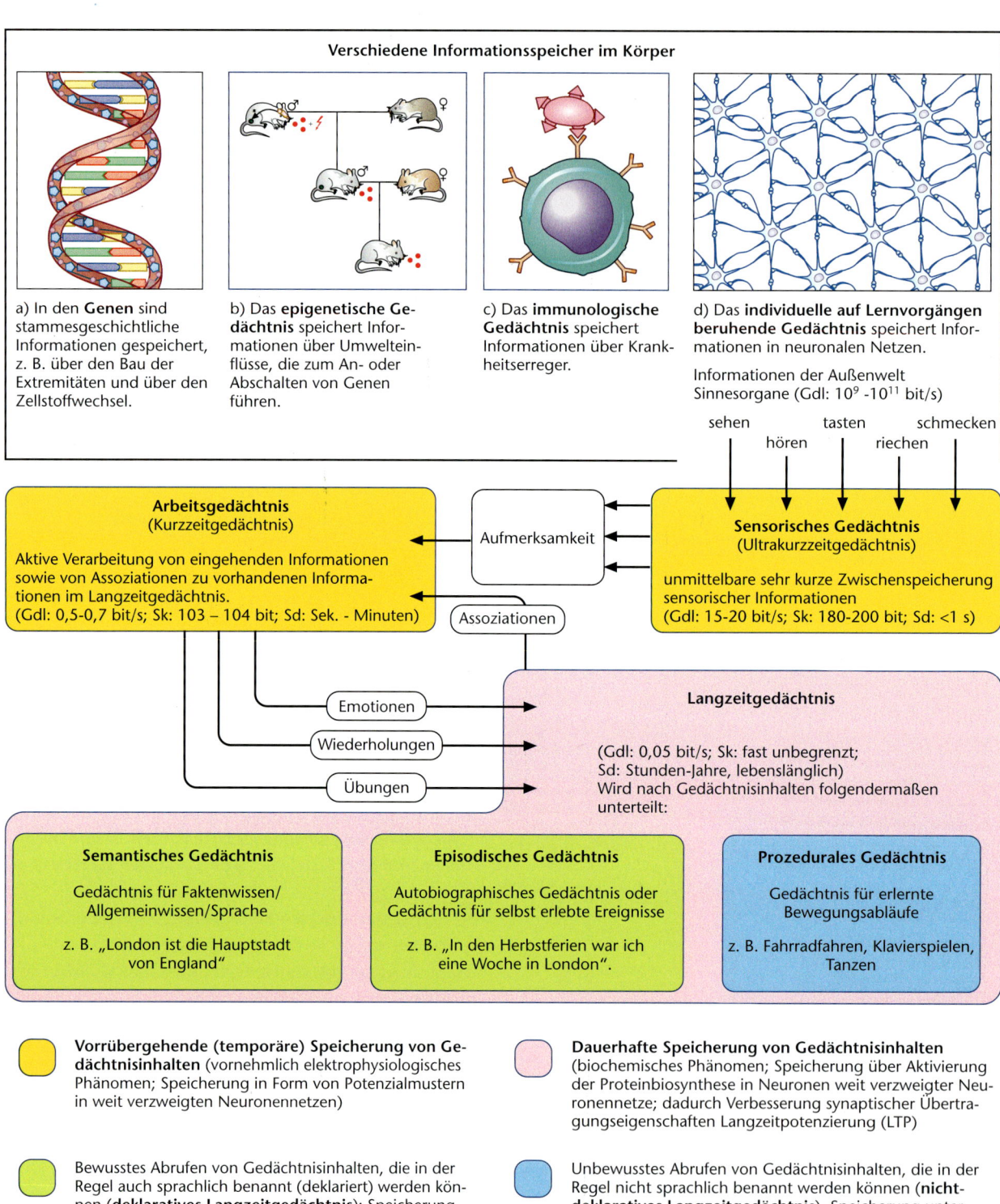

1 *Gedächtnisformen*

Erläuterungen zu Abb. 1

Die Aufnahme, Verarbeitung und Speicherung von Informationen ist ein Kennzeichen aller Lebewesen. In einem vielzelligen Organismus wie etwa dem Menschen gibt es in der Regel verschiedene Informationssysteme (Abb. 1, a bis d). Mit „Gedächtnis" ist dabei umgangssprachlich meistens das individuelle, auf Lernvorgängen beruhende Gedächtnis im Gehirn gemeint.

Im Laufe der Zeit wurden verschiedene Gedächtnismodelle entwickelt. Dabei wurden aus heutiger Sicht bestimmte Teilaspekte besonders betont. **Filter-Modelle** fokussieren auf die Auslese (Selektion) der Information durch einen oder mehrere Filter, ohne die die ständig einströmende Informationsflut aus der Umwelt nicht bewältigt werden könnte. **Assoziations-Modelle** (Verknüpfungs-Modelle) betonen die Bedeutung der Verknüpfung von neuen mit schon im Gedächtnis vorhandenen Informationen für das Behalten. Man erkannte, dass Wiederholungen, Motivation des Lernenden sowie emotionale und persönliche Bedeutung des Gelernten die Bildung von Assoziationen begünstigt.

Das **Mehrspeicher-Gedächtnismodell** integriert die Bedeutung von Filtern und von Assoziationen (Abb. 1d). Das **sensorische Gedächtnis** und das **Arbeitsgedächtnis** sind flüchtig (temporär). Konzentration und Aufmerksamkeit, also die Fähigkeit, bestimmte Informationen auszuwählen (zu selektieren) und bevorzugt weiter zu verarbeiten, ist ein wichtiger Filter für die Überführung von Informationen aus dem sensorischen Gedächtnis in das Arbeitsgedächtnis. Man spricht in diesem Zusammenhang auch von **selektiver Aufmerksamkeit**. Die Speicherkapazität des Arbeitsgedächtnis ist begrenzt. In Versuchen konnte nachgewiesen werden, dass es unter bestimmten Umständen zur störenden Überlagerung (**Interferenz**) bei der Verarbeitung neuer und bereits vorhandener Information im Arbeitsgedächtnis kommen kann. Assoziationen, positive Emotionen und Wiederholungen gehören zu den Faktoren, die die Überführung von Information in das **Langzeitgedächtnis** begünstigen. Es wird nach den Gedächtnisinhalten in drei Teilbereiche untergliedert, die teilweise weit verzweigte Neuronennetze in unterschiedlichen Gehirnarealen beanspruchen. Werden Inhalte aus dem **semantischen** oder **episodischen Langzeitgedächtnis** abgerufen, geschieht dies in der Regel bewusst und in sprachlicher Form. Der Abruf aus dem prozeduralen Langzeitgedächtnis erfolgt in der Regel unbewusst und nicht sprachlich.

1 **Verschiedene Informationsspeicher im menschlichen Körper.** Vergleichen Sie die vier Informationsspeicher tabellarisch nach selbst gewählten Kriterien (Abb. 1 a – d).

2 **Baumdiagramm und Mindmap zum Gedächtnis.**
a) Erstellen Sie anhand der Abb. 1 d und des zugehörigen Textes ein Baumdiagramm zum menschlichen Gedächtnis. In einem Baumdiagramm sind über – und untergeordnete Begriffe durch Linien verbunden.
b) Erstellen und präsentieren Sie in Gruppenarbeit eine Mindmap zum Thema „Gedächtnis"

3 **Empfehlungen zum Lernverhalten.** Entwickeln Sie in Partnerarbeit (Gruppenarbeit) unter Berücksichtigung dieses und des vorhergehenden Abschnittes Empfehlungen für effektives Lernverhalten und Gedächtnisbildung. Adressaten sollen Ihre Mitschülerinnen und Mitschüler sein.

4 **Arbeitsgedächtnis/Kurzzeitgedächtnis.** Werten Sie die Abb. 2 hinsichtlich der beteiligten Lern- und Gedächtnisprozesse aus.

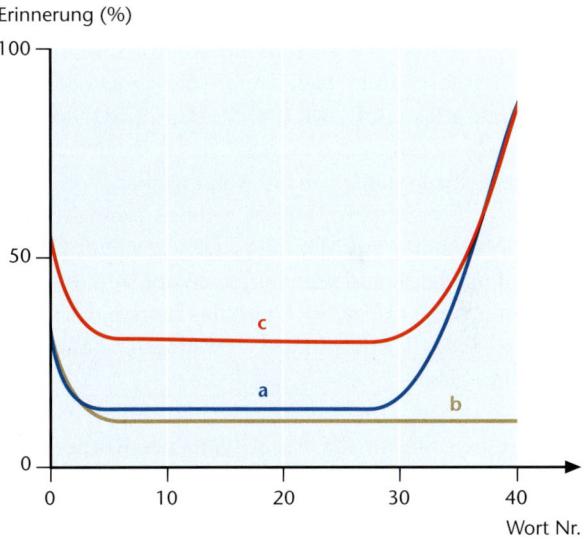

2 Häufigkeit, mit der sich die Versuchspersonen an die einzelnen Wörter erinnern können, aufgetragen gegen die Wörter in der vorgelesenen Reihenfolge. – a (blaue Linie): Die erinnerten Wörter werden sofort nach dem Ende des Vorlesens notiert. – b (braune Linie): Zwischen dem Vorlesen und Notieren wurde ein mit Kopfrechenaufgaben ausgefüllter Zeitraum von 30 Sekunden eingeschoben. – c (rote Linie): Wie a, jedoch mit verringerter Vorlesegeschwindigkeit.

→ 12.6 Die Alzheimer-Krankheit

12.3 Neuronale Plastizität

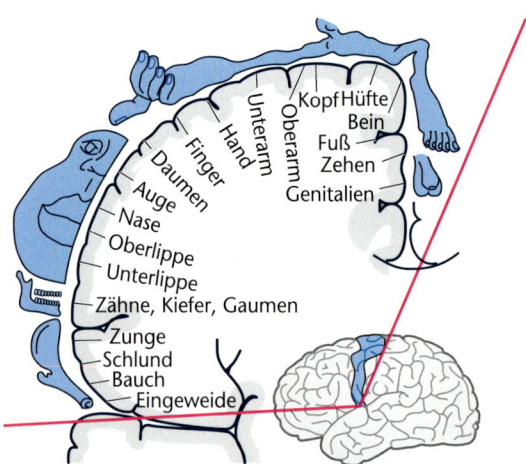

1 *Sensorischer Homunkulus („Menschlein") und Lage der mechanosensorischen Karte in der Großhirnrinde*

Das menschliche Gehirn besitzt etwa 100 Milliarden Neurone, die durch etwa 100 Billionen Synapsen miteinander verbunden sind. Rein rechnerisch ist ein Neuron also mit 1000 anderen Neuronen verbunden. In der Realität gibt es jedoch erhebliche Unterschiede im Grad der Vernetzung, da sich das Gehirn ständig umbaut. Wissenschaftler bezeichnen diesen Umbau als **neuronale Plastizität**. Mit diesem Begriff beschreiben sie die Eigenschaft einzelner Synapsen, Neurone und ganzer Gehirnareale, sich in Abhängigkeit von ihrer Nutzung zu verändern. Dieser Prozess ermöglicht es dem Organismus, auf Veränderungen in seiner Umgebung zu reagieren und sich diesen anzupassen. Im neuronalen Umbau spiegelt sich also das Lernen des Organismus wider. Erfahrungen verändern neuronale Verbindungen.

Mit der neuronalen Plastizität kann der Körper aber auch auf Verletzungen des neuronalen Gewebes reagieren. Das ist beispielsweise bei der Behandlung von Schlaganfall-Patienten von großer Bedeutung. Die Ursache eines Schlaganfalls ist eine als **Ischämie** bezeichnete plötzliche Minderdurchblutung des Gehirns und damit eine Minderversorgung mit Sauerstoff und Glukose. Die Ischämie kann zum Absterben von Nervenzellen führen. Ist davon zum Beispiel die Sprachregion im Gehirn betroffen, so versucht man in der Rehabilitation die verlorenen Fähigkeiten wieder zu erlernen. Dabei nutzt man die Plastizität des Gehirns. Teilweise können sogar andere Regionen des Gehirns die Funktionen der ausgefallenen Bereiche übernehmen.

In den Neuronen der Großhirnrinde (Kortex) entsteht aus den eingehenden Signalen ein zusammenhängender Eindruck von der Umwelt. Dabei folgt die Anordnung der Neurone im Kortex zwei Prinzipien: (1) Neurone für ähnliche Signale liegen nahe beieinander. (2) Häufige Signale aktivieren mehr Neurone als seltene und nehmen deshalb einen größeren Raum ein. Dementsprechend lassen sich im Kortex beispielsweise Bereiche mit Neuronen, die Ableitungen von der Haut verarbeiten, von anderen Bereichen abgrenzen. Diese sogenannten **mechanosensorischen Felder** bilden modellhaft eine Karte, in der die einzelnen Regionen der Körperoberfläche repräsentiert sind. Wie Abb. 1 verdeutlicht, entspricht die Größe der Repräsentation der Körperoberfläche im Kortex nicht der tatsächlichen Körperoberfläche. Beispielsweise ist für den flächenmäßig großen Rumpf nur ein vergleichsweise kleines Stück Hirnrinde mit wenigen Neuronen vorhanden.

Das gesamte Leben lang kann sich die Struktur der mechanosensorischen Karten in Zeiträumen von mehreren Wochen bis hin zu einigen Jahren verändern (Abb. 2). Ursächlich für diese Flexibilität sind Vorgänge auf der Ebene der Synapsen. Beispielsweise können in den Synapsen mehr Transmittermoleküle freigesetzt werden oder die Postsynapse kann empfindlicher für die Transmittermoleküle werden, indem sich ihre Oberfläche vergrößert oder die Anzahl der Rezeptoren zunimmt. Schließlich können sogar neue Synapsen gebildet werden. Die Veränderungen an den Synapsen wiederum werden auf molekularer Ebene durch die Prozesse der **Langzeitpotenzierung** (**LTP**, engl. long-term potentiation) hervorgerufen (Abb. 3). Eine entscheidende Rolle spielen hierbei die NMDA-Rezeptoren. Sie sind normalerweise durch Mg^{2+}-Ionen blockiert. Wird die Membran jedoch innerhalb kurzer Zeit mehrfach depolarisiert, so löst sich die Mg^{2+}-Blockade und Ca^{2+}-Ionen können einströmen. Der Ca^{2+}-Ionen-Einstrom führt zu mehreren Prozessen, die in ihrer Gesamtheit als LTP bezeichnet werden. Am Ende der LTP steht die Synthese von Proteinen, die zur Synapse wandern und die Signalverbindung zwischen den beiden beteiligten Neuronen stabilisieren. Die der LTP gegensteuernden Prozesse werden als **Langzeitdepression** (**LTD**) bezeichnet. Die LTD vermindert die Übertragungseffizienz von selten benötigten Synapsen und kann zu deren Abbau führen.

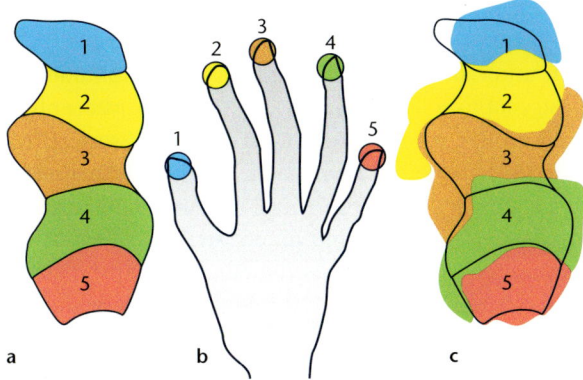

Spitzen zweier Bleistifte, so kann man diese bis zu sieben Zentimeter auseinander halten, ohne dass zwei verschiedene Druckpunkte gespürt werden. Diesen Abstand nennt man Zwei-Punkte-Diskriminationsschwelle. Sie ist auf dem Rücken am größten, an den Fingern kleiner und auf der Zunge und an den Lippen am kleinsten. Erklären Sie die Befunde mithilfe von Abb. 1.

3 **Experiment zur Plastizität des Großhirns.**
a) Beschreiben Sie die Ergebnisse (Abb. 2).
b) Erläutern Sie die Ergebnisse mit Bezug auf die Prozesse der Langzeitpotenzierung (Abb. 3).
c) Entwickeln Sie eine Hypothese zur wahrscheinlichen Gestalt der mechanosensorischen Karten drei Monate nach Abschluss des Experiments.

2 *Ein Experiment zur Plastizität der mechanosensorischen Karte der Großhirnrinde bei einem Nachtaffen.* Das Tier bewegte über drei Monate täglich eine Stunde lang eine Scheibe mit den Fingerspitzen des 2., 3. und manchmal auch des 4. Fingers. a) sensorische Felder vor und c) nach dem Training, b) Hautoberflächen, die in den farblich markierten Feldern abgebildet sind.

4 **Lebenslanges Lernen.** Nach dem Konzept des „lebenslangen Lernens" hört das Lernen nach Schule, Ausbildung oder Studium nicht auf, denn Lernen ist das wesentliche Werkzeug zum Erlangen von Bildung und damit für die Gestaltung individueller Lebenschancen im gesamten Lebenslauf eines Menschen. Gehen Sie von folgender Situation aus: Sie werden gebeten, auf einer Schulveranstaltung vor Schülern ihres Jahrgangs und deren Eltern zum Thema „Lebenslanges Lernen und neuronale Plastizität" zu referieren. Gestalten Sie eine entsprechende Präsentation.

1 **Ebenen der neuronalen Plastizität.** Beschreiben Sie die neuronale Plastizität auf der Ebene des Nervensystems und auf molekularer Ebene.

2 **Zwei-Punkte-Diskriminationsschwelle.** Berührt man den Rücken eines Menschen gleichzeitig mit den

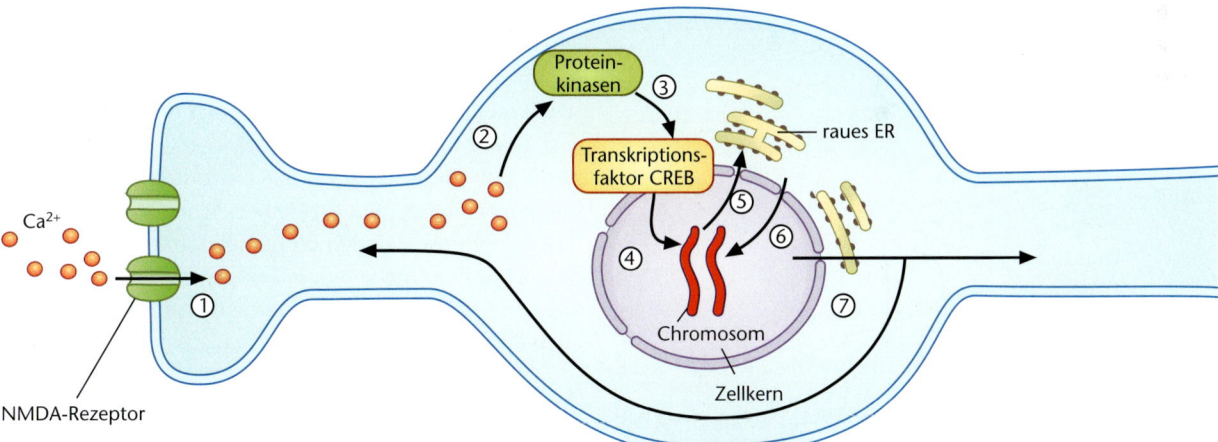

3 *Prozesse der Langzeitpotenzierung (LTP) auf molekularer Ebene.* 1: mehrfache Depolarisation innerhalb kurzer Zeit führt zum Einstrom von Ca^{2+}-Ionen, 2: erhöhte Ca^{2+}-Konzentration aktiviert Proteinkinasen, 3: aktivierte Proteinkinasen binden an CREB, 4: dadurch werden IEGs (immediate early genes) aktiviert, 5: IEGs codieren unter anderem für Transkriptionsfaktoren, 6: die Transkriptionsfaktoren führen im Zellkern zur Expression von LEGs (late effector genes), 7: LEGs kodieren zum Teil für Proteine, welche die Entstehung von LTP ermöglichen; diese Proteine werden ins Axon und in die Dendriten transportiert und verstärken dort die Reaktion der Nervenzelle auf weitere Stimulation.

→ 18.7 Lebensgeschichte und Elterninvestment

12.4 Synaptische Plastizität und Proteinbiosynthese

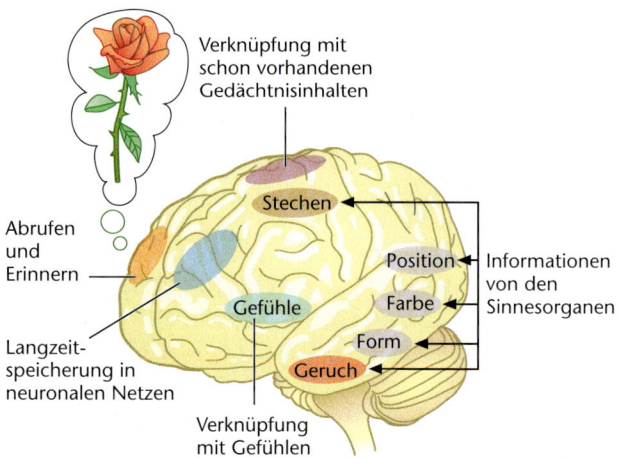

1 Erinnerung an eine Rose. Bei der Langzeitspeicherung wird in miteinander verknüpften neuronalen Netzen Gedächtnis gebildet.

Auf zellulärer und molekularer Ebene sind an Lernen und Gedächtnis insbesondere Synapsen beteiligt (Abb. 1, 2). Diese sind in Abhängigkeit von ihrer Aktivität veränderlich. Diese Veränderlichkeit synaptischer Verbindungen (**synaptische Plastizität**) ist ein Kennzeichen, in dem sich neuronale Netze von der starren Verschaltung eines Computerchips grundlegend unterscheiden. Solche Synapsen, in denen häufig Aktionspotenziale einlaufen, zeigen eine anhaltende Verbesserung der Erregungsübertragung. Das drückt sich unter anderem darin aus, dass die Amplitude des postsynaptischen Potenzials an diesen Synapsen anhaltend größer wird. Ursachen für die verbesserte Erregungsübertragung können eine erhöhte Transmitterfreisetzung je Aktionspotenzial sein oder eine erhöhte Zahl von Rezeptoren und Ionenkanälen in der postsynaptischen Membran. Wenn mehrere Synapsen an einem Neuron gleichzeitig aktiv sind, verbessern sie sich außerdem gegenseitig in der Erregungsübertragung (Abb. 2). Transmitter haben neben ihrer Funktion bei der synaptischen Erregungsübertragung weitere Bedeutung. Auch die verbesserte Erregungsübertragung an Synapsen wird durch Transmitter ausgelöst. Sie besetzen an der postsynaptischen Membran Rezeptoren, die über den Vorgang der **Signaltransduktion** eine intrazelluläre Signalkette im nachgeschalteten Neuron aus lösen: Es werden Proteine aktiviert, die ihrerseits die Membraneigenschaften ändern. Durch die Aktivierung von Transkriptionsfaktoren wird die **Proteinbiosynthese** reguliert. Die Synthese von Proteinen wie z. B. Rezeptormolekülen, Kanalproteinen, Enzymen für die Transmittersynthese ist wahrscheinlich für das Langzeitgedächtnis unerlässlich. Auch für die Bildung neuer Synapsen werden Proteine benötigt.

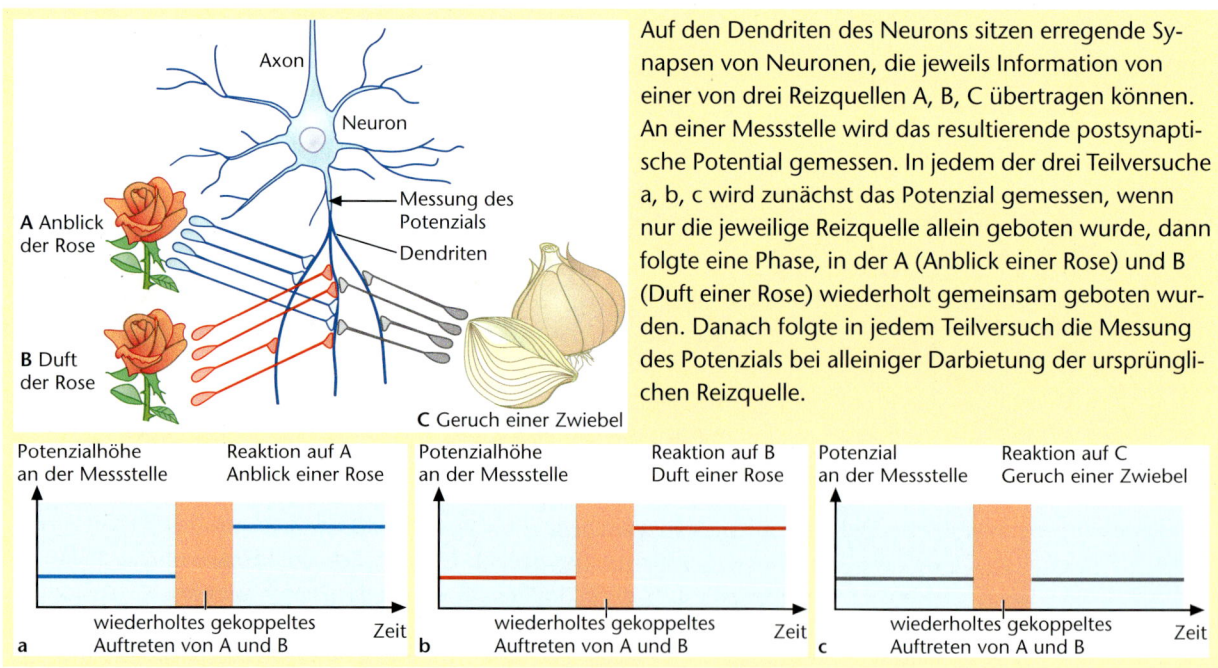

Auf den Dendriten des Neurons sitzen erregende Synapsen von Neuronen, die jeweils Information von einer von drei Reizquellen A, B, C übertragen können. An einer Messstelle wird das resultierende postsynaptische Potential gemessen. In jedem der drei Teilversuche a, b, c wird zunächst das Potenzial gemessen, wenn nur die jeweilige Reizquelle allein geboten wurde, dann folgte eine Phase, in der A (Anblick einer Rose) und B (Duft einer Rose) wiederholt gemeinsam geboten wurden. Danach folgte in jedem Teilversuch die Messung des Potenzials bei alleiniger Darbietung der ursprünglichen Reizquelle.

2 Modell zur Verbesserung der Erregungsübertragung an gleichzeitig aktiven Synapsen

→ 3.6 Vom Gen zum Protein   → 10.7 Informationsübertragung an Synapsen

1 Hebb'sche Lernregel. Als Entdecker der synaptischen Plastizität gilt der Psychologe Donald Olding Hebb, der 1949 folgende Lernregel formulierte: „Wenn ein Axon der Zelle A […] Zelle B erregt und wiederholt und dauerhaft zur Erzeugung von Aktionspotentialen in Zelle B beiträgt, so resultiert dies in Wachstumsprozessen oder metabolischen Veränderungen in einer oder in beiden Zellen, die bewirken, dass die Effizienz von Zelle A in Bezug auf die Erzeugung eines Aktionspotentials in B größer wird." Hebb weiter: "What fires together, wires together." Erläutern Sie die Hebb'sche Regel in ihrer Bedeutung für Lernen und Gedächtnisbildung.

2 Gleichzeitig aktive Synapsen an einem Neuron. Beschreiben Sie die Versuchsergebnisse in Abb. 2. Deuten Sie die Versuchsergebnisse.

3 Proteinbiosynthese und Langzeitgedächtnis.
a) Formulieren Sie die Hypothese, die mit der Versuchsreihe in Abb. 3 untersucht wurde.
b) Erläutern Sie die Bedeutung des Kontrollversuchs.
c) Beschreiben Sie die Versuchsergebnisse. Deuten Sie die Versuchsergebnisse im Hinblick auf die Hypothese.

Hypothese:
???

Durchführung:
In einer Trainingsphase erhielten Goldfische leichte elektrische Schläge. Dies konnten sie vermeiden, indem sie rechtzeitig von einer beleuchteten in eine unbeleuchtete Beckenhälfte schwammen. Den Goldfischen wurde zu unterschiedlichen Zeiten Puromycin durch Injektion in das Gehirn verabreicht. Puromycin ist ein Stoff, der die Proteinbiosynthese hemmt.

Ergebnis:

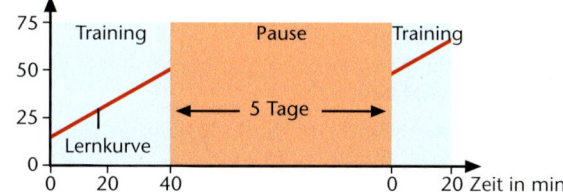

a) Kontrollversuch ohne Puromycin

Lesebeispiel Kontrollversuch:

Lernkurve von Goldfischen ohne Puromycin-Injektion: 40 Minuten Training, dabei Messungen, die die rote Lernkurve ergeben; 5 Tage ohne Training; dann wieder 20 Minuten Training mit neuer Lernkurve.

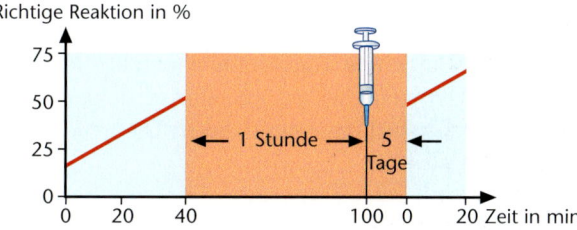

b) Puromycin-Injektion 1 Stunde nach dem Training

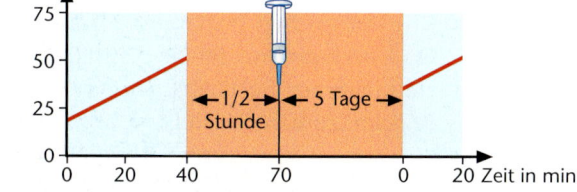

c) Puromycin-Injektion 1/2 Stunde nach dem Training

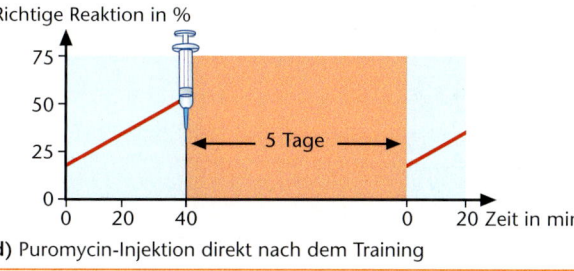

d) Puromycin-Injektion direkt nach dem Training

e) Puromycin-Injektion unmittelbar vor dem Training

3 Proteinbiosynthese und Langzeitgedächtnis

12.5 Ethische Herausforderung: Neuro-Enhancement

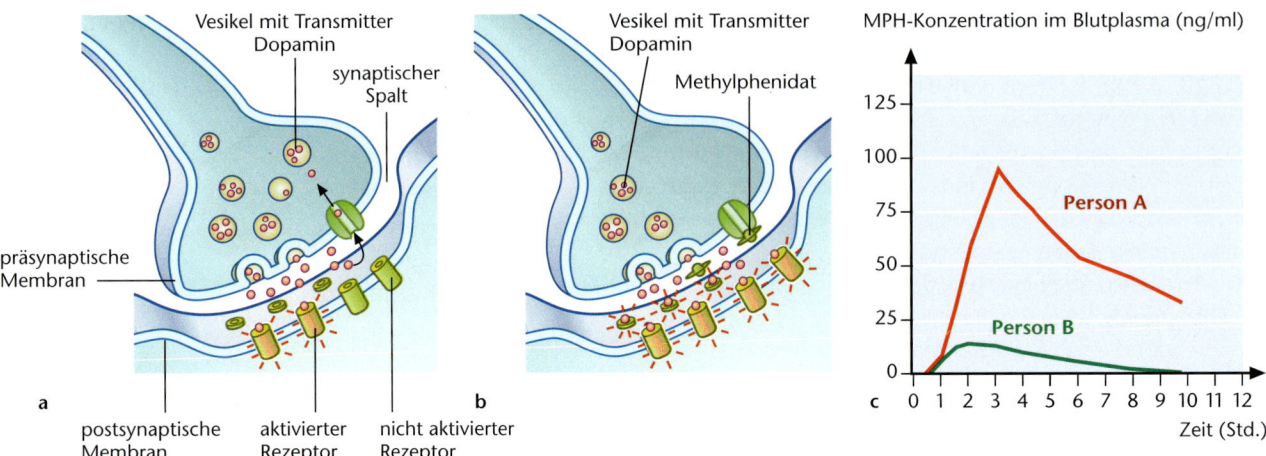

1 a) Normale Aktivität einer Synapse mit dem Neurotransmitter Dopamin, b) Methylphenidat blockiert die Wiederaufnahme von Dopamin in die Präsynapse, c) Methylphenidat (MPH) wird durch das Enzym CES-1 (Carboxylesterase-1) abgebaut. Hier ist der Verlauf der Konzentration von MPH im Blutplasma nach genormter Gabe von MPH bei zwei verschiedenen Personen dargestellt

Als **Neuro-Enhancement** (engl. *to enhance*, erweitern, steigern) bezeichnet man die Verstärkung geistiger Eigenschaften und Fähigkeiten von gesunden Menschen durch Wirkstoffe, die verschreibungspflichtig sind und zur Behandlung von Patienten mit beispielsweise ADHS, Demenz oder Narkolepsie entwickelt worden sind (Abb. 2). Für diese Präparate fehlt jedoch der eindeutige Nachweis, dass sie ohne Gesundheitsrisiko auch tatsächlich die Konzentration, das Gedächtnis oder die Denkleistungen steigern. Ob und wann es wirkliche Neuro-Enhancement-Präparate geben wird, ist ungewiss. Trotzdem wird bereits heute über den zukünftigen Umgang mit solchen Präparaten diskutiert. Dabei sind neben Überlegungen, die die gesundheitlichen Risiken und möglichen Suchtgefahren betreffen, auch ethische Aspekte zu berücksichtigen. In diesem Zusammenhang wird unter anderem der mit dem Neuro-Enhancement verbundene gesellschaftlich geprägte Leistungsgedanke in Frage gestellt.

Ein Beispiel für einen Stoff, der bereits heute von Menschen zur möglichen Verbesserung der Lernfähigkeit eingenommen wird, ist **Methylphenidat** (Handelsname u.a. Ritalin) (Abb. 2). Methylphenidat verändert die Aktivität des Neurotransmitters Dopamin an den Synapsen (Abb. 1). Möglicherweise könnte eine Stärkung der durch Dopamin vermittelten Signale die Aufmerksamkeit und das Interesse an gestellten Aufgaben steigern. Der Einnahme von Methylphenidat-Präparaten als Neuro-Enhancer widersprechen allerdings die zahlreichen Nebenwirkungen und die anscheinend nur geringe Wirksamkeit.

Wirkstoff	Medizinische Anwendung	Wirksamkeit als Neuro-Enhancer	Risiken
Methylphenidat, Amphetamine	Behandlung des Aufmerksamkeitsdefizit-Hyperaktivitätssyndroms (ADHS) und von Narkolepsie (Schlafzwang)	Steigerung der kognitiven Leistung bei bestimmten Aufgaben nach Schlafentzug; zum Teil Verbesserung der Planungsfähigkeit; Erhöhung der Leistung bei einfachen Wiederholungsaufgaben	Verschlechterung der Leistung bei komplexen Aufgaben; Herz-Kreislauf-Probleme, Krampfanfälle, Halluzinationen, Abhängigkeit
Modafinil	Behandlung von Narkolepsie (Schlafzwang) und extremer Müdigkeit bei Schichtarbeit oder Apnoe (Atemstillstand im Schlaf)	anscheinend Verbesserung der Konzentration und Leistung bei engen Aufgabenstellungen (z. B. Merken von langen Ziffernfolgen)	Hautausschläge; möglicherweise Abhängigkeit
Donepezil	Behandlung der Alzheimer-Demenz; erhöht Verfügbarkeit des Neurotransmitters Acetylcholin zur Verbesserung der Hirnleistung	Unterstützung von Lernen und Gedächtnis, doch die Resultate sind widersprüchlich; Wirkung oft erst nach mehreren Wochen	möglicherweise Verschlechterung von kognitiven Leistungen bei Gesunden

2 Medizinische Anwendung, Wirksamkeit und Risiken von ausgewählten Wirkstoffen

1 Wirkmechanismus des Neuro-Enhancers Methylphenidat auf der Ebene der Synapse. Erläutern Sie anhand von Abb. 1a und 1b den Wirkmechanismus von Methylphenidat an einer Synapse mit dem Transmitter Dopamin. Berücksichtigen Sie auch das Basiskonzept „Struktur und Funktion".

2 Polymorphismus. Die Unterschiede in den beiden Graphen der Abb. 1c sind molekular auf individuelle Unterschiede in der AS-Sequenz des Enzyms CES-1 zurückzuführen. Erläutern Sie allgemein den Ablauf einer enzymkatalysierten Reaktion. Begründen Sie unter Bezug auf Abb. 1c den Sachverhalt, dass MPH bei verschiedenen Personen deutlich unterschiedliche Wirkungsintensitäten haben kann.

3 Ethisches Bewerten: Neuro-Enhancement.
a) Informieren Sie sich in diesem Buch über die Sechs-Schritt-Methode zur ethischen Bewertung.
b) Geben Sie zu den in Abb. 4 aufgeführten Positionen jeweils die passende Handlungsoption an, die sich aus der Formulierung ergibt. Wählen Sie eine Position aus und formulieren Sie weitere Argumente und Beispiele, die diese Position stützen.
c) Führen Sie eine ethische Bewertung des freien Zugangs zu Neuro-Enhancern durch (Abb. 3).

A) **Respektierung von Selbstbestimmung:** Jede Person hat das Recht über ihre eigenen Angelegenheiten selbst zu entscheiden. Voraussetzung für eine rationale Entscheidung ist die Aufklärung über mögliche Risiken und Chancen einer Handlung.
B) **Nichtschädigung:** Man sollte sich selbst, aber auch andere Personen nicht schädigen und das selbstbestimmte Handeln anderer Personen respektieren und sie nicht gegen ihren Willen zu Handlungen zwingen.
C) **Fürsorge und Wohltun:** In einigen Fällen kann es zum Wohl einer anderen Person notwendig sein, sich in deren Handlungsfreiheit einzumischen. Dabei geht es darum, Rahmenbedingungen zu schaffen, die es jedem einzelnen erleichtern, seine Gesundheit zu erhalten oder zu verbessern.
D) **Gerechtigkeit und Gleichheit:** Bei diesem Prinzip geht es um gesellschaftliche Verpflichtungen. Beispielsweise sollten innerhalb einer Gesellschaft im Rahmen des Möglichen jeder Person die notwendigen Bildungsmöglichkeiten und medizinischen Behandlungen zur Verfügung stehen, die sie braucht, unabhängig davon, ob sie die Kosten tragen kann oder nicht.

3 Leitprinzipien für die ethische Auseinandersetzung mit dem Neuro-Enhancement

A) Wir sollten uns davor hüten, unseren Kindern Neuro-Enhancer zu verabreichen und ihnen damit unausgesprochen die Botschaft zu vermitteln: „So, wie du bist, bist du nicht gut genug." Stattdessen sollten wir ihr Selbstwertgefühl stärken, indem wir weder sie noch uns selbst einem Leistungsdiktat unterwerfen.
B) Mit Neuro-Enhancern wollen wir auf Fähigkeiten Einfluss nehmen, die uns mit Abstand am meisten von den Tieren unterscheiden: Konzentrationsstärke, Einfühlungsvermögen, logisches Denken und Vorstellungskraft. An welchem Versuchstier ließe sich die Wirkung eines Medikaments auf diese Eigenschaften zuverlässig testen?
C) Das Wohlbefinden und die geistige Leistung allein um ihrer selbst willen zu steigern, ist ein Irrweg. Entscheidend ist, was wir damit erreichen. Der Entschluss für oder gegen Neuro-Enhancement ist zugleich eine Antwort auf die Frage, welches Leben wir uns überhaupt wünschen.
D) Völlige Konzentration nur eine Tablette entfernt, für alle. Arbeit als Flow-Erlebnis statt als Last. Endlich mal einen Satz von Kant zu Ende lesen und noch wissen, was am Anfang stand. Die Fähigkeiten des Geistes endlich einmal ganz ausschöpfen. Neuro-Enhancement ist zuerst einmal eine große Chance, die vielen Menschen schon heute das Risiko wert ist.
E) Tatsache ist doch, dass wir uns längst für Neuro-Enhancement entschieden haben. Es liegt in der Natur unserer Leistungsgesellschaft, den Wert des Menschen primär nach seiner Leistungsfähigkeit zu bemessen. Deswegen wird es immer Menschen geben, die bereit sind, ihre Leistungsfähigkeit künstlich zu steigern. Die Gesellschaft muss einen angemessenen Weg finden, damit umzugehen.
F) Gesunde Personen sind auch ohne Hilfe von Psychopharmaka in der Lage, mit Stress, Konflikten und schwierigen Gefühlslagen klarzukommen. Wir können uns natürlich entschließen, in Zukunft einfach schnell eine Pille einzuwerfen, wenn es mal brenzlig wird. Aber wir können alternativ auch einen Umgang mit Stress und Gefühlen kultivieren, der es uns erlaubt, aus uns selbst heraus in Stresssituationen handlungsfähig zu bleiben.

4 Sechs Positionen zum Neuro-Enhancement

12.6 Die Alzheimer-Krankheit

Patientin 65 Jahre, leichte Demenz

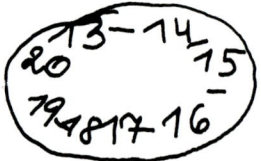
Patient 81 Jahre, mittelschwere Demenz

Patient 87 Jahre, schwere Demenz

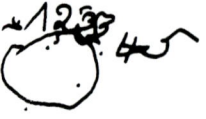
Patient 79 Jahre, schwere Demenz

1 *An Alzheimer-Demenz erkrankte Patienten zeichnen eine Uhr, die auf 10 nach 11 stehen soll*

Die **Alzheimer-Krankheit** ist eine allmählich fortschreitende neurodegenerative Erkrankung, die im Alter auftreten kann. Im Zuge der Erkrankung kommt es zu biochemischen Veränderungen in solchen Bereichen des Großhirns, die mit Lernen und Gedächtnisbildung zu tun haben. Der Verlust von Nervengewebe gehört zum Krankheitsverlauf. Gedächtnisschwund und vermindertes Lernvermögen, Defizite in Entscheidungs- und Erkenntnisprozessen, aber auch Orientierungslosigkeit sowie Sprachstörungen und Persönlichkeitsveränderungen sind Symptome dieser Krankheit (Abb. 1). Die Alzheimer-Erkrankung kann bis zum vollständigen Verlust von Urteils- und Entscheidungsvermögen, Gedächtnis, Sprachvermögen und Körperkontrolle voranschreiten.

Auf molekularer und zellulärer Ebene spielen im Verlauf der Erkrankung Proteinablagerungen und ihre Auswirkungen auf die Funktion von Nervenzellen eine maßgebliche Rolle (Abb. 2). Im Großhirn von Patienten, die an der Alzheimer-Krankheit leiden, finden sich im Extrazellulärraum gehäuft winzige Ablagerungen, die jeweils aus vielen Molekülen eines Proteins namens Amyloid bestehen. Diese **Amyloid-Plaques** werden als eine wichtige Ursache für die gestörte Signalübertragung zwischen den Neuronen und letztlich für das massive Absterben von Nervenzellen angesehen (Abb. 2). Nach einer Modellvorstellung werden die wissenschaftlichen Belege folgendermaßen gedeutet: Amyloid-Plaques setzen sich an bestimmte Kanalproteine für Calciumionen, die dadurch dauerhaft geöffnet werden. Calciumionen diffundieren entsprechend dem Konzentrationsgefälle in das Innere der Neuronen (Abb. 2). Dadurch wird die Weiterleitung von Aktionspotenzialen blockiert und zusätzlich verkleben Moleküle des sogenannten **Tau-Proteins**. Das Tau-Protein hat normalerweise eine wichtige Funktion für die Stabilität der Axone, den Stofftransport in den Axonen sowie deren Energieversorgung. Fällt das Tau-Protein aus, verlieren Axone ihre Struktur und ihre Funktionsfähigkeit. So führt die hohe Konzentration an Calciumionen letztlich zum Zelltod.

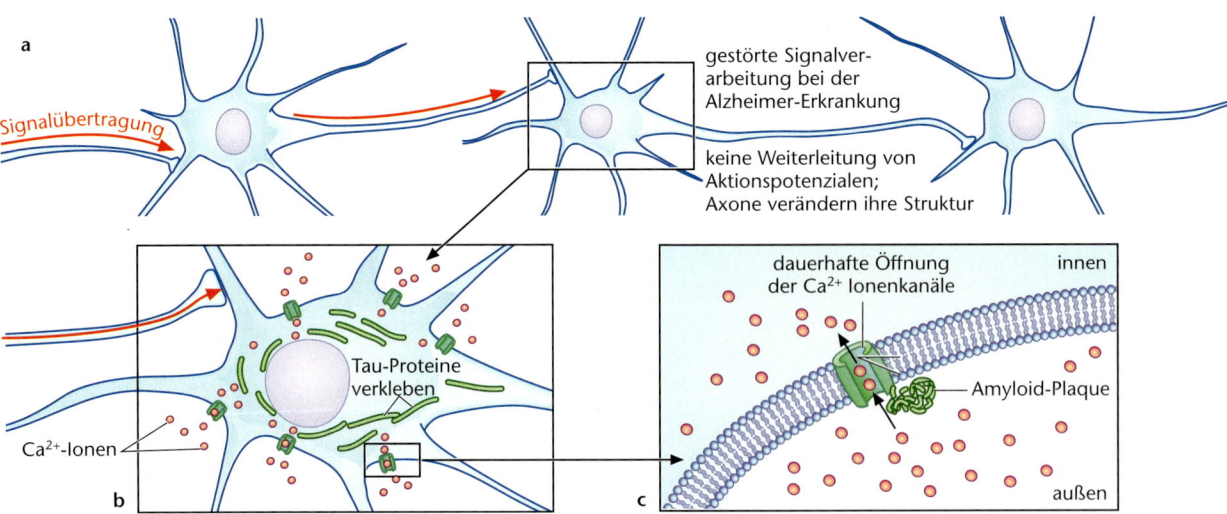

2 *Modell zu den molekularen und zellulären Prozessen der Alzheimer-Krankheit*

→ 3.23 Biologische Arbeitstechnik: DNA-Chip-Technologie

1 Systemebenen und die Alzheimer-Krankheit. Beschreiben Sie anhand der Informationen im Text die Alzheimer-Krankheit auf molekularer und zellulärer Ebene sowie auf Organ- und Organismus-Ebene.

2 Vergleichende Gewebeuntersuchungen mithilfe von DNA-Microarrays. Bei der Untersuchung von Erkrankungen des Gehirns wird auch die DNA-Microarray-Technik eingesetzt (Abb. 3). Informieren Sie sich in diesem Buch über diese Technik. Erläutern Sie das Verfahren. Formulieren Sie Fragen, wie man mit dieser Technik in Bezug auf die Alzheimer-Krankheit einer Antwort näher bringen kann.

3 Dramatischer Anstieg der Zahl von Alzheimer-Erkrankten zu befürchten. In Deutschland werden bis zum Jahre 2050 etwa 2,6 Millionen Menschen an der Alzheimer-Krankheit erkranken. Entwickeln Sie mithilfe von Abb. 4 begründete Vermutungen über die Ursachen dieses dramatischen Anstiegs.

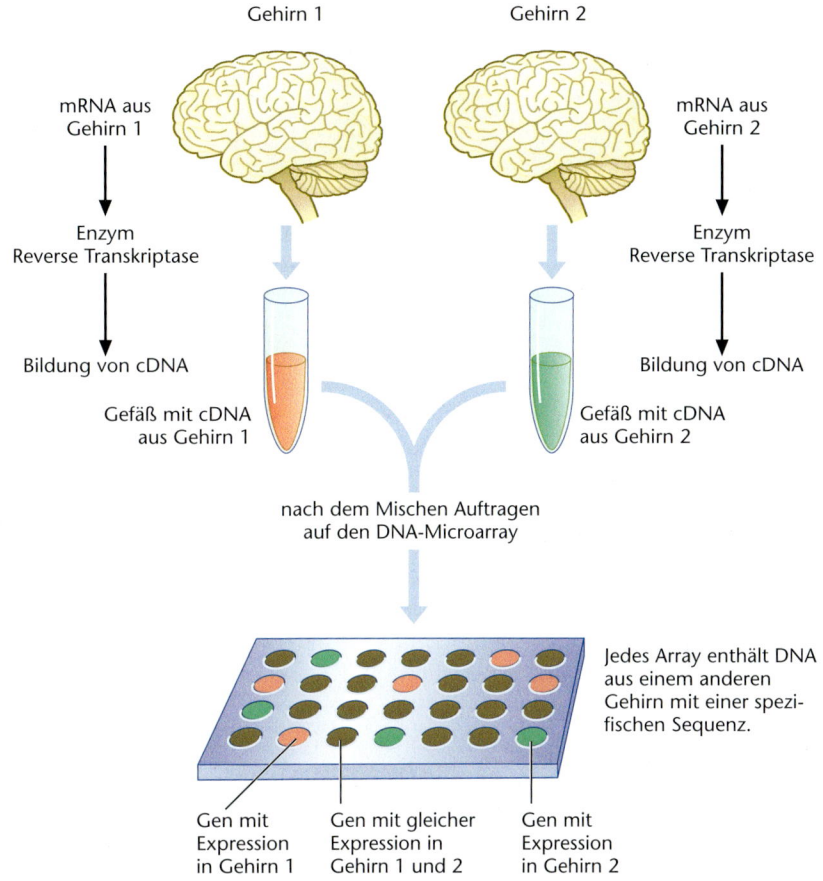

3 *DNA-Microarray-Technik zur vergleichenden Untersuchung von Nervengewebe*

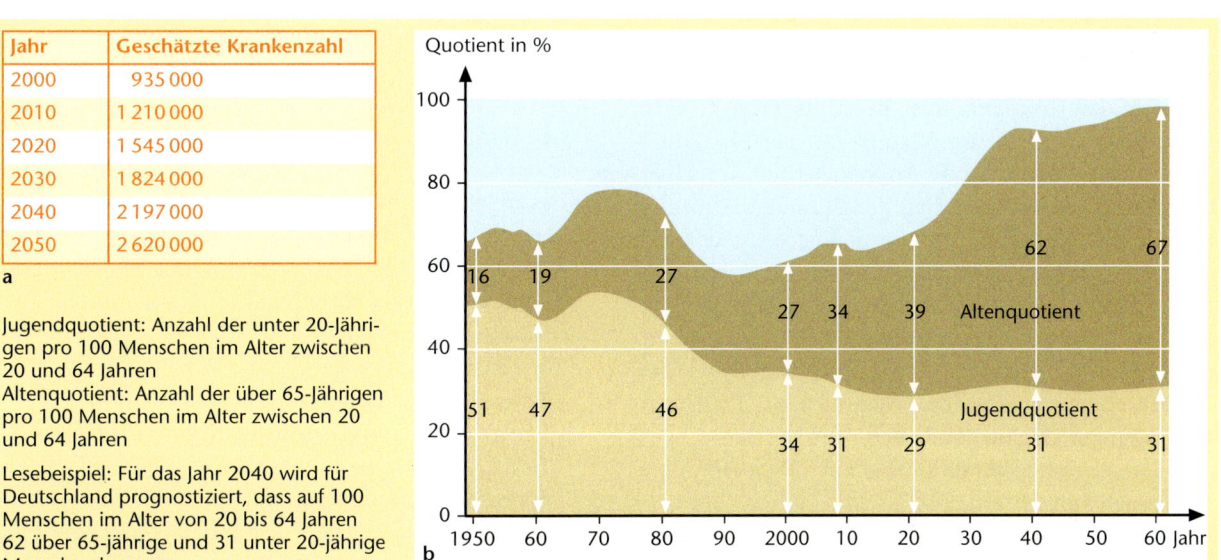

Jugendquotient: Anzahl der unter 20-Jährigen pro 100 Menschen im Alter zwischen 20 und 64 Jahren
Altenquotient: Anzahl der über 65-Jährigen pro 100 Menschen im Alter zwischen 20 und 64 Jahren
Lesebeispiel: Für das Jahr 2040 wird für Deutschland prognostiziert, dass auf 100 Menschen im Alter von 20 bis 64 Jahre 62 über 65-jährige und 31 unter 20-jährige Menschen kommen.

4 a) *Geschätzte Zahl der an Alzheimer Erkrankten bis 2050*, b) *Jugend- und Altenquotient in Deutschland bis 2060*

12.7 An den Grenzen des Lebens – Der Hirntod

1 *a) 1954: Frank Tugend und sein Enkel Dan Jury, b) 1974: Dan Jury und sein Großvater Frank Tugend*

Geburt und Tod begrenzen das Leben eines jeden Menschen. In Übereinstimmung mit dem heutigen christlichen Verständnis legt das deutsche **Embryonenschutzgesetz** fest, dass bereits die befruchtete und entwicklungsfähige Eizelle vom Zeitpunkt der Verschmelzung der Zellkerne als Embryo und damit als ein Mensch anzusehen ist.

Lange Zeit galt ein Mensch dann als tot, wenn er nicht mehr atmete, sein Herz nicht mehr schlug und sein Gehirn nicht mehr arbeitete. Die moderne Intensivmedizin ermöglicht mit ihren funktionserhaltenden Apparaten jedoch, dass die Funktionen von Lunge, Herz und Gehirn nicht mehr zwangsläufig gleichzeitig ausfallen. Dies machte eine Entscheidung darüber notwendig, welches Merkmal für den Eintritt des Todes bestimmend sein soll: das endgültige Aufhören der Atmung, des Kreislaufs oder der Gehirntätigkeit. Im Jahre 1968 definierte ein Komitee der Harvard Medical School in den USA als Todeskriterium den **Hirntod,** den irreversiblen Ausfall der gesamten Hirntätigkeit (Abb. 2). Diese Todesdefinition ist heute von den meisten Ländern übernommen worden. Bis zur endgültigen Feststellung des Hirntods wird durch künstliche Beatmung die Herz-Kreislauf-Funktion aufrechterhalten. Erst nach Feststellung des Hirntods werden die Maschinen ausgestellt. Sollte sich ein Patient zu Lebzeiten zur **Organspende** bereit erklärt haben, wird die Herz-Kreislauf-Funktion bis zur Organentnahme maschinell aufrechterhalten.

Vor dem Tod durchlaufen viele Menschen einen unterschiedlich langen Prozess des Sterbens. Angesichts von Patienten, die unter einer fortschreitenden unheilbaren Erkrankung leiden, stellt sich die Frage nach **Sterbehilfe.** Mit Sterbehilfe kann Hilfe im Sterben gemeint sein. In diesem Sinne bedeutet Sterbehilfe die Begleitung und Unterstützung Sterbender durch menschliche Zuwendung, durch Hilfestellungen, Pflege und schmerzlindernde Behandlung. So verstandene Sterbehilfe ist unumstritten. Dagegen befinden sich bestimmte Formen der Sterbehilfe als Hilfe zum Sterben in der Diskussion; in Deutschland sind sie gesetzlich unzulässig. In diesem Zusammenhang ist die **Patientenverfügung** von großer Bedeutung. Sie gibt die Möglichkeit, bestimmte lebenserhaltende Behandlungsmaßnahmen für sich selbst auszuschließen.

> Die Bundesärztekammer definierte am 29. Juni 1991 den Hirntod als einen „Zustand des irreversiblen Erloschenseins der Gesamtfunktion des Großhirns, des Kleinhirns und des Hirnstamms bei einer durch kontrollierte Beatmung künstlich noch aufrechterhalten Herz-Kreislauf-Funktion. Mit dem Hirntod ist naturwissenschaftlich-medizinisch der Tod des Menschen festgestellt."
> Zur Feststellung des Hirntods gehören:
> – Bewusstlosigkeit (Koma),
> – Fehlen der Stammhirnreflexe,
> – Fehlen motorischer Reaktionen,
> – Fehlen der Spontanatmung,
> – Wiederholung der Untersuchung nach einem definierten Zeitraum.

2 *Kriterien für den Hirntod*

1 Beginn und Ende des Lebens. Beschreiben Sie unter Bezug auf Abb. 4 die Länge der Lebensphasen „Beginn des Lebens" und „Ende des Lebens".

2 Recherche: Hirntod.
a) Recherchieren Sie die Begriffe „Wachkoma" und „Apallisches Syndrom".
b) Vergleichen Sie die Teilabbildungen in Abb. 5 und beschreiben Sie die Unterschiede.

3 Ethische Positionen zum Hirntod.
a) Fassen Sie die in Abb. 3 genannten Positionen jeweils in einem Satz zusammen.
b) Nehmen Sie Stellung zu den genannten Positionen (Abb. 3).

4 Recherche: Hospizbewegung. Recherchieren Sie für einen Kurzvortrag die Arbeit der Hospizbewegung.

5 Patientenverfügung. Besorgen Sie sich eine Vorlage für eine Patientenverfügung. Fassen Sie die Kerninhalte der Vorlage zusammen. Nehmen Sie Stellung zu der Frage, ob das Anfertigen einer Patientenverfügung sinnvoll ist.

Ein Mensch ist nicht erst dann tot, wenn alle Organe oder Einzelkomponenten seines Organismus zu funktionieren aufgehört haben. Die Grenze zwischen Leben und Tod wird nicht durch den Funktionsausfall einzelner Organe oder Organsysteme markiert, sondern durch den Verlust der Fähigkeit zu ihrer zentralen Steuerung und Integration zu einem Ganzen. […] Entscheidend ist dabei nicht, ob der Organismus oder seine Teilsysteme die Fähigkeit verlieren, zentral gesteuert beziehungsweise integriert werden zu können, sondern ob er selber fähig ist, diese Steuerungs- und Integrationsleistungen auszuüben. […] Wer das „Hirntodkriterium" akzeptiert, akzeptiert damit keine „Umdefinition" des Todes, sondern lässt lediglich ein weiteres Kriterium für denselben menschlichen Tod gelten, der unter nicht-intensiv-medizinischen Bedingungen durch das herkömmliche Kriterium des irreversiblen Funktionsverlusts von Herz und Kreislauf angezeigt wird.
(Dieter Birnbacher)

Ohne Bewusstsein gibt es […] überhaupt keine Interessen – ob diese nun an Empfindungen, Wünsche oder Erfahrungen, an Rationalität oder Autonomie, an Kommunikation oder Kontemplation gebunden sind. […] Also kann er [der Mensch] auch kein Interesse etwa an der weiteren Aufrechterhaltung irgendwelcher seiner Körperfunktionen haben. Eine solche ist für ihn ohne Wert und kann deshalb auch nicht die Basis jenes moralischen Status bilden, der dem „Leben" des Menschen zukommt.
(Norbert Hoerster)

Sicher ist es doch zweierlei – wann vom Todesaufschub abzulassen und wann anzufangen, dem Körper Gewalt anzutun; wann aufzuhören, den Prozess des Sterbens hinauszuziehen, und wann diesen Prozess als in sich beendet und somit den Körper als Leichnam anzusehen, mit dem man tun kann, was für jeden lebenden Leib Tortur und Tod wäre [gemeint ist die Organentnahme]. Für ersteres brauchen wir nicht zu wissen, wo die genaue Grenzlinie zwischen Leben und Tod liegt – wir überlassen es der Natur, sie zu überschreiten […]. Wir brauchen nur als Tatsache zu wissen, dass das Koma irreversibel ist, um ethisch zu entscheiden, dem Sterben nicht länger Widerstand zu leisten. Für das zweite müssen wir die Grenzlinie mit absoluter Sicherheit kennen; und eine weniger als maximale Todesdefinition zu benutzen, um an einem möglicherweise vorletzten Zustand zu begehen, was nur der letzte erlauben würde, heißt sich ein Wissen anmaßen, das wir (meine ich) nicht haben können. Da wir die genaue Grenzlinie zwischen Leben und Tod nicht kennen, genügt nichts Geringeres als die maximale Definition (besser: Merkmalsbestimmung) des Todes – Hirntod plus Herztod plus jeder sonstigen Indikation, die von Belang sein mag –, bevor endgültige Gewalt stattgreifen kann.
(Hans Jonas)

3 Ethische Positionen zum Hirntod

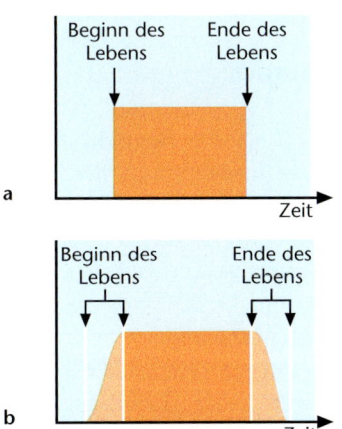

4 Beginn und Ende des Lebens als a) plötzliches Ereignis oder b) als Vorgang?

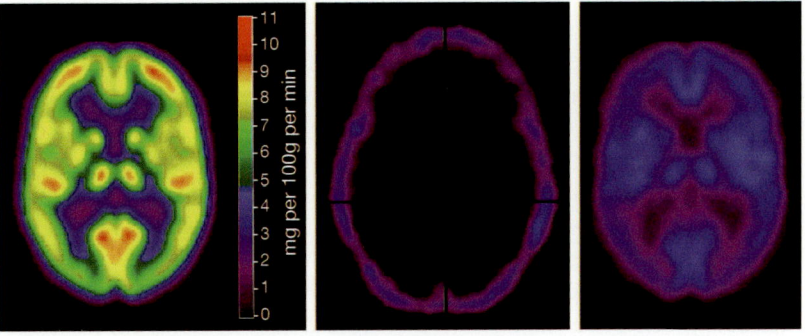

5 Stoffwechselaktivität in den Großhirnhälften eines Gesunden, eines Hirntoten und eines Wachkoma-Patienten. Die Farbskala gibt an, wie viel Milligramm Glucose in 100 g Hirngewebe umgesetzt werden.

13.1 Überblick: Das vegetative Nervensystem und das hormonelle System

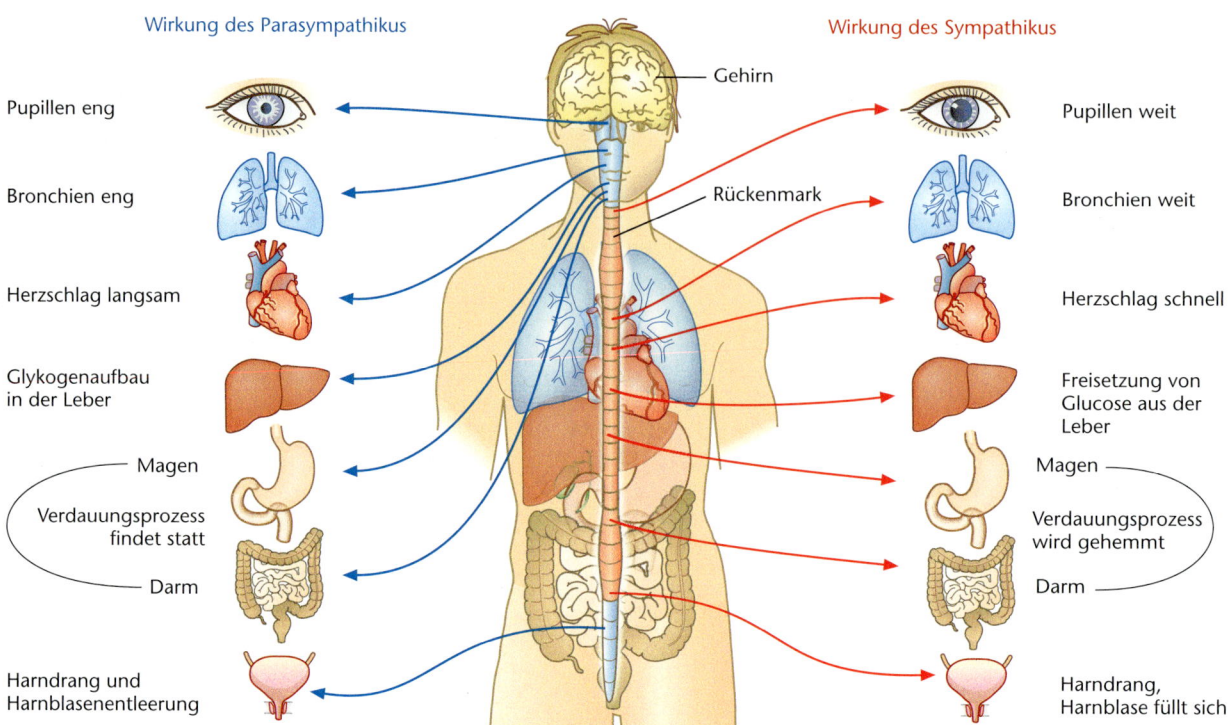

1 *Sympathikus und Parasympathikus regulieren mit ihren Nervenfasern dieselben Organe – mit gegensinniger Wirkung.*

Das somatische Nervensystem ermöglicht Wahrnehmungen und vom Willen beeinflusste Bewegungen. Das **vegetative Nervensystem** regelt dagegen Funktionen von Organen, die nicht willentlich beeinflussbar sind. Es hält, zusammen mit dem hormonellen System, innere Bedingungen wie etwa Körpertemperatur, Blutzuckerspiegel und Wasserhaushalt im Gleichgewicht. Das vegetative Nervensystem wird, wie auch das Hormonsystem, durch den Hypothalamus, ein übergeordnetes Steuerzentrum im Zwischenhirn, gesteuert.

Organfunktionen passen sich unterschiedlichen Anforderungen an. In Ruhephasen werden die Organfunktionen durch den parasympathischen Teil des vegetativen Nervensystems, den **Parasympathikus** gesteuert. Seine Aktivität senkt die allgemeine Erregbarkeit und entlastet Herz und Kreislauf.

Stoffwechselaktivitäten, die körpereigene Reserven aufbauen, wie etwa Verdauung und Darmaktivität werden durch den Parasympathikus gefördert. Dadurch kann sich der Körper in stressfreien Phasen, beispielsweise im Schlaf, erholen und regenerieren.

Körperliche Anstrengungen und Verhaltensweisen erfordern eine abgestimmte Reaktion der Organe. In solchen Stressphasen dominiert der **Sympathikus**. Seine Aktivität erhöht die allgemeine Erregbarkeit. Er steigert unter anderem die Herzleistung, die Atmung und den Blutzuckerspiegel. Damit erhöht sich die Bereitschaft zu intensiven Bewegungen. Parasympathische und sympathische Aktivitäten beeinflussen die gemeinsam innervierten Organe zumeist entgegengesetzt. Ihre Wirkung ist damit **antagonistisch**.

Durch den Sympathikus erfolgt die **Regulation der Körpertemperatur**. Temperaturrezeptoren der Haut und im Körperinneren senden über Neurone Informationen über die Körpertemperatur an den Hypothalamus. Im Hypothalamus wird der Istwert, also der aktuelle Wert der Körpertemperatur, mit dem vorgegebenen Sollwert verglichen. Der Hypothalamus reagiert beispielsweise bei einer Temperaturerhöhung über sympathische Nervenbahnen mit einer Erhöhung der Schweißproduktion und einer Erweiterung der äußeren Blutgefäße. Schwitzen und erhöhte Wärmeabgabe über die Blutgefäße führen zur Abkühlung des Körpers.

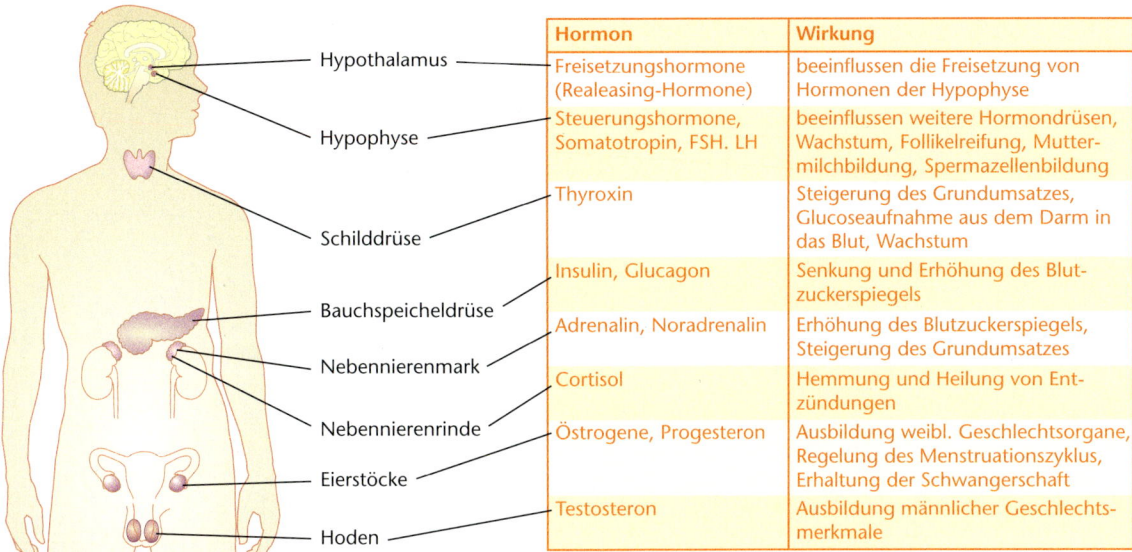

2 Wichtige Hormondrüsen

Zusammen mit dem Nervensystem steuert und regelt das **hormonelle System** Ernährung und Stoffwechsel, Wachstum und Entwicklung, Fortpflanzung und weitere wichtige Körperfunktionen. **Hormone** sind chemische Botenstoffe, die durch spezielle Gewebe und Drüsen gebildet und an das Blut abgegeben werden. Mit dem Blut im Körper verteilt, lagern sie sich nach dem Schlüssel-Schloss-Prinzip an passende Rezeptoren der Zielzellen an. Diese Bindung wird als **Hormon-Rezeptor-Komplex** bezeichnet und löst eine spezifische Zellantwort aus. Häufig besteht der erste Schritt dieser Antwort darin, dass an der Innenseite der Zellmembran das Enzym Adenylatzyklase aus ATP den intrazellulären Botenstoff cAMP (cyclisches Adenosinmonophosphat) bildet. Er wird auch **second messenger** genannt. Häufig besteht der erste Schritt dieser Antwort darin, dass an der Innenseite der Zellmembran das Enzym Adeylatcyclase aus ATP den intrazellulären Botenstoff cAMP (cyclisches Adenosinmonophosphat) bildet. Er wird auch second messenger genannt. Diese Umwandlung eines extrazellulären Signals in eine intrazelluläre Reaktion bezeichnet man als **Signaltransduktion**.

Im Vergleich zur neuronalen Informationsübertragung, bei der Impulse über Nervenbahnen im Sekundenbereich weitergeleitet werden, wirken Hormone, bedingt durch den Transport über das Blut, zeitlich verzögert, aber länger anhaltend. Die Dauer der Hormonwirkung ist abhängig von der Anzahl der freigesetzten Hormonmoleküle, der Dauer der Freisetzung und der Geschwindigkeit des enzymatischen Hormonabbaus.

Der **Hypothalamus** bildet nicht nur eine Brücke zum vegetativen Nervensystem, sondern verbindet das Gehirn auch mit dem Hormonsystem. Der Hypothalamus setzt zur Regulation innerer Bedingungen geringe Mengen hemmender oder fördernder Hormone frei, die direkt zur angrenzenden Hypophyse gelangen. Die Hypophyse reagiert darauf mit der Abgabe eigener regulierender Hormone in das Blut. Dadurch werden verschiedene andere Hormondrüsen angeregt, ihrerseits Hormone zur Steuerung von Körperfunktionen freizusetzen (Abb. 2).

Der Hypothalamus reagiert beispielsweise auf einen Abfall der Körpertemperatur mit der Freisetzung geringer Mengen des Freisetzungshormons TRH (Thyreotropin Releasing Hormon), dass sich an Rezeptoren der angrenzenden Hypophyse anlagert. Der Hormon-Rezeptor-Komplex an der Zelloberfläche der Hypophyse löst als Zellantwort die Freisetzung eines Steuerungshormons aus, das so genannte TSH (Thyreotropin). TSH gelangt über das Blut auch zu Zellen der Schilddrüse und lagert sich dort an spezifische TSH-Rezeptoren an. Dadurch wird eine erhöhte Freisetzung des Schilddrüsenhormons Thyroxin ausgelöst. Fast alle Körperzellen besitzen Rezeptoren für Thyroxin. Bindet das Thyroxin dort an, erhöht sich der Energieumsatz der Zellen. Dies führt zu einer Steigerung des Grundumsatzes, wodurch mehr Energie in Form von Wärme an die Zellen abgegeben wird. Die Körpertemperatur erhöht sich. Ein Anstieg der Thyroxinkonzentration im Blut hemmt als **negative Rückkopplung** die Synthese und Freisetzung von TRH und TSH durch Hypothalamus und Hypophyse.

13.2 Zelluläre Wirkmechanismen von hydrophilen und lipophilen Hormonen

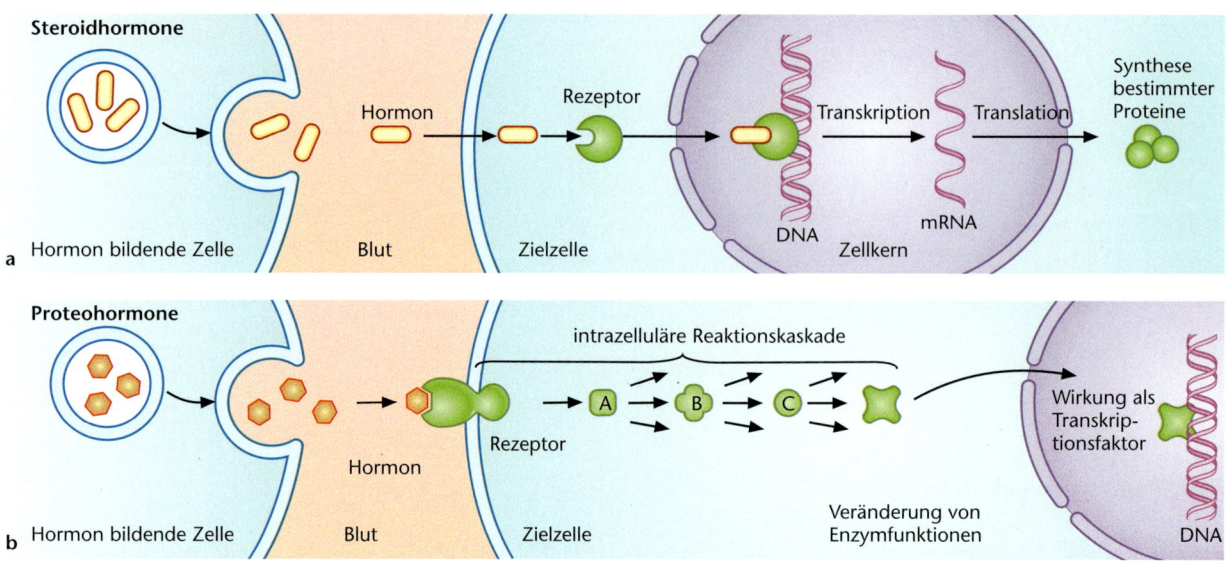

1 *Prinzipien der hormonellen Signaltransduktion, a) lipophile Steroidhormone, b) hydrophile Proteohormone*

Proteohormone sind Hormone mit Proteinstruktur. Sie gehören zur Gruppe der **hydrophilen Hormone.** Kleinere Proteohormone bestehen aus Ketten von acht bis 100 Aminosäuren. Zu ihnen gehören Hormone des Hypothalamus und der Hypophyse. Adrenalin ist ein hydrophiles Hormon, das aus der Aminosäure Tyrosin gebildet wird. **Steroidhormone** gehören zu den **lipophilen Hormonen.** Zu ihnen zählen z. B. alle Sexualhormone und Cortisol. Steroidhormone werden in den Keimdrüsen oder in der Nebennierenrinde gebildet. Die **Signaltransduktion** erfolgt bei Proteohormonen und Steroidhormonen auf unterschiedliche Weise.

Steroidhormone, wie z. B. die Östrogene, Testosteron oder Schilddrüsenhormone, sind lipophil. Sie können die Lipid-Doppelschicht der Zellmembran passieren. Ein Beispiel für die Wirkungsweise der Steroidhormone ist das männliche Geschlechtshormon **Testosteron.** Die Produktion und Ausschüttung erfolgt durch Zellen des Hodens in das Blut (Abb. 1a). Das Testosteron diffundiert aus dem Blut in das Gewebe. Die Moleküle des Testosteronrezeptors befinden sich im Cytoplasma der Zielzellen. Durch die Bindung des Hormons an seinen spezifischen Rezeptor bildet sich die aktive Form des Rezeptorproteins. Dieser Hormon-Rezeptor-Komplex gelangt in den Zellkern und wirkt dort als **Transkriptionsfaktor.** Als solcher aktiviert er z. B. Gene zur Ausbildung von männlichen Geschlechtsmerkmalen.

Die Zellmembran ist aufgrund ihrer Lipid-Doppelschicht lipophil. Große hydrophile Moleküle, wie z. B. das Proteohormon Insulin, können nicht durch die Membran diffundieren und gelangen daher nicht in die Zielzelle (Abb. 1b). Sie binden an einen passenden Rezeptor der Zellmembran der Zielzelle und bewirken dort eine Veränderung des Rezeptorproteins. Bei der Zellantwort wird ein inaktives Enzym A aktiviert. Solange das Proteohormon am Rezeptor gebunden ist, bleibt seine Aktivierungswirkung bestehen. So kann ein Hormonmolekül viele Moleküle von A aktivieren. Das Enzym A aktiviert seinerseits Enzym B, dieses Prinzip setzt sich fort. In jedem Schritt der Reaktionskaskade aktiviert ein Enzym viele weitere Enzyme. Das ursprüngliche Signal wird dadurch verstärkt (Abb. 3). Das Endprodukt der **Reaktionskaskade** verändert z. B. Enzymfunktionen in der Zielzelle oder wirkt als Transkriptionsfaktor im Zellkern.

Bei hydrophilen Hormonen bezeichnet man das von außen an die Rezeptoren bindende Hormon als **first messenger.** Am Anfang der dadurch ausgelösten intrazellulären Signalübertragung steht die Aktivierung eines Moleküls, das als **second messenger** bezeichnet wird. Zyklisches Adenosinmonophosphat (cAMP) ist ein weitverbreiteter second messenger (Abb. 3).

1 Vergleich der hormonellen Signaltransduktion. Vergleichen Sie die Signaltransduktion bei hydrophilen Proteohormonen mit der bei lipophilen Steroidhormonen (Abb. 1).

2 Testosteron und verwandte Stoffe: Hormone und Dopingmittel.
a) Beschreiben Sie die Signaltransduktion und Wirkung von Testosteron in der Zielzelle. Gehen Sie dabei auf alle Ziffern in der Abb. 2 ein.
b) Beschreiben Sie die Bedeutung des Testosterons beim Mann (Abb. 2).
c) Bestimmte mit dem Testosteron nah verwandte Stoffe bezeichnet man als anabole Steroide oder kurz als Anabolika. Sie gehören zu den verbotenen Dopingmitteln im Sport. Entwickeln Sie Hypothesen über die Wirkungsweise dieser Anabolika bei Sportlern und Sportlerinnen und die Auswirkungen langfristiger Anabolika-Einnahme.

3 Adrenalin: intrazelluläre Verstärkung der Hormonwirkung.
a) Beschreiben Sie die Reaktionskaskade, die durch Adrenalin ausgelöst wird und die Bedeutung des second messengers cAMP (Abb. 3).
b) In Muskel- und Leberzellen bewirkt Adrenalin durch eine Kette intrazellulärer Aktivierungen die Bildung von Glucose aus dem Reservestoff Glykogen. Ein einziges Adrenalin-Molekül kann durch den Verstärkereffekt, auch „Schneeballeffekt" genannt, zur Aktivierung von Millionen Enzymmolekülen führen, die Glykogen zu Glucose abbauen (Abb. 3). Erläutern Sie den Verstärkereffekt.

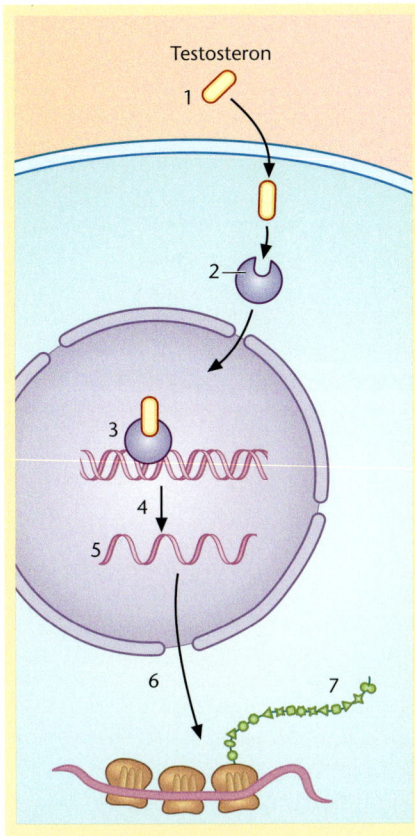

Vorgänge beim Mann, die durch Testosteron beeinflusst werden:
vorgeburtlich:
– Entwicklung der Hoden und des männlichen äußeren Genitals
– geschlechtliche Differenzierung des Gehirns

in der Pubertät:
– Entwicklung der äußeren Genitalien
– Bildung von Spermazellen
– Veränderungen der Körper-, Gesichts- und Achselbehaarung
– Veränderung der Stimmlage (Kehlkopf, Stimmbänder)
– Veränderungen des Skeletts (Längenwachstum, männliche Proportionen)
– Veränderungen der Muskulatur (Muskelmasse, Kraft, Ausdauer)
– Veränderungen im Stoffwechsel: Testosteron hat eine proteinaufbauende (anabole) Wirkung.
– Beeinflussung der Psyche und des Verhaltens

2 Signaltransduktion durch Testosteron und seine Wirkungen

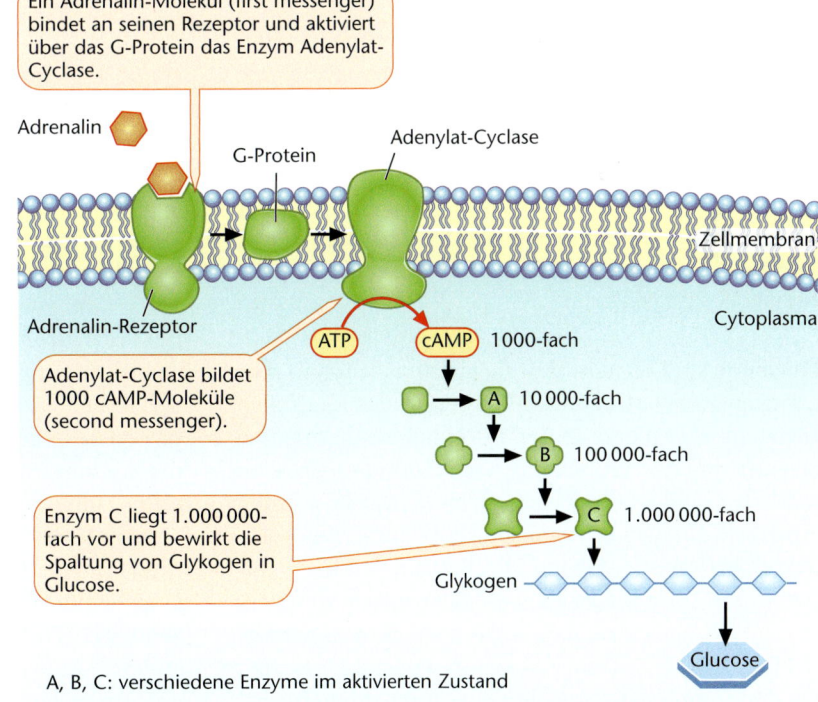

3 Modell zur Signaltransduktion mit cAMP und Signalverstärkung

→ 13.5 Hormonelle und neuronale Grundlagen der Stressreaktion

13.3 Vergleich hormoneller und neuronaler Informationsübertragung

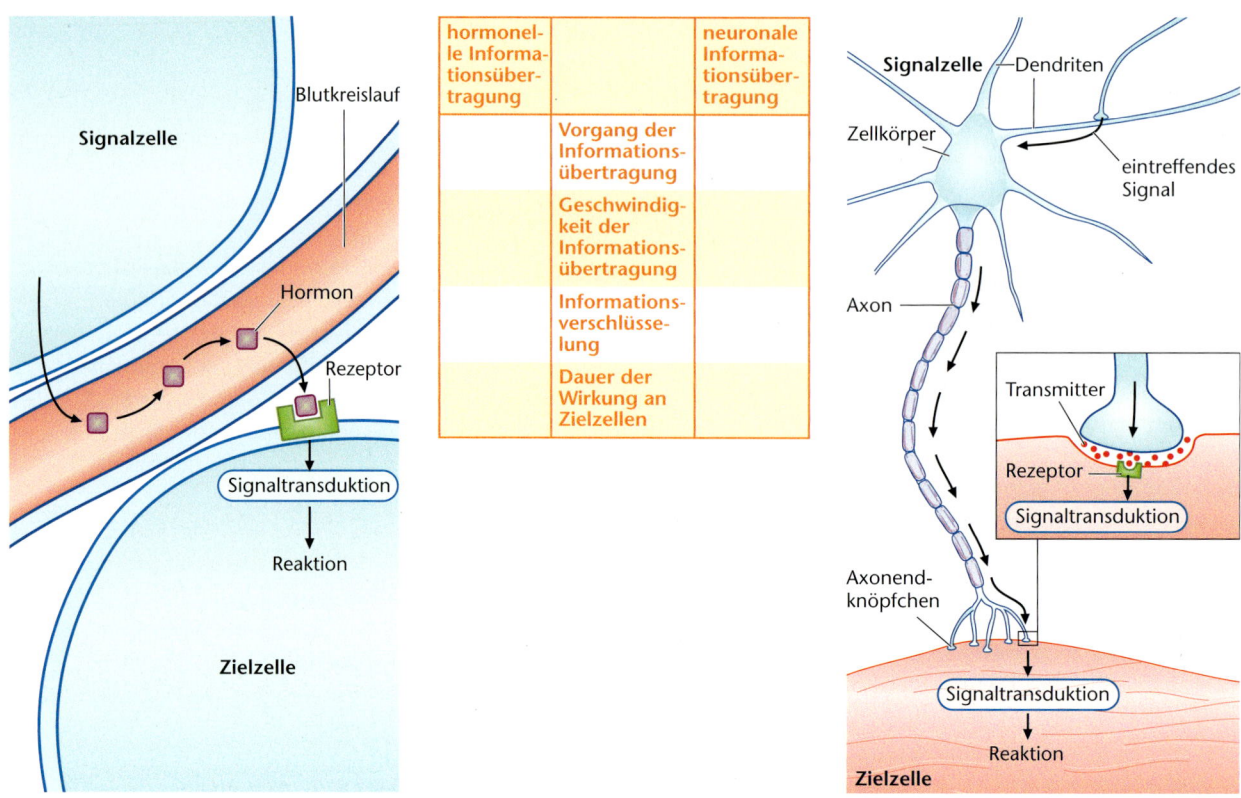

1 *Hormonelle und neuronale Informationsübertragung im Vergleich*

Lebensvorgänge erfordern vielfältige Formen der Verständigung. Innerhalb eines Organismus erfolgt die Kommunikation zwischen Zellen, Geweben und Organen über chemische oder elektrische Signale. Die permanente Verarbeitung von Informationen ermöglicht es Lebewesen, auf Veränderungen in der Umwelt oder im eigenen Körper zu reagieren. Die Übertragung von Informationen erfolgt durch das Nerven- und Hormonsystem (Abb. 1).

Hormone sind Signalstoffe, die meistens schon in sehr geringen Konzentrationen Wirkung in den Zielzellen entfalten. Der Vorgang der Informationsübertragung beginnt mit der Freisetzung von Hormonmolekülen aus hormonbildenden Zellen. Beim Menschen werden Hormone mit dem Blut transportiert. Hormonmoleküle können nur an solchen Zielzellen ihre Wirkung entfalten, die über die passenden Rezeptoren verfügen. Wenn sich ein Hormonmolekül nach dem Schlüssel-Schloss-Prinzip mit einem Rezeptor verbindet, entsteht ein Hormon-Rezeptor-Komplex. Durch **Signaltransduktion** wird das extrazelluläre Signal in ein intrazelluläres Signal umgewandelt und letztlich eine bestimmte **Zellantwort** hervorgerufen. Die Dauer der Hormonwirkung hängt davon ab, wie viele Hormonmoleküle freigesetzt werden, wie lange die Freisetzung dauert und wie schnell die Hormone durch Enzyme abgebaut werden. Gewöhnlich ist die Dauer der Hormonwirkung erheblich länger als die Dauer der Wirkung bei neuronaler Informationsübertragung.

Bei der **neuronalen Informationsübertragung** werden elektrische Impulse in Form von Aktionspotenzialen mit hoher Geschwindigkeit entlang des Axons einer Nervenzelle geleitet. Information ist in der Frequenz der Aktionspotenziale verschlüsselt. An den Synapsen erfolgt die neuronale Informationsübertragung mit Transmittern. Diese diffundieren zur postsynaptischen Membran der nachgeschalteten Zelle und binden nach dem Schlüssel-Schloss-Prinzip an die passenden Rezeptoren. Durch Signaltransduktion wird eine bestimmte Antwort in der Zielzelle hervorgerufen. Welche Zielzellen welche Informationen erhalten, hängt auch von der Verschaltung der Neurone ab.

1 Neuronale und hormonelle Informationsübertragung. Beschreiben und vergleichen Sie die Informationsübertragung im Nervensystem und im hormonellen System anhand von Abb. 1. Führen Sie den Vergleich für alle aufgeführten Punkte durch.

2 Venusfliegenfalle. Informationsübertragungen erfolgen auch bei Pflanzen. So werden Keimungs- und Wachstumsprozesse von pflanzlichen Hormonen reguliert. Schnelle koordinierte Bewegungen zeigen die Mimose oder die Venusfliegenfalle, deren Reaktionen auf äußere Reize durch die Weiterleitung von Aktionspotenzialen erfolgen (Abb. 3).

a) Entwerfen Sie begründete Hypothesen, die die in Abb. 3 dargestellten Geschwindigkeitsunterschiede in der Weiterleitung der Aktionspotenziale in Neuronen und in pflanzlichen Zellen erklären.
b) Beschreiben Sie die Hypothese Darwins und deren Überprüfung nach den Kriterien wissenschaftlicher Vorgehensweisen.

„Nur vielzellige Tiere verfügen über Neurone, doch sie sind nicht die einzigen Organismen, die rasch und koordiniert auf ihre Umwelt reagieren können. CHARLES DARWIN z. B. faszinierten die Venusfliegenfallen, die er als die wunderbarsten Pflanzen der Welt bezeichnete. Die Blattspreiten ähneln einem geöffneten Kiefer. Wenn ein Insekt auf der Blattspreite der Venusfliegenfalle landet und eine der Berührungsborsten auf deren Oberfläche reizt, schnappt die Falle zu und schließt das Insekt ein. Anschließend verdaut die Venusfliegenfalle das gefangene Insekt. Dieses verdaute Material stellt für die Pflanze eine zusätzliche Quelle für Stickstoff und Mineralsalze dar, beides Mangelware in ihrem mineralsalzarmen Lebensraum. Wegen der Fähigkeit dieser Pflanze, aktiv Beute zu fangen, nahm DARWIN an, die Venusfliegenfalle müsse Neurone besitzen, wie man sie auch bei Tieren findet. Um seine Hypothese über die Grundlage der Bewegung der Venusfliegenfalle zu testen, nahm er Kontakt mit BURDON-SANDERSON auf, einem renommierten medizinischen Physiologen am University College London. BURDON-SANDERSON platzierte Elektroden auf den Blättern der Venusfliegenfalle und untersuchte, was passierte, wenn er die Berührungsborsten reizte. Er fand heraus, dass die Pflanze auf Berührungsreize mit einem elektrischen Impuls reagierte, der einem Aktionspotenzial sehr ähnlich war.
Heute wissen wir, dass die Venusfliegenfalle keine Neurone besitzt. Vielmehr breiten sich die Aktionspotenziale durch das Gewebe der Pflanze aus, indem sie über Zell-Zell-Kontakte von einer Zelle zur anderen weitergeleitet werden. Diese Art der Fortleitung ist im Vergleich zur Fortleitungsgeschwindigkeit in Neuronen sehr langsam. Bei Pflanzen bewegen sich Aktionspotenziale gewöhnlich mit einer Geschwindigkeit von ein bis drei Zentimeter pro Sekunde fort; bei Tieren können Aktionspotenziale hingegen mit Geschwindigkeiten von bis zu 100 Metern pro Sekunde die Neurone entlangwandern. Diese schnelle Fortleitung von Aktionspotenzialen ist eine Eigenschaft, die man nur bei Tieren findet." (Moyes, Tierphysiologie)

3 Darwin und die Venusfliegenfalle

13.4 Der Anpassungswert der Stressreaktion

 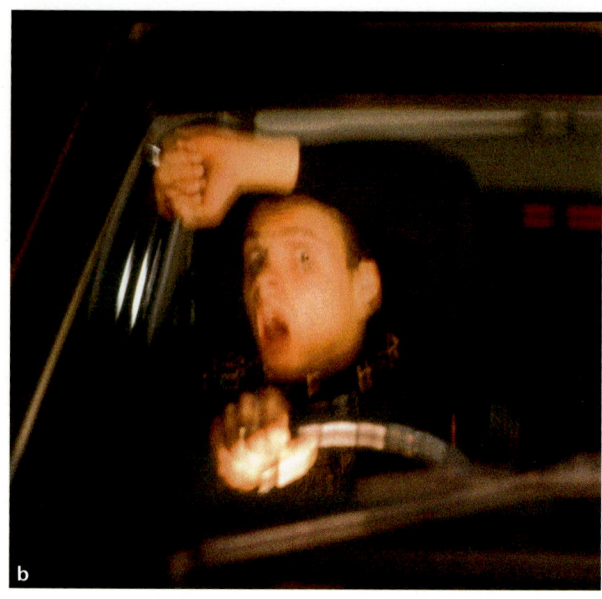

1 *a) Stress bei Frühmenschen, b) Stress im heutigen Straßenverkehr*

Bei Bedrohungen, in Gefahren- und Notfallsituationen kann es vorteilhaft sein zu fliehen oder – wenn Aussicht auf Erfolg besteht – energisch gegen die Ursache der Bedrohung vorzugehen. Bei solch einer **Kampf-oder-Flucht-Reaktion** wird in einer festgelegten Folge von schnellen neuronalen und etwas langsamer einsetzenden hormonellen Schritten die körperliche Leistungsfähigkeit und die Reaktionsbereitschaft mobilisiert. Die Herzfrequenz und der Blutdruck sowie die Atemfrequenz steigen. Die Muskeln werden durch Abbau von Glykogen und Fett vermehrt mit Glucose und Fettsäuren für die Zellatmung versorgt. Die Alarmierung geht mit gesteigerter Aufmerksamkeit einher. Sie richtet sich auf die Gefahrenquelle. Andere Körperfunktionen, die für die Auseinandersetzung mit der akuten Gefahr weniger bedeutsam sind, wie z. B. Verdauung oder Immunabwehr, werden zurück gefahren. Die Kampf-oder-Flucht-Reaktion läuft bei allen Wirbeltieren und dem Menschen in ähnlicher Weise ab. Die erblich angelegte Folge der neuronalen und hormonellen Schritte wird durch individuelle Lernvorgänge ergänzt. Eigene Erfahrungen beeinflussen die Entscheidung, ob eine Situation als gefährlich oder ungefährlich eingeschätzt wird. Daraus ergeben sich verschiedene Reaktionsmöglichkeiten. Kampf-oder-Flucht-Reaktionen gehören zu den **Stressreaktionen.**

Unter den Lebensbedingungen der Vor- und Frühmenschen hatte die Kampf-oder-Flucht-Reaktion erhebliche Überlebensvorteile (Abb. 1a). Auch unter den Lebensbedingungen heutiger Gesellschaften erfolgt diese stammesgeschichtlich alte und genetisch verankerte Stressreaktion bei Belastungen (Abb. 1b). Beim Menschen sind heute seelische und mitmenschliche Belastungen häufig. Man spricht von psychosozialem Stress. Kampf oder Flucht sind dabei unter heutigen kulturellen und zivilisatorischen Bedingungen oftmals keine angemessene Reaktion mehr. Zu den Stressreaktionen gehören nicht nur solche außergewöhnlichen Bedrohungen wie bei der Kampf-oder-Flucht-Reaktion, sondern alle Reaktionen von Lebewesen auf belastende Bedingungen. Solche belastenden Bedingungen nennt man **Stressoren** (Abb. 2). Alle Lebewesen reagieren auf Belastungen, zeigen also Reaktionen auf Stressoren. Die biologische Bedeutung von Stressreaktionen besteht darin, das Individuum vor den Stress verursachenden Belastungen zu schützen. Eine Stressreaktion ist dann erfolgreich, wenn der Stresszustand gemindert wird oder ganz entfällt. Die Fähigkeit zur Anpassung an aktuelle Belastungen mithilfe einer Stressreaktion wurde in der Evolution durch die natürliche Selektion begünstigt. Diese Fähigkeit steigerte den Fortpflanzungserfolg der Lebewesen. Man sagt auch, die Stressreaktion hat einen hohen **Anpassungswert.**

→ 13.5 Hormonelle und neuronale Grundlagen der Stressreaktion
→ 17.1 Proximate und ultimate Erklärungsformen in der Biologie

Vornehmlich beruflicher Stress: Erwartungsdruck, Arbeitsbelastung, Zeitmangel, Konflikte mit Vorgesetzten, Konkurrenz mit Kollegen; Mobbing	unangenehme Gefühle
Reizüberflutung, Lärm	Schmerz
Auseinandersetzungen und Konflikte im sozialen Umfeld/in der Partnerbeziehung	Angst
Geldmangel, Armut, Schulden	Hunger, Durst
Isolation	Krankheitsgefühl
Bedrohungen/Aggressionen durch Menschen	Versagensängste
Bedrohungen/Aggressionen durch Tiere	Wut
Bedrohungen durch Naturereignisse (Hitze, Kälte, Feuer, Wasser, Erdbeben etc.)	Einsamkeitsgefühl
Körperliche Belastungen	Erschöpfungszustände
Strahlung (z. B. UV-Strahlung, Röntgenstrahlung)	Krankheit
Giftige Stoffe	Trauer
Nahrungsmangel	Verletzungen
Wassermangel	Eifersucht
Krankmachende Viren, Bakterien, Einzeller bzw. Parasiten	Krebs

2 *Beispiele für Stressoren beim Menschen*

1 Stressoren in der Frühzeit des Menschen und heute.
a) Entwickeln Sie für jede der beiden Spalten in Abb. 2 eine passende Überschrift.
b) Ermitteln Sie unter Bezug auf Abb. 2 je eine Liste der sechs wichtigsten Stressoren für die Lebensverhältnisse der Frühmenschen sowie für heutige Lebensverhältnisse in Mitteleuropa. Ordnen Sie die Stressoren nach der von Ihnen vermuteten Häufigkeit.

2 Anpassungswert der Stressreaktion.
a) Informieren Sie sich in diesem Buch über die Evolutionstheorie CHARLES DARWINS. Erläutern Sie dann die Kampf-oder-Flucht-Reaktion als evolutive Angepasstheit mit hohem Anpassungswert.
b) Erörtern Sie die Behauptung, dass beim Menschen die Kampf-oder-Flucht-Reaktion unter heutigen Lebensbedingungen ihren Anpassungswert verloren hat (Abb. 1, 2, 3).

3 Die Stressreaktion – proximate und ultimate Betrachtung. Erläutern Sie die Stressreaktion aus proximater und aus ultimater Perspektive. Informieren Sie sich ggf. vorab über proximate und ultimate Erklärungen in der Biologie in diesem Buch.

Wie geht der menschliche Organismus mit den Stressoren unserer Zivilisation um? Die biologische Evolution verlief nicht so schnell, dass sich seine genetische Ausstattung den schnellen kulturellen bzw. zivilisatorischen Veränderungen seit wenigen Jahrhunderten bereits anpassen konnte.
Die durch Stressoren ausgelöste körperliche Aktivierung ist an sich nicht gesundheitsschädlich. Das sieht man beispielhaft an „positivem Stress" wie sportlichem Training, bei dem die Stressreaktion auch abläuft. Dass dennoch gesundheitsschädliche Auswirkungen der Stressreaktion bei Menschen zu beobachten sind, ist im Wesentlichen auf folgende Aspekte zurück zu führen:
– Die natürliche Stressreaktion mit Kampf- oder Fluchtverhalten ist in vielen Fällen unter heutigen kulturellen Bedingungen unpassend. Weil die Stressreaktion heute in der Regel ohne intensivere Bewegungen abläuft, werden kurzfristig bereitgestellte Glucose und Fettsäuren nicht durch körperliche Aktivität verbraucht.
– Wenn keine Mittel zur Bewältigung einer anhaltenden Belastung zur Verfügung stehen, kann Stress dauerhaft, also chronisch werden. Der Organismus kehrt dann nach einer Stressreaktion nicht in den Ruhezustand zurück. Dem Körper fehlen Erholung und Entspannung.

3 *Stressreaktion beim Menschen unter heutigen Lebensbedingungen*

→ 17.2 Der adaptive Wert von Verhalten: Kosten-Nutzen-Analysen

13.5 Hormonelle und neuronale Grundlagen der Stressreaktion

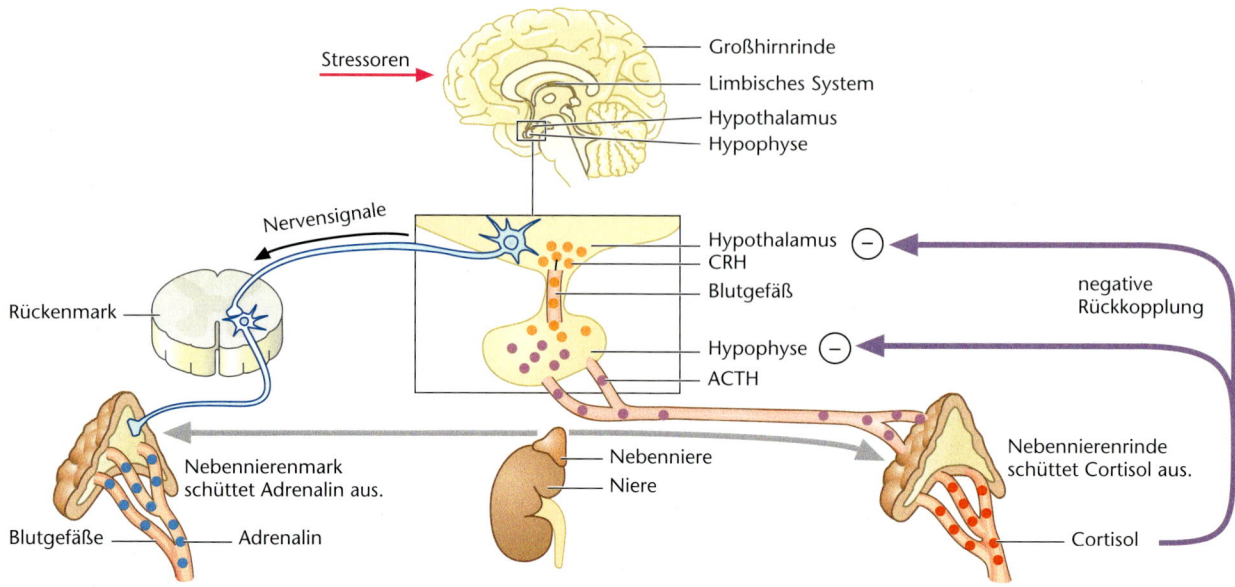

Kurzfristige Stressantwort, Wirkungen von Adrenalin:
– Glykogen der Leber wird zu Glucose abgebaut und freigesetzt.
– Glykogen der Muskeln wird zu Glucose abgebaut.
– Der Blutglucosespiegel steigt.
– erhöhte Herzschlagfrequenz;
– erhöhter Blutdruck;
– Beschleunigung der Atmung;
– gesteigerte Aufmerksamkeit und Wachheit;
– verlangsamte Tätigkeit von Verdauungs-, Ausscheidungs- und Fortpflanzungsorganen

Längerfristige Stressantwort, Wirkung von Cortisol:
– Cortisol unterstützt die Wirkungen von Adrenalin.
– Vermehrter Abbau von Proteinreserven zu Aminosäuren. Aus Aminosäuren wird in der Leber neue Glucose gebildet. Aminosäuren dienen dazu, neue Proteine in beschädigtem Gewebe aufzubauen.
– wirkt entzündungshemmend;
– Beteiligung an der Umstellung des Stoffwechsels und der Hirntätigkeit bei Dauerstress

1 *Zusammenwirken neuronaler und hormoneller Vorgänge bei der Stressreaktion*

Auf viele Stressoren reagieren Menschen mit einer schnellen Mobilisierung und Aktivierung der körperlichen Leistungsfähigkeit. Informationen über Stressoren werden von Sinnesorganen an das Gehirn übermittelt. Die bewusste Wahrnehmung der Situation, ihre Bewertung und Überlegungen zu ihrer Bewältigung erfolgen vor allem unter Beteiligung der Großhirnrinde (Abb. 1). Bei Gefahr entsteht im Limbischen System das Gefühl der Angst. Das Limbische System ist Teil des Zwischenhirns und hat zentrale Bedeutung für die Entstehung von Emotionen. Manche Stressoren rufen unter Umgehung der Großhirnrinde, ohne bewusstes Denken, blitzschnell Angst und die nachfolgenden Schritte der Stressreaktion hervor.

Der Hypothalamus ist die oberste Schaltzentrale für die unwillkürlich ablaufenden Schritte der Stressreaktion. Bei der neuronalen Stressreaktion senden Neurone des Hypothalamus Informationen an das Rückenmark (Abb. 1, links). Über das Rückenmark wird schließlich in wenigen Sekunden das Nebennierenmark zur Ausschüttung des **Stresshormons Adrenalin** angeregt. Adrenalin wirkt unter anderem auf Skelettmuskulatur, Leber und Gehirn. Seine Wirkung besteht im Wesentlichen in gesteigerter Verfügbarkeit energiereicher Verbindungen und vermehrter Aufnahme von Sauerstoff. Adrenalin steigert Wachheit und Aufmerksamkeit.

Die hormonellen Schritte der Stressreaktion verlaufen langsamer als die neuronale Informationsübertragung (Abb. 1, rechts). Nervenzellen des Hypothalamus geben Freisetzungshormone an das Blut ab, bei Stress speziell das CRH (Corticotropin-Releasing-Hormon). Es regt in der Hypophyse die Freisetzung des Hormons ACTH (adrenocorticotropes Hormon) an, das seinerseits in der Nebennierenrinde das **Stresshormon Cortisol** freisetzt. Cortisol unterstützt die Wirkungen des Adrenalins, wirkt aber zusätzlich auf das Gehirn: Im Hypothalamus und in der Hypophyse dämpft es bei kurzfristigem Stress durch negative Rückkopplung die hormonelle Stressreaktion. Bei längerfristigem Stress überwiegt jedoch die Stimulation der Cortisol-Freisetzung.

1 Zusammenwirken von neuronaler und hormoneller Informationsübertragung bei der Stressreaktion.
a) Beschreiben Sie anhand der Abb. 1 das Zusammenwirken von neuronaler und hormoneller Informationsübertragung bei der Stressreaktion.
b) Der Ablauf einer Stressreaktion, wie in Abb. 1 dargestellt, hat stammesgeschichtlich alte Wurzeln. Beim Menschen und den meisten Säugetieren laufen diese unwillkürlichen Teile der Stressreaktion in grundsätzlich ähnlicher Weise ab.
Erläutern Sie vor diesem Hintergrund die Funktionen des Stresshormons Adrenalin für die Fitness (Abb. 1).

2 Prüfungsstress?
a) Analysieren Sie den Verlauf des Gehalts an ACTH und an Cortisol im Blut einer Versuchsperson (Abb. 2).
b) Skizzieren Sie den mutmaßlichen Verlauf der Adrenalin-Konzentration und des Blutglucosegehalts in den beiden fünfstündigen Zeiträumen mit Stress.
c) Erstellen Sie eine persönliche Rangliste der vier wichtigsten Möglichkeiten, um Prüfungsstress zu verringern oder zu vermeiden. Diskutieren Sie Ihre Vorschläge.

3 Fehlfunktionen in der stressbedingten Cortisol-Freisetzung. Abb. 3 zeigt schematisiert die Abfolge von Hormonfreisetzungen aus dem Hypothalamus bis zur Cortisol-Wirkung an Zielzellen.
a) Erläutern Sie Abb. 3.
b) Entwickeln Sie Hypothesen über mögliche Folgen für die hormonelle Stressreaktion (Abb. 3),
– wenn die Rezeptoren für Cortisol im Hypothalamus und in der Hypophyse defekt sind;
– wenn die ACTH-Rezeptoren der Nebennierenrinde funktionsuntüchtig sind.

4 Früher Stress mit lebenslangen Folgen. Erläutern Sie anhand der Abb. 3 die in Abb. 4 angegebenen Unterschiede in der negativen Rückkopplung.

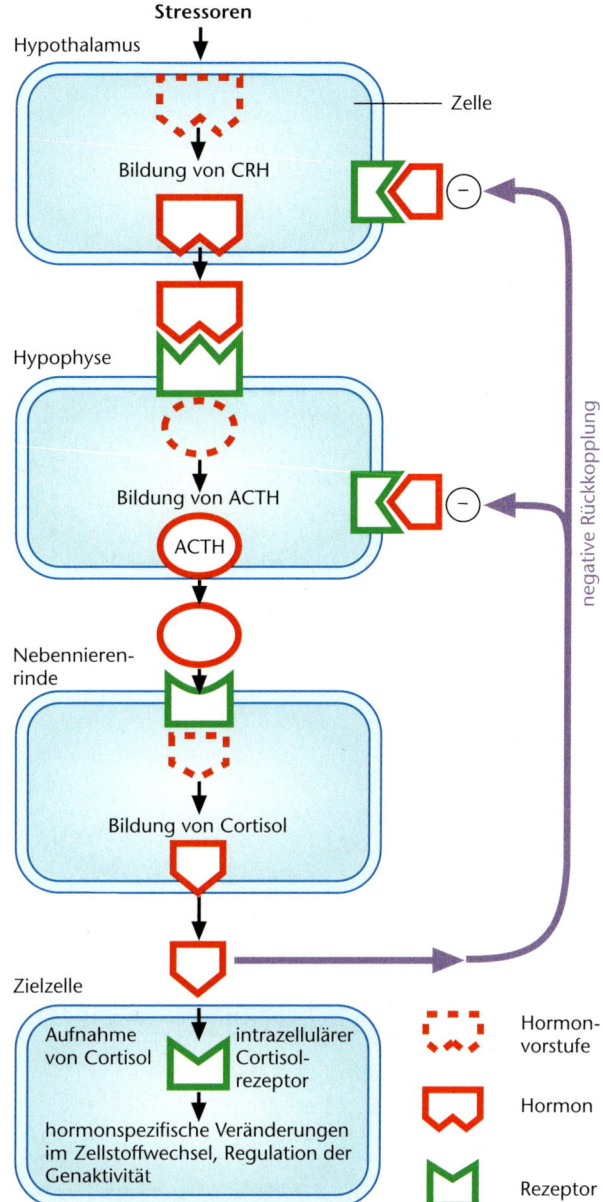

3 *Hormonelle Stressreaktion*

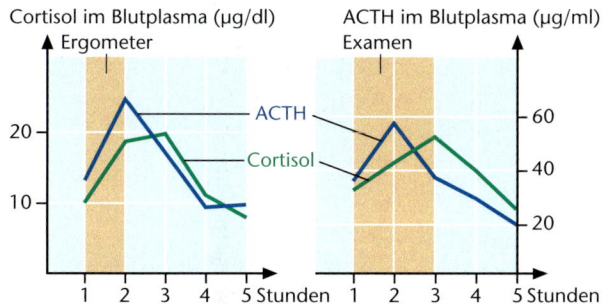

2 *Auswirkungen von Stress auf dem Fahrrad-Ergometer und in einer Prüfung*

Experimente an Ratten zeigen, dass starker Dauerstress in der Zeit nach der Geburt, z. B. durch Trennung von Muttertier und Jungtier, dazu führt, dass die so behandelten Jungtiere ihr Leben lang sehr viel stressanfälliger sind als Tiere ohne diese Stresserfahrung. Man vermutet, dass durch frühe Stresserfahrungen das Muster von an- und abgeschalteten Genen in Zellen, die an der hormonellen Stressreaktion beteiligt sind, dauerhaft verändert wird. Stressanfällige Tiere zeigen lebenslang eine schwache, wenig stressanfällige Tiere eine starke negative Rückkopplung.

4 *Früher Stress mit lebenslangen Folgen?*

Wiederholen im Inhaltsfeld Neurobiologie

Dieser Abschnitt bietet Hilfestellungen zur eigentätigen oder arbeitsteiligen Organisation Ihrer Wiederholungen im Inhaltsfeld Neurobiologie, zum Beispiel in regelmäßigen zeitlichen Abständen, vor Klausuren oder umfassender vor der Abiturprüfung. Die inhaltlichen Schwerpunkte und alle angestrebten inhaltsbezogenen Kompetenzen, wie sie sich aus dem Biologie-Kernlehrplan des Ministeriums für Schule und Weiterbildung Nordrhein-Westfalen für das Inhaltsfeld Neurobiologie ergeben, sind nachfolgend angegeben.

Die Nummerierung der Kompetenzen soll der besseren Verständigung dienen und ist weder eine Rangfolge noch eine zeitliche Abfolge. Oftmals können die angestrebten Kompetenzen mehreren inhaltlichen Schwerpunkten zugeordnet werden. In Klammern sind jeweils Kernabschnitte aus diesem Buch zur Wiederholung genannt. Fachliche Kompetenzen des Kernlehrplans, die nur für den Leistungskurs ausgewiesen sind, wurden hier blau markiert. Kompetenzen für den Grundkurs und den Leistungskurs sind orangefarbig gehalten.

Inhaltlicher Schwerpunkt (nach Kernlehrplan)	Kompetenz lt. Kernlehrplan, Operatoren *in kursiv und fett*; (grün: zugehörige Kernabschnitte in diesem Bioskop-Buch in Klammern). Die Schülerinnen und Schüler ......
A) Aufbau und Funktion von Neuronen 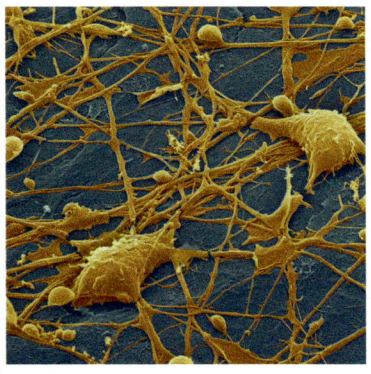	1. *beschreiben* Aufbau und Funktion des Neurons (10.1). 2. *erklären* Ableitungen von Potenzialen mittels Messelektroden an Axon und Synapse und *werten* Messergebnisse unter Zuordnung der molekularen Vorgänge an Biomembranen aus (10.2, 10.4). 3. *leiten* aus Messdaten der Patch-Clamp-Technik Veränderungen von Ionenströmen durch Ionenkanäle *ab* und *entwickeln* dazu Modellvorstellungen (10.3). 4. *Erklären* (Gk) die Weiterleitung des AP an myelinisierten Axonen (10.5); *vergleichen* (Lk) die Weiterleitung des AP an myelinisierten und an nicht myelinisierten Axonen miteinander und stellen diese unter dem Aspekt der Leitungsgeschwindigkeit in einen funktionalen Zusammenhang (10.5: A1, A3). 5. *recherchieren* und *präsentieren* aktuelle wissenschaftliche Erkenntnisse zu einer degenerativen Erkrankung (Hinweis: auch bei B möglich) (10.6, 12.6).
B) Neuronale Informationsverarbeitung und Grundlagen der Wahrnehmung 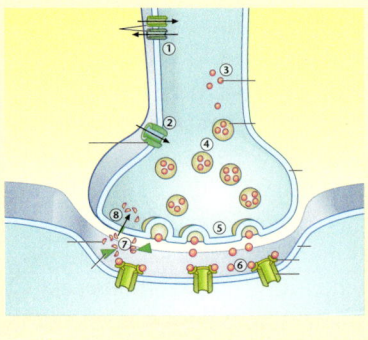	6. *erläutern* die Verschaltung von Neuronen bei der Erregungsweiterleitung und Verrechnung von Potenzialen mit der Funktion der Synapsen auf molekularer Ebene (10.7, 10.8). 7. (Gk:) *stellen* das Prinzip der Signaltransduktion an einem Rezeptor anhand von Modellen *dar* (10.10, 10.11) (Hinweis: bezüglich LK siehe 13). 8. *stellen* den Vorgang von der durch einen Reiz ausgelösten Erregung von Sinneszellen bis zur Konstruktion des Sinneseindrucks bzw. der Wahrnehmung im Gehirn unter Verwendung fachspezifischer Darstellungsformen in Grundzügen *dar* (10.12). 9. *erklären* die Rolle von Sympathikus und Parasympathikus bei der neuronalen und hormonellen Regelung von physiologischen Funktionen (an einem Beispiel, Gk, an Beispielen, Lk) (13.1, 13.5). 10. *dokumentieren* und *präsentieren* die Wirkung von endo- und exogenen Stoffen auf Vorgänge am Axon, der Synapse und auf Gehirnareale an konkreten Beispielen (10.9).).

	11. (Gk:) *erklären* Wirkungen von exogenen Substanzen auf den Körper und bewerten mögliche Folgen für Individuum und Gesellschaft (10.9). (Lk:) leiten Wirkungen von endo- und exogenen Substanzen (u.a. von Neuroenhancern) auf die Gesundheit ab und bewerten mögliche Folgen für Individuum und Gesellschaft.(10.9, Neuroenhancer: 12.5).
C) Leistungen der Netzhaut 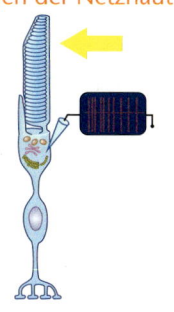	12. *erläutern* den Aufbau und die Funktion der Netzhaut unter den Aspekten der Farb- und Kontrastwahrnehmung (11.1, 11.3). 13. *stellen* die Veränderung der Membranspannung an Lichtsinneszellen anhand von Modellen *dar* und *beschreiben* die Bedeutung des second messengers und der Reaktionskaskade bei der Fototransduktion (11.2)
D) (Neuronale) Plastizität und Lernen	14. (Gk:) *erklären* die Bedeutung der Plastizität des Gehirns für ein lebenslanges Lernen (12.3). *erklären* den Begriff der Plastizität anhand geeigneter Modelle und leiten die Bedeutung für ein lebenslanges Lernen *ab* (12.3, 12.4). 15. *stellen* aktuelle Modellvorstellungen zum Gedächtnis auf anatomisch - physiologischer Ebene *dar* (12.2).
E) Methoden der Neurobiologie	16. *ermitteln:* Aktivitäten verschiedener Gehirnareale mithilfe von Aufnahmen eines bildgebenden Verfahrens (10.14); (Lk:) *stellen* Möglichkeiten und Grenzen bildgebender Verfahren zur Anatomie und zur Funktion des Gehirns (PET und fMRT) *gegenüber* und bringen diese mit der Erforschung von Gehirnabläufen in Verbindung (10.14, 10.15). 17. Siehe Nr. 3

Neuron   Axon   Dendrit   Axonhügel   Synapse
Membranpotenzial   Ionenkanäle (spannungsgesteuert/ligandengesteuert)   Ruhepotenzial   Aktionspotenzial
Refraktärphase   Patch-clamp-Technik   Alles-oder-Nichts-Gesetz
myelinisiertes Axon   saltatorische Erregungsleitung
Frequenzcodierung   Transmitter   postsynaptische Rezeptoren
EPSP   IPSP   Nervengifte   neuronale Verrechnung
Summation (räumlich/zeitlich)   Sinneszelle   Rezeptorpotenzial
Signaltransduktion   Netzhaut   Farbwahrnehmung
Kontrastwahrnehmung
Fototransduktion (second messenger, Reaktionskaskade)

1 *Begriffskasten zur Neurobiologie*

1 Einige Schlüsselbegriffe zur Neurobiologie (Abb.1)
a) Erläutern Sie sich in Partnerarbeit abwechselnd die in Abb. 1 genannten Fachbegriffe.
b) Erstellen Sie eine Mind-Map zum Thema Neurobiologie. Nutzen Sie unter anderem den Begriffskasten. Zur Untergliederung der Mind-Map können Sie die inhaltlichen Schwerpunkte (nach Kernlehrplan, siehe Tabelle) verwenden.

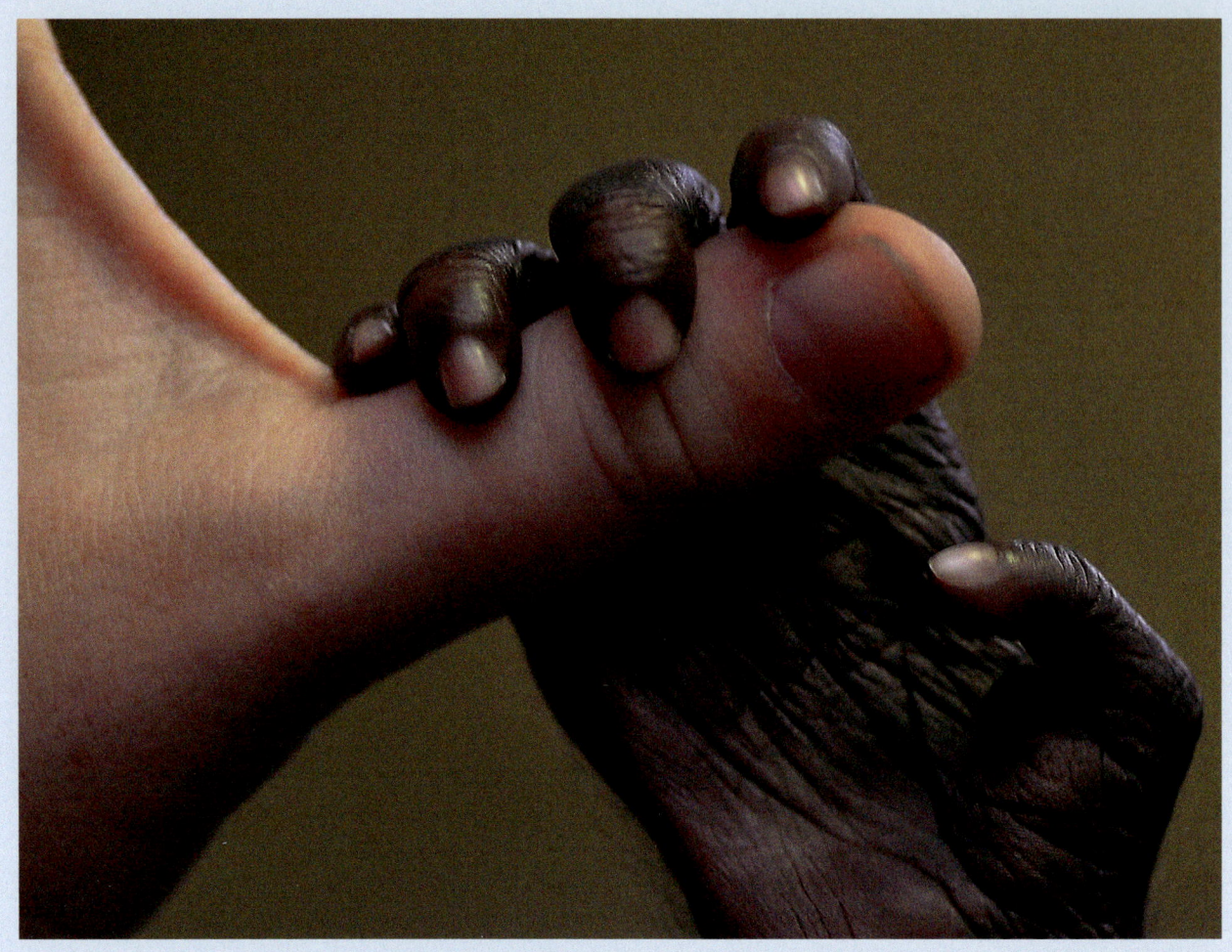

Evolution

14 Entwicklung der Evolutionstheorie

15 Grundlagen evolutiver Veränderungen

16 Art und Artbildung

17 Evolution und Verhalten

18 Evolution des Menschen

Der Mensch ist aufgrund gemeinsamer Merkmale in unterschiedlichem Ausmaß mit allen anderen Lebewesen verwandt. Unter den Säugetieren sind die Primaten die engsten biologischen Verwandten des Menschen. Besonders eng ist die stammesgeschichtliche Verwandtschaft zwischen Schimpansen und Menschen. Dafür gibt es auch Belege, die mit Hilfe molekulargenetischer Vergleiche gewonnen wurden. Vor sechs bis sieben Millionen Jahren lebten in Afrika ihre letzten gemeinsamen Vorfahren. Schimpansen können ihre Greifhände auch dafür nutzen, um einfache Werkzeuge herzustellen und soziale Kontakte zu pflegen. Der aufrechte Gang und sein enorm gewachsenes Gehirn befähigen den Menschen, seine Hände in äußerst vielgestaltiger Form einzusetzen.

Das Handeln des Menschen gegenüber seinem nächsten Verwandten ist jedoch nicht ohne Tragik: Vielerorts sind freilebende Schimpansen in Afrika vom Aussterben bedroht. Es scheint, als wenn der Mensch da etwas nicht begreift.

14.1 Ordnung in der Vielfalt: Binäre Nomenklatur und Systematisierung der Lebewesen

1 *Carl von Linné (1707 – 1778)*

2 *Klassifizierung der Wildkatze (Felis silvestris) innerhalb des hierarchischen Systems der Tiere*

Viele Millionen unterschiedliche Arten leben zur Zeit auf der Erde. Weitaus mehr sind im Laufe der Zeit ausgestorben, viele sind noch unentdeckt. Der schwedische Biologe CARL VON LINNÉ versuchte die große Vielfalt der Lebewesen zu ordnen (Abb. 1). Er entwickelte eine Systematik, um Organismengruppen wissenschaftlich einzuteilen. Dieses **System der Lebewesen** weist jeder Art einen zweiteiligen Namen zu, der aus dem Gattungsnamen und dem Artnamen besteht, wie beispielsweise bei Linnaea borealis, dem nach ihm benannten Moosglöckchen. Diese von LINNÉ 1753 eingeführte **binäre Nomenklatur** wird auch heute noch verwendet und fasst ähnliche Arten in einer Gattung zusammen. Dadurch wird deutlich, dass z. B. der heutige Mensch (Homo sapiens) zusammen mit dem Neandertaler (Homo neanderthalensis) der Gattung Homo zuzuordnen ist. Sie werden mit ausgestorbenen Arten der Gattung Homo in die Familie der Menschenaffen und Menschen eingereiht. Menschenaffen gehören wiederum zusammen mit ähnlichen Familien in die Ordnung der Primaten und damit in die Klasse der Säugetiere, den Stamm der Wirbeltiere und das Reich der Tiere. Ein solches gestuftes Ordnungssystem nennt man hierarchisch. Säugetiere besitzen weniger gemeinsame Merkmale als Primaten, jedoch mehr gemeinsame Merkmale als Wirbeltiere. Wildkatzen gehören ebenfalls zur Klasse der Säugetiere und werden weiter in die Ordnung der Raubtiere und zusammen mit Löwen, Tigern, Leoparden und dem Luchs in die Familie der Katzen eingestuft (Abb. 2).

Strukturen und Formen von Lebewesen werden auch als morphologische Merkmale von Lebewesen bezeichnet. Sie sind meist gut erkennbar und können oftmals für eine Einordnung in das von LINNÉ geschaffene System der Lebewesen genutzt werden. Diese von LINNÉ eingeführte Einordnung der Lebewesen in über- und untergeordnete Gruppen wird teilweise als **künstliches System** betrachtet, denn die Klassifizierung erfolgt nur nach morphologischen Merkmalen. In diesem Zusammenhang wird vom **morphologischen Artbegriff** gesprochen. Im Sinne des morphologischen Artbegriffes gehören zu einer Art alle Individuen, die in ihren wesentlichen Merkmalen untereinander und mit ihren Nachkommen übereinstimmen. So verstanden ist eine Art eine Gruppe von Lebewesen, die viele Merkmale des Körperbaues (der Morphologie) gemeinsam haben und durch diese Merkmale von anderen Arten abgegrenzt werden können.

Heute weiß man, dass der morphologische Artbegriff nicht immer die tatsächlichen verwandtschaftlichen Verhältnisse widerspiegelt. Ein Problem des morphologischen Artbegriffs wird in Abb. 3 deutlich. Heute wird in der Systematik meistens mit dem **biologischen Artbegriff** gearbeitet. Inzwischen nutzen moderne Systematiker der Biologie auch stoffwechselphysiologische und verhaltensbiologische Merkmale, um den verwandtschaftlichen Abstand verschiedener Arten genauer zu ermitteln und um Stammbäume zu erstellen. Mithilfe molekularbiologischer Arbeitstechniken können auch biochemische Vergleiche von Aminosäure- und DNA-Sequenzen vorgenommen werden. Sie ermöglichen eine noch präzisere Einordnung der Lebewesen in das System. Je ähnlicher die Sequenzen, umso größer ist die verwandtschaftliche Nähe. Wenn die tatsächlichen verwandtschaftlichen Beziehungen und Stammbäume wissenschaftlich berücksichtigt werden, spricht man von einem **natürlichen System**.

1 Systematik und Nomenklatur. Beschreiben Sie die binäre Nomenklatur und die klassische Systematisierung der Lebewesen nach LINNÉ.

2 Probleme der Systematisierung nach dem morphologischen Artbegriff. Erläutern Sie unter Bezug auf Abb. 3 mögliche Probleme, die sich ergeben können, wenn man zur systematischen Einordnung allein morphologische Gesichtspunkte heranzieht.

3 Künstliches und natürliches Klassifizierungssystem. Vergleichen Sie die beiden Systeme. Vergleichen Sie dabei auch den morphologischen mit dem biologischen Artbegriff (siehe Worterklärungen).

4 Die Verwandtschaft der Neuweltgeier.
a) Erläutern Sie, auf welchen Sachverhalten sich die verschiedenen Hypothesen zur Verwandtschaft der Neuweltgeier stützen (Abb. 6).
b) Ermitteln Sie die zur Zeit gültige Verwandtschaftsvorstellung von Altweltgeiern, Neuweltgeiern und Störchen (Abb. 6). Skizzieren Sie dazu auf der Grundlage von Abb. 4 einen beschrifteten Stammbaum.

3 *Löwe, Tiger und Großkatze ohne Fell (Löwe oder Tiger)*

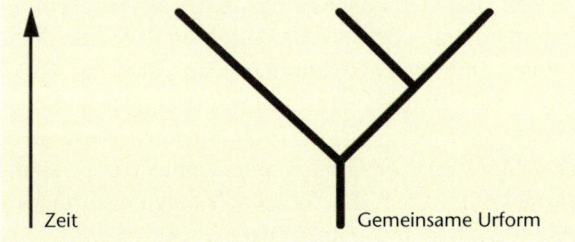

4 *Vereinfachter Stammbaum*

→ 15.5 Isolationsmechanismen

5 *Andenkondor*

Zur Zeit existieren noch etwa 10 000 Exemplare des Andenkondors (*Vultur gryphus*). Er ist in den Anden Südamerikas verbreitet und gehört in die Familie der Neuweltgeier (Cathartidae). Mit bis zu 15 kg Körpergewicht und teilweise über 3 m Flügelspannweite ist er einer der größten flugfähigen Vögel (Abb. 5). Traditionell wurden die Neuweltgeier aufgrund ihrer morphologischen Übereinstimmungen stets zusammen mit den Altweltgeiern (Aegypiinae) zur Ordnung der Greifvögel (Accipitriformes) gezählt.
Ende des letzten Jahrhunderts kamen Wissenschaftler jedoch zu der Überzeugung, dass der Andenkondor und andere Neuweltgeier eher in die Ordnung der Schreitvögel (Ciconiiformes) gehören müssen, zu der auch die Familie der Störche (Ciconiidae) zählt. Für diese nahe Verwandtschaft mit den Störchen sprachen folgende Gemeinsamkeiten: 1. sich bei größerer Hitze die Beine zur Kühlung mit weißem Kot zu benetzen und 2. der Besitz jeweils 20 größerer Chromosomen, von denen darüber hinaus auch die Beschaffenheit der Gonosomen besonders übereinstimmt. Weiterhin sprach gegen eine Verwandtschaft mit den Greifvögeln die Unfähigkeit der Neuweltgeier, ihre Beute zu greifen.
Neueren Untersuchungen zufolge wird der Andenkondor zusammen mit den anderen Neuweltgeiern jedoch wieder zu den Greifvögeln gezählt. Zu dieser aktuellen Erkenntnis führen vergleichende DNA-Sequenzanalysen verschiedener Gene. Der aktuelle Forschungsstand zur Verwandtschaft der Neuweltgeier, der Altweltgeier und der Störche zeigt folgende Zusammenhänge: Neu- und Altweltgeier gehören zur Ordnung der Greifvögel, Störche gehören dagegen zur Ordnung der Schreitvögel. Die Linien von Neu- und Altweltgeiern haben sich vor etwa 40 Millionen Jahren getrennt.

6 *Verwandtschaftliche Zuordnung im Wandel der Forschung*

14.2 Ähnlichkeiten zwischen fossilen und rezenten Lebewesen: Beispiel Archaeopteryx

1 *Fossil von Archaeopteryx und Rekonstruktion*

Nach der Abstammungstheorie haben sich die heute lebenden Arten in längeren Zeiträumen aus gemeinsamen Vorfahren entwickelt. Diese gemeinsamen Vorfahren besaßen bereits einige Eigenschaften der Arten, die später aus ihnen hervorgegangen sind. Man bezeichnet diese Vorfahren als **Mosaikformen.** Viele dieser Mosaikformen sind noch nicht entdeckt, ihre Existenz wird aber von der Abstammungstheorie postuliert. Eine fehlende Mosaikform bezeichnet man als **„missing link",** als fehlendes Bindeglied. Wenn derartige Mosaikformen in Form von Fossilien gefunden werden, erlauben sie wichtige Rückschlüsse auf die Entwicklung der Arten.

Ein berühmtes Fossil ist der „Urvogel" **Archaeopteryx.** Das erste der inzwischen entdeckten zehn Fossilien dieser Art wurde 1860, kurz nach der Veröffentlichung der Abstammungstheorie von Darwin, in etwa 150 Millionen Jahre alten Gesteinsschichten in Solnhofen in Bayern gefunden (Abb. 1). Archaeopteryx war das erste Fossil, bei dem sich Federn nachweisen ließen. Neben typischen Vogelmerkmalen wies das Skelett von Archaeopteryx viele reptilien- und sauriertypische Merkmale auf. Typisch für Vögel sind neben den Federn die zum Gabelbein verwachsenen Schlüsselbeine (Abb. 4). Daran setzt die Flugmuskulatur an. Aufgrund des Aufbaus des Skeletts geht man jedoch davon aus, dass Archaeopteryx ein sehr schlechter Flieger war. Reptilientypisch sind unter anderem der bezahnte Kiefer, der lange Reptilschwanz aus einzelnen Wirbeln und das Vorhandensein von Bauchrippen (Abb. 2, 3). Ob Archaeopteryx allerdings die gesuchte Mosaikform für den Übergang von urtümlichen Reptilien zu den heutigen Vögeln und ein unmittelbarer Vorfahr der heutigen Vögel ist, ist fraglich. Zahlreiche Untersuchungen deuten darauf hin, dass Archaeopteryx wohl einer inzwischen ausgestorbenen Linie der Vogelentwicklung angehört.

Seit 1996 sind vor allem in China zahlreiche Fossilien von gefiederten vierfüßigen Raubsauriern entdeckt worden. Diese lebten allerdings später als Archaeopteryx und kommen deshalb als Vorfahren der Vögel nicht in Frage. Im Jahr 2010 fand man dann aber das Fossil einer inzwischen als *Anchiornis huxley* bezeichneten kleinen Raubsaurierart, die ein Ganzkörperfederkleid besaß und lange vor Archaeopteryx lebte. Dieser Raubsaurier könnte die bisher fehlende Übergangsform zwischen Reptilien und Vögeln sein.

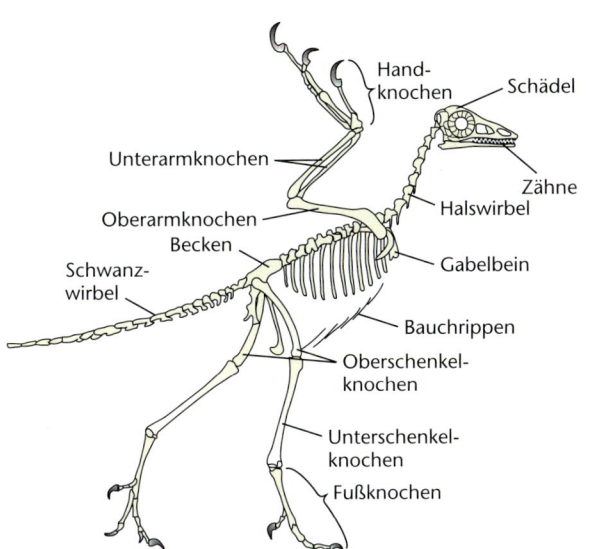

2 Skelett von Archaeopteryx

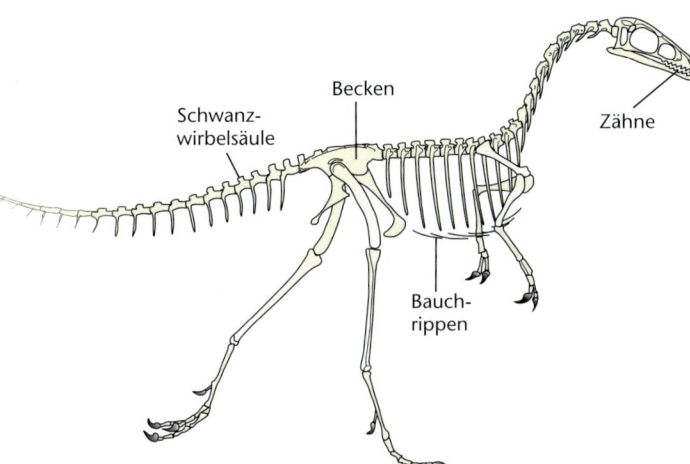

3 Skelett eines Zwergsauriers

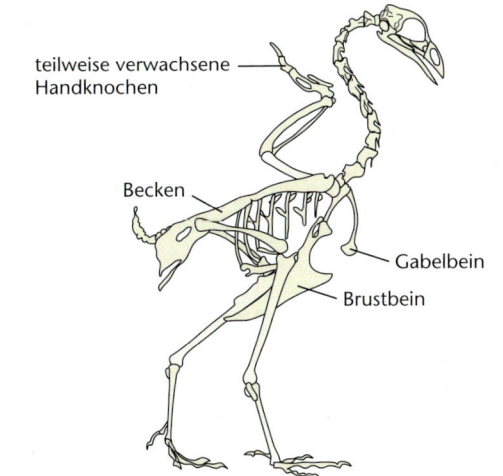

4 Skelett eines Huhns

→ 14.9 Die Evolutionstheorien von Lamarck und Darwin

1 Archaeopteryx – Zwergsaurier oder Vogel?
a) Vergleichen Sie tabellarisch das Skelett des Archaeopteryx mit dem Zwergsaurier- und Vogelskelett.
b) Erläutern Sie, inwiefern Archaeopteryx Vogel- und Reptilienmerkmale besaß.

In oberen Schichten der Erdatmosphäre werden ständig unter dem Einfluss energiereicher kosmischer Strahlung aus Stickstoffatomen radioaktive ^{14}C-Kohlenstoffatome gebildet. Diese radioaktiven Kohlenstoffatome zerfallen mit einer Halbwertszeit von 5730 Jahren. Das bedeutet, dass jeweils nach 5730 Jahren die Konzentration der ursprünglich vorhandenen ^{14}C- Kohlenstoffatome auf 50 % der Ausgangskonzentration gesunken ist. Da Neubildung und Zerfall mit gleicher Geschwindigkeit ablaufen, bleibt die Konzentration der ^{14}C-Atome in Atmosphäre konstant. Pflanzen nehmen Kohlenstoff in Form von Kohlenstoffdioxid auf und produzieren daraus Biomasse. Andere Lebewesen ernähren sich direkt oder indirekt davon. Deshalb ist auch im Körper der Lebewesen genau die ^{14}C-Konzentration, wie sie in der Atmosphäre herrscht, vorhanden. Mit dem Tod eines Lebewesens endet sein Stoffwechsel. Von nun an sinkt die ^{14}C-Konzentration kontinuierlich. Die noch vorhandene ^{14}C-Konzentration lässt Rückschlüsse auf das Alter von Proben zu.
Die ^{14}C-Konzentration lässt sich über die Messung der Radioaktivität einer Probe bestimmen. Bei frischen Proben misst man einen Wert von 27 Bq (Becquerel = Zerfälle pro kg Probe in einer Sekunde.) Häufig wird das Alter von Fossilien indirekt ermittelt, indem man das Alter von Gesteinen bestimmt, in denen sie vorkommen. Eine gängige Methode ist die Kalium-Argon-Datierung. Das radioaktive Isotop ^{40}K zerfällt mit einer Halbwertszeit von 1,3 Milliarden Jahren. Dabei entsteht das Edelgas Argon. Bei manchen Gesteinen wird das Edelgas eingeschlossen. Mithilfe der im Gestein eingeschlossenen Argonmenge kann man dessen Alter und damit auch das Alter der darin eingeschlossenen Fossilien bestimmen. Mit dieser Methode kann man Zeiträume von 100 000 bis zu mehreren Milliarden Jahren erfassen.

5 Altersbestimmung von Fossilien

14.3 Ähnlichkeiten zwischen Lebewesen: Homologien und Analogien

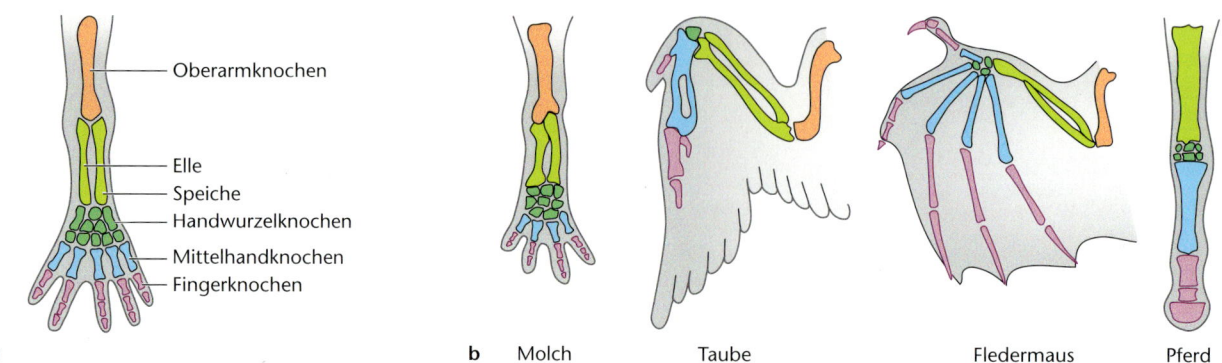

1 a) Bauplan einer Vordergliedmaße bei Wirbeltieren, b) Homologien bei verschiedenen Wirbeltieren

Säugetiere besitzen ähnliche Armskelette mit gleichem Grundbauplan: Sie sind übereinstimmend in Finger-, Mittelhand- und Handwurzelknochen sowie Elle, Speiche und Oberarmknochen gegliedert (Abb. 1). Auch andere Organe der Säugetiere wie Wirbelsäule, Augen, Verdauungskanal, Lungen ähneln denen anderer Wirbeltiere. Diese Ähnlichkeiten basieren auf der Abstammung von gemeinsamen Vorfahren. Man nennt diese Ähnlichkeiten auch **Homologien** oder Abstammungsähnlichkeiten. Fossile Skelettfunde bieten die Möglichkeit, Homologien zu erkennen und dadurch Hinweise auf eine gemeinsame Abstammung zu erlangen. Zum Nachweis möglicher Homologien werden Homologiekriterien verwendet (Abb. 3).

Trotz des gemeinsamen Bauplanes homologer Organe können die Übereinstimmungen einzelner Teile gering sein. Die Unterschiede im Bau der Armskelette entsprechen der unterschiedlichen Lebensweise dieser Tiere. Denn im Verlauf der Evolution haben viele Organismen ihre Lebensweise verändert. Durch genetische Variabilität und natürliche Auslese fand auch ein Funktionswandel von Organen statt. Es kam zu einer Angepasstheit des Baues an die jeweilige Funktion. Diese Erscheinung nennt man **Divergenz.**

Es gibt auch universelle Homologien, das sind Übereinstimmungen aller heute lebenden Organismen. Beispiele dafür sind der Aufbau der DNA oder ATP als universeller Energieträger sowie die Begrenzung der Zellen durch eine Zellmembran.

Die Grabhand des Maulwurfs sieht den Grabschaufeln der Maulwurfsgrille sehr ähnlich (Abb. 2, 3). Während die Hand des Maulwurfs ein Knochenskelett aufweist, liegt bei der Maulwurfsgrille ein Außenskelett aus Chitin vor. Maulwurf und Maulwurfsgrille besitzen unterschiedliche Baupläne ihrer äußerlich ähnlichen Gliedmaßen. Solche Übereinstimmungen werden **Analogie** oder Anpassungsähnlichkeit genannt. Sie sind stammesgeschichtlich unabhängig voneinander entstanden, lassen aber Rückschlüsse auf ähnliche Umweltbedingungen und Lebensweisen zu. Häufig besetzen Lebewesen mit analogen Organen ähnliche, überlappende ökologische Nischen. Man spricht von konvergenter Entwicklung oder **Konvergenz.**

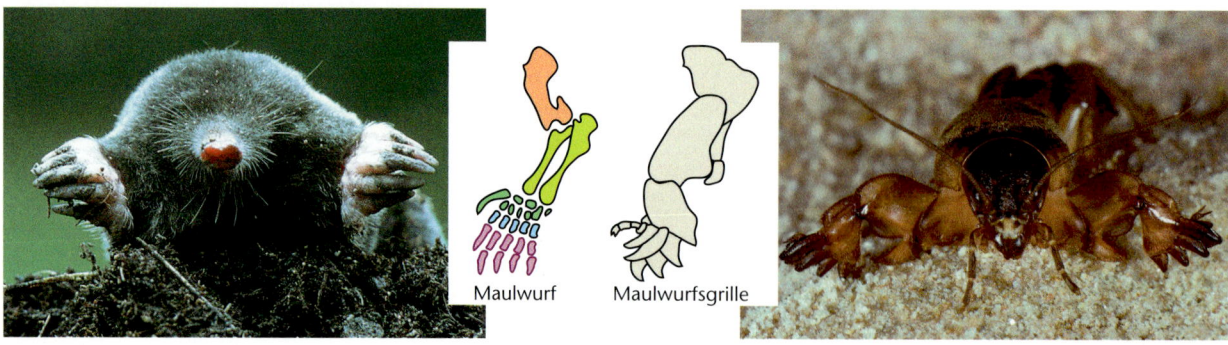

2 Analogie der Vordergliedmaßen bei Maulwurf und Maulwurfsgrille

→ 14.4 Verwandtschaftsbelege durch molekularbiologische Homologien
→ 14.8 Verwandtschaft und Stammbaum der Wirbeltiere

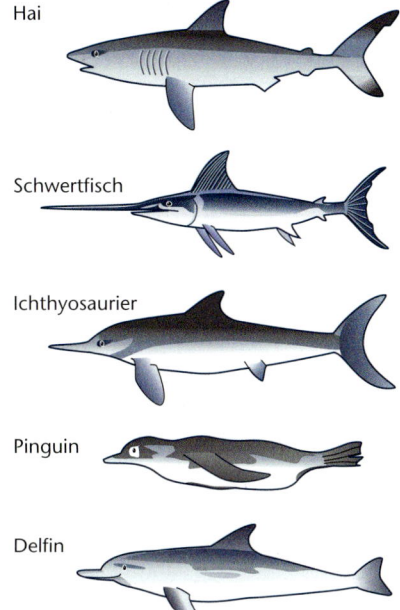

Hai

Schwertfisch

Ichthyosaurier

Pinguin

Delfin

4 *Stromlinienform verschiedener wasserlebender Tierarten*

1. Kriterium der Lage: Die betrachteten Organe liegen in einem vergleichbaren Gefügesystem und nehmen die gleiche Lage ein. Bei den Organen können Verschmelzungen und Reduktionen stattfinden. Beispiel: Vordergliedmaßen der Säugetiere, Gliederung der Verdauungsorgane der Säugetiere in Mund – Speiseröhre – Magen – Darm – After.
2. Kriterium der Kontinuität: Es liegt zwar ein unterschiedlicher Bau der Organe vor, aber es existieren Zwischenformen, die z.B. nur in der Embryonalentwicklung sichtbar sind. Beispiel: Die Halsschlagader von Säugetieren lässt sich aufgrund von Embryonalstadien mit den Kiemenbogenarterien der Fische homologisieren.
3. Kriterium der spezifischen Qualität: Die betrachteten Organe sind zwar äußerlich unterschiedlich, weisen aber übereinstimmende Teilstrukturen oder gemeinsame Baumerkmale auf. Beispiel: Dentin der Zähne und Haifischschuppen.

3 *Homologiekriterien, Organe gelten als homolog, wenn eines der Kriterien erfüllt ist*

1 **Stromlinienform.** In Abb. 4 sind Lebewesen dargestellt, die verschiedenen Wirbeltierklassen angehören. Ordnen Sie sie der zutreffenden Wirbeltierklasse zu. Begründen Sie, ob es sich um Homologien oder Analogien handelt. Erläutern Sie die Mechanismen, die zu der Ähnlichkeit der Körperform geführt haben.

2 **Homologien bei Schädelknochen.** Der Bau des Unterkiefergelenks hat sich während der Evolution der Wirbeltiere verändert. Knochenfische und Reptilien als frühe Wirbeltiere besitzen ein so genanntes primäres Kiefergelenk. Säugetiere haben ein sekundäres Kiefergelenk.

a) Beschreiben Sie anhand der Abb. 5 die Verlagerung der Knochen des Unterkiefergelenkes im Lauf der Evolution.
b) Analysieren Sie die Homologie der Gehörknöchelchen der Säugetiere zu den Kiefergelenkknochen von Reptilien und Knochenfischen (Abb. 5). Geben Sie an, welche Homologiekriterien hier relevant sind.
c) Erläutern Sie den Begriff Divergenz an diesem Beispiel.

3 **Homologie oder Analogie?** Die Vanille besitzt ebenso wie der Wilde Wein Ranken (Abb. 6). Diese sehen sich sehr ähnlich. Lange Zeit glaubte man, dass es sich um eine homologe Entwicklung handelt. In einem Experiment wurden die Pflanzen so gebogen, dass die Ranken den Boden berührten. Dabei zeigte sich, dass sich die Ranken der Vanille zu Wurzeln entwickeln können, die des Wilden Weines nicht.
Entwickeln Sie die Hypothesen die diesem Experiment zugrunde lagen. Werten Sie die Ergebnisse des Experiments hypothesenbezogen aus.

6 *Verschiedene Ranken*

Weinrebe   Vanille

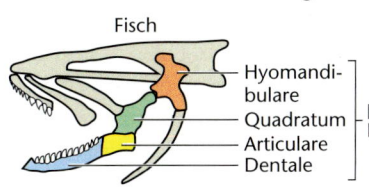

Fisch — Hyomandibulare, Quadratum, Articulare, Dentale

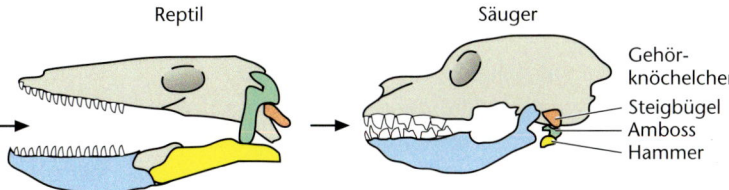

Reptil — primäres Kiefergelenk → Säuger — Gehörknöchelchen: Steigbügel, Amboss, Hammer

5 *Entwicklung des Kiefergelenkes*

→ 18.1 Evolutionäre Geschichte des menschlichen Körpers

14.4 Verwandtschaftsbelege durch molekularbiologische Homologien

Aminosäuren	1–9	10–19	20–29	30–39	40–49	50–59
Mensch/Schimpanse	GDVEKGKKI	FIMKCSQCHT	VEKGGKHKTG	PNLHGLFGRK	TGQAPGYSYT	AANKNKGIIW
Rhesusaffe	GDVEKGKKI	FIMKCSQCHT	VEKGGKHKTG	PNLHGLFGRK	TGQAPGYSYT	AANKNKGITW
Taube	GDIEKGKKI	FVQKCSQCHT	VEKGGKHKTG	PNLHGLFGRK	TGQAEGFSYT	DANKNKGITW
Schnappschildkröte	GDVEKGKKI	FVQKCAQCHT	VEKGGKHKTG	PNLNGLIGRK	TGQAEGFSYT	EANKNKGITW
Ochsenfrosch	GDVEKGKKI	FVQKCAQCHT	VEKGGPHKVG	PNLYGLIGRK	TGQAAGFSYT	DANKNKGITW
Thunfisch	GDVAKGKKT	FVQKCAQCHT	VEKGGPHKVG	PNLWGLFGRK	TGQAEGYSYT	DANKSKGIVW

Aminosäuren	60–69	70–79	80–89	90–99	100–104
Mensch/Schimpanse	GEDTLMEYLE	NPKKYIPGTK	MIFVGIKKKE	ERADLIAYLK	KATNE
Rhesusaffe	GEDTLMEYLE	NPKKYIPGTK	MIFVGIKKKE	ERADLIAYLK	KATNE
Taube	GEDTLMEYLE	NPKKYIPGTK	MIFAGIKKKA	ERADLIAYLK	KATAK
Schnappschildkröte	GEETLMEYLE	NPKKYIPGTK	MIFAGIKKKA	ERADLIAYLK	DATSK
Ochsenfrosch	GEDTLMEYLE	NPKKYIPGTK	MIFAGIKKKG	ERQDLIAYLK	SACSK
Thunfisch	NENTLMEYLE	NPKKYIPGTK	MIFAGIKKKG	ERQDLVAYLK	SATS–

Legende: A: Alanin C: Cystein D: Asparaginsäure E: Glutaminsäure F: Phenylalanin G: Glycin H: Histidin
I: Isoleucin K: Lysin L: Leucin M: Methionin N: Asparagin P: Prolin Q: Glutamin
R: Arginin S: Serin T: Threonin V: Valin W: Tryptophan Y: Tyrosin

1 *Aminosäuresequenz des Cytochroms c verschiedener Wirbeltierarten*

Die durch morphologische Homologien ermittelten Verwandtschaftsbeziehungen werden heute durch einen Vergleich von Aminosäure- und DNA-Sequenzen bestätigt, korrigiert oder ergänzt. Diese **molekularen Vergleiche** sind sehr objektiv. Man setzt voraus, dass je größer die Unterschiede in der Aminosäure- oder DNA-Sequenz zweier Organismen sind, desto entfernter sind sie miteinander verwandt. Je näher die Arten stammesgeschichtlich miteinander verwandt sind, desto kleiner werden die Unterschiede in der DNA und damit auch in der Aminosäuresequenz.

Das **Cytochrom c** eignet sich für vergleichende evolutive Untersuchungen besonders, da es als Enzym der Atmungskette bei allen aerob lebenden Organismen verbreitet ist. Man kennt die Aminosäuresequenz des Cytochroms c von über hundert Arten, darunter sind auch Pflanzen, Hefen und Säugetiere. Der **Aminosäuresequenzvergleich** kann also eingesetzt werden, um Verwandtschaftsbeziehungen zu klären, die stammesgeschichtlich so weit voneinander entfernt sind, dass man keine morphologischen Ähnlichkeiten mehr feststellen kann.

Man geht davon aus, dass es ein Ur-Cytochrom c gegeben hat. Im Verlauf der Evolution hat sich die Aminosäuresequenz des Enzyms durch Mutationen verändert. Die Aminosäuresequenz ist beim Cytochrom c von Schimpanse und Mensch völlig identisch (Abb. 1).

Von dem des Rhesusaffen unterscheidet sich das menschliche Cytochrom c nur in einer Aminosäure (Abb. 1). Das Cytochrom c des Menschen unterscheidet sich von dem des Ochsenfroschs in 17 Aminosäurepositionen (Abb. 1). Da man anhand von Fossilfunden weiß, dass sich die Entwicklungslinien „Reptilien und Säuger" und „Amphibien" vor etwa 400 Millionen Jahren getrennt haben, kann man schlussfolgern, dass durchschnittlich alle 20 Millionen Jahre eine Aminosäure in der Sequenz des Cytochroms c verändert wurde. So lässt sich näherungsweise berechnen, wann sich Entwicklungslinien voneinander trennten (Abb. 3, 4).

Noch präziser als der Vergleich von Aminosäuresequenzen ist der Vergleich von DNA-Basensequenzen. Die **DNA-Sequenzierung**, d. h. das Ermitteln der Basensequenz von DNA-Abschnitten, wird heute mit Hilfe der **Polymerasekettenreaktion (PCR)** durchgeführt. Durch die Entwicklung der PCR wurde es möglich kleinste Mengen von DNA zu vervielfältigen. So kann man die DNA-Sequenzen von lebendem Gewebe ermitteln, aber auch von fossilen Überresten oder gepressten Pflanzen in alten Herbarien, obwohl diese Überreste oft nur winzige Mengen DNA enthalten. Nach der Ermittlung der DNA-Basensequenzen verschiedener Organismen werden die Sequenzen miteinander verglichen und die Anzahl der Veränderungen in der Nucleotidsequenz der DNA lässt Rückschlüsse auf die Verwandtschaftsbeziehungen zu.

1 Vergleich der Aminosäuresequenz des Cytochroms c verschiedener Arten.
a) Ermitteln Sie aus den molekularbiologischen Befunden in Abb. 1 die möglichen Verwandtschaftsverhältnisse.
b) Prüfen Sie, inwiefern die molekularbiologischen Befunde in Abb. 1 mit den Stammbäumen a, b und c in Abb. 2 übereinstimmen oder ihnen widersprechen.

2 Vergleich von DNA- und Aminosäuresequenzanalyse. Begründen Sie, weshalb die DNA-Sequenzanalyse aussagekräftiger für die Untersuchung von Verwandtschaftsbeziehungen von Arten ist als die Aminosäuresequenzanalyse. Ziehen Sie zur Unterstützung Ihrer Aussagen auch die Code-Sonne heran.

3 Cytochrom-c-Stammbaum. Die Zahlen im Stammbaum der Abb. 3 geben die Aminosäureanzahl an, in der sich das Cytochrom c der verschiedenen Organismen voneinander unterscheidet. Verzweigungspunkte stellen gemeinsame Vorfahren dar. Man sucht im Stammbaum die zu vergleichenden Arten aus und verfolgt die Linien bis zu dem Verzweigungspunkt, wo sie sich auftrennen. Dann werden alle Zahlen, die an den jeweiligen Linien stehen addiert und man hat die gesuchte Anzahl der Unterschiede in der Aminosäuresequenz.
a) Erläutern Sie, weshalb der Cytochrom-c-Stammbaum einen Beleg für die Evolution darstellt.
b) Ermitteln Sie anhand des Stammbaums in Abb. 3, wann etwa die letzten gemeinsamen Vorfahren von Schildkröte und Sonnenblume lebten.

4 Eignung verschiedener Proteine zur Klärung der Verwandtschaftsverhältnisse. Beurteilen Sie anhand von Abb. 4 die Aussage, dass sich Fibrinopeptide gut zum Vergleich sehr nah verwandter Arten eignen, Histone dagegen zum Vergleich sehr entfernt verwandter Lebewesen.

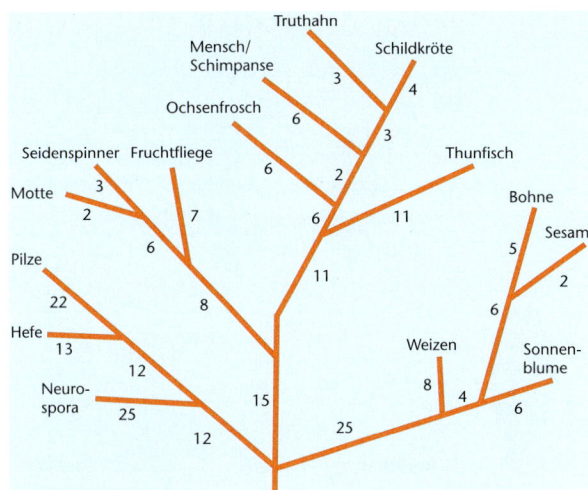

3 *Vereinfachter Cytochrom-c-Stammbaum*

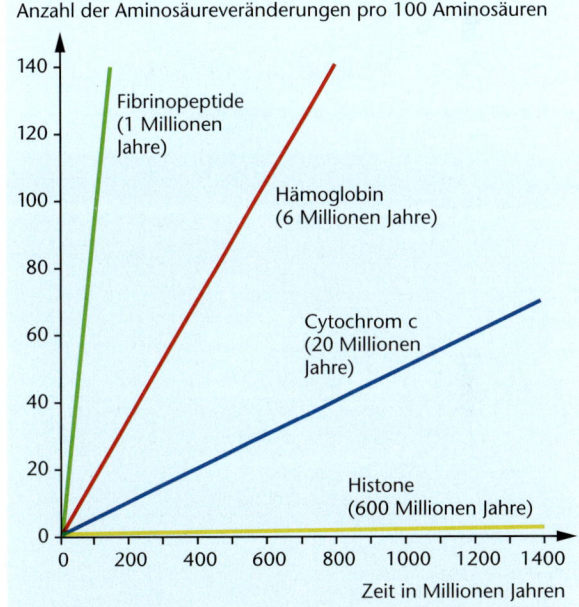

4 *Evolutionsgeschwindigkeiten vier verschiedener Proteine. Die Zahlen in den Klammern geben an, in welchem Zeitraum zirka eine Aminosäure ausgetauscht wurde.*

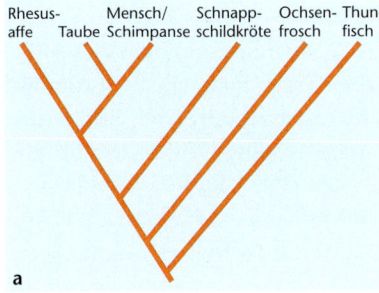
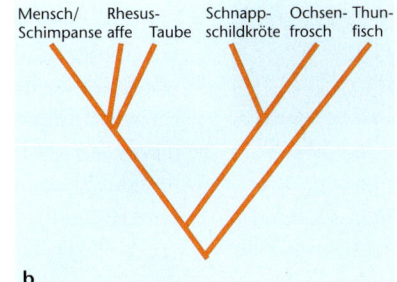
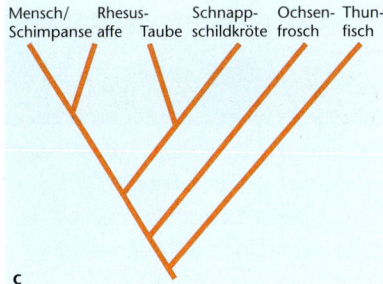

2 *Stammbäume*

14.5 Verwandtschaftsbelege aus der molekularbiologischen Entwicklungsbiologie

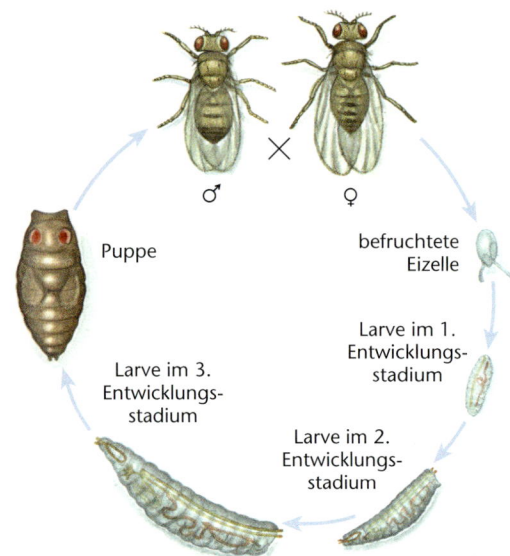

1 *Entwicklung der Fruchtfliege Drosophila*

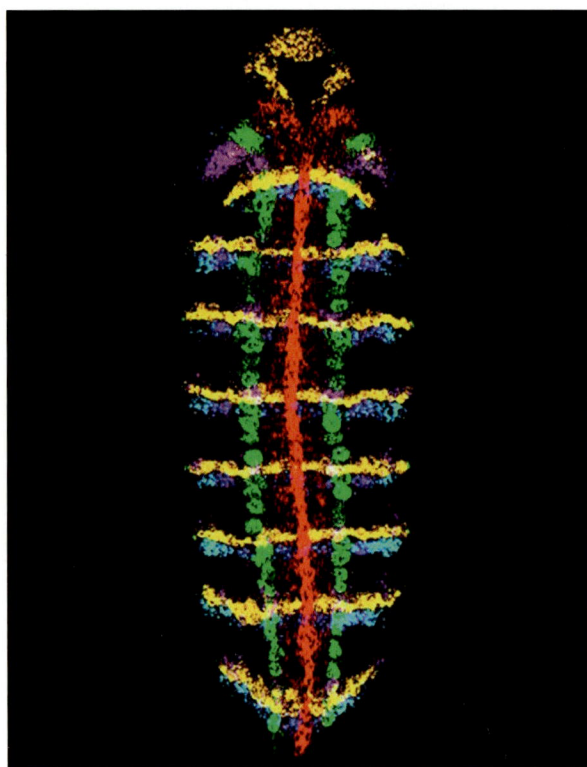

2 *Genaktivität bei einer Fruchtfliegenlarve.* Die Abbildung zeigt eine Fruchtfliegenlarve, der Kopf ist oben. Die fünf Farben entsprechen der Aktivität von fünf verschiedenen Entwicklungskontrollgenen. Sie sind an der Ausbildung der Körpersegmente und des Nervensystems der Fruchtfliege beteiligt.

Bei der Fruchtfliege, *Drosophila melanogaster,* verläuft die Individualentwicklung von der befruchteten Eizelle über verschiedene Larvenstadien sowie die Metamorphose zum erwachsenen Insekt (Abb. 1). Als Folge von Mitosen verfügen alle Zellen einer Fruchtfliege in jedem Entwicklungsstadium über die Gesamtheit der Erbanlagen, das **Genom.** Bestimmte Gene des Fruchtfliegen-Genoms steuern zusammen mit Umwelteinflüssen die Entwicklung. Zu diesen sogenannten **Entwicklungskontrollgenen** gehören unter anderem Gene, die für Proteine codieren, die als Transkriptionsfaktoren wieder andere Gene ein- oder abschalten. In den meisten Fällen arbeiten viele Entwicklungskontrollgene wie in einem Netzwerk zusammen. Andere Gene codieren für Proteine, die für die Entwicklung von differenzierten Zellen, wie z. B. Nerven-, Haut- oder Darmzellen, notwendig sind. Im Verlauf der Entwicklung ergeben sich in den Zellen der Fruchtfliege zeitliche Veränderungen im Muster aktiver und inaktiver Gene (Abb. 2).

Vergleichende Untersuchungen haben ergeben, dass bestimmte Entwicklungskontrollgene, die man zunächst bei der Fruchtfliege entdeckte, auch in der Entwicklung von so verschiedenen Tieren wie Spinnen, Tausendfüßern, Fischen und Mäusen sowie in der Embryonalentwicklung des Menschen eine wichtige Rolle spielen. Die DNA-Basensequenzen dieser Gene unterscheiden sich nur geringfügig oder gar nicht (Abb. 4). Dies wird als Ausdruck **stammesgeschichtlicher Verwandtschaft** gedeutet. Es handelt sich hierbei um Entwicklungskontrollgene, die grundlegende Entwicklungsvorgänge steuern, zum Beispiel die Entwicklung der Körperachse von vorn nach hinten mit Körperabschnitten und Gliedmaßen. Weil Mutationen dieser wichtigen Kontrollgene in der Regel schwere Entwicklungsstörungen auslösen, blieben sie im Verlauf der Evolution weitgehend unverändert.

Die Verknüpfung von Evolutionsbiologie und Entwicklungsbiologie bezeichnet man als **evolutionäre Entwicklungsbiologie.** Eine wesentliche Erkenntnis dieser jungen Forschungsrichtung ist, dass evolutionäre Neuheiten, wie z. B. die Flügel der Vögel, durch Veränderungen im Muster des An- und Abschaltens von vorhandenen Genen zu erklären sind.

→ 3.16/17 Regulation der Proteinbiosynthese bei Eukaryoten
→ 14.3 Ähnlichkeiten zwischen Lebewesen: Homologien und Analogien

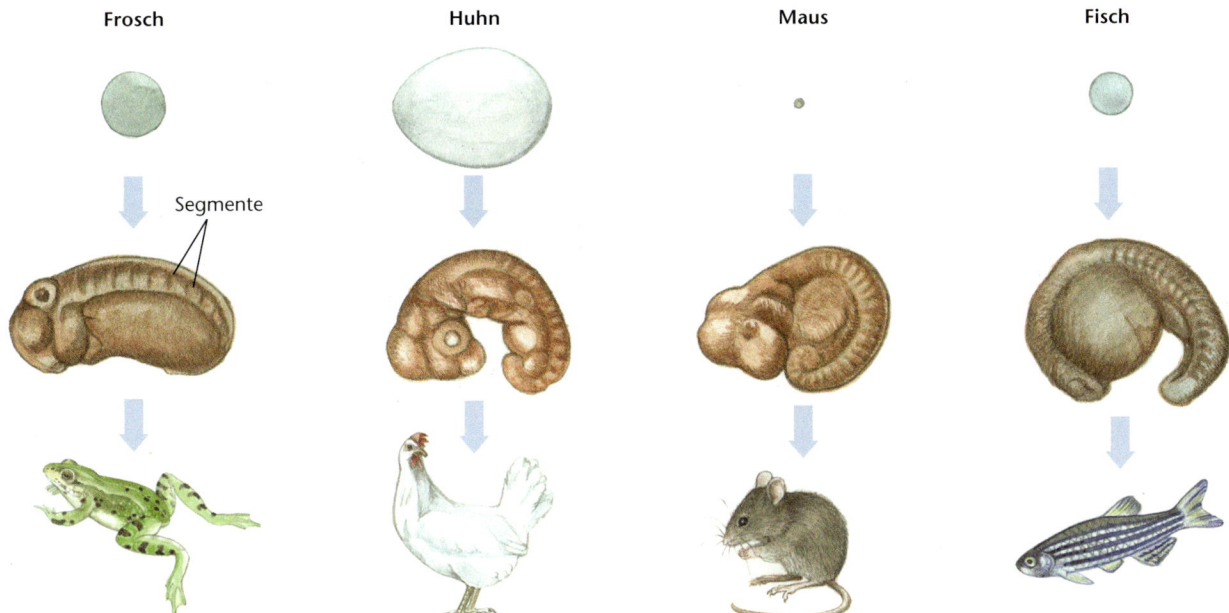

3 Entwicklung bei Frosch, Huhn, Maus und Fisch. Bei allen Wirbeltieren treten in der Embryonalentwicklung entlang der Längsachse des Körpers Segmente auf. Bei den erwachsenen Tieren sind sie unter anderem noch an der Wirbelsäule durch die Abfolge der Wirbel erkennbar.

Fruchtfliege
| R | K | R | G | R | Q | T | Y | T | R | Y | Q | T | L | E | L | E | K | E | F | H | F | N | R | Y | L | T | R | R | R | I | E | I | A | H | A | L | C | L | T | E | R | Q | I | K | I | M | F | Q | N | R | R | M | K | W | K | K | E | N |

Zebrabärbling
| G | R | R | G | R | Q | T | Y | T | R | Y | Q | T | L | E | L | E | K | E | F | H | F | N | R | Y | L | T | R | R | R | I | E | I | A | H | A | L | C | L | T | E | R | Q | I | K | I | M | F | Q | N | R | R | M | K | W | K | K | E | N |

Maus
| G | R | R | G | R | Q | T | Y | T | R | Y | Q | T | L | E | L | E | K | E | F | H | Y | N | R | Y | L | T | R | R | R | I | E | I | A | H | A | L | C | L | T | E | R | Q | I | K | I | M | F | Q | N | R | R | M | K | W | K | K | E | S |

Mensch
| G | R | R | G | R | Q | T | Y | T | R | Y | Q | T | L | E | L | E | K | E | F | H | Y | N | R | Y | L | T | R | R | R | I | E | I | A | H | A | L | C | L | T | E | R | Q | I | K | I | M | F | Q | N | R | R | M | K | W | K | K | E | S |

4 Ausschnitt aus der Aminosäuresequenz eines Proteins, das als Transkriptionsfaktor die Aktivität anderer Entwicklungskontrollgene bei vielen Tieren reguliert. *Jeder Buchstabe steht für eine bestimmte Aminosäure. Das zugehörige Gen spielt unter anderem bei der Entwicklung von Körperabschnitten (Segmenten) und Beinen eine grundlegende Rolle.*

1 Vergleich der Entwicklung. Vergleichen Sie die Entwicklung von Fruchtfliege, Frosch, Huhn, Maus und Fisch in Abb. 1 und 3 in den Grundzügen.

2 Homologe Entwicklungskontrollgene bei Tieren. Werten Sie Abb. 4 aus. Beachten Sie für den Zebrabärbling, die Maus und die Fruchtfliege auch die Informationen in Abb. 2 und 3 in Hinblick auf die Entwicklung von Körperabschnitten.

3 Zur Funktion von Entwicklungskontrollgenen. In Larven der Fruchtfliege wurde in verschiedenen Körperregionen das Entwicklungskontrollgen für die normale Augenentwicklung künstlich aktiviert. Die erwachsenen Taufliegen bildeten daraufhin in all diesen Körperregionen Augenstrukturen aus (Abb. 5). Diese Augenstrukturen hatten keine Sehnervverbindung zum Gehirn. Statt des Fruchtfliegen-Entwicklungskontrollgens für Augen konnte auch das entsprechende Gen von Mäusen benutzt werden, um überzählige Augen hervorzurufen. Erläutern Sie das Ergebnis des Experiments.

5 Fruchtfliege mit überzähligen Augen an falschen Orten

→ 14.4 Verwandtschaftsbelege durch molekularbiologische Homologien

14.6 Belege für die Endosymbiontentheorie

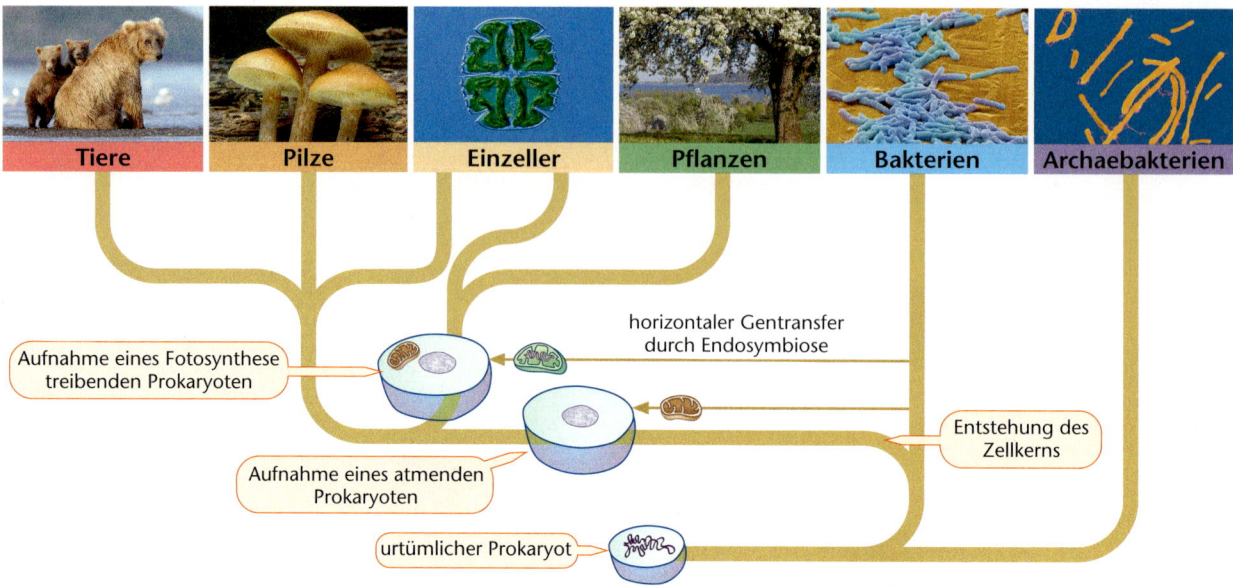

1 *Evolution der Reiche der Lebewesen*

Mitochondrien und Chloroplasten sind 1–10 μm groß und haben eine Doppelmembran. Die innere Membran ähnelt in ihrer Zusammensetzung der von Bakterien, die äußere der von Eukaryoten. Mitochondrien und Chloroplasten vermehren sich durch Teilung. Sie besitzen eigene ringförmige DNA, die einen Teil der Chloroplasten- und Mitochondrienproteine codiert. Die Mehrzahl der Proteine von Mitochondrien und Chloroplasten wird im Zellplasma synthetisiert und dann in die Organellen aufgenommen. Einige der Gene im Zellkern ähneln stark Bakteriengenen. Mitochondrien, Chloroplasten und Bakterien besitzen leichte Ribosomen vom 70-S-Typ, im Cytoplasma von Eukaryotenzellen befinden sich schwerere 80-S-Ribosomen. Das Genom von Mitochondrien und Chloroplasten ist deutlich kleiner als das von Bakterien.

2 *Vergleich von Eukaryotenorganellen und Bakterienzellen*

Vor zirka vier Milliarden Jahren besiedelten urtümliche Zellen die Erde. Diese Urzellen ähnelten vermutlich den auch heute noch lebenden Archaebakterien und Bakterien. Bakterien und Archaebakterien sind **Prokaryoten.** Bei ihnen befindet sich die DNA im Zellplasma. Zellorganellen wie Zellkern, Mitochondrien, Chloroplasten und Golgi-Apparat fehlen. Bedingt durch ein wachsendes Nahrungsangebot wurden einige ursprüngliche Prokaryoten größer. Durch Einfalten der Zellmembran kam es zu einer Kompartimentierung der Zelle und zur Ausbildung eines Zellkerns. Lebewesen, die Zellen mit einem Zellkern besitzen, nennt man **Eukaryoten**.

Durch Fotosynthese treibende Cyanobakterien hatte sich Sauerstoff in der Atmosphäre angereichert. Atmende, aerobe Prokaryoten nutzen diesen Sauerstoff. Vermutlich ernährten sich in dieser Zeit erste eukaryotische Einzeller räuberisch von diesen kleineren Prokaryoten. In einigen Fällen wurden die Prokaryoten aufgenommen, aber nicht verdaut. Sie lebten in Form einer **Symbiose** in der Zelle weiter. Die Wirtszelle bot dem Prokaryoten Schutz vor anderen räuberisch lebenden Zellen und versorgte ihn mit Nährstoffen, der Prokaryot entsorgte den für die Wirtszelle giftigen Sauerstoff. Gleichzeitig stellte er viel Energie in Form von ATP aus der Zellatmung bereit. Aus diesen Prokaryoten sind die Mitochondrien entstanden. Zellen, die bereits aerobe Prokaryoten aufgenommen hatten, nahmen später Fotosynthese treibende Cyanobakterien auf. Sie erlangten so die Fähigkeit, Lichtenergie zu nutzen. Aus diesen Cyanobakterien gingen die Chloroplasten der Pflanzenzellen hervor (Abb. 1). Das Weiterleben der kleineren Zelle im Innern der größeren Zelle zum beiderseitigen Vorteil bezeichnet man als **Endosymbiose**. Der **Endosymbiontentheorie** zur Folge haben sich aus den aufgenommenen Einzellern die heutigen Mitochondrien bzw. Chloroplasten entwickelt.

1 Belege für die Endosymbiontentheorie.
a) Stellen Sie unter Bezug auf den Grundwissentext und Abb. 2 Belege für die Richtigkeit der Endosymbiontentheorie zusammen. Begründen Sie jeweils, inwiefern die genannten Fakten die Theorie stützen.
b) Stellen Sie den Verlauf einer Endosymbiose mit Hilfe von Skizzen schematisch dar. Veranschaulichen Sie dabei den Mechanismus, der zur Entstehung von Doppelmembranen geführt hat.
c) Die Chloroplasten von Braunalgen besitzen drei Membranen. Die beiden äußeren haben die typische Zusammensetzung von Membranen von Eukaryotenzellen. Finden Sie für diesen Befund eine plausible Erklärung.
d) Die Einnahme bestimmter Antibiotika kann dadurch Nebenwirkungen hervorrufen, dass Mitochondrien geschädigt werden. Begründen Sie diese Tatsache.

2 Horizontaler Gentransfer. Als horizontalen Gentransfer bezeichnet man die Übertragung von genetischer Information über Artgrenzen von einem Genom zu einem anderen ohne Beteiligung sexueller Fortpflanzung. Horizontaler Gentransfer erfolgt vor allem durch Mikroorganismen. Auch durch die Verschmelzung ganzer Organismen kann ein Genom in ein anderes übertragen werden.
a) Beschreiben Sie die Verwandtschaftsverhältnisse der vier Arten in Abb. 3. Erläutern Sie Probleme, die möglicherweise beim Lösen dieser Aufgabe auftreten.
b) Fertigen Sie analog zu Abb. 3 eine farbige Skizze des Stammbaums in Abb. 1 an. Erläutern Sie Ihre Skizze.

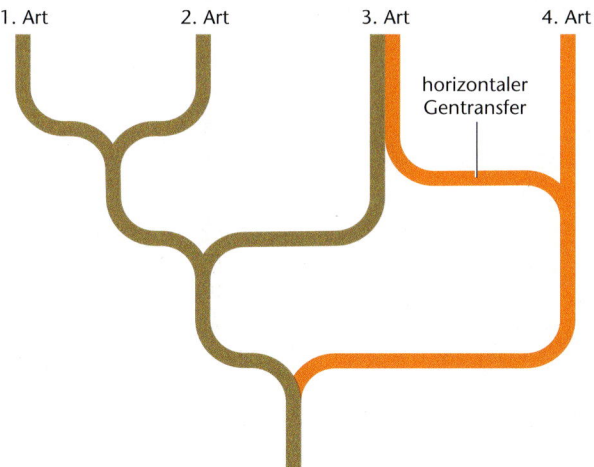

3 *Schema zum horizontalen Gentransfer in einem Stammbaum mit vier Arten*

3 Hatena – ein Modellorganismus für die Endosymbiontentheorie?
a) Stellen Sie den Lebenszyklus von Hatena mit Hilfe von Abb. 4 in Form einer Skizze dar.
b) Analysieren Sie, inwiefern die Beobachtungen der japanischen Wissenschaftler ein Indiz für die Richtigkeit der Endosymbiontentheorie sein können.
c) Wissenschaftler interpretieren die Beziehung zwischen Hatena und Nephroselmis als Frühform einer Endosymbiose. Erläutern Sie den Begriff Endosymbiose und vergleichen sie die Situation bei Hatena mit dem Endstadium einer Endosymbiose.

Ein kleiner Einzeller, den japanische Wissenschaftler am Strand gefunden haben, gibt Hinweise darauf, wie die Entwicklung der ersten Algen vor etwa einer Milliarde Jahren stattgefunden haben könnte. Der Einzeller Hatena ernährt sich in einer Phase seines Lebens von kleineren Einzellern. Nimmt er jedoch die grüne Alge Nephroselmis auf, verdaut er sie nicht. Die Alge lebt im Zellinnern von Hatena weiter, ihr Fotosyntheseapparat vergrößert sich auf das Zehnfache seiner ursprünglichen Größe. Die aufgenommene Alge verliert zahlreiche Zellstrukturen und versorgt ihren Wirt mit Fotosyntheseprodukten. Hatena stellt daraufhin seine räuberische Lebensweise ein.
Bei Zellteilungen von Hatena entstehen Tochterzellen mit und ohne symbiontisch lebender Alge. Die farblosen Tochterzellen ohne Alge beginnen wieder ein räuberisches Leben, bis auch sie auf die Alge Nephroselmis treffen.

4 *Lebensweise und Zellteilung von Hatena*

→ 5.10 Übersicht: Fotosynthese

14.7 Evolution der Stoffwechseltypen

A Nahrungskrise in der Ursuppe
Die Gewässer sind reich an organischen Substanzen und die in diesen Gewässern lebenden Bakterien gewinnen ihre Nahrung heterotroph aus organischen Substanzen, indem sie diese zu energiearmen Stoffwechselprodukten abbauen. Sauerstoff ist in der Atmosphäre noch nicht vorhanden. Die massenhafte Vermehrung der Bakterien hat zur Folge, dass die Nahrung knapper wird. Es kommt zu einer ersten Nahrungskrise in der Erdgeschichte. In dieser Zeit entwickelt sich ein neuer Stoffwechseltyp.

B Tierische Eukaryoten nutzen den Sauerstoff für die Zellatmung.
Erste Eukaryoten entstanden vor 1,8 bis 2 Milliarden Jahren. Die Endosymbiontentheorie geht davon aus, dass Zellatmung betreibende Prokaryoten von größeren Zellen aufgenommen wurden und im Innern dieser Zellen symbiotisch weiterlebten. Dadurch wurden die Zellen in die Lage versetzt, mit Hilfe von Sauerstoff die Energie von Nährstoffen sehr effektiv zu nutzen. Die effektivere Energiefreisetzung aus Nährstoffen ist ein bedeutsamer Schritt in der Evolution. Aus diesen symbiontischen Prokaryoten gingen die Mitochondrien der Eukaryoten hervor.

C Erste Vielzeller entstehen.
Vielzeller konnten sich erst entwickeln, als der Sauerstoffgehalt der Atmosphäre hoch genug war, um auch die innen liegenden Zellen ausreichend mit Sauerstoff zu versorgen. Große Tiere besitzen in ihrem Körper Transportsysteme für Sauerstoff.

D Gärung liefert Energie.
Die Atmosphäre ist reduzierend, sie enthält unter anderem Wasserstoff. Bei der Gärung werden organische Substanzen anaerob, also ohne Beteiligung von Sauerstoff, abgebaut. Die freigesetzte Energie wird in Form von ATP für Wachstum und Stoffwechsel der Zelle genutzt. Die Gärung umfasst nur wenige Reaktionsschritte und findet im Zellplasma statt. Im Vergleich zur Zellatmung sind Gärungsprozesse energetisch weniger effektiv. Hunderte von Millionen Jahren ernährten sich Urzellen heterotroph durch Vergärung der in den Gewässern vorhandenen organischen Substanzen. Unter sauerstofffreien Bedingungen können auch heute noch Pflanzen- und z. B. Muskelzellen eine begrenzte Zeit ausschließlich Gärung betreiben.

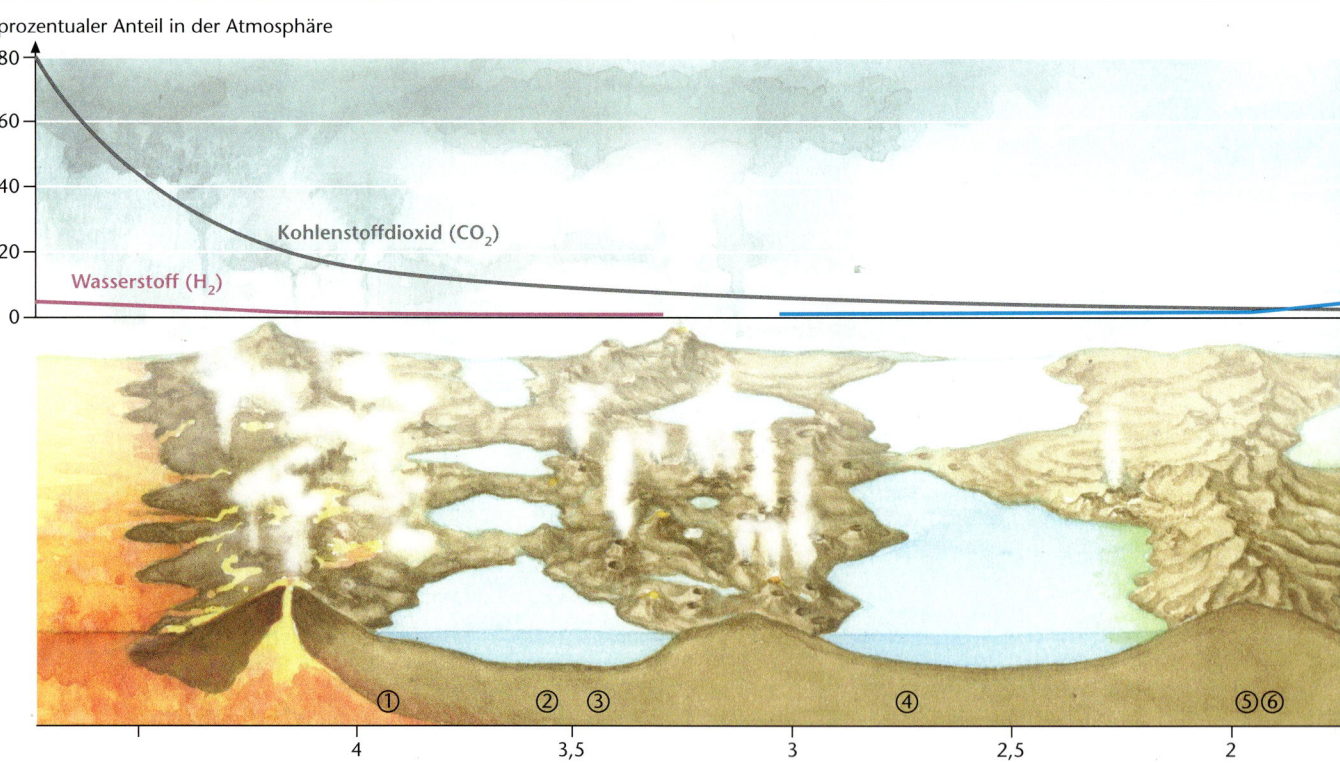

1 *Zeitleiste für die Entwicklung des Lebens auf der Erde, Zeit in Milliarden Jahren*

E Die Ozonschicht bildet sich, erste Landlebewesen treten auf.

Die Bildung von Ozon (O_3) aus Sauerstoff in der Atmosphäre ist eine wichtige Voraussetzung zur Besiedelung des Landes. Die wachsende Ozonschicht absorbiert immer höhere Anteile der für Lebewesen gefährlichen UV-B-Strahlung der Sonne. Dadurch können erstmals auch obere Wasserschichten und später auch das Land besiedelt werden. Vor etwa 0,5 Milliarden Jahren besiedelten erste Pflanzen das Land.

F Pflanzliche Eukaryoten entstehen, sie betreiben autotrophe Fotosynthese und atmen.

Erste pflanzliche Eukaryoten entstanden vermutlich vor 1,8 bis 2 Milliarden Jahren. Zellen, in denen bereits atmende Bakterien symbiotisch lebten, nahmen zusätzlich Fotosynthese treibende Cyanobakterien auf. Aus den Cyanobakterien gingen die Chloroplasten hervor. Pflanzenzellen können durch die Chloroplasten mit Wasser als Elektronenspender Fotosynthese betreiben, das heißt mit Hilfe des Sonnenlichts energiereiche Nährstoffe aus anorganischen Vorstufen aufbauen. Mit Hilfe der Mitochondrien können sie Zellatmung betreiben und so die in den Nährstoffen gespeicherte Energie effektiv nutzen. Die fotosynthetische Sauerstofffreisetzung durch Pflanzen und Cyanobakterien führte langsam zur Bildung der heutigen Sauerstoffatmosphäre.

1 Evolution der Stoffwechseltypen.

a) Die Kreise in der Abbildung markieren die angenommenen Zeitpunkte, an denen die auf dieser Seite beschriebenen Stoffwechseltypen entstanden sind. Ordnen Sie die beschriebenen Stoffwechseltypen begründet in der chronologisch richtigen Reihenfolge an und geben Sie die ungefähren Entstehungszeiten an.
b) Erläutern Sie die Konsequenzen aus der Sauerstofffreisetzung durch Cyanobakterien für die Evolution der Lebewesen.
c) Nehmen Sie zu folgender Aussage Stellung: Frühe „Energiekrisen" waren Motor der Evolution von neuen Stoffwechseltypen.

G Heterotrophe Bakterien betreiben Sauerstoffatmung.

Die Sauerstoffkrise führt zur Entwicklung von Lebewesen, die den Sauerstoff nicht nur ertragen, sondern für ihre Energieversorgung nutzen konnten. Die Sauerstoffatmung entsteht. Die Energiebilanz ist bei der Sauerstoffatmung um ein Vielfaches günstiger als bei anaeroben Gärungsprozessen. Sauerstoff atmende Organismen sind energetisch im Vorteil.

H Bakterien nutzen das Sonnenlicht: Die Fotosynthese entsteht.

Bestimmte Bakterien sind die ersten Lebewesen, die das Sonnenlicht nutzen können, um aus einfachen anorganischen Verbindungen wie Kohlenstoffdioxid energiereiche organische Stoffe herzustellen. Diese Bakterien werden dadurch unabhängig vom Nahrungsangebot ihres Lebensraumes. Es sind die ersten autotrophen Prokaryoten. Die ältesten in Fossilien nachgewiesenen Fotosynthesepigmente sind 3,6 Milliarden Jahre alt. Urtümliche Fotosynthese treibende Bakterien nutzten zunächst nicht Wasser, sondern Schwefelwasserstoff als Elektronenquelle. Derartige Organismen findet man auch heute noch, vor allem in extremen Lebensräumen. Erst später konnten Bakterien und Pflanzen auch Wasser als Elektronenquelle nutzen. Damit begann auch die Anreicherung von Sauerstoff in der Atmosphäre.

Die Anreicherung des reaktionsfreudigen und für die damals lebenden Arten giftigen Sauerstoffs in der bis dahin sauerstofffreien Atmosphäre führt zum Aussterben der meisten Arten. Im Verlauf dieser „Sauerstoffkrise" entwickelt sich ein neuer Stoffwechseltyp.

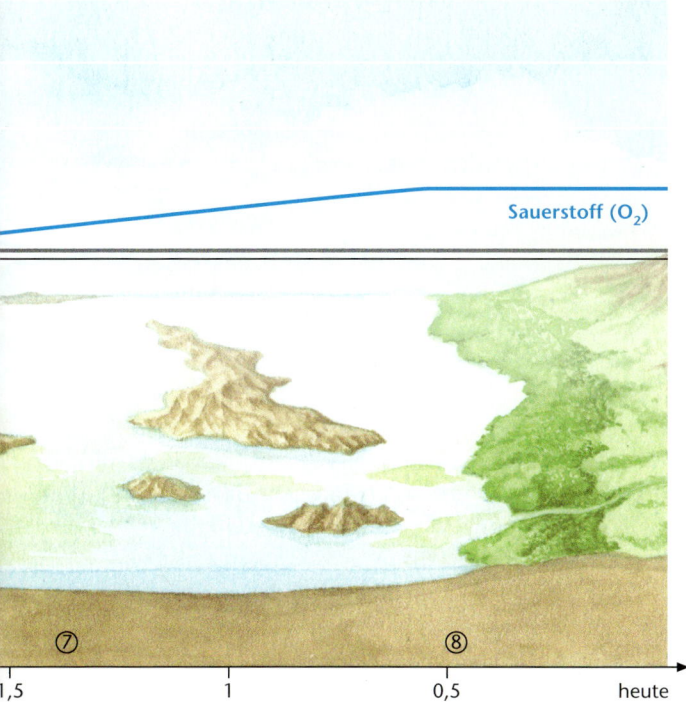

→ 5.10 Übersicht: Fotosynthese

14.8 Verwandtschaft und Stammbaum der Wirbeltiere

1 *Hierarchisches System der Tiere*

Die Erde wird von vielen Millionen Arten von Lebewesen bevölkert. Die heute lebenden Arten haben sich in langen Zeiträumen aus gemeinsamen Vorfahren entwickelt. Diese **stammesgeschichtliche Verwandtschaft** ist unter anderem an der Ähnlichkeit der Baupläne unterschiedlicher Arten erkennbar. Je stärker sich Arten in ihrem Bauplan ähneln, desto enger ist in der Regel ihre stammesgeschichtliche Verwandtschaft.

CARL VON LINNE (1707–1787) begründete ein hierarchisches System, mit dem die Vielfalt der Lebewesen auch heute noch systematisch geordnet wird. Jede Art erhält einen aus zwei Worten bestehenden eindeutigen Namen, der aus einem Gattungsnamen und einem Adjektiv besteht (Abb. 1). Verwandte Arten werden zu einer Gattung zusammengefasst. Die wissenschaftlichen Namen aller Angehörigen einer Gattung beginnen mit dem gleichen Gattungsnamen. Weitere Gliederungsstufen oberhalb der Gattung sind Familie, Ordnung, Klasse, Stamm und Reich (Abb. 1).

Den **Stamm der Wirbeltiere** bilden Arten, die eine aus Einzelknochen zusammen gesetzte Wirbelsäule besitzen, ein knöchernes oder knorpeliges Skelett, zwei Gliedmaßenpaare und einen in Kopf, Brust und Schwanz gegliederten Körper. Aufgrund morphologischer und molekularbiologischer Vergleiche unterteilt man den Stamm der Wirbeltiere in die Wirbeltierklassen Fische, Amphibien, Reptilien, Vögel und Säugetiere.

Stammesgeschichtliche Verwandtschaftsbeziehungen von Lebewesen werden häufig in Form von Stammbäumen dargestellt (Abb. 2). Wichtige Indizien zum Aufstellen eines **Stammbaumes** liefern zunächst Vergleiche der Baupläne. Gemeinsame Merkmale können Hinweise für stammesgeschichtliche Verwandtschaft sein. Im Laufe der Zeit können Merkmale aufgrund genetischer Veränderungen über Generationen abgewandelt werden oder ganz verschwinden. Heute gelten als aussagekräftige Fakten zur Aufstellung von Stammbäumen vor allem molekularbiologische Vergleiche der DNA oder von Proteinen. Man geht dabei davon aus, dass sich von dem Zeitpunkt an, ab dem die Entwicklungslinien zweier Arten getrennt verlaufen, in beiden Linien unterschiedliche Mutationen stattfinden. Je kleiner die Unterschiede in der Basensequenz der DNA bei zwei Arten sind, desto später haben sich die Entwicklungslinien getrennt und desto enger ist deren stammesgeschichtliche Verwandtschaft.

1 Hierarchisches System der Tiere. Nennen Sie Merkmale der Art *Turdus merula* (Amsel), die diese mit allen Mitgliedern ihrer Klasse „Vögel", ihres Stammes „Wirbeltiere" und des Reiches „Tiere" gemeinsam hat (Abb. 1).

2 Erstellung eines Stammbaumes der Wirbeltiere.
Stammesgeschichtliche Verwandtschaftsbeziehungen lassen sich durch Stammbäume veranschaulichen.

Merkmale der Lebewesen	A	B	C	D	E	F	G
geschlossener Blutkreislauf	+	+	+	+	+	+	+
vier Extremitäten vorhanden	+	–	+	+	+	+	+
Eiablage an Land	+	–	–	–	–	–	+
Eiablage im Wasser	–	+	–	+	–	–	–
gleichwarm	+	–	+	–	+	+	–
wechselwarm	–	+	–	+	–	–	+
Junge werden gesäugt	–	–	+	–	+	+	–
Junge werden lebend geboren	–	–	+	–	+	+	–
zumindest teilweise Lungenatmung	+	–	+	+	+	+	+
Metamorphose	–	–	–	+	–	–	–
Wirbelsäule ist vorhanden	+	+	+	+	+	+	+

3 Merkmalsvergleich von sieben heute lebenden Wirbeltieren

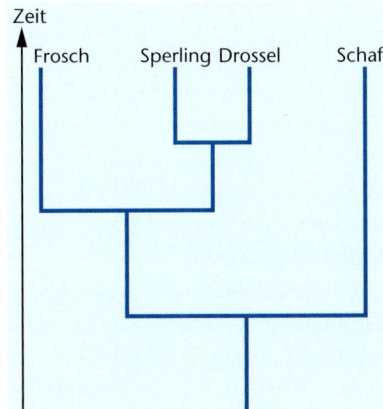

2 Stammbaum

Dem Stammbaum in Abb. 2 ist zu entnehmen: Sperling und Drossel sind stammesgeschichtlich am nächsten verwandt, der Frosch ist enger mit den Vögeln verwandt als mit dem Schaf.

a) Die Arten A – G in Abb. 3 gehören den Wirbeltierklassen Fische, Amphibien, Reptilien, Vögel und Säugetiere an. Skizzieren Sie mit Hilfe des Textes und der Daten in der Abb. 3 einen Stammbaum der Wirbeltierklassen. Beschriften Sie die Zweige des Stammbaumes mit den jeweiligen Wirbeltierklassen und ordnen Sie die in Abb. 4 abgebildeten Lebewesen dem Stammbaum zu.

b) Entwickeln Sie aufgrund der in Abb. 4 dargestellten Ergebnisse des Hämoglobinvergleichs einen Stammbaum der dort untersuchten Arten. Begründen Sie ihre Vorgehensweise. Überprüfen Sie, ob die Ergebnisse des Hämoglobinvergleichs geeignet sind, den von Ihnen nach den Angaben in Abb. 3 entwickelten Stammbaum zu bestätigen.

c) Erläutern Sie die stammesgeschichtliche Verwandtschaft der in Abb. 4 untersuchten Arten. Sagen Sie begründet voraus, welche Ergebnisse zu erwarten wären, wenn für die in Abb. 4 dargestellte Untersuchung auch ein Reptil berücksichtigt würde?

	Huhn	Karpfen	Maus	Molch	Pferd
Huhn	0	72	39	63	40
Karpfen		0	72	74	72
Maus			0	63	22
Molch				0	64
Pferd					0

4 Ergebnisse des Aminosäuresequenzvergleichs für das Hämoglobin von fünf Arten. Angegeben ist jeweils die Zahl unterschiedlicher Aminosäuren in den α-Ketten des Hämoglobins.

14.9 Die Evolutionstheorien von Lamarck und Darwin

Zu Lebzeiten des Franzosen Jean-Baptiste Lamarck (1744–1829) und des Briten Charles Darwin (1809–1882) glaubten die meisten Menschen, die Erde sei wenige tausend Jahre alt. Alle Lebewesen und der Mensch seien unabhängig voneinander erschaffen worden und seit ihrer Erschaffung unverändert und unveränderbar. Lamarck und nach ihm Darwin waren zwar nicht die ersten, die die Veränderlichkeit der Arten vertraten, aber sie waren die ersten, die jeweils eine Theorie entwickelten, wie sich die Veränderung von Organismen im Laufe der Zeit vollzogen haben könnte. Die Evolutionstheorien von Lamarck und Darwin weisen neben einigen Gemeinsamkeiten deutliche Unterschiede auf.

Lamarck hatte Reihen von Fossilien entdeckt, die jeweils von älteren über jüngere Fossilien bis zu einer heute lebenden Art führten. Lamarck nahm an, dass der Veränderlichkeit von Arten im Laufe der Zeit eine allmähliche Anpassung an die natürlichen Bedingungen zugrunde liegt. Lamarck begründete seine **Theorie von der Veränderlichkeit der Arten** mit folgenden Annahmen:

– Lebewesen entstanden in der Vergangenheit wiederholt in einfacher Form durch Urzeugung. Sie besitzen einen **inneren Drang zur Vervollkommnung** und Höherentwicklung, sodass in gerichteter Weise aus einfachen Formen komplexere Formen entstehen. Die Höherentwicklung der verschiedenen Arten verläuft unabhängig voneinander. Lamarcks Theorie beinhaltet keine gemeinsame Abstammung der Arten.

– Veränderte Umweltbedingungen führen bei Lebewesen zu verändertem **Gebrauch oder Nichtgebrauch von Organen.** Häufig genutzte Organe werden im Leben des Individuums gestärkt und in ihren Funktionen verbessert. Wenig gebrauchte Körperteile werden schwächer und verkümmern schließlich.

– Lamarck übernahm die bei seinen Zeitgenossen weitverbreitete Vorstellung, dass im individuellen Leben erworbene Eigenschaften vererbt werden. So werden die durch Gebrauch oder Nichtgebrauch veränderten Eigenschaften von Lebewesen an die Nachkommen vererbt. Die Annahme von der **Vererbung erworbener Eigenschaften** wird als Lamarckismus bezeichnet.

Als 22-Jähriger ging Darwin als Naturforscher auf fünfjährige Weltumseglung. Auf der Reise beobachtete Darwin insbesondere in Südamerika viele Beispiele für Angepasstheiten, also solche Merkmale und Eigenschaften, die für das Überleben vorteilhaft sind. Darwins **Theorie der natürlichen Auslese** bietet eine Erklärung für den Prozess der Anpassung und stellt einen Zusammenhang her zur Veränderlichkeit von Arten. Gestützt auf Vordenker und auf Tatsachen aus der Tier- und Pflanzenzüchtung hat Darwin seine Beobachtungen verallgemeinert und daraus Schlussfolgerungen gezogen.

– Beobachtung 1: Alle Populationen erzeugen unter natürlichen Bedingungen mehr Nachkommen als für den Erhalt der Population notwendig sind.
– Beobachtung 2: Trotzdem bleibt die Populationsgröße unter natürlichen Bedingungen im Rahmen gewisser Schwankungen konstant.
– Beobachtung 3: Die natürlichen Ressourcen wie z. B. Nahrung, Nistplätze und Mineralsalze sind begrenzt, mitunter sogar sehr knapp.
› Schlussfolgerung: Die Mitglieder einer Population wetteifern und konkurrieren um die begrenzten Ressourcen.
– Beobachtung 4: Die Individuen einer Population zeigen neben Gemeinsamkeiten auch Unterschiede in ihren Merkmalen und Eigenschaften.
– Beobachtung 5: Diese Unterschiede sind zum größten Teil erblich **(erbliche Variabilität).**
› Schlussfolgerung: Individuen, deren erbliche Merkmale in der jeweiligen Umwelt eine größere Chance zum Überleben bieten, werden sich durchschnittlich häufiger fortpflanzen als weniger gut angepasste Individuen. Diese **natürliche Selektion** ist ein anderer Ausdruck für den unterschiedlichen Fortpflanzungserfolg der Individuen einer Population.
› Schlussfolgerung: Der unterschiedliche Fortpflanzungserfolg von Individuen aufgrund unterschiedlicher erblicher Merkmale führt im Laufe vieler Generationen zu Angepasstheiten bei den Lebewesen einer Population an die gegebenen Umweltbedingungen.

→ 15.1 Die Synthetische Evolutionstheorie   → 15.2 Variabilität

LAMARCK: Modell zur Evolution durch Vererbung erworbener Eigenschaften

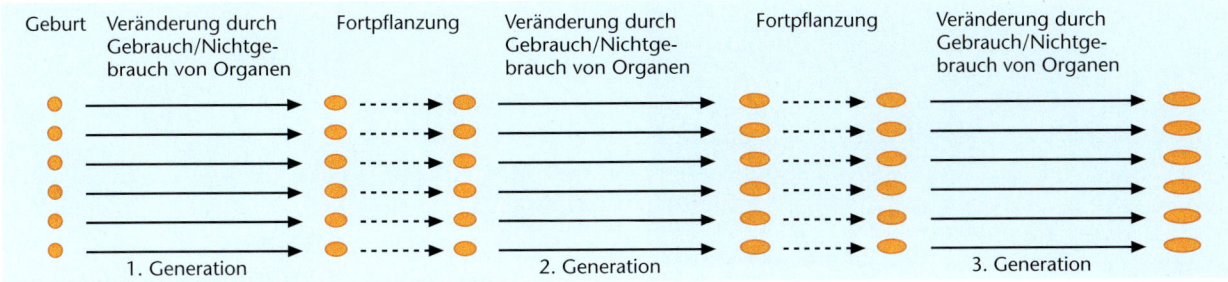

DARWIN: Modell zur Evolution durch Variation und Selektion

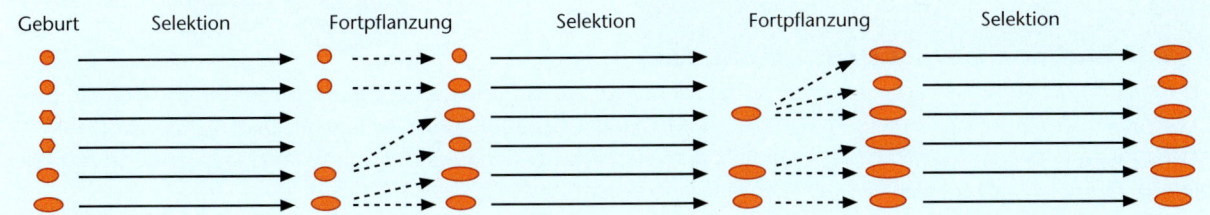

1 *Modelle zur Evolutionstheorie von LAMARCK und DARWIN*

1 **Vergleich der Evolutionstheorien von LAMARCK und von DARWIN.**
a) Vergleichen Sie die Evolutionstheorie LAMARCKS mit der Evolutionstheorie DARWINS.
b) Erläutern Sie, wie LAMARCK und wie DARWIN vermutlich die Evolution des langen Giraffenhalses beschrieben hätten (Abb. 2).
c) Erläutern Sie, wie LAMARCK und wie DARWIN vermutlich die Vielfalt der Arten erklären würden.
d) Die Vorstellungen LAMARCKS zu den Mechanismen, mit denen er die Veränderlichkeit der Arten erklärt, wurden und werden wissenschaftlich nicht akzeptiert. Entwickeln Sie begründete Argumente, die gegen die Theorie der Veränderlichkeit der Arten nach LAMARCK sprechen.

2 **Modelle zur Evolution nach LAMARCK und nach DARWIN.** Erläutern Sie die beiden Modelle in Abb. 1 und beurteilen Sie deren Aussagekraft.

3 **Finale und lamarckistische Vorstellungen zur Evolution.** Finale Vorstellungen zur Evolution sind weitverbreitet, wissenschaftlich jedoch nicht haltbar. Entwickeln Sie mit Hilfe der Abb. 3 einige finale Aussagen an selbst gewählten Beispielen und lassen Sie diese durch Ihre Mitschüler und Mitschülerinnen analysieren.

2 Giraffen im Naturschutzgebiet Massai Mara in Kenia

> Unter finalen Begründungen oder Vorstellungen versteht man im evolutionsbiologischen Zusammenhang, dass der Prozess der Anpassung durch eine höhere Instanz oder durch steuernde Eingriffe des Individuums selbst absichtlich und gezielt auf einen Zweck gerichtet wird. „Die kurzhalsigen Giraffen wollten die Blätter in den Baumkronen fressen und verlängerten deshalb ihren Hals" ist ein Beispiel für eine finale, auf ein Ziel gerichtete Vorstellung. Oftmals stehen finale Begründungen im Zusammenhang mit der wissenschaftlich nicht haltbaren Evolutionstheorie LAMARCKS. Finale Vorstellungen sind ein Hindernis für ein wissenschaftliches Verständnis von Evolution.

3 Finale Begründungen

→ 10.3 Selektionstypen und Selektionsformen

15.1 Die Synthetische Evolutionstheorie

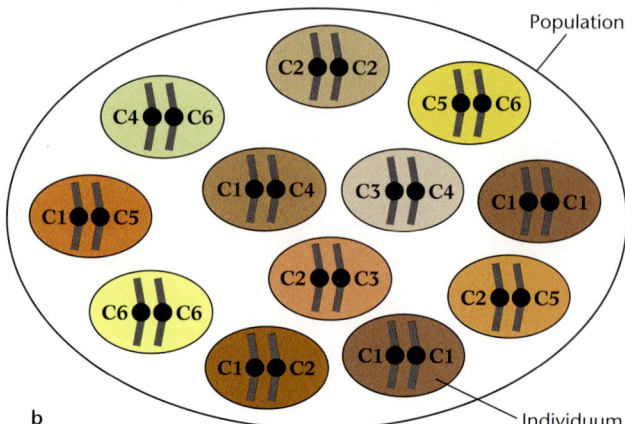

1 a) Hainschnirkelschnecken zeigen phänotypische Variabilität, die auf genetischer Variabilität beruht. Die Grundfarbe des Gehäuses wird durch ein Gen C hervorgerufen. **b) Modell des Genpools zum Gen C.** Jedes Oval repräsentiert ein Individuum der Population, die Farbe des Ovals gibt den Phänotyp der Gehäusefarbe an, die Kombination von je zwei Genvarianten (Allele C1–C6) ergeben den Genotyp der Schnecke für Gen C.

Mit dem Fortschritt in den Naturwissenschaften wurde die Evolutionstheorie DARWINS um Erkenntnisse aus vielen Wissenschaftsbereichen erweitert. Von besonderer Bedeutung waren dabei neue Erkenntnisse aus der Zellbiologie und der Genetik. Man bezeichnet die aus dieser Verknüpfung erwachsene Theorie als **Synthetische Evolutionstheorie.**

Die **Rekombination** der Gene, also die Neukombination von elterlichen Erbanlagen bei der Bildung der Geschlechtszellen und bei der Befruchtung, wurde in seiner Bedeutung für die genetische Variabilität der Individuen einer Population erkannt.

Die Entdeckung von **Mutationen** als zufällige und ungerichtete Veränderungen der Erbanlagen beförderte die Erkenntnis darüber, wie neue Merkmalsausprägungen in einer Population entstehen.

In der Synthetischen Evolutionstheorie spielen Populationen eine zentrale Rolle. Dem liegt die Erkenntnis zugrunde, dass nicht einzelne Organismen in ihrer individuellen Lebenszeit einen evolutiven Prozess durchmachen, sondern evolutive Veränderungen auf der Ebene der Populationen stattfinden. Unter einer **Population** versteht man eine Gruppe artgleicher Individuen, die zeitgleich in einem bestimmten Gebiet leben und sich untereinander fortpflanzen können. Individuen mit unterschiedlichen erblichen Merkmalsausprägungen haben unter dem Einfluss natürlicher Selektion unterschiedlichen Fortpflanzungserfolg, unterschiedliche **reproduktive Fitness**, sodass im Laufe der Zeit in einer Population solche angepassten Individuen mit vorteilhaften erblichen Merkmalen häufiger auftreten.

In der Populationsgenetik wird der Zusammenhang zwischen Evolution und Genetik der Populationen erforscht. Drei Leitfragen sind in der Populationsgenetik von großer Bedeutung:
– Wie groß ist der Genpool einer Population? Die Gesamtheit aller Genvarianten (**Allele**) in einer Population bezeichnet man als **Genpool** der Population.
– Mit welcher Häufigkeit treten die verschiedenen Genvarianten in einer Population auf?
– Welche Einflüsse verändern die Häufigkeit der verschiedenen Genvarianten, die **Genfrequenz**, in einer Population?

Eine Kernaussage der Synthetischen Evolutionstheorie lautet: Alle evolutiven Veränderungen beruhen auf Veränderungen von Genfrequenzen im Genpool von Populationen. Man bezeichnet alle Prozesse, die die Genfrequenz im Genpool einer Population verändern oder die zur Neukombination von Genen führen, als **Evolutionsfaktoren.** Dazu zählen Rekombination, Mutationen, natürliche Selektion, Genfluss und Gendrift (Abb. 2). Nach der Synthetischen Evolutionstheorie sind die Evolutionsfaktoren ursächlich für alle evolutiven Veränderungen, auch derjenigen, die zur Bildung neuer Arten führen.

→ 1.6 Geschlechtliche Fortpflanzung bedingt genetische Vielfalt

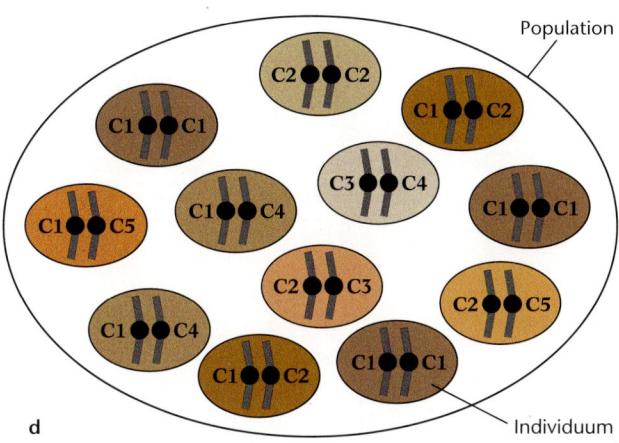

1 *c) Singdrosseln* fressen Hainschnirkelschnecken. *d)* Fressen Singdrosseln bevorzugt Hainschnirkelschnecken mit hellem Gehäuse, führt dies mit der Zeit zur Veränderung der Genfrequenz der Genvarianten C1–C6 in der Schneckenpopulation.

1 **Hainschnirkelschnecken und die Synthetische Evolutionstheorie.**
a) Vergleichen Sie die relative Häufigkeit der Genvarianten von Gen C in der Modell-Population in Abb. 1b mit den Häufigkeiten in Abb. 1d. Setzen Sie die Daten in ein geeignetes Diagramm um.
b) Erläutern Sie am Beispiel des Modells in Abb. 1b und d die Synthetische Evolutionstheorie. Verwenden Sie dabei u. a. folgende Fachbegriffe: Population, Genpool, Genvarianten (Allele), Genfrequenz, Anpassung als Prozess, Evolutionsfaktoren, Rekombination, natürliche Selektion, Fortpflanzungserfolg, reproduktive Fitness, genetische Variabilität, Phänotyp, Genotyp.

2 **Evolutionsfaktoren verändern Genfrequenzen.**
a) Beschreiben Sie unter Bezug auf Abb. 2 den Einfluss jedes Evolutionsfaktors auf die Genfrequenz einer Population.

b) Simulieren Sie mit verschiedenfarbigen kleinen Papierkreisen und Petrischalen die Wirkung der verschiedenen Evolutionsfaktoren auf Genfrequenzen in einer Population. Beachten Sie dabei Abb. 2. Stellen Sie die Analogien zwischen Modell und Synthetischer Evolutionstheorie her. Diskutieren Sie Möglichkeiten, Ihr Modell zu verbessern.

3 **Genetische Variabilität bei Geparden.** Untersuchungen haben ergeben, dass Geparden-Populationen in den Savannen Afrikas vor 10 000 Jahren durch eine Seuche auf wenige hundert Tiere verringert wurden. Der Genpool bei Geparden ist u. a. daher extrem klein. Geparden sind heute wieder vom Aussterben bedroht. Tierschützer befürchten bei einer erneuten Epidemie ein Aussterben der Tiere. Erläutern Sie diese Befürchtungen.

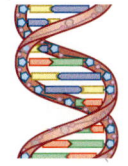
Mutationen: zufällige, ungerichtete Veränderung von Genen

Rekombination: Neukombination von elterlichen Erbanlagen in der Meiose

natürliche Selektion: unterschiedlicher Fortpflanzungserfolg aufgrund unterschiedlich angepasster erblicher Merkmale

Genfluss: Austausch von Genen zwischen zwei Populationen einer Art, z. B. durch Pollenübertragung

Gendrift: Änderung des Genpools, z. B. Verkleinerung des Genpools einer Population aufgrund von Umweltkatastrophen, bei denen nur relativ wenige Individuen überleben, oder bei Gründung einer kleinen Population in einem neuen Lebensraum, z. B. einer Insel

2 Evolutionsfaktoren

→ 14.9 Die Evolutionstheorien von Lamarck und Darwin   → 16.1/2 Artbildung

15.2 Variabilität

1 *Asiatischer Marienkäfer*, unterschiedliche Färbungen durch genetische Variabilität

2 *Chinesische Primel* mit roten Blüten bei 25 °C und weißen Blüten bei mehr als 35 °C

Der Asiatische Marienkäfer weist zahlreiche Variationen in der Färbung auf, die auf **genetische Variabilität** zurückzuführen sind (Abb. 1). Eine Ursache der genetischen Variabilität ist die Bildung der Geschlechtszellen, bei der die homologen Chromosomen und die in ihnen lokalisierten unterschiedlichen Genvarianten (Allele) zufällig auf die Geschlechtszellen verteilt werden. Außerdem werden bei der Befruchtung Geschlechtszellen mit unterschiedlichen Genvarianten neu kombiniert. Jede aus einer Befruchtung hervorgehende Zygote enthält durch diese **Rekombination** eine einzigartige Kombination von Genvarianten. Rekombination erzeugt genetische Variabilität durch Neukombination bereits vorhandener Varianten der Gene. Die genetische Vielfalt ist eine Ebene der Biodiversität unserer Erde. Nur wenn alle Ebenen der Biodiversität intakt bleiben, können wir die Ressourcen unserer Erde erhalten. Ihre Bedeutung für die Evolution liegt darin, dass sie immer neue Genotypen und Phänotypen hervorbringt.

Die Entstehung genetischer Variabilität in Populationen wird durch **Mutationen** erhöht, die zur Bildung neuer oder veränderter Genvarianten führen können. Mutationen, die während der Geschlechtszellenbildung auftreten, spielen dabei eine entscheidende Rolle, da Veränderungen sich direkt auf die Nachkommen auswirken und dadurch in einer Population etablieren können. Durch die neue genetische Information wird der Genpool einer Population vielfältiger.

Eine Chinesische Primel, die bei 25 °C gehalten wird, entwickelt eine rote Blüte (Abb. 2). Wird die gleiche Pflanze Temperaturen von über 35 °C ausgesetzt, blüht sie weiß. Dieser Farbumschlag ist auf ein temperaturempfindliches Enzym zurückzuführen. Bei gleichem Genotyp kann die Chinesische Primel also in unterschiedlichen Farben blühen. Diese Veränderung im Phänotyp eines Lebewesens, die durch wechselnde Umweltbedingungen hervorgerufen wird, nennt man **Modifikation.** Modifikationen sind eine weitere Ursache für die Vielfältigkeit der Phänotypen einer Art. Durch Modifikation wird die genetische Information jedoch nicht verändert.

Neben der umschlagenden Modifikation der Blütenfarbe der Chinesischen Primel gibt es auch fließende Modifikationen, das sind stufenlose Abwandlungen eines Merkmals innerhalb eines gewissen Bereichs. Ein Beispiel dafür ist die Rotbuche. Ihre unterschiedlich großen Licht- und Schattenblätter sind Modifikationen. Man bezeichnet die verschiedenen Ausprägungen des Phänotyps, die unter wechselnden Umweltbedingungen hervorgerufen werden, als **Reaktionsbreite.** Der Phänotyp eines Individuums wird durch die Reaktionsbreite bestimmt, also der Fähigkeit, innerhalb eines genetisch festgelegten Bereiches auf Umwelteinflüsse zu reagieren.

→ 1.6 Geschlechtliche Fortpflanzung bedingt genetische Vielfalt

1 Variabilität bei der Schafgarbe. Die Schafgarbe ist eine Pflanze, die man durch Teilung an der Wurzel ungeschlechtlich vermehren kann. Dadurch erhält man aus einem Individuum mehrere Klone, also erbgleiche Nachkommen. Sechs Pflanzen der Schafgarbe aus einer kalifornischen Population um die Stadt Mather in 1400 m Höhe wurden ungeschlechtlich vermehrt. Die Klone der Pflanzen A–F ließ man in drei Versuchsgärten von Timberline, Mather und Stanford zeitgleich heranwachsen. Werten Sie die Ergebnisse der Versuche in Abb. 3 aus.

2 Aussterben durch genetische Verarmung. Eine bedeutsame Ursache für das Aussterben von Tierarten ist eine geringe genetische Variabilität. Beschreiben Sie die Abb. 5. Von der Iriomote-Wildkatze leben nur noch wenige hundert Exemplare. Erklären Sie die besondere Gefährdung dieser Tierart.

3 Experimente mit Mais. Eine Mutation führte bei Maispflanzen zu einer rezessiven Genvariante (a). Im Experiment färbten sich Pflanzen, die für diese Genvariante reinerbig (aa) waren, bei Keimtemperaturen von weniger als 20 °C blassgrün.
a) Beschreiben Sie Durchführung und Ergebnisse des Experimentes in Abb. 4. Erläutern Sie an diesem Beispiel Unterschiede zwischen genetischer Variabilität und modifikatorischer Variabilität.
b) Erklären Sie die evolutive Bedeutung des Erhalts von rezessiven Genvarianten bei diploiden Lebewesen.

3 *Verpflanzungsversuche mit der Schafgarbe*

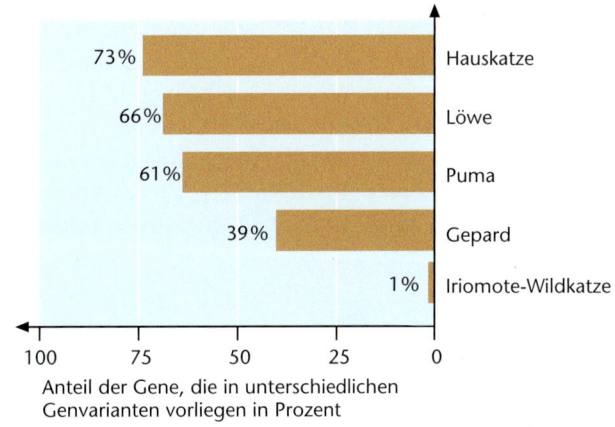

5 *Genetische Variabilität bei Katzenartigen*

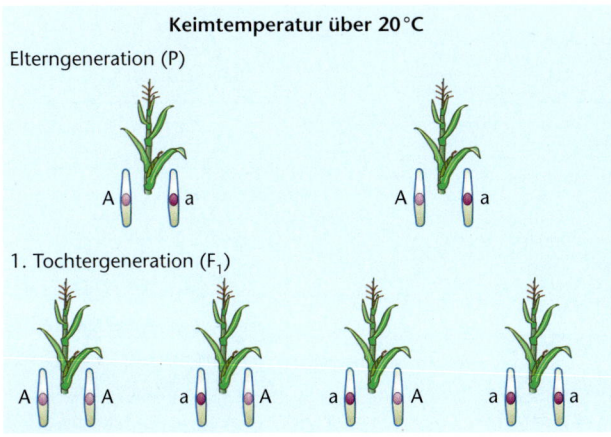

4 *Vererbungsversuche beim Mais*

→ 3.5 Der genetische Code und Genmutationen → 16.1/2 Artbildung

15.3 Selektionstypen und Selektionsfaktoren

Die Individuen einer Population von Lebewesen, die sich geschlechtlich fortpflanzen, zeigen genetische Variabilität. Die Gesamtheit der genetischen Varianten (Allele) einer Population bezeichnet man als **Genpool**. Umweltfaktoren wie z. B. Licht, Temperatur, Konkurrenz um Nahrung wirken wegen der genetischen Variabilität unterschiedlich auf die einzelnen Individuen. Dies beeinflusst die reproduktive Fitness, den Fortpflanzungserfolg, der verschiedenen Individuen. Diese Umweltfaktoren werden daher auch **Selektionsfaktoren** genannt. Die Gesamtheit der wirkenden Selektionsfaktoren beschreibt den auf eine Population wirkenden **Selektionsdruck**.

In einem Gedankenmodell kann man sich vorstellen, dass die Körpergröße einer Tierart innerhalb einer Reaktionsnorm genetisch bedingt ist. Durch Mutation und Rekombination bei der geschlechtlichen Fortpflanzung weisen die Individuen einer Population eine **genetische Variabilität** auf, die zu unterschiedlichen Körpergrößen führt, wobei die mittleren Größen überwiegen (Abb. 1a, oben). Wenn die Ausprägung der Umweltfaktoren über einen langen Zeitraum nahezu gleich bleibt, verändert sich der Selektionsdruck nicht, es werden weiterhin mittlere Körpergrößen bevorzugt. Extrem kleine und große Individuen werden seltener überleben und verschwinden mit der Zeit (Abb. 1a, unten). Es handelt sich um eine stabilisierende Selektion.

Wenn sich Selektionsfaktoren verändern oder neue hinzukommen, kann eine gerichtete Selektion stattfinden (Abb. 1b). Individuen, die bisher vorteilhaft in Bezug auf die Körpergröße angepasst waren, können durch die veränderten Bedingungen in ihrem Fortpflanzungserfolg beeinträchtigt werden. Andere Individuen, die unter den veränderten Umweltfaktoren eine vorteilhafte Körpergröße aufweisen, vermehren sich in der Population dann stärker. Das vorher häufigere Merkmal wird seltener auftreten. Der Genpool der Population verändert sich.

Richtet sich der Selektionsdruck gegen eine mittlere Ausprägung, kommt es zu einer aufspaltenden Selektion (Abb. 1c). Die vorher häufigste Merkmalsausprägung wird seltener, während zwei extreme Merkmalsausprägungen zunehmen. Aus einer homogenen Population können dadurch zwei unterschiedliche Teilpopulationen werden.

Diese drei Formen der Selektion, die stabilisierende, die gerichtete und die aufspaltende, bezeichnet man als **Selektionstypen**.

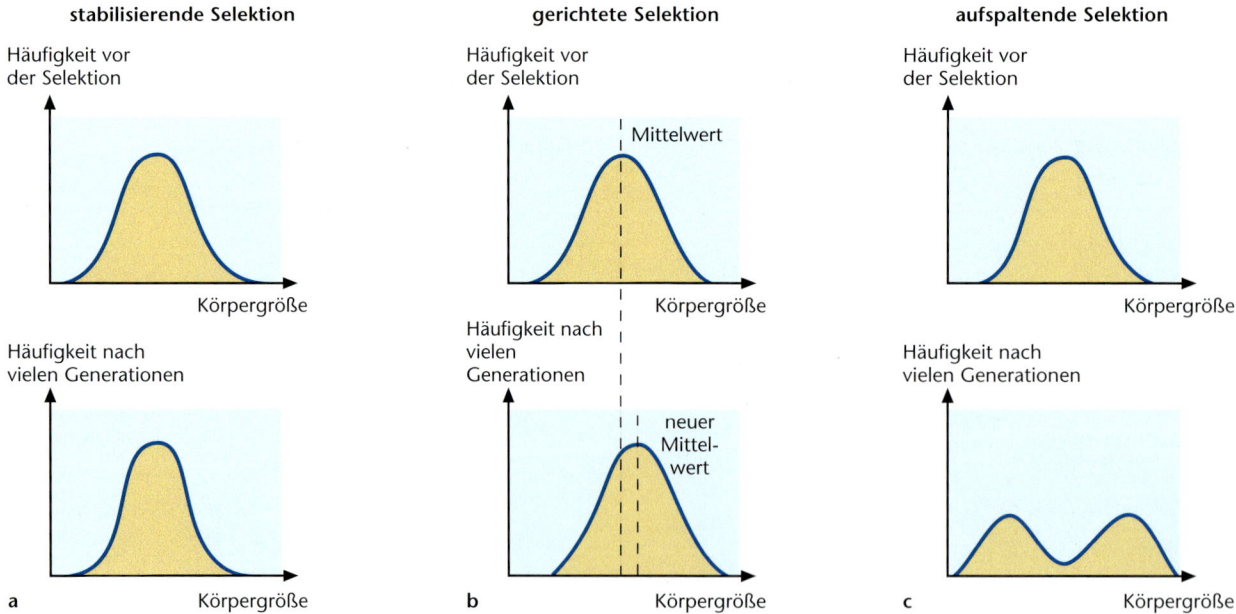

1 *Modell zu den Selektionstypen, a) stabilisierende, b) gerichtete, c) aufspaltende Selektion*

1 Selektionstypen in Populationen. In Abb. 2 ist die Häufigkeit von Genvarianten in drei Populationen dargestellt. Die obere Reihe zeigt jeweils die Ausgangsgeneration, die untere Reihe die Folgegeneration. Beschreiben Sie die Diagramme und erläutern Sie die Veränderungen. Ordnen Sie jeder Population einen Selektionstyp zu und erläutern Sie Ihre Entscheidung.

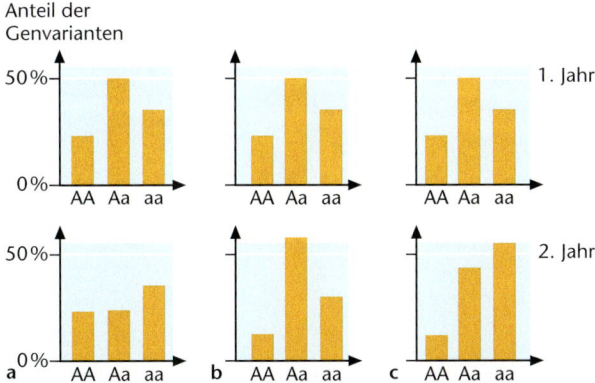

2 Anteil von Genvarianten im Genpool von drei Populationen in aufeinanderfolgenden Jahren

3 Purpurastrilde

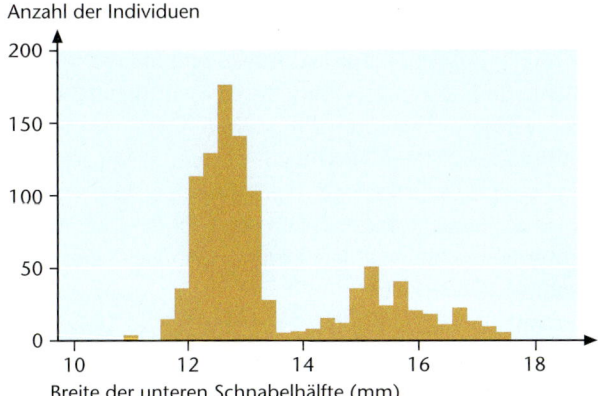

4 Schnabelbreite von Purpurastrilden

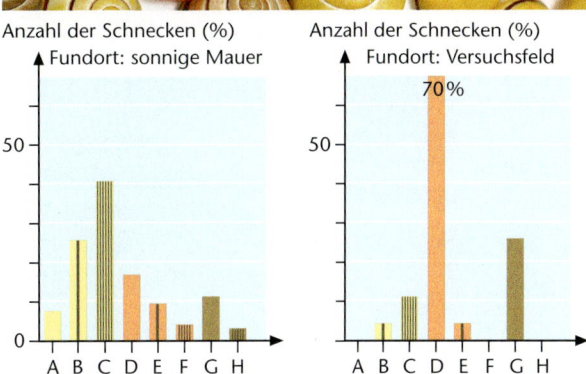

5 Fundhäufigkeiten unterschiedlicher Gehäusefarben und -bänderung von Bänderschnecken in Berlin. Die Farben in den Säulen repräsentieren die unterschiedlichen Gehäusefarben, die senkrechten Bänder kennzeichnen die Bänderung des Gehäuses.

2 Gehäusefärbung von Bänderschnecken. An zwei Standorten in Berlin wurde die Verteilung der Färbung und Bänderung von Bänderschnecken untersucht (Abb. 5). In der Literatur werden hypothetisch Faktoren des Selektionsdrucks auf diese Tiere benannt: Die Gehäusefarbe beeinflusst die Temperatur der Schnecke. Helle Gehäuse reflektieren die Sonnenstrahlen, während dunkle Gehäuse die Wärme absorbieren. Bänderschnecken sind die Hauptnahrung der Singdrossel. Dunkle Gehäuse und Bänderungen tragen zur Tarnung bei. Überprüfen Sie argumentativ diese Hypothesen anhand der dargestellten Fundhäufigkeiten.

3 Purpurastrilde und ihre Schnäbel. Purpurastrilde leben in Westafrika (Abb. 3). Die Vögel ernähren sich hauptsächlich von Samen zweier Grasarten. Die Samen sind von der Größe ähnlich, unterscheiden sich aber sehr in der Härte. Breite Schnäbel eignen sich besser zum Knacken harter Samen, während schmale Schnäbel eher geeignet für weiche Samen sind. Bei einer Untersuchung hat man eine Vielzahl von Vögeln eingefangen und die Schnäbel vermessen (Abb. 4).
a) Beschreiben Sie Abb. 4 und erläutern Sie die Ergebnisse in einem Text unter Verwendung der einschlägigen Begriffe.
b) An diesem Beispiel wird ein Selektionstyp deutlich. Begründen Sie Ihre Zuordnung.

→ 15.1 Die Synthetische Evolutionstheorie → 16.1/2 Artbildung

15.4 Präadaptationen und die aktuelle Ausbildung von Antibiotikaresistenz bei Bakterien

1 *Birkenspanner*

2 *Borneo-Flugfrosch*

Birkenspanner sind nachtaktive Schmetterlinge, die in einer hellen oder einer dunklen Form vorkommen (Abb. 1). Ihre Fressfeinde, wie Rotkehlchen und Amseln, fressen vor allem dunkle Exemplare, die auf hellen Birkenstämmen schlecht getarnt sind. Die Fressfeinde üben auf diese Weise einen Selektionsdruck bezüglich der Färbung aus. Ändern sich die Umweltbedingungen, verändert sich damit auch der Selektionsdruck. Verdunkelt sich beispielsweise in Industriegebieten die helle Rinde der Birke, sind dunkle Formen besser getarnt. Entsteht durch diese Angepasstheit ein wirksamer Selektionsvorteil, setzen sich die Gene, die diese Merkmale codieren, innerhalb der betroffenen Population mit einer höheren Wahrscheinlichkeit im Laufe vieler Generationen durch. Da diese Angepasstheiten bereits vor der Veränderung des Selektionsdruckes bestehen, werden sie als **Präadaptation** bezeichnet. Präadaptationen können also erst im Rückblick als solche erkannt werden.

Ein weiteres Beispiel für Präadaptation sind die Flughäute der Borneo-Flugfrösche (Abb. 2). Diese Baumbewohner können mithilfe dieser Häute zwischen den Zehen aus Baumwipfeln hinabgleiten, was besonders bei der Flucht vor Fressfeinden einen Vorteil darstellt. Die Häute zwischen den Zehen sind aus Schwimmhäuten hervorgegangen, die ursprünglich eine Angepasstheit an die Fortbewegung im Wasser waren.

In mikrobiologischen Experimenten kann nachgewiesen werden, dass Präadaptationen auf zufälligen Mutationen beruhen. Anders als bei diploiden Organismen wirken sich Mutationen direkt auf den Phänotyp von Bakterien aus, da sie haploid sind. Präadaptationen können bei Bakterien beobachtet werden, wenn sie in einem Nährmedium mit einem Antibiotikum vermehrt werden. Normalerweise verhindern Antibiotika die Vermehrung von Bakterien (Abb. 3). Einige Bakterien haben jedoch durch Mutationen Präadaptationen zur Resistenzbildung. Sie bilden beispielsweise eine veränderte äußere Membran, die das Eindringen des Antibiotikums verhindert. Anderen Bakterien fehlen die inneren Transportsysteme oder Stoffwechselwege, von denen die Wirkung des entsprechenden Antibiotikums abhängt. Bekannt sind auch verschiedene Enzyme, die in Bakterien produziert werden und das jeweils entsprechende Antibiotikum durch Spaltung inaktivieren. Diese resistenten Bakterien bringen durch Zellteilungen, die etwa alle 20 Minuten erfolgen können, ebenfalls resistente Nachkommen hervor, die dann auf antibiotikahaltigen Nährböden sichtbare Bakterienkolonien bilden können (Abb. 5). Die Verbreitung der Resistenzgene wird durch horizontalen Gentransfer zwischen Bakterien weiter verstärkt. Dabei werden DNA-Abschnitte, in diesem Fall Resistenzgene, von einem Bakterium in ein anderes übertragen.

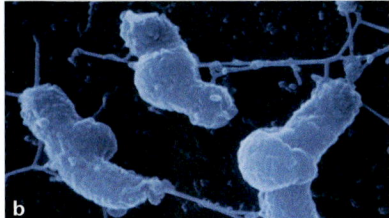

3 *a) lebende Bakterien, b) durch Antibiotika zerstörte Bakterien*

1 Experiment zur Antibiotika-Resistenzbildung.

a) Beschreiben Sie das in Abb. 4 dargestellte Experiment und die Befunde.
b) Überprüfen Sie, inwieweit die Versuchsergebnisse die Hypothesen stützen.
c) Welches Versuchsergebnis würden Sie erwarten, wenn das Antibiotikum die Resistenz verursachen würde? Begründen Sie.
d) Vergleichen Sie die beiden Hypothesen unter Einbeziehung der Evolutionstheorien von LAMARCK und DARWIN.

2 Resistenz gegen Antibiotika und multiresistente Keime.

a) Erläutern Sie die sichtbaren Auswirkungen der sechs Antibiotika auf die Bakterienkultur (Abb. 5).
b) Recherchieren Sie die aktuellen Gefahren der Resistenzen von Bakterien gegenüber Antibiotika, u. a. multiresistente Keime. Stellen Sie das Ergebnis ihrer Recherche in einer Concept-Map dar. Erläutern Sie Ihre Concept-Map.

Experiment

Beobachtung:
Durch den Kontakt mit einem Antibiotikum werden nicht immer alle Bakterien abgetötet. Einige haben resistente Eigenschaften und können sich auf Nährböden mit Antibiotika weiter vermehren.

Hypothese 1:
Die Bakterien passen sich aktiv an die veränderten Umweltbedingungen an. Die Resistenz entwickelt sich durch den Kontakt mit dem Antibiotikum.

Hypothese 2:
Unabhängig vom Kontakt mit einem Antibiotikum erfolgen ständig spontane und ungerichtete Mutationen. Dadurch sind einige Bakterien zufällig schon gegen ein Antibiotikum resistent. Sie sind präadaptiert und können sich trotz Antibiotikum weiter vermehren.

Durchführung:

4 *Experiment zur Antibiotika-Resistenzbildung bei E. coli*

Auf einem Nährboden wachsen Bakterien, bis dieser vollständig von ihnen bedeckt ist. Dann werden mit verschiedenen Antibiotika (1–6) getränkte Fließplättchen aufgelegt.

5 *Bakterienkultur mit Resistenztest gegen Antibiotika*

→ 15.8 Selektionstypen und Selektionsformen

15.5 Isolationsmechanismen

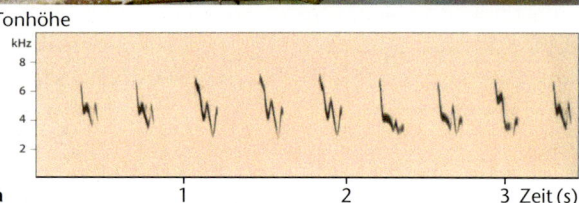

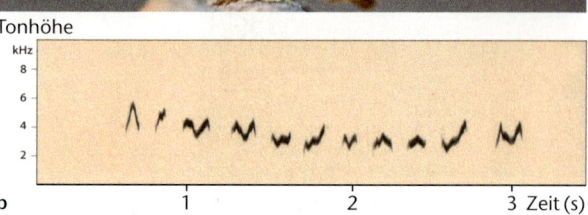

1 *a)* **Fitis** und *b)* **Zilpzalp** sind nah verwandte Arten einheimischer Singvögel. Der unterschiedliche Gesang trägt mit dazu bei, dass sich die Vögel nicht miteinander fortpflanzen.

Fitis und Zilpzalp sind zwei nah verwandte Arten, die anhand ihrer Größe und ihres Gefieders nur schwierig zu unterscheiden sind (Abb. 1). Beide Arten sind während der Eiszeit in Europa allmählich aus einer Art hervorgegangen. Auch dort, wo Populationen von Fitis und Zilpzalp heute gemeinsam vorkommen, paaren sie sich nicht. Sie haben keine gemeinsamen Nachkommen. Die Populationen von Fitis und Zilpzalp sind hinsichtlich der Fortpflanzung voneinander getrennt. Man spricht von **reproduktiver Isolation.** Ein Grund dafür sind die unterschiedlichen, genetisch bedingten Gesänge von Zilpzalp und Fitis, mit denen Paarungspartner angelockt und Reviere verteidigt werden (Abb. 1).

In der Biologie werden verschiedene Definitionen einer Art diskutiert. Nach einer häufig gebrauchten Definition versteht man unter einer biologischen **Art** alle Populationen, deren Mitglieder sich untereinander fortpflanzen können, die fruchtbare Nachkommen haben und die von anderen Populationen reproduktiv isoliert sind. Das wesentliche Kriterium für das Vorhandensein von zwei Arten ist ihre reproduktive Isolation. Dadurch ist der **Genfluss** zwischen den Populationen unterbunden. Bei entfernt verwandten Lebewesen ist das Kriterium der reproduktiven Isolation offensichtlich, z. B. werden sich Hasen und Tiger nicht fortpflanzen können. Bei nah verwandten Lebewesen wie Fitis und Zilpzalp ist das Kriterium der reproduktiven Isolation von Bedeutung, um zu entscheiden, ob Fitis und Zilpzalp zu verschiedenen Arten gehören.

Heute weiß man, dass reproduktive Isolation beim evolutiven Prozess der Artbildung eine entscheidende Rolle spielt. Barrieren, die eine erfolgreiche Fortpflanzung zwischen Vertretern verschiedener Populationen einschränken oder ganz verhindern, bezeichnet man als **Isolationsmechanismen** (Abb. 2).

Isolationsmechanismen, die Befruchtung verhindern
1. Ökologische Isolation: Die Populationen leben im gleichen Gebiet, besetzen aber verschiedene ökologische Nischen.
2. Zeitliche Isolation: Die Populationen leben im gleichen Gebiet. Die Tiere oder Pflanzen sind jedoch zu unterschiedlichen Zeiten paarungsbereit oder geschlechtsreif.
3. Verhaltensbedingte Isolation: Genetisch bedingte Unterschiede im Paarungsverhalten bei Tieren, z. B. Paarungsrufe, Gefiederfärbung.
4. Mechanische Isolation: Ein unterschiedlicher Bau der Fortpflanzungsorgane verhindert Begattung.

Isolationsmechanismen, die nach der Befruchtung wirken
1. Die normale Embryonalentwicklung wird verhindert, weil Mitosen aufgrund veränderter Chromosomenzahl gestört sind oder gar nicht ablaufen.
2. Die Mischlinge sind unfruchtbar oder weisen eine erhöhte Sterblichkeit auf.

2 *Isolationsmechanismen*

 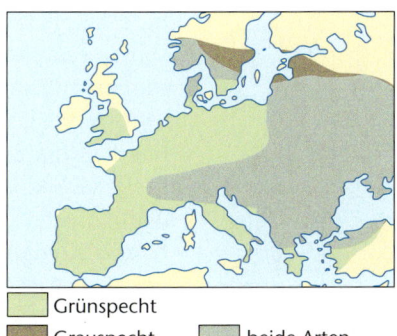 

3 a) Grauspecht und **b) Grünspecht** sind nah verwandte Arten, die voneinander reproduktiv isoliert sind. Sie unterscheiden sich unter anderem im Gefieder und in den Rufen, mit denen sie ihr Revier abgrenzen. Der Grünspecht ist auf bodenlebende Ameisen als Nahrung spezialisiert. Der Grauspecht frisst auch Ameisen, sucht aber auch häufig an der Borke von Baumstämmen und Ästen nach Insekten.

4 Maultiere sind Mischlinge einer Kreuzung zwischen Eselhengst und Pferdestute. Esel und Pferd sind nah verwandte Arten. Der diploide Chromosomensatz beträgt bei Eseln $2n = 62$, bei Pferden $2n = 64$. Maultiere haben mit 63 eine ungerade Zahl von Chromosomen. Sie sind unfruchtbar, können also selbst keine Nachkommen haben.

5 Liger sind Mischlinge aus der Kreuzung eines Löwen mit einer Tigerin. Weltweit gibt es etwa ein Dutzend Liger. Weibliche Liger konnten im Zoo mit Löwen oder Tigern Nachkommen haben. Männliche Liger sind unfruchtbar. Unter natürlichen Bedingungen entstehen Liger nicht, da sich die Lebensräume von Tiger und Löwe nicht überschneiden. Darüber hinaus unterscheiden sie sich im Verhalten. Tiger sind Einzelgänger, Löwen leben meistens in Rudeln.

1 Isolationsmechanismen.
a) Ordnen Sie die verschiedenen Beispiele aus Abb. 1, 3, 4 und 5 einem oder mehreren der in Abb. 2 beschriebenen Isolationsmechanismen zu.
b) Erläutern Sie mithilfe einer selbst gefertigten Skizze den Genfluss zwischen artgleichen Populationen und die Bedeutung reproduktiver Isolation zwischen artverschiedenen Populationen.

2 Kriterien der Artdefinition.
a) Nennen Sie alle Kriterien, die zur Definition einer Art gehören.
b) Prüfen Sie, welche Kriterien der Artdefinition die verschiedenen Beispiele in Abb. 1, 3, 4 und 5 erfüllen oder nicht erfüllen.

→ 15.2 Variabilität   → 16.1/2 Artbildung

15.6 Populationsgenetik und das Hardy-Weinberg-Gesetz

1 *Birkenspanner*

Birkenspanner sind nachtaktive Schmetterlinge, von denen eine helle und eine dunkle Form existiert (Abb. 1). Beide pflanzen sich miteinander fort. Dabei wird keine der beiden Formen bevorzugt. In verschiedenen Birkenspanner-Populationen leben, abhängig von der Umgebung, unterschiedlich viele helle und dunkle Birkenspanner. In einer solchen Birkenspanner-Population kann Evolution stattfinden, da die Ausprägung der Körperfarbe genetisch bedingt ist und das Auftreten beider Formen durch mindestens einen Evolutionsfaktor bedingt wird. Findet Evolution statt, so verändert sich der **Genpool** der gesamten Population. Evolution kann daher auch als Veränderung der Häufigkeit eines Allels im gesamten Genpool aufgefasst werden.

Das Allel für die dunkle Körperfarbe der Birkenspanner ist dominant, das Allel für die helle Körperfarbe der Birkenspanner ist rezessiv. Daher müssten sich die Allele für die dunkle Färbung innerhalb der Population durchsetzen, weil sie dominant sind. Der britische Mathematiker GODFREY H. HARDY und der deutsche Arzt WILLIAM WEINBERG formulierten 1908 unabhängig voneinander eine Gleichung, mit der sich die zu erwartende Verteilung der Genotypen in einer Population berechnen lässt. Durch einen Vergleich mit der realen Genotypenverteilung kann man herausfinden, ob in einer Population Selektionsprozesse stattgefunden haben.

Im dargestellten Beispiel werden die Wahrscheinlichkeiten ermittelt, dass ein Spermium mit einem bestimmten Genotyp auf eine Eizelle mit ihrem Genotyp trifft (Abb. 3).
Für die Kombination AA gilt: $x^2 = 0{,}335^2 = 0{,}112$
Für die Kombination Aa bzw. aA gilt:
$2xy = 2 \cdot 0{,}335 \cdot 0{,}665 = 0{,}446$
Für die Kombination aa gilt: $y^2 = 0{,}665^2 = 0{,}442$.

Für die dunklen Birkenspanner (AA bzw. Aa) ergibt sich insgesamt eine rechnerische Wahrscheinlichkeit von 0,56 (56 %) und für die hellen Birkenspanner ergibt sich eine rechnerische Wahrscheinlichkeit von 0,44 (44 %). Die Summe der Wahrscheinlichkeiten beträgt 1 bzw. 100 %. Die **Hardy-Weinberg-Gleichung** für 2 Allele an einem diploiden Genort lautet daher:
$$x^2 + 2xy + y^2 = 1.$$

Diese Gleichung gilt nur für **ideale Populationen**. Diese fiktive Annahme geht davon aus, dass die Population groß und gleichmäßig durchmischt ist, keine Mutationen und keine Partnerwahl auftreten sowie weder Selektion noch Gendrift stattfinden.

Der Genotyp aa (helle Birkenspanner, reinerbig) ist häufiger (57) als erwartet (6). Dies liegt ursächlich in der Wirkung der Selektion begründet. Das Ergebnis zeigt deutlich, dass durch Selektion eine andere Zusammensetzung der Birkenspanner-Population erreicht wird, als theoretisch durch Rekombination zu erwarten wäre. Helle Birkenspanner haben aufgrund von Tarnung auf hellem Untergrund (helle Birkenrinde) einen Selektionsvorteil, da sie dort von Fressfeinden nicht so schnell entdeckt werden, wie dunkle Birkenspanner.

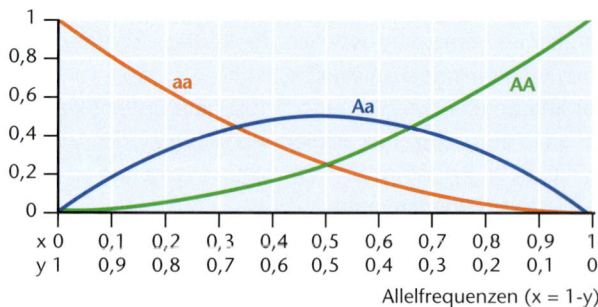

2 *Hardy-Weinberg-Gleichgewicht für zwei Allele*

Ausgangslage:
In der Birkenspannerpopulation existieren zwei Phänotypen bezüglich der Körperfarbe. Diese wird durch zwei Allele bestimmt.

Merkmal	Ausprägung	Dominanz	Allele
Körperfarbe	helle Färbung	rezessiv	a
	dunkle Färbung	dominant	A

Die Allele werden bei der Vererbung in der Meiose zur Bildung der Keimzellen zufällig verteilt. Infolge von Selektionsprozessen kommen manche Allelkombinationen (AA, Aa, aa) in der Population seltener oder häufiger vor, als man es erwarten würde.

Vorgehensweise:
1. In der Population werden die Häufigkeiten der beiden Allele ermittelt. Hierfür werden die ersten fünf Spalten der Tabelle ausgefüllt. Als Beispiel soll dabei eine Birkenspannerpopulation von 100 Tieren dienen. In der Population kommen daher insgesamt 200 Allele vor.

Genotyp	Färbung	beobachtete Zahl an Birkenspannern	Anzahl der Allele gesamt	Anzahl der Allele A	Anzahl der Allele a	erwartete Zahl an Birkenspannern
AA	dunkel	24	48	48	0	0,112 · 100 = 57
Aa oder aA	dunkel	19	38	19	19	0,446 · 100 = 37
aa	hell	57	114	0	114	0,442 · 100 = 6
Summe		1	100	200	67	133	100

2. Berechnung der relativen Allel-Häufigkeiten: Für A: 67/200 = 0,335 bzw. für a: 133/200 = 0,665
3. Für eine rein zufällige Verteilung von A und a (ohne Selektion) bei der Meiose gilt:
Die Wahrscheinlichkeit P, das Allel A oder a zu erhalten beträgt: P(A) = x(A) = 0,335 und P(a) = y(a) = 0,665
x bezeichnet dabei die Häufigkeit des Allels A, y bezeichnet die Häufigkeit des Allels a.
Es gilt: x + y = 1. Das entspricht 100 %.
4. Die Wahrscheinlichkeit, dass diploid reinerbige Organismen (AA bzw. aa) entstehen, beträgt:
x · x = 0,335 · 0,335 = 0,112 und y · y = 0,665 · 0,665 = 0,442
5. Für die Entstehung von mischerbigen Organismen gilt, dass bei der Verschmelzung der Geschlechtszellen entweder zuerst ein A und dann ein a zusammenkommen bzw. zuerst ein a und dann ein A. Die Wahrscheinlichkeit, dass diploid mischerbige Organismen (Aa bzw. aA) entstehen, beträgt daher:
x · y + y · x = 2xy = 2 · 0,335 · 0,665 = 0,446.
6. Man berechnet nun auf der Grundlage des Hardy-Weinberg-Gesetzes $x^2 + 2xy + y^2 = 1$ (bzw. 100 %) die erwartete Anzahl an Birkenspannern und trägt die Werte in die letzte Spalte der Tabelle ein.

3 *Anwendung des Hardy-Weinberg-Gesetzes*

1 **Anwendung der Hardy-Weinberg-Gleichung.** In einer anderen (modellhaften) Birkenspannerpopulation als der in der Abb. 3 dargestellten Population herrschen andere Umweltgegebenheiten. Dort sind 11 dunkle Birkenspanner (AA), 14 dunkle Birkenspanner (Aa) und 70 helle Birkenspanner vorhanden. Vergleichen Sie die realen Werte mit den von Ihnen anhand von Abb. 3 theoretisch berechneten Werten und entwickeln Sie eine Hypothese zur Erklärung dieser Unterschiede.

2 **Grafische Darstellung des Hardy-Weinberg-Gleichgewichts.** Das Hardy-Weinberg-Gleichgewicht besagt, dass die Allelfrequenzen in einer Population nicht allein durch genetische Rekombination verändert werden können, sondern sich in einem Gleichgewicht befinden. Erläutern Sie diesen Sachverhalt anhand des Diagramms in Abb. 2.

15.7 Evolutionäre Prozesse vor der Haustür

1 *Feuersalamander (Salamandra salamandra)*

Evolution ist kein historisch abgeschlossener Vorgang, der nur indirekt erfahren werden kann. Auch in der Gegenwart finden evolutive Prozesse statt, die mit wissenschaftlichen Mitteln direkt erfasst werden können. Dies betrifft auch die so genannte **Evolution vor unserer Haustür**.

Feuersalamander sind Amphibien und gehören zu den Schwanzlurchen. Ihr Lebensraum sind feuchte Laubmischwälder, wo man die nachtaktiven Tiere tagsüber zwischen Felsen, in Höhlennischen oder unter Totholz findet. Bei der Fortpflanzung entwickeln sich befruchtete Eier im Leib des Weibchens. Diese platzen bei der Eiablage und lebende Larven werden entlassen. Als Laichgewässer werden üblicherweise sauerstoffreiche, permanent Wasser führende Bäche aufgesucht, die den Larven beste Entwicklungsmöglichkeiten bieten. In ihnen wachsen die Larven heran, bis sie sich durch Metamorphose zu einem landlebenden Feuersalamander umgewandelt haben und den Bach verlassen.

Im Kottenforst bei Bonn findet man neben Feuersalamandern mit diesem Fortpflanzungsverhalten jedoch auch andere. Jene Feuersalamander entlassen ihre Larven nicht in sauerstoffreiche Bäche, sondern nutzen kleine Stillgewässer oder Gräben. Dort treffen die Larven auf ein anderes Nahrungsangebot sowie einen niedrigeren Sauerstoffgehalt. Gleichzeitig stellt die Gefahr der Gewässeraustrocknung bei längerer Trockenheit eine tödliche Gefahr dar. Verschlechtern sich die Lebensbedingungen der Larven in diesen Gewässern, schließen diese ihre Metamorphose früher ab. Dadurch werden sie schneller zum Landlebewesen, besitzen jedoch noch ein geringeres Gewicht. Das verkürzte

2 *Groppe (Cottus gobio) und ihre Verbreitungsgebiete*

Larvenstadium ist eine **Angepasstheit** an die Umweltbedingungen der Stillgewässer.

Die Fähigkeit zur schnelleren Entwicklung ist im Erbmaterial der Tiere festgelegt. Genetische Untersuchungen zeigen, dass sich die DNA der beiden Feuersalamandergruppen unterscheiden lässt. Beim Feuersalamander im Kottenforst werden bei der Verpaarung solche Partner ausgewählt, die in den gleichen Laichgewässern aufgewachsen sind. Die Organismen erkennen sich dabei an dem Geruch. Die **sexuelle Selektion** aufgrund des Merkmals Körpergeruch führt derzeit zu zwei Fortpflanzungsgemeinschaften, mit getrenntem Genpool. Dauert diese Entwicklung weiter an, kann es zur reproduktiven Isolation kommen. Dann wären im Kottenforst bei Bonn zwei Arten der Feuersalamander entstanden. Umweltbedingungen ändern sich zunehmend durch menschliche Einflüsse. Stoffeinträge in die Umwelt wie Insektizide, Hormone, Antibiotika oder Weichmacher verändern ebenso wie die globale Erderwärmung Selektionsdrücke. Die Folgen dieser menschlichen Einflüsse wirken sich auch auf evolutive Prozesse vor unserer Haustür aus.

Die Groppe ist ein weltweit verbreiteter Fisch. Er lebt am Grund von sauerstoffreichen Gewässern. In Europa wurden mithilfe mitochondrialer DNA-Untersuchungen drei Arten bestimmt (Abb. 2). Neben diesen bisher bekannten Arten treten seit etwa 20 Jahren Groppen im Mittel- und Unterlauf des Rheins, der Ijssel und dem Ijsselmeer auf, die nicht auf sauerstoffreiches Wasser angewiesen sind. Diese Groppen werden als „invasive Cottus" bezeichnet. Sie unterscheiden sich auch im Körperbau von Cottus rhenanus. Um die genaue Herkunft der „invasiven Cottus" zu ermitteln, wurden DNA-Sequenzen von den drei bisher bekannten Arten untersucht. Hierbei lieferten vererbte Punktmutationen genaue Aufschlüsse (Abb. 4), ob die „invasiven Cottus" aus einer Art entstanden oder aus Verpaarung zweier Organismen unterschiedlicher Arten (Hybridisierung). Zwischen den Flüssen entstanden im vergangenen Jahrhundert zahlreiche künstliche Wasserwege. Außerdem wurde das Ijsselmeer vom Meer getrennt und der Salzgehalt verringerte sich seitdem.

Population		Cottus perifretum						„invasive Cottus"						Cottus rhenanus						Cottus gobio					
		Indiv. 1		Indiv. 2		Indiv. 3		Indiv. 4		Indiv. 5		Indiv. 6		Indiv. 7		Indiv. 8		Indiv. 9		Indiv. 10		Indiv. 11		Indiv. 12	
Allel		1	2	1	2	1	2	1	2	1	2	1	2	1	2	1	2	1	2	1	2	1	2	1	2
Position (Locus)	557	G	G	G	G	G	G	G	T	T	G	T	T	T	T	T	T	T	C	C	C	C	C	C
	626	T	T	T	T	T	C	T	C	C	C	T	C	C	C	C	C	C	A	A	A	A	A	A
	643	T	T	T	T	T	C	T	T	T	T	T	C	C	C	C	C	G	G	G	G	G	G

3 Vergleich von SNP zur Verwandtschaftsanalyse mit jeweils drei Individuen einer Art

Population		A		B		C	
Allel		1	2	1	2	1	2
Position (Locus)	1	T	T	T	T	T	T
	2	A	A	A	A	A	A
	3	G	G	G	G	G	G
	4	C	C	C	A	A	A
	5	T	T	T	T	T	T
	6	T	T	T	T	T	T
	7	C	C	C	C	C	C
	8	G	G	G	G	G	G

In DNA-Strängen treten immer wieder zufällig Mutationen auf. Dabei werden einzelne Nukleotide ersetzt, sodass eine andere Base in der Basenreihenfolge vorhanden ist. Dieses durch eine Punktmutation hervorgerufene neue Erscheinungsbild wird **Einzelnukleotid-Polymorphismus** genannt, im Englischen single nucleotide polymorphism (SNP). Die Veränderungen werden vererbt. Im oben dargestellten Beispiel liegen mit Ausnahme von Population B an Position 4 alle Allele jeweils homozygot vor. Die heterozygoten Allele an Position 4 bei der Population B lassen vermuten, dass Population B durch Hybridisierung aus Population A und Population C entstand. Diese Vermutung müsste durch Untersuchung weiterer SNPs geprüft werden.

4 Beispiel für SNPs in verschiedenen Allelen

1 **Artentstehung bei Feuersalamandern.** Skizzieren Sie den im Text dargestellten Prozess der Artentstehung bei Feuersalamandern im Kottenforst bei Bonn.

2 **Artentstehung bei der Groppe.**
a) Erläutern Sie das Verfahren der SNP-Untersuchung und seine Aussagekraft (Abb. 4).
b) Werten Sie die Daten zur Verwandtschaftsanalyse bei Groppen aus (Abb. 3).
c) Entwickeln Sie Hypothesen bezüglich der Entstehung der „invasiven Cottus".

3 **Evolution vor der Haustür – Beispiel Bänderschnecken.** Recherchieren Sie unter den Suchbegriffen „Evolution vor der Haustür" und „Bänderschnecken" bzw. "Cepea nemoralis" über das evolutive Geschehen bei diesen heimischen Weichtieren. Präsentieren Sie die Ergebnisse Ihrer Recherche in geeigneter Form.

4 **Stadtamseln - Waldamseln.** Seit geraumer Zeit haben Amseln, die ursprünglich Waldvögel waren, den Lebensraum Stadt erobert. Mittlerweile konnte man auch evolutive Veränderungen bei Stadtamseln feststellen.
Recherchieren Sie unter dem Suchbegriff „Stadtamseln - Waldamseln" zum Thema.

→ 15.3 Selektionstypen und Selektionsformen

16.1 Allopatrische Artbildung

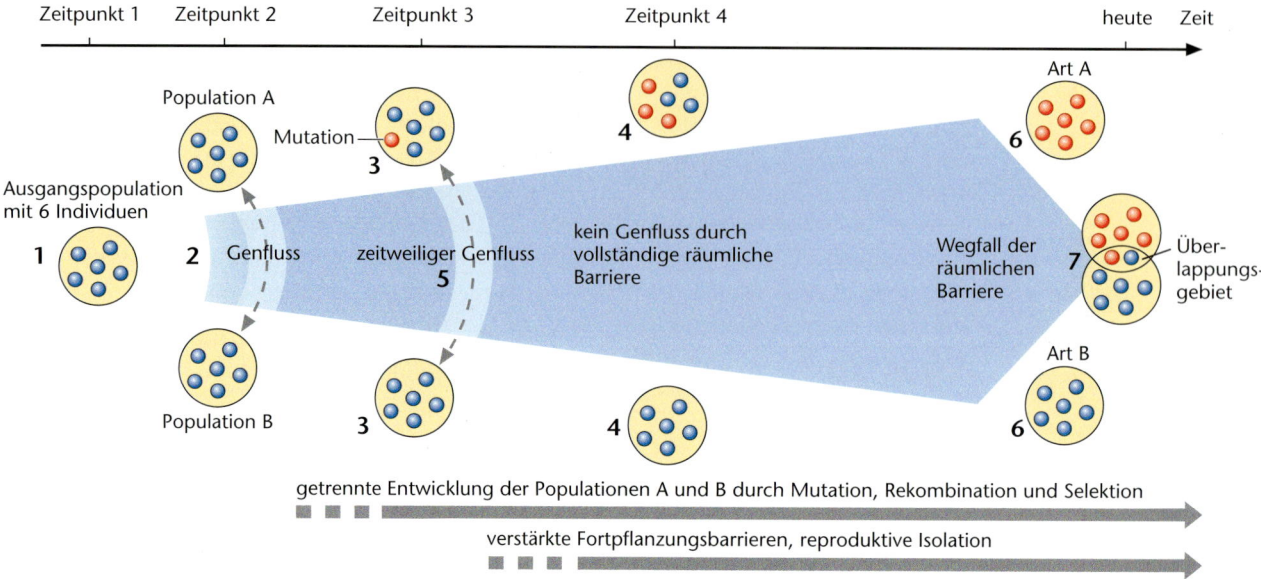

1 *Modell zur Artbildung mit räumlicher Isolation: allopatrische Artbildung*

Bei der Artbildung durch räumliche Isolation wird durch eine räumliche Barriere der **Genfluss** zwischen verschiedenen Populationen der gleichen Art unterbunden. Die räumliche Trennung führt zu einer getrennten Evolution der Populationen. Abb. 1 zeigt ein vereinfachtes Modell dieser sogenannten **allopatrischen Artbildung** (gr. *allos*, fremd; *patria*, Heimatland). Die nachfolgenden Ziffern beziehen sich auf Abb. 1.

1 Die Individuen der Ausgangspopulation bilden eine Fortpflanzungsgemeinschaft. Ihre Mitglieder weisen genetische Variabilität auf.

2 Durch räumliche Trennung, z. B. vorrückende Gletscher, Gebirgsbildung oder Klimawandel, wird die Ausgangspopulation in zwei Populationen A und B mit jeweils eigenem Genpool getrennt. Ein Genfluss findet aber noch statt.

3 In jeder Population treten im Laufe der Zeit durch Mutationen und Rekombinationen neue Varianten auf. Auf die Individuen der getrennten Populationen wirken unterschiedliche Umweltfaktoren (Selektionsfaktoren).

4 Da der Genfluss zwischen den Populationen unterbrochen ist, breiten sich in der jeweiligen Population durch Selektion solche genetisch bedingten Merkmale aus, die den Fortpflanzungserfolg, also die reproduktive Fitness, steigern.

5 Fällt die geografische Barriere für eine bestimmte Zeit fort, z. B. in Wärmeperioden einer Eiszeit, kann zeitweiliger Genfluss zwischen den Populationen stattfinden. Wenn die Individuen der beiden Populationen sich noch fruchtbar fortpflanzen können, gehören sie noch zu einer Art.

6 Bleibt die räumliche Trennung längerfristig bestehen, treten in den getrennten Populationen zunehmend genetisch mitbedingte Merkmale und Eigenschaften auf, die dauerhaft die Fortpflanzung zwischen Vertretern der beiden Populationen verhindern.

7 Wenn die Populationen reproduktiv voneinander isoliert sind, spricht man von Arten. Selbst dort, wo sich dann die Verbreitungsgebiete der beiden Arten überlappen, haben sie keine gemeinsame Nachkommen mehr.

Bei der Artbildung spielen die Evolutionsfaktoren Mutation, Rekombination, Selektion und Genfluss eine Rolle. Als Evolutionsfaktoren bezeichnet man alle Faktoren und Prozesse, die die Gen-Frequenzen (Gen-Häufigkeiten) in einer Population ändern.

→ 15.1 Die Synthetische Evolutionstheorie   → 15.2 Variabilität

2 Während der Eiszeit entstanden a) Winter- und b) Sommergoldhähnchen

1 Allopatrische Artbildung bei heimischen Singvögeln.

a) Während der Eiszeit wurde die Ausgangspopulation der Goldhähnchen durch die vordringenden Gletscher und Kältesteppen in eine südwestliche und in eine südöstliche Population getrennt. Dort fand eine getrennte Entwicklung der Populationen statt, die im Laufe der Zeit zu zwei Arten führte. Winter- und Sommergoldhähnchen unterscheiden sich unter anderem im Gesang und in der Gefiederfärbung. Auch dort, wo sich heute die Verbreitungsgebiete beider Arten überschneiden, sind beide Arten reproduktiv voneinander isoliert. Erstellen Sie ein Fließdiagramm zur allopatrischen Artbildung bei den Goldhähnchen. Benutzen Sie dabei die relevanten Fachbegriffe (Abb. 1, 2).

b) Waldbaumläufer und Gartenbaumläufer, Sumpfmeise und Weidenmeise, Zilzalp und Fitis, Sumpfrohrsänger und Teichrohrsänger sowie Nachtigall und Sprosser sind weitere Beispiele für nah verwandte heimische Singvögel, die jeweils aus einer Ausgangspopulation hervorgingen. Auch sie wurden durch die eiszeitlichen Kältegebiete in zwei Populationen getrennt. Recherchieren Sie für jedes dieser Artenpaare Eigenschaften und Merkmale, die reproduktive Isolation bewirken.

2 Evolution von Rabenkrähen und Nebelkrähen.

Rabenkrähen und Nebelkrähen sind durch räumliche Trennung im Verlauf der letzten Eiszeit entstanden. Heute treten entlang der Elbe fruchtbare Nachkommen aus der Paarung von Rabenkrähe und Nebelkrähe auf. Ordnen Sie die Evolution von Rabenkrähen und Nebelkrähen in das Modell der Abb. 1 begründet ein.

3 Weiteres Modell zur allopatrischen Artbildung.

Neben dem Modell in Abb. 1 ist ein weiteres Modell zur allopatrischen Artbildung in Abb. 4 dargestellt. Erläutern Sie das Modell in Abb. 4 indem Sie Bezüge zwischen Modell und dem tatsächlichen Prozess der Artbildung herstellen. Beachten Sie dabei unter anderem, dass die Stränge in der Zeichnung sich verzweigen, verschmelzen oder blind enden können.

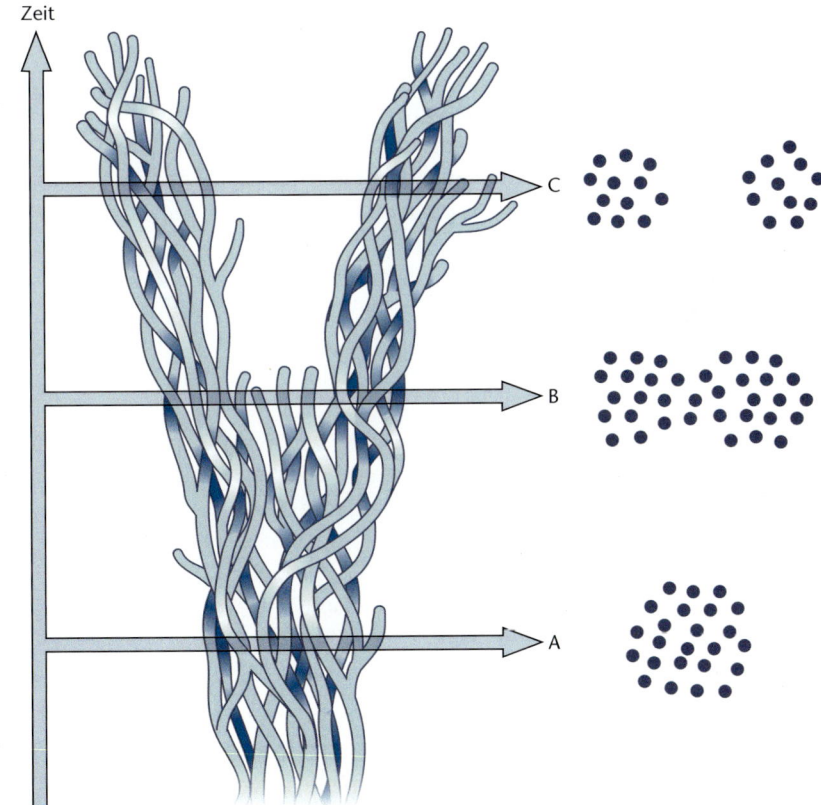

3 Weiteres Modell zur allopatrischen Artbildung

→ 15.5 Isolationsmechanismen

16.2 Sympatrische Artbildung

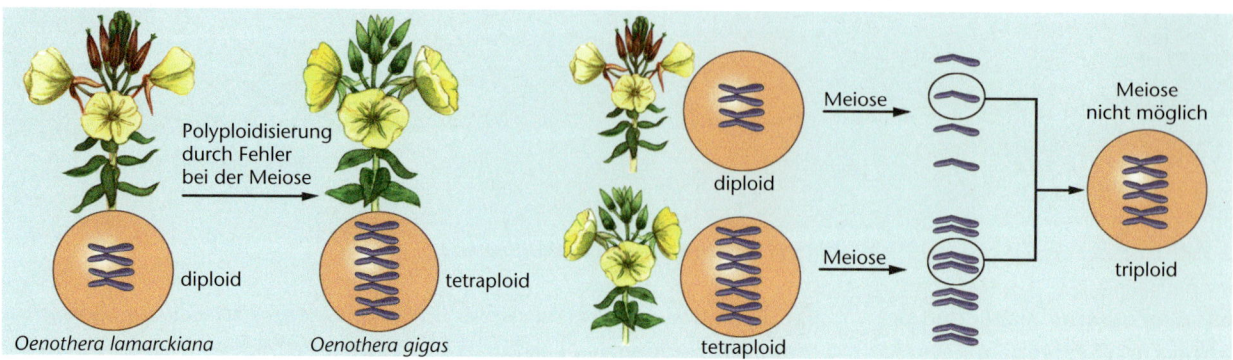

1 *Polyploidisierung am Beispiel von Nachtkerzenarten*

Nachtkerzen sind Pflanzen und bilden eine eigene Gattung in der Familie der Nachtkerzengewächse. Ihre Blüten öffnen sich in der Abenddämmerung und verströmen einen stark süßlichen Geruch. Deshalb wurden sie als Zierpflanzen in Europa beliebt und gezielt gezüchtet. Bei der Züchtung der Art Oenothera lamarckiana trat plötzlich eine andersartige Pflanze auf (Abb.1). Ihre Blüten und ihre Gestalt unterschieden sich deutlich von den Pflanzen der Elterngeneration. Da sie sich zudem nicht mehr mit der ursprünglichen Art *Oenothera lamarckiana* verpaaren ließ, also eine reproduktive Isolation vorlag, war eine neue Art entstanden. Sie wurde *Oenothera gigas* genannt. Die Form der Artbildung, bei der eine Art im selben Verbreitungsgebiet auch ohne räumliche Trennung entstehen kann, nennt man **sympatrische Artbildung**. Dabei unterscheidet man zwischen einer spontan, also plötzlich auftretenden und einer sich langsam entwickelnden Variante.

Bei den Nachtkerzen ist durch einen Fehler in der Meiose spontan eine neue Art entstanden. Normalerweise werden die Zwei-Chromatid-Chromosomen bei der Meiose getrennt und einzeln auf die Geschlechtszellen verteilt. Diese sind dann haploid. Treten hingegen Fehler auf, werden die Zwei-Chromatid-Chromosomen nicht getrennt und es entstehen diploide Geschlechtszellen. Bei Befruchtung entstehen nun Organismen mit einem vielfachen Chromosomensatz. Diesen Vorgang nennt man **Polyploidisierung**. Polyploidisierung hat eine große Bedeutung für die sympatrische Artbildung, da Pflanzen mit einem vielfachen Chromosomensatz von diploiden Pflanzen reproduktiv isoliert sind. Besitzen polyploide Pflanzen einen vierfachen Chromosomensatz, nennt man sie tetraploid. Eine Befruchtung tetraploider Organismen mit diploiden führt zu Nachkommen mit einem triploiden Chromosomensatz (Abb. 1). Diese Lebewesen sind entweder nicht lebensfähig oder nicht fortpflanzungsfähig, da die Aufteilung von drei homologen Chromosomen auf zwei Tochterzellen in der Meiose nicht gleichmäßig möglich ist. Viele Pflanzen mit einem polyploiden Chromosomensatz sind jedoch lebensfähig und bringen in der Regel größere Früchte hervor.

Bei der sich langsam entwickelnden Variante der sympatrischen Artbildung muss ein starker Selektionsdruck gegen ein Merkmal der Lebewesen einer Art vorliegen, das direkt mit der Wahl des Sexualpartners in Verbindung steht. Fruchtfliegen haben sich bei der Nahrungssuche und der Fortpflanzung auf bestimmte Früchte spezialisiert. Die Weibchen der Apfelfruchtfliegen legen Eier meistens an solche Früchte, in denen sie sich selbst entwickelt haben (Abb. 2). Dies sind entweder Weißdorn-Früchte, Hagebutten oder Äpfel. Bei der Paarung werden solche Partner ausgewählt, die sich in der gleichen Art von Früchten entwickelt haben. So verpaaren sich bestimmte Apfelfruchtfliegen nicht miteinander. Über Selektion, Mutation und Rekombination können nun unabhängige Veränderungen im Genpool der Populationen entstehen, die zu einer reproduktiven Isolation und in der Folge zur Artbildung führen können.

2 *Apfelfruchtfliege*

3 Mönchsgrasmücke

4 Zugrichtungen der Mönchsgrasmücken

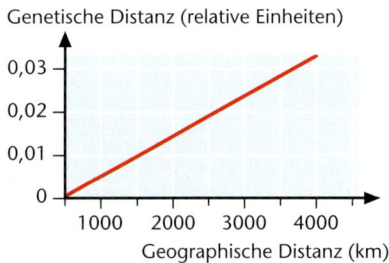
5 Durchschnittliche Genetische Distanz

Mönchsgrasmücken brüten in Mittel- und Osteuropa. Im Winter suchen die Mönchsgrasmücken aus Freiburg, Übersyren und Münsingen das gemäßigte Klima Spaniens auf, die Individuen aus Wien, Rybachy und Kalimok ziehen südostwärts nach Bulgarien. Zugrichtung und Zugverhalten sind angeboren. Seit den 1950er Jahren nimmt die Zahl der Individuen aus Freiburg zu, die im Winter nach Großbritannien zieht. Futterhäuschen kamen dort in Mode und sicherten den Mönchsgrasmücken das Überleben. Sobald die Mönchsgrasmücken in ihren Brutgebieten eintreffen, verpaaren sie sich umgehend für die Brutsaison. Da der Rückweg aus England deutlich kürzer ist als aus Spanien, treffen zunächst die Vögel aus England wieder in Mitteleuropa ein.

Population	Freiburg südwestlich nach Spanien ziehend	Freiburg nordwestlich nach Großbritannien ziehend	Münsingen südwestlich nach Spanien ziehend	Übersyren südwestlich nach Spanien ziehend	Wien südöstlich nach Bulgarien ziehend	Rybachy südöstlich nach Bulgarien ziehend	Kalimok südöstlich ziehend / Strandvogel
Freiburg südwestlich nach Spanien ziehend	0,000	0,029	0,000	0,004	0,004	0,010	0,021

6 Genetische Distanz ausgewählter Populationen der Mönchsgrasmücke in relativen Einheiten

Das an Englands Küsten heimische Meeres-Schlickgras (*Spartina maritima*) besitzt 60 Chromosomen (2n=60). Es kreuzte sich mit dem zwischen 1870 und 1890 eingeschleppten Glatten Schlickgras (*Spartina alternifolia*) (2n=62). Daraus entstand die unfruchtbare Hybride Townsends Schlickgras (*Spartina townsendii*) (2n=61), das sich ausschließlich über Rhizome ausbreiten kann. Trotz der Sterilität des Townsends Schlickgrases entstand daraus das Salz-Schlickgras (*Spartina anglica*) (2n=122). Das Salz-Schlickgras kann sich sexuell fortpflanzen und breitet sich als sehr konkurrenzstarke Pflanze über große Küstenbereiche aus. Es gilt als eine der 100 invasivsten Pflanzen weltweit.

1 Sympatrische Artbildung bei Nachtkerzenarten. Erläutern Sie die Artbildung bei der Nachtkerzenart Oenothera gigas (Abb. 1).

2 Evolutive Veränderungen bei Mönchsgrasmücken.
a) Werten Sie die Daten zur genetischen Distanz aus Abb. 5 und Abb. 6 aus.
b) Erläutern Sie eine mögliche sympatrische Artbildung bei Mönchsgrasmücken auch im Hinblick auf reproduktive Isolation.

3 Die Entstehung des Salz-Schlickgrases. Skizzieren und erläutern Sie die Entstehung des Salz-Schlickgrases Spartina anglica.

4 Polyploidisierung und Pflanzenzüchtung am Beispiel des Weizens. Referieren Sie nach entsprechender Recherche die Bedeutung der Polyploidisierung in der Pflanzenzüchtung am Beispiel des Weizens.

7 Die Entstehung des Salz-Schlickgrases

16.3 Adaptive Radiation und Angepasstheit

1 *Vierzehn Arten von Darwinfinken und ihre Nahrung (kursiv)*

CHARLES DARWIN besuchte auf seiner Weltreise 1835 einige der etwa 1000 Kilometer westlich vor dem südamerikanischen Festland im Pazifik liegenden Galapagosinseln. Sie entstanden vor ungefähr zehn Millionen Jahren durch Vulkanismus. Die verschiedenen Galapagosinseln unterscheiden sich in geologischer, klimatischer und ökologischer Hinsicht.

DARWIN entdeckte dort verschiedene Arten von Vögeln die eng miteinander verwandt sind und später Darwinfinken genannt wurden. Die Darwinfinken unterscheiden sich unter anderem in der Größe, in der Ernährungsweise, im Gesang und in der Form des Schnabels (Abb. 1). Die vierzehn Arten leiten sich von einer Ausgangspopulation ab, die vor Millionen Jahren vom südamerikanischen Festland aus auf eine der Galapagosinseln einwanderte. Auf den Inseln lebten keine Beutegreifer, gab es keine Konkurrenz durch andere Vogelarten und ein großes Nahrungsangebot. Im Laufe der Zeit wurden die anderen Galapagosinseln von den eingewanderten Vögeln besiedelt. Heute leben auf manchen Galapagosinseln Populationen verschiedener Arten nebeneinander.

Darwinfinken sind ein besonders gut untersuchtes Beispiel für **adaptive Radiation** (lat. *adaptare*, anpassen; *radiatur*, strahlenförmig). So nennt man die meist in relativ kurzen erdgeschichtlichen Zeiträumen verlaufende Auffächerung einer Art in zahlreiche Arten. Im Wechselspiel von genetischer Variabilität und Selektion entwickelten die Vögel spezielle Angepasstheiten an die Umweltbedingungen und die Nutzung vorhandener Ressourcen wie z. B. Nahrung. Im Verlauf der adaptiven Radiation werden unterschiedliche ökologische Nischen besetzt, die vorher nicht realisiert waren. Adaptive Radiation tritt meistens dann auf, wenn neue Lebensräume mit vielfältigem Nahrungsangebot besiedelt werden, in denen für die Neusiedler keine oder nur geringe Konkurrenz herrscht. Durch räumliche Trennung von Populationen, wie sie z. B. für Inseln typisch ist, wird die schnelle Auffächerung einer Ausgangspopulation in zahlreiche neue Arten gefördert.

1 Adaptive Radiation bei Darwinfinken. Stellen Sie ausgehend vom Zeitpunkt der Erstbesiedlung einer der Galapagosinseln durch eine Ausgangspopulation den mutmaßlichen weiteren Verlauf der adaptiven Radiation der Darwinfinken dar. Erläutern Sie diese in einem Fließdiagramm an drei selbst ausgewählten Finkenarten.

2 Modell zur adaptiven Radiation auf einer Inselgruppe. Abb. 2 zeigt modellhaft den Verlauf der Besiedlung einer dem Festland vorgelagerten Inselgruppe.
a) Erläutern Sie die adaptive Radiation auf dieser Inselgruppe.
b) Erläutern Sie Ihre Erwartungen an das experimentelle Ergebnis, wenn Sie die Möglichkeit haben, mithilfe molekularbiologischer Verwandtschaftsanalysen die heutigen Arten A, B, C, D und E zu untersuchen.

3 Radiation der Säugetiere. Man spricht auch von adaptiver Radiation, wenn sich eine stammesgeschichtliche Linie, z. B. die der Säugetiere, in zahlreiche Gruppen mit jeweils vielfältigen Arten auffächert.
Lange Zeit gab es nur relativ wenige Arten von Säugetieren. Sie führten als zumeist sehr kleine, nachtaktive Tiere ein Leben im Schatten der Reptilien, unter anderem der Dinosaurier. Reptilien besetzten in großer Artenvielfalt vielfältige ökologische Nischen.
Nachdem die Dinosaurier und zahlreiche andere Reptilien weltweit ausstarben, fächerten sich die Säugetiere in zahlreiche, zumeist artenreiche Gruppen auf. Erläutern Sie mögliche Zusammenhänge zwischen dem Aussterben der Dinosaurier und vieler anderer Reptilien mit der adaptiven Radiation der Säugetiere (Abb. 3).

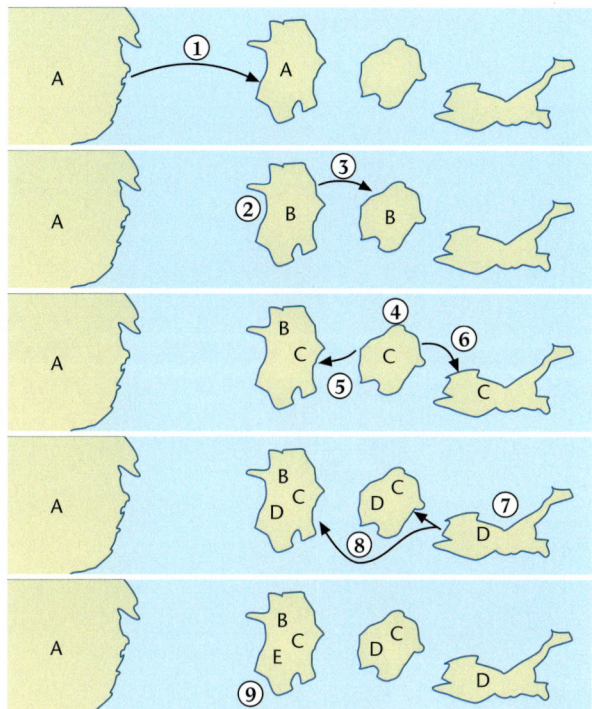

2 Modell zur adaptiven Radiation auf einer Inselgruppe. A, B, C, D, E sind nahe verwandte Arten. Die Ziffern geben die Reihenfolge der Besiedlung an.

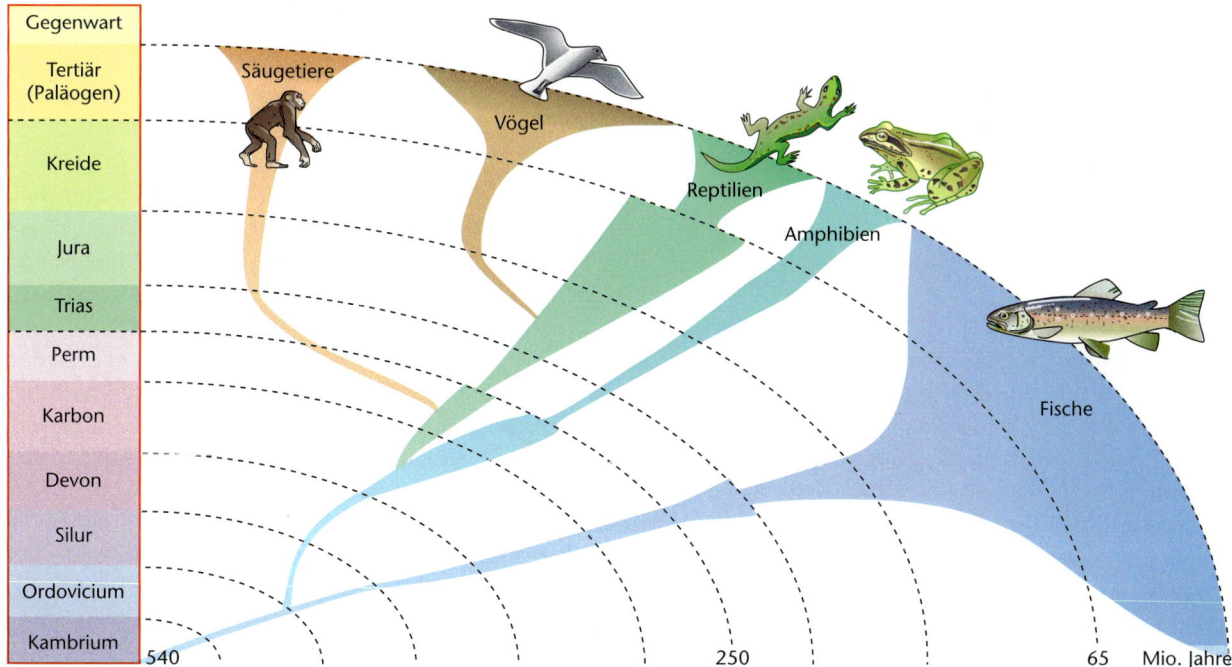

3 Stammbaum der Wirbeltiere. Die Breite der Äste entspricht der Artenvielfalt der Wirbeltierklassen.

→ 15.2 Variabilität

16.4 Koevolution

1 *Taubenschwänzchen, Schwertkolibri und Blütenfledermaus beim Blütenbesuch*

Jede Art lebt in ihrer jeweiligen Umwelt gemeinsam mit anderen Arten. Dadurch kommt es zu zahlreichen Wechselwirkungen mit anderen Lebewesen. Arten können zum Beispiel um begrenzte Mengen an Nahrung konkurrieren oder von Fressfeinden oder Parasiten bedroht sein. Mehr als abiotische Faktoren bewirken diese biotischen Wechselwirkungen evolutive Veränderungen. Verändert sich eine Art, hat das veränderte Selektionsbedingungen für andere Arten zur Folge. Man spricht von **Koevolution**, wenn artverschiedene Organismen über lange Zeiträume intensiv miteinander in Wechselbeziehungen stehen und sich in ihrer Evolution gegenseitig beeinflussen.

Das Taubenschwänzchen ist eine Schmetterlingsart aus der Familie der Schwärmer. Wie alle Schwärmer besitzen Taubenschwänzchen lange Saugrüssel. Dadurch können sie auch an den Nektar in sehr langen Blüten gelangen, den andere Insekten nicht erreichen können. Für die Taubenschwänzchen gibt es dadurch kaum Nahrungskonkurrenten. Beim Blütenbesuch nimmt der Falter Pollen der Pflanze mit. Das geschieht umso besser, je mehr sich der Falter der Blüte nähern muss. Deshalb besitzen Pflanzen mit längeren Blüten einen Selektionsvorteil. Auf länger werdende Blüten reagiert die Falterpopulation mit länger werdenden Saugrüsseln. Im Lauf der Zeit entwickelt sich eine immer stärkere gegenseitige Abhängigkeit. Diese absolute Abhängigkeit birgt Risiken, ist aber vorteilhaft für beide Partner. So wird die Wahrscheinlichkeit erhöht, dass der Bestäuber weitere Blüten der gleichen Art besucht und es zur Bestäubung kommt. Für **wechselseitige Angepasstheiten** von Blüten und Bestäubern gibt es zahlreiche Beispiele, wobei die Bestäuber nicht nur Insekten sind (Abb. 1).

Das Ergebnis der Koevolution zwischen Blüten und Bestäubern bedeutet für alle Beteiligten Vorteile. Dagegen kann man die Koevolution zwischen Räuber und Beute als „evolutives Wettrüsten" auffassen. Kohlblätter enthalten in unterschiedlichen Zellbestandteilen Senföle und bestimmte Enzyme, Myrosinasen. Werden Kohlblätter gefressen, kommen Senföle und Myrosinasen zusammen. Dann werden starke Gifte freigesetzt, die für viele Fressfeinde tödlich wirken. Raupen der Kohlmotte sind gegen diese Gifte unempfindlich. Sie verfügen über ein Enzym, das das Gift unschädlich macht. Die Raupen erzeugen auf diese Weise einen Selektionsdruck auf die Kohlpflanzen, der in der nächsten Runde des "evolutiven Wettrüstens" dazu führen kann, dass die Kohlpflanzen ihre Abwehrmechanismen verbessern.

→ 15.1 Die Synthetische Evolutionstheorie   → 15.2 Variabilität

2 Epipedobates bilinguis (a), Allobates zaparo (b), Epipedobates parvulus (c)

1 Vorbilder und Nachahmer. Die täuschende Nachahmung von Signalen bezeichnet man als **Mimikry**. Mimikry hat mit Koevolution zu tun. Verändert sich das Vorbild, muss sich auch der Nachahmer verändern. Für das Vorbild kann die Ähnlichkeit mit einem Nachahmer ein Vor- oder ein Nachteil sein. Insofern beeinflusst eine Veränderung des Nachahmers auch die weitere Entwicklung des Vorbildes. Mimikry tritt zum Beispiel bei Fröschen in Ecuador auf. In den Regenwäldern kommen drei sich äußerlich stark ähnelnde Froscharten vor (Abb. 2). Im Norden lebt der mäßig giftige E. bilinguis, im Süden der sehr giftige E. parvulus. Die ungiftige Art A. zaparo kommt in beiden Gebieten vor und ähnelt in ihrem Aussehen der jeweils heimischen giftigen Art. In einem schmalen Gebiet kommen alle drei Arten nebeneinander vor. In diesem Gebiet imitiert A. zaparo das Aussehen der mäßig giftigen Art E. bilinguis. Versuche sollten zeigen warum nicht, wie von Forschern erwartet, die sehr giftige Art als Vorbild dient.

Unerfahrene Hühnerküken, die zuerst negative Erfahrungen mit der sehr giftigen Art E. parvulus gemacht hatten, mieden anschließend auch A. zaparo und E. bilinguis. Küken, die zunächst Erfahrungen mit mit E. bilinguis gemacht hatten, mieden anschließend A. zaparo, nicht aber E. parvulus.

a) Erläutern Sie, inwiefern die Ähnlichkeit der Frösche für die jeweiligen Arten vorteilhaft ist.
b) Analysieren Sie, inwiefern die Nachahmung der weniger giftigen Art E. bilinguis für A. zaparo die vorteilhafteste Variante ist. Veranschaulichen Sie ihre Lösung durch eine geeignete schematische Darstellung.

2 Bunte Guppymännchen. Guppys sind kleine Fische, die in Südamerika in Uferbereichen von Urwaldflüssen sehr zahlreich vorkommen. Die kleinen Guppys haben dort zahlreiche Fressfeinde, zum Beispiel räuberisch lebende Barsche. Die unscheinbaren Guppyweibchen sind deutlich größer als die Männchen. Guppymännchen sind häufig prächtig bunt gefärbt. Guppyweibchen bevorzugen bei der Partnerwahl auffällig gefärbte Männchen. Dieses Phänomen bezeichnet man als sexuelle Selektion. Untersuchungen an wild lebenden Guppypopulationen haben ergeben, dass die Männchen in Gewässern mit zahlreichen Fressfeinden durchschnittlich unscheinbarer gefärbt waren.
a) Das Ergebnis eines Experimentes ist in Abbildung 3 dargestellt. Erläutern Sie die Fragestellung, die diesem Experiment zugrunde lag und werten Sie das Experiment aus.
b) Erläutern Sie Auswirkungen der sexuellen und natürlichen Selektion auf das Aussehen der Guppypopulationen.
c) Analysieren Sie, ob im Zusammenhang mit dem Experiment in Abb. 3 Koevolution eine Rolle spielt.

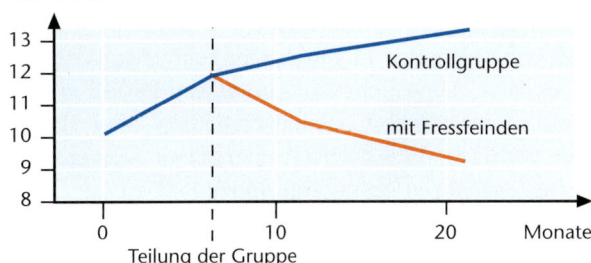

3 Versuch mit Guppypopulationen

→ 15.3 Selektionstypen und Selektionsformen

16.5 Symbiose, Parasitismus und Mutualismus

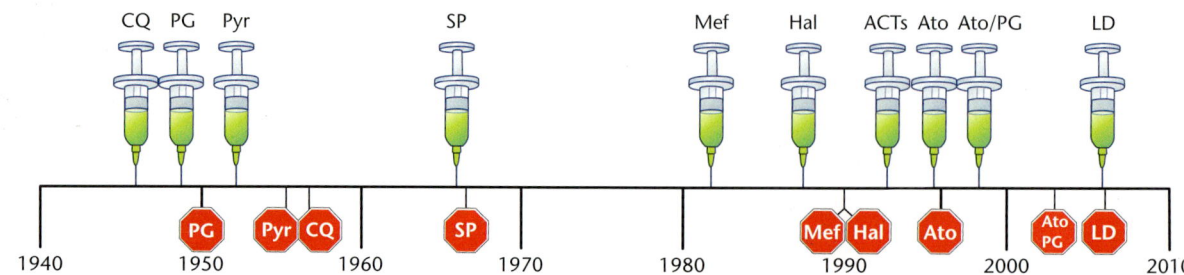

ACTs = Artemisinin Kombinationstherapie, Ato = Atovaquon, Ato/PG = Atovaquon, Proguanil-Kombination (Malaron), CQ = Chloroquin, Hal = Halofantrin, LD = LapDap (Chlorproguanil-Dapson), Mef = Mefloquin, PG = Proguanil, Pyr = Pyrimethamin, SP = Sulfadoxin Pyrimethamin

1 *Einführung von Malariamedikamenten und Auftreten von Resistenzen*

Einige Termitenarten ernähren sich ausschließlich von Holz. Der Darm dieser Termiten beherbergt zahlreiche eukaryotische Einzeller und Bakterien, die die Verdauung des Holzes erst ermöglichen. Ohne die Darmbewohner sterben die Termiten, und außerhalb des Termitendarms sind viele der Einzeller nicht lebensfähig. Eine derartige Form des Zusammenlebens artverschiedener Partner, bei der die beteiligten Arten alleine nicht oder nur eingeschränkt lebensfähig sind, bezeichnet man als **Symbiose**. Ein Zusammenleben, das beiden Partnern Nutzen bringt, ohne dass diese die Fähigkeit zu einem eigenständigen Leben verlieren, bezeichnet man als **Mutualismus**. In vielen Fällen profitiert nur einer der Partner, während der andere Nachteile erleidet. Diese Form des Zusammenlebens bezeichnet man als **Parasitismus**.

Durch die Beziehung zwischen Wirt und Parasit entstehen Selektionsdrücke, die die Entwicklung von Wirt und Parasit prägen und beide zu schnellen Anpassungen zwingen. In der Population der Wirtsorganismen herrscht eine genetische Variabilität und ständig treten neue Mutationen auf. Wirte, die den Parasiten wirksame Abwehrmechanismen entgegensetzen, haben bessere Überlebenschancen. Deshalb verbreiten sich entsprechende Eigenschaften schnell in Wirtspopulationen. Umgekehrt sind unter den Parasiten diejenigen im Vorteil, die genetisch bedingt über Strategien verfügen, die Abwehrmechanismen zu umgehen. Diese vermehren sich überproportional. In der Folge bilden sich beim Wirt neue Abwehrmechanismen heraus. So entsteht ein „Wettlauf zwischen Parasit und Wirt", bei dem mal die Abwehrmechanismen des Wirtes und mal die Gegenmaßnahmen des Parasiten erfolgreicher sind.

Malaria gehört zu den Infektionskrankheiten, die weltweit die meisten Todesopfer fordern. Die Krankheit wird durch Plasmodien hervorgerufen. Plasmodien sind einzellige Parasiten, die nach der Infektion in roten Blutzellen des Menschen leben. Die Vermehrung in den roten Blutzellen erfolgt synchron und beim gleichzeitigen Platzen der Blutzellen und der Freisetzung vieler Erreger kommt es zu Fieberschüben. Am Beispiel der Malaria werden Konsequenzen der Koevolution zwischen **Wirt** und **Parasit** besonders deutlich. In Malariagebieten breiten sich anders als in anderen Regionen der Erde seltene Mutationen des Menschen aus, die Schutz gegen Malaria verleihen. Der Selektionsdruck auf den Erreger wird zunehmend auch durch gezieltes Eingreifen des Menschen erhöht. Seit etwa 1945 werden Medikamente gegen den Erreger eingesetzt. Seitdem entwickeln sich immer wieder gegen diese Präparate resistente Plasmodienstämme, die sich dann weltweit ausbreiten (Abb. 1). Da die Erreger gegen Einzelmedikamente schnell Resistenzen ausbilden, werden immer häufiger Kombinationspräparate eingesetzt.

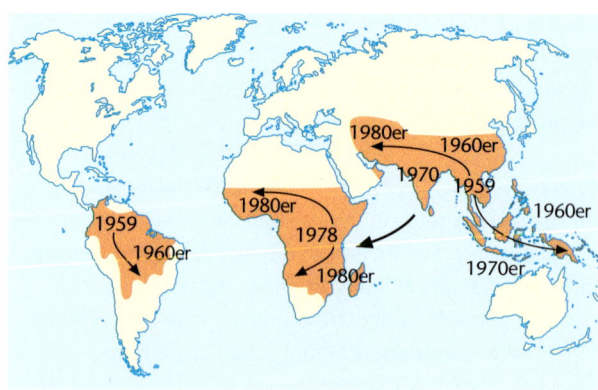

2 *Ausbreitung der Chloroquinresistenz*

→ 6.6 Wechselwirkungen zwischen Lebewesen: Konkurrenz, Parasitismus, Symbiose
→ 3.10 Sichelzellanämie: Molekulare Ursachen einer Erkrankung

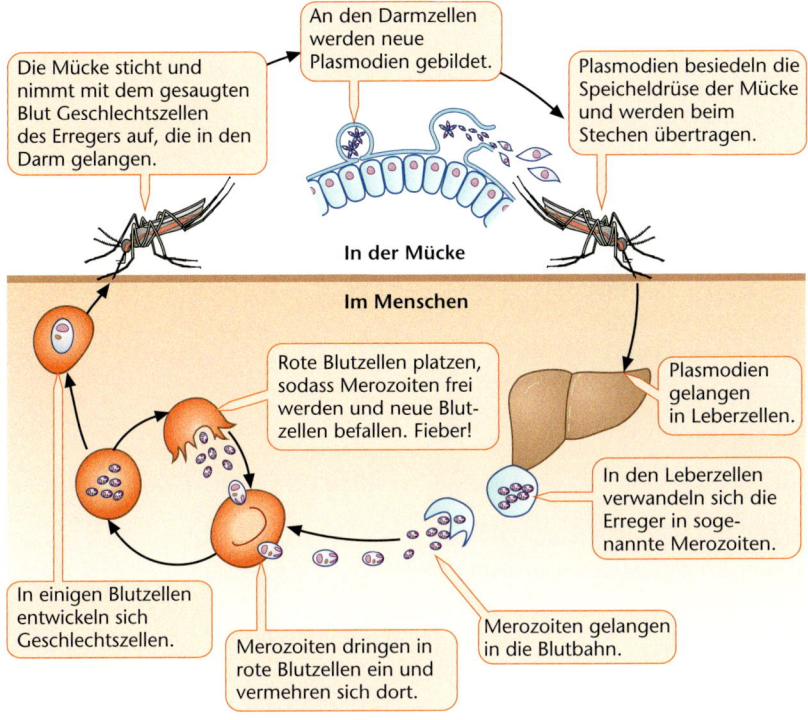

3 *Entwicklungszyklus von Plasmodium*

Der Duffy-Faktor

Der Malariaerreger *Plasmodium vivax* benötigt bestimmte Proteine auf oder in der Zellmembran der roten Blutzellen des Menschen, um in diese Zellen eindringen zu können. Eines dieser Proteine wird als Duffy-Faktor bezeichnet. Durch eine Mutation in der Promotorregion des Duffy-Faktor-Gens wird dieses funktionslos. Menschen, die homozygot für diese Mutation sind, die sogenannten Duffy-Negativen, besitzen keinen Duffy-Faktor. Diese Menschen sind immun gegen den Malariaerreger. Ein biologischer Nachteil dieser Mutation ist bisher nicht bekannt. In den meisten Regionen der Welt sind die menschlichen Populationen zu 100 % Duffy-Positiv. In Zentralafrika beträgt der Anteil der Duffy-Negativen teilweise über 90 % der Gesamtbevölkerung.

4 *Der Duffy-Faktor*

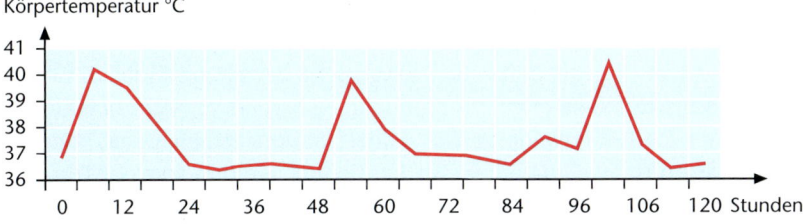

5 *Fieberkurve bei Malaria tertiana*

1 **Malariamedikamente und Resistenzen.**
a) Erläutern Sie die Abb. 1 und beschreiben sie die evolutiven Mechanismen, die zur Ausbildung der Medikamentenresistenzen führen.
b) Beschreiben Sie anhand von Abb. 2 die Ausbreitung der Resistenz des Erregers *Plasmodium falciparum* gegen das Präparat Chloroquin.
c) Erläutern Sie, warum verstärkt Kombinationspräparate zur Malariabekämpfung eingesetzt werden. Begründen Sie die Vorteile gegenüber dem Einsatz von Monopräparaten.

2 **Verlauf von Malariainfektionen.** Beschreiben Sie mithilfe von Abb. 3 den Entwicklungszyklus des Malariaerregers. Ordnen Sie dabei auch die in Abb. 5 dargestellte Fieberkurve begründet zu.

3 **Koevolution zwischen Parasit und Wirt.**
a) Erläutern Sie folgende Textpassage mit eigenen Worten: „Viele Parasiten besiedeln extreme Lebensräume. Um langfristig überleben zu können, sind kontinuierliche Anpassungen notwendig. Daraus resultiert eine starke Abhängigkeit zwischen Wirt und Parasit, die häufig in einer Spezialisierung mündet."
b) Informieren Sie sich über die Erbkrankheit Sichelzellenanämie und deren Vorkommen. Erläutern Sie Zusammenhänge mit dem Auftreten der Malaria.
c) Erläutern Sie die evolutiven Mechanismen, die zum Auftreten von Populationen mit hohen Anteilen von Duffy-Negativen führen (Abb. 4).

4 **Endosymbiosen.** Die Endosymbiontentheorie geht davon aus, dass Mitochondrien und Chloroplasten im Verlauf der Evolution aus Blaualgen und aeroben Bakterien hervorgegangen sind, die von größeren Einzellern aufgenommen und dann nicht verdaut wurden. Analysieren Sie, inwiefern der Begriff Endosymbiose treffend ist.

→ 15.4 Präadaptationen und die aktuelle Ausbildung von Antibiotikaresistenz bei Bakterien

17.1 Proximate und ultimate Erklärungsformen in der Biologie

Proximate Erklärungsformen beziehen sich auf die unmittelbaren Ursachen eines Verhaltens oder Merkmals.
Das Männchen singt, weil
– seine Singmuskulatur durch Nervenzellen aktiviert wird,
– sein Blut im Frühjahr einen hohen Gehalt an Testosteron hat,
– es die Gesangsstrophen als Jungtier von einem männlichen Artgenossen gelernt hat.
– …

Warum singt ein Amselmännchen?

Ultimate Erklärungsformen beziehen sich auf die biologische Funktion eines Verhaltens oder eines Merkmals. Dabei werden oft evolutionsbiologische Zusammenhänge hergestellt und das evolutionäre So-Gewordensein betrachtet.
– Der Gesang des Amselmännchens steigert seine reproduktive Fitness. Der Gesang lockt paarungsbereite Weibchen an und hält Rivalen aus dem Revier fern.
– …

1 *Proximate und ultimate Erklärungen, warum ein Amselmännchen singt*

Im Frühjahr hört man bereits am Morgen den Gesang männlicher Amseln. Die Frage, warum sie singen, lässt sich auf verschiedene Weise richtig beantworten, denn biologische Fragen beziehen sich auf verschiedene Erklärungsebenen (Abb. 1).

Proximate Erklärungen beziehen sich auf unmittelbare Ursachen, zum Beispiel wie Stoffwechsel und Hormone bestimmte Verhaltensweisen steuern oder wie sich Verhaltensweisen im Laufe des individuellen Lebens entwickeln. Proximate Erklärungen greifen oftmals aktuelle Ursachen auf, die im Inneren eines Organismus wirken (z. B. physiologische, hormonelle, neuronale Ursachen) oder von außen wirken (z. B. soziale Beziehungen).

Ultimate Erklärungen beziehen sich auf die biologische Funktion eines Merkmals. Ultimate Erklärungen stellen evolutionsbiologische und stammesgeschichtliche Zusammenhänge her. Dabei spielt der adaptive Wert eines Merkmals eine große Rolle. Das heißt, inwiefern ein bestimmtes Merkmal vorteilhaft für das Überleben und die reproduktive Fitness, also den Fortpflanzungserfolg eines Individuums ist. Verhaltensweisen und Merkmale mit einem hohen adaptiven Wert sind durch Selektion begünstigt.

Proximate und ultimate Erklärungsformen gibt es auch auf der Ebene von Organen, Zellen und Molekülen. Ein Beispiel auf Molekülebene ist die Regulation des Enzyms Phosphofructokinase, das in der Glykolyse die Umwandlung von Fructose-6-phosphat in Fructose-1,6-bisphosphat katalysiert. Proximat gesehen wird dieses Enzym durch ATP allosterisch gehemmt und durch ADP und AMP aktiviert (Abb. 2). Ultimat betrachtet wird der adaptive Wert deutlich, nämlich dass die Zellen mit der wichtigen Ressource Glucose wirtschaftlich umgehen. Während der Gärung arbeitet die Phosphofructokinase mit voller Aktivität. Wenn jedoch die Zellatmung möglich ist, bei der pro Molekül Glucose etwa 19-mal mehr ATP gebildet wird, hemmt das gebildete ATP konzentrationsabhängig das Enzym. Durch diese Rückkopplung wird nur so viel ATP gebildet wie benötigt wird. Ultimat trägt dies zum effektiven und wirtschaftlichen Umgang mit Glucose bei. Ein solcher Umgang mit begrenzten Ressourcen hat in der Evolution einen sehr hohen adaptiven Wert.

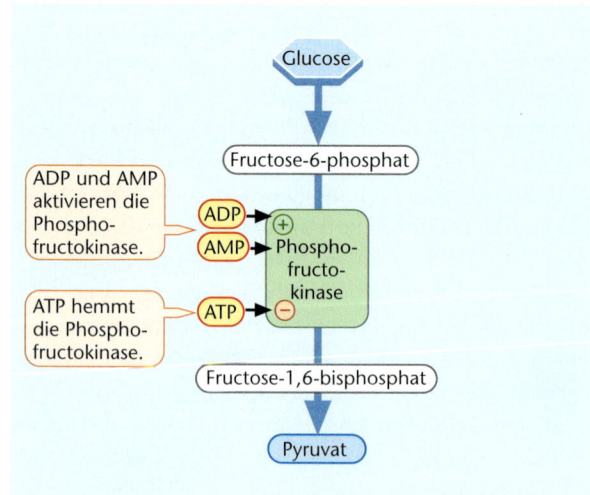

2 *Regulation des Enzyms Phosphofructokinase*

1 Proximate und ultimate Erklärungsformen.
Formulieren Sie proximate und ultimate Erklärungen zu den folgenden Merkmalen und Verhaltensweisen:
A – Eine männliche Amsel singt am Morgen.
B – Säuglinge besitzen in den ersten Lebensmonaten einen Klammerreflex.
C – Eisbären besitzen ein weißes Fell.
D – Hummeln sind wechselwarme Tiere, die in kalten Nächten in eine Kältestarre fallen. Dennoch erscheinen sie mit ihren massigen, dunklen und wärmeisolierten Körpern als erste in den kühlen Morgenstunden an den Blüten. Die Bienen schwärmen erst später aus, wenn sich die Luft bereits erwärmt hat. Damit ihre Flugmuskulatur effektiv arbeiten kann, müssen Hummeln und Bienen eine Temperatur von 35 °C in ihrem Brustabschnitt erreichen. Dieses Aufwärmen erfolgt bei den Hummeln in zwei Phasen. Während der ersten Phase erfolgt eine Vorerwärmung der Muskulatur (Abb. 3). Diese Phase gibt es nur bei Hummeln. In der zweiten Phase wird die Flugmuskulatur aktiviert, sodass frische Atemluft über die Tracheen in den Körper gepumpt wird und sich der Körper erwärmt. Man erkennt dies am charakteristischen Flügelzittern.

4 Rauchschwalben

2 Hassverhalten bei Rauchschwalben.
a) Überprüfen Sie die drei Hypothesen in Abb. 5 mithilfe der beschriebenen Beobachtungen.
b) Erläutern Sie selbst entwickelte Fragen, die proximate Erklärungen zu den Beobachtungen in Abb. 5 ermöglichen.

Rauchschwalben attackieren Beutegreifer, z. B. Eulen, indem sie auf diese herabstoßen, um sie herumschwirren und ihnen gelegentlich sogar im Vorüberfliegen einen Schlag versetzen. Man bezeichnet dieses Verhalten als Hassen.

Hypothesen:
1. Das Hassen ist eine Angepasstheit, welche die Überlebenswahrscheinlichkeit der Nachkommen eines hassenden Tieres erhöht, indem der Feind von einem gefährdeten Nest mit Eiern oder Jungvögeln abgelenkt wird.
2. Das Hassen erhöht die Überlebenswahrscheinlichkeit des hassenden Vogels selbst, indem es ihm ermöglicht, den Feind einzuschätzen und vielleicht aus dem Gebiet zu vertreiben.
3. Das Hassen dient dazu, dem jeweils anderen Geschlecht die Eignung als möglicher Partner zu signalisieren.

Durchführung:
In der Nähe einer Rauchschwalben-Brutkolonie wird eine ausgestopfte Eule aufgestellt und beobachtet, welche Tiere wie häufig Hassreaktionen zeigen.

Beobachtungen:

Schwalbentyp	Anteil an der Population (%)	Anteil bei Hassreaktionen (%)
Alttiere unverpaart	6	2
Alttiere vor dem Brüten	9	11
Alttiere während des Brütens	14	10
Alttiere mit Jungen	51	77
Jungtiere	20	0

Die Umwandlung von Fructose-6-phosphat zu Fructose-1,6-bisphosphat und umgekehrt findet bei Hummeln statt, die sich aufwärmen. Diese beiden gegenläufigen Reaktionen laufen normalerweise nicht gleichzeitig ab. In der Bilanz wird ATP verbraucht und Wärme abgegeben.

3 Kurzschluss der Glykolyse bei Hummeln

5 Experiment zum Hassverhalten bei Rauchschwalben

→ 17.2 Der adaptive Wert von Verhalten: Kosten-Nutzen-Analysen

17.2 Der adaptive Wert von Verhalten: Kosten-Nutzen-Analysen

1 *Fütternde Kohlmeise am Nest*

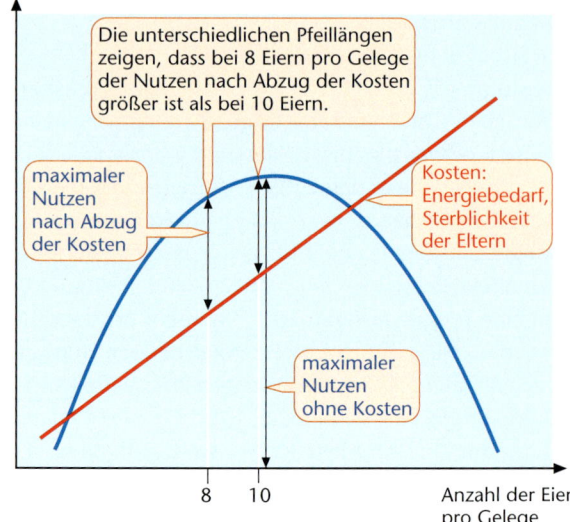

2 *Kosten und Nutzen bei der Gelegegröße von Kohlmeisen*

In einer Langzeitstudie wurden über vierzig Jahre lang Daten über eine Kohlmeisenpopulation in der Nähe von Oxford in Großbritannien gesammelt. In dieser Population legten die meisten Paare acht Eier pro Gelege. Gab man zusätzliche Eier in die Nester, so wurden auch diese noch erfolgreich bebrütet. Offensichtlich wird die Gelegegröße also nicht durch Schwierigkeiten beim Bebrüten begrenzt. Weitere Untersuchungen zeigten, dass die Eltern allerdings Probleme bei der Fütterung von Bruten mit mehr als acht Eiern hatten. Junge Kohlmeisen aus diesen Bruten hatten beim Ausfliegen durchschnittlich eine geringere Masse als solche aus kleineren Bruten. Sie waren seltener gefüttert worden. Die Körpermasse der ausfliegenden Jungen ist für das weitere Überleben jedoch von entscheidender Bedeutung: Junge mit einer größeren Masse haben innerhalb des ersten Lebensjahres eine erheblich höhere Überlebenswahrscheinlichkeit. Es zeigt sich ein deutlicher Zusammenhang zwischen Gelegegröße und Überlebensrate. Nicht die Bruten mit den meisten Jungvögeln sind die produktivsten, sondern die etwas kleineren mit durchschnittlich besser genährten Jungvögeln. Bei zehn Eiern ist die Anzahl überlebender Jungen am größten. Die tatsächlich am häufigsten zu beobachtende Gelegegröße liegt mit acht Eiern jedoch unterhalb der theoretisch zu erwartenden Gelegegröße. Diese Beobachtung steht nur scheinbar im Widerspruch zu der Vorstellung, dass es günstig ist, wenn Lebewesen ihren Fortpflanzungserfolg maximieren. Denn bei der Bewertung des Fortpflanzungserfolges muss berücksichtigt werden, dass Kohlmeisen durchschnittlich häufiger als einmal im Jahr brüten. Dem Nutzen, den die Eltern durch möglichst viele überlebende Nachkommen pro Brut erzielen, stehen die Kosten gegenüber, die mit der Aufzucht einer größeren Brut verbunden sind: der erhöhte Energiebedarf und der möglicherweise frühere Tod der Eltern zu Lasten weiterer Bruten (Abb. 2).

Den Fortpflanzungserfolg, den ein Lebewesen innerhalb seines gesamten Lebens erzielt, bezeichnet man als seine **reproduktive Fitness**. Im Rahmen von **Kosten-Nutzen-Analysen** untersucht man, wie sich ein Verhalten oder Merkmal auf die reproduktive Fitness, also den Fortpflanzungserfolg, des Individuums auswirkt. Der Nutzen eines Verhaltens oder Merkmals bemisst sich am mittel- und langfristigen Beitrag zum Fortpflanzungserfolg eines Individuums. Kurzfristig kann sich Nutzen auch im Gewinn nutzbarer Energie ausdrücken. Die Kosten beziehen sich meist auf den Energiebedarf, der notwendig ist, um ein Verhalten zu zeigen oder ein Merkmal auszubilden. Das Verhältnis zwischen Kosten und Nutzen eines Merkmals entscheidet also über seinen adaptiven Wert. Im Laufe der Evolution haben sich letztlich nur diejenigen Merkmale durchsetzen können, bei denen der Nutzen größer als die Kosten ist.

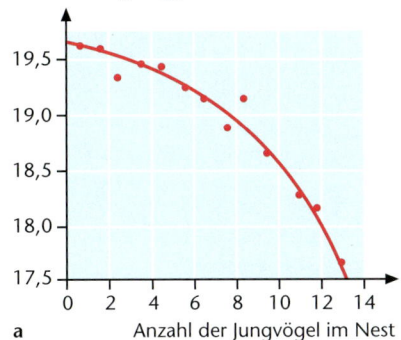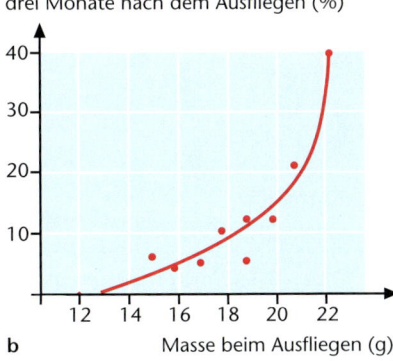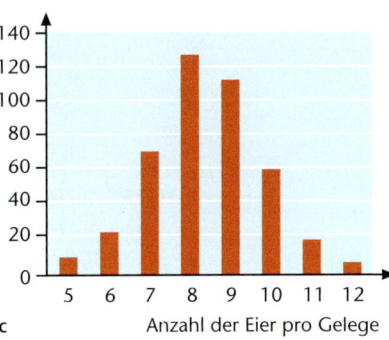

3 Untersuchungen an Kohlmeisen, a) Mittlere Körpermasse der Jungvögel, b) Überlebenschancen junger Kohlmeisen, c) Häufigkeitsverteilung verschiedener Gelegegrößen

1 Kosten und Nutzen. Begründen Sie für die folgenden Beispiele, was jeweils Kosten und Nutzen sind.

A – Bienen sammeln auf ihren Flügen Nektar, den sie zum Stock zurückbringen. Mit zunehmender Beladung mit Nektar nimmt die Energie zu, die für den Transport aufgewendet werden muss.

B – Bei den zu den Grabwespen gehörenden Bienenwölfen können Weibchen, die mehr Mitochondrien als ihre Artgenossinnen haben, mehr erlegte Bienen als Nahrung für ihre Larven eintragen.

C – Turmfalken jagen meist im Flug. Dabei setzen sie etwa neunmal mehr Energie um als bei der Jagd von einer Warte aus, erzielen dabei aber auch durchschnittlich etwa zehnmal mehr Energie.

D – Die Ernährung der Elche am Ufer des Großen Sees in Nordamerika wird sehr stark vom Natriumbedarf beeinflusst. Die Tiere suchen ihre Nahrung im Wald, wo sie Laub fressen, und an kleinen Seen, wo sie unter Wasser wachsende Pflanzen abgrasen. Die Wasserpflanzen haben einen hohen Natriumgehalt, liefern aber relativ wenig Energie. Für die Landpflanzen gilt das Gegenteil.

E – Die auf Madagaskar lebenden Grauen Mausmakis gehören zu den kleinsten Primaten. Sie können in eine Kältestarre verfallen. Dabei reduzieren sie ihre Stoffwechselrate in erheblichem Maße.

2 Die Gelegegröße bei Kohlmeisen.

a) Nehmen Sie an, dass Kohlmeisen innerhalb von zehn Minuten einmal an das Nest zur Fütterung kommen. Dabei wird jedes Mal nur ein Junges gefüttert. Berechnen Sie, wie groß die Wahrscheinlichkeit bei fünf und bei zwölf Jungen innerhalb einer Stunde ist,
– jedes Mal gefüttert zu werden,
– mindestens einmal gefüttert zu werden,
– nicht gefüttert zu werden.

b) Analysieren Sie, wie sich ein großes Nahrungsangebot in der Nähe des Nestes auf die Kosten-Nutzen-Beziehung auswirken könnte.

c) Werten Sie die in Abb. 3 dargestellten Untersuchungsergebnisse aus und setzen Sie sie zueinander in Beziehung.

3 Reviergröße des Fuchskolibris. Fuchskolibris ernähren sich überwiegend von Blütennektar. Die Männchen verteidigen in ihrem Revier alle Blüten gegen Artgenossen.

a) Werten Sie die Abb. 4 aus.

b) Formulieren Sie die Fragestellung, die mit dem Experiment geklärt werden sollte.

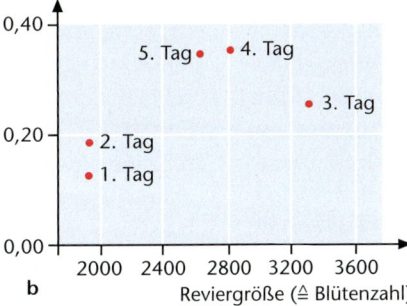

4 a) Fuchskolibri an Blüte, b) Veränderung der Körpermasse eines Fuchskolibris an fünf aufeinanderfolgenden Tagen nach Besetzen eines neuen Reviers

→ 18.7 Lebensgeschichte und Elterninvestment

17.3 Multilevel-Selektion

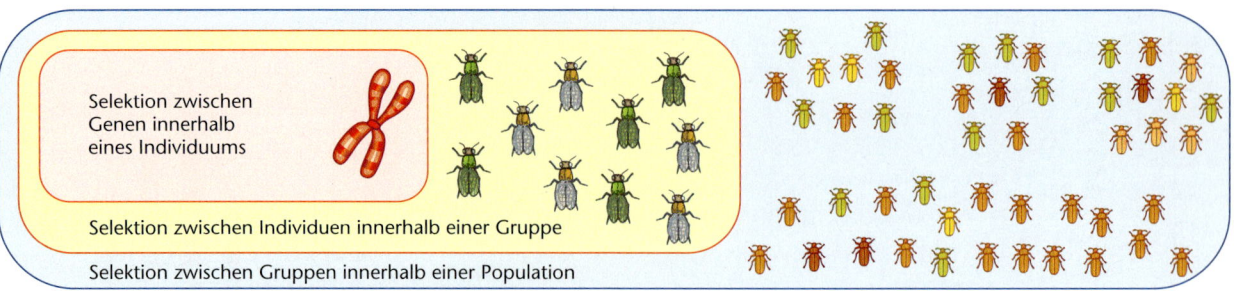

1 *Laut dem Konzept der Multilevel-Selektion finden Selektionsprozesse auf verschiedenen Ebenen statt.*

Das Konzept der **Gruppenselektion** besagt, dass Gruppen von Individuen die Einheiten sind, auf die die Selektion einwirkt. Die meisten Biologen gehen jedoch davon aus, dass eine Gruppenselektion keinen gravierenden Einfluss auf die Evolution hat. Das verdeutlicht folgendes Gedankenexperiment: Man gehe davon aus, es gäbe innerhalb einer Art Individuen, die einer von zwei verschiedenen erblichen Verhaltensanweisungen folgt: 1. Investiere so viel wie möglich in deine eigenen Nachkommen! 2. Investiere so viel wie möglich in Nachkommen aller Artgenossen! Unter der plausiblen Annahme, dass vermehrte Investitionen die Zahl der Empfänger dieser Investitionen erhöhen, würde sich zwangsläufig ergeben, dass die Anhänger der ersten Strategie mehr eigene Nachkommen produzieren als die der zweiten. Da die Nachkommen die gleiche genetisch bedingte Strategie verfolgen wie ihre Eltern, würde sich die erste Strategie in der Population weiter ausbreiten. Letztlich würden also alle Individuen bevorzugt ihre eigenen Nachkommen unterstützen. Unter anderem aufgrund dieser Überlegungen hat sich das Konzept der **Individualselektion** gegenüber dem der Gruppenselektion durchgesetzt. Das Konzept der Individualselektion wird ergänzt durch das der **Verwandtenselektion**. Dies besagt, dass zu einer Maximierung des Lebenszeitfortpflanzungserfolgs (**Gesamtfitness**) neben der eigenen Fortpflanzung (**direkte Fitness**) auch die Unterstützung von Verwandten (**indirekte Fitness**) führt, da bei diesen immer auch ein gewisser Anteil der Allele mit denen des Unterstützers identisch ist. Man geht also davon aus, dass Individuen, welche die günstigeren genetisch bedingten Merkmale besitzen, ihre Allele mit einer höheren Wahrscheinlichkeit in die nächste Generation weitergeben als weniger günstig ausgestattete.

Das erst in den 1990-er Jahren entwickelte Konzept der **Multilevel-Selektion** vermittelt zwischen Gruppen- und Individualselektion, indem es besagt, dass Selektion auf verschiedenen Ebenen wirken kann, wie zwischen Genen, zwischen Individuen oder zwischen Gruppen (Abb. 1). Demnach könnten sich sogar Gruppeneigenschaften herausbilden, die den Einzelnen gegenüber Gruppenmitgliedern benachteiligen, wenn die Gemeinschaft als Ganzes dadurch gegenüber anderen Gruppen Vorteile hat.

Das verdeutlicht eine Untersuchung an Hühnern, die auf höhere Legeleistung gezüchtet wurden. Es wurden immer mehrere Hennen pro Käfig gehalten. In einer Serie verwendete man für die Weiterzucht jeweils die legefreudigste Henne eines Käfigs. In einer zweiten Serie nahm man alle Hennen aus den Käfigen, die eine besonders hohe Gesamtlegeleistung aufwiesen. Nach Meinung der Forscher entsprach dieses Vorgehen einer Gruppenselektion. Nach sechs Generationen waren in der ersten Serie aggressive Hühner entstanden, die sich teilweise sogar töteten. In diesen Käfigen legten die Hennen die meisten Eier, die in der Lage waren, die anderen zu unterdrücken. Die Hühner der zweiten Versuchsserie dagegen waren friedlicher und ihre Legeleistung stieg um 160 Prozent. Dies interpretieren die Forscher als Beleg für das Vorliegen einer Selektion auf Ebene der Käfiggruppe. Kritiker hingegen deuten das Ergebnis anders. Ihrer Meinung nach liegt bei der zweiten Serie eine Individualselektion vor, die zwei unterschiedliche Strategien der Nahrungsaufnahme fördert. Die starken Tiere ernähren sich aufgrund ihrer Konkurrenzstärke von den größten Futteranteilen. Die schwächeren Tiere müssen sich von den Resten ernähren. Je besser sie an diese Ernährungsweise angepasst sind, desto wahrscheinlicher ist auch ihre Reproduktion. Neben der Konkurrenzstärke wird also, so die Kritiker des Konzepts der Multilevel-Selektion, auch auf den effektiven Umgang mit begrenztem Futter selektiert.

1 Selektion auf Ebene von Artengemeinschaften.
a) Fassen Sie die Ergebnisse des in Abb. 2 dargestellten Experiments zusammen.
b) Nehmen Sie Stellung zu folgender Aussage „Die höhere Dichte von Art A erweist sich als gemeinsame neue Eigenschaft beider Arten."

2 Kooperation und Konkurrenz bei Bakterien.
a) Werten Sie Abb. 3 aus.
b) Diskutieren Sie, ob sich der Verbleib der WS-Mutante in der Population durch Gruppenselektion erklären ließe.

Von zwei Reismehlkäferarten A und B gibt man jeweils gleich viele Exemplare zusammen in Zuchtgefäße und lässt sie sich vermehren. Anschließend nimmt man das Gefäß mit den meisten Käfern der Art A, man selektiert also auf eine hohe Individuendichte der Art A. Daraus setzt man wiederum gleich viele Tiere beider Arten in neue Gefäße. Beide Arten bilden auf diese Weise eine Selektionseinheit. So verfährt man mehrmals hintereinander. Die auf diese Weise koevolvierten Arten A und B werden abschließend in einem Gefäß über eine Generation gezüchtet (untere Reihe in der Mitte). Parallel dazu bringt man die selektierten Käfer von Art A bzw. B mit nicht selektierten Käfern der Art B bzw. A zusammen (untere Reihe links und rechts).

Kultiviert man das Bakterium *Pseudomonas fluorescens* in einer Nährlösung, ohne umzurühren, so gedeihen die Bakterien aufgrund des Sauerstoffmangels in den tieferen Schichten recht bald nur noch an der Oberfläche. Zellen, welche die Spontanmutation WS aufweisen, geben einen klebrigen Stoff ab, der an der Oberfläche einen Film bildet, in dem die Bakterien die sauerstoffreiche Oberfläche besiedeln können. Die Produktion des Films ist energieaufwendig. Nach einiger Zeit lässt sich eine weitere Spontanmutation finden, deren Träger keinen Klebstoff mehr produzieren, aber dennoch im Film leben. Da sich diese Zellen nicht länger kooperativ verhalten, bezeichnet man sie als „Überläufer". Werden sie zu viele, versinkt der Film in der Nährlösung.

In den beiden Diagrammen a und b sind die Populationsentwicklungen von WS- und „Überläufer"-Zellen mit und ohne Konkurrenz dargestellt.
a: Den Einfluss von WS- auf „Überläufer"-Zellen zeigt die Differenz zwischen der violetten (ohne WS) und der blauen (mit WS) Kurve.
b: Den Einfluss von „Überläufer"- auf WS-Zellen zeigt die Differenz zwischen der violettten (ohne „Überläufer") und der blauen (mit „Überläufern") Kurve.

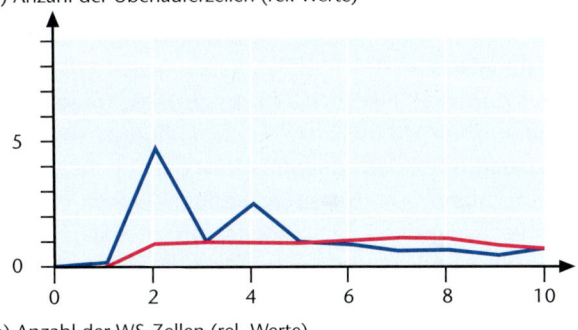

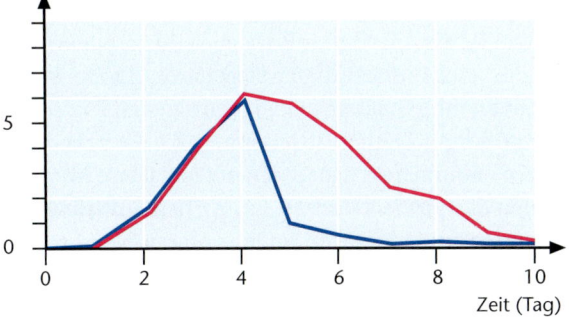

2 Selektion auf der Ebene von Artengemeinschaften

3 Populationsentwicklung beim Bakterium *Pseudomonas fluorescens*

→ 17.4 Fitnessmaximierung und die Weitergabe von Allelen

17.4 Fitnessmaximierung und die Weitergabe von Allelen

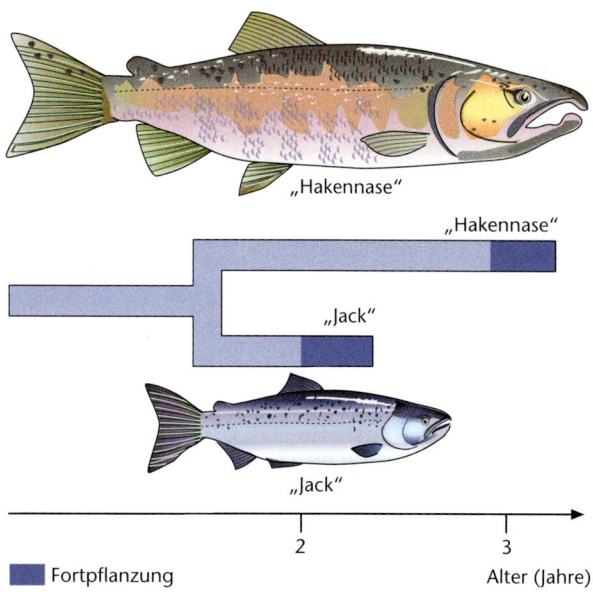

1 *Unterschiedliche Phänotypen und Lebenszyklusstrategien bei männlichen Coho-Lachsen: „Hakennasen" und „Jacks"*

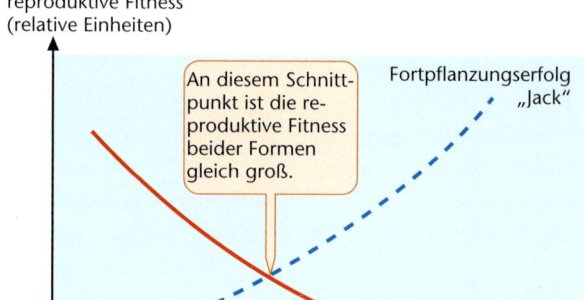

2 *Beziehung zwischen Fortpflanzungserfolg und Häufigkeit einer Strategie am Beispiel der „Hakennasen" des Coho-Lachses.*

Pazifische Coho-Lachse laichen von November bis Januar in Flüssen an der amerikanischen Westküste und sterben anschließend. Nach einem Jahr wandern die Jungfische in den Pazifik. Die Weibchen kehren im Alter von drei Jahren in ihr Ursprungsgewässer zurück. Bei den Männchen lassen sich hingegen zwei unterschiedliche Lebenszyklusstrategien beobachten. Kleine Männchen, die so genannten „Jacks", werden bereits im zweiten Lebensjahr geschlechtsreif und kehren früher in das Laichgewässer zurück als ihre größeren Artgenossen, die sogenannten „Hakennasen". Die „Hakennasen" werden erst im Alter von drei Jahren geschlechtsreif (Abb. 1). Wenn sie dann ins Laichgewässer kommen, sind sie etwa zwei- bis dreimal größer als die „Jacks" und auffällig rot gefärbt. Zudem sind sie leicht an ihren hakenförmig vorgezogenen Kiefern und vergrößerten Zähnen zu erkennen, die sie beim Kampf gegen männliche Artgenossen nutzen. Diese Merkmale fehlen den „Jacks". Anstatt um laichende Weibchen zu kämpfen und sie gegen andere Männchen zu verteidigen, versuchen sie heimlich Zugang zu ihnen zu erlangen. Gut getarnt verbergen sie sich in der Nähe der Weibchen und vermeiden so Angriffe von „Hakennasen". Beginnt der Laichvorgang, kommen die „Jacks" schnell aus ihrem Versteck und versuchen, einige der Eier zu besamen.

Sowohl die Strategie der „Jacks" als auch die der „Hakennasen" ist evolutionsstabil. Unter einer **evolutionsstabilen Strategie** (ESS) versteht man allgemein eine Strategie, die bei unveränderten Umweltbedingungen durch keine andere Strategie innerhalb der Population ersetzt werden kann, ohne die **reproduktive Fitness** zu mindern. Eine Strategie ist ein unbewusst ablaufendes genetisch fixiertes Programm von Verhaltensregeln, das die Handlungen beeinflusst, die zu einer Maximierung der reproduktiven Fitness beitragen.

Wie das Beispiel der Coho-Lachse zeigt, können auch zwei Strategien innerhalb einer Population evolutionsstabil vorkommen. In diesem Fall hängt der Fortpflanzungserfolg eines Individuums nicht nur von seiner eigenen Strategie ab, sondern auch davon, wie viele der Konkurrenten sich anders verhalten. So würde zum Beispiel der Fortpflanzungserfolg der „Hakennasen" sinken, wenn ihr Anteil in der Population übermäßig zunähme und die Kämpfe deshalb intensiver würden (Abb. 2). In der Natur findet man in solchen Fällen deshalb eine annähernd konstante Häufigkeitsverteilung der beteiligten Strategien. Die durch beide Strategien erzielte reproduktive Fitness ist in etwa gleich, denn Allele, die eine Strategie mit geringerer reproduktiver Fitness zur Folge hätten, würden durch Selektion aus dem Genpool verdrängt werden. Insofern begünstigt eine evolutionsstabile Strategie die Weitergabe solcher Allele, die die reproduktive Fitness unter den gegebenen Umweltbedingungen maximieren.

→ 15.1 Die Synthetische Evolutionstheorie   → 15.3 Selektionstypen und Selektionsformen

1 Kosten-Nutzen-Analyse. Führen Sie für die beiden Strategien „Jack" und „Hakennase" des Coho-Lachses jeweils eine Kosten-Nutzen-Analyse durch.

2 Beziehung zwischen Erfolg und Häufigkeit einer Strategie.
a) Erläutern Sie Abb. 2.
b) Begründen Sie, was in Abb. 2 verändert werden muss, wenn nicht mehr der Anteil der „Hakennasen", sondern der Anteil der „Jacks" auf der x-Achse dargestellt wird. Zeichnen Sie das veränderte Diagramm.

3 Konfliktstrategien im Modell. Modellhaft werden fünf unterschiedliche Strategien angenommen, die von Tieren in einer Population in Konfliktsituationen mit Artgenossen verfolgt werden (Abb. 3).
a) Begründen Sie für jede Strategie, was jeweils Kosten und Nutzen sind.
b) Entwickeln Sie eine Hypothese, welche der fünf Strategien am erfolgreichsten sein könnte.
c) Übertragen Sie die Tabelle in Abb. 3 in Ihr Heft. Bewerten Sie dann die Auswirkungen auf die reproduktive Fitness, indem Sie für jeden Konflikt Punkte an die Gegner verteilen (Beispiele in Abb. 3):
– sicherer Sieger: +2
– fünfzigprozentige Gewinnchance: +1
– Kampf verloren, unverletzt: 0
– Gefahr ernster Verletzung: –10.
Tragen Sie die ermittelten Punkte in die Tabelle ein. Dabei sollen die Punkte für das Tier gelten, das die in der Tabelle links genannte Strategie in einem Kampf mit einem Artgenossen verfolgt, der die in der Abb. 3 oben genannte Strategie wählt.
d) Begründen Sie mit Bezug auf Ihre Hypothese, bei welcher Strategie es sich in diesem Modell um eine evolutionsstabile Strategie handelt.
e) Diskutieren Sie Vor- und Nachteile des Modells.

„**Kommentkämpfer**": Er kämpft konventionell, d. h. symbolisch (Knurren, Zähnefletschen, Drohen, …); zieht sich zurück, wenn der Gegner gefährlich wird.

„**Beschädigungskämpfer**": Er eskaliert sofort den Kampf und geht rücksichtslos vor.

„**Einschüchterer**": Er eskaliert sofort den Kampf, aber zieht sich zurück, wenn der Gegner gefährlich wird.

„**Vergelter**": Er beginnt die Auseinandersetzung wie ein Kommentkämpfer und bleibt dabei, solange der Gegner dasselbe tut; geht sein Gegner aber zum Beschädigungskampf über, so tut er es auch.

„**Sondierer**": Er kämpft zunächst wie ein Kommentkämpfer, aber eskaliert dann, wenn der Gegner ebenfalls wie ein Kommentkämpfer kämpft.

Beispiele für Konflikte:

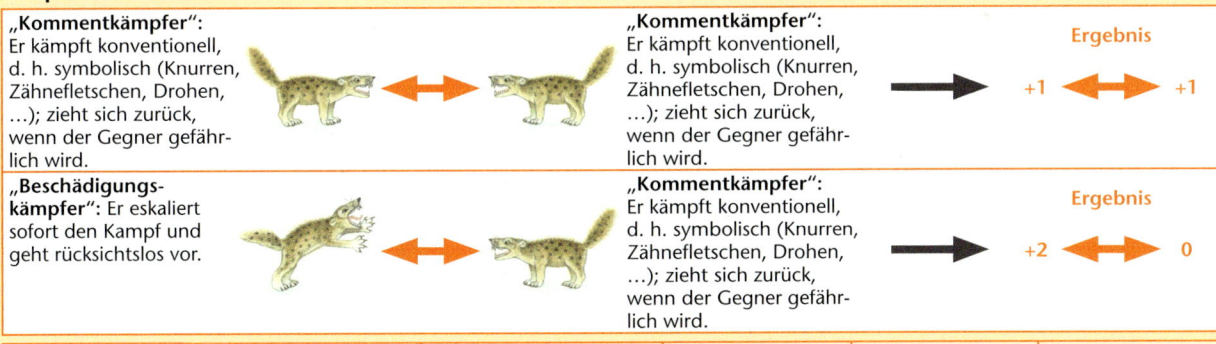

	gegen Kommentkämpfer	gegen Beschädigungskämpfer	gegen Einschüchterer	gegen Vergelter	gegen Sondierer
Kommentkämpfer	+1				
Beschädigungskämpfer	+2				
Einschüchterer					
Vergelter					
Sondierer					

3 Ein Modell zu Konfliktstrategien

→ 17.2 Der adaptive Wert von Verhalten: Kosten-Nutzen-Analysen

17.5 Sozialverhalten der Primaten

Gorillas bilden Haremsgruppen mit durchschnittlich elf Mitgliedern, darunter ein altes erwachsenes Männchen („Silberrücken"), fünf Jungtiere und fünf andere Erwachsene, meist Weibchen. Die Gruppen werden vom Silberrücken angeführt. Die Gruppengröße variiert und hängt von der Ernährungsweise der Tiere ab. Neben dieser Form des Zusammenlebens gibt es noch einzeln umherziehende Silberrücken, die sich auch zu Gruppen aus mehreren Männchen zusammenschließen können. Erwachsene Männchen konkurrieren stark um die Führungsposition in einer Gruppe.

1 *Sozial- und Paarungssystem beim Gorilla*

Viele Primaten leben in Gruppen zusammen. Innerhalb dieser Gruppen haben nicht alle Tiere die Möglichkeit, sich zu paaren. Wer sich mit wem paart, beschreibt man mithilfe von Paarungssystemen (Abb. 2). Die Evolution der verschiedenen Paarungssysteme hängt damit zusammen, dass Männchen viele Spermien und Weibchen vergleichsweise wenige, dafür aber große Eizellen produzieren. Daraus folgt, dass Männchen ihren **Fortpflanzungserfolg** (reproduktive Fitness) erhöhen, wenn sie mit mehr als einem Weibchen kopulieren. Ihre Spermienanzahl reicht aus, die Eizellen mehrerer Weibchen zu befruchten. Der Fortpflanzungserfolg weiblicher Primaten ist durch ein höheres Elterninvestment begrenzt, da sie ihren Nachwuchs nicht nur austragen, sondern auch stillen. Beide Geschlechter verfolgen gegenläufige Fortpflanzungsstrategien: Für männliche Primaten ist es vorteilhaft, wenn sie sich mit mehr als einem Weibchen paaren und diese Weibchen sich nicht zusätzlich mit anderen Männchen paaren. Für Weibchen ist es vorteilhaft, wenn sie sich mit einem oder mehreren Männchen paaren und diese bei der Aufzucht der Jungen helfen. Der Fortpflanzungserfolg der Männchen hängt also ganz entscheidend von der räumlichen und zeitlichen Verteilung der fruchtbaren Weibchen ab. Für die Weibchen hingegen ist entscheidend, wie die Nahrung räumlich und zeitlich verteilt ist. Aber auch die Hilfe der Männchen bei der Aufzucht der Jungen spielt eine wichtige Rolle.

Paarungssystem	Anzahl der männlichen Paarungspartner	Anzahl der weiblichen Paarungspartner
Monogamie	1	1
Polyandrie	> 1	1
Polygynie	1	> 1
Polygynandrie	> 1	> 1

2 *Paarungssysteme*

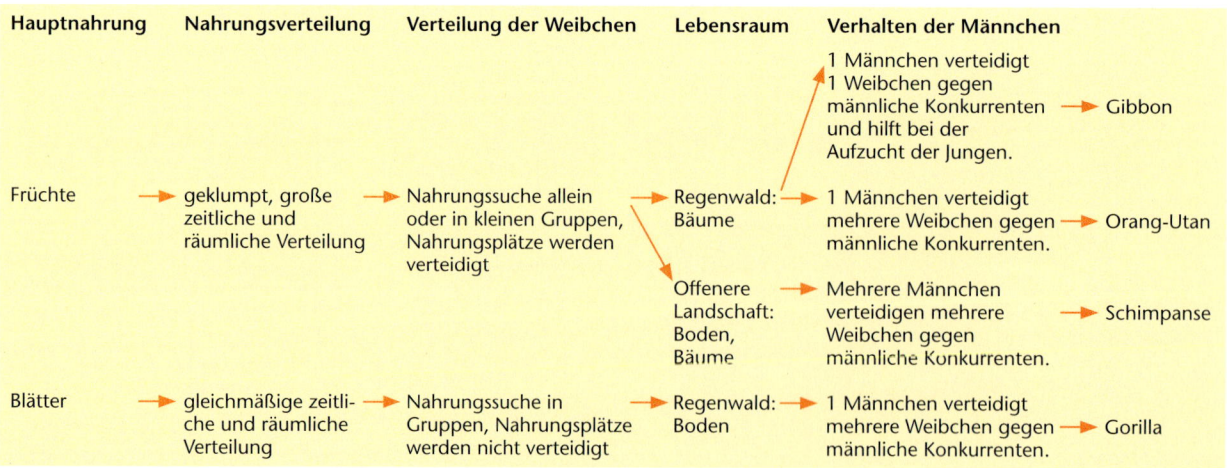

3 *Hypothetische Evolution von Paarungssystemen bei Primaten*

Die Frucht fressenden Gibbons bewohnen die tropischen Regenwälder Südostasiens. Sie leben in einer wahrscheinlich lebenslangen Partnerbindung. Durch aggressives Verhalten gegenüber gleichgeschlechtlichen Artgenossen binden die Tiere ihren Partner an sich. Zudem verteidigen sie einen Teil ihres bis zu 50 Hektar großen Streifgebiets gegen Artgenossen. Trotz der engen Paarbindung wird regelmäßig beobachtet, wie sich ein Tier in ein Nachbarrevier begibt, sich dort paart und zum Partner zurückkehrt.

4 Sozial- und Paarungssystem beim Gibbon

Orang-Utans sind Baumbewohner. Sie leben als Einzelgänger in den Wäldern Nord-Sumatras und Borneos und ernähren sich hauptsächlich von Früchten. Die Männchen sind wesentlich größer als die Weibchen. Mit bis zu zehn Quadratkilometern sind die Streifgebiete männlicher Orang-Utans häufig mehr als doppelt so groß wie die der Weibchen. Das Streifgebiet eines voll ausgewachsenen Männchens schließt oftmals die Streifgebiete mehrerer Weibchen mit ein.

5 Sozial- und Paarungssystem beim Orang-Utan

Schimpansen leben sowohl im Regenwald als auch in den trockeneren offenen Savannen Afrikas. Sie verbringen etwa 50 Prozent der Zeit auf dem Boden. Den Hauptbestandteil ihrer Nahrung bilden Früchte. Sie leben in lockeren Gruppen von 20 bis 100 Individuen. Ihre Mitglieder treffen sich gelegentlich und wandern zeitweise in kleineren Gruppen umher, bis sie schließlich wieder auseinander gehen. Die Männchen sind oft Halbbrüder, wohingegen die eingewanderten Weibchen nicht miteinander verwandt sind.

6 Sozial- und Paarungssystem beim Schimpansen

1 Paarungssysteme. Vergleichen Sie die Paarungssysteme der vier Menschenaffenarten (Abb. 1–6).

2 Evolution von Paarungssystemen. Erläutern Sie die Evolution der in Abb. 3 dargestellten Paarungssysteme und benennen Sie diese mithilfe von Abb. 2.

3 Schlüsselstrategien bei Primaten.
a) Erläutern Sie die folgenden Aussagen: 1. Die „Schlüsselstrategie" weiblicher Primaten ist eine Nahrungsstrategie. 2. Die „Schlüsselstrategie" männlicher Primaten ist eine Paarungsstrategie.
b) Beurteilen Sie, inwieweit das in Abb. 7 beschriebene Experiment die Aussagen zu den unterschiedlichen „Schlüsselstrategien" von männlichen und weiblichen Primaten stützt oder widerlegt.

Auf einer kleinen Insel wurden entweder männliche oder weibliche Graurötelmäuse in Drahtkäfigen in verschiedenen räumlichen Mustern verteilt. Wenn in den Käfigen Weibchen weiträumig verteilt wurden, dann folgten ihnen die Männchen, indem sie ihre Streifgebiete ausweiteten. Wenn die Käfige nah beieinander standen, dann konzentrierten sich auch die Männchen an diesen Stellen. Veränderte man mithilfe der Drahtkäfige die räumliche Verteilung der männlichen Tiere, so führte dies zu keiner Veränderung der räumlichen Aktivität der Weibchen. Sie bleiben in ihren Streifgebieten und folgten den Männchen nicht.

7 Experiment zu geschlechtsspezifischen „Schlüsselstrategien" bei Graurötelmäusen

17.6 Sexuelle Selektion und Sexualdimorphismus

1 *a) Dschelada (Männchen mit großen Eckzähnen neben Weibchen), b) See-Elefant (großes Männchen mit Weibchen), c) Schildwida (Weibchen, Männchen in Balzkleid)*

Männliche Dscheladas beeindrucken mit ihren großen Eckzähnen, die sie drohend gegen Rivalen einsetzen (Abb. 1a). Ebenso wie bei den Dscheladas sind die Männchen der See-Elefanten wesentlich größer als die Weibchen (Abb. 1b). Und verglichen mit den eher unscheinbaren Weibchen sind die auffällig gestalteten Männchen vieler Vogelarten bereits aus größerer Entfernung gut zu sehen. Das sind nur einige Beispiele für Unterschiede zwischen den Geschlechtern, die man bei vielen Tierarten findet. Sie betreffen die sekundären Geschlechtsmerkmale, also die Merkmale, die dem Erobern von Paarungspartnern dienen. Man bezeichnet dieses Phänomen der unterschiedlichen Gestalt der Geschlechter als **Sexualdimorphismus**.

Der Sexualdimorphismus ist Folge der **sexuellen Selektion**. Unter den Einfluss der sexuellen Selektion fallen die Merkmale, die innerartlich zu Unterschieden im Fortpflanzungserfolg innerhalb der Mitglieder eines Geschlechts führen. Man unterscheidet zwei Hauptprozesse der sexuellen Selektion: Die **intrasexuelle Selektion** wirkt auf Merkmale, die bei der Konkurrenz zwischen Mitgliedern desselben Geschlechts um Zugang zu Paarungspartnern beteiligt sind. Die **intersexuelle Selektion** hingegen wirkt auf Merkmale, die von Mitgliedern eines Geschlechts so eingesetzt werden, dass sie die Mitglieder des anderen Geschlechts dazu veranlassen, sich mit ihnen zu verpaaren.

Intrasexuelle Selektion liegt beispielsweise beim Kampf zwischen zwei Rothirschbullen um den Zugang zu einem Harem vor. Letztendlich entscheiden in einem solchen Fall Größe und Stärke über den Ausgang des Kampfes. Eine wesentliche Rolle spielen in diesem Zusammenhang Waffen wie das Hirschgeweih. Die Größe der Waffen ist meist konditionsabhängig, sodass größere und ältere Hirsche in guter Verfassung die effektivsten Geweihe besitzen. Anhand der Körpergröße und der Waffen ist es den konkurrierenden Männchen vor dem Kampf möglich, die Kampfkraft des Rivalen einzuschätzen und eine aussichtslose, verletzungsträchtige körperliche Auseinandersetzung zu vermeiden. Doch intrasexuelle Selektion wirkt nicht nur vor der Paarung. Paart sich beispielsweise ein Weibchen mit mehr als einem Männchen, so ist das Männchen im Vorteil, dessen Spermien mit einer höheren Wahrscheinlichkeit die Eizellen befruchten. Diese Wahrscheinlichkeit ließe sich durch die Produktion einer größeren Spermienmenge in größeren Hoden erhöhen (Abb. 3).

Während Männchen viele Spermien produzieren, wenden Weibchen wesentlich mehr Energie für die Bildung von wenigen großen und aufwendig herzustellenden Eizellen auf. Deshalb hat die intersexuelle Selektion in vielen Arten dazu geführt, dass sich die Weibchen nicht zufällig verpaaren. Bei der Wahl ihrer Paarungspartner orientieren sich die Weibchen häufig an auffälligen sekundären Geschlechtsmerkmalen, welche die Männchen nur dann bilden können, wenn sie gut ernährt und gesund sind. Das lässt erwarten, dass sie diese Gesundheit auch an die Nachkommen weitergeben. Man bezeichnet solche Merkmale auch als ehrliche Signale.

2 Männlicher Feuerwida

Art	Schwanzfederlänge	Roter Halsring	Lebensweise
Schildwida (Euplectes ardens)	18 – 26 cm	192 mm^2 – 275 mm^2	Männchen verteidigen bis zu 1,5 ha große Territorien
Feuerwida (Euplectes franciscanus)	ca. 4 cm	bedeckt fast den ganzen Vogel, bis auf Brustgefieder und Gesichtsmaske	Vögel brüten in Kolonien, in denen Männchen kleine Reviere direkt nebeneinander verteidigen

3 Lebensweise und morphologische Daten von Schildwida und Feuerwida

1 Sexuelle Selektion bei Schild- und Feuerwida.
Während der Balz präsentieren Schildwida-Männchen ihr Schwanzgefieder in einem langsamen Flug über ihre Reviere (Abb. 1c). Männchen mit längeren Schwanzfedern paaren sich früher und locken mehr Weibchen an. Zudem besitzen Schildwida-Männchen einen gefärbten Halsring, dessen Farbe und Größe nicht mit dem Paarungserfolg korreliert, sondern mit dem Erfolg bei der Revierverteidigung gegen andere Männchen. Bei allen Wida-Arten besteht eine negative Korrelation zwischen den Merkmalen: Männchen mit größeren Halsringen haben kürzere Schwanzfedern und umgekehrt. Begründen Sie anhand von Abb. 2 und 3 für jedes der beiden Merkmale Schwanzfederlänge und Halsring, ob es der intra- oder intersexuellen Selektion unterliegt.

2 Schnabelfärbung bei männlichen Amseln.
a) Werten Sie Abb. 5 aus.
b) Begründen Sie, weshalb es sich bei der Schnabelfärbung männlicher Amseln um ein ehrliches Signal handelt. Ehrliche Signale spiegeln den tatsächlichen körperlichen Zustand von Lebewesen wider und lassen sich nicht fälschen.

3 Intrasexuelle Selektion bei Menschenaffen. Leiten Sie aus den in Abb. 4 dargestellten Merkmalen die zu erwartenden Paarungssysteme für die genannten Arten ab. Begründen Sie.

Spezies	Masse der Hoden (% Körpermasse)	Sexualdimorphismus (Männchen = 100 %)
Gibbon	0,10	100 %
Orang-Utan	0,05	54 %
Gorilla	0,02	58 %
Schimpanse	0,27	87 %

4 Relative Masse der Hoden und Sexualdimorphismus bei Menschenaffen

Die gelb-orange-rote Schnabelfärbung männlicher Amseln wird durch die Einlagerung von Carotinoiden erzeugt. Carotinoide besitzen außerdem eine wichtige Funktion bei der Immunabwehr.

Hypothese:
Bei Parasitenbefall nutzen männliche Amseln Carotinoide bevorzugt für ihre Immunabwehr statt für die Färbung ihrer Schnäbel.

Beobachtung:

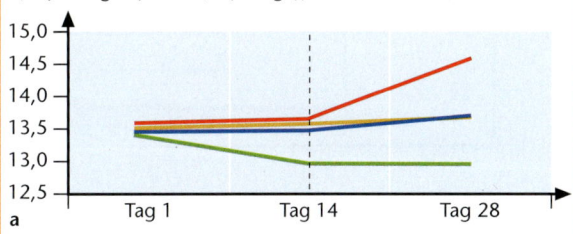

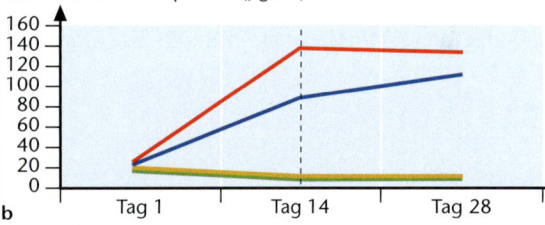

Veränderungen (a) der Schnabelfärbung und (b) des Carotinoidgehalts im Blutplasma in Abhängigkeit von der Verfügbarkeit von Carotinoiden und der Infektion mit einem Krankheitserreger.
Rot: Zufütterung von Carotinoiden, nicht infiziert; blau: Zufütterung von Carotinoiden, mit Parasiten künstlich infiziert; grün: keine Zufütterung von Carotinoiden, mit Parasiten künstlich infiziert; gelb: keine Zufütterung von Carotinoiden, nicht infiziert.

5 Experiment zur Kosten-Nutzen-Abwägung

18.1 Evolutionäre Geschichte des menschlichen Körpers

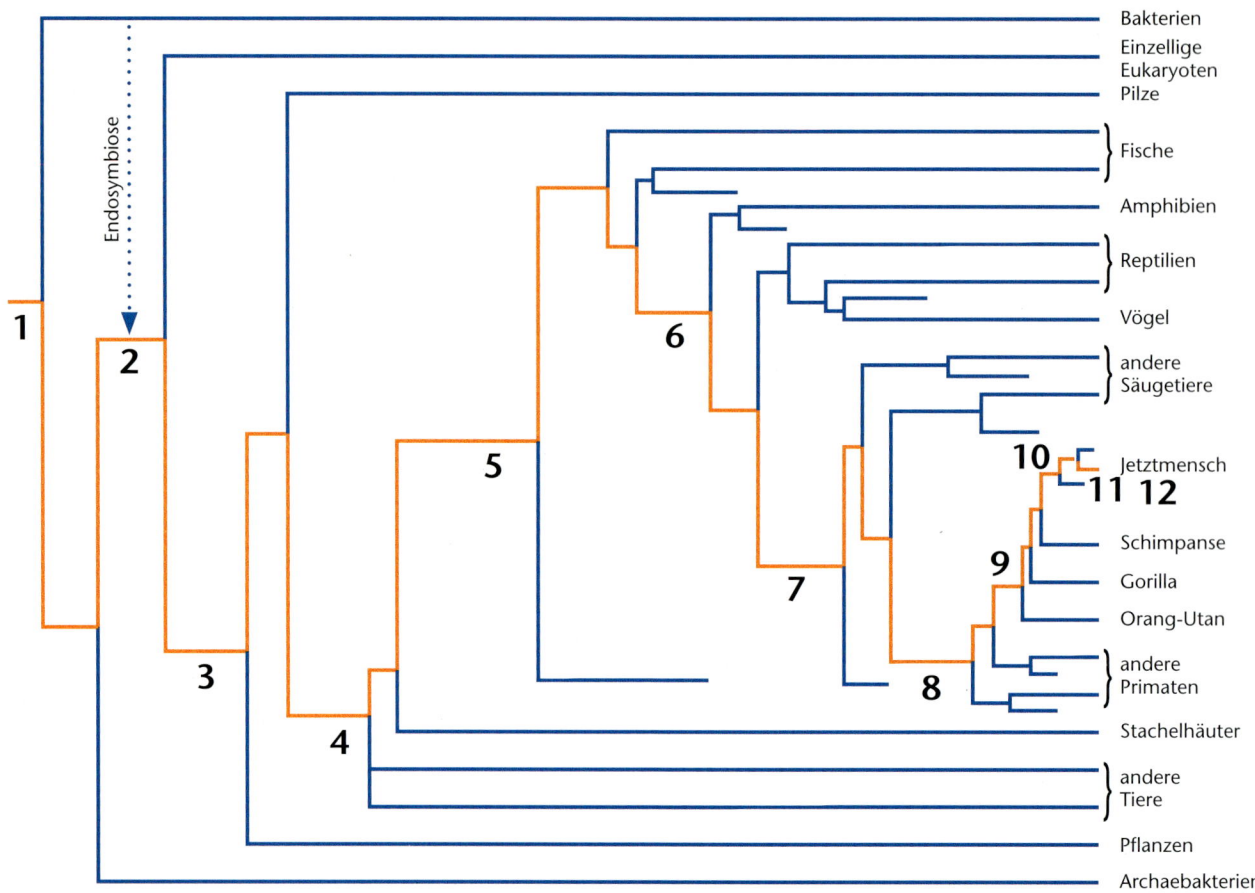

1 Der Weg der Evolution, der im Verlauf von ungefähr 3,6 Milliarden Jahren vom gemeinsamen Vorfahren aller Lebewesen bis zum heutigen Menschen führt, ist in diesem Stammbaum farbig hervorgehoben. Der Mensch ist aufgrund gemeinsamer Merkmale in unterschiedlichem Ausmaß mit allen anderen Lebewesen verwandt. Die Ziffern im Stammbaum geben das erste Auftreten einiger Merkmale im Laufe der Evolution an. Die Ziffern beziehen sich auf den Text und die Abb. 3.

1 Die **DNA** ist bei allen Lebewesen Träger der Erbinformation. DNA enthält Informationen zur Proteinbiosynthese. Der gemeinsame Vorfahre aller Lebewesen lebte vor etwa 3,6 Milliarden Jahren.

2 Entstehung der **Eukaryoten.** Durch Endosymbiose von atmenden Prokaryoten entstehen die Mitochondrien, in denen wichtige Schritte der Zellatmung stattfinden. Älteste eukaryotische Fossilien werden auf 1,5 bis 2 Milliarden Jahre geschätzt.

3 Vielzellige Lebewesen mit differenzierten Zelltypen für verschiedene Funktionen entstehen. Älteste Fossilien vielzelliger Tiere sind etwa 640 Millionen Jahre alt.

Domäne	Eukarya
Reich	Animalia (Tiere)
Stamm	Chordata (Wirbeltiere)
Klasse	Mammalia (Säugetiere)
Ordnung	Primates (Herrentiere)
Familie	Hominidae (Menschenaffen und Mensch)
Gattung	Homo (Mensch)
Art	Homo sapiens

2 Einordnung des Jetztmenschen in das System der Lebewesen

→ 1.1 Prokaryoten und Eukaryoten → 14.3 Ähnlichkeiten zwischen Lebewesen: Homologien und Analogien

4 Erste Tiere mit **innerem Verdauungsraum** sowie Muskelzellen für Bewegung entwickeln sich.

5 Älteste **Wirbeltiere** mit **knöchernem Skelett**.

6 Mit der Eroberung des Festlandes durch Übergangsformen zwischen Fischen und Amphibien vor etwa 370 Millionen Jahren gehen u. a. folgende bedeutsamen evolutiven Entwicklungen einher: die Evolution eines **Halses** mit Halswirbeln ermöglicht, dass der Kopf sehr viel unabhängiger vom übrigen Körper bewegt werden kann. Die **Lungenatmung** gewinnt an Bedeutung. An den Enden der Gliedmaßen bilden sich **Hand- und Fußgelenke** aus.

7 Mit der Evolution der **Säugetiere** vor etwa 220 Millionen Jahren traten neue typische Merkmale auf: Dazu gehören die Ausbildung von **Milchdrüsen** für die nachgeburtliche Ernährung der Nachkommen. Das Gebiss der Säugetiere weist **verschiedenartige Zähne** auf. Dadurch kann ein breiteres Spektrum an Nahrung genutzt werden. Aus bestimmten Kieferknochen der Reptilien entwickelten sich bei den Säugetieren die drei Gehörknöchelchen des Mittelohres. Dadurch wurde das **Hörvermögen** verfeinert.

8 Seit ungefähr 75 Millionen Jahren gibt es die Gruppe der **Primaten** innerhalb der Säugetiere. Die meisten Primaten zeigen Angepasstheiten an das Leben in Bäumen. Mit den Primaten traten in der Evolution u. a. folgende neue Merkmale auf: Die nach vorne gerichteten Augen mit überlappenden Sehfeldern ermöglichen ein **räumliches Sehen**. Primaten haben Finger und Zehen zum **Greifen**. Das Gehirn ist im Verhältnis zur Körpermasse relativ groß. Es ermöglicht die Verarbeitung von Sehreizen, die Steuerung der Fingerbewegungen und das ausgeprägte Sozialverhalten.

9 Verlust des Schwanzes bei den großen Menschenaffen.

10 Entwicklung des **aufrechten Ganges**.

11 Starke Vergrößerung des Gehirnvolumens, vor allem der **Großhirnrinde**.

12 Entwicklung von Merkmalen und Eigenschaften, die zu einer **Wortsprache** befähigen.

→ 18.4 Der Stammbaum des Menschen

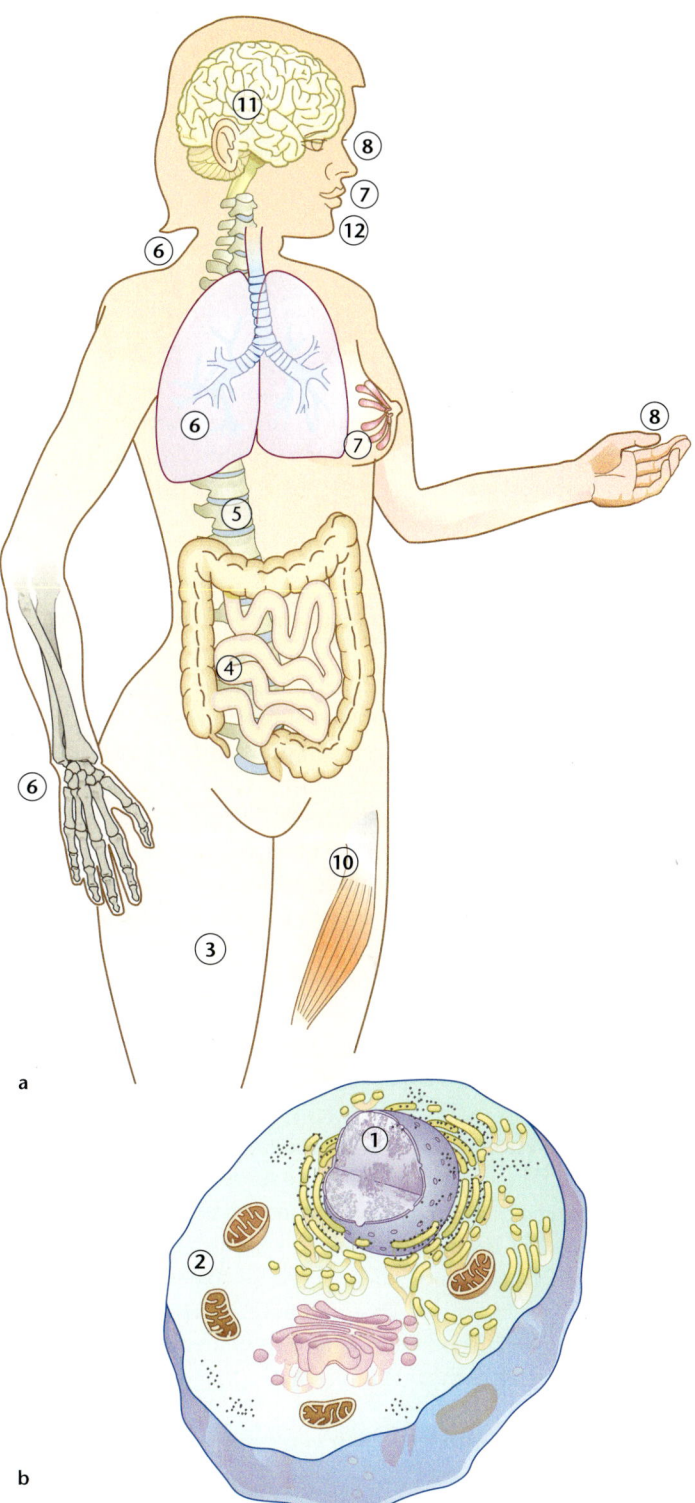

3 *a) Der Körper eines jeden Menschen* weist während der Evolution erworbene Merkmale und Eigenschaften auf, die ein Erbe seiner Zugehörigkeit zu den Primaten, den Säugetieren, zu den landlebenden Wirbeltieren, den Vielzellern und den Eukaryoten sind. *b) Eukaryotische Zelle*

18.2 Verwandtschaftsanalyse von Menschen und Menschenaffen (I): Anatomische und chromosomale Befunde

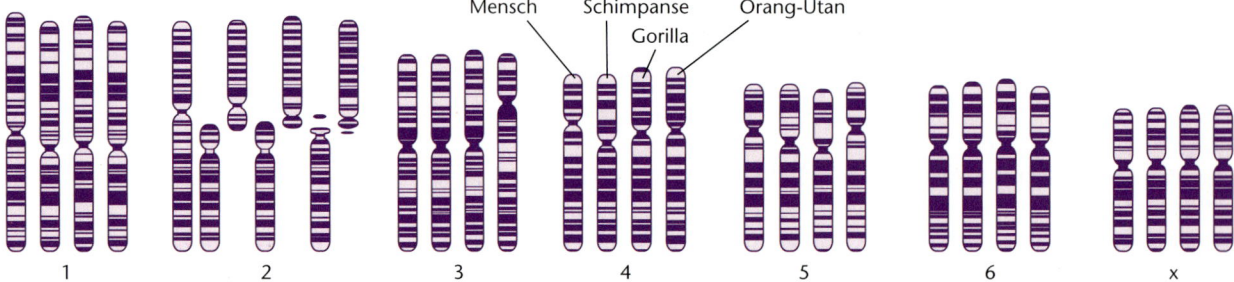

1 *Vergleich des Bandenmusters der Chromosomen 1 bis 6 und des X-Chromosoms bei Mensch, Schimpanse, Gorilla und Orang-Utan, jeweils nach Giemsa-Färbung.* Das Chromosom 2 des Menschen entstand in der Evolution durch Verschmelzung zweier Chromosomen. Menschen haben einen diploiden Chromosomensatz von 2n = 46, die großen Menschenaffen haben 2n = 48.

Der Mensch, Gibbon, Orang-Utan, Gorilla und Schimpanse werden in der biologischen Systematik zur Familie der Menschenaffen (Hominidae) zusammengefasst. Diese Familie gehört zur Ordnung der **Primaten**. Die meisten Primaten – umgangssprachlich oft als „Affen" bezeichnet - verbringen den größten Teil ihres Lebens im Geäst tropischer und subtropischer Wälder. Vermutlich gilt das auch für die ersten Primaten, die vor etwa 75 Millionen Jahren als kleine, eichhörnchengroße, nachtaktive Insektenfresser lebten. Primaten zeigen eine Reihe von Angepasstheiten an die baumbewohnende Lebensweise. Dazu gehören relativ große Augen und die Fähigkeit zum räumlichen und farbigem Sehen. Die Gliedmaßen sind an das Greifen angepasst. Auf ihrer Unterseite befinden sich Hautleisten, die die Rutschfestigkeit vergrößern sowie Tastsinneszellen in hoher Dichte.

Auch **chromosomale Befunde** zeigen große Übereinstimmungen in der Form und der Anzahl der Chromosomen aller Menschenaffen. Jedoch besitzt der Mensch 2n = 46 Chromosomen und die übrigen Menschenaffen 2n = 48 Chromosomen. Diese Besonderheit wird darauf zurückgeführt, dass im Laufe der Humanevolution ein Chromosom aus dem Zusammenschluss zweier Chromosomen entstand (Abb. 1). Heute weiß man, dass neben der Verschmelzung von Chromosomen (Abb. 1) und der Umkehr von Chromosomenabschnitten (Abb. 4) auch die Verdoppelung von Genen, Chromosomen und ganzen Genomen, sowie das Einfügen von Genen und Chromosomenabschnitten in andere Chromosomen in der Evolution der Lebewesen eine große Rolle spielten. Man spricht in diesem Zusammenhang von der **Evolution der Genome**, die maßgeblich zur Vielfalt der Lebewesen begetragen hat.

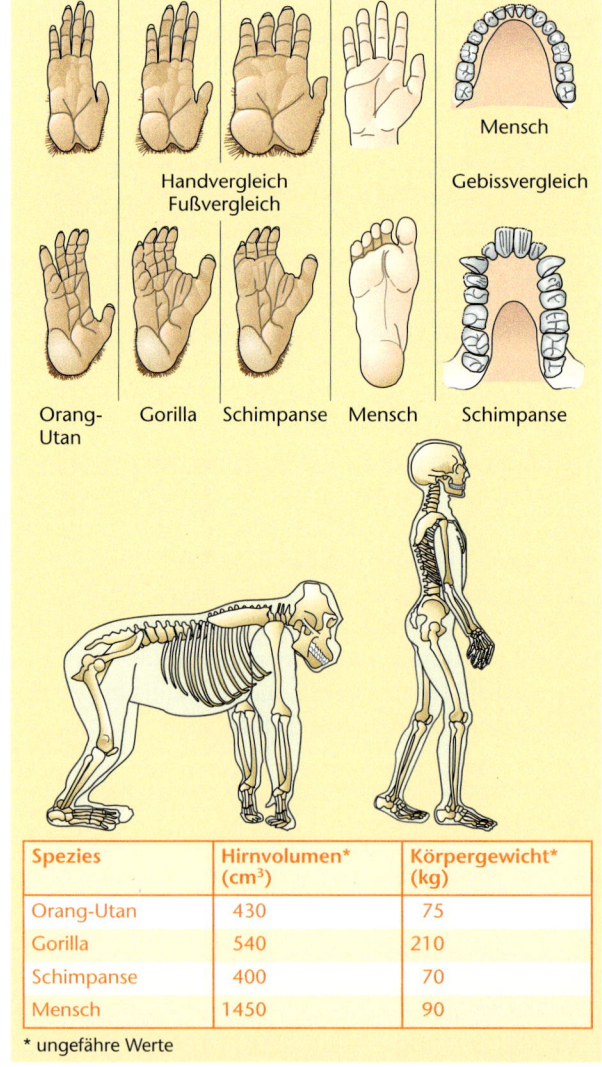

Spezies	Hirnvolumen* (cm³)	Körpergewicht* (kg)
Orang-Utan	430	75
Gorilla	540	210
Schimpanse	400	70
Mensch	1450	90

* ungefähre Werte

2 *Schlüsselmerkmale der Menschenaffen im Vergleich*

1 Vergleich von Chromosomen. Erläutern Sie mit Bezug auf Abb. 1, inwiefern der Vergleich von Chromosomen Hinweise auf stammesgeschichtliche Verwandtschaft geben kann.

2 Anatomische Befunde.
a) Werten Sie die in Abb. 2 sichtbaren Befunde anatomischer Schlüsselmerkmale aus.
b) Entwickeln Sie Hypothesen zum Zusammenhang zwischen dem Körperbau der Menschenaffen und ihrer Lebensweise.

3 Hirnvolumina im Vergleich. Werten Sie die Angaben zu durchschnittlichen Hirnvolumina und Körpergewichten der Menschenaffen aus (Abb. 2).
Beurteilen Sie die Aussagekraft eines Vergleichs der verschiedenen Hirnvolumina im Hinblick auf eine Verwandtschaftsanalyse (Abb. 2). Ermitteln Sie für die Hirnvolumen der vier Spezies einen relativen Bezugsmaßstab, indem Sie jeweils den Quotienten aus Hirnvolumen und Körpergewicht bilden und begründen Sie, inwiefern der „Hirnvolumen-Körpergewichts-Index" in dieser Vergleichsgruppe verlässlichere Aussagen zur Verwandtschaftsanalyse liefert.

4 Weitere chromosomale Befunde. Abb. 4 zeigt einen weiteren chromosomalen Unterschied im Vergleich von Mensch und Schimpansen. Beschreiben Sie den Sachverhalt und erläutern Sie mögliche Ursachen.

5 Räumliches Sehen und das Leben in Bäumen. Erläutern Sie unter Bezug auf Abb. 3a und b sowie auf weitere Informationen in diesem Abschnitt die Fähigkeit zum räumlichen Sehen als Angepasstheit von Primaten an das Leben in Bäumen.

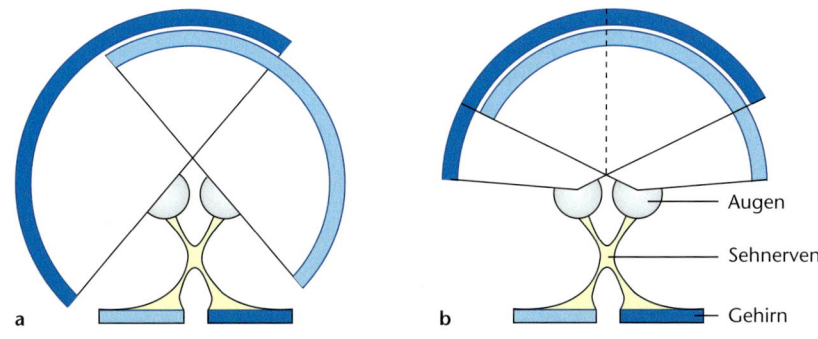

3a) *Schema der Gesichtsfelder von Tieren, deren Augen seitlich am Kopf liegen;* **b)** *Schema der Gesichtsfelder von Primaten.*

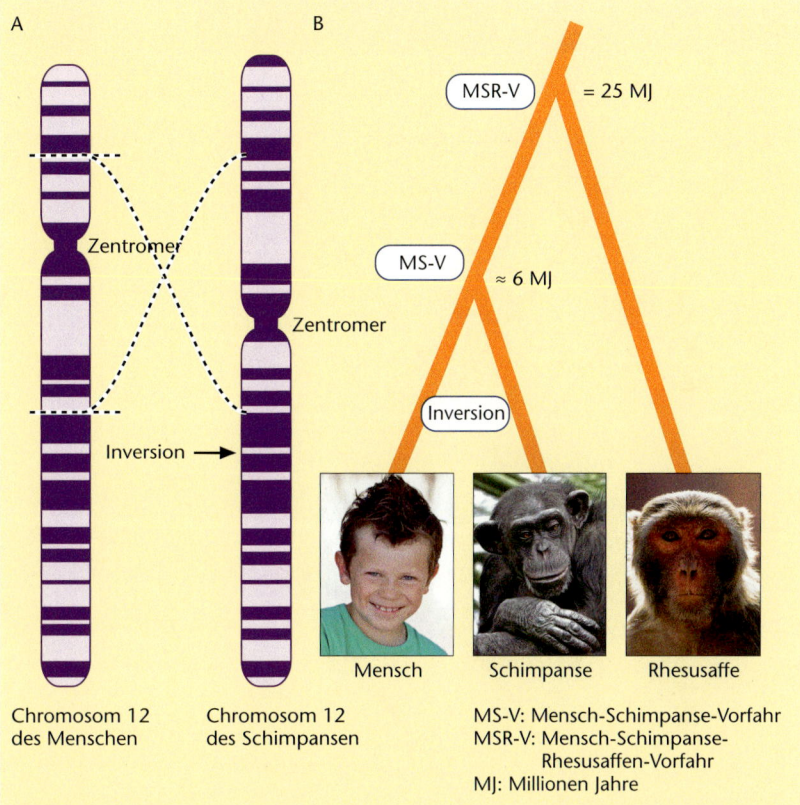

Perizentrische Inversion (gr. *peri*, um etwas herum; lat. *centrum*, Mittelpunkt; *inversio*, Umkehrung) bedeutet in der Genetik die Umkehrung eines Chromosomenabschnittes um das Centromer herum. Voraussetzung dafür ist ein Doppelbruch innerhalb eines Chromosoms.

4 *Perizentrische Inversion*

18.3 Verwandtschaftsanalyse von Menschen und Menschenaffen (II): Molekularbiologische Befunde

1 *Im letzten Jahrhundert wurden unter anderem diese vier Stammbäume bezüglich der Verwandtschaft von Menschen und Menschenaffen diskutiert.*

Unter den Säugetieren sind die Primaten die engsten biologischen Verwandten des Menschen. Innerhalb der Primaten stehen die Menschenaffen dem Menschen am nächsten (Abb. 1). Zu den Menschenaffen zählen Gorillas, Schimpansen, Orang-Utans und Gibbons. Seit CHARLES DARWIN in seinem 1871 erschienenen Buch „The Descent of Man" den Schluss zog, der Mensch stamme von affenähnlichen Vorfahren ab, wurden immer wieder die Verwandtschaftsbeziehungen zwischen heute lebenden Menschenaffen und dem Menschen diskutiert (Abb. 1). In den letzten Jahrzehnten wurden in diesem Zusammenhang verstärkt Methoden der **molekularbiologischen Verwandtschaftsanalyse** eingesetzt.

Arten-Paare	Zahl der untersuchten Gene	Zahl der untersuchten Basen	Unterschiede in den Basen (%)
Mensch/Schimpanse	97	92 451	0,87
Mensch/Gorilla	67	57 861	1,04
Mensch/Orang-Utan	68	57 935	2,18
Mensch/Maus	49	38 778	20,58
Schimpanse/Gorilla	67	57 716	0,99
Schimpanse/Orang-Utan	68	57 878	2,14
Schimpanse/Maus	49	38 758	20,57

2 *Unterschiede in der DNA-Basensequenz bei verschiedenen Arten*

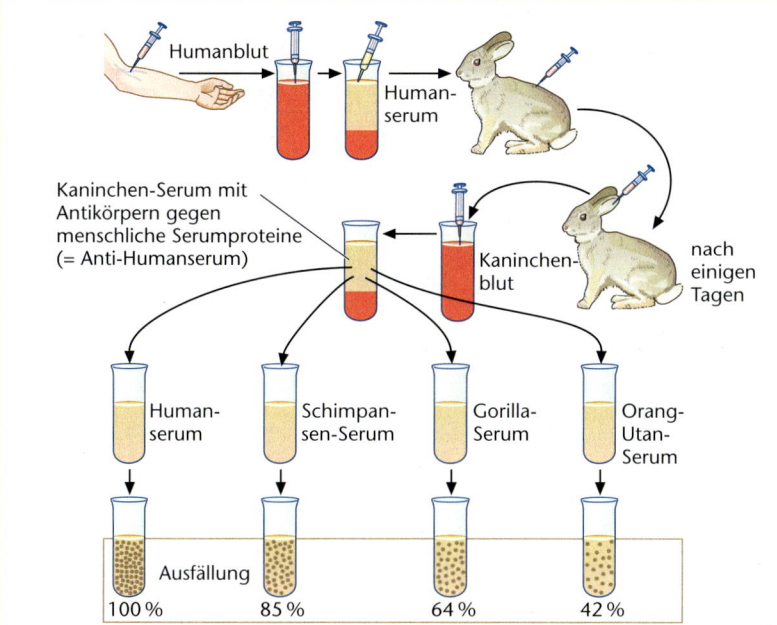

Der Serum-Präzipitin-Test ist ein immunbiologischer Verwandtschaftsnachweis, der vor der Ära der DNA-Sequenzierung und der Aminosäuresequenzanalyse von Proteinen häufiger genutzt wurde. Dabei wird das Schlüssel-Schloss-Prinzip bei der spezifischen Antigen-Antikörper-Reaktion genutzt, um bei zwei Organismen verschiedener Artzugehörigkeit den Grad der Übereinstimmung hinsichtlich der Proteine im Blutserum zu bestimmen. Je größer diese Übereinstimmung ist, desto größer ist die verwandtschaftliche Nähe der Organismen.

Zunächst wird aus einer Blutprobe eines Menschen Serum gewonnen. Dieses Humanserum enthält verschiedene Proteine. Wird Humanserum einem Kaninchen injiziert, so wirken die Proteine des Humanserums als Antigene, gegen die das Kaninchen im Laufe weniger Tage spezifische Antikörper bildet. Aus Kaninchenblut wird das Serum gewonnen, das spezifische Antikörper gegen Serumproteine des Menschen enthält.

Gibt man in einem Kontrollversuch Anti-Humanserum mit Humanserum zusammen, so kommt es aufgrund der Passung von Antigenen und Antikörpern zu einer Ausflockung, Präzipitation genannt. Die Intensität der Ausflockung im Kontrollversuch wird gleich 100 % gesetzt.

3 *Serum-Präzipitin-Test*

1 **Stammbäume und DNA-Basensequenzanalyse.**
a) Beschreiben und vergleichen Sie die vier Stammbäume in Abb. 1 in Hinblick auf evolutionäre Verwandtschaftsbeziehungen.
b) Werten Sie die Daten der DNA-Basensequenzierung in Abb. 2 aus. Prüfen Sie für jeden Stammbaum in Abb. 1, inwiefern er zu den Daten der DNA-Basensequenzierung passt oder nicht passt.

2 **Immunbiologischer Verwandtschaftsnachweis mit dem Serum-Präzipitin-Test.**
a) Beschreiben Sie das Verfahren des Serum-Präzipitin-Tests in Abb. 3.
b) Skizzieren Sie anhand der Daten in Abb. 3 einen Stammbaum der Primaten.
c) Vergleichen Sie die DNA-Sequenzierung und den Serum-Präzipitin-Test hinsichtlich der Genauigkeit, mit der evolutionäre Verwandtschaftsbeziehungen festgestellt werden.

3 **Stammbaumdarstellung.**
Beschreiben Sie den Stammbaum in Abb. 4 aus dem Jahre 1976 und nehmen Sie dazu Stellung.

4 *Stammbaumzeichnung von 1976*

→ 14.8 Verwandtschaft und Stammbaum der Wirbeltiere

18.4 Der Stammbaum des Menschen

1 *Rekonstruktion einiger Vor- und Frühmenschen. Die Ziffern sind im Text erläutert.*

Die Ziffern im Text beziehen sich auf Abb. 1 und 2.

1 Die letzten gemeinsamen Vorfahren von heutigen Schimpansen und heutigen Menschen lebten vermutlich vor 6 bis 7 Millionen Jahren in Ostafrika.

2 Ein weltweiter Klimawandel mit Abkühlung führte in Afrika zur Verringerung der Fläche des tropischen Regenwaldes zugunsten einer Baumsavanne. Hier fand die Evolution der Vor- und Frühmenschen statt. Fossilfunde aus der Zeit vor 5 Millionen Jahren legen nahe, dass diese Vormenschen die meiste Zeit aufrecht gehen konnten.

3a, 3b 3,5 Millionen Jahre alte Fossilfunde verschiedener Arten von Vormenschen mit dem Gattungsnamen *Australopithecus* belegen den aufrechten Gang. Das Gehirnvolumen glich dem heutiger Schimpansen.

4a, 4b Lange Zeit in der Evolution des Menschen lebten mehrere Arten von Vor- und Frühmenschen zeitgleich in Afrika. Eine Art von Vormenschen der Gattung *Australopithecus* (4b) hatte im Vergleich mit einer zeitgleich lebenden Art (4a) große Backenzähne mit dickem Zahnschmelz und sehr große und kräftige Kaumuskeln. Wahrscheinlich aßen diese Vormenschen hartschalige Samen und Nüsse.

5a, 5b Fossilfunde von Frühmenschen mit der Gattungsbezeichnung Homo gibt es seit etwa 2,5 Millionen Jahren. Sie stellten zunächst einfach gebaute Steinwerkzeuge her. Dies machte sie unabhängiger von den Umweltbedingungen und diente auch der besseren Nutzung von Nahrungsquellen. In dieser Zeit der Frühmenschen wuchs das Hirnvolumen beträchtlich.

6 Frühmenschen der Art *Homo erectus* (6a) waren die ersten, die seit etwa 1,8 Millionen Jahren außer Afrika auch Asien und Teile Europas besiedelten. Manches spricht dafür, dass sie auch die Vorfahren der Neandertaler (6b) waren, die während der letzten Eiszeiten in Europa lebten und vor 32 000 Jahren ausstarben. Älteste Spuren der Feuernutzung datieren auf 790 000 Jahre vor heute.

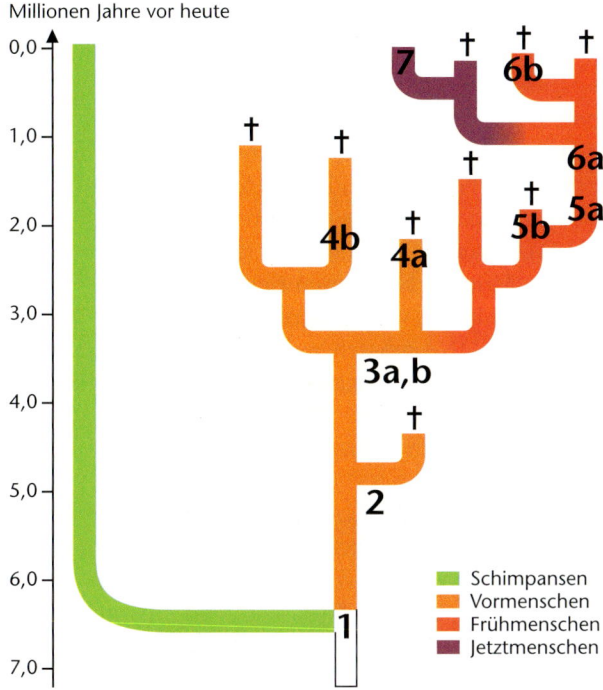

2 Stammbaum des Menschen. Die Ziffern sind im Text erläutert.

7 Der Jetztmensch *(Homo sapiens)* entwickelte sich in Afrika und begann vor 180 000 Jahren allmählich andere Kontinente zu besiedeln. Vor etwa 35 000 Jahren wanderte *Homo sapiens* nach Europa ein, wo er auf die Neandertaler traf.
Die weitaus größte Zeit, in denen es Menschen auf der Erde gibt, waren sie Sammler oder Jäger und Sammler. Mit dem Ackerbau wurden Menschen vor etwa 10 000 Jahren sesshaft und begannen, die Natur nach ihren Bedürfnissen umzugestalten. Die Wortsprache ist ein Merkmal des Jetztmenschen, vermutlich verfügten auch Neandertaler darüber.

1 Zum Stammbaum des *Homo sapiens*. Fertigen Sie eine mit Texten beschriftete Skizze des Stammbaums in Abb. 2 an. Nutzen Sie diese Skizze für einen Kurzvortrag zum Thema „Der Stammbaum des *Homo sapiens*".

2 Sachlich und sprachlich angemessen? Prüfen Sie die nachfolgenden Aussagen daraufhin, ob sie sachlich und sprachlich angemessen sind. Diskutieren Sie die Ergebnisse Ihrer Prüfung.
1. „Der Mensch stammt vom Affen ab."
2. „Warum hat das evolutionäre Schicksal Affen und Menschen so ungleich behandelt? Den einen beließ es im Dunkeln des Dschungels, dem anderen bereitete es einen glänzenden Auszug, der ihn zur Herrschaft über die Erde, das Meer und den Himmel führte."
3. „Die ganze Geschichte des Lebens lief unausweichlich darauf hinaus, den Menschen hervorzubringen."
4. „Der Kampf ums Dasein war hart. Dies zwang den Menschen in der Morgendämmerung unserer Geschichte dazu, kräftige Gliedmaßen für lange Fußmärsche, starke Lungen zum Laufen, eine rasche Auffassungsgabe und Schläue für die Jagd zu entwickeln."

3 Zeitungsüberschrift für Abbildung 3 gesucht. Versetzen Sie sich in die Rolle eines Wissenschaftsjournalisten, der zu Abb. 3 eine dick gedruckte Hauptüberschrift mit Bezug auf die Evolution des Menschen sucht. Platz ist auf der Zeitungsseite knapp: Es stehen maximal 60 Anschläge zur Verfügung.

4 Vorläufigkeit der Befunde zur Humanevolution. Viele Befunde zur Humanevolution sind vorläufig. Erläutern sie dies am Beispiel des Homo floresiensis (Recherche unter diesem Suchbegriff) und/oder der Denisova-Menschen.

3 *Zeitungsüberschrift gesucht*

→ 18.9 Vergleich biologischer und kultureller Evolution

18.5 Die Stellung der Neandertaler im Stammbaum des Menschen

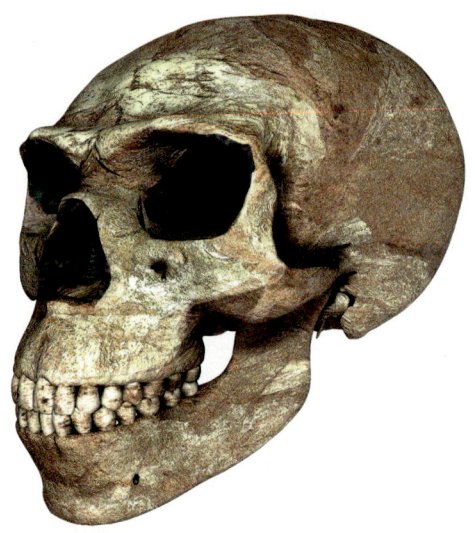

1 *Fossiler Schädel und Rekonstruktion eines Neandertalers.* Er lebte vor etwa 40 000 Jahren in Mitteleuropa.

In den meisten Zellen des Menschen kommt die DNA in den Chromosomen des Zellkerns und als ringförmiger Doppelstrang in den Mitochondrien vor. In Fossilien, z. B. Schädelknochen, die einige zehntausend Jahre alt sind, können sich noch Bruchstücke der DNA finden, zumeist allerdings in sehr geringer Menge (Abb. 1). Man spricht von alter oder fossiler DNA, abgekürzt **aDNA** (engl. *ancient*, alt). Je älter Fossilien sind, desto weniger wissenschaftlich verwertbare DNA-Bruchstücke sind in der Regel noch vorhanden. Aber auch die Umwelt der fossilen Knochen hat Einfluss auf den Erhalt der DNA. Trockene und kühle Bedingungen verlangsamen ihren Zerfall, ungünstige pH-Werte und Wärme fördern den Zerfall. So findet sich in Moorleichen wegen der sauren Umgebung in der Regel kaum verwertbare aDNA. Bei der Gewinnung von aDNA müssen besondere Reinlichkeitsgebote und Verfahren angewandt werden, um die Verschmutzung der Probe durch DNA von Bakterien, Pilzen oder durch Menschen zu verhindern.

Die Auswertung **mitochondrialer DNA (mtDNA)** hat bei bestimmten Fragestellungen Vorteile. MtDNA wird beim Menschen und vielen anderen Lebewesen fast ausnahmslos über Eizellen, also über die mütterliche Linie vererbt. Die mtDNA hat eine konstante und im Vergleich zur Zellkern-DNA relativ hohe Mutationsrate, sodass sich in vergleichsweise kurzer Zeit Unterschiede in der Basensequenz der mtDNA ergeben. Da in einer Zelle viele hundert Mitochondrien vorkommen, lässt sich oftmals auch aus Fossilien genug mtDNA gewinnen. Humane mtDNA spielt eine wichtige Rolle bei der Erforschung der jüngeren Menschheitsgeschichte, z. B. der Besiedlung Europas und anderer Kontinente, aber auch bei der Frage nach der Stellung der Neandertaler im Stammbaum des modernen Menschen (*Homo sapiens*) (Abb. 2). Die Forschungen zu dieser Frage bieten ein gutes Beispiel, um die Vorläufigkeit wissenschaftlicher Erkenntnisse aufzuzeigen. Das betrifft auch die Frage, ob es in prähistorischer Zeit zum **Genfluss** zwischen Populationen des Neandertalers und des modernen Menschen kam.

> Neandertaler lebten etwa 250 Tausend Jahre lang im Nahen Osten und in Europa. Vor etwa 40 bis 30 Tausend Jahren starben die Neandertaler aus. Zu dieser Zeit breitete sich der Homo sapiens, der sich vor etwa 150 Tausend Jahren in Afrika entwickelte, vom Nahen Osten nach Europa (und nach Asien) aus. Die letzte gemeinsame Vorfahren-Population von Neandertalern und Homo sapiens lebte vor etwa 300 Tausend Jahren in Afrika.

2 *Entstehung und Verbreitung von Neandertalern und modernen Menschen (Homo sapiens)*

Im Neandertal in der Nähe von Mettmann im heutigen Bundesland Nordrhein-Westfalen (wo auch das Neanderthal-Museum zu finden ist) wurden um 1856 Teile eines Skeletts gefunden, das heute auf ein Alter von etwa 42 Tausend Jahren geschätzt wird. Handelte es sich um das krankhaft verformte Skelett eines modernen Menschen, um einen Vorfahren des modernen Menschen oder um einen Vertreter einer eigenen Art? Ende des 19. Jahrhunderts und in der ersten Hälfte des 20. Jahrhunderts herrschte die Meinung vor, der Neandertaler sei eine eigene Art. Er wurde noch weit bis in das 20. Jahrhundert ohne jegliche Grundlage als „Affenmensch", brutal, primitiv und stumpfsinnig beschrieben. Heute weiß man, dass Neandertaler sprachbegabt waren, in komplexen sozialen Beziehungen lebten, geschickte Werkzeugmacher und Großwildjäger waren, ihren Kranken Unterstützung und Hilfe boten, ihre Toten in vielen Fällen bestatteten und ein Gehirnvolumen ähnlich wie der moderne Mensch hatten. In der Mitte des 20. Jahrhunderts wurden neue Fossilfunde teilweise so interpretiert, dass Neandertaler und moderne Menschen zu einer Art gehören. Das drückte sich unter anderem in der Namensgebung aus: Homo sapiens neanderthalensis und Homo sapiens sapiens. Mit dem Aufkommen molekulargenetischer Verfahren seit dem Ende des 20. Jahrhunderts zur Bestimmung biologischer Verwandtschaft, gewannen die Fragen nach der Stellung der Neandertaler im Stammbaum des Menschen erneut Bedeutung. Insbesondere die Frage, ob es in prähistorischer Zeit zum Genfluss zwischen Populationen der Neandertaler und der modernen Menschen kam – ob also Neandertaler und moderne Menschen in der Zeit ihres gemeinsamen Vorkommens im Nahen Osten und in Europa gemeinsame, fruchtbare Nachkommen hatten. Dazu finden Sie auf dieser Seite Ergebnisse von zwei wissenschaftlichen Untersuchungen aus den Jahren 2010 (Abb. 4) und 2006 (Abb. 5) – die hinsichtlich der genannten Frage nicht ganz widerspruchsfrei sind.

3 *Einige Aspekte aus der Geschichte der Neandertal-Forschung*

Professor Svante Pääbo (Leipzig) fasste das Ergebnis des Vergleichs von Zellkern-DNA von Neandertalern (aDNA) und Menschen aus Afrika, Europa und Asien dahingehend zusammen, dass bei allen Menschen außerhalb Afrikas (nicht jedoch bei Afrikanern) durchschnittlich ein bis vier Prozent der Zellkern-DNA von Neandertalern stammt. Um das Ergebnis zu erklären, müsse man beachten, dass moderne Menschen und Neandertaler eine Zeit lang im Nahen Osten in Koexistenz lebten, bevor der moderne Mensch sich von dort aus nach Europa und Asien und weiter nach Australien und Amerika ausbreitete.

4 *Vergleich von Zellkern-DNA heutiger Menschen und von Neandertalern (Veröffentlichung 2010)*

1 Vorläufigkeit wissenschaftlicher Erkenntnisse.
Erläutern Sie unter Bezug auf Informationen in Abb. 3 am Beispiel der Neandertaler-Forschung die Vorläufigkeit wissenschaftlicher Erkenntnisse.

2 Stellung des Neandertalers zum Homo sapiens?
a) Werten Sie Abb. 4 und 5 getrennt in Hinblick auf die Frage in der Aufgabenüberschrift aus.
b) Skizzieren Sie unter Bezug auf Abb. 2 einen Stammbaum der letzten 300 Tausend Jahre von Neandertaler und Homo sapiens, der stimmig ist mit den Ergebnissen der Auswertung der Abb. 4. Skizzieren Sie außerdem einen solchen Stammbaum, der stimmig mit den Ergebnissen der Auswertung von Abb. 5 ist. Präsentieren und diskutieren Sie die beiden Stammbäume.

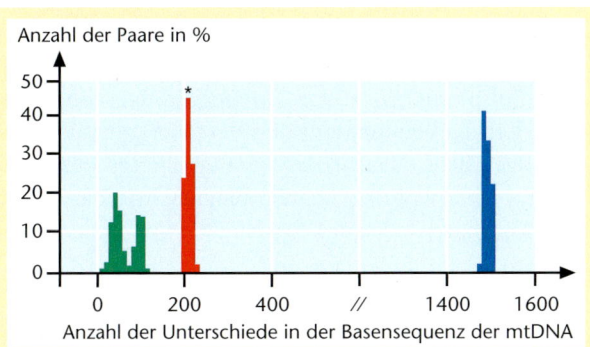

Grün: Vergleich der mtDNA-Basensequenz von 53 Menschen aus der ganzen Welt. Jeweils 2 Menschen bilden ein Paar. Alle Paaruntersuchungen zusammen entsprechen 100%.

Rot: Vergleich der mtDNA-Basensequenz von 53 Menschen mit der DNA-Basensequenz eines vor 38 000 Jahren lebenden Neandertalers.

Blau: Vergleich der mtDNA-Basensequenz von 53 Menschen mit der mtDNA-Basensequenz eines Schimpansen.

* Lesebeispiel: 45 % der Paare „Jetztmensch/Neandertaler" zeigten beim Vergleich der vollständigen mtDNA-Basensequenz jeweils etwas mehr als 200 Unterschiede.

5 *Vergleich von mtDNA-Basensequenzen (Daten von 2006)*

18.6 Evolution des menschlichen Gehirns

1 *a) Die Evolution des Gehirns im Verlauf der Menschwerdung* begünstigte ausgiebiges Lernen. *b) Besonders der stammesgeschichtlich jüngste, stark gewundene Teil der Großhirnrinde hat zugenommen. c) Vernetzung von Nervenzellen (grün) und Begleitzellen (orange) in der Großhirnrinde*

Obwohl die durchschnittliche Körpermasse heute lebender Menschen nur etwa um ein Viertel größer ist als die Körpermasse von Vormenschen, die vor drei Millionen Jahren lebten, unterscheiden sich die Gehirnvolumina etwa um den Faktor drei (Abb. 2). Im evolutiven Prozess der Menschwerdung wurden nicht alle Teile des Gehirns gleichmäßig vergrößert, sondern im Wesentlichen nur der stammesgeschichtlich jüngste Teil der Großhirnrinde, seine oberflächennahe Schicht (Abb. 1b). Vielfältige Windungen der Großhirnrinde tragen zu einer relativ großen Oberfläche bei. Sie ist um ein Vielfaches größer als beim Schimpansen und beherbergt beim Menschen etwa zwölf Milliarden Neuronen.

Die Funktionen der Großhirnrinde sind stark miteinander vernetzt. Bestimmte Bereiche dienen vornehmlich der Auswertung von Informationen der Sinnesorgane, insbesondere des Sehsinns, des Hörsinns und des Tastsinns. Andere Bereiche steuern und regeln willkürliche Bewegungen, zum Beispiel die der Hände, der Stimmbänder und des Kehlkopfes. Auch die Fähigkeit, eine **Wortsprache** zu verstehen und durch sie mit anderen Menschen zu kommunizieren, ist an die Großhirnrinde gebunden. Ausgedehnte Bereiche der Großhirnrinde dienen der **Speicherung** von erlernten Informationen (Gedächtnis) sowie der **Verknüpfung** von Informationen (Assoziation) und der **Zusammenführung** (Integration) von Wahrnehmungen, Gedächtnisinhalten und emotionalen Bewertungen.

Funktionen der Großhirnrinde sind nicht nur Voraussetzung für problemlösendes und für planendes, in die Zukunft gerichtetes Denken, sondern auch für die Fähigkeit, sich in andere Menschen, ihre Gefühle, Stimmungen und Absichten hineinzuversetzen. Diese Fähigkeit wird **Empathie** genannt und ist Teil der beim Menschen besonders ausgeprägten **sozialen Intelligenz**. Darunter versteht man die Fähigkeit, mit anderen Menschen in Wechselwirkung zu treten: sich mit ihnen zu verständigen, mit ihnen zusammenzuarbeiten, gemeinsam zu planen, Beziehungen aufzubauen und Beziehungen zu pflegen, Konflikte zu lösen und von anderen Menschen zu lernen.

Fachleute nehmen an, dass unter den Lebensbedingungen der Sammler und Jäger ein wichtiger Überlebensvorteil mit der verstärkten Ausbildung sozialer Intelligenz einherging. Das Sozialverhalten äußert sich zum Beispiel in Form von Kooperationen, Arbeitsteilung, Lernen voneinander und Verständigung über zukünftige Ziele. Das Sozialverhalten liefert Lösungen für die Überwindung von Problemen, wie das Lösen von Konflikten oder das Erschließen von neuen Nahrungsquellen.

Dem vielfältigen Nutzen eines relativ großen Gehirns stehen erhebliche Kosten gegenüber. Das Gehirn des Menschen benötigt einen Großteil der in der Zellatmung bereitgestellten Energie (Abb. 2).

→ 10.15 Die menschliche Wortsprache   → 12.2 Gedächtnismodelle

1 Überlebenssicherung durch soziale Wechselwirkungen. Beschreiben Sie mithilfe von Abb. 1a die verschiedenen sozialen Wechselwirkungen im Leben von Menschen im eiszeitlichen Europa vor 20 000 Jahren.

2 Kosten-Nutzen-Analyse des großen Menschenhirns.
a) Werten Sie die Abb. 2 aus.
b) Erstellen Sie eine Kosten-Nutzen-Analyse des menschlichen Gehirns.

3 Evolution des HAR1-Gens.
a) Beschreiben und begründen Sie die Vorgehensweise der in Abb. 3 beschriebenen Untersuchung.
b) Bestimmen Sie die Unterschiede der DNA-Basensequenz zwischen dem HAR1-Gen des Huhns und des Schimpansen bzw. zwischen Schimpanse und Mensch (Abb. 3). Interpretieren Sie die Sequenzunterschiede mithilfe von Abb. 4.
c) Erläutern Sie, inwieweit diese Forschungsergebnisse im Widerspruch dazu stehen, dass die Anzahl der Mutationen ein Maß für die zeitliche Trennung von Entwicklungslinien ist.

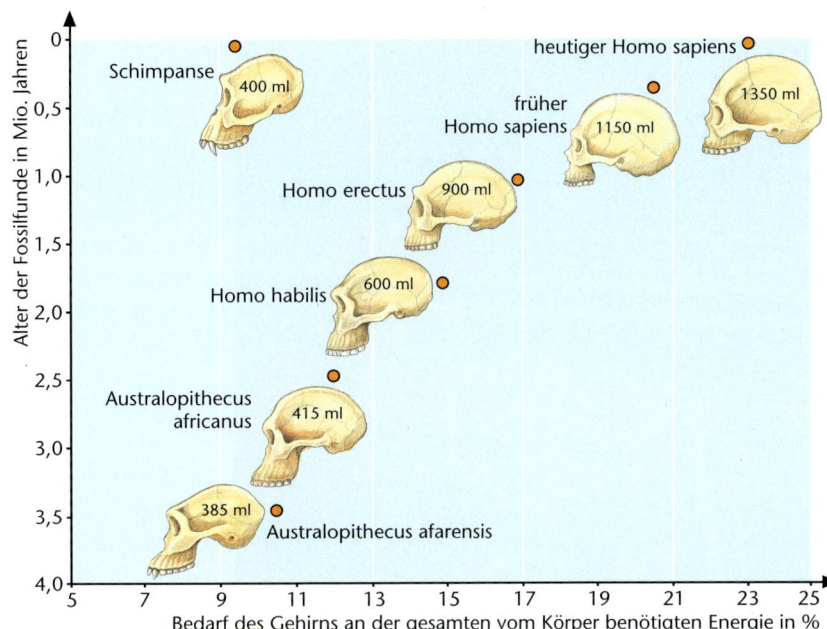

2 Anteil des Gehirns am Ruhe-Energiebedarf des gesamten Körpers bei Schimpansen, Vormenschen (Australopithecus afarensis, Australopithecus africanus) sowie Frühmenschen (Homo habilis, Homo erectus) und Jetztmenschen (Homo sapiens). Die Zahlen geben das Gehirnvolumen an.

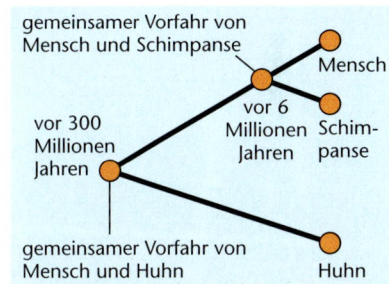

4 Stammbaum von Mensch, Schimpanse und Huhn

Der Schimpanse stimmt in fast 99 % der DNA mit ihm überein und hat ein Gehirn, dessen Volumen dem der Vormenschen am nächsten kommt. Unten ist die DNA-Basensequenz beim Huhn, beim Schimpansen und beim Menschen für das Gen mit dem Kürzel HAR1 dargestellt. Es sind keine komplementären Basen, sondern 120 aufeinander folgende Basen der einen Hälfte des DNA-Moleküls dargestellt. HAR1 ist ein Beispiel für ein aktives Gen, das sich seit der Trennung von Menschen- und Schimpansenlinie in seiner DNA-Basensequenz stark verändert hat. Untersuchungen haben gezeigt, dass dieses Gen u. a. an der Ausbildung der typischen Windungen und Furchen der Großhirnrinde des Menschen beteiligt ist.

Basensequenz Huhn: HAR1-Gen

TGAAATGGAGGAGAAATTACAGCAATTTATCAACTGAAATTATAGGTGTAGACACATGT
CAGCAGTAGAAACAGTTTCTATCAAAATTAAGTATTTAGAGATTTTCCTCAAATTTCA

Schimpanse

TGAAATGGAGGAGAAATTACAGCAATTTATCAACTGAAATTATAGGTGTAGACACATGT
CAGCAGTGGAAATAGTTTCTATCAAAATTAAGTATTTAGAGATTTTCCTCAAATTTCA

Mensch

TGAAACGGAGGAGACGTTACAGCAACGTGTCAGCTGAAATGATGGGCGTAGACGCACGT
CAGCGGCGGAAATGGTTTCTATCAAAATGAAAAGTGTTTAGAGATTTTCCTCAAGTTTCA

3 Veränderungen der DNA-Basensequenz im HAR1-Gen

→ 18.8 Evolutive Trends in der Menschwerdung

18.7 Lebensgeschichte und Elterninvestment

Vergleicht man die **Lebensgeschichte** (Lebenszyklus), also die Abfolge von Entwicklungsschritten und Veränderungen innerhalb der Lebensspanne eines Menschen, mit der Lebensgeschichte anderer Primaten, so ergeben sich beim Menschen folgende Besonderheiten: Die Phase der Kindheit und der Jugend und damit die Zeitspanne elterlicher Betreuung ist so lang wie bei keinem anderen Lebewesen. Der Eintritt in die Geschlechtsreife erfolgt relativ spät. Außerdem sind Menschen sehr langlebig (Abb. 2). Zu diesen lebensgeschichtlichen Aspekten kommt hinzu, dass Menschen vergleichsweise wenige Nachkommen großziehen.

Die Evolution der menschlichen Lebensgeschichte erfolgte im Verlauf der Menschwerdung. Man nimmt an, dass die Vormenschen eine ähnliche Lebensgeschichte wie die heutigen Schimpansen hatten (Abb. 2). In der Zeit der Frühmenschen entwickelte sich dann allmählich die menschliche Lebensgeschichte. Ein Beispiel für diesen allmählichen Übergang ist der „Junge von Nariokotome" (Abb. 1). Er starb vermutlich im Alter von neun Jahren. Im Vergleich zu Schimpansen und Vormenschen hatte der Junge von Nariokotome bereits eine Lebensgeschichte mit deutlich längerer Kindheit und Jugend. Als Erwachsener wäre er etwa 1,80 m groß und 70 kg schwer geworden und hätte ein Gehirnvolumen von knapp 1000 cm^3 gehabt.

Die sehr lange Kindheit beim Menschen geht mit einem sehr hohen **Elterninvestment** einher. Besonders in den ersten Lebensjahren ist der Aufwand der Eltern an Zeit und Energie erheblich. Dabei erfordert insbesondere die Entwicklung des kindlichen Gehirns einen hohen Anteil der lebensnotwendigen, mit der Nahrung zur Verfügung gestellten Energie (Abb. 3). Die Gehirnmasse eines Babys vervierfacht sich in den ersten zwei Jahren nach der Geburt. Dieses Wachstum, vor allem der Großhirnrinde, geht kaum mit der Erhöhung der Zahl der Neuronen, sondern vor allem mit der Entwicklung synaptischer Verschaltungen einher (Abb. 4). Unter dem Einfluss der Umwelt und entsprechenden Erfahrungen des Babys vollzieht sich nach und nach die Verschaltung der Neuronen im Gehirn. In der Kindheit wird besonders viel gelernt: beim Spielen, von Eltern, Geschwistern und von anderen Gruppenmitgliedern. Das ausgeprägte **Lernvermögen** bezieht sich unter anderem auf das Lernen von Bewegungen, von Sprache, von Wissen und von sozialen Verhaltensweisen.

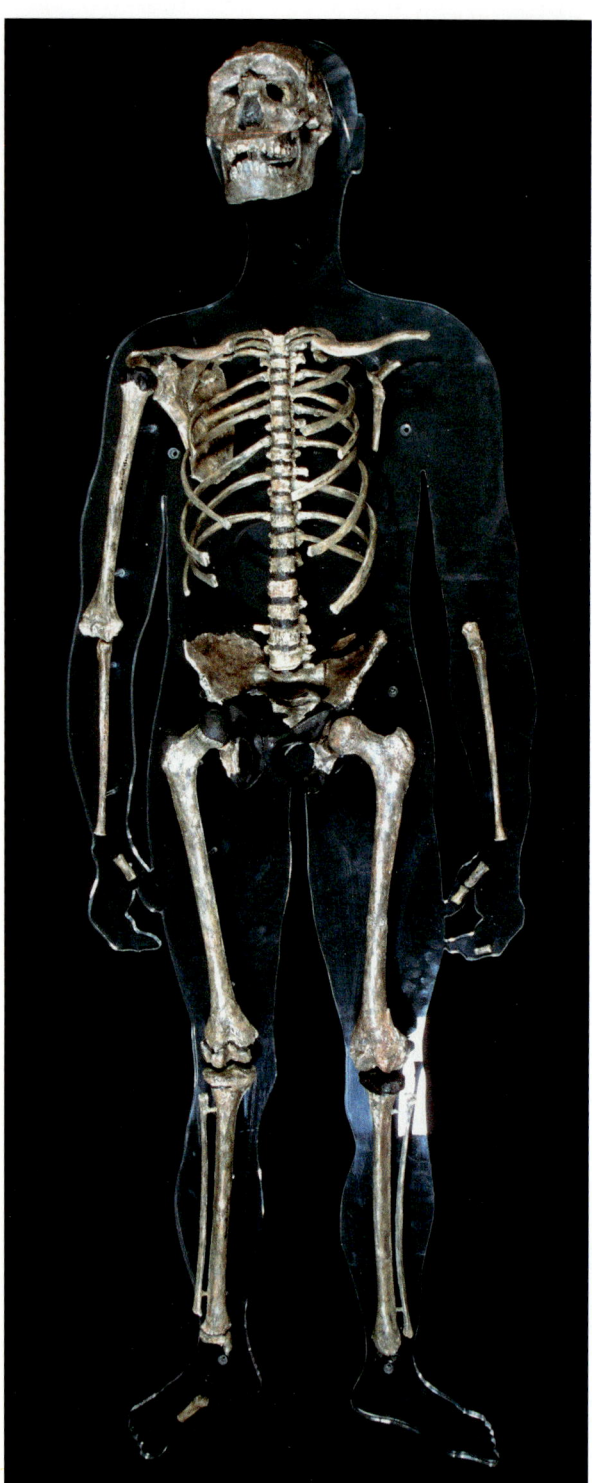

1 *Skelett eines Frühmenschen aus der Zeit um 1,6 Millionen Jahren vor heute. Es wird nach dem Fundort in Kenia „Junge von Nariokotome" genannt.*

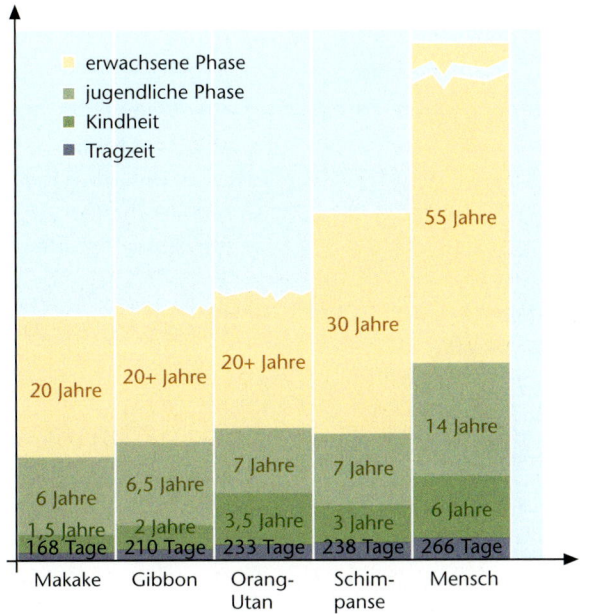

2 Lebensgeschichte des Menschen und anderer Primaten

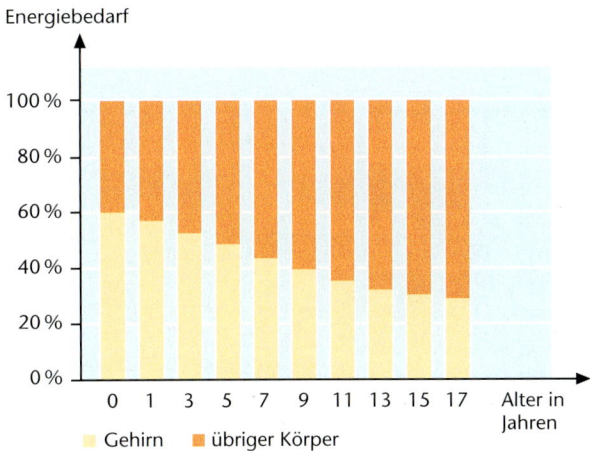

3 Relativer Energiebedarf des Gehirns im Verlauf der Individualentwicklung des Menschen

1 Biologische Bedeutung der langen Kindheit beim Menschen.
a) Werten Sie Abb. 2 aus.
b) Erläutern Sie die biologische Bedeutung der langen Kindheit beim Menschen. Beachten Sie dabei unter anderem Abb. 2, 3 und 4.

c) Ordnen Sie anhand von Informationen aus diesem Abschnitt den Menschen in das Modell der r- und K-Fortpflanzungsstrategien ein.

2 Synaptische Verschaltungen durch Zusammenwirken von Genen und Umwelt. Begründen Sie unter Bezug auf Abb. 4, inwiefern das Zusammenwirken von Genen und Umwelt die neuronalen Verschaltungen in der Großhirnrinde beeinflusst.

Die meisten der vielen Milliarden Neuronen des menschlichen Gehirns liegen bereits nach der Hälfte der Schwangerschaft vor – allerdings zunächst noch fast ohne synaptische Verschaltungen. Unter dem Einfluss der Gene bildet sich in der Großhirnrinde im weiteren Verlauf der Schwangerschaft bis in das zweite nachgeburtliche Lebensjahr hinein ein riesiges Netzwerk von Axonen mit vielen Billiarden Synapsen – etwa doppelt so viele, wie letztlich gebraucht werden. Im Laufe der Kindheit findet eine Auslese der Synapsen statt: Diejenigen, die häufiger gebraucht werden und aktiv sind, werden im Laufe der Zeit stabilisiert. Diejenigen, die kaum oder gar nicht gebraucht werden, bilden sich zurück. Ob Synapsen aktiv oder nicht aktiv werden, hängt vor allem von der Umgebung ab: Sinneseindrücke, Lernen und Erfahrungen, soziale und emotionale Wechselwirkungen mit anderen Menschen beeinflussen das bleibende Muster der Verschaltungen in der Großhirnrinde. Zwar können das ganze Leben hindurch durch Lernen neue synaptische Verbindungen gebildet werden, doch geschieht das beim Erwachsenen nicht mehr so flexibel wie in der Kindheit.

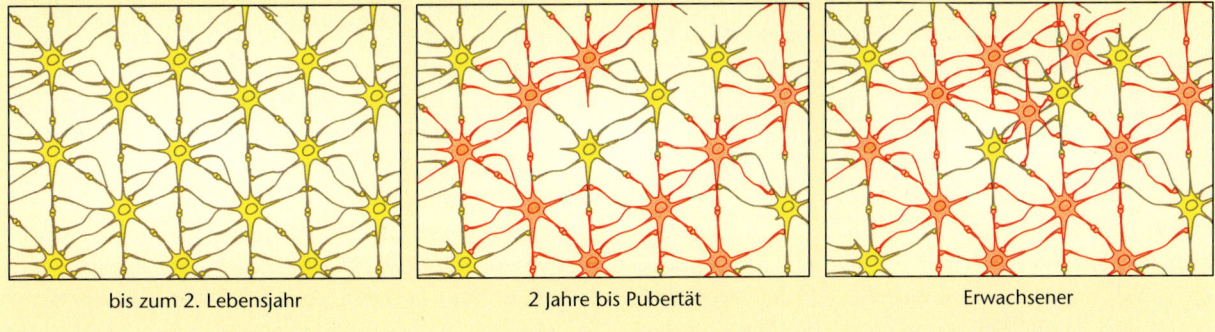

4 Neuronale Verschaltungen in der Großhirnrinde sind das Ergebnis des Zusammenwirkens von Genen und Umwelt

18.8 Evolutive Trends in der Menschwerdung

1 *Evolutive Trends, die in der Menschwerdung bedeutsam waren*

Die Evolution des Menschen verlief nicht eingleisig als geradliniger Prozess. Vielmehr veränderten sich mosaikartig verschiedene Merkmale und Eigenschaften allmählich mit unterschiedlicher Geschwindigkeit. Während des größten Zeitanteils der Menschwerdung lebten mehrere Arten von Vor- und Frühmenschen mit jeweils eigenen Merkmalskombinationen zeitgleich. Der *Homo sapiens* ist die einzige überlebende Art.

Mit Ausnahme der Wortsprache sind viele Merkmale, die man früher allein dem Menschen zuschrieb, auch bei Schimpansen, bei anderen Menschenaffen und bei bestimmten Nicht-Primaten angelegt. Dazu gehört die Herstellung und Nutzung einfacher Werkzeuge sowie bestimmte Aspekte sozialer Intelligenz wie die Fähigkeit, sich seiner selbst bewusst zu sein und sich in andere hineinversetzen zu können.

Die allmähliche Veränderung von Merkmalen im Verlauf der Menschwerdung bezeichnet man als **evolutiven Trend**. In Abb. 1 sind einige bedeutsame evolutive Trends dargestellt. Sie werden auch **Schlüsselmerkmale** genannt. Die allmähliche Vergrößerung des Gehirns ist ein Beispiel für einen evolutiven Trend:

– Das Gehirnvolumen nahm, vor allem aufgrund der Vergrößerung der Großhirnrinde, beträchtlich zu.
– Die Lern- und Gedächtniskapazitäten vergrößerten sich erheblich.
– Das Ausmaß sozialer Wechselwirkungen nahm in den Gruppen zu und begünstigte soziale Intelligenz.
– Innerhalb der Lebensgeschichte verlängerte sich die Dauer der Kindheit sowie die gesamte Lebensdauer.
– Das Elterninvestment, der Einsatz an Energie und Zeit für die Nachkommen, wurde umfangreicher.
– Im Zusammenleben vergrößerten sich die Gruppengrößen.
– Der Fleischanteil an der Nahrung nahm zu.
– Die Werkzeugherstellung verfeinerte sich und die Vielfalt an Werkzeugen wurde größer.
– Die Bereiche der Großhirnrinde, die für die Steuerung der Feinmotorik der Finger zuständig sind, vergrößerten sich.
– Wortsprache ermöglichte, sich über Vergangenes, Zukünftiges und alles, was nicht unmittelbar wahrnehmbar ist, zu verständigen.

1 Wirkungsgefüge in der Evolution des Menschen. Die verschiedenen evolutiven Trends und Schlüsselmerkmale entwickelten sich nicht isoliert, sondern beeinflussten sich gegenseitig. Sie bilden ein Wirkungsgefüge in der Evolution des *Homo sapiens*.
a) Bilden Sie Gruppen. Schreiben Sie für jede Gruppe die in Abb. 1 angegebenen evolutiven Trends jeweils gut lesbar auf eine von elf kleinen Karteikarten. Ordnen Sie die Karten kreisförmig an. Legen Sie eine beliebige Karte in die Mitte (z. B. „Gehirngröße"). Entwerfen Sie Vermutungen über Beziehungen dieses evolutiven Trends zu einem oder mehreren anderen evolutiven Trends (Beispiel: Das vergrößerte Gehirn steigert die Lern- und Gedächtniskapazitäten). Diskutieren Sie Ihre Vermutungen, auch mit Blick auf die Plausibilität Ihrer Ausführungen. Fahren Sie mit der nächsten Karte fort usw. Beenden Sie diese Aufgabe, wenn sich nach Ihrem Eindruck die Wiederholungen häufen.
b) Erstellen Sie mithilfe der Abb. 1 und dem Text auf der linken Seite eine Concept-Map mit dem Titel „Evolutive Trends in der Menschwerdung".

2 Evolutiver Trend: Abnahme des Geschlechtsdimorphismus. Unter Geschlechtsdimorphismus versteht man körperliche Unterschiede zwischen den Geschlechtern einer Art, z. B. in der Körpergröße oder der Körpermasse. Bei den Primaten zeigt sich häufig ein Zusammenhang zwischen den Geschlechtsunterschieden bei Körpergröße und Körpermasse einerseits und dem Gruppenleben andererseits. Zum Beispiel ist bei den Gorillas, die in Haremsgruppen leben, der Geschlechtsdimorphismus in der Körpermasse sehr deutlich ausgeprägt: Die Weibchen erreichen 90 kg, die Männchen bis zu 200 kg. Je größer die Konkurrenz der Männchen um die Weibchen ist, desto größer ist in der Regel der Geschlechtsdimorphismus. Umgekehrt gilt: Je geringer die Konkurrenz der Männchen um die Weibchen ist, zum Beispiel bei Zweierbeziehungen wie bei den Gibbons, desto geringer ist in der Regel der Geschlechtsdimorphismus ausgeprägt.
a) Erläutern Sie anhand der Angaben in Abb. 2 den evolutiven Trend im Geschlechtsdimorphismus.
b) Interpretieren Sie diesen Trend im Zusammenhang mit zunehmendem Elterninvestment und verlängerter Kindheit.

3 Versteckte Ovulation beim Menschen. Während der fruchtbaren Tage treten bei Primaten-Weibchen körperliche Veränderungen oder Veränderungen im Verhalten auf, die als Signale auf paarungsbereite Männchen wirken. Eine Hypothese besagt, dass dies auch noch bei den Vormenschen so war. Im Verlauf der Menschwerdung entwickelte sich dann eine versteckte Ovulation. Dabei gehen von einer Frau zur Zeit der fruchtbaren Tage keine offensichtlichen Signale an mögliche Partner aus.
Entwickeln Sie Hypothesen über evolutive Wechselwirkungen der versteckten Ovulation auf das Sozialsystem und das Ausmaß des Geschlechtsdimorphismus.

	Vormensch	Frühmensch	Jetztmensch
Schädel (Gewicht)	118 %	119 %	118 %
Körpermasse	155 %	110 %	117 %
unterer Eckzahn (Größe)	127 %	114 %	105 %
Angegeben sind die durchschnittlichen Abweichungen der Männer von den entsprechenden Werten der Frauen (= 100 %).			

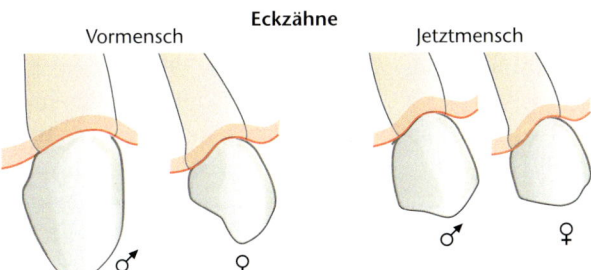

2 Geschlechtsdimorphismus in der Evolution des Menschen

→ 18.6 Evolution des menschlichen Gehirns

18.9 Vergleich biologischer und kultureller Evolution

1 *Kulturelle Evolution beruht auch auf der schnellen Weitergabe erworbener Informationen in einer Gruppe.*

Wenn Sie den Text auf dieser Seite lesen, findet ein alltäglicher kultureller Prozess statt: Sie erwerben Informationen von einem „Artgenossen", dem Autor dieser Zeilen, der seinerseits Informationen von anderen Menschen und aus Fachbüchern erworben hat. Während des Informationserwerbs arbeiten Sie mit einem während der Evolution entstandenen Gehirns, das enorme Lern- und Gedächtniskapazitäten aufweist und auf soziale Intelligenz und Lernen von Mitmenschen angelegt ist. Sie haben in sozialer Wechselwirkung mit Ihren Eltern und Mitmenschen die Sprache gelernt, die es Ihnen ermöglicht, den Informationsgehalt der Worte und Zeilen auf dieser Seite zu verstehen. Außerdem sind Sie in der Lage, diese Informationen mit eigenen Worten an Dritte, z. B. ihre Mitschüler und Mitschülerinnen, weiterzugeben. Und Sie und der Autor dieser Zeilen profitieren davon, dass JOHANNES GUTENBERG um 1450 die Druckerpresse erfand.

Unter **Kultur** versteht man im weit gefassten Sinne die nichterbliche Weitergabe von Fähigkeiten, Verhaltensweisen und Wissen durch soziales Lernen, also durch Lernen von anderen Mitgliedern der Population. Das so Erworbene hat oftmals über Generationen Bestand hat, kann allerdings auch der Veränderung unterliegen.

Der kulturellen Evolution und der biologischen Evolution ist gemeinsam, dass Informationen zwischen Mitgliedern einer Population übertragen werden. Bei der **biologischen Evolution** werden die Informationen in Form von DNA als Informationsspeicher übertragen. Diese genetischen Informationen werden bei der geschlechtlichen Fortpflanzung von Eltern an ihre Nachkommen weitergegeben, können aber durch Mutationen verändert werden. **Kulturelle Evolution** beruht hingegen auf der Übertragung von Information durch Lernen und Gedächtnis, wobei das Gehirn als Informationsspeicher dient. Erlernte Informationen können außerdem ständig zwischen allen Mitgliedern einer Population ausgetauscht und durch unmittelbare Erfahrungen oder Einsichtslernen verändert werden. Das ist einer der Gründe, warum kulturelle Evolution viel schneller abläuft als biologische Evolution. Beim Menschen wurde die kulturelle Evolution durch Wortsprache und später durch Schrift enorm beschleunigt. Diese Beschleunigung hat durch Computer und Internet weiter zugenommen.

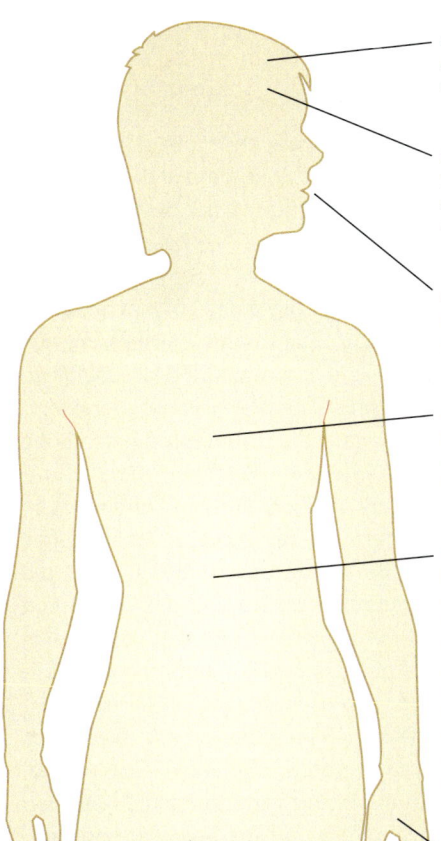

Gen ASPM
An der Ausbildung des großen menschlichen Gehirns beteiligt.

Gen HAR 1
Spielt eine Rolle bei der Ausbildung der stark gefurchten Großhirnrinde in der Individualentwicklung.

Gen FOXP2
Ist an der Ausbildung der Fähigkeit zu sprechen mit beteiligt.

Gen AMY1
Fördert den Stärkeabbau. Half wahrscheinlich unseren Vorfahren, neue stärkehaltige Nahrungsquellen zu erschließen.

Gen LCT
In der stammesgeschichtlich ursprünglichen Form verloren Menschen nach der Entwöhnung von der Muttermilch allmählich die Fähigkeit, Milchzucker (Lactose) abzubauen. Das mutierte Gen LCT ermöglicht einem Teil der Menschen auch als Erwachsene Laktose zu nutzen. Diese Mutation breitete sich vor allem in solchen Regionen aus, in denen Menschen begannen, Vieh zu züchten.

Gen HAR2
Fördert während der Embryonalentwicklung Genaktivitäten in Daumen und Handgelenken. Vermutlich ist dieses Gen an der Ausbildung der besonders guten Handgeschicklichkeit des Menschen beteiligt.

heute

vor etwa 3000 Jahren

vor etwa 25 000 Jahren

vor etwa 1,8 Millionen Jahren

2 a) Biologische Evolution. Die Abb. zeigt eine Auswahl von Genen, in deren Basensequenz oder Regulation sich der Mensch vom Schimpansen unterscheidet; **b) Aspekte der kulturellen Evolution des Menschen** in den letzten zwei Millionen Jahren

1 Vergleich biologischer und kultureller Evolution.
a) Vergleichen Sie anhand der Informationen auf der linken Seite und der Abb. 2 biologische und kulturelle Evolution.
b) Manchmal wird behauptet, die kulturelle Evolution folge lamarckistischen Prinzipien, während die biologische Evolution nach darwinistischen Prinzipien erfolgt. Prüfen Sie den ersten Teil der Behauptung.
c) Begründen Sie, dass die menschliche Wortsprache und die darauf basierende Schrift Katalysatoren der kulturellen Evolution waren und sind.

2 Werkzeugkultur bei Schimpansen. Erläutern Sie Bedingungen für Kultur bei Schimpansen und beschreiben Sie den mutmaßlichen Verlauf der kulturellen Evolution des „Termitenangelns" (Abb. 3).

3 Werkzeugkultur bei Schimpansen: Mit einem dünnen Zweig werden Termiten aus ihrem Bau gezogen und gefressen.

→ 18.1 Evolutionäre Geschichte des menschlichen Körpers → 18.8 Evolutive Trends in der Menschwerdung

18.10 Zur Problematik des Begriffs „Menschenrasse"

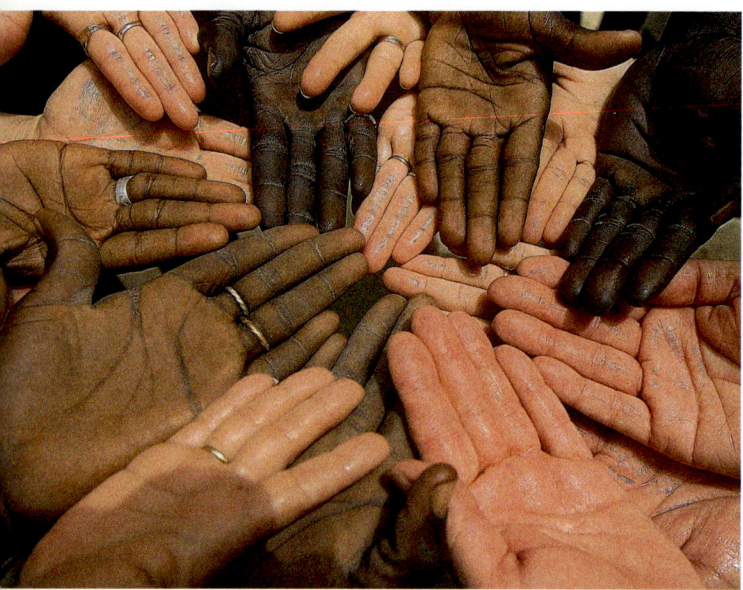

1 *Beim Menschen ist eine Anwendung des Begriffs „Rasse" in keiner Weise haltbar. Auch die Hautfarbe ist zur Einteilung der Menschheit in Rassen ungeeignet. Keine Menschengruppe ist hinsichtlich der Hautfarbe erblich einheitlich. Es gibt in Populationen des Menschen zahlreiche Übergänge zwischen den Hautfarben. Zwei zufällig ausgewählte nicht-verwandte Erdenbürger gleichen sich durchschnittlich genetisch zu 99,9 % – unabhängig von der Hautfarbe und unabhängig von der Herkunft auf diesem Planeten.*

Mit „Rasse" bezeichnete man in der Biologie eine Gruppe von Lebewesen einer Art, die sich von einer anderen Gruppe in erblichen Merkmalen unterscheiden und abgrenzen ließ. Dieser **Rassebegriff** erwies sich in mehrfacher Hinsicht als problematisch. Ein wesentlicher Kritikpunkt ergab sich daraus, dass es keine biologische Begründung dafür gab, wie groß die erblichen Unterschiede zwischen den Gruppen sein mussten, um von verschiedenen Rassen zu sprechen. Daher war die Gruppierung von Lebewesen einer Art in Rassen oftmals willkürlich und subjektiv. Außerdem widersprechen moderne populationsgenetische Erkenntnisse der Einteilung in klar abgegrenzte Rassen in Form von „Schubladen": Die Häufigkeit der verschiedenen Gen-Versionen (Allele) ändert sich zwischen Populationen einer Art meistens nicht abrupt und mit scharfen Grenzen sondern mit gleitenden Übergängen. Das betrifft z. B. auch die Hautfarbe des Menschen (Abb. 1). Heute wird der Begriff Rasse fast nur noch bei der Züchtung von Haustieren verwendet. In den biologischen Wissenschaften, einschließlich der biologischen Wissenschaften vom Menschen, wird der **Rasse-Begriff** kaum noch verwendet.

Insbesondere in der ersten Hälfte des 20. Jahrhunderts wurden Menschen aller Kontinente vermessen, gezeichnet, fotografiert und klassifiziert. Das Ziel war, typische Merkmale von „Menschenrassen" heraus zu finden. Das Ergebnis war eine unüberschaubare Fülle unterschiedlicher Einteilungen. Manche Untersuchungen lieferte drei, andere mehrere Dutzend und manche Untersuchungen lieferten über sechzig verschiedene „Menschenrassen". Es wurde offensichtlich, dass die Merkmale zur Abgrenzung von Rassen stets willkürlich waren. Willkürlich war auch die als unabänderlich dargestellte Verknüpfung charakterlicher, geistig-seelischer und kultureller Eigenschaften mit äußeren Merkmalen von Menschen. So diente zur Zeit des Kolonialismus etwa die Zuschreibung von Primitivität, Unzivilisiertheit und Minderwertigkeit zu Menschen mit dunkler Haut als Vorwand für Mord, Plünderungen, Sklavenhandel und Ausbeutung.

Man nennt es **Rassismus**, wenn einer Menschengruppe Eigenschaften unterstellt werden, durch die sie abgewertet, als unterlegen oder minderwertig eingestuft oder von Teilhabe ausgeschlossen werden; zugleich wird die eigene Gruppe als überlegen und höherwertig angesehen. Meistens werden die negativen Eigenschaften als angeboren oder erblich bedingt dargestellt – also als unabänderliche Wesenseigenschaften. Rassistische Vorurteile wurden in der Geschichte der Menschheit häufig zur Rechtfertigung von Aggressionen gegen andere Menschengruppen eingesetzt. Die fast vollständige Ausrottung der Indianer in Amerika durch den „weißen Mann" wurde damit begründet, dass sie „schmutzige Wilde" seien. Das Vorurteil von der Überlegenheit der „arischen (germanischen) Rasse" und der Unterlegenheit der „jüdischen Rasse" diente im Nationalsozialismus als Rechtfertigung für mehr als sechs Millionen Morde in Konzentrationslagern.

Rassismus tritt weltweit und in vielen verschiedenen Formen auf. Es ist zutiefst menschenunwürdig und gegen die Menschenrechte und gegen die Grundrechte, dass Menschen sich anmaßen, den Wert anderer Menschen zu bestimmen.

→ 3.5 Der genetische Code und Genmutationen

1 Problematik des Rasse-Begriffs beim Menschen.
a) Erläutern Sie die Problematik der Verwendung des Begriffs „Menschenrasse".
b) Entwickeln Sie auf Basis der Informationen in diesem Abschnitt möglichst umfassend Argumente, die gegen eine weitere Verwendung des Begriffs „Rasse" beim Menschen sprechen. Präsentieren Sie ihre Argumente in geeigneter Form.

2 Recherche nach Stichworten.
Recherchieren Sie für ein Kurzreferat in arbeitsteiliger Form nach folgenden Stichworten. Stellen Sie in ihrem Kurzreferat die wesentlichen rassistischen Elemente heraus.
Apartheid
Eugenik
Antisemitismus
Toleranz/ Intoleranz
Genozid
Xenophobie
Alltagsrassismus

„Die neuen wissenschaftlichen Befunde stützen nicht die frühere Auffassung, dass menschliche Populationen in getrennte ‚Rassen' wie ‚Afrikaner', ‚Eurasier' oder irgendeine größere Anzahl von Untergruppen klassifiziert werden könnten. Mit diesem Dokument wird nachdrücklich erklärt, dass es keinen wissenschaftlich zuverlässigen Weg gibt, die menschliche Vielfalt mit den starren Begriffen ‚rassischer' Kategorien oder dem traditionellen „Rassen"-Konzept zu charakterisieren. Es gibt keinen wissenschaftlichen Grund, den Begriff „Rasse" weiterhin zu verwenden."

2 UNESCO-Konferenz 1996, Zitat aus der

a) Obwohl Menschen die ganze Erde besiedelt haben und nach Milliarden zählen, sind die durchschnittlichen genetischen Unterschiede zwischen menschlichen Individuen im Vergleich zu interindividuellen genetischen Unterschieden bei anderen Arten sehr gering (z.B. nur halb so groß wie bei Schimpansen). Das wird so gedeutet, dass der Ursprung aller menschlicher Populationen erst relativ kurze Zeit zurückliegt.

b) Vergleiche mitochondrialer DNA (mtDNA, die nur mütterlicherseits weitergegeben wird) von Menschen aus allen Teilen der Erde lassen den Schluss zu, dass der moderne Mensch (Homo sapiens) in Afrika entstand und vor etwa 80 bis 60 Tausend Jahren begann, über den Vorderen Orient Europa und Asien zu besiedeln. Diese Gründerpopulation im Vorderen Orient schrumpfte aufgrund widriger klimatischer Verhältnisse auf etwa 10 000 Menschen. Damit ging eine Verkleinerung der genetischen Varianz in der Gründerpopulation einher. Man spricht von einem „genetischen Flaschenhals", der maßgeblich mit dafür verantwortlich ist, dass die heutigen genetischen Unterschiede zwischen Menschen sehr gering sind.

c) Äußerlich sichtbare Unterschiede wie die Hautfarbe täuschen größere genetische Unterschiede nur vor. Zwei zufällig ausgewählte Erdenbürger sind unabhängig von Hautfarbe, Körpergröße und Herkunft zu 99,9% genetisch identisch.

d) Beim Vergleich von Mitgliedern unterschiedlicher Populationen (z. B. aus Afrika und aus Europa) sind von den durchschnittlich 0,1%genetischer Varianzim Erbgut etwa 15% auf Unterschiede in den Populationen und 85% auf Unterschiede zwischen Individuen einer Population zurück zu führen. Daher kann die genetische Distanz zwischen zwei dicht beieinander wohnenden Menschen einer Bevölkerungsgruppe genauso groß oder sogar größer sein als zwischen zwei Menschen unterschiedlicher Bevölkerungsgruppen.

e) Hypothesen über eine unterschiedliche Evolutionsgeschwindigkeit verschiedener menschlicher Populationen haben sich nicht bestätigt.

f) Die Hautfarbe ist ein polygen bedingtes Merkmal. Früher wurde sie zur Einteilung in Menschenrassen genutzt (vgl. Informationen in Abb. 1). Heute weiß man, dass die Nuancen der Hautfarbe eine durch positive Selektion begünstigte Angepasstheit des Melaningehalts in der Haut an diejenige Umwelt sind, in die Gruppen des Homo sapiens einwanderten und in denen sie längere Zeit lebten. Maßgeblich für die Ausprägung der Hautfarbe war dabei das Zusammenspiel zweier Prozesse: Einerseits die Schutzfunktion gegen UV-bedingte Zellschäden (dadurch wird eine dunkle Haut bei intensiver Sonneneinstrahlung begünstigt), andererseits die Vitamin-D-Synthese in der Haut mithilfe der Sonnenstrahlung (begünstigt eine helle Haut bei geringer Sonneneinstrahlung).

3 Einige populationsbiologische und genetische Aspekte

Wiederholen im Inhaltsfeld Evolution

Dieser Abschnitt bietet Hilfestellungen zur eigentätigen oder arbeitsteiligen Organisation Ihrer Wiederholungen im Inhaltsfeld Evolution, zum Beispiel in regelmäßigen zeitlichen Abständen, vor Klausuren oder umfassender vor der Abiturprüfung. Die inhaltlichen Schwerpunkte und alle angestrebten inhaltsbezogenen Kompetenzen, wie sie sich aus dem Biologie-Kernlehrplan des Ministeriums für Schule und Weiterbildung Nordrhein-Westfalen für das Inhaltsfeld Evolution ergeben, sind nachfolgend angegeben. Die Nummerierung der Kompetenzen soll der besseren Verständigung dienen und ist weder eine Rangfolge noch eine zeitliche Abfolge. Oftmals können die angestrebten Kompetenzen mehreren inhaltlichen Schwerpunkten zugeordnet werden. In Klammern sind jeweils Kernabschnitte aus diesem Buch zur Wiederholung genannt. Fachliche Kompetenzen des Kernlehrplans, die nur für den Leistungskurs ausgewiesen sind, wurden hier blau markiert. Kompetenzen für den Grundkurs und den Leistungskurs sind orangefarbig gehalten

Inhaltlicher Schwerpunkt (laut Kernlehrplan)	Kompetenz lt. Kernlehrplan, Operatoren *in kursiv und fett*; (grün: zugehörige Kernabschnitte in diesem Bioskop-Buch in Klammern). Die Schülerinnen und Schüler ……
A) Entwicklung der Evolutionstheorie 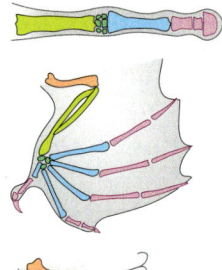 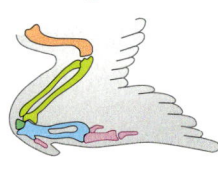 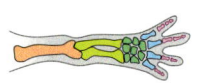	1. *beschreiben* die Einordnung von Lebewesen mithilfe der Systematik und der binären Nomenklatur (14.1, 14.8). 2. *deuten* Daten zu anatomisch-morphologischen und molekularen Merkmalen von Organismen zum Beleg konvergenter und divergenter Entwicklungen (14.3, 14.4). 3. *analysieren* molekulargenetische Daten und *deuten* sie mit Daten aus klassischen Datierungsmethoden in Hinblick auf die Verbreitung von Allelen und Verwandtschaftsbeziehungen von Lebewesen (14.4, 14.8, 15.7, 14.2). 4. *entwickeln* und *erläutern* Hypothesen zu phylogenetischen Stammbäumen auf der Basis von Daten zu anatomisch-morphologischen und molekularen Homologien (14.3, 14.4, 14.8). 5. *stellen* Belege für die Evolution aus verschiedenen Bereichen der Biologie (u.a. Molekularbiologie) adressatengerecht *dar* (14.4, 14.5, 14.6, 14.8). 6. *stellen* Erklärungsmodelle für die Evolution in ihrer historischen Entwicklung und die damit verbundenen Veränderungen des Weltbildes *dar* (14.9, 15.1).
B) Grundlagen evolutiver Veränderungen 	7. *stellen* die Synthetische Evolutionstheorie zusammenfassend *dar* (15.1). 8. *erläutern* den Einfluss der Evolutionsfaktoren (Mutation, Rekombination, Selektion, Gendrift) auf den Genpool einer Population (15.1, 15.2, 15.3, 15.5) 9. *erklären* mithilfe molekulargenetischer Modellvorstellungen zur Evolution der Genome die genetische Vielfalt der Lebewesen (18.2, 16.2) 10. *erläutern* das Konzept der Fitness und seine Bedeutung für den Prozess der Evolution unter dem Aspekt der Weitergabe von Allelen (15.1, 17.4). 11. *bestimmen und modellieren* mithilfe des Hardy-Weinberg-Gesetzes; Allelfrequenzen in Populationen und geben Bedingungen für die Gültigkeit des Gesetzes an. (15.6). 12. *belegen* an Beispielen den aktuellen evolutionären Wandel von Organismen (u.a. mithilfe von Auszügen aus Gendatenbanken) (15.7).

→ 1.2 Die Reiche der Lebewesen   → 1.3 Die Zellen der Prokaryoten und Eukaryoten

C) Art und Artbildung 	13. *erklären* Modellvorstellungen zu Artbildungsprozessen (allopatrische und sympatrische Artbildung) an Beispielen (16.1, 16.2). 14. *Stellen* den Vorgang der adaptiven Radiation unter dem Aspekt der Angepasstheit *dar* (16.3). 15. *wählen* angemessene Medien zur Darstellung von Beispielen zur Coevolution (aus Zoologie und Botanik) *aus* und *präsentieren* die Beispiele (16.4). 16. *beschreiben* Biodiversität auf verschiedenen Systemebenen (genetische Variabilität, Artenvielfalt, Vielfalt der Ökosysteme) (9.8, 15.2).
D) Evolution und Verhalten	17. *analysieren* anhand von Daten die evolutionäre Entwicklung von Sozialstrukturen (Paarungssysteme, Habitatwahl) (17.2, 17.4, 17.5, 17.6).
E) Evolution des Menschen 	18. *ordnen* den modernen Menschen kriteriengeleitet den Primaten zu (18.1, 18.2, 18.3). 19. *diskutieren* wissenschaftliche Befunde (u.a. Schlüsselmerkmale) und Hypothesen zur Humanevolution unter dem Aspekt der Vorläufigkeit kritisch-konstruktiv (18.4, 18.6, 18.7, 18.8, 18.9). 20. *bewerten* die Problematik des Rasse-Begriffs beim Menschen aus historischer und gesellschaftlicher Sicht und *nehmen* zum Missbrauch dieses Begriffes aus fachlicher Perspektive *Stellung* (18.10).
F) Stammbäume 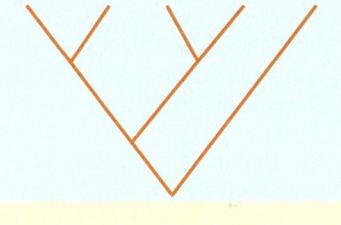	21. (Hinweis: Hier weitgehend in A bis E integriert; nachfolgend sind noch einmal wesentliche Abschnitte des Buches zusammengestellt.) *erstellen* und *analysieren* Stammbäume anhand von Daten zur Ermittlung von Verwandtschaftsbeziehungen von Arten (14.4, 14.8, 18.1, 18.3, 18.5, 18.6). 22. *beschreiben* und *erläutern* molekulare Verfahren zur Analyse von phylogenetischen Verwandtschaften zwischen Lebewesen (18.5, 18.3, 3.9, 3.11, 3.23).

Homologie Analogie Divergenz Konvergenz Phylogenese Stammbaum molekularbiologische Homologien molekularbiologische Verwandtschaftsanalyse DNA-Sequenzierung Aminosäuresequenz-Vergleich mtDNA a DNA binäre Nomenklatur Art Biodiversität Population Gen/ Allel Synthetische Evolutionstheorie **Hardy-Weinberg-Gesetz** Genpool (genetische) Variabilität Mutation Rekombination Selektion Gendrift Evolutionsfaktoren (reproduktive) Isolation/ Isolationsmechanismen allopatrische Artbildung sympatrische Artbildung adaptive Radiation Sozialverhalten Paarungssysteme Kosten-Nutzen- Analysen (Eltern-)Investment Primaten Humanevolution Homo sapiens sapiens

1 *Begriffskasten zur Evolution (Auswahl)*

1 Einige Schlüsselbegriffe zur Evolution.
a) Erläutern Sie sich in Partnerarbeit abwechselnd die in Abb. 1 genannten Fachbegriffe.
b) Erstellen Sie eine Mind-Map zum Thema Evolution. Nutzen Sie unter anderem den Begriffskasten. Zur Untergliederung der Mind-Map können Sie die inhaltlichen Schwerpunkte (nach Kernlehrplan, siehe Tabelle) verwenden.

→ 17.1 Ähnlichkeiten zwischen Lebewesen: Homologien und Analogien   → 20.3 Der Stammbaum des Menschen

Worterklärungen

Abiotische Umweltfaktoren gehören zur unbelebten Umwelt eines Organismus. Windstärke, Luftfeuchtigkeit, Lichtintensität, Temperatur, pH-Wert und Gehalt an verfügbarem Wasser im Boden sind Beispiele für abiotische Umweltfaktoren einer Pflanze.

Abundanz wird meist als Individuendichte bzw. Häufigkeit von Lebewesen einer Art in ihrem Lebensraum oder bezogen auf eine Flächeneinheit verstanden (Individuenabundanz). Die Artenabundanz bezeichnet dagegen die Zahl der verschiedenen Arten je Flächeneinheit.

adaptive Radiation: So nennt man die meist in relativ kurzen erdgeschichtlichen Zeiträumen verlaufende Auffächerung einer Art in zahlreiche Arten (z. B. Darwinfinken). Im Verlauf der adaptiven Radiation werden unterschiedliche ökologische Nischen besetzt, die vorher nicht realisiert waren. Adaptive Radiation tritt meistens dann auf, wenn neue Lebensräume mit vielfältigem Nahrungsangebot besiedelt werden, in denen für die Neusiedler keine oder nur geringe Konkurrenz herrscht. (siehe auch ökologische Nische, Artbildung)

aDNA: (engl. ancient, alt) alte DNA(-Bruchstücke), z.B. aus Fossilien, die in der Biologie je nach chemisch-physikalischen Lagerungsbedingungen im günstigsten Fall noch nach mehreren hunderttausend Jahren für aufwändige phylogenetische Verwandtschaftsanalysen genutzt werden können.

Allele sind Varianten eines bestimmten Gens, die für dasselbe Merkmal zuständig sind. Durch Mutationen besitzen Allele eines Gens im Vergleich mehr oder weniger unterschiedliche DNA-Basensequenzen, die zu unterschiedlichen Merkmalsausprägungen führen können. Jedes Chromosom trägt nur ein Allel. (s.a. Genvarianten)

Alternatives Spleißen ist ein Vorgang im Rahmen der Transkription eukaryotischer Gene, bei dem in kontrollierter Weise aus ein und denselben Primärabschriften eines Gens (prä-mRNA) unterschiedliche fertige mRNA-Moleküle entstehen, die durch Translation zu unterschiedlichen Proteinen führen.

Analogien: Strukturen oder Merkmale bei verschiedenen Arten, deren Ähnlichkeit auf gleicher Funktion, nicht jedoch auf gemeinsamer Abstammung basiert, bezeichnet man als analog. Analogien werden auch als Anpassungsähnlichkeiten bezeichnet. Sie sind stammesgeschichtlich unabhängig voneinander entstanden, lassen jedoch Rückschlüsse auf ähnliche Umweltbedingungen und Selektionsdrücke zu (z. B. Stromlinienform verschiedener wasserlebender Tiere). (siehe auch Homologie)

Angepasstheiten sind vorteilhafte Merkmale, mit denen Lebewesen an ihre Umwelt angepasst sind. Angepasstheiten sind im Laufe der Evolution durch natürliche Auslese entstanden. Sie sind genetisch bedingt und tragen zum Fortpflanzungserfolg (reproduktive Fitness) bei.

Art: Nach einer häufig gebrauchten Definition versteht man unter einer biologischen Art alle Populationen, deren Mitglieder sich untereinander fruchtbar fortpflanzen können, die fruchtbare Nachkommen haben und die von anderen Populationen reproduktiv isoliert sind.

Artbildung: Bei der allopatrischen Artbildung wird durch eine räumliche Barriere (z. B. Gletscher während der Eiszeit in Mitteleuropa) der Genfluss zwischen Populationen der gleichen Art unterbunden. Die räumliche Trennung führt zu einer getrennten Evolution der Populationen. Wenn sich die Populationen im Laufe der Zeit durch Mutation, Rekombination und Selektion und gleichzeitiger Veränderung von Genfrequenzen so weit auseinander entwickelt haben, dass sie hinsichtlich der Fortpflanzung isoliert sind, spricht man von Arten. Bei der sympatrischen Artbildung können sich neue Arten in einem Gebiet, also ohne räumliche Trennung in Populationen, bilden. (s.a.Art, Isolationsmechanismen)

Autosomaler Erbgang: Wenn das betreffende Gen bzw. die Allele auf einem der 22 Autosomenpaare codiert sind, spricht man von einem autosomalem Erbgang. Der Erbgang erfolgt unabhängig vom Geschlecht.

Biodiversität: Darunter versteht man die Vielfalt der Ökosysteme, die Vielfalt der Arten und die genetische Vielfalt innerhalb von Populationen. Biologische Vielfalt hat wirtschaftlichen, ökologischen sowie gesundheitlichen Wert und ist daher ein bedeutsamer Aspekt von Nachhaltigkeit.

Bioindikatoren sind Organismen, deren Anwesenheit oder deren Zustand Rückschlüsse auf bestimmte Umweltbedingungen zulässt z. B. auf den pH-Wert des Bodens, Schadstoffe in der Luft oder die Gewässergüte. Als Bioindikatoren kommen vor allem Organismen mit enger ökologischer Potenz in Frage.

Biologischer Artbegriff: siehe Art

Biotische Umweltfaktoren gehören zur belebten Umwelt eines Organismus, z. B. Konkurrenz durch Artgenossen, Fressfeinde, bakterielle Krankheitserreger, Einflüsse des Menschen.

Biotop ist die Bezeichnung für einen räumlich begrenzten Lebensraum, der ganz bestimmte abiotische Umweltbedingungen aufweist. Dazu gehören chemische und physikalische Eigenschaften des Bodens, des Wassers und Eigenschaften des Klimas. Ein Biotop ist Lebensraum für eine Biozönose (Lebensgemeinschaft).

Biozönose (Lebensgemeinschaft) ist die Gesamtheit der Lebewesen, die in einem Biotop (Lebensraum) vorkommt.

Chloroplasten sind Organellen pflanzlicher Zellen, in denen die Umwandlung von Lichtenergie in chemische Energie durch den Prozess der Fotosynthese stattfindet. Chloroplasten enthalten Licht absorbierende Pigmente, darunter das Chlorophyll. Die innere Membran weist in der Regel zahlreiche Einstülpungen auf, sodass eine große innere Oberfläche entsteht. Chloroplasten besitzen eigene Ribosomen und DNA und vervielfältigen sich durch Teilung selbstständig. Nach der Endosymbiontentheorie gehen Chloroplasten auf die Symbiose eines Fotosynthese betreibenden Prokaryoten im Inneren eines urtümlichen heterotrophen Eukaryoten zurück. Chloroplasten zeigen einige Merkmale, in denen sie Prokaryoten ähneln. (s.a. Endosymbiontentheorie)

Chromatographie ist die Bezeichnung für ein Stofftrennverfahren, das z. B. bei der Auftrennung von Blattfarbstoffen genutzt wird. Papier- und Dünnschichtchromatographie sind zwei von mehreren Formen der Chromatographie. Bei der Dünnschichtchromatographie wird der Blattfarbstoff-Extrakt an der Startlinie z. B. auf eine dünn mit Kieselgel als Trägermaterial beschichtete Fertigfolie aufgetragen. Die Folie wird in eine Laufkammer mit Lösungsmittel (Laufmittel) gestellt. Das Trägermaterial saugt das Lösungsmittel auf. Es steigt auf und mit ihm die darin gelösten Farbstoffe, wobei sich aufgrund der Wechselwirkungen der Farbstoffe mit dem Lösungsmittel einerseits und dem Trägermaterial andererseits stoffspezifische Wanderungsgeschwindigkeiten ergeben.

Chromosomen enthalten die Erbinformation und kommen bei allen Eukaryoten im Zellkern vor. Chromosomen sind aus DNA und Proteinen zusammengesetzt. Der Mensch besitzt in jeder Körperzelle 46 Chromosomen. Davon sind 22 je zweimal vorhanden. Sie heißen Autosomen. Die beiden Chromosomen dieser Chromosomenpaare werden als homologe Chromosomen bezeichnet. Hinzu kommen Chromosomen, die das Geschlecht des Menschen bestimmen. Sie heißen daher Geschlechtschromosomen oder Gonosomen. Bei den Gonosomen unterscheidet man X- und Y-Chromosomen. Bei jedem Autosomenpaar stammt ein Chromosom von der Mutter und eines vom Vater. Auch von den beiden Gonosomen stammt eines von der Mutter und eines vom Vater. Die Körperzellen des Menschen haben also einen doppelten Chromosomensatz: 2 x 22 + XX bei einer Frau und 2 x 22 + XY bei einem Mann. Zellkerne mit einem doppelten Chromosomensatz nennt man diploid, die Zellkerne der Geschlechtszellen besitzen den einfachen (haploiden) Chromosomensatz.

Code-Sonne ist die Bezeichnung für eine Form der schematischen Darstellung des genetischen Codes. Mithilfe der Code-Sonne kann man der Abfolge von Basentripletts der mRNA die dadurch codierte Aminosäuresequenz eines Proteins zuordnen.

Dendrit: siehe Neuron

Destruenten (Zersetzer) sind heterotrophe Lebewesen wie Würmer, Asseln, Bakterien und Pilze, die an der schrittweisen Zersetzung abgestorbener Biomasse beteiligt sind. Bei der vollständigen Zersetzung abgestorbener Biomasse durch Bakterien und Pilze entstehen Kohlenstoffdioxid, Wasser und Mineralsalze.

Dichteunabhängige Faktoren sind Umweltfaktoren, die auf eine Population einwirken, unabhängig von der Anzahl der Individuen in einer Population (z. B. Lufttemperatur). Dichteabhängige Faktoren sind dagegen von der Individuenzahl einer Population abhängig (z. B. verfügbare Nahrungsmenge je Individuum).

Differenzielle Genaktivität bedeutet, dass in Zellen mit gleichem Genom verschiedene Gene aktiv sind. Zellen eines Organismus mit verschiedenen Funktionen, z. B. Nervenzelle und weiße Blutzelle, zeigen Unterschiede in der Aktivität ihrer Gene. Diese Unterschiede äußern sich in Unterschieden in den Proteinen. Differenzielle Genaktivität steht in engem Zusammenhang mit der Entwicklung spezialisierter Zellen, der Zelldifferenzierung.

Dispersion ist die Verteilung der Individuen einer Population im Raum, z.B. zufällige Verteilung, regelmäßige Verteilung, gehäufte Verteilung.

Divergenz, divergente Entwicklung: (lat. divergere, auseinander streben) bedeutet im evolutionsbiologischen Zusammenhang das Verschiedenwerden von homologen Organen im Laufe der Zeit unter dem Einfluss der natürlichen Auslese als Angepasstheit an die Besetzung neuer ökologischer Nischen bzw. neuer Lebensräume. Die Divergenz der homologen Vordergliedmaßen bei Vertretern verschiedener Wirbeltierklassen ist dafür ein Beispiel. Auch bei der adaptiven Radiation kommt es infolge der raschen Besiedlung bisher unbesetzter ökologischer Nischen zur Divergenz (z.B. die Schnabelformen der Darwin-Finken betreffend). (s.a. Homologie).

Eltern-Investment meint in der Biologie alle Investitionen von Eltern zu Gunsten eines Nachkommen, die dessen Überlebenschancen und seinen Fortpflanzungserfolg (reproduktive Fitness) erhöhen. Das Eltern-Investment unterscheidet sich arttypisch bei r- und bei K-Lebenszyklusstrategen (siehe auch Lebenszyklusstrategie).

Energiefluss ist die Weitergabe von chemischer Energie in einem Ökosystem. Im Verlauf der Nahrungsketten wird Biomasse von den Produzenten über die Konsumenten zu den Destruenten weitergegeben. Mit der Biomasse wird chemische Energie transportiert. Ein Teil der Biomasse wird für den Aufbau von Körpersubstanz benötigt, der weitaus größere Teil für die Zellatmung. Bei der Zellatmung der Lebewesen wird ein erheblicher Teil der Energie in Form von Wärme abgegeben. Diese Wärme ist nicht mehr nutzbar, da Lebewesen Wärme nicht in eine andere Energieform umwandeln können. Deshalb spricht man manchmal auch von „Einbahnstraße der Energie" in einem Ökosystem. Als offenes System ist ein Ökosystem auf beständige Energiezufuhr, in der Regel von Lichtenergie, angewiesen.

Epigenetik ist ein relativ junges Wissenschaftsgebiet, das sich mit dem Zusammenwirken von Genen und Umwelt, insbesondere mit Einflüssen der Umwelt auf die Regulation der Genaktivität bei Eukaryoten beschäftigt. Dabei wird auch danach gefragt, wie Festlegungen und Veränderungen in der Genaktivität von Zelle zu Zelle (also mitotisch) oder sogar von Generation zu Generation (meiotisch) weitergegeben werden. Anders als genetische Mutationen sind epigenetische Einflüsse auf die Genaktivität reversibel. Ein wichtiger epigenetischer Mechanismus ist die durch Umwelteinflüsse hervorgerufene Methylierung oder Demethylierung der DNA, insbesondere der Base Cytosin im Promotorbereich. Methylierung verhindert ein Ablesen des zugehörigen Gens.

EPSP: Abkürzung für ein excitatorisches (erregendes) postsynaptisches Potenzial, also eine Depolarisation des postsynaptischen Membranpotenzials.

Eutrophierung heißt der Vorgang, bei dem sich durch menschliches Handeln Mineralsalze in einem Gewässer anreichern. Dadurch wächst die Biomasse vor allem in den Sommermonaten stark an. Sterben diese Pflanzen und Tiere ab, werden sie durch Destruenten zersetzt. Dabei wird viel Sauerstoff verbraucht. Eutrophierung kann daher auch zu Sauerstoffmangel in einem Gewässer führen.

Evolutionsfaktoren sind alle Prozesse, die die Genfrequenzen (Gen-Häufigkeiten) im Genpool einer Population verändern oder die zur Neukombination von Genen führen. Dazu zählen Rekombination bei der Geschlechtszellbildung, Mutationen, natürliche Selektion, Genfluss und Gendrift. (s. a. Synthetische Evolutionstheorie, Artbildung)

Exons sind codierende Bereiche innerhalb eines eukaryotischen Gens bzw. innerhalb der Primärabschrift (prä-mRNA). Exons bleiben beim Spleißen der prä-mRNA in der fertigen mRNA erhalten und werden in eine Aminosäuresequenz translatiert. (s.a. Proteinbiosynthese)

finale Begründungen: Hierbei wird ein Verhalten oder ein Phänomen von der beabsichtigten Wirkung her begründet. Diese Form ist nur korrekt, wenn es sich um die Erklärung einsichtigen Verhaltens handelt, welches ein Bewusstsein voraussetzt.

Fotoreaktionen in der Fotosynthese werden auch als Lichtreaktionen, lichtabhängige Reaktionen oder Primärreaktionen der Fotosynthese bezeichnet (s.a. Fotosynthese).

Fotosynthese heißt der aufbauende (anabole) Stoffwechselprozess, bei dem autotrophe Lebewesen (Pflanzen, bestimmte Bakterien) aus Wasser und Kohlenstoffdioxid mithilfe von Lichtenergie energiereiche organische Stoffe wie Glucose herstellen. Bei der am weitesten verbreiteten Form der Fotosynthese wird Sauerstoff freigesetzt. Fotosynthese ist der wichtigste Vorgang bei der Bildung von Biomasse. Entsprechend sind Fotosynthese betreibende Lebewesen Produzenten in Ökosystemen. Die große Vielfalt pflanzlicher Naturstoffe, die teilweise auch vom Menschen genutzt wird, lässt sich auf Stoffe zurückführen, die im Laufe der Fotosynthese gebildet wurden. Bei der Fotosynthese wird eine nahezu unerschöpfliche außerirdische Energiequelle genutzt. Ein zentraler Vorgang im Fotosyntheseprozess ist die Umwandlung von Lichtenergie in chemische Energie des ATP an den Thylakoidmembranen der Chloroplasten in den sogenannten Lichtreaktionen (Fotoreaktionen, Primärreaktionen) der Fotosynthese. Sie umfassen eine Kette von Teilschritten, in die Licht absorbierende Fotosynthese-Pigmente (darunter Chlorophyll), die Fotolyse des Wassers sowie verschiedene Redoxsysteme als Elektronenüberträger einbezogen sind. Die ATP-Bildung erfolgt durch Chemiosmose. Neben ATP werden in den Lichtreaktionen Reduktionsäquivalente gebildet. ATP und NADPH + H+ aus den Lichtreaktionen werden in den Sekundärreaktionen der Fotosynthese (Calvin-Zyklus, Syntheseraktionen) im Stroma der Chloroplasten eingesetzt. Der Calvin-Zyklus wird in drei Phasen eingeteilt: a) die Bindung von Kohlenstoffdioxid an ein CO_2-Akzeptormolekül (Phase der Kohlenstofffixierung), b) die Phase der Reduktion zu einem energiereichen Zwischenprodukt, aus dem Glucose hergestellt wird, und c) die Phase der Regeneration des CO_2-Akzeptors. (s.a. Chemiosmose)

Fototransduktion heißt der Prozess, bei der an Lichtsinneszellen der Netzhaut (Stäbchen, Zapfen) ein Lichtreiz in Form einer Reaktionskaskade in ein Rezeptorpotenzial umgewandelt wird. An der Reaktionskaskade ist auch ein second messenger beteiligt.

Frequenzcodierung bezeichnet den Sachverhalt, dass in der Frequenz von Aktionspotenzialen Information codiert ist. (In der Amplitude von Aktionspotenzialen kann Information nicht codiert sein, denn die Amplitude von Aktionspotenzialen ist nach dem Alles-oder-Nichts-Gesetz immer gleich).

Genaktivität: siehe Genexpression

Gendrift: ist ein Evolutionsfaktor, also einer der Faktoren, die die Genfrequenzen im Genpool einer Population verändern. Bei Gendrift handelt es sich um zufällige Veränderungen der Genfrequenz (bzw. Allelfrequenz) im Genpool einer Population, z.B. durch Umweltkatastrophen, bei denen nur wenige Individuen überleben oder bei Gründung einer kleinen Population in einem neuen Lebensraum, zum Beispiel einer Insel.

Genexpression ist der Vorgang, bei dem genetische Information umgesetzt und in der Zelle ein Genprodukt hergestellt wird. Bei den proteincodierenden Genen ist das Genprodukt ein Protein. Entsprechend gehören die Schritte der Proteinbiosynthese (Transkription, Translation) zur Genexpression. Häufig wird der Begriff Genexpression auch mit dem Begriff „Genaktivität" gleichgesetzt. Die Genexpression vieler proteincodierender Gene unterliegt Regelungen, die zum Anschalten oder zum Abschalten der Genexpression führen können.

Genfrequenz ist die Häufigkeit, mit der ein bestimmtes Gen und seine Genvarianten (Allele) im Genpool einer Population vorkommen. Die Änderung von Genfrequenzen durch natürliche Selektion ist nach der Synthetischen Evolutionstheorie ein maßgeblicher Aspekt von Evolution.

Genmutationen sind Veränderungen in der Basensequenz eines Gens. Sie werden vereinfacht in zwei Untergruppen eingeteilt. Bei Punktmutationen wird eine Base eines Basentripletts durch eine andere Base ausgetauscht. Bei Leserastermutationen wird durch Hinzufügen oder Entfernen einer oder mehrerer Basen das Leseraster verändert.

Genom ist die Bezeichnung für die Gesamtheit der verschiedenen Gene einer Zelle eines Lebewesens. Meistens bezieht sich bei Eukaryoten der Begriff nur auf die Gene im Zellkern. Zusätzlich können auch die Gene in Chloroplasten und Mitochondrien gemeint sein.

Genpool: Damit wird die Gesamtheit aller Gene und ihrer Varianten (Allele) in einer Population bezeichnet.

Genregulation bedeutet die Regulation der Aktivität eines Gens, also im Rahmen der Proteinbiosynthese die Regulation der Transkription. Durch Genregulation wird wesentlich beeinflusst, wann, in welchen Zellen und wie viel von einem bestimmten Protein gebildet wird. Für Prokaryoten beschreibt unter anderem das Operon-Modell die Regelungsvorgänge. Bei Eukaryoten spielen Transkriptionsfaktoren eine wesentliche Rolle bei der Genregulation.

Genvarianten (Allele) sind Varianten eines bestimmten Gens, die für dasselbe Merkmal codieren. Durch Mutationen besitzen Genvarianten im Vergleich mehr oder weniger unterschiedliche DNA-Basensequenzen, die zu unterschiedlichen Merkmalsausprägungen führen können. Jedes Chromosom trägt nur eine Genvariante. (s.a. Allel)

Hochdurchsatz-Sequenzierungen der Basensequenz erfolgen durch hochgradig automatisierte, zeitgleiche (parallele) Sequenzierung vieler DNA-Abschnitte sowie durch den Einsatz digitaler bioinformatorischer Software sehr schnell und kostengünstig (z.B. „1000- Dollar-Genom" des Menschen).

Homologien: Einander entsprechende Strukturen und Merkmale bei artverschiedenen Organismen, die auf gemeinsamer Abstammung (also einer gemeinsamen Stammart) und auf gemeinsamer genetischer Information basieren, werden als homolog bezeichnet. Ein Beispiel für Homologie sind die Vordergliedmaßen von Wirbeltieren. Die Homologie von Strukturen und Organen wird mithilfe von Homologiekriterien festgestellt: 1. Kriterium der Lage; 2. Kriterium der Kontinuität; 3. Kriterium der spezifischen Qualität. Molekularbiologische Homologien werden durch Sequenzvergleiche (Basensequenzvergleiche der DNA, Aminosäuresequenzvergleiche bei Proteinen) verschiedener Arten ermittelt. (siehe auch Analogien)

Horizontaler Gentransfer meint die Übertragung genetischer Information außerhalb der geschlechtlichen Fortpflanzung über Artgrenzen hinweg von einem Genom zu einem anderen Genom. Die Übertragung genetischer Information im Rahmen geschlechtlicher Fortpflanzung bezeichnet man als vertikalen Gentransfer.

hormonelle Informationsübertragung: Hormone sind Signalstoffe, die aus spezialisierten hormonbildenden Zellen geregelt freigesetzt und beim Menschen und bei Wirbeltieren mit dem Blut transportiert werden. Hormonmoleküle können nur an solchen Zielzellen Wirkung entfalten, die über spezifische Rezeptoren verfügen (Schlüssel-Schloss-Prinzip). Durch Signaltransduktion wird das extrazelluläre Signal in ein intrazelluläres Signal gewandelt und letztlich eine bestimmte Zellantwort hervorgerufen. Die Hormonrezeptoren der Zielzellen vermitteln also zwischen Hormon und Zellantwort. Die Dauer der Hormonwirkung hängt davon ab, wie lange Hormon-Rezeptor-Komplexe gebildet werden. Das wiederum hängt davon ab, wie lange und wie viel Hormon freigesetzt wurde und wie schnell Hormone durch Enzyme abgebaut werden. Im hormonellen System gibt es über- und untergeordnete Hormondrüsen. Hormonsystem und Nervensystem arbeiten eng zusammen.

Interspezifische Wechselwirkungen sind Wechselwirkungen zwischen Lebewesen verschiedener Arten. Symbiose, Parasitismus und interspezifische Konkurrenz sind dafür Beispiele.

Introns sind in eukaryotischen Genen die nicht codierenden Bereiche. Introns werden aus der Primärabschrift (prä-mRNA) beim Spleißen herausgeschnitten. (s.a. Proteinbiosynthese, Exons)

Invasive Arten sind solche Arten, deren Vorkommen außerhalb ihres natürlichen Verbreitungsgebietes für die dort natürlich vorkommenden Ökosysteme, Biotope oder Arten ein erhebliches Gefährdungspotenzial darstellen. Ein Beispiel dafür ist der Riesen-Bärenklau

Ionenkanäle sind von Proteinen gebildete Poren, durch die elektrisch geladene Teilchen, Ionen, durch die Biomembran gelangen können. Oft sind Ionenkanäle selektiv für bestimmte Ionen, z.B. Natriumionenkanäle. Von spannungsgesteuerten Ionenkanälen spricht man, wenn das Membranpotenzial das Verhalten des Ionenkanals steuert (z.B. spannungsgesteuerte Natriumionenkanäle in der Axonmembran). Ligandengesteuerte Ionenkanäle sind mit einem Rezeptor in der Membran verknüpft. Besetzt ein Ligand (Botenstoff) den Rezeptor, wird der Ionenkanal leitfähig (z.B. Acetylcholin-Rezeptoren an der der neuromuskulären Synapse).

IPSP: Abkürzung für ein inhibitorisches (hemmendes) postsynaptisches Potenzial, also eine Hyperpolarisation des postsynaptischen Ruhepotenzials.

Isolationsmechanismen sind Barrieren, die eine erfolgreiche Fortpflanzung zwischen Vertretern verschiedener Populationen einschränken oder ganz verhindern. Man unterscheidet Isolationsmechanismen, die eine Befruchtung verhindern (u. a. ökologische, zeitliche, verhaltensbedingte und mechanische Isolation) von Isolationsmechanismen, die nach der Befruchtung wirken. Isolationsmechanismen spielen bei der Artbildung eine wichtige Rolle. (s.a. Artbildung)

Koevolution nennt man die Evolution artverschiedener Organismen, die über lange Zeiträume intensiv miteinander in Wechselwirkung stehen und sich in ihrer Evolution gegenseitig beeinflussen. Koevolution spielt unter anderem in der Ausbildung von Symbiosen, parasitischen Wechselwirkungen und Nahrungsbeziehungen eine Rolle.

Koexistenz bezeichnet das Vorkommen von Vertretern mehrerer Arten in einem Lebensraum. Koexistenz ist insbesondere dann möglich, wenn die verschiedenen Arten unterschiedliche ökologische Nischen besetzen und dadurch zu starke Konkurrenz vermeiden.

Kohlenstoffbilanz einer Pflanze meint die Differenz aus Gewinnen und Verlusten an Kohlenstoff. Gewinne an Kohlenstoff erfolgen bei grünen Pflanzen durch Fotosynthese, Verluste durch Zellatmung.

Kompartimentierung bezeichnet den Sachverhalt, dass ein biologisches System in voneinander abgegrenzte Räume unterteilt ist, in denen gleichzeitig verschiedene biologische Vorgänge stattfinden können. Eukaryotische Zellen besitzen viele membranumgrenzte Kompartimente.

Konkurrenz bedeutet Wettbewerb um knappe Lebensgrundlagen (Ressourcen). Sie findet als interspezifische Konkurrenz zwischen Vertretern verschiedener Arten oder als intraspezifische Konkurrenz zwischen Mitgliedern einer Art statt. Pflanzen konkurrieren unter anderem um Licht, Mineralsalze oder Wasser, Tiere um Nahrung.

Konkurrenz-Ausschluss-Prinzip: Es besagt, dass die Umweltansprüche zweier Arten, die im gleichen Lebensraum vorkommen, niemals vollständig gleich sein können. Unterschiede in den Umweltansprüchen verschiedener Arten mindern die Konkurrenz (s.a. ökologische Nische).

Konsumenten (Verbraucher) sind die Tiere in einem Ökosystem. Sie ernähren sich von der Biomasse anderer Lebewesen. Konsumenten 1. Ordnung sind Pflanzenfresser, Konsumenten 2. Ordnung ernähren sich von Pflanzenfressern.

Konvergenz (konvergente Entwicklung) meint im evolutionsbiologischen Zusammenhang das Ähnlichwerden von Organen bzw. genetisch bedingten Merkmalen im Laufe der Zeit aufgrund gleichartiger Selektionsfaktoren und Umweltbedingungen bei solchen Lebewesen, die sich stammesgeschichtlich weitgehend unabhängig voneinander entwickelt haben. Die Stromlinienform von wasserlebenden Wirbeltieren aus verschiedenen Wirbeltierklassen (z.B. Schwertfisch, Hai, Delfin, Pinguin, Ichthyosaurier) sind ein Beispiel für Konvergenz.

Kosten-Nutzen-Analysen gehen der Frage nach, wie sich ein Verhalten oder Merkmal auf die reproduktive Fitness, also den Fortpflanzungserfolg eines Individuums auswirkt. Der Nutzen eines Verhaltens oder Merkmals bemisst sich am Beitrag zum Fortpflanzungserfolg eines Individuums. Die Kosten beziehen sich meistens auf den Energiebedarf, der notwendig ist, um ein Verhalten zu zeigen oder ein Merkmal auszubilden.

kulturelle Evolution: Unter Kultur versteht man im weit gefassten Sinne die nichterbliche Weitergabe von Fähigkeiten, Verhaltensweisen und Wissen durch soziales Lernen, also durch Lernen von anderen Mitgliedern der Population. Kulturelle Evolution beruht auf der Übertragung von Informationen zwischen den Mitgliedern einer Population durch Lernen und Gedächtnis, wobei das Gehirn als Informationsspeicher dient. Erlernte Informationen können ständig zwischen Mitgliedern einer Population ausgetauscht und durch unmittelbare Erfahrungen verändert werden.

Meiose ist der Vorgang der Bildung von Geschlechtszellen (Spermazellen, Eizellen) mit einfachem (haploidem) Chromosomensatz. Die Meiose führt zur Rekombination (Neukombination) der Erbanlagen, sodass alle entstehenden Geschlechtszellen untereinander nicht erbgleich, sondern genetisch verschieden sind. Die Meiose trägt ganz wesentlich zur genetischen Variabilität bei, die für Lebewesen mit sexueller Fortpflanzung typisch ist.

Membranpotenzial ist die Bezeichnung für die elektrische Spannung (Potenzialdifferenz) zwischen zwei Räumen (Extra- und Intrazellulärraum), die durch eine Membran getrennt sind. Das Membranpotenzial hat insbesondere für die Funktionen von Nervenzellen, Muskelzellen und Sinneszellen große Bedeutung

Modifikationen sind Veränderungen im Phänotyp eines Lebewesens, die durch Umwelteinflüsse bedingt sind und nicht vererbt werden.

Molekularbiologische Homologien sind auf Abstammung beruhende Ähnlichkeiten der Aminosäuresequenz von Proteinen oder der Basensequenz von homologen DNA-Abschnitten verschiedenartiger Lebewesen.

mRNA-Prozessing ist ein Vorgang bei der Proteinbiosynthese von Eukaryoten, bei der die durch Transkription gebildete prä-mRNA durch bestimmte Prozesse, insbesondere durch Splicing, (Herausschneiden der Introns und Verknüpfen der verbleibenden Exons) verändert wird, bevor sie den Zellkern verlässt.

mtDNA: Mitochondriale DNA, sie wird nur mütterlicherseits vererbt.

Myelinisierung meint die Ausbildung von isolierend wirkenden myelinhaltigen Membranhüllen (- durch Schwannsche Zellen gebildet -) um ein Axon herum. Nur an den in regelmäßigen Abständen ausgebildeten Unterbrechungen der Myelinhülle, den Ranvierschen Schnürringen, können Aktionspotenziale entstehen (s.a. saltatorische Erregungsleitung).

Mykorrhiza: Meist symbiotische Beziehung eines Pilzes mit dem Wurzelsystem eines Baumes. Durch das weit verzweigte Pilzgeflecht, das die Enden der Baumwurzeln umgibt und in sie eindringt, wird die Oberfläche zur Wasser- und Mineralsalzaufnahme stark vergrößert. Der Pilz wird mit Fotosyntheseprodukten der Pflanze versorgt.

Nachhaltigkeit bedeutet, dass den Bedürfnissen der heutigen Menschen-Generation entsprochen wird, ohne die Bedürfnisse zukünftiger Generationen zu gefährden. Nachhaltig ist eine Entwicklung also dann, wenn sie nicht auf Kosten zukünftiger Generationen erfolgt. Umwelt (Ökologie), Wirtschaft (Ökonomie) sowie Soziales und Gesundheit sind die drei gleichrangigen Faktoren einer nachhaltigen Entwicklung.

Natrium-Kalium-Ionenpumpen befinden sich in der Membran von Nervenzellen und pumpen, mit ATP als Energiequelle, beständig Na^+-Ionen aus der Zelle und K^+-Ionen in die Zelle. Die Natrium-Kalium-Ionenpumpen halten die für das Ruhepotenzial und für Aktionspotenziale wichtige Ungleichverteilung der Ionen aufrecht.

Neobiota ist die Bezeichnung für Lebewesen, die nach 1492 (dem Jahr der Entdeckung Amerikas durch Kolumbus) durch den Einfluss des Menschen beabsichtigt oder unbeabsichtigt in Gebiete gelangten und sich dort ausbreiteten, in denen sie zuvor nicht heimisch waren. Neozoen sind in diesem Sinne Tiere, Neophyten neue Pflanzen.

Neuroaktive Stoffe sind an Nervenzellen wirksam, oftmals im Bereich der Synapsen. Zu den von außen zugeführten neuroaktiven Stoffen gehören auch Psychopharmaka sowie Drogen und Synapsengifte.

neuronale Verrechnung (Summation) findet an der Impuls-Auslöseregion, dem Axonhügel von Neuronen, statt. EPSP und IPSP breiten sich elektrotonisch (d.h. unter Abschwächung) über Dendrit und Soma aus. Am Axonhügel werden sie verrechnet. Erreicht die Summe der gleichzeitig am Axonhügel eintreffenden Potenziale den Schwellenwert, werden nach dem Alles-oder-Nichts-Gesetz Aktionspotenziale ausgelöst und fortgeleitet. Entstehen mehrere PSP gleichzeitig oder in kurzen Zeitabständen an verschiedenen Synapsen der gleichen Nervenzelle, so bezeichnet man die Verrechnung am Axonhügel als räumliche Summation. Zeitliche Summation liegt dann vor, wenn an einer einzelnen Synapse hintereinander in ausreichend kurzen Zeitabständen PSP ausgelöst werden und sich ausbreiten.

Ökobilanzen erfassen die Umwelt- und Klimaauswirkungen der Erzeugung von Gütern von der Rohstoffgewinnung bis zur Herstellung, Lieferung, Nutzung und Entsorgung eines Produktes.

ökologische Nische: Nach einer häufig genutzten Definition versteht man unter ökologischer Nische die Gesamtheit der abiotischen und biotischen Umweltfaktoren (Bedingungen, Ressourcen), die von einer Art beansprucht werden. Entsprechend der umgangssprachlichen Bedeutung von „Nische" wird die ökologische Nische manchmal als ein Raum oder Ort missverstanden. Vertreter verschiedener Arten können nur dann dauerhaft nebeneinander leben, wenn sie sich in ihrer ökologischen Nische, z. B. in der bevorzugten Nahrung, unterscheiden (Prinzip der Konkurrenzvermeidung). Der Begriff Einnischung bezieht sich auf den Prozess, dass im Verlauf der Artbildung unter dem Einfluss von Konkurrenz ökologische Nischen eingenommen werden, die sich voneinander unterscheiden.

ökologische Potenz: Der Bereich eines Umweltfaktors, in dem Organismen einer Art unter natürlichen Bedingungen, also mit Konkurrenz durch andere Arten, bestimmte Lebensäußerungen, wie z. B. Wachstum zeigen, wird ökologische Potenz genannt. Kurven der ökologischen Potenz sind meistens Optimumkurven. Der Optimalbereich wird als ökologisches Optimum bezeichnet. Organismen, die bezüglich eines bestimmten Umweltfaktors, z. B. der Temperatur, eine schmale, enge ökologische Potenz haben, werden als stenök bezeichnet. Organismen mit breiter ökologischer Potenz bezüglich eines Umweltfaktors nennt man euryök.

Ökosystem-Dienstleistungen sind alle für Menschen direkt oder indirekt nützlichen Funktionen von Ökosystemen, zum Beispiel Versorgungs-Dienstleistungen (u. a. Produktion von Sauerstoff, Nahrung, Rohstoffe, Energie, Heilmittel) und Regulations-Dienstleistungen (u. a. Klima- und Hochwasserregulation, Kohlenstoffdioxidsenken, Erosionsschutz, Wasserspeicherung).

Paarungssysteme beschreiben arttypische sexuelle Beziehungen und Partnerbindungen. Dazu gehören bei den Primaten u.a. Monogamie („Einehe"), Polygynie (ein Männchen paart sich mit mehreren Weibchen), Polyandrie (ein Weibchen paart sich mit mehreren Männchen) und Polygamie (Männchen und Weibchen paaren sich mehrfach mit verschiedenen Partnern). Paarungssysteme stellen oftmals Angepasstheiten an ökologische Gegebenheiten, z.B. die Verteilung der Nahrung im Lebensraum, dar.

Parasiten sind Lebewesen, die in (Endoparasiten) oder auf (Ektoparasiten) einem artfremden Wirtsorganismus leben, von ihm Nahrung beziehen und ihn schädigen, ihn aber meistens nicht töten. Der Wirt ermöglicht dem Parasiten zu überleben und sich weiter fortzupflanzen. Zu den Parasiten zählt unter anderem der Erreger der Malaria.

Phylogenese ist ein Synonym für die evolutionäre, stammesgeschichtliche Entwicklung von Lebewesen. Ontogenese ist der Fachausdruck für die Entwicklung eines einzelnen Individuums einer Art in seiner Lebenszeit.

physiologische Potenz: Der Bereich eines Umweltfaktors, in dem Individuen einer Art ohne Konkurrenz durch Vertreter anderer Arten leben können, heißt physiologische Potenz. Der Optimalbereich wird als physiologisches Optimum bezeichnet. Die Breite der physiologischen Potenz bezüglich eines bestimmten Umweltfaktors ist genetisch bedingt. Die physiologische Potenz einer Art in Hinblick auf einen bestimmten Umweltfaktor wird meistens experimentell untersucht.

Population nennt man eine Gruppe artgleicher Individuen, die zeitgleich in einem bestimmten Gebiet leben und sich untereinander fortpflanzen können.

Präadaptationen sind genetisch bedingte Merkmalsausprägungen im Rahmen der genetischen Variabilität einer Population, die sich bei veränderten oder neuen Umweltbedingungen als Selektionsvorteil erweisen. Ein Beispiel für Präadaptation ist die Antibiotikaresistenz von Bakterien. Experimentell konnte gezeigt werden, dass in Bakterienkulturen diejenigen Bakterien überlebten, die bei erstmaliger Zugabe eines Antibiotikums zufällig bereits über die Mutationen verfügten, die der Antibiotikaresistenz zugrunde liegen.

Produzenten sind autotrophe Organismen, die aus energiearmen anorganischen Verbindungen energiereiche organische Verbindungen selbst herstellen (produzieren) können. Fotosynthese betreibende Pflanzen sind die wichtigsten Produzenten in den meisten Ökosystemen.

Prokaryoten sind Lebewesen, deren Zellen im Gegensatz zu den Eukaryoten keinen Zellkern und keine Zellorganellen enthalten. Bakterien sind Prokaryoten.

Protoonkogene („Vorläufer von Krebs-Genen") sind diejenigen normalen Gene in jeder kernhaltigen Zelle, die für Proteine codieren, die die normalen Zellteilungen kontrollieren und steuern. Durch Mutationen können Proto-Onkogene zu Onkogenen werden.

Proximate Erklärungsformen in der Biologie beziehen

sich auf die unmittelbaren Ursachen eines Verhaltens oder Merkmals. Proximate Erklärungen greifen oftmals aktuelle Ursachen auf, die im Inneren eines Organismus wirken (z. B. physiologische, hormonelle, neuronale Ursachen) oder von außen wirken (z. B. bestimmte Umwelteinflüsse, soziale Beziehungen). (siehe auch ultimate Erklärungsformen)

r- und K-Lebenszyklusstrategien (r- und K-Fortpflanzungsstrategien): Mit Lebenszyklus oder Lebensgeschichte (Life-History) bezeichnet man die Abfolge von Entwicklungsschritten und Veränderungen innerhalb der Lebensspanne eines Individuums, die Einfluss auf seine Fortpflanzung haben. Dazu gehören u.a. die Dauer der Trächtigkeit, die Zeitspanne elterlicher Betreuung der Nachkommen (Eltern-Investment), das Alter beim Eintritt in die Geschlechtsreife, die Zeitspanne der Fortpflanzungsfähigkeit sowie die gesamte Lebensdauer. Lebenszyklusstrategien bzw. Fortpflanzungsstrategien sind durch Selektion im Laufe der Stammesgeschichte einer Art entstandene, genetisch fixierte Angepasstheiten in der Fortpflanzung und in der Lebensgeschichte an den jeweiligen Lebensraum. R-Strategen, z. B. die Feldmäuse, sind gewöhnlich kleine Lebewesen mit schneller Individualentwicklung, frühem Eintritt der Geschlechtsreife, kurzen Geburtenabständen, geringem Elterninvestment und relativ geringer Lebensdauer. Das Kürzel r steht für Reproduktionsrate. K-Strategen, z. B. Elefanten, nutzen die Kapazität eines Lebensraumes mit relativ wenigen Individuen aus. K steht für die Kapazität des Lebensraumes. K-Strategen sind zumeist Lebewesen mit großer Körpermasse, hoher Wettbewerbsfähigkeit, wenigen aber langlebigen Nachkommen, hohem Elterninvestment und großen Geburtenabständen. Zwischen ausgeprägten r- und ausgeprägten K-Strategen gibt es vielfältige Übergänge.

Refraktärphase (Refraktärzeit) ist ein kurzer Zeitraum nach einem Aktionspotenzial, in der die spannungsgesteuerten Natriumionenkanäle noch nicht wieder erregbar sind.

Rekombination (Neukombination) ist ein Vorgang, bei dem genetisches Material neu angeordnet wird. Rekombination findet insbesondere bei Lebewesen mit sexueller Fortpflanzung bei der Bildung der Geschlechtszellen durch Meiose statt. Dabei unterscheidet man interchromosomale Rekombination (Neukombination von Chromosomen in der Meiose und bei der Befruchtung) und intrachromosomale Rekombination (Neukombination von Allelen innerhalb eines Chromosoms durch Crossing-over in der ersten Reifeteilung). Rekombinationen sind neben Mutationen eine wichtige Grundlage der genetischen Vielfalt von Lebewesen.

Rezeptorpotenzial (lat. *receptor*, Empfänger) ist die Bezeichnung für die Veränderung des Membranpotenzials, die sich bei Einwirken eines Reizes an der Membran einer Sinneszelle infolge eines Signaltransduktions-Prozesses ausbildet. Das Rezeptorpotenzial weist keine Alles-oder-Nichts-Charakteristik auf sondern wächst mit der Reizstärke.

RNA-Interferenz ist ein bei Eukaryoten vorkommender Mechanismus, der zur Stilllegung eines Gens nach erfolgter Transkription führt. Bei der RNA-Interferenz setzen sich kleine komplementäre mRNA-Stücke (antisense-RNA) an die durch Transkription gebildete m-RNA. Die so gebildete doppelsträngige RNA kann nicht tranlatiert werden. Sie wird enzymatisch abgebaut.

saltatorische Erregungsleitung ist im Vergleich zur kontinuierlichen Erregungsleitung eine sehr schnelle Form der Erregungsleitung. Sie findet an Neuronen mit myelinisierten Axonen statt. An solchen Axonen kommt es nur im Bereich der Ranvierschen Schnürringe zur Ausbildung von Aktionspotenzialen. Dort finden sich Mitochondrien, spannungsgesteuerte Natrium-Ionenkanäle und Natrium-Kalium-Ionenpumpen in hoher Dichte. Ein Aktionspotenzial sorgt durch Natriumionen-Ausgleichsströmchen für die überschwellige Depolarisation des Ruhepotenzials am nächstgelegenen Schnürring. So „springt" ein Aktionspotenzial von Schnürring zu Schnürring.

Signaltransduktion bezeichnet den Vorgang, bei dem ein extrazelluläres Signal durch einen spezifischen Rezeptor (meistens ein Protein in der Zellmembran) aufgenommen und in ein intrazelluläres Signal umgewandelt wird, das in der Folge zu einer spezifischen Zellantwort führt. Die Zellantwort auf ein äußeres Signal kann in Veränderungen des Stofftransports, in veränderter Aktivität von Enzymen oder in veränderter Genaktivität bestehen. Alle lebenden Zellen nehmen beständig Signale aus ihrer Umwelt auf. Eine Zelle kann nur auf solche extrazellulären Signale reagieren, für die sie passende Rezeptoren besitzt. Die Fähigkeit zur Signaltransduktion ist eine Eigenschaft aller lebenden Zellen.

Sinneszellen sind spezialisierte Zellen, die mithilfe von membranständigen Rezeptoren von außen kommende chemische Reize (Geruch, Geschmack), Lichtreize (Sehvermögen), thermische Reize (Wärme, Kälte) oder mechanische Reize (Hören, Gleichgewicht, Tasten) oder aus dem Körper kommende Reize (z.B. Glucosegehalt im Blut) aufnehmen und durch Signaltransduktion in neuronale Erregung umwandeln. Primäre Sinneszellen nehmen nicht nur den Reiz auf sondern bilden zugleich die entsprechende Aktionspotenzial-Frequenz aus, die an nachgeschaltete Neurone weiter geleitet wird. Sekundäre Sinneszellen bilden nicht selbst Aktionspotenziale aus. Sie haben mit einem nachgeschaltetem Neuron eine Synapse. (s.a. Rezeptorpotenzial).

Sozialverhalten ist ein Begriff, der bei Tieren und bei Menschen alle Verhaltensweisen umfasst, die als Aktionen oder als Reaktionen Wechselwirkungen mit Mitgliedern der eigenen Art darstellen.

Stoffkreislauf nennt man die Weitergabe von Stoffen in einem Ökosystem von den Produzenten über Konsumenten und Destruenten. Diese schließen den Stoffkreislauf, weil sie bei der vollständigen Zersetzung Wasser, Kohlenstoffdioxid und Mineralsalze bilden, die von den

Produzenten wieder aufgenommen und bei der Fotosynthese genutzt werden. Ein Beispiel für einen Stoffkreislauf ist der Kohlenstoffkreislauf.

Sukzession (lat. succedere, nachfolgen) ist die Bezeichnung für die zeitliche Abfolge und Entwicklung von Lebensgemeinschaften an einem Standort, z.B. von einer Brachfläche zu einem Wald.

Symbiosen sind dauerhafte Wechselwirkungen zwischen Vertretern zweier Arten, bei denen beide Vorteile voneinander haben. Flechten sind ein Beispiel für Symbiose. Zwischen Symbiose und Parasitismus gibt es zahlreiche Übergänge. (siehe auch Parasitismus)

Synthesereaktionen in der Fotosynthesewerden auch als lichtunabhängige Reaktionen oder Sekundärreaktionen der Fotosynthese bezeichnet (s.a. Fotosynthese).

Synthetische Evolutionstheorie: Mit dem Fortschritt der Naturwissenschaften wurde die Evolutionstheorie Darwins um Erkenntnisse aus vielen Wissenschaftsbereichen erweitert, insbesondere durch Erkenntnisse aus der Zellbiologie, der Genetik und der Populationsbiologie. Die Bedeutung der Neukombination von Erbanlagen bei der Geschlechtszellbildung (Meiose) und die Bedeutung von Mutationen für die genetische Variabilität in Populationen gehören dazu. Nach der Synthetischen Evolutionstheorie beruhen alle evolutiven Veränderungen auf Veränderungen von Genfrequenzen (Gen-Häufigkeiten) im Genpool von Populationen durch Prozesse, die man unter dem Begriff Evolutionsfaktoren zusammenfasst. (siehe Evolutionsfaktoren, Artbildung)

Tiergeographische Regeln sind aus Beobachtungen erwachsen, dass nahe verwandte Arten sich je nach geographischer Region und dem dort vorherrschenden Klima in bestimmten Merkmalen unterscheiden. Diese Unterschiede werden als Angepasstheiten gedeutet. Die Bergmannsche Regel besagt, dass die Körpergröße nah verwandter homoiothermer Tiere zu den Polen hin ansteigt. Die Angepasstheit liegt darin, dass ein großer Körper ein für das kalte Klima günstigeres Verhältnis von Oberfläche (Wärmeverluste) zum Volumen (Wärmebildung) hat. Auch die Allensche Regel gehört zu den tiergeographischen Regeln.

Transgen ist die Bezeichnung für ein Gen, das mithilfe gentechnischer Verfahren vom Organismus einer Art auf einen Organismus einer anderen Art übertragen wurde (transgener Organismus).

Transkriptionsfaktoren sind alle Proteine, die in Wechselwirkung mit bestimmten regulatorischen Abschnitten der DNA und dadurch beu eukaryotischen Zellen die Transkription, also das Ablesen protein-codierender Gene durch RNA-Polymerase hemmen oder aktivieren. Die Summe aller gleichzeitigen Einflüsse vieler Transkriptionsfaktoren entscheidet darüber, wo, wann und wie häufig ein Gen abgelesen wird.

Transmitter: siehe Synapse

Trophieebene oder Ernährungsstufe bezeichnet die Stufe, die ein Organismus in einer Nahrungskette oder in einem Nahrungsnetz einnimmt. In einer Trophiebene werden Organismen mit gleichartiger Ernährungsweise zusammengefasst, z.B. die Trophiebene der Produzenten oder die Trophieebenen der Konsumenten verschiedener Ordnung.

Tumor-Supressorgene (Suppression: unterdrückung) sind normale Gene, die für Proteine codieren, die den Zellzyklus und Zellteilungen hemmen. Durch Mutationen können sie diese Funktion verlieren.

Ultimate Erklärungsformen beziehen sich auf die biologische Funktion eines Verhaltens oder eines Merkmals. Dabei werden oft evolutionsbiologische Zusammenhänge hergestellt und die stammesgeschichtliche Herausbildung des jeweiligen Verhaltens oder Merkmals in den Blick genommen. In ultimaten Erklärungsformen spielt der adaptive Wert eines Verhaltens oder Merkmals eine Rolle. (s. a. proximate Erklärungsformen)

Veränderlichkeit synaptischer Verbindungen (synaptische Plastizität) ist ein Kennzeichen, in dem sich neuronale Netze von der starren Verschaltung eines Computerchips unterscheiden. Häufig genutzte Synapsen zeigen eine anhaltende Verbesserung der Erregungsübertragung. Die Synthese von Proteinen, z. B. Rezeptormolekülen, Tunnelproteinen, Enzymen für die Transmittersynthese, spielt bei der Ausbildung des Langzeitgedächtnisses eine Rolle. Auch für die Bildung neuer Synapsen sind Proteine unerlässlich.

Wirkungsspektrum der Fotosynthese: Experimentell kann die Fotosyntheserate (Sauerstoffproduktion pro Zeiteinheit) bei Einstrahlung von Licht unterschiedlicher Wellenlänge bestimmt werden. Trägt man die Fotosyntheserate gegen die Wellenlänge des eingestrahlten Lichts auf, erhält man das Wirkungsspektrum der Fotosynthese.

X-chromosomaler Erbgang: Wenn ein Gen (Allel) auf dem X-Chromosom codiert ist, spricht man von x-chromosomaler Vererbung. Beim Menschen haben Männer neben dem Y-Chromosom nur ein X-Chromosom. Daher werden bei Männern X-chromosomale Allele auch bei rezessiver Vererbung phänotypisch sichtbar. Beispiele für X-chromosomale Erbgänge beim Menschen sind die Bluterkrankheit und die Rot-Grün-Sehschwäche.

Zelldifferenzierung (lat. *differe*, sich unterscheiden) ist die Entwicklung von unspezialisierten (Stamm-)Zellen zu spezialisierten Zellen bei Vielzellern. Zelldifferenzierung geht auf molekularer Ebene mit differentieller Genaktivität einher, d.h. verschieden spezialisierte Zellen (z.B. Hautzelle und Nervenzelle) unterscheiden sich im Muster aktiver Gene und folglich auch in der Zusammensetzung der Proteine.

Stichwortverzeichnis

Abscisinsäure 153
Abundanz 156
Acetylsalicylsäure 143
Adrenalin 272
Agouti-Maus 81
Akkommodation 242
Aktionspotenzial 218, 230
Altersbestimmung, Fossilien 281
Alzheimer-Krankheit 260
Amakrinzellen 246
Aminosäuren 49
Ammonifikation 172
Amniozentese 31
Analogie 282
Anpassungswert 270
Apoptose 86
Arbeitsgedächtnis 253
Archaeopteryx 280
Artbegriff, biologisch 278
Artbegriff, morphologisch 278
Artbildung, allopatrisch 310
Artbildung, sympatrisch 312
Artdefinition 305
Art, invasiv 202
Artmächtigkeit 156
Äschenregion 186
Assimilation 172
Atmungsverlust 138
Auge 242
Auslese, natürlich 294
Australopithecus 338
Autoimmunkrankheit 222
Autoradiographie 122
Autosom 23
Axon 212
Axonhügel 212

Bakterien, acidophil 19
Bakterien, autotroph 19
Bakterien, barophil 19
Bakterien, extremophil 19
Bakterien, halophil 19
Bakterien, heterotroph 19
Bakterien, thermophil 19
Bandenmuster 67
Barbenregion 186
Basentriplett 54
Basiskonzept 12
Bausteinprinzip 12
Bergmannsche Regel 148
Biodiversität 206
Bioindikator 180
Biomasse 140
Biomassepyramide 170
Biosafety 109
Biosecurity 109
Biosphäre 8
Biosynthesekette 58
Biotechnologie 100
Bipolarzellen 246
Birkenspanner 306
Blattsukkulente 134
Blütenfledermaus 316
Bluterkrankheit 37
Bodeneigenschaften 180
Bodenfauna 178
Boden, Funktionen 200
Bodenorganismen 178
Botenstoff, sekundär 244
Bottom-up-Ansatz 108
Brassenregion 186
Bruttoprimärproduktion 140
Bundesnaturschutzgesetz 193

C3-Pflanze 132
C4-Pflanze 132
Calvin-Zyklus 128
cAMP 267
CAM-Pflanzen 134
Cellulose 49
Chemiosmose 126
Chloroplast 120
Chloroplasten 20
Chloroquinresistenz 318
Chromatographie 122
Chromophor 248
Chromosomenaberration, numerisch 30
Chromosomenmutation 30
cis-Gentechnologie 102
CO_2-Äquivalent 198
CO_2-Bilanz 199
CO_2-Fußabdruck 198
Code, genetischer 54
Conotoxin 217
Cortisol 272
Cosuppression 82
Crossing-over 26
Cytochrom c 284
Cytoskelett 20

Darwin, Charles 294
Darwinfinken 314
Dendriten 212
Denitrifikation 172
Desoxyribonucleinsäure 48
Destruenten 168
Diffusionspotenzial 214
Dilemma 99
Disaccaride 49
Dispersion 156
Disruptoren, endokrine 204
Divergenz 282
DNA 46
DNA-Basensequenz 48
DNA-Chips 90
DNA-Microarrays 90
DNA, mitochondrial 340
DNA-Sequenzierung 284
Doppelhelix-Struktur 48
Drosophila 286
Duffy-Faktor 319
Dünnschichtchromatographie 122

Effektoren 235
Ein-Chromatid-Chromosom 22
Einnischung 160
Einzelnukleotid-Polymorphismus 309
Elektrophorese 62
Ellenberg-Zeigerwerte 180
Elterninvestment 166, 344
Embryonenschutzgesetz 262
Empathie 342
Endoplasmatisches Retikulum 21
Endosymbiontentheorie 288
Endosymbiose 288, 319
Endprodukt-Hemmung 73
Energieentwertung 119, 170
Energieerhaltung 119
Energiefluss 170
Energieflussdiagramm 171
Energiepyramide 170
Energieträger, fossil 118
Energieträger, regenerativ 118
Energieumwandlung 119
Entwicklung 14
Entwicklungsbiologie, evolutionär 286
Entwicklungskontrollgen 286
Epigenetik 44, 78
Epigenom 80
Erbgang, autosomal 36
Erbgang, dominant-rezessiv 32
Erbgang, gonosomal 36
Erbschema 33
Erklärungsformen, proximat 320
Erklärungsformen, ultimat 320
Ernährungstypen 186
Erregungsleitung, kontinuierlich 220
Erregungsleitung, saltatorisch 220
Ethik 99
Euglena 18
Eukaryoten 18, 288
euryök 146
Eutrophierung 172, 184
Evolution, biologisch 348
Evolution, kulturell 240, 348
Evolution, menschlicher Körper 332
Evolutionsfaktoren 296
Evolutionstheorien 294
Evolutionstheorie, synthetisch 296
Exon 76

Faktor, limitierender 130
Felder, mechanosensorische 254
Fingerprint 65
Fitnessmaximierung 326
Fitness, reproduktiv 322, 326, 328
Flechten 155
Fleck, blinder 242
Fließgewässer 186
Fließgewässerregion 186
Flussregion 186
Forellenregion 186
Fortpflanzung, geschlechtlich 28
Fortpflanzungserfolg 328
Fortpflanzungsstrategien 166
Fortpflanzung, ungeschlechtlich 28
Fotosynthese 118, 120
Fotosynthese, Bruttogleichung 137
Fotosynthese-Pigmente 124
Fotosyntheserate 130
Fotosynthese, Synthesereaktion 128
Fotosystem 126
Fotosysteme 124
Fovea centralis 242
Freisetzungshormon TRH 265
Fructose 49
Frühmenschen 338

Galaktosämie 37
Gang, aufrecht 333
Gasaustausch 120
Gedächtnis, sensorisch 253
Gefrierpunkterniedrigung 149
Gegenspieler, Prinzip 12
Gehirn, Energiebedarf 345
Gehirn, menschliches 342
Gelelektrophorese 62
Genaktivität 286
Genaktivität, differenziell 84

Genanalyse 100
Gendiagnostik 42
Gendrift 297
Gene, gekoppelt 34
Gene-Pharming 106
Gene, protein-codierend 74
Genexpression 75
Genfluss 297, 304
Genfrequenz 296
Genmutation 54
Genomanalyse 110
Genom, Evolution 334
Genomics 92
Genotyp 32
Genpool 300
Gentechnik 100
Gentechnik, Grün 102
Gentransfer, horizontal 103, 289
Gentransfer, vertikal 103
Gesamtfitness 324
Gewässergüte, biologisch 188
Gewässergüteklassen 188
Gewebe 8, 51
Gleichwarme Tiere 148
Glucose 49
Glutamat 173
Glykogen 49
Golgi-Apparat 21
Gonosomen 23
Granathylakoid 120
Gruppenselektion 324

Hardy, Godfrey H. 306
Hardy-Weinberg-Gesetz 306
Haushalts-Gene 74
Hebb'sche Lernregel 257
Hell-Dunkel-Sehen 242
Hemizygotie 38
Herbizidresistenz 103
Hirntod 262
Hochdurchsatz-Sequenzierungen 42
Hochmoor 190
Hominidae 334
Homo erectus 338
homologe Chromosomen 23
Homologie 282
Homologiekriterien 283
Homo sapiens 339, 346
Horizontalzellen 246
Hormon 265, 268
Hormondrüsen 265
Hormon, hydrophil 266
Hormon, lipophil 266
Hormon-Rezeptor-Komplex 265
Humanevolution 339
Human-Genom-Organisation 92
Humus 200
Hypothalamus 265

Identische Verdopplung 50
Individualselektion 324
Informationsübertragung, neuronal 268
Informationsverarbeitung 236
Inhibition, lateral 247
Insulin 101
Intelligenz, soziale 342
Interphase 86
Introns 76
Invasionspotenzial 203
Inversion, perizentrisch 335
Ionenkanäle, ligandengesteuert 226
Ionenkanäle, spannungsgesteuert 218
Ischämie 254
Isolationsmechanismus 304

Kältestarre 148
Karyogramm 22
Kaulbarschregion 186
Keime, multiresistent 303
Klimawandel 195
Klonen, reproduktives 112
Klonen, therapeutisches 112
Knock-out-Mäuse 95
Koevolution 154, 316
Koexistenz 160
Kohlenstoffbilanz 138
Kohlenstoffkreislauf 168
Kohlenstoffkreislauf, global 176, 196
Kohlenstoffquelle 197
Kohlenstoffsenke 190, 196
Kompensationsschicht 184
Konduktorin 38
Konfliktstrategie 327
Konjugation 29
Konkurrenz 154
Konkurrenzausschlussprinzip 160
Konkurrenz, interspezifisch 158
Konkurrenzvermeidung 160
Konkurrenz, zwischenartlich 154
Konvergenz 282
Kosten-Nutzen-Analysen 322
K-Strategie 166
Kuckuck 155
Kultur 348

Lamarck, Jean-Baptiste 294
Langzeitdepression 254
Langzeitgedächtnis 253
Langzeitpotenzierung 254
Laubblatt 120
Lebensgemeinschaft 8
Lebensgeschichte 344
Lebenszeitfortpflanzungserfolg 324
Lebenszyklus 344
Lebenszyklusstrategien 166
Lernformen 250
Lernstrategien 250
Lernvermögen 344
Licht-Kompensationspunkt 130
Lichtreaktion 126
Lichtsinneszelle 244
Linné, Carl von 278
Lotka-Volterra-Modell 164

Magnetresonanz-Tomografie 238
Maiszünsler 155
Malaria 65, 318
Mehrspeicher-Gedächtnismodell 253
Meiose 24
Membranpotenzial 214
Membransystem 21
Mendel, Gregor 32
Menschenaffen 334
„Menschenrassen" 350
Menschen, Stammbaum 338
Mensch, Geschlechtsdimorphismus 347
Menschwerdung 344
Metabolomics 92
Methylierung 81
Methylphenidat 258
Mikroflora 178
mischerbig 32
missing link 280
Mistel 155
Mitochondrium 21
Mitose 23
Modellorganismen 94
Modifikation 298
Molekül 8
Mondscheinkinder 68
Monosaccaride 49
Mosaikformen 280
Mosaikgene 76
mtDNA 340
Mukoviszidose 40
Multilevel-Selektion 324
Multiple Sklerose 222
Mutation 298
Mutualismus 318
Mykorrhiza 176

Nachahmer 317
Nachhaltigkeit 198
Nährschicht 184
Naturstoffe 142
Neandertaler 340
Neobiota 202
Neophyten 202
Neozoen 202
Nervensysteme 213
Nervensystem, vegetativ 264
Nervenzellen 212
Nettoprimärproduktion 140
Nettoproduktion 140
Netzbeutelversuch 179
Netzhaut 242, 246
Neukombination, Regel 34
Neuro-Enhancement 258
Neurone 212
Nitrifikation 172
Nomenklatur, binär 278
Nucleotide 48

Oberflächenvergrößerung 12
Ökobilanz 198
Ökogramme 159
ökologische Nische 160
Ökosystem 8, 118, 168
Ökosystem-Dienstleistungen 206
Omics 92
Operon-Modell 72
Opsin 244
Organ 8, 51
Organismen, synthetische 108
Organismus, transgen 106
Organismus 8, 51
Organspende 262
Ozonschicht 68

Paarungssystem, Primaten 328
Parasitismus 154, 318
Parasympathikus 264
Patch-clamp-Technik 216
Patientenverfügung 262
PCR 66
Phänotyp 32
Phenom 92
Phenylketonurie 60
Pheromone 231
Plasmid 100
Plasmodesmen 20
Plastizität, neuronal 254
Plastizität, synaptisch 256
Polyploidisierung 312
Poly-U-Experiment 53
Population 8, 162, 296
Populationsdichte 162
Populationsgenetik 306

363

Populationszyklen 165
Positronen-Emissions-Tomografie 238
Potenzial, elektrostatisch 214
Potenzialverrechnung 226
Potenz, ökologisch 144, 146
Potenz, physiologisch 144
Präadaptation 302
Präimplantationsdiagnostik 98
Primärproduzent 142
Primaten 334
Produzent 118
Prokaryoten 18, 288
Proteinbiosynthese 56, 256
Proteohormone 266
Proteoms 92
Proto-Onkogene 88
Prozesse, evolutiv 308
Punktmutation 64

Quellregion 186

Radiation, adaptiv 314
Rassismus 350
Räuber-Beute-Beziehung 154, 164
Reaktion 234
Reaktionskaskade 244
Redoxsystem 126
Refraktärzeit 218
reinerbig 32
Reiz 230, 234
Rekombination 24, 298
Rekombination, interchromosomal 26
Rekombination, intrachromosomal 24, 26
Resistenz 103
Resistenzbildung 303
Ressourcen, natürlich 192
Retinal 244
Retinoblastom 37
Rezeptorpotenzial 230
Rhythmik, biologisch 182
Rhythmik, circadian 182
Ribosomen 20, 21
Riechsinneszelle 232
Riechsinneszellen 230
RNA 96
RNA-Interferenz 82
Rot-Grün-Sehschwäche 38
r-Strategie 166
Rückkopplung 164
Ruhepotenzial 214

Salicylsäure 143
Sanger-Sequenzierung 111
Schadstoffpufferung 201
Schlüsselmerkmal 346

Schlüssel-Schloss-Prinzip 12
Schwertkolibri 316
Second messenger 232
Sehfeld 243
Sehvorgang 245
Sehwahrnehmung 236
Selbstreinigung, natürlich 188
Selektion, intersexuell 330
Selektion, intrasexuell 330
Selektion, natürlich 294
Selektionsdruck 300
Selektion, sexuell 308, 330
Selektionsfaktor 300
Selektionstypen 300
Semantik 241
Sensoren 235
Sequenzierungen, Hochdurchsatz 90
Serum-Präzipitin-Test 337
Sexualdimorphismus 330
Sichelzellanämie 64
Sichelzell-Hämoglobin 64
Signalkaskade 244
Signaltransduktion 76, 152, 230, 232, 256, 265, 268
SNP 309
Sommerstagnation 184
Sonnentau 190, 191
Spaltungsregel 32
Spleißen, alternatives 77, 97
Split-Brain 237
Spracherzeugung 241
Sprachverständnis 241
Stammbaum 285
Stammzellen , 51
Stärke 49
stenök 146
Sterbehilfe 262
Steroidhormon 266
Stickstofffixierung 172
Stickstoffkreislauf 172
Stoffkreisläufe, Übersicht 174
Stoffwechseltypen 290
Strategie, evolutionsstabil 326
Stressor 270
Stressoren, abiotisch 152
Stressoren, biotisch 152
Stressreaktion 152, 270
Streuabbau 179
Stromathylakoide 120
Stromlinienform 283
Substratinduktion 72
Sukkulente 150
sukkulenz 134
Summation 226
Symbiose 154, 288, 318
Sympathikus 264
Synapse 212, 224

Syntax 241
Systemebene 8

Tagesrhythmik 182
Taubenschwänzchen 316
Tau-Protein 260
Temperaturtoleranz 147
Testosteron 266
Tetrodotoxin 219
Thyreotropin 265
Thyroxin 265
Toleranzkurve 146
Top-down-Ansatz 108
Torfbildung 190
Torfmoose 190
Transgen 103
Transkription 56
Transkriptionsfaktor 76, 266
Translation 57
Transmitter 224
Transsektuntersuchung 157
Treibhauseffekt 196
Treibhauseffekt, anthropogen 194
Treibhauseffekt, natürlich 194
Trend, evolutiv 346
Trisomie 21 30
Trophieebenen 119, 168
Tumor-Suppressorgene 88

Umwelteinflüsse 44
Umweltfaktoren, abiotisch 144
Umweltfaktoren, biotisch 144
Umweltfaktoren, dichteabhängig 162
Umweltfaktoren, dichteunabhängig 162
Umweltöstrogene 204
Uniformitätsregel 32

Vakuole 20
Variabilität, genetisch 298, 300
Vegetationsaufnahme 156
Venusfliegenfalle 269
Vererbung, geschlechtsgebunden 38
Verfahren, bildgebend 238
Vergessenskurve 251
Verwandtenselektion 324
Verwandtschaftsanalyse, Menschen 334
Verwandtschaftsanalyse, Menschenaffen 334
Verwandtschaftsanalyse, molekularbiologisch 336
Verwandtschaft, stammesgeschichtlich 286

Vielfalt, biologisch 206
Vollzirkulation 184
Vorbilder 317
Vormenschen 338
W
Wachstum, exponentiell 163
Wachstum, logistisch 163
Wahrnehmung 236
Waldboden 178
Wechselwarme Tiere 148
Wechselwirkungen, interspezifisch 154
Wechselwirkungen, intraspezifisch 154
Weichmacher 204
Werkzeugkultur 349
William Weinberg 306
Wirbeltiere, Stammbaum 292, 315
Wirtschaften, nachhaltig 192
Wortsprache 240, 333, 342
Wurzelknöllchen 155
X
Xeroderma pigmentosum 68
xeromorph 150
Z
Zehrschicht 184
Zeigerwert 180
Zellantwort 268
Zelldifferenzierung , 70, 51
Zelle 8
Zellmembran 20
Zellorganelle 8
Zellplasma 20
Zellwand 20
Zwei-Chromatid-Chromosom 23
Zweifaktorenanalyse 24, 35
Zwillingsforschung 44

Operatoren

Ableiten: Auf der Grundlage wesentlicher Merkmale sachgerechte Schlüsse ziehen

Analysieren und Untersuchen: Wichtige Bestandteile oder Eigenschaften auf eine bestimmte Fragestellung hin herausarbeiten. Untersuchen beinhaltet ggf. zusätzlich praktische Anteile.

Angeben: Siehe Nennen

Auswerten: Daten, Einzelergebnisse oder andere Elemente in einen Zusammenhang stellen und ggf. zu einer Gesamtaussage zusammenführen

Begründen: Sachverhalte auf Regeln und Gesetzmäßigkeiten bzw. kausale Beziehungen von Ursachen und Wirkung zurückführen

Beschreiben: Strukturen, Sachverhalte oder Zusammenhänge strukturiert und fachsprachlich richtig mit eigenen Worten wiedergeben

Beurteilen: Zu einem Sachverhalt ein selbstständiges Urteil unter Verwendung von Fachwissen und Fachmethoden formulieren und begründen

Bewerten: Einen Gegenstand an erkennbaren Wertkategorien oder an bekannten Beurteilungskriterien messen

Darstellen: Sachverhalte, Zusammenhänge, Methoden etc. strukturiert und gegebenenfalls fachsprachlich wiedergeben

Deuten: Siehe Interpretieren

Diskutieren: Synonym wird verwendet: **Erörtern:** Argumente und Beispiele zu einer Aussage oder These einander gegenüberstellen und abwägen

Erklären: Einen Sachverhalt mit Hilfe eigener Kenntnisse in einen Zusammenhang einordnen sowie ihn nachvollziehbar und verständlich machen

Erläutern: Einen Sachverhalt veranschaulichend darstellen und durch zusätzliche Informationen verständlich machen

Ermitteln: Einen Zusammenhang oder eine Lösung finden und das Ergebnis formulieren

Erörtern: Siehe Diskutieren

Hypothese entwickeln: Synonym wird verwendet: **Hypothese aufstellen:** Begründete Vermutung auf der Grundlage von Beobachtungen, Untersuchungen, Experimenten oder Aussagen formulieren

Interpretieren: Synonym wird verwendet: **Deuten:** Fachspezifische Zusammenhänge in Hinblick auf eine gegebene Fragestellung begründet darstellen

Nennen: Synonym wird verwendet: **Angeben:** Elemente, Sachverhalte, Begriffe, Daten ohne Erläuterungen aufzählen

Protokollieren: Beobachtungen oder die Durchführung von Experimenten detailgenau zeichnerisch einwandfrei bzw. fachsprachlich richtig wiedergeben

Prüfen: Siehe Überprüfen

Skizzieren: Sachverhalte, Strukturen oder Ergebnisse auf das Wesentliche reduziert übersichtlich grafisch darstellen

Stellung nehmen: Zu einem Gegenstand, der an sich nicht eindeutig ist, nach kritischer Prüfung und sorgfältiger Abwägung ein begründetes Urteil abgeben

Überprüfen bzw. Prüfen: Sachverhalte oder Aussagen an Fakten oder innerer Logik messen und eventuelle Widersprüche aufdecken

Vergleichen: Gemeinsamkeiten, Ähnlichkeiten und Unterschiede ermitteln

Zeichnen: Eine möglichst exakte grafische Darstellung beobachtbarer oder gegebener Strukturen anfertigen

Zusammenfassen: Das Wesentliche in konzentrierter Form herausstellen

Sicherheit beim Experimentieren

Physikalische Gefahren

 1

explosiv
Stoffe, die durch Feuer, Hitze Schlag, Reibung explodieren können

 2

entzündbar
Flüssigkeiten, die leicht entzündbare Gase bilden können

 3

brandfördernd
Stoffe, die Brände verstärken

 4

komprimierte Gase
Gase, die beim Erhitzen explodieren können

 5

ätzende Wirkung
Stoffe, die andere Stoffe und Oberflächen schädigen können

Gesundheitsgefahren

 6

giftige und sehr giftige Stoffe
Stoffe, die in geringen Mengen schwere Schäden verursachen oder zum Tod führen können

 7

ätzende oder giftige Stoffe
Stoffe, die akute und chronische Gesundheitsschäden verursachen können

 8

Gesundheitsgefahr
Stoffe, die Organe schädigen, Allergien, Krebs, Fruchtschädigungen, Erbgutveränderungen auslösen können

 5

ätzende Wirkung
Stoffe, die Haut und Augen schädigen können

Umweltgefahren

 9

umweltgefährdend
Stoffe, die für Wasserorganismen giftig sind.

1 *Gefahrensymbole*

Damit bei der Durchführung von Experimenten möglichst keine Gefährdungen auftreten, müssen einige Regeln beachtet werden.
Beim Experimentieren müssen grundsätzlich Schutzbrillen getragen werden.
Essen und trinken ist in Unterrichtsräumen, in denen experimentiert wird, verboten.
Vor Beginn des Experimentes muss man sich über den sicheren Umgang mit den Chemikalien und deren Entsorgung informieren.

Bei Experimenten benutzt man manchmal auch Stoffe, von denen bei unsachgemäßem Gebrauch eine Gefährdung ausgehen kann. Diese Stoffe bezeichnet man als **Gefahrstoffe**. Um vor den Gefahren zu warnen, werden diese Stoffe gekennzeichnet. Seit 2010 erfolgt die Kennzeichnung weltweit einheitlich nach **GHS** (Globally Harmonised System). Schon auf den ersten Blick geben kleine Bilder, die sogenannten **Piktogramme**, wichtige Hinweise auf die Art der Gefährdung (Abb. 1). Bei den Experimenten in diesem Buch weisen Piktogramme in der Symbolleiste auf mögliche Gefährdungen hin. Außerdem enthält die Leiste weitere Informationen zu Sicherheitsmaßnahmen und zur Entsorgung der Chemikalienreste.

In der Stoffliste unten finden sich genauere und ergänzende Informationen zu den eingesetzten Stoffen. Das **Signalwort „Gefahr"** weist darauf hin, dass beim Umgang mit dem Stoff ernsthafte Gefahren drohen. Bei weniger gefährlichen Stoffen lautet das Signalwort **„Achtung"**.

Genauere **Gefahrenhinweise** verbergen sich hinter den **H-Sätzen** (engl. hazard statements). **Sicherheitshinweise** (**P-Sätze**, engl. precautionary statements) geben an, wie man sich beim Umgang mit dem Stoff verhalten soll.

Stoffname	Gefahrensymbole	H-Sätze	Entsorgung	Signalwort	Seite im Buch
Kupfersulfatlösung < 10 %	GHS07, GHS09	H302, H315, H319, H411	B2	Achtung	63
Kaliumpermanganatlösung 1 %	GHS09	H411	B2	–	63

Haftungsausschluss: Trotz sorgfältiger Recherche bei der Deklarierung der Chemikalien ist es möglich, dass bei der Zusammenstellung der Liste Fehler aufgetreten sind. Aus diesem Grund übernimmt der Verlag für die Deklarierung der Chemikalien keine Haftung.

Bild- und Textquellennachweis

Bildquellen:

A1PIX - Your Photo Today, Taufkirchen: 8 (Ökosystem), 167 . 3 b (PHN); action press, Hamburg: 71 . 3; AFP Agence France-Presse GmbH, Berlin: 305 . 5 (ImageForum/Torsten Blackwood); akg-images GmbH, Berlin: 142 (Erich Lessing); alamy images, Abingdon/Oxfordshire: 38 .2, 79 . 2 u. (Wildlife), 146 (Alge) (Ashley Cooper pics), 146 (Seerose) (Wolfgang Pölzer), 159 . 5 b, 278. 1, 308 . 2, 316 . 1 (Fledermaus); alimdi.net, Deisenhofen: 8 (Wald) (Kurt Friedrich Moebus), 140 . 1 M. l. (Kurt Friedrich Moebus), 170 . 1 (Dieter Hopf), 180 (Goldnessel) (Alfred Schauhuber), 193 . 4 (Cornelius Paas), 320 . 1 (jspix), 321 . 3 (André Skonieczny); Anders, Uwe, Cremlingen/Destedt: 12 .1 b, 269 . 3; ANDIA, Pacé: 336 . 1 (Orang-Utan) (Goujon); Animals Animals/Earth Scenes, Chatham: 306 . 1 (Breck P. Kent); Arco Images GmbH, Lünen: 8 (Eichelhäher) (J. de Cuveland), 297 . 1 c (NPL), 302 . 1 (NPL); Arnold, Peter, München: 140 . 1 M.r. (Bob Evans), 140 . 1 l. (Jim Wark), Astrofoto, Sörth: 8 (Erde) (NASA/Sörth), 68 .1, 124 .1 a (EIT/SOHO/NASA), 175 (Erde) (Bernd Koch/Sven Kohle; Avenue Images GmbH, Hamburg: 202 . 1 r. (FLPA/Björn Ullhagen/agefotostock); Bildagentur Geduldig, Maulbronn: 175 (Obstwiese), 180 (Schlüsselblume), 304 . 1 a; Bildagentur Schapowalow, Stuttgart: 228 . 1 M. (Robert Harding); bildagentur-online GmbH, Burgkunstadt: 130 . 1 (O.Diez), 225 . 5, 229 . 3 b (Ablestock), 340 . 1 o.; Bildarchiv Boden-Landwirtschaft-Umwelt, Creglingen: 200 . 1 (Otto Ehrmann), Bilderberg, Hamburg: 338 . 1 (Rekonstruktion Schnaubelt und Kieser/Wildlife Art, Hessisches Landesmuseum Darmstadt); Biosphoto, Berlin: 329 . 6 (Ruoso Cyril); Blickwinkel, Witten: 142 . 1 a (A. Jagel), 143 . 3 (J. Kottmann), 144 (J. Kottmann), 167 und 209 (F. Hecker), 191 . 3 (NaturimBild/Wellmann), 329 . 5 (McPHOTO); Bridgeman Art Library Ltd., Berlin: 80 . 1, 294; Caro Fotoagentur GmbH, Berlin: 216 .2 (Medikamente) (Caro/Teich); Center for Invasive Species and Ecosystem Health, Tifton GA 31793: 312; Corbis, Berlin: 4 u. 116 (Minden Pictures), 30 .1 (Heike Benser/Cusp), 75 . 4 a, 138 . 1 (Pat O'Hara), 151 . 5 (PBNJ Productions), 168 . 1 l. (Joseph Sohm), 168 . 1 r. (Roger Ressmeyer), 176 . 1 (Gerolf Kalt), 191 . 5 (Fritz Polking), 313 . 7 (Chinch Gryniewicz), 330 . 1 c (r) (Richard De Toit/Minden Pictures); dieKLEINERT, München: 228 . 1 l. (Andreas Schiebel), 280.1 r. (Mario Kessler); Diercke Globus online: 171 . 4 c (Geo Content, Magdeburg); eisele photos, Walchensee: 150 .1 r.; eye of science, Hamburg: 8 (Chloroplast) (Wanner), 8 (Zellgewebe), 154 . 1; F1online digitale Bildagentur GmbH, Frankfurt/M.: 50 . 1, 304 . 1 b (ott); Focus Photo- u. Presseagentur GmbH, Hamburg: 8 (Moleküle) (Evans/SPL), 13 .5 (Science Photo Library), 62 . 2 (TEK/SPL), 64. 1a und 74 . 1 M. (Andrew Syred/Science Photo Library), 90 .2 und 115 (Volker Steger/SPL), 123 . 2 (Stammers/SPL), 154 . 2 (O. Meckes/N. Ottawa/eye of science), 159 . 5 a (Photo Researchers), 222 . 1 (Como-Unique, Custom Medical Stock Photo/SPL), 232 . 1 c (Gschmeissner/SPL), 238 . 1 (Science Photo Library), 239 . 5 (Science Photo Library), 240 . 1 (Science Photo Library), 270. 1 a (Anton/SPL), 270 . 1 b (Burriel/SPL), 288 . 1 (Bakterien) (McCarthy/SPL), 303 . 5 (John Durham/SPL), 342 . 1 c (Thomas Deerinck/SPL); Fotex Medien Agentur GmbH, Hamburg: 339 . 3 r. (Walter Allgoewer); fotolia.com, New York: 28 .1 M.u. (mgkuijpers), 28 .1 o.l. (hotsshotsworldwide), 28 .1 o.r. (kikkerdirk), 60 . 1 (Isabel) (julialine802), 60 . 1 (Jonas) (Elena Stepanova), 60 . 1 und 335.4 (Lukas) (ChantalS), 158 . 1 (Inga Nielsen), 175 (Glaskugel) (knallgrau.info), 193 . 3 (Soybean Field), 205 (Abflussrohr) (Jodocos), 205 (Kläranlage) (view7), 205 (WC) (Africa Studio), 216 . 2 (Drogen) (erni 1983), 313 . 3 (Erni), 335 . 4 (chbaum); Frings, Stefan Dr., Heidelberg: 68 . 1 o.; Galerie Beckel-Odille-Boicos, Paris : 6 u. und 210 (William Utermohlen); Georg Thieme Verlag, Stuttgart, aus: Dokter, G., Lindemann, H.: Mukoviszidose, 4. Aufl. 2006: 40, Georg Thieme Verlag Stuttgart, 24. Aufl. 2007, S. 391, aus: R. Wehner, W. Gehring: Zoologie: 212.1; Gesellschaft für Angewandte Carabidologie e.V., Münster: 161 . 3 r.; Getty Images, München: 164 . 1 a (Tom Brakefield), 216 . 2 (Schlange), 302 . 2, 348 . 1 und 353 (Michael Coyne/The Image Bank); Glow Images GmbH, München: 148 . 2 (Armin Maywald), 192 . 1 u.r. (imagebroker), 278 (SuperStock); Hausfeld, Rainer, Vechta: 190 . 1 b, 298 . 2; Helga Lade Fotoagenturen GmbH, Frankfurt/M.: 8 (Baum) (Kirchner), 180 (Waldmeister) (L. Reupert); Helmholtz-Zentrum für Umweltforschung GmbH - UFZ, Leipzig: 301 . 5 (André Künzelmann); Henkel, Christine , Dahmen: 157 . 3; Hof, Jutta, Frankfurt: 7, 276; Huk, Thomas Dr., Braunschweig: 296.1 und 352; Imago, Berlin: 295 . 2, 322 . 1 (Photoshot/Evolve); Institut f. Zell- u. Neurobiologie, Charité-Universitätsmedizin Berlin, Berlin: 216 . 1; INTERFOTO, München: 38 . 1 a (ARDEA/Bill Coster), 38 . 1 b (ARDEA/Bill Coster), 38 . 1 c (ARDEA/Bill Coster), 72 . 2 (Kage Mikrofotografie), 119 . 2 (Reinhard Dirscherl); iStockphoto.com, Calgary: 15 .2, 44 . 1 b, 50 . 1, 82 . 1, 183 . 4, 204 . 1; Johannes Lieder GmbH & Co. KG, Ludwigsburg: 84 . 1 l., 84 .1 M.; Julius-Kühn-Institut, Bundesforschungsinstitut für Kulturpflanzen, Dresden/Pillnitz: 206 . 2 (Dr. Monika Höfer); Juniors Bildarchiv GmbH, Hamburg: 94 .1 d und 106.1 a, 202 . 1 l. (Wildlife/P. Hartmann), 336 . 1 (Gorilla); Jury, Mark, Waverly: 262 . 1; KAGE Mikrofotografie, Lauterstein: 153 . 2, 153 . 2, 303 . 3 a, 303 . 3 b; KALOO Images, Mertingen: 110 . 1, 122 . 1, 150,1, 234 . 1 a; Kanter, Joan R., La Jolla, CA 92093: 3 u. 16 (Artwork created by Nathan Shaner using bacteria espressing multicolored fluorescent proteins he developed while in the lab of Professor Roger Tsien.); Karlsruher Institut f. Techniologie (KIT) Institut f. Organ. Chemie, LS Biochemie, Karlsruhe : 18 .1; Keystone Pressedienst, Hamburg: 288 . 1 (Pilze) (Horst Jegen), 349 . 2 b (o.) (Jochen Zick); Kirchen, Thomas , Holsthum: 316 . 1 (Taubenschwänzchen); laif, Köln: 344 . 1 (Thomas Ernsting); Lavendelfoto, Hamburg: 180 (Seidelbast) (Gerhard Hoefer); LOOK-foto, München: 134 .1 a (Jürgen Richter); mauritius images GmbH, Mittenwald: 8 u. 136 (Blätter) (Hiroshi Higuchi), 29 .2 a (Dennis Kunkel / Phototake), 48 . 1 a und 101 (Phototake), 64 . 1 b (Photo Researchers), 87 .4 (Alamy), 101 . 2 (Phototake), 166 . 1 (age), 167 . 3 c (imagebroker/Michaela Walch), 288 . 1 (Archaebakterien) (Phototake), 329 . 4 (Alamy); Max-Planck-Arbeitsgruppe für Strukturelle Molekularbiologie am DESY, Hamburg: 75 . 4 b, c, d; Max-Planck-Institut für Entwicklungsbiologie, Tübingen: 74 . 1 l., 226.1 und 274 (J. Berger); McArdle Laboratory for Cancer Research, Madison, WI: 81 (Randy L. Jirtle); medicalpicture Köln: 220 . 1 (Institut Kage); Museum für Naturkunde, Berlin: 280 . 1; NASA, Houston/Texas: 314 . 1 (GSPC, Modis Rapid Response); NASA Headquarters, Washington, DC: 118 . 1 (Gene Feldmann); Naturbildportal, Hannover: 8 (Farn) (Manfred Ruckszio); naturganznah, Falkenfels: 180 (Waldziest); OKAPIA KG - Michael Grzimek & Co., Frankfurt/M.: 12 .1 a (NAS/David M. Phillips), 12 .1 c (NAS/K.R. Porter), 29 .2 b (M.I. Walker/Science Source), 50 . 1 (Ca.Biological/Phototake), 59 . 3 (Nigel Cattlin/Holt Studios), 68 . 1 u. und 91.3, 79 . 2 o. (Manfred Pforr/SAVE), 79 M. (Nigel Cattlin/ Holt Studios), 91 .3 (Neufried), 159 . 4 o. (Nils Reinhard), 159 . 4 u. (Hans Reinhard), 167 . 3 e (Francesco Tomasinelli/NAS); 175 (Regenrake) (Kike Calvo/Visual & Written), 180 (Hahnenfuß) (Ernst Schacke/Naturbild), 180 (Heidelbeere) (Hans Reinhard), 250 . 1 (Nigel Cattlin/Holt Studios), 282 . 2 r. (Dr. Frieder Sauer), 288 . 1 (Einzeller) (Norbert Lange), 289 . 4, 301 . 3 (Hans Reinhard), 323 . 4 a (Joe McDonald), 336 . 1 (Gibbon) (Terry Whittaker/NAS), 342 (Medivisuals/Science Source); Panther Media GmbH (panthermedia.net), München: 205 (Tabletten); Philipp, Eckhard B., Berlin: 140 . 1 r.; Picture-Alliance GmbH, Frankfurt/M.: 58 . 1 a (Wildlife), 68 . 1 (Junges Paar), 69 . 5, 70 . 1 und 94.1 e (dpa), 94 . 1 b (Max-Planck-Gesellschaft), 94 . 1 e (Hippocampus-Bildarchiv), 102 .1 (ZB), 104 o.l. (dpa/Marijan Murat), 106.1 b (dpa), 167 . 3 f (dpa/Hannes Hemann), 167 .3 d (dpa/Huub Huneker), 192 . 1 (dpa/Zentralbild/Euroluftbild), 195 . 4 (H. Krischel), 216 . 2 (Gifte) (Okapia/Reinhard), 228 . 1 r. (medicalpicture/Frank Geisler), 328 . 1 (dpa/UPI Photo / Landov), 330 . 1 a (blickwinkel); Popko, Mathias, Meine: 26 . 1, 26 . 1, 27; Ratermann, Martin , Vechta: 201 . 4; Reinhard-Tierfoto, Heiligkreuzsteinach: 167 .3 a; SeaTops, Neumagen-Dhron: 288 . 1 (Tiere) (Eric H Cheng), 336 . 1 (Schimpanse) (Frank Wirth); Shutterstock.com, New York: 28 . 1 M.o., 28 . 1 u.l., 28 . 1 u.r., 60 . 1 (Elisabet), 60 . 1 (Rainer), 67 . 3, 94 . 1 c, 163 . 6, 182 . 1, 192 . 1 o.r., 205 (Fluss), 216 . 2 (Nervenzelle), 279 . 5, 308 . 1, 316 . 1

(Kolibri), 317 . 2 a, 317 . 2 b, 317 . 2 c, 330 . 1 b, 330 . 1 c (l), 331 . 2 a, 335.4 r.; Spektrum Akademischer Verlag, München 2007, aus: Jürgen Tautz, Helga R. Heilmann: Phänomen Honigbiene: 13 . 6; Stiftung Neanderthal Museum, Mettmann: 340 . 1 u.; StockFood GmbH, München: 131 . 6 (Joris Luyten); Superbild – Your Photo Today, Taufkirchen: 350.1; The Carbon Trust, London SE19NT: 198 . 1; Tierbildarchiv Angermayer, Holzkirchen: 148 . 1, 305 . 3 a (Schmidt); TopicMedia Service, Putzbrunn: 59 . 2 o.r. (J & C Sohns), 59 . 2 u.r. (J & C Sohns), 305 . 3 b; TT Nyhetsbyran, Stockholm: 84 . 1 r.; Universitätsklinikum Halle (Saale), Halle: 36 . 1 (Prof. Thiemann); Universitätsmedizin Göttingen/Abt. Kognitive Neurologie, Göttingen: 239 . 4; Uwe Schmid-Fotografie, Duisburg: 161 . 3 l.; vario images, Bonn: 8 (Steinmarder); Visum Foto GmbH, Hamburg: 171 . 4 b (The Image Works), 192 . 1 M.r. (Bjoern Goettlicher), 225 . 4 (The Image Works); Westend 61 GmbH, München: 288 . 1 (Pflanzen) (Werner Dieterich); Wildlife Bildagentur GmbH, Hamburg: 149 . 4 (M.Harvey), 171 . 4 a (R. Hoelzl), 180 (Hainsimse) (D. Harms), 191 . 2 (D. Harms), 242 . 1 o.l. (P. Hartmann), 242 . 1 o.r. (M. Harvey), 242 . 1 oben M.l. (P. Hartmann), 242 . 1 oben M.r. (J. Freund), 242 . 1 u.l. (M. Harvey), 242 . 1 u.r. (J. Freund), 242 . 1 unten M.r. (B. Cole), 242 .1 unten M.l. (M. Harvey), 282 . 2 l. (E. Geduldig), 305 . 4 (S.Stuewer), 321 . 4 (D. Harms), 349 . 3 (A. Shah); Wissenschaftliche Film- und Bildagentur Karly, München: 22; www.entomart.be: 298 . 1 (Claude Galand).

Einbandgestaltung:
Jennifer Kirchhof, Braunschweig, unter Verwendung einer Aufnahme von Ingo Arndt, Wildlife Photography, Langen

Grafiken:
Julius Ecke, www.naturstudiendesign.de
Christine Henkel, Dahmen
Schwanke & Raasch, Hannover

Textquellen:
S. 99: Ab wann ist der Mensch ein Mensch?, Von Genen und ¬Embryonen. Nüsslein-Volhard, Christiane, Stuttgart, Reclam 2004, S. 66 f.
S. 99: Ethisches Bewerten: Wurde in Anlehnung an eine Veröffentlichung von Frau N. Alfs und Frau Prof. Dr. C. Hößle erstellt, veröffentlicht in Praxis der Naturwissenschaften - Biologie - Juni 2009 (4/58)
S. 104: Text von Frau Nüsslein-Volhard: http://www.zeit.de/zeit
S. 199: Ein etwas verschwenderischer Tag http://sueddeutsche.de/wissen/585/324451/text
S. 225: Botox: http://www.shortnews.de/id/696189/Großbritannien-Tod von vier Kindern mit Botox-Injektionen in Verbindung gebracht
S. 263: Text aus: Sterbehilfe im säkularen Staat. Nobert Hoerster, Suhrkamp Verlag Frankfurt am Main 1998
S. 263: Gehirntod und menschliche Organbank (Auszug) aus: Hans Jonas, Technik, Medizin und Ethik. Zur Praxis des Prinzips Verantwortung. Insel Verlag, Frankfurt am Main 1985
S. 268: Moyes, Tierpsychologie, Pearson Studium München

Es war nicht in allen Fällen möglich, die Inhaber der Bild- und Textrechte ausfindig zu machen und um Abdruckgenehmigung zu bitten. Berechtigte Ansprüche werden selbstverständlich im Rahmen der üblichen Konditionen abgegolten.